Werner Correll

Verstehen
und lernen

In der Reihe »mvg-Paperbacks« sind von Prof. Dr. Werner
Correll erschienen:

Verstehen und lernen
ISBN 3-478-03070-6

**Menschen durchschauen
und richtig behandeln**
ISBN 3-478-02520-6

**Lernschwächen und Leistungsstörungen
erkennen und überwinden**
ISBN 3-478-08407-5

Werner Correll

Verstehen und lernen

Grundlagen der Verhaltenspsychologie

Die Deutsche Bibliothek – CIP-Einheitsaufnahme

Correll, Werner:
Verstehen und lernen : Grundlagen der Verhaltenspsychologie /
Werner Correll. – 2. Aufl. – München : mvg-Verl., 1991
 (mvg-Paperbacks ; 307)
  ISBN 3-478-03070-6
NE: GT

2. Auflage 1991

Das Papier dieses Taschenbuchs wird möglichst umweltschonend hergestellt und
enthält keine optischen Aufheller.

© Alle deutschsprachigen Rechte bei mvg – Moderne Verlagsgesellschaft mbH,
München
Umschlaggestaltung: Gruber & König, Augsburg
Druck- und Bindearbeiten: Presse-Druck Augsburg
Printed in Germany 030070/1191402
ISBN 3-478-03070-6

Inhalt

Vorwort

Obwohl dieses Buch nur einen Verfasser hat, haben doch viele Menschen zu seinem Entstehen beigetragen. Ihnen an dieser Stelle herzlich zu danken, ist mir ein aufrichtiges Bedürfnis.

Zunächst möchte ich Herrn Professor Dr. *Heinz-Rolf Lückert*, München, für die Anregung zu dieser Arbeit und für viele Hinweise bei der Durchführung danken.

Da zur Zeit Forschungen auf dem Gebiet der pädagogischen Verhaltenspsychologie hauptsächlich in den USA vorgenommen werden, war ein erneuter Aufenthalt in den Staaten nötig. Bei der Organisation dieses Aufenthalts hat mir Herr Professor *Erich Hylla*, Frankfurt a. M., mit großer Umsicht und Sachkenntnis geholfen. Er hat auch das Werden dieser Arbeit mit Anteilnahme verfolgt, und ich darf ihm an dieser Stelle herzlich dafür danken.

Die Reise in die USA und der Aufenthalt an der *Harvard University* in Cambridge, Massachusetts, während des akademischen Jahres 1963/64 wurde in großzügiger Weise anberaumt und ermöglicht durch das *American Council of Learned Societies*, dessen Präsident und Direktor ich aufs herzlichste danke.

Herr Botschafter a. D., Professor Dr. *J. B. Conant*, New York und Berlin, der ehemalige Präsident der Harvard-Universität, vermittelte mir überaus wertvolle Zugänge in Harvard, wofür ich ihm aufrichtig dankbar bin.

Besonders herzlich danke ich den Kollegen und der Verwaltung der Harvard University für die ausgezeichnete Gastfreundschaft, die sie mir gewährt haben. Insbesondere Herrn Professor Dr. *J. B. Carroll*, Herrn Professor Dr. *B. F. Skinner* und Herrn Professor Dr. *J. G. Holland*, alle an der Harvard University, habe ich für Beratungen und Hinweise zu danken. Herr *Carroll* gab mir darüber hinaus noch ein besonders nützliches Gastrecht in seinem »Laboratory for Research in Instruction«, woraus sich eine erfreuliche Zusammenarbeit in verschiedener Hinsicht ergab. Ihm für seine ebenso selbstlose wie sachkundige Hilfe zu danken ist mir ein besonderes Anliegen.

Schließlich danke ich meinem verehrten Vetter, Herrn Professor Dr. *Ernst Correll*, Washington D.C., für viele wertvolle und kritische Hinweise.

Professor Dr. Werner Correll

Einleitung

Angesichts atemberaubender technischer und wissenschaftlicher Fortschritte, tiefgreifender soziologischer und politischer Umstrukturierungen und beängstigender wirtschaftlicher Entwicklungen fragt der Mensch der Gegenwart verstärkt nach den Grundlagen seines Lebens und nach der Möglichkeit einer geistigen Selbstbestimmung. Er erlebt die Frage der Erziehung und Bildung existenziell, indem er erkennt, daß nicht nur sein eigenes Leben, sondern auch der kulturelle, wirtschaftliche und politische Fortbestand des Volkes entscheidend vom Wissen und seiner zweckmäßigen Anwendung abhängt. Damit wird die pädagogische Frage zum existenziellen Problem.

Dies ruft nach einer Erforschung des menschlichen Verhaltens, deren Ergebnisse es ermöglichen, Kinder und Erwachsene rascher und wirksamer lernen zu lassen, so daß sie neue Fertigkeiten und Einsichten erwerben und sinnvoll verwerten können. Nicht nur die Schuljugend steht ja vor der Anforderung, einen gewaltig angewachsenen und beständig noch umfangreicher werdenden Wissensstoff zu erwerben, sondern auch die Industrie muß ihre Mitarbeiter immer wieder auf neue Maschinen und Automaten umschulen und weiterbilden, und auch die Bundeswehr benötigt Angehörige, die geschult sind, mit den modernsten Waffen und Techniken verantwortungsvoll umzugehen.

Während der letzten zehn Jahre wurden nun vor allem in den USA verhaltenspsychologische Forschungen durchgeführt, die geeignet sind, das Lernen und Lehren auf allen Altersstufen auf eine neue Grundlage zu stellen und erfolgreicher durchzuführen. In diesem Buch sollen nicht nur die Ergebnisse, sondern auch die anthropologischen und methodischen Grundlagen der modernen Verhaltenspsychologie kritisch dargestellt werden, so daß sich bedeutsame Konsequenzen für die theoretische pädagogische Orientierung und vor allem für die Lern- und Erziehungspraxis ergeben werden.

Es wird sich zeigen, daß diese pädagogische Verhaltenspsychologie nicht identisch ist mit dem klassischen Behaviorismus, wiewohl sie von diesem Ansatz wesentliche Impulse erhalten hat. Auch handelt es sich bei einer verhaltenspsychologisch begründeten Erziehungspraxis keineswegs um typisch »amerikanische« Pädagogik, wenn auch in Amerika die ersten systematischen Experimente und daher auch die ersten praktisch-pädagogischen Anwendungen durchgeführt wurden. Das programmierte Lernen und die Lehrmaschinen sind zwar, wie wir sehen werden, eine direkte praktische Konsequenz verhaltenspsychologischer Forschungsergebnisse,[1] aber es lassen sich noch weiterreichende Anwendungen im gesamten Bereich der Menschenführung vornehmen, so daß man von hier aus nicht nur eine verhaltenspsychologische Didaktik, sondern auch eine überaus interessante Technik der Menschenbehandlung überhaupt entwickeln könnte, was an einigen exemplarischen Sachgebieten dargestellt werden soll.

---

[1] Vgl. *W. Correll* (Hrsg.), Programmiertes Lernen und Lehrmaschinen – eine Quellensammlung. 2. Aufl., Braunschweig 1966.

Nach der Aufzeigung der menschenbildlichen (Kapitel 1) und methodischen (Kapitel 2) Fundamente der pädagogischen Verhaltenspsychologie und damit ihrer theoretischen Verwurzelung wollen wir die verhaltenspsychologische Lerntheorie (Kapitel 3) darstellen, wobei zugleich die grundlegenden neuen Lernexperimente und deren Ergebnisse erörtert werden sollen. Im Zentrum dieser verhaltenspsychologischen Lerntheorie stehen die Begriffe der Verstärkung und des operativen Konditionierens, die durch ihre experimentell ermittelten pädagogischen Konsequenzen zugleich Grundlagen für eine neue pädagogische Gesamtschau sein können. Die Frage des Lernens um der Sache willen (primäre Motivation) gegenüber dem Lernen als Mittel zum Zweck (sekundäre Motivation) wird z. B. von hierher ganz neu beleuchtet und beantwortet. Aber auch andere Probleme der Lerntheorie können auf dieser Basis originell gelöst werden.

Auf diesem theoretischen Fundament lassen sich sodann (Kapitel 4) unmittelbare Konsequenzen für die pädagogische Praxis ziehen. Hier wollen wir nicht nur die Fragen der Lernbereitschaft, der Motivation, des Transfers, der sozialen Beziehungen sowie des programmierten Lernens und der Lehrmaschinen erörtern, sondern auch Befunde über die Bedeutung neuer verhaltenspsychologischer Erkenntnisse über die physische, emotional-soziale und geistige Entwicklung für das Lernen diskutieren.

In einem 5. Kapitel werden wir unter Verwertung des bereits Dargestellten verhaltenspsychologische Aspekte für die Diagnose und Therapie von Verhaltensschwierigkeiten entwickeln, die besonders für den Lehrer und Erzieher, aber auch für den Umgang mit Menschen außerhalb des pädagogischen Feldes bedeutsam sein dürften. Es handelt sich dabei um den Ansatz einer pädagogischen Psychopathologie vom Standpunkt der Verhaltenspsychologie.

Endlich wollen wir (Kapitel 6) an den Beispielen des Rechnens, des Lesenlernens, des schöpferischen Denkens, der Begriffsbildung und des Fremdsprachenlernens zeigen, wie sich verhaltenspsychologische Erkenntnisse auch auf Fragen der Unterrichtsmethode einzelner Fächer und Sachgebiete anwenden lassen. Wenn es sich dabei auch noch nicht um eine systematische verhaltenspsychologische Didaktik handeln kann, so soll doch gezeigt werden, daß es sich lohnen dürfte, den angedeuteten Weg, sowohl um der Praxis als auch um der Theorie willen, weiter zu verfolgen.

1. Kapitel

Die anthropologischen Grundlagen der pädagogischen Verhaltenspsychologie

Verhaltenspsychologie ist die Wissenschaft vom *Verhalten*. Dieses besteht aus den beobachtbaren Vorgängen von Reiz und Reaktion – als unabhängige und abhängige Variable – und aus den intervenierenden Variablen, die als zwischen Reiz und Reaktion wirkend gedacht werden müssen. Bereits in dieser weiteren Auffassung ihres Gegenstands unterscheidet sich die Verhaltenspsychologie vom Behaviorismus, mit dem sie sonst vieles gemeinsam hat: Verhaltenspsychologie beschränkt sich nicht allein auf die Beobachtung und Beschreibung derjenigen Verhaltensteile, die außerhalb des Organismus zum Vorschein kommen, sondern betrachtet auch Vorgänge innerhalb des Organismus als Teile des Verhaltens, wenn sie dieses nachweislich beeinflussen. Es ist dabei nicht entscheidend, daß alle Einzelheiten über die intervenierenden Variablen bekannt sind. So sagt *B. F. Skinner*, einer der bedeutendsten Vertreter der gegenwärtigen Verhaltenspsychologie: »Die Verhaltenspsychologie muß Vorgänge, die innerhalb des Organismus ablaufen, nicht als physiologische Mittler des Verhaltens, sondern als Teil des Verhaltens selbst betrachten. Sie kann mit diesen Vorgängen arbeiten, ohne anzunehmen, daß sie besonderer Natur seien oder in jeder Hinsicht bekannt sein müßten.«[1]

Im Zentrum der Verhaltenspsychologie steht die Frage nach der menschlichen Persönlichkeit als dem Zusammenhang der psychischen Einzelprozesse des Verhaltens. Die Erforschung der psychischen Prozesse dient letzten Endes der Klärung des *Menschenbildes*, von dem aus die pädagogischen Einstellungen und Maßnahmen entscheidend bestimmt werden. Andererseits aber wird die methodische Fragestellung bei jeder Einzeluntersuchung im Bereich der Psychologie wieder maßgeblich durch anthropologische Grundüberzeugungen bestimmt. Diese anthropologischen Grundauffassungen werden kaum durch direkte Lehre überliefert, sondern sie liegen aller Lehre voraus und zugrunde. Von ihnen aus wird daher auch das Ergebnis der psychologischen Untersuchungen beeinflußt und nicht nur die Fragestellung.

Um also den Grundansatz und die Ergebnisse der Verhaltenspsychologie verstehen zu können, müssen wir zuerst ihre anthropologischen Grundlagen zu erkennen versuchen. Ist aber diese anthropologische Überzeugung nicht bei jedem einzelnen Psychologen individuell in einem einmaligen Menschenbild verankert, das sich auf Grund der besonderen Erfahrungen gebildet hat? Gewiß – und doch läßt sich leicht erkennen, daß den Verhaltenspsychologen insgesamt gewisse Gemeinsamkeiten in ihren anthropologischen Grundüberzeugungen zukommen. Von diesen Gemeinsamkeiten her wird es letztlich auch möglich sein, den be-

---

[1] *B. F. Skinner*, Fünfzig Jahre Behaviorismus. In: *W. Correll* (Hrsg.), Programmiertes Lernen und Lehrmaschinen. Verlag Westermann, 2. Aufl., Braunschweig 1966.

sonderen Ansatz der verhaltenspsychologischen pädagogischen Psychologie zu erarbeiten. Wir wollen indessen hier nicht einen »Typus« der »Weltanschauung« – etwa im Sinne *Diltheys* mit seiner Unterscheidung zwischen dem »Naturalismus« und dem »Idealismus« verschiedener Ausprägung[2] – beschreiben, wenn es auch naheliegen würde, die verhaltenspsychologischen anthropologischen Überzeugungen, soweit sie in der pädagogischen Psychologie zum Ausdruck kommen, mehr dem Typus des Diltheyschen »Naturalismus« zuzuordnen. Vielmehr geht es lediglich darum, charakteristische Züge des Menschenbildes herauszuarbeiten, das den verhaltenspsychologischen Forschungen zur pädagogischen Psychologie zugrunde liegt.

Wir können folgende sieben charakteristische Züge der anthropologischen Grundlagen der Verhaltenspsychologie herausstellen, ohne damit ein Schema schaffen zu wollen, das jeder einzelnen verhaltenspsychologischen Arbeit im Bereich der pädagogischen Psychologie gerecht werden müßte. Es wird sich jedoch zeigen, daß diese Grundzüge sich als besonders richtungweisend für die wichtigsten Forschungen in unserem Gebiet erwiesen haben:

I. Der Mensch als »Prozeß des Verhaltens«.
II. Der Mensch als »offenes System«.
III. Der Mensch als organisierte Ganzheit.
IV. Das Selbst als ordnendes Prinzip des Seelischen.
V. Fortgesetztes »Wachstum« als Ergebnis und Ziel des Verhaltens.
VI. Die individuelle Variabilität und
VII. die multiple Determination des Verhaltens.

I. DER MENSCH ALS »PROZESS«

Der zentrale Ansatzpunkt der neueren Verhaltenspsychologie kommt am deutlichsten in der eigentümlichen Abwendung von jeder Auffassung des Menschen als eines starren unveränderlichen Systems zum Ausdruck. *Der Mensch wird nicht anders gesehen als wie er sich in seinem Verhalten zeigt.* Das Verhalten aber ist mehr als eine bloße Funktion der aus der Umwelt jeweils wirksamen Stimuli; es ist vielmehr zugleich auch bedingt durch die Faktoren der Persönlichkeit, die ihrerseits bestimmen, welche Reize der Umwelt wahrgenommen und wie sie wahrgenommen werden. Überdies gehört zu den Stimuli aus der Umgebung in besonderem Maße der gesamte Bereich der mitmenschlichen Beziehungen, denn gerade die Gruppe, in der der Mensch immer schon steht, beeinflußt sein Verhalten in außerordentlich starkem Maße. Die zu einfache Formel

$$V = f_S$$

(das Verhalten ist eine Funktion der Umweltstimuli) müßte also etwa so ergänzt werden:

$$V = f_{(P, U, G)}$$

Hierbei würde P das Insgesamt der Persönlichkeitsfaktoren, der subjektiven Einstellungen, Erwartungen und Erfahrungen bedeuten. U würde in dieser Formel für die Umweltfaktoren stehen und G wäre das Insgesamt der Sozialbeziehun-

---

[2] Vgl. *W. Dilthey*, Die Typen der Weltanschauung. Ges. W., Bd. 8.

gen, die auf das Verhalten einwirken. Hierbei muß aber betont werden, daß U und G nicht objektiv zu verstehen sind, sondern wiederum als eine Funktion der Erfahrung der objektiven Umwelt- und Sozialfaktoren durch die jeweils besondere, einmalige Persönlichkeit.

Wir können diesen verhaltenspsychologischen Zusammenhang deutlicher darstellen, indem wir ihn auf einen pädagogischen Tatbestand beziehen. Das eigentümliche Verhältnis zwischen dem Verhalten des Lehrers und dem des Schülers würde demzufolge *nicht* einfach so aussehen:

$$V_L \longrightarrow V_S$$

(Das Verhalten des Lehrers wirkt – als *unabhängige Variable* – kausal auf das Verhalten des Schülers ein.) Vielmehr wird das Verhalten des Schülers außerdem durch eine Reihe anderer Faktoren – als die *intervenierende Variable* – insofern bestimmt, als der kausale Einfluß des Lehrerverhaltens stets durch die nicht direkt zu beobachtenden Persönlichkeitseinstellungen (Motivation, Interesse, Lernvorgänge, Gedächtnisleistungen etc.) modifiziert wird. Wir hätten somit folgendes Modell einer verhaltenspsychologisch gesehenen Lehrer-Schüler-Beziehung:

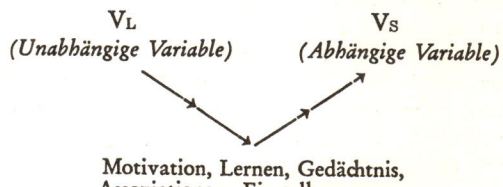

$$V_L \qquad\qquad V_S$$
(Unabhängige Variable)   *(Abhängige Variable)*

Motivation, Lernen, Gedächtnis,
Assoziationen, Einstellungen etc.
(Intervenierende Variable)

Dieser Begriff des *Verhaltens* steht im Mittelpunkt der anthropologischen Grundauffassung der gegenwärtigen Verhaltenspsychologie. Man sieht schon hier, daß es nicht richtig wäre, sie »behavioristisch« zu nennen und damit abzutun, denn es würde sich jedenfalls um einen sozialen Behaviorismus (im Sinne von *C. L. Hull* zum Beispiel) handeln, der sich von der ursprünglichen Form sehr weit entfernt hat und gerade hierdurch für die Pädagogik so außerordentlich fruchtbar geworden ist.

Fragt man nun nach der Art und Weise, in der das Verhalten – im Sinne der zweiten Formel – zum Ausdruck kommt, so stößt man auf den in der gesamten verhaltenspsychologischen Literatur zentralen Begriff »habit« oder »attitude«. Weil sich in diesen Begriffen (die, wie wir gleich sehen werden, den gleichen Tatbestand bezeichnen) die Grundlage für die Auffassung des Menschen als »Prozeß«, als »lernendes Wesen«, aufzeigen läßt, wollen wir etwas näher darauf eingehen.

Zunächst können wir eine allgemeine und eine spezielle psychologische Bedeutung von »habit« unterscheiden, was für die anthropologische Grundlage der Verhaltenspsychologie entscheidend ist.[3] Was versteht man in der Verhaltenspsychologie im allgemeinen unter »habit«? In einem einschlägigen psychologi-

---

[3] Vgl. *W. Correll*, Reform des Erziehungsdenkens. 2. Aufl., Weinheim 1966, Kap. 1.

schen Lexikon lesen wir folgende Definition: *habit* ist »eine Art erworbener Reaktion, die relativ unveränderlich und leicht anzuwenden ist«.[4] Danach ist »*habit*« nicht angeboren, sondern im Lebenszusammenhang erworben; ferner handelt es sich nicht um eine bloße Form, die von Fall zu Fall in neuer Weise inhaltlich ausgerichtet werden könnte, sondern um in jeder Hinsicht *fertige* Reaktionsweisen. Diese Interpretation wird noch präzisiert durch die Definition des »*New Dictionary of Psychology*«. Hier heißt es, *habit* sei »eine gelernte Reaktion, welche die Muskelkoordinationen, die Assoziationen oder das emotionale Element durch Übung ziemlich fest begründet, so daß sie rasch und beinahe automatisch abläuft«.[5]

In diesem allgemeinen Sinn sind also die mit *habit* gemeinten Reaktionsweisen in dem Maße »gelernt« und anwendungsbereit, daß sie beinahe automatisch funktionieren. Sie sind also das, was man im deutschen Sprachgebrauch unter »*Fertigkeiten*« versteht. Dieser Ausdruck soll daher im folgenden für den *allgemeinen* Begriff »*habit*« verwendet werden, um den vieldeutigen, ungenauen Begriff »*Gewohnheit*« zu vermeiden, durch den sonst in deutschen Übersetzungen amerikanischer Psychologie-Werke »habit« meistens wiedergegeben wird.

Demgegenüber haben wir nun noch den spezieller anthropologisch ausgerichteten Begriff von *habit*, der nicht mit »Fertigkeit« zu übersetzen ist. Wir finden die beste und für die meisten Verhaltenspsychologen, die sich mit Erziehungsfragen befaßt haben, maßgebende Definition dieses Begriffes bei *John Dewey*. Er geht davon aus, daß der Mensch nicht auf irgendeine Art zum Handeln angeregt zu werden braucht, sondern daß er als Mensch immer schon aktiv ist. Diese wesentliche Aktivität zeigt sich in der Wechselbeziehung zwischen Mensch und Welt, die mit dem Leben gegeben ist. Diese Wechselbeziehung umgreift nicht nur das Subjekt, sondern auch das Objekt. In diesem Wandel entwickelt und verändert sich der Mensch und seine Welt, aber es bleibt dabei doch eine Kontinuität des Tuns und Denkens bestehen. Auf diesem Zusammenhang der Stetigkeit zwischen den einzelnen Akten und Verhaltensweisen beruht schließlich auch die Möglichkeit, von »charakteristischen« Verhaltensweisen eines Menschen zu sprechen, d. h. von Einstellungen und Tendenzen, die bei allem Wandel doch relativ konstant bleiben. Auch der Wille und die vielfältigen Vorgänge der Erziehung und des Lernens sind aufs engste mit dieser Kontinuität des Handelns und Denkens verbunden. Mit »*habit*« meint nun *Dewey* diesen Zusammenhang zwischen den einzelnen Handlungen und Denkleistungen des Menschen: »Die Handlungen folgen nicht ohne Zusammenhang aufeinander, sondern jede Tat enthält in sich eine Tendenz und einen Hang ... zu weiteren Handlungen. Handlungen hinterlassen einen bleibenden Eindruck, eine Spur in dem handelnden Subjekt. Diese Tatsache ist uns im Vorhandensein der ›habits‹ vertraut. ›Habit‹ umfaßt, mit anderen Worten, das Insgesamt der Wünsche, Neigungen und Dispositionen.«[6]

Bei dieser Definition vermissen wir jeden Hinweis auf jene Eigenschaften, die

---

[4] *H. C. Warren*, Dictionary of Psychology. Boston 1934, S. 120.
[5] *P. L. Harriman* (editor), The New Dictionary of Psychology. N.Y. 1947, S. 154
[6] *J. Dewey – Tufts*, Ethics, rev. ed. N.Y. 1932, S. 179 f.

wir unter dem Begriff der Fertigkeit vereinigen konnten und sehen statt dessen den Nachdruck auf dem Unfertigen, dem lediglich der »Tendenz«, der »Disposition« oder der Form nach vorhandenen Verhalten. Im Gegensatz zu Fertigkeiten handelt es sich hier also etwa um Fähigkeiten: »Habit ist eine Fähigkeit, … geformt durch vorangegangene Erfahrungen«, sagt *Dewey* an anderer Stelle.[7] Und doch steckt noch mehr Dynamik in dem *Dewey*schen Begriff des habit als in diesem Begriff der Fähigkeit.

Habits sind nicht bloß passive Dispositionen zu bestimmtem Handeln, sondern sie *fordern* jeweils ein entsprechendes Handeln. Es sind also Triebfedern unseres Handelns oder »Wille«. »Alle habits sind Forderungen nach gewissen Arten von Handlungen … sie sind Wille.«[8] An anderer Stelle lesen wir: »Das Wesen der habits ist eine erworbene Disposition zu Weisen des Reagierens … Sie meinen Wille.«[9] Schließlich heißt es dort: »In jedem vernünftigen Sinn des Wortes sind habits Wille.«[10]

Dewey stellt nun fest, daß das Denken und Handeln des Menschen von habits sowohl veranlaßt als auch durchgeführt wird, indem die verschiedenen Dispositionen im Menschen unter sich und mit den Gegebenheiten der Umwelt in Konflikt geraten können, so daß dadurch gleichzeitig das Erlebnis des Widerstands als Voraussetzung für jedes bewußte Handeln und willentlich gesteuerte Denken ermöglicht wird. In diesem Konflikt der habits müssen also neue habits, und zwar durch Modifikation alter habits entstehen, da doch jeweils neue Handlungs- und Denkweisen solchen verarbeiteten Konflikten entwachsen und es kein Denken und Handeln gibt, das nicht durch habits zustande käme. Damit ist nun impliziert, daß, insofern habits in der beständigen Wechselwirkung des Menschen mit der Welt verändert werden, zugleich der Mensch selbst verwandelt wird. Dies drückt *Dewey* so aus: »Das allgemeine Charakteristikum einer Verhaltensform (habit) ist, daß jede Erfahrung denjenigen verändert, der sie macht, während diese Veränderung ihrerseits wieder die Qualität der folgenden Erfahrung beeinflußt.«[11]

Damit ist letztlich gesagt, daß der Mensch das ist, was er in der Wechselwirkung mit seiner Welt durch seine habits jeweils neu wird. Das Insgesamt der habits einer Person verändert sich durch jede neue Erfahrung. Der Mensch ist wesentlich in seinem Verhalten gegeben und ist daher wesentlich der Prozeß der Verhaltensrekonstruktion. Dies meint auch *Dewey*, wenn er sagt: »Die habits konstituieren das Selbst.«[12]

Sowohl die Prozeßhaftigkeit des Menschen als auch seine relative Konstanz beruhen auf habits. Einen Menschen psychologisch zu erfassen, bedeutet, seine habits zu verstehen. Mit ihnen begreifen wir die Träger des Wandels – denn sie bilden sich mit jeder neuen Erfahrung um – und auch den Grund der Stetigkeit

[7] *J. Dewey*, Human Nature and Conduct. N.Y. 1922, S. 66.
[8] *Ders.*, Ebenda, S. 15.
[9] *Ders.*, Ebenda, S. 42.
[10] *Ders.*, Ebenda, S. 25.
[11] *Ders.*, Erfahrung und Erziehung. In: *W. Correll*, Reform des Erziehungsdenkens. 2. Aufl., Weinheim 1966, S. 46.
[12] *J. Dewey*, Human Nature and Conduct, S. 25.

in diesem Wandel – denn neue habits entstehen nicht aus dem »Nichts« heraus, sondern nur durch Abwandlung alter Einstellungen. So wird »habit« zum zentralsten Begriff einer Psychologie, die den Menschen von seinem Verhalten und den dieses Verhalten beeinflussenden Kräften und Gegebenheiten her erfassen will.

Um »habit« im Deutschen wiederzugeben, reichen die Begriffe »Gewohnheit« oder »Fertigkeit« nicht aus. *Rothacker* hat mit viel Recht vorgeschlagen, diesen zentralen Begriff im Deutschen als »gelebte Lebensform« wiederzugeben.[13] Hierdurch wäre in der Tat sowohl der dynamische Faktor in »habit«, als auch das Moment der Geformt- und Gerichtetheit berücksichtigt. Doch scheint uns andererseits, daß der Begriff der »Lebensform« – auch mit dem Zusatz »gelebte« – sehr leicht eine andere Bedeutungsrichtung impliziert, die in der Verhaltenspsychologie auf keinen Fall gerechtfertigt wäre, da sie sich, wenn sie »habits« erforscht, ausschließlich deskriptiv, radikal diesseitig und empirisch betätigt. Da aber habits einerseits die *Formen* des Verhaltens bezeichnen, die das konkrete Verhalten bestimmen, andererseits selbst wieder durch die jeweiligen Erfahrungen bestimmt werden, scheint der Begriff der *Verhaltensform* am besten das wiederzugeben, was – wie gezeigt – in der Verhaltenspsychologie mit habit gemeint wird. Verhaltensformen sind das dynamische Element im Menschen, sie sind Wille, sie sind, in ihrer freien Verfügbarkeit und Plastizität letztlich auch das, was den Menschen in seinem Selbst ausmacht (vgl. unten). Verhaltensformen sind also nicht schon das offene Verhalten als solches, sondern sie liegen ihm zugrunde, stellen die Vorbedingung dafür dar, sie machen die psychologische Matrix aus, aus der sich das Verhalten erhebt.

An dieser Stelle zeigt sich, daß unser Begriff der Verhaltensform (als habit) identisch ist mit dem *Allport*schen Begriff »*attitude*«, von dem er sagt: »Attitude ist wohl der *bedeutendste* und *unentbehrlichste Begriff* ... *Kein anderer Begriff erscheint häufiger in der experimentellen und theoretischen Literatur.*«[14] *Allport* definiert diesen zentralen Begriff folgendermaßen: »Attitude leitet eher ein Verhalten ein und *formt es vor*, als daß sie als solche offensichtlich wäre und diese Verhaltensweise selbst vollzöge. Sie ist kein Verhalten, sondern die Vorbedingung desselben.«[15] Diese Verwandtschaft des *Dewey*schen habit-Begriffes mit dem *Allport*schen Attitude-Begriff hat *Dewey* selbst schon als Möglichkeit angedeutet, wenn er sagt: »Wenn die Tatsachen erkannt sind, können wir (für habit) auch die Begriffe attitude und Disposition benutzen.«[16] Im folgenden wollen wir daher diesen in der ganzen verhaltenspsychologischen Literatur zentralen Tatbestand der Einfachheit halber als *Verhaltensform* bezeichnen; wir sind uns bewußt, daß dieser Begriff auch das umfaßt, was *H. v. Bracken* in seiner Übersetzung von *Allports* »Persönlichkeit« mit »Haltung« wiedergegeben hat.[17]

---

[13] *E. Rothacker*, Psychologie und Anthropologie. In: Jb. f. Psychologie und Psychotherapie, 5 (1957), S. 1/2.

[14] *G. W. Allport*, Attitudes. In: *C. Murchison* (editor), A Handbook of Social Psychology, Worcester 1935, S. 798.

[15] *G. W. Allport*, Attitudes as a Form of Readiness. In: *Skinner*, Readings in Educational Psychology, N.Y. 1937, S. 214 f.

[16] *J. Dewey*, Human Nature and Conduct, S. 41.

[17] *G. W. Allport*, Persönlichkeitsstruktur. Entwicklung und Erfassung der menschlichen Eigenart. Übertr. u. hersg. v. Helmut von Bracken. Stuttgart 1949, S. 140.

Eine neue, spezifisch verhaltenspsychologische Ausprägung erhält dieser Begriff der Verhaltensform in der Lehre des Harvard-Professors *B. F. Skinner*, der zu den einflußreichsten experimentell arbeitenden Verhaltenspsychologen der Gegenwart gehört. *Skinner* schränkt für den Bereich des menschlichen Verhaltens die Bedeutung der Reflexe wesentlich ein, indem er wie *Dewey* erkennt, daß das spezifisch menschliche Verhalten nicht durch isolierte Stimuli bedingt wird, sondern daß eine solche Verbindung zwischen einer Bewegung des Subjekts und einer Umwelt-Gegebenheit erst nachträglich durch die Erfahrung einer positiven oder negativen Verstärkung (reinforcement), im Sinne eines positiven oder negativen Nacheffekts, zustande kommt. Erst durch die Folgen einer Verhaltensweise wird diese verhaltenspsychologisch bestimmt. Dieses durch seine Folgen bestimmte und aufgebaute Verhalten nennt *Skinner* »*operatives Verhalten*« (operant behavior), im Gegensatz zu bloßem Reflex-Verhalten (respondent behavior). Er definiert »operatives Verhalten« als »einen Begriff, der betont, daß das Verhalten auf die Umwelt einwirkt und bestimmte Folgen hervorruft. Diese Folgen bestimmen die Eigenschaften, durch die Verhaltensweisen einander ähnlich genannt werden können. Wir werden diesen Begriff benutzen, ... um diejenige Form des Verhaltens zu bezeichnen, die durch ihre Folgen bestimmt wird.«[18]

Operatives Verhalten ist – wie die Verhaltensform – nicht »angeboren«, sondern in der Wechselwirkung zwischen Mensch und Welt erworben. Wenn es sich als erfolgreich erweist, wird das operative Verhalten insofern verstärkt oder fixiert, als es mit der betreffenden Umweltsituation so assoziiert wird, daß es sich unter ähnlichen Umweltbedingungen immer wieder darstellen möchte. Operatives Verhalten wird also durch Verstärkung, z. B. durch Erlebnisse des Erfolgs oder der Belohnung, habituell und erhält dadurch – ähnlich der Verhaltensform – unter gegebenen Umständen den Charakter einer (Willens-)Forderung, die auf immer größere Häufigkeit der Darstellung hintendiert. Auf die Frage, welche Variablen das Verhalten bedingen – dies ist die Kernfrage der Verhaltenspsychologie –, müßte man also im Sinne unserer Formel (S. 12) feststellen, *daß es namentlich die Folgen des jeweiligen Verhaltens sind, die als Ursachen für nachfolgendes Verhalten wirksam werden*. Durch die Folgen, die eine Verhaltensform in der Umwelt hervorruft und die vom Organismus im »feed-back« (Rückkoppelung zwischen Handlung und ihren Folgen) wahrgenommen werden, wird diese Verhaltensform verstärkt, d. h. sie nimmt eine Tendenz an, häufiger in Erscheinung zu treten. Auf diese Weise könnte man leicht versucht sein, von einer absichtsgetragenen, »zweckvollen« Einstellung des Organismus zu sprechen, wenn man beobachten kann, wie er immer wieder diejenigen Verhaltensformen äußert, die vorher erfolgreich gewesen – d. h. durch ihre Folgen verstärkt worden – waren. Dies wäre indessen bereits eine nicht gerechtfertigte Deutung. Das einzige, was verhaltenspsychologisch ausgesagt werden kann, was auch beobachtet werden kann, ist, daß der Organismus durch verstärkende Folgen einer Verhaltensform diese Verhaltensform häufiger und mit größerer Wahrscheinlichkeit darstellen wird. So sagt *Skinner*: »Der Vorgang der Verstärkung des Verhaltens wird als Konditionierungsvorgang bezeichnet. Im operativen

[18] *B. F. Skinner*, Science and Human Behavior. N.Y. 1953, S. 65.

Konditionierungsvorgang verstärken wir ein operatives Verhalten, sofern wir dadurch eine Verhaltensweise wahrscheinlicher oder, genauer, häufiger in Erscheinung treten lassen.«[19] Operatives Verhalten ist also im Grunde das, was *Dewey* mit Verhaltensform meint, und der Vorgang des operativen Konditionierens ist nichts anderes als der Prozeß des Auf- und Umbauens der Verhaltensformen im Wachstum der Persönlichkeit. So machen Verhaltensformen bei *Dewey* das »Selbst« aus, und auch bei *Skinner* »modellieren sie das Verhalten wie ein Bildhauer einen Tonklumpen modelliert«.[20]

Von diesem zentralen Begriff der Verhaltensform aus ergibt sich eine spezifische Auffassung der anthropologischen Beziehung zwischen *Struktur* und *Funktion*. Struktur kann nicht mehr als isolierter Faktor verstanden werden, der die Funktion von sich aus bestimmen würde, denn Struktur gibt es überhaupt erst in bezug auf eine bestimmte Funktion, so daß einerseits die Struktur zwar die Funktion mitbestimmt, andererseits aber diese auch auf die Struktur zurückwirkt. Struktur und Funktion treffen sich in der Verhaltensform, insofern Struktur als die manifest gewordene organisierte Funktion erscheint. Jede Verhaltensform enthält sowohl eine subjektive als auch eine objektive Komponente, besteht sowohl aus Anlagen und Fähigkeiten des Subjekts als auch aus den Teilen der Umwelt, auf die sie bezogen sind. Neue Erscheinungen im Lebensbereich eines Menschen geben ebenso Anstoß zu neuen Einstellungen ihnen gegenüber wie umgekehrt neu erwachende individuelle Fähigkeiten zur Entdeckung entsprechender Seiten der Umwelt führen. Daran ändert auch die Tatsache nichts, daß – wie gezeigt – neue Verhaltensformen jeweils durch Abänderung oder Rekonstruktion alter, unter den gegebenen Umständen unbrauchbarer Verhaltensformen entstehen. Diese unbrauchbaren Verhaltensformen sind ja wiederum aus dem Zusammenspiel subjektiver und objektiver Faktoren entstanden.

So bestimmt zwar die Umwelt unsere Verhaltensformen und damit unser Verhalten, aber die Verhaltensformen ihrerseits bestimmen die Art, in der wir die Umwelt als jeweils *unsere* Welt erfahren. Das Prinzip der Wechselwirkung scheint nicht nur biologisch fundiert zu sein, sondern es wird auch durch wahrnehmungspsychologische Forschungen bestätigt.[21] Insofern also der einzelne Mensch diesen Prozeßcharakter durch seine Verhaltensformen aufweist, zeigt auch seine Welt einen solchen Übergangscharakter, da sie ja dem Menschen gar nicht anders als in bezug auf sein Handeln (als Handlungsobjekt) nach den jeweiligen Verhaltensformen gegeben ist.

Hier wird der Begriff des »*Themas*« interessant, unter dem *Murray* eine solche Verbindung zwischen einem durch den Konflikt einer unangemessenen Verhaltensform mit der Welt entstandenen Bedürfnis und dem Stimulus aus der Umwelt versteht.[22] Die Welt ist uns in solchen »Themata« gegeben, d. h. so wie es unsere jeweiligen Bedürfnisse (die aber nicht als feste Grundbedürfnisse, sondern als gehemmte Verhaltensformen aufgefaßt werden dürfen) ermöglichen, die

---

[19] *B. F. Skinner*, Ebenda, S. 65.
[20] *B. F. Skinner*, Ebenda, S. 91.
[21] Vgl. besonders *F. Allport*, Theories of Perception and the Concept of Structure. N.Y. 1955.
[22] Vgl. *H. A. Murray*, Explorations in Personality. 1938.

ihrerseits wieder durch Stimuli aus der Umwelt angeregt wurden: Sowohl die Welt als Handlungsraum des Menschen ist subjektiv und damit – als Teil der Verhaltensformen – prozeßhaft, als auch die Struktur des Subjekts selbst, die sich im beständigen Wandel immer wieder neu formt.

Für das Verständnis des menschlichen Verhaltens und seiner Entwicklung ist dieser Begriff des Menschen als Prozeß von entscheidender Bedeutung. Alles, was das menschliche Verhalten und Entwicklungsgeschehen betrifft, befindet sich danach im Wandel und in einer doppelten Relativität: sowohl die Faktoren des Subjekts (Triebe, Erwartungen, Einstellungen ...) als auch die der Welt bestehen nur *innerhalb* des Prozesses und nicht außerhalb. Die Prozeßhaftigkeit kann in keiner Weise überschritten werden, denn sie umfaßt alles, was der Verhaltensbeobachtung zugänglich ist. So dürfen auch die Normen und Regeln der seelischen Entwicklung, nach denen die bekannten Entwicklungsphasen aufgestellt werden, nicht als endgültig und starr genommen werden, sondern nur als Annäherungs- oder Durchschnittswerte für eine bestimmte untersuchte Gruppe in einer bestimmten Zeit unter bestimmten Bedingungen. *E. Jackson* sagt dazu: »Die Entwicklungsnormen sind im Prozeß der Veränderung begriffen ... Es ist bewiesen, daß sich die Verlaufsform und das Maß der Entwicklung in der gegenwärtigen Generation nordamerikanischer Kinder bedeutend von denjenigen Normen unterscheidet, die auf die von *Gesell, Catell* und *Viennese* aufgestellten entwicklungspsychologischen Skalen begründet waren.«[23]

Wir sehen, daß nach diesem ersten Gesichtspunkt der Prozeßhaftigkeit des Verhaltens sowohl das Subjekt als auch seine Welt ausschließlich von den Verhaltensformen aus betrachtet wird, die beides in sich vereinen, den Menschen als solchen und seinen Handlungsraum.

Aus diesem anthropologischen Ansatz (der aber nicht mit dem »behavioristischen« Ausgangspunkt identisch ist) heraus ergibt sich die Prozeßhaftigkeit des Menschen als ein zentraler Grundbegriff der verhaltenspsychologischen pädagogischen Psychologie. Denn es ist klar, daß sich auch das Wesen der Erziehung des Menschen unter der Bedingung seiner Prozeßhaftigkeit ganz anders zeigen muß, als unter der Voraussetzung der starren Systematik des *Seins* eines fiktiven Menschen und einer fiktiven Welt. Zunächst ergibt sich daraus, daß Erziehung als der Vorgang der Verhaltensänderung interpretiert werden darf, der sich als Ergebnis des Wechselwirkungsgeschehens zwischen Mensch und Welt auffassen läßt: Die planmäßige Veränderung der Verhaltensformen des Menschen (also die fortschreitende Erweiterung und Vertiefung der Einstellungen und Fähigkeiten des Menschen und der Aspekte seiner Welt) ist ein Erziehungsvorgang.

Vom Standpunkt der Prozeßhaftigkeit der menschlichen Natur ist mithin Erziehung nicht nur *möglich*, sondern *notwendig* für die Menschwerdung.[24] Geht man dagegen von der Annahme fester Anlagen im Menschen aus, so wird Erziehung lediglich zu einer »Entwicklungshilfe« für dieses »Sein jenseits des Prozesses«. Andererseits führt auch die Verabsolutierung der Umwelt zur Deterio-

---

[23] *E. Jackson,* Child Development Patterns in the United States. In: *K. Soddy* (editor), Mental Health and Infant Development, N.Y. 1956, S. 87 f.
[24] Vgl. *W. Correll,* Lernpsychologie. 4. Aufl., Donauwörth 1965.

rierung der Erziehung zur bloßen Anpassung. *Erst durch die Auffassung des menschlichen »Seins« als »Werden« wird die Tätigkeit des Pädagogen sinnvoll.* Sein eigentliches Anliegen kann es allerdings nicht sein, ein definitiv vorgegebenes Wissen möglichst vollständig an die junge Generation weiterzugeben, um auf diese Weise die Werte der Kultur zu erhalten, sondern er muß in erster Linie den Prozeß der Wechselwirkung zwischen den jungen Menschen und ihrer Welt so erhalten, daß eine stetige Steigerung der Verhaltensformen erfolgt. Hierbei liegt die Gefahr einer Entartung der Erziehung zum bloßen »Wachsenlassen« nahe. Es ist aber wichtig zu bemerken, daß die Erkenntnis der Prozeßhaftigkeit des Menschen keineswegs dieses bloße Gewährenlassen der Kinder rechtfertigt, auch wenn dadurch einer Diktatur erstarrter traditioneller Werte entgegengetreten wird. Es darf in der Erziehung keine unverrückbaren Normen geben – weder auf der Seite des Subjekts, noch auf der des Bildungsguts –, vielmehr soll der einzige und wichtigste Bezugspunkt die Prozeßhaftigkeit, die freie Entwicklung und Reifung der Persönlichkeit selbst sein.

II. DER MENSCH ALS »OFFENES SYSTEM«

Wir haben bereits gezeigt, daß ein Charakteristikum des Begriffs der Verhaltensform in der Tatsache liegt, daß sie Faktoren des Subjekts und solche der objektiven Umwelt in sich enthält und auf diese Weise – im Verhalten – Mensch und Welt als zusammengehörig erscheinen läßt. Im Begriff der Prozeßhaftigkeit der menschlichen Natur liegt nun die Erkenntnis, daß diese Einheit immer wieder aufgespalten wird, daß die einzelne Verhaltensform im Wandel der Dinge notwendig doch wieder auf den Widerstand der Welt oder auf den der Einstellungen und Erwartungen (der Summe der bisherigen Erfahrungen) stößt. Hierdurch entsteht immer wieder ein *Konflikt:*[25] die Einstellungen und Erwartungen des Subjekts stehen den Gegebenheiten der Welt entgegen; die Verhaltensform erweist sich als der neuen Situation nicht angepaßt; sie muß abgewandelt werden, so daß ein neues Gleichgewicht der Kräfte erreicht und der Konflikt überwunden wird.

Es gibt in dieser Kette der Verhaltensneuorganisationen innerhalb des individuellen Lebens weder einen feststellbaren Anfang, noch ein Ende. Erst mit dem Tod hört das Konflikterleben auf, und vorher ist »immer schon« eine Verhaltensform da, die auf einen Widerstand stoßen kann. Daher läßt sich der Mensch als Prozeß auch als *»offenes System«* erfassen. Nie erreicht der Mensch eine absolute Form, ein System der Verhaltensformen, das in sich ruhen würde und sich nicht mehr zu ändern brauchte – stets bleibt der Mensch insofern »offenes System« als er sein Verhältnis zur Welt und zu sich selbst immer wieder neu zu ordnen hat.

Mit dieser Erkenntnis ist der Mensch in der pädagogischen Verhaltenspsychologie, wie wir sie hier darzustellen versuchen, als *wesentlich aktiv* begriffen. Aktivität ist – von hierher gesehen – das Ergebnis der Prozeßhaftigkeit und des offenen Systems des Menschen. So wie die einzelne Verhaltensform nur vor-

---

[25] Vgl. dazu *H.-R. Lückert*, Konfliktpsychologie. München 1957.

übergehend das psychische Gleichgewicht mit der Welt herstellen und erhalten kann, so ist der Mensch beständig in der Auseinandersetzung mit seiner Welt (nach innen und außen) begriffen. Auch die Phasen scheinbarer Passivität müssen als Teil der Aktivität aufgefaßt werden, denn Tätigkeit zeigt sich nicht nur in äußerem Handeln, sondern auch und besonders im inneren »Umgehen« mit den Vorstellungen und Symbolen der äußeren Gegenstände, also im Denken, Planen, Projektieren.

Hierin kommt wiederum ein grundsätzlich pragmatischer Zug in der anthropologischen Grundüberzeugung der Verhaltenspsychologie zum Ausdruck. Er läßt sich nicht zuletzt aus den Lebensumständen erklären, unter denen z. B. der Amerikaner früher und im Grunde auch heute noch lebt: es überlebt nur derjenige, der aktiv ist, der sich erfolgreich mit den wechselnden Situationen auseinanderzusetzen versteht; wer in der Untätigkeit erstarrt, wer den Grundsatz des »offenen Systems« aufgibt, der gibt sich selbst auf. Auch der Gedanke der gegenseitigen Hilfeleistung, der in Amerika tief verwurzelt ist, hört dort auf, wo jede Bereitschaft zur Selbsthilfe fehlt. Hilfe ist stets Hilfe zur Selbsthilfe, wenn sie im Sinne der amerikanischen Grundüberzeugung ausgeübt wird.

Von dieser Offenheit des menschlichen Verhaltens und der Aktivität her erklärt sich auch die Bewußtseinsfähigkeit des Menschen. Solange die einzelne Verhaltensform im Einklang mit der Welt steht, das Gleichgewicht ungestört ist, besteht auch kein Bewußtsein des Verhaltens. Es flammt gleichsam erst dann auf, wenn das Verhalten auf den Widerstand der Welt stößt, wenn das Gleichgewicht wieder gestört ist. Die Aktivität und das Widerstandserlebnis sind die Bedingung der Möglichkeit des Bewußtseins und damit auch der Freiheit der Entscheidung, die ohne Bewußtsein der Situation unmöglich wäre.

Das wesentliche Merkmal der Aktivität des offenen Systems ist also die *Intentionalität*. Das Tun und Denken des Menschen ist – wenn es typisch ist – zielgerichtet und absichtsvoll. Der Wille ist nicht »allgemein« – z. B. auf die Vervollkommnung der eigenen Natur o. ä. gerichtet –, sondern spezifisch und konkret, er ist immer »Wille auf etwas«. Dieses »Etwas« ergibt sich je und je neu aus der Situation, in der sich das Individuum gerade befindet. Etwas Allgemeingültiges läßt sich darüber überhaupt nicht aussagen. Dadurch aber, daß ich die Situation, den Handlungsraum eines Menschen etwa, verändere, ermögliche ich auch das Entstehen neuer Intentionen, neuer Willensimpulse im Subjekt, also eine entsprechende Tendenz der Verhaltensneuordnung (und dadurch der Charakterbildung).

Es ist ohne weiteres klar, daß diese mit dem offenen System des Menschen gegebene Aktivität nicht mit leerer Betriebsamkeit verwechselt werden darf. Doch erhebt sich die Frage, wodurch die dem offenen System immanente Steuerung konstituiert wird. Hierauf wollen wir im folgenden soweit eingehen, als dadurch die für die Verhaltenspsychologie charakteristische anthropologische Grundlage noch deutlicher werden kann.

III. DER MENSCH ALS ORGANISIERTE GANZHEIT

Das Menschenbild der Verhaltenspsychologie war öfters dem Vorwurf ausgesetzt, es sei eine »mechanistische« Konstruktion. Dies wird dadurch begreiflich, daß ja immer wieder betont wurde, wie die Aktivität nicht als reine Spontaneität des Subjekts verstanden werden dürfte, sondern nur aus dem Wechselbezug zwischen dem Menschen und seiner Umwelt heraus erfaßt werden könne. Nun ist aber der Mensch als offenes System weder ausschließlich durch die Stimuli aus der Umwelt noch durch die Impulse, die seinem eigenen Inneren entsteigen, bestimmt, sondern durch ein Organisationsprinzip, das nicht als mechanistisch-starre Formel gegeben ist, sondern sich in der Interaktion mit der Welt beständig neu manifestiert. So ist menschliche Aktivität in ihrer Intentionalität niemals reversibel; jede Handlung ist in ihrer Art einmalig, weil ja jedes Verhalten das Insgesamt der Verhaltensformen verändert, den Menschen also verwandelt.

Dies setzt voraus, daß der Mensch – ähnlich der »Menschenmaschine«, im Sinne der Kybernetik[26] – die Urfähigkeit besitzt, sich mit Hilfe des »feed-back« selbst zu regulieren, d. h. die Wirkung seiner Aktivität mit der ursprünglichen Absicht zu vergleichen und dadurch die Befriedigung dieser Absicht oder das Gegenteil davon zu erfahren. Da nun die Absichten – oder Bedürfnisse – nicht ein für allemal feststellbar sind – auch die »Triebe« des Menschen lassen sich nach dieser anthropologischen Überzeugung nicht systematisieren, weil sie sich jeweils im konkreten Verhalten erst zeigen und immer wieder ein neues Gesicht erhalten – muß auch das Organisationsprinzip so plastisch sein, daß trotz der wechselnden Situationen die Einheit des Verhaltens gewahrt bleiben kann.

Noch deutlicher wird die eigentümlich menschliche Organisation des Verhaltens, wenn man sie mit dem Begriff der Entropie konfrontiert, der ja besagt, daß die brauchbare Energiemenge auf der Erde stets kleiner wird, wenn auch die Gesamtenergie im Weltraum gleich bleibt. Die Aufrechterhaltung jeder Organisation ist nun stets an den Verbrauch von Energie in der ordnungerhaltenden Aktivität gebunden. Also würde sich – nach dem Entropie-Gedanken – eine Tendenz der Erdentwicklung auf einen allgemein ordnungslosen Zustand ergeben. Demgegenüber ist aber die Entwicklung der Organismen dadurch charakterisiert, daß eine stets straffer werdende Ordnung oder Organisation, d. h. eine stets zweckmäßigere und planvollere Ausnutzung der vorhandenen Energie erreicht wird. Die Entropie des Weltalls erlebt also eine Umkehrung im Bereich der Organismen und besonders im menschlichen Leben, wo die »Organisationsenergie« – durch die Summierung der Verhaltensformen stets größer wird. Konsequenterweise könnte man vom Standpunkt der Organisation des menschlichen Verhaltens her von einer »negativen Entropie« sprechen und dadurch den spezifischen Ansatz der Verhaltenspsychologie treffen. Im Stoffwechselprozeß des Organismus geht zwar ein Teil der gewonnenen Energie verloren, aber das Bemerkenswerte dabei ist die Möglichkeit, solche Energie für zukünftige Zwecke aufzuspeichern und sie für sinnvolle Arbeit zu verwenden. Dies gilt erst recht

---

[26] Vgl. *N. Wiener*, Mensch und Menschmaschine, 1952. Außerdem: *Ders.*, Cybernetics of Control and Communication in the Machine, 1949.

für den Bereich des menschlichen Lernens, wo – wie wir noch genauer erörtern werden – Verhaltensformen erworben und bewahrt werden, um unter entsprechenden Bedingungen sinnvoll angewandt werden zu können. Schon von hier her zeigt sich, daß die Verhaltenspsychologie mit ihrer Betonung der Prozeßhaftigkeit des Menschen, des offenen Systems und der organisierten Ganzheit wesentlich eine Psychologie des Lernens ist, insofern sie hier ihre eigentliche Bestätigung und Anwendung erfährt. Hierin sind sich auch die meisten Schulen und Richtungen der pädagogischen Psychologie einig.

Gestaltpsychologisch läßt sich dieser Vorgang ebenfalls nachweisen. Die aufgenommenen Informationen werden strukturiert und geordnet. Hierdurch erhalten sie eine Bedeutung und einen Sinn, werden sie verstanden. Solche Erkenntnisse speichern wir aber gleichsam als »Energie«, um in der Zukunft wieder eine erlebte Unordnung, d. h. einen neuen, unverstandenen Sachverhalt, zu ordnen, mit dem Bekannten zu verknüpfen und zu deuten. Dieser Vorgang des Ordnens kann auch als Prozeß des Verstehens sowohl im Bereich des Eigenseins des Menschen als auch in dem seiner Umwelt begriffen werden; er ermöglicht im Grunde erst die fortwährende Neuorientierung der individuellen Erfahrungswelt, welche ihrerseits den Menschen in seinem Prozeßcharakter ausmacht.

In diesem Sinn ist auch das Verhalten der Schüler letzten Endes als Ausdruck ihres Bedürfnisses zu verstehen, in einer geordneten, organisierten Welt zu leben, d. h. die je und je notwendig auftretenden Konflikte als unverstandene Momente möglichst in verstandene überzuführen und dadurch das Gleichgewicht mit der Umwelt immer wieder herzustellen. Auch der bekannte Zusammenhang zwischen Frustration und Aggression, wie er von *Lewin, Dollard, Miller* u. a. erforscht worden ist,[27] läßt sich von hier aus begreifen: Eine Frustration würde dann eine Erschütterung des psychischen Gleichgewichts bedeuten, und die darauffolgende Aggression wäre ein Versuch, diese Störung auszugleichen, die »organisierte Ganzheit« der Verhaltensformen wiederherzustellen. Ganz ähnlich läßt sich von hier aus auch die pädagogisch bedeutsame Beziehung zwischen Erfolgserlebnissen und der darauffolgenden Anhebung des Anspruchsniveaus bzw. des Selbstvertrauens erklären.[28] Das Erlebnis des Erfolgs bedeutet hierbei gleichsam ebenfalls eine Störung des bisherigen Gleichgewichts durch die Herstellung der seelischen Harmonie auf einer höheren Ebene der Erwartungen. Daß diese Erkenntnis im Bereich der Lernpsychologie (z. B. Lob und Tadel) eine besondere Bedeutung erlangt, liegt auf der Hand (vgl. Kap. 3).

Überhaupt können wir von diesem Prinzip der Organisation her den wesentlichen Zug der menschlichen Natur zur Konstanz der Verhältnisse erklären und verstehen. Nicht nur im Bereich der Wahrnehmung nehmen wir Geschlossenheit und Ganzheit auch dort wahr, wo sie objektiv gar nicht als solche gegeben ist, sondern wir streben auch in soziologischer Hinsicht immer wieder nach überschaubaren, strukturierten Verhältnissen, denen wir dann Konstanz verleihen

[27] K. *Lewin, Lippit* and *White,* Patterns of Aggressive Behavior in Experimentally Created Social Climates. In: Journ. of Soc.Ps., 1939. – Ferner: *J. Dollard, N. E. Miller,* Personality and Psychotherapy. New Haven 1950; *N. R. F. Maier,* Frustration. New Haven 1949.

[28] Vgl. *K. Lewin, Dembo a. o.,* Level of Aspiration. N.Y. 1944.

möchten. Diese Resistenz gegenüber dem Wandel der Dinge schafft erst die Möglichkeit zur kraftvollen Ausformung des Individuellen wie des sozialen Menschseins schlechthin.

Von hier aus wird auch das starke Bedürfnis der Kinder nach bestimmten, gleichbleibenden Verhältnissen in der Schule verständlich. Nichts ist ihnen so sehr zuwider wie ein erzwungenes Leben und Arbeiten in einer improvisierten, ungeordneten Welt ohne Konstanz. Es ist deswegen ein verhängnisvolles Mißverständnis, wenn die modernen verhaltenspsychologisch fundierten Bestrebungen der aufgelockerten, individualisierten Unterrichtsweise mit einem planlosen »laisser-faire« verwechselt werden.[29] Die Erziehungsmethode, die sich auf der Grundlage der anthropologischen Überzeugung von dem Prinzip der Organisation der menschlichen Natur aus ergibt, darf nicht mit planlosem »Wachsenlassen« verwechselt werden und auch nicht mit mechanistischem Drill. Das Prinzip der Organisation entspricht dem kindlichen Drang nach organisierter Überschaubarkeit der Dinge und Verhältnisse, nach einer gewissen Gleichförmigkeit und Rhythmik im Ablauf der Geschehnisse und damit nach Geborgenheit und Ruhe inmitten des Wandels.

IV. DAS SELBST ALS ORDNENDES PRINZIP DES SEELISCHEN

Vom Grundgedanken der Organisation aus erhebt sich die Frage nach der Instanz im Menschen, die das Zentrum dieser Steuerungsprozesse ausmacht. Unter Berücksichtigung des Grundgedankens der Prozeßhaftigkeit kann ein solches Zentrum nicht jenseits der Verhaltensformen liegen. Vielmehr ist es als das Selbst des Menschen diesen Verhaltensformen immanent; es ist das Insgesamt der Verhaltensformen. Dadurch gibt es der Person und seiner Welt die Struktur und die Ordnung im Wandel der Dinge. Das Selbst ist – wie die Verhaltensformen – weder allein aus dem Subjekt noch ausschließlich aus der Umwelt heraus zu begreifen, sondern nur vom Gedanken der umfassenden Wechselbeziehung beider miteinander her. Weil nun diese Wechselbeziehung immer schon mit dem individuellen Leben besteht, gibt es auch immer schon die Verhaltensformen und deren Kontinuität, d. h. das Selbst. Am reinsten finden wir diese für die anthropologische Überzeugung der pädagogischen Verhaltenspsychologie typische Auffassung bei *Dewey*. Er drückt diesen Zusammenhang zwischen dem Selbst und dem konkreten Verhalten folgendermaßen aus: »Die Verhaltensformen konstituieren das Selbst.«[30]

Das Selbst des Menschen baut sich mit den Verhaltensformen, d. h. in der aktuellen Auseinandersetzung mit der Umwelt auf, und zwar so, daß jeweils das Insgesamt der vorausgegangenen Erfahrungen die nachfolgenden Einstellungen und Handlungen mitbestimmt. Der letzte Ursprung des Selbst ist demnach das Verhalten bzw. die Verhaltensform, also die Wechselbeziehung des Menschen zur Umwelt. Außerhalb dieses Bezugs kann es von diesem Standpunkt aus kein Selbst

[29] *J. Dewey*, Erfahrung und Erziehung. In: *W. Correll*, Reform des Erziehungsdenkens, 2. Aufl., Weinheim 1966.
[30] *J. Dewey*, Human Nature and Conduct. N.Y. 1922, S. 25.

geben.[31] Die Frage nach der Genese des Selbst ist dieselbe wie die nach der Entstehung der einzelnen Verhaltensform: wir stoßen auf einen eigentümlichen Zirkel, der nicht zu durchbrechen ist, ohne den Boden der empirischen Verhaltenspsychologie zu verlassen. Denn die einzelne Verhaltensform entsteht natürlich immer durch Abwandlung einer vorausgegangenen, unbrauchbar gewordenen Verhaltensform, und es ist unmöglich, einen schlechthinnigen Anfang festzustellen, weil sich das individuelle Leben immer nur »im Verhalten« zeigt.

In diesem verhaltenspsychologischen Sinne gehören zum Begriff des Selbst aber auch alle diejenigen Aspekte, die die *Selbsteinschätzung* des Menschen ausmachen, soweit es sich um konstante und integrierte Züge handelt. Selbsteinschätzungen entstammen nicht etwa einem System außerhalb des Selbst, sondern ebenfalls dem Insgesamt der Verhaltensformen, d. h. sie ergeben sich aus der verhaltenspsychologisch gedeuteten Wechselbeziehung zwischen Mensch und Welt: Die Einschätzung des Selbst wird um so positiver und gehobener sein, je positiver die erfahrenen Nacheffekte der Einstellungen zur Um- und Mitwelt sind, und sie wird umgekehrt gedrückt sein, wenn sich entsprechend mehr Mißerfolgserlebnisse einstellen. Hieraus lassen sich auch die Erwartungen, die Willensimpulse und die Einstellungen zur Zukunft erklären. Vor allem erklärt sich von hier aus – was pädagogisch besonders bedeutsam ist – die Interessierbarkeit eines Menschen für neue Aufgaben. Der Mensch wird um so aufgeschlossener für Neues sein, je höher seine Selbsteinschätzung ist, d. h. je positiver seine bisherigen Erfahrungen verlaufen sind. Dies gilt nicht nur für den Umgang mit den Mitmenschen, sondern auch für die Einstellungen zu (schulischen) Aufgaben.

Dieser Begriff des Selbst als Insgesamt der Verhaltensformen einschließlich der Selbsteinschätzungen (»Anspruchsniveau«) ist typisch für die neuere verhaltenspsychologische Literatur. Wir finden ihn z. B. auch bei *Snygg* und *Combs:*[32] »Der Begriff des Selbst schließt jene Teile des phänomenalen Bereichs ein, die der Mensch als eindeutige und relativ stabile Selbsteinschätzungen entwickelt hat.« Das Selbst bleibt also bei allem Wandel des Verhaltens mit sich identisch und bewirkt gerade dadurch im Prozeß der Wechselwirkung immer wieder eine gewisse Stetigkeit oder »Kontinuität«. Letztere ist es auch, die im Sinne dieser Psychologie als Grundlage des »Charakters« bezeichnet werden kann: *Charakter* ist der kontinuierliche Zusammenhang der Verhaltensformen. Je integrierter das Selbst, desto stärker also auch der Charakter. Auf Grund einer solchen Kontinuität der Verhaltensformen im Selbst oder Charakter sind überhaupt erst psychologische Prognosen möglich. Eine andere Basis für Vorhersagen als diese empirisch, verhaltenspsychologisch gewonnene, gibt es nicht. Das Selbst zeigt sich hier sowohl als Träger des individuellen Verhaltens als auch als Ergebnis oder Produkt dieses Verhaltens. Es ist sowohl aktiv als auch passiv, immer aber intentional, gerichtet auf etwas, weil ohne eine solche Ausrichtung das Prinzip der Organisation nicht möglich wäre.

Hierbei kann die Gerichtetheit des Selbst sowohl im Sinne einer Finalität als auch einer Intentionalität verstanden werden. Die Ziele oder Zwecke eines

[31] Vgl. dazu *H.-R. Lückert*, Konfliktpsychologie. München 1957, S. 213 f.
[32] *D. Snygg and A. W. Combs;* Individual Behavior. N.Y. 1949, S. 112.

Menschen sagen daher sehr viel über sein Selbst aus und wirken auf es zurück. Wünsche und Willensimpulse sind Manifestationen der Verhaltensformen. Daher hat die Erziehung einen überaus großen Einfluß auf die Willens- oder Charakterformung. Vor allem wird deutlich, daß Charakterbildung nicht rein verbal vorgenommen werden kann, da sich Verhaltensformen nur durch Verhaltensänderung, d. h. durch Auseinandersetzung mit den Gegebenheiten der Welt entwickeln. Das Gute zu »wissen« bedeutet erst dann das Gute auch »tun« zu wollen, wenn dieses Wissen im aktiven Umgang mit Schwierigkeiten gewonnen wurde, d. h. in Verhaltensformen niedergeschlagen ist. Gerade diese Art Wissen wird aber gemäß der neueren Lernpsychologie vermittelt, und so mündet auch die Lehre vom Selbst in der pädagogischen Psychologie in die des lernenden, in der Wechselbeziehung zu seiner Welt sich ausformenden Menschen hinein, mit der wir uns im folgenden zu befassen haben.

V. FORTGESETZTES »WACHSTUM«
ALS ERGEBNIS UND ZIEL DES VERHALTENS

Wird der Mensch nach allem, was wir schon sagten, total aus seinem Verhaltensbezug begriffen und nicht etwa aus einer Instanz heraus, die hinter oder vor diesem Wechselwirkungsprozeß liegen würde, so erhebt sich nun die Frage nach dem Ziel oder der Richtung des Lebens- oder Entwicklungsvorganges. Zunächst steht fest, daß durch die Prozeßhaftigkeit des Menschen eine beständige physiologische und psychologische Veränderung des Organismus unvermeidlich ist. Die Gesamtheit dieser Veränderungen kann nun als das bezeichnet werden, was man in der neueren Verhaltenspsychologie »Wachstum« nennt. Damit ist nicht so sehr ein Entwickeln von vorgeformten Anlagen gemeint, sondern einerseits die mit der Wechselbeziehung zur Welt gegebenen Größenzunahmen des Organismus und andererseits die damit einhergehenden Prozesse der Differenzierung und Integrierung, die jeweils als Ergebnis der Ausgestaltung und Vermehrung der Verhaltensformen betrachtet werden können.

Während nun die Größenveränderungen im Laufe des Lebens zu einem gewissen Abschluß kommen – wir werden im Kapitel 4, II noch genauer auf diese Prozesse eingehen –, dauern die Veränderungen in der Organisation und Komplexität während des ganzen Lebens an.

Wachstum ist mithin einerseits das Ergebnis der mit dem Leben gegebenen Wechselwirkung zwischen Mensch und Welt und zwischen den verschiedenen Impulsen und Strebungen im Menschen selbst; andererseits ist es aber auch das Ziel, auf das hin diese Lebensvorgänge letztlich ausgerichtet sind. Das Ziel der Erhaltung des Selbst und der Prozeßhaftigkeit des Menschen in seiner Welt ist ausgedrückt im Wachstumsvorgang, Wachstum als Prozeß ist ein Zustand, in dem sich der Mensch immer schon befindet und zugleich das formale Ziel, auf das hin seine Aktivität gerichtet ist.

Psychologisch gesehen ist damit auch ein Kriterium für die Bewertung einer Handlung geschaffen: sie wird wertvoll in dem Maße, in dem sie dem letzten Ziel aller Aktivität, dem Wachstum, entspricht. Wertlos oder wertwidrig wird sie dann, wenn sie dieses Wachstum nicht fördert oder gar verhindert. Wachstum heißt in diesem Zusammenhang natürlich Möglichkeit zu weiterem Handeln.

An dieser Stelle scheint allerdings die Grenze dieser formalen Betrachtungsweise des Handelns erreicht zu sein. Denn es erhebt sich die Frage, ob der Wachstumsbegriff ethisch relevant sein kann, ohne inhaltliche Festlegung der Richtung, die das Wachstum oder Handeln des Menschen jeweils einschlagen soll. In einer beliebigen Konfliktsituation kann sich ein Mensch etwa auch so entscheiden, daß zwar weiteres Handeln oder Wachstum möglich ist, daß aber dieses Wachstum ethisch bedenklich wird, weil es sich gegen die Gemeinschaft richtet. In diesem Fall ist jedoch Wachstum nicht als letztes Ziel des Handelns genommen worden, denn durch die Gemeinschaftswidrigkeit gelangt das Tun des immer in und mit der Gemeinschaft lebenden Menschen notwendig früher oder später zu einem Stillstand. Wachstum kann sich nur dann erhalten, wenn die einzelnen Handlungen, die es ausmachen, das Zusammenleben der Menschen unter den jeweils herrschenden Bedingungen ermöglichen und fördern. Hierdurch erhält die Forderung, das Handeln am Kriterium des weiterhin möglichen Wachstums zu messen, zugleich eine ethische Bedeutung. Weiteres Wachstum meint weitere Entwicklung des Menschen in einer ethisch positiven Welt, meint fortschreitende sittliche Vervollkommnung.

In diesem Sinne ist auch der Lernvorgang wesentlich ein Wachstumsprozeß. Er erweitert den Bereich der subjektiven Bedeutsamkeit der Welt fortwährend. Jedes gelernte Material ist dann insofern sinnvoll, als es wieder als Ausgangsbasis für neue Lernakte dienen kann. Ein Lernen, das weiteres Lernen einschränkt oder gar ausschließt, weil es den Geist nicht zugleich auf weitere, neue Fragen lenkt, kann zwar für den Augenblick und oberflächlich betrachtet sehr erschöpfend sein. Aber es ist gerade dadurch unproduktiv und gegen das Prinzip des Wachstums gerichtet. Erziehung zu produktivem Verhalten kann nur so betrieben werden, daß kein Lernvorgang zu einem absoluten Abschluß geführt wird, sondern nur zu einem relativen Ende, das zugleich wieder als Ausgangspunkt für neue Lerninteressen dienen kann. Endgültigkeit im Lernen würde Verzicht auf Wachstum und Interessenentfaltung bedeuten und damit auch die gerade im fortgesetzten, unbegrenzten Wachstum manifeste individuelle Freiheit untergraben. Der Mensch als freies Wesen ist also zugleich notwendig das lernende und schöpferische Wesen, und der Lern- und Erziehungsprozeß erhält von hierher sowohl seine methodische als auch seine inhaltliche Ausrichtung. Jede starre Festlegung des Lehrstoffes und jedes »Methodenmonopol« muß vermieden werden, wie aber auch ein Abgleiten in eine bloße Hörigkeit gegenüber der Willkür der Schüler vom Übel wäre.[33] Das Prinzip des Wachstums begründet demnach keineswegs eine Diktatur der Willkür des Lehrers oder der Schüler, sondern fordert eine unvoreingenommene, sachliche Orientierung und ein integratives, partnerschaftliches Verhältnis zwischen Lehrer und Schüler, das von vornherein auf eine jeweils zweckmäßige Abstimmung der verschiedenen Intentionen im Sinne des produktiven Kompromisses abzielt. Diese Forderung steht im Zusammenhang mit dem sechsten anthropologischen Charakteristikum der Verhaltenspsychologie.

---

[33] Vgl. *W. Correll*, Reform des Erziehungsdenkens. 2. Aufl., Weinheim 1966, Kap. 1 u. 2.

VI. DIE INDIVIDUELLE VARIABILITÄT

Der Mensch, dessen Tun und Denken von dem Gedanken des fortgesetzten Wachstums im obigen Sinne geleitet wird, ist zwar stets auf das Leben mit anderen Menschen hin ausgerichtet – denn nur in der Gemeinschaft ist Wachstum möglich – aber er geht doch nicht ausschließlich in dieser Gemeinschaft auf, er bleibt mehr als das Produkt der Gemeinschaft. Das Charakteristische der demokratischen Gemeinschaft zum Beispiel in ihrer amerikanischen Ausprägung ist vielmehr gerade, daß der Mensch, der diese Gemeinschaft letztlich ausmacht, immer Individuum bleiben kann. Die individuelle Variabilität ist eines der bedeutendsten Ergebnisse der verhaltenspsychologischen Betrachtung des Menschen, denn sie macht deutlich, daß hier der Mensch trotz aller grundsätzlich sozialen Bezogenheit nicht nur ein Produkt der Gruppeneinflüsse auf ihn ist. Vielmehr ist es auch die grundsätzliche Verschiedenheit der Individuen, die die spezifische Gruppendynamik (im Gegensatz zur bloßen Masse) erst ausmacht. Hierdurch entsteht ein soziologischer *Pluralismus,* der zusammen mit dem Gedanken des individuellen und sozialen Wachstums die spezifisch amerikanische Ausprägung der demokratischen Gesellschaft entstehen läßt. In der pädagogischen Verhaltenspsychologie ist der Gedanke der individuellen Variabilität des Menschen vor allem dadurch bedeutsam geworden, daß von hierher die Bestrebungen der typologisierenden Psychologie stark durch individualpsychologische ergänzt oder gar ersetzt wurden. »Typen« und »typische« Verhaltensweisen erscheinen von hierher lediglich als Hilfskonstruktionen ohne notwendige Eigenrealität, die dazu dienen, das jeweils besondere Individuum zu begreifen. Dies gilt sogar auch für die Altersgruppen, die nach entwicklungspsychologischen Einsichten zwar viele Gemeinsamkeiten unter den Individuen entstehen lassen, dennoch aber niemals darüber hinwegtäuschen dürfen, daß auch die Gruppe der Gleichaltrigen dem Prinzip der individuellen Variabilität unterliegt. Testreihen lassen sich zwar normieren, aber das Individuum bleibt doch stets jenseits jeder Norm. Jeder Schüler hat nach diesem Grundgedanken auch eine individuelle Leistungsgrenze in den einzelnen Lerngebieten und bezüglich der Schulbegabung überhaupt. Diese Grenzen gilt es zu erkennen und zu verwerten (individuelle Aufgabenstellung).

Daher muß auch jedes Individuum individuell behandelt und beurteilt werden. Hierauf gründet sich insbesondere die Forderung des individualisierten Unterrichts, der jedoch trotzdem Gemeinschaftserziehung bleiben soll, indem der Einzelne optimal gefördert und gerade hierdurch zu einem wertvollen, produktiven Glied der Gemeinschaft wird. Bereits in der Schule beginnt also die Erziehung zur pluralistischen Gemeinschaft, die liberal genug ist, um der individuellen Variabilität Rechnung zu tragen und doch auch sozial genug, um den fruchtbaren Gemeinschaftsbezug lebendig zu erhalten.

In der pädagogischen Praxis darf es also nicht darum gehen, die vorhandenen individuellen Verschiedenheiten durch Anwendung einheitlicher Stoffpläne möglichst zu überwinden und »einheitliche Ziele« anzustreben, sondern vorhandene Pläne und Normen sollten stets in einer individualisierten Abwandlung angewandt werden. Sogar bezüglich des Lerntempos und hinsichtlich der Lernmethode gilt dies: wenn wir im Stile des überlieferten Klassenunterrichts die Schüler mehr oder weniger geschickt zwingen, gemeinsam das gleiche Ziel auf dem gemeinsamen Wege zu erreichen, vergewaltigen wir das Prinzip der individuellen Variabilität: die individuellen Differenzen der Schüler würden nur als äußerst störend empfunden werden können; man müßte sie also nach Möglichkeit überwinden, und am besten wäre es dann, wenn alle Schüler eines Jahrgangs genau »gleich« wären!

Wie aber soll nun der Unterricht aussehen, der der individuellen Variabilität Rechnung trägt und doch nicht in ein schrankenloses laisser-faire ausartet? Vor allem wird er die überlieferte Vorstellung des Klassenunterrichts, der in diesem Sinne ein Massenunterricht war, aufgeben müssen. Statt dessen werden die Kinder die Möglichkeit haben müssen, an der Zielsetzung, der Planung und an der Auswahl der Arbeitsschritte und -methoden selbst mitzuwirken, und zwar so, daß jeder Einzelne durchaus zum Zuge kommen kann und er nicht erneut – diesmal durch die Gruppe der »anderen« – dirigiert wird. Sodann muß die Klassengemeinschaft so aufgegliedert werden, daß auch jeder seine Planung und seine Tempoeinteilung verwirklichen kann. Es wird sich wohl immer ergeben, daß kleinere Gruppen gleiche Wege und ein ähnliches Tempo einhalten wollen. Im übrigen ist dies eine ausgezeichnete Möglichkeit, die verschiedenen Techniken des programmierten Unterrichts und des Unterrichts durch Lehrmaschinen anzuwenden. Wir werden unten[34] noch genauer sehen, wie gerade hierdurch das Prinzip der individuellen Variabilität in geradezu idealer Weise in der Schule verwirklicht werden kann.[35]

VII. DIE MULTIPLE DETERMINATION DES VERHALTENS

Nach allem, was wir bereits über die anthropologischen Grundlagen der pädagogischen Verhaltenspsychologie sagten, ist jede Verhaltensform, die sich im Verhaltensprozeß zeigt, durch das Insgesamt der vorausgegangenen Verhaltensäußerungen bedingt. Keine Verhaltensform entsteht aus dem Nichts oder aus einem schlechthinnigen Anfang heraus. Diese Tatsache, daß eine Verhaltensform oder eine Reaktion meistens als Funktion von mehr als einer Variablen aufgefaßt werden kann und daß umgekehrt eine einzige Variable mehr als eine Verhaltensform beeinflußt und bedingt, nennt man die multiple Kausation oder die *multiple Determination* des Verhaltens.[36]

In der Verhaltenspsychologie wird auf das Postulat eines »Ersten Bewegers« bewußt verzichtet, weil es den Boden der Beobachtung verlassen würde. Wenn nun jede Verhaltensform bedingt ist, gibt es auch kein spontanes – unbedingtes – Handeln. Der Begriff eines »freien Willens« verliert also seine Gültigkeit in diesem Zusammenhang, wenn unter freiem Willen die Fähigkeit zu unbedingtem, nicht determiniertem Verhalten verstanden wird.

[34] Vgl. Kap. 4, VII.
[35] Vgl. dazu auch: *W. Correll*, Lernpsychologie, Donauwörth 1965⁴, S. 78. ff. Ferner: *W. Correll*, Programmiertes Lernen und Lehrmaschinen. Braunschweig 1966². Und: *W. Correll*, Programmiertes Lernen und schöpferisches Denken. München 1966³.
[36] *B. F. Skinner*, Verbal Behavior. N.Y. 1957, S. 227.

Trotzdem ist damit der Begriff der Freiheit des Menschen nicht aufgehoben, sondern im Gegenteil erst neu, verhaltenspsychologisch begründet: Zwar gibt es keine absolute Spontaneität, aber die einzelne Verhaltensform ist auch nicht nur jeweils durch eine isolierte Determinante bestimmt, sondern durch eine Vielzahl von Ursachen, und gerade durch diesen Umstand ergibt sich die Realität der freien Entscheidung zwischen den immer wieder neuen Verhaltensmöglichkeiten. Die Welt des Menschen ist grundsätzlich offen, d. h. nicht auf einen bestimmten Horizont eingeengt. Deshalb wirken auch stets eine Unzahl von Stimuli auf ihn ein, und es obliegt seiner Entscheidung, in welcher Richtung sich sein Verhalten entwickeln wird. Freilich wird seine Entscheidung in gewissem Sinne wiederum durch das Insgesamt seiner bisherigen Erfahrungen mitbestimmt werden. Dies geschieht z. B. durch den Umstand, daß der Mensch in ähnlichen Situationen schon mehr oder weniger erfolgreich war und dadurch bereits definitive Verhaltensformen aufgebaut hat. Im Grunde stehen aber immer mehrere Möglichkeiten des Verhaltens offen.

In ähnlicher Weise kann ein und dasselbe Ereignis ganz verschiedene Wirkungen zu ein und derselben Zeit auf einen Menschen haben. Nehmen wir an, ein Schulkind wird im Unterricht durch eine besondere Frage des Lehrers so gefesselt, daß es gar nicht merkt, daß diese Frage bereits von einem anderen Schüler beantwortet wurde. Es überlegt und denkt nach und verliert dadurch den Kontakt zu dem, was mittlerweile in der Klasse vor sich geht. Plötzlich glaubt es dann, eine Antwort auf »seine« Frage gefunden zu haben und meldet sich ungestüm zu Wort. Der Lehrer, der zu dieser Zeit gar keine Frage gestellt hat und daher auch keine Meldung erwartet, ist verärgert, weil er den Fluß seiner Darbietung unterbrechen muß. Schließlich nimmt er den Schüler dran und hört zu seinem Mißvergnügen und unter dem Gelächter der Klasse eine Antwort auf eine Frage, die bereits vor zwanzig Minuten beantwortet worden war – und vielleicht sogar ist diese verspätete Antwort ungeschickt formuliert oder gar falsch! Diese Situation kann auf den Lehrer ganz verschieden »anregend« wirken, und seine Reaktion wiederum kann das Verhalten des Schülers – und das der ganzen Klasse – »multipel determinieren«. Nehmen wir an, der Lehrer sei einer von der ungeduldigen Sorte und reagiere mit einer »Strafpredigt« an die Adresse des säumigen Schülers, gefolgt von einer Strafarbeit oder einer anderen Strafe. (Der Lehrer hätte natürlich auch ganz anders reagieren können, z. B. so, daß er die Antwort des Schülers geschickt mit seiner Darbietung verknüpft hätte, um auf diese Weise die Verspätung der Antwort gar nicht erst der ganzen Klasse bewußt zu machen und dem Schüler selbst sein Erfolgserlebnis zu lassen.) Die Reaktion des Schülers auf diese Einwirkung des Lehrers kann wiederum sehr verschieden sein. Er kann beispielsweise aggressiv werden, seine Bücher wütend auf den Boden werfen, das Heft des Nachbarn zerreißen, den Lehrer und die Schule beschimpfen. Oder er kann resignieren, gleichsam zu sich selbst sagen: »Nun habe ich einmal versucht, die Frage des Lehrers wirklich ernst zu nehmen, nun ist es wieder nicht richtig, am besten ist es wohl, ich mache gar nicht mehr mit!« Er kann im Anschluß daran »aus dem Felde gehen«, d. h. in diesem Fall vielleicht beschließen, am nächsten Tag »krank zu spielen« und nicht zur Schule zu kommen; er kann auch in Zukunft sich »dumm stellen«, indem er auf jede Frage, die direkt an ihn gerichtet wird, antwortet: »Das kann ich nicht!« nur um in Ruhe gelassen zu werden. Der Schüler kann aber auch Gefallen daran finden, daß er auf diese Weise einmal in den Mittelpunkt des Klasseninteresses gekommen ist. Er kann deshalb auch in späteren Situationen »verspätet« mit einer Antwort dem Lehrer »in die Parade« fahren, um auf diese Weise den Beifall der Mitschüler zu erlangen. Er kann, mit anderen Worten, in die Clownerie hineingeraten, in eine pädagogische Sackgasse also, aus der er nur sehr mühsam wieder herausfinden kann. Welche Reaktion auch immer in unserem Schüler aktiviert wird – sie wird durch seine früheren Erfahrungen, seine Vitalität und sein Temperament, seine ganze Persönlichkeit mitbestimmt sein, und sie stellt nie eine berechenbare Antwort auf die Lehrerverhaltensweise dar.

Dieser Umstand der Unberechenbarkeit des Verhaltens durch die multiple Determination der einzelnen Verhaltensform ist, wie erwähnt, die verhaltenspsychologische Grundlage des Begriffs der Freiheit des Individuums in seiner Entscheidung. Andererseits muß hierin auch die Basis einer grundsätzlichen Disharmonie des Menschen gesehen werden. Die Verhaltenspsychologie kann von ihrem streng deskriptiven Ansatz her weder einen ersten noch einen letzten, zu erreichenden, harmonischen Zustand des Menschseins akzeptieren, sondern bejaht den Menschen als ein »konfliktträchtiges Wesen«,[37] das zwar seine Konflikte immer wieder verarbeiten kann (und muß), aber doch nie ans Ende dieser Konfliktkette kommen kann. Die verschiedenen Gegebenheiten im Subjekt und in seiner Welt, die zusammenwirken und die multiple Determination des Verhaltens ausmachen, erfordern immer wieder aufs neue eine bewußte Durchdringung der Situation. Ja, Bewußtsein wird überhaupt erst durch diesen Konflikt möglich.

Jede überwundene Konfliktsituation durch eine bewußte Entscheidung bzw. eine gelungene Problemlösung bedeutet zugleich die Geburt einer Verhaltensform bzw. die Verstärkung einer alten Verhaltensform. Damit ist die multiple Determination wiederum eine Voraussetzung der Erziehbarkeit des Menschen: wenn das Verhalten nicht multipel bedingt wäre, sondern jeweils nur eine einzige Ursache einwirken würde, dann gäbe es keine Entscheidungsmöglichkeiten, keine Freiheit, keine Disharmonie und keine Bewußtheit und damit auch nicht die Möglichkeit und Notwendigkeit der Erziehung. Erziehung besteht ja gerade aus dem Prozeß der fortschreitenden Verhaltensänderung, der Überführung einer Verhaltensform in eine neue andere. Wir sehen, wie die Verhaltenspsychologie wesentlich in den Bereich des Pädagogischen und Didaktischen hineinmündet, wie, mit anderen Worten, eine konsequente Verhaltenspsychologie zur pädagogischen Psychologie werden muß.

Dadurch, daß die multiple Determination des Verhaltens die Unberechenbarkeit und Freiheit des Individuums begründet, ist indessen nicht gesagt, daß sie die Möglichkeit der Kontrolle und Planung des menschlichen Verhaltens verneint. Im Gegenteil, *Skinner*, der den Grundsatz der »multiplen Kausation« des Verhaltens im Zentrum seiner Lehre weiß[38], spricht zugleich auch von der Mög-

---

[37] Vgl. *H.-R. Lückert*, Der Mensch, das konfliktträchtige Wesen. München 1963.
[38] *B. F. Skinner*, Science and Human Behavior. N.Y. 1953, S. 205 ff.

lichkeit und sogar der Notwendigkeit einer Planung und Kontrollierung des Verhaltens.[39] Diese Kontrolle des Verhaltens – eine wesentlich pädagogische und sozialpädagogische Aufgabe – wird nun nicht durch äußeren Zwang möglich oder gar durch Bestrafung. Zwang und Strafe würden nämlich, das hat sich aus vielen experimentellen Untersuchungen ergeben,[40] bestimmte Verhaltensformen lediglich unterdrücken, aber nicht aufheben. Daher würden sie die Leistungsfähigkeit des Menschen empfindlich verringern, weil seine emotionale Stabilität durch die unterdrückten Verhaltensformen angegriffen wird und dadurch gerade unkontrollierbare, z. B. aggressive Verhaltensformen entstehen können. Statt Zwang und Strafe muß vielmehr das Prinzip der Verstärkung angewandt werden, d. h. diejenigen Verhaltensformen, die gewünscht werden, müssen im Individuum positive Nacheffekte, Erfolgserlebnisse, eine Befriedigung auslösen, weil hierdurch eine mehr oder weniger starke Tendenz entsteht, diese Verhaltensform häufiger anzuwenden (vgl. unten, Kap. 3). Geht es z. B. in der Schule darum, den Geist der Zusammenarbeit zu stärken, so müssen wir dafür Sorge tragen, daß tatsächlich auch diejenigen Verhaltensformen der Schüler verstärkt, d. h. positiv bewertet werden, die auf den Kontakt und die Partnerschaft mit den Mitschülern abzielen. Statt dessen aber wird in vielen Schulen immer noch das Verhaltensmuster des Wettbewerbs gepflegt, indem sogar meistens die Zusammenarbeit bestraft wird und nur derjenige »gut abschneidet«, der sich in irgendeiner Weise als »besser« erweisen kann als seine Mitschüler. Nicht die Bereitschaft, anderen zu helfen, wird also leider oft belohnt, sondern die Neigung, besser, schneller, klüger zu sein als andere, was soviel heißt wie: je schlechter, langsamer, ungeschickter die anderen, desto besser, schneller, geschickter erscheine ich! Wenn man dann hinterher Schwierigkeiten im sozialen Verhalten, Kontaktstörungen, mißtrauische und eifersüchtige, ja ängstliche Symptome im Verhalten dieser Schüler feststellt, dann ist dies kein »Wunder«, sondern nur eine Folge einer falschen Behandlung ihrer Verhaltensformen. Es handelt sich dabei niemals um angeborene Einstellungen, sondern stets um das Ergebnis einer entsprechenden Verstärkung, oder mit anderen Worten einer entsprechenden pädagogischen Beeinflussung.

Daß diese Gedanken auch sozialpolitische und wirtschaftspsychologische Konsequenzen haben müssen, liegt auf der Hand. Es scheint sogar, daß eine Verwertung verhaltenspsychologischer Erkenntnisse im öffentlichen Leben notwendiger geworden ist als je. Angesichts des enormen Fortschritts der Technik und der Naturwissenschaften überhaupt ist es kaum tragbar, daß viele Bereiche des menschlichen Lebens – einschließlich Schule und Politik – an dem notwendig gewordenen Wandel nicht teilhaben und in überlieferten Schemata erstarren sollen! Die Folgen wären unübersehbar.

Nachdem wir nun die wesentlichen Grundgedanken der neueren Verhaltenspsychologie skizziert haben, können wir uns der Betrachtung ihrer Methoden zuwenden. Im Anschluß daran wird sich dann die Erörterung der pädagogisch relevanten Ergebnisse anbieten.

---

[39] Vgl. auch besonders *B. F. Skinner*, Walden Two. New York 1962.
[40] *B. F. Skinner*, Science and Human Behavior. N.Y. 1953, S. 183 ff.

2. Kapitel

Die Forschungsmethoden
der pädagogischen Verhaltenspsychologie

Der Gegenstand der pädagogischen Forschung in der Verhaltenspsychologie ist, wie schon erwähnt, das menschliche Verhalten als Insgesamt der Zusammenhänge zwischen Mensch und Welt beziehungsweise Reiz und Reaktion (unabhängige und abhängige Variable). Charakteristisch ist die Abwendung von der Introspektion und die klare Hinwendung zur Beobachtung, Beschreibung und Untersuchung des sich zeigenden Verhaltens. Wenn wir uns introspektiv selbst betrachten, sind wir zu vielen Gefahren der subjektiven Verfälschung ausgesetzt, und wir haben keine Möglichkeit, objektive Ergebnisse zu erlangen. Die menschliche Eigenwelt ist jedoch dadurch nicht etwa verleugnet oder wegdiskutiert, sondern vielleicht erst gerade durch diese Beschränkung auf die Erforschung des sich zeigenden Verhaltens in ihrer überragenden Bedeutung bestätigt: Die Subjektivität der Eigenwelt ist so umfassend, daß wir sie nicht durchdringen oder überschreiten können. Aber sie wird dadurch nicht außerhalb der Grenzen der Forschung gestellt. Dies gerade unterscheidet die moderne Verhaltenspsychologie vom traditionellen Behaviorismus: als intervenierende Variable kann die subjektive Eigenwelt des Menschen – können also Motivation, Gefühle, Impulse etc. – das sichtbare Verhalten mit beeinflussen; die Reize werden beim Menschen nicht mechanisch durch eine Reaktion beantwortet, sondern sie werden oft vorher in einer charakteristischen Weise verarbeitet. Und gerade diese Verarbeitung der Erlebnisse und Eindrücke fällt in den Bereich der nicht direkt zugänglichen intervenierenden Variablen! Wir können sie nicht direkt beobachten, aber sie sind nach Auffassung der Verhaltenspsychologie dennoch ein Teil des Verhaltens, und sie gehören deshalb wesentlich zum Forschungsbereich. Allerdings geht es dann darum, wenigstens ihre Wirksamkeit genau zu studieren, zu begrenzen, zu beschreiben, zu manipulieren und dadurch zu erforschen. Sobald es gelingt, sie in gesetzmäßige Zusammenhänge zu bringen, sie also zu steuern und zu kontrollieren, sind sie erforscht und verstanden. Sie lediglich introspektiv zu »erfühlen« kann dagegen nicht genügen. So sagt z. B. *Skinner:* »Kein Tatbestand und kein Vorgang, der für die Klärung von Problemen benutzt werden kann, darf abgelehnt werden, bloß weil er subjektiv ist. Die Gegebenheiten jedoch, die ihn bedeutend erscheinen lassen, müssen in wirkungsvoller Weise erforscht und formuliert werden ...«[1]

Wie wir gesehen haben, ist nun der Mensch, wie ihn die Verhaltenspsychologie sieht, wesentlich durch den Prozeß der Verhaltensrekonstruktion gekennzeichnet. Die physischen, psychischen und geistigen Verhaltensformen des Menschen werden durch Verstärkung (reinforcement) aufgebaut, und sie dienen wiederum als

---

[1] *B.F. Skinner,* Fünfzig Jahre Behaviorismus. In: *W. Correll* (Hrsg.), Programmiertes Lernen und Lehrmaschinen, 2. Aufl., Braunschweig 1966.

eine determinierende Grundlage für die Formierung neuer Verhaltensormen, unter neuen Bedingungen. Auch diejenigen Verhaltensformen, die sich im Denken und Erkennen darstellen, sind also diesem Prozeß unterworfen. Jede Erkenntnis muß, mit anderen Worten, »operativ« erworben werden, sie muß sich bewähren in dem Sinn, daß ihre Aussage bestätigt wird durch die Realerfahrung; ferner muß jede Erkenntnis immer wieder neu überprüft werden und auf solchem Wege mit dem Wandel der Dinge Schritt halten.

Der Gegenstand der pädagogischen Verhaltenspsychologie, der Mensch und seine lernende Auseinandersetzung mit der Bildungs- und Erziehungswelt, ist mithin ebenso prozeßhaft wie die Bemühungen, ihn zu begreifen. Auf ein System absoluter Wahrheiten kann nicht zurückgegriffen werden. Was wahr ist, muß sich je und je neu erweisen.

Am Anfang der pädagogisch-psychologischen Forschung steht daher eine Frage. Der Wert einer Untersuchung in unserem Gebiet hängt wesentlich von einer guten Fragestellung ab, die in einer *Hypothese* formuliert werden kann. Wenn man dagegen die Wahrheiten der pädagogischen Psychologie allein mit dem Verstand aufspüren könnte, ohne daß diese Operationen nachher dem Test der Bewährung unterworfen werden müßten, wären es rationale Konstruktionen, aber keine empirischen, verifizierbaren Erkenntnisse. Wie schon Kant gezeigt hat, sind wissenschaftliche Erkenntnisse nur möglich, wo apriorische »Formen« des Verstandes auf die Mannigfaltigkeit der Anschauung bezogen und so mit »Inhalt« erfüllt werden. Die »reinen Verstandesbegriffe a priori« gelten als Bedingungen möglicher Erfahrung, aber diese Formen bleiben solange »leer«, bis sie durch das in der Anschauung gegebene Material gefüllt werden. Beide Quellen der Erkenntnis, die Spontaneität des Verstandes – z. B. ausgedrückt in einer rein konstruktiven Hypothese – und die Rezeptivität der Sinnlichkeit – etwa die Erfahrung eines Experiments auf der Basis der Hypothese – müssen also zusammenwirken, um echte Erkenntnis entstehen zu lassen.

Auf diesem Schiedsspruch zwischen dem rationalistisch-deduktiven und dem empirisch-induktiven Verfahren beruht auch die Forschung auf verhaltenspsychologischer Grundlage, indem sie jeweils die Mannigfaltigkeit der Erscheinungen durch Anwendung einer klar formulierten Hypothese zusammenzufassen sucht. Dabei muß diese Hypothese – wie wir noch sehen werden – im Einklang mit den bisher gesammelten Erfahrungen und dem logischen System stehen, um nachher dem Test der Bewährung in der konkret gegebenen Wirklichkeit unterworfen zu werden.

Um also die Forschungsmethoden der pädagogischen Verhaltenspsychologie kennenzulernen, müssen wir zuerst die Hypothese, die Ausgangsbasis der Forschung, kennenlernen. Im Anschluß daran werden wir die verschiedenen Methoden und Techniken beschreiben, die verwendet werden können, um die jeweilige Hypothese zu verifizieren.

I. DIE HYPOTHESE

1. Die Definition der Hypothese

Hypothese bedeutet eine noch nicht verifizierte These, d. h. eine Annahme, eine Vermutung, die durch ihre Übereinstimmung mit den *formalen* Bedingungen der Erfahrung als möglich oder glaubwürdig erscheint. Man glaubt also gewissermaßen an die Wahrheit der Hypothese, aber man ist sich bewußt, daß diese Wahrheit noch nicht bewiesen ist. Glaubwürdig wird die Hypothese durch ihre Übereinstimmung mit allgemeinen Menschheitserfahrungen, die sich immer wieder bestätigt haben, so daß sie schließlich als »formale Bedingungen der Erfahrung« überhaupt angesehen werden konnten. Bestätigt oder verifiziert wird die Hypothese dadurch, daß ihr Inhalt mit der Wirklichkeit übereinstimmt.

Etwas Unmögliches zu glauben, d. h. eine Hypothese aufzustellen, die mit dem Erfahrungsschatz und den Gesetzen der formalen Logik im Widerspruch steht, wäre sinnlos, weil ja die Unwirklichkeit dann bereits erwiesen ist. Beispielsweise können wir nicht hypothesieren, wir hätten noch 100 DM in der Tasche, wenn wir genau wissen, daß es nur 10 DM sind! Wohl aber können wir die Hypothese annehmen, wir gewännen die restlichen 90 DM in der Lotterie. Dies steht nicht im Widerspruch zu den Denkgesetzen und auch nicht zum allgemeinen Erfahrungsschatz. Wir messen aber die Richtigkeit dieser Hypothese an ihren Folgen, d. h. wir müssen dann ein Los erstehen und die Ziehung abwarten.

Das menschliche Leben kommt nun überhaupt nicht ohne Hypothesen aus. In unserem Handeln können wir nicht immer abwarten, bis alles verifiziert ist, häufig drängt uns vielmehr der Druck des Lebensflusses zum Handeln auf der Basis einer bloßen Hypothese. Wie wir schon gesehen haben, ist das menschliche Dasein durch die Allgegenwart des Konflikts, des Treffens einer Verhaltensform auf den Widerstand von innen oder außen, gekennzeichnet. In dieser Konfliktsituation muß der Mensch versuchen, durch gezieltes Handeln den Widerstand zu überwinden. Dieses gezielte Handeln ist ein Handeln auf der Grundlage einer Hypothese, die sich im Handeln an den Folgen, die sich zeigen werden, prüfen lassen wird. Oder mit den Worten der Verhaltenspsychologie ausgedrückt: die Verhaltensform wird vom Individuum hervorgebracht, um einen Widerstand zu überwinden, und sie wird verstärkt durch den positiven Nacheffekt, den wir erfahren, indem der Handlungsfluß wieder hergestellt und das Hindernis überwunden wird. Alles Verhalten, das verstärkt wird, das also »erfolgreich« verläuft, weil es eine Bedürfnisspannung reduziert oder beseitigt, entwickelt eine Tendenz, sich wiederholt darzustellen. Jede neue Verstärkung – also jede neue Verifizierung – verstärkt auch die Tendenz zu häufigerer Äußerung. Trotzdem hat die Verhaltensform dadurch keine absolute »Garantie« erworben, daß sie sich unbedingt in jeder Situation wieder bewähren müsse, vielmehr ist jede neue Darstellung immer wieder ein neuer Versuch. Wenn die Verstärkung öfters ausbleibt, erlischt die Tendenz zur Wiederholung der Verhaltensform schließlich ganz (Extinktion). Auf diesen Vorgang werden wir noch näher einzugehen haben, wenn wir (vgl. unten, Kap. 3) die Frage erörtern, wie eine einmal aufgebaute Verhaltensform ohne Verdrängung wieder abgebaut werden kann.

Machen wir uns diesen Tatbestand, der nicht nur für unsere geistigen Verhaltensformen gilt, sondern selbstverständlich auch für alle anderen Einstellungen und Tätigkeiten, an einem einfachen Beispiel etwas klarer:

Nehmen wir an, jemand habe sich auf einer Wanderung durch eine unbekannte Gegend so verirrt, daß er die Orientierung völlig verloren hat. Es wäre nun sinnlos, solange zu warten, bis ihm der richtige Weg gleichsam von selbst einfällt. Ebensowenig zweckmäßig wäre es, wenn er planlos drauflos wandern würde oder bedenkenlos diejenige Richtung einschlagen würde, die sich in einer ähnlichen früheren Situation einmal bewährt hat (z. B. »linkshalten bringt Glück«). In beiden Fällen würde unser Wanderer nicht überlegt handeln, weil er nicht alle Möglichkeiten, die ihm zu Gebote stehen, ausnutzen würde. Er müßte vielmehr sein gesamtes Wissen zu Hilfe nehmen und seinen ungefähren Standort (etwa mit Hilfe des Sonnenstandes, der Uhrzeit, der Wanderkarte etc.) bestimmen, um auf dieser Grundlage wenigstens eine Mutmaßung – eine Hypothese – zu entwickeln, welche Richtung die wahrscheinlichste wäre. Erst nun wird er diese Mutmaßung in die Praxis umsetzen und die entsprechende Richtung einschlagen. Kommt er nach der berechneten Zeit nicht an das erstrebte Ziel, gilt es, die nächste Mutmaßung – die zweite Hypothese – zu entwickeln, wobei die Erfahrungen der ersten bereits verwertet werden können, so daß sie eine um so größere Wahrscheinlichkeit hat, verifiziert zu werden. Auf diese Weise würde unser Wanderer planlose Handlungen vermeiden und damit auch unnötige Wiederholungen. Überdies haben seine überlegten Entscheidungen jeweils einen höheren Wahrscheinlichkeitsgrad als unüberlegte Handlungen. Diejenige Mutmaßung ist endlich die richtige, die zum Ziel führt, sich also bewährt. Jeweils ist – auch im Sinne *Kants* – eine Hypothese »ein Fürwahrhalten des Urteils von der Wahrheit eines Grundes um der Zulänglichkeit der Folgen willen«.

Das Handeln auf der Basis einer Hypothese ist also typisch für die menschliche Situation überhaupt. Jede Bewährung ist eine Verstärkung der betreffenden Verhaltensform; der ganze Vorgang ist ein Prozeß der operativen Konditionierung im Sinne *Skinners* (vgl. Kap. 3). So zielt der Mensch, wenn er hypothesiert, von der Gegenwart in die Zukunft, wobei allein die Folgen des Vorgehens die Richtigkeit des Vollzugs erweisen. Dies setzt allerdings die Fähigkeit voraus, die Folgen mit dem Ansatz vergleichen zu können (»feed-back«). Nur auf dieser Grundlage ist gesteuertes Verhalten möglich. Tatsächlich finden wir diese Fähigkeit des feed-back bei allen Organismen, sofern sie sich selbst zu steuern vermögen.

Die Hypothese läßt sich mithin auffassen als der Anfang und das Ende einer wissenschaftlichen Untersuchung: sie steht als Entwurf, als Annahme oder richtungweisende Idee am Beginn einer Untersuchung, und am Ende der Untersuchung steht sie wiederum als bewiesene These. Hypothesen zu formulieren, die sich niemals verifizieren lassen, weil sie etwa auf Bereiche jenseits der Erfahrung abzielen, wäre bloße Träumerei oder Spekulation. Dafür ist in der Verhaltenspsychologie kein Platz, denn ihr Forschungsbereich geht an keiner Stelle über den Bereich der Erfahrung hinaus. *Nur solche Hypothesen sind sinnvoll, die sich durch Versuche und Beobachtungen des konkreten Verhaltens auch verifizieren lassen,* denn die Verhaltenspsychologie ist eine streng erfahrungsgebundene Wissenschaft, die, wie wir schon sagten, das Verhalten selbst zum Gegenstand hat. Umgekehrt wäre eine Forschung ohne Hypothese blind. –

Die Hypothese in diesem Sinn ist einerseits »kühn«, indem sie über die jeweils bekannten Tatsachen hinausstrebt. Sie will einen neuen Sinnzusammenhang entdecken, eine Ergänzung zustandebringen und jedenfalls etwas entdecken, was gegenwärtig noch nicht bekannt ist. Andererseits ist die Hypothese aber auch wieder »bescheiden«, insofern sie nicht mit dem Anspruch auftritt, wahr zu sein. Vielmehr will sie lediglich zum Zwecke ihrer eventuellen Bewährung im experimentellen Handlungsvollzug für wahr gehalten werden!

Um in einer Konfliktsituation überhaupt ein planvolles Handeln zu ermöglichen, postuliert also die Hypothese einen Sachverhalt. Aber trotzdem ist die Hypothese dadurch kein Postulat a priori, sondern stets a posteriori, weil sie stets von der jeweiligen Erfahrung ausgeht und auch die nachfolgende Erfahrung bewährt oder widerlegt werden kann.

Die Hypothese setzt zwar jeweils einen Zusammenhang als Grund und Erklärung für eine gefragte Gegebenheit, aber damit ist sie noch kein »Grundsatz« im Sinne der idealistischen Pädagogik oder Philosophie. Das Setzen eines Grundes, das die Hypothese – und damit die Verhaltenspsychologie – vollzieht, ist niemals apodiktisch, sondern stets relativ, bezogen auf einen bestimmten Erfahrungszusammenhang, von dem ihre Bewährung abhängig ist.

Schließlich ist die Hypothese gleichsam das Gesetz für das jeweilige Handeln in einer bestimmten Situation. Aber dadurch wird sie nicht zum allgemeinen Gesetz. Sie verliert ihre Gültigkeit, sobald eine neue Situation gegeben ist. Sie bringt das Experimentieren unter ein Gesetz, aber sie hat nur für die Dauer des Experiments selbst Gültigkeit und Bedeutung.

2. *Die Funktion der Hypothese in der pädagogischen Verhaltenspsychologie*

Wo es sich lediglich um die Zusammenstellung von Tatsachen handelt, ist eine Hypothese nicht nötig. Beispielsweise sind bibliographische Zusammenstellungen an sich oder soziometrische Erhebungen in einer Schulklasse an sich auch ohne Hypothese möglich. Sobald es sich aber darum handelt, mit der Bibliographie eine bestimmte Tendenz wirksam werden zu lassen oder mit dem Soziogramm einen gewissen Zusammenhang klarzumachen, bedarf es einer Hypothese. Wir brauchen z. B. eine klar formulierte Hypothese, wenn wir mit einer soziometrischen Erhebung die Erhellung des Zusammenhangs zwischen Beliebtheit und Leistung oder zwischen Abgelehntheit und Milieu anstreben; denn ohne Hypothese würde bereits die Fragestellung dunkel bleiben, was den Wert der Arbeit von vornherein in Frage stellen müßte.

Allgemein ausgedrückt, brauchen wir immer dann eine Hypothese, wenn es nicht nur um ein listenmäßiges Erfassen von Tatsachen geht, sondern darüber hinaus um eine Deutung, Einordnung oder Erklärung dieses Materials innerhalb eines bestimmten Sinnzusammenhangs.

Erst dadurch, daß eine gegebene Mannigfaltigkeit von Tatsachen unter dem Blickpunkt einer bestimmten Hypothese betrachtet wird, erhält sie Sinn und Bedeutung. Eine Interpretation eines Faktums ist nur auf Grund einer Hypothese möglich, die nachher überprüft werden kann. Andernfalls verläßt man den Bereich der verhaltenspsychologischen Forschung und der Empirie.

Betrachtet man nun die Methode der pädagogischen Verhaltenspsychologie unter dem Gesichtspunkt der Funktion der Hypothese in ihr, so können folgende *Stufen* oder Schritte festgehalten werden:

1. Das Problem wird als Widerstand oder Hemmung im bisherigen Denkablauf empfunden.

2. Dieser Widerstand wird abgegrenzt oder definiert durch den Entwurf einer Hypothese zur Erklärung und Überwindung des Problems.

3. Zur Erhärtung und Präzisierung der Hypothese werden weitere Tatsachen unter diesem Gesichtspunkt gesammelt und zueinander in Beziehung gesetzt.

4. Die so präzisierte Hypothese wird auf ihre *logisch-möglichen* Konsequenzen in der betreffenden Situation untersucht.

5. Die Hypothese wird schließlich als Handlungsentwurf bzw. als Forschungsplan auf die fragliche Situation angewandt und durch die praktischen und theoretischen Folgen, die sie hervorruft, entweder bestätigt oder verworfen. Im letzteren Fall beginnt die Arbeit zur Klärung des Problems von neuem; im ersteren kann die Frage der möglichen Verallgemeinerung der so gewonnenen Erkenntnis geprüft werden.

Aus diesen Schritten ergeben sich *drei Funktionen der Hypothese* innerhalb der verhaltenspsychologischen Forschung:

1) Die Hypothese steckt gleichsam inmitten der Unendlichkeit der zu erforschenden Probleme einen begrenzten Bereich ab. Sie bestimmt dadurch den Forschungsbereich der pädagogischen Psychologie als das Gebiet, in dem sinnvolle Hypothesen möglich sind. Jedes Problem wird innerhalb dieses Bereiches einer Hypothese angegangen. Erst durch eine solche Begrenzung und Einengung wird systematische Forschung und Planung möglich.

Je spezifischer die Hypothese ist, desto geeigneter ist sie für ein Forschungsprojekt. »Globale« Hypothesen sind höchstens insofern wertvoll, als man aus ihnen mehrere spezifische, klar abgrenzende Entwürfe entwickeln kann. Die Ergebnisse dieser Forschungen sind daher auch nicht ohne weiteres zu verallgemeinern. Sie sind spezifisch auf eine spezifische Hypothese bezogen und nicht auf eine »allgemeine Orientierung«. Über die Natur der »Gesetze«, wie sie im Bereich der pädagogischen Psychologie möglich sind, werden wir unten noch genauer sprechen.

2) Die Hypothese hat weiterhin die Funktion des Zusammenfassens von nebeneinanderstehenden Gegebenheiten zu einem Sinnganzen. Sie verbindet isolierte Fakten zu Einheiten, die von der Hypothese umschlossen werden. Deshalb steht oder fällt der Wert des Sinnganzen mit der Richtigkeit der Hypothese.

Daraus ergibt sich, daß die Beobachtung und Notierung von Fakten innerhalb der pädagogisch-psychologischen Forschung immer schon eine Interpretation ist. Denn die Gegebenheiten erscheinen nie rein als solche, sondern sie sind jeweils bezogen auf einen Hypotheseninhalt, eine Intention. Um so wichtiger ist es daher, sich jedesmal klarzumachen, welche Hypothese verwendet werden soll, wenn es darum geht, bestimmte Fakten zu sammeln und zu registrieren! Gegebenheiten in der pädagogischen Psychologie sind Gegebenheiten in bezug auf eine bestimmte Hypothese und nicht »Gegebenheiten an sich«.

In diesem Sinne sind die Aussagen der pädagogischen Psychologie zwar begrenzt, aber dafür jederzeit nachprüfbar, indem die benutzte Hypothese bekannt gemacht wird. Nicht nachprüfbare Ergebnisse, also Aussagen, die gemacht werden, ohne daß die benutzte Hypothese formuliert wird, können zwar richtig und wertvoll sein, aber sie sind doch zufällig. Die zusammenfassende, sinngebende Funktion der Hypothese in der pädagogischen Psychologie bedingt, daß sich die Forschung innerhalb eines Bereiches bewegt, in dem die aufgestellten Hypothesen überprüft werden können, so daß die Richtigkeit der beobachteten Fakten und die Gültigkeit der abgeleiteten Erkenntnisse an Hand der Hypothese jederzeit nachprüfbar ist.

3) Die Hypothese begrenzt nicht nur und schafft nicht nur Sinn und Zusammenhang unter den gegebenen Data, sondern gibt darüber hinaus auch noch die Richtung der weiteren Beobachtung und Forschung an und weist auf das hin, was im weiteren Verlauf der Untersuchung wichtig und bedeutend sein wird. Sie schafft, mit anderen Worten, nicht nur ein zu erforschendes Sinnganzes in der Gegenwart, sondern bedingt auch seine Fortsetzung in die Zukunft hinein. Denn die einmal aufgestellte Hypothese läßt zwar die Beobachtungen gleichsam in ihrem Licht erscheinen, aber sie bedingt auch schon wieder eine bestimmte Art der Interpretation der Konsequenzen ihrer Anwendung in der betreffenden Situation.

3. Die Hypothesenkonstruktion und die Arten der Hypothesen in der pädagogischen Verhaltenspsychologie

Wenn nun die Hypothese eine so zentrale Stellung in der Forschung einnimmt, entsteht die Frage nach ihrer Konstruktion als eine der zentralsten Fragen innerhalb der Methodologie. Von der Konstruktion der Hypothese hängt zu einem wesentlichen Teil das Ergebnis der Forschung ab, wie wir bereits gesehen haben. Daher darf der Entwurf der Hypothese nicht allein dem zufälligen Einfall überlassen bleiben. Wir müssen nach den Konstruktionsprinzipien der Hypothese fragen, um systematisch arbeiten zu können und nicht vom »guten Einfall« abhängig zu sein. Selbstverständlich kann dadurch das Glück eines zufälligen guten Einfalls nicht ersetzt werden.

Betrachten wir nun das, was bereits über die Funktion der Hypothese gesagt worden ist, genauer, so ergeben sich unschwer folgende vier Schritte der Konstruktion der Hypothese, die allerdings fließende Grenzen haben:

1) Die als Widerstand oder Hemmung des Denkablaufs empfundenen Faktoren werden in der Richtung des zur Fortsetzung drängenden unterbrochenen Vorstellungsablaufs zu einer Sinnganzheit geordnet. In dieser Weise entsteht eine erste oder »Versuchshypothese«. Aus den gegebenen Data heraus wird diese also auf induktivem Wege gewonnen. Ihren Bezug erhält sie durch den unterbrochenen Vorstellungsablauf (Problembewußtsein). Sie gibt zwar eine erste Orientierung, aber sie kann auch noch nicht mehr als dies geben, denn sie ist

bisher weder logisch noch real überprüft. Diese Überprüfung erfolgt in den nächsten Schritten.

2) Die Versuchshypothese wird zunächst als mögliche Antwort auf gestellte Fragen akzeptiert. Auf *deduktivem* Wege wird aber nun erschlossen, welche Fakten angetroffen werden müssen, wenn die Versuchshypothese tatsächlich richtig sein sollte. Es wird, mit anderen Worten, logisch bestimmt, was aus der vorläufig als wahr angenommenen Hypothese folgen muß und wie sich die problematische Situation zeigen muß, wenn die betreffende Hypothese eingesetzt wird. Die so antizipierten Folgen werden gedanklich wieder mit den von der Situation als notwendig geforderten verglichen. Wenn es zu einer Deckung kommt, kann die Hypothese auf dieser zweiten Stufe beibehalten werden, wenn nicht, muß schon hier wieder auf die erste Stufe zurückgegangen werden, um eine neue Versuchshypothese zu entwerfen.

3) Nachdem nun auf Grund früherer Erfahrungen und der Gesetze des logischen Folgerns überhaupt bestimmt wurde, welche Folgen zu erwarten sind und inwieweit diese mit den von der Situation her geforderten Veränderungen übereinstimmen, wird die Hypothese dem Test der Aktualbewährung unterworfen. Sie wird dabei so genommen, als ob sie sich bereits als wahr erwiesen hätte, d. h. sie wird als Handlungs- bzw. Forschungsgrundlage verwendet. Wird nämlich diese Voraussetzung des »als ob« nicht gemacht, so kann der Test der Bewährung niemals echt sein, weil sich die von vornherein als fragwürdig erachtete Hypothese nicht als Handlungsplan eignet.

4) Schließlich werden die auf diese Weise erfahrenen Folgen mit den in der zweiten Stufe der Hypothesenkonstruktion antizipierten und von der Situation erforderten Veränderungen verglichen. Es wird festgestellt, ob sich die Hypothese tatsächlich bewährt hat oder nicht. Im letzteren Fall muß aufs neue mit dem ersten Schritt begonnen werden, wobei aber nun schon die negativen Erfahrungen des ersten Versuchs positiv verwendet werden können, so daß die zweite Hypothese bereits eine größere Wahrscheinlichkeit aufweist als die erste.

Hat sich aber die Hypothese bewährt, so muß noch weiter die Frage ihrer *Gültigkeit* untersucht werden, indem sie in mehreren Versuchen auf ähnliche Situationen angewandt wird, so daß sich die Konstanz ihrer Bewährung sehr bald zeigt.

Es ist auch möglich, daß zwei äußerlich verschiedene Hypothesen sich in einer bestimmten Situation zu bewähren scheinen. Dann entsteht die Frage, welche der beiden Hypothesen als die richtige auszuwählen ist. Dazu ist zunächst zu sagen, daß grundsätzlich beide in gleicher Weise richtig sind, wenn sich beide uneingeschränkt bewährt haben. Es handelt sich also nicht um die Frage der Richtigkeit, sondern mehr um die der Zweckmäßigkeit. Diese Frage läßt sich dadurch beantworten, daß man diejenige Hypothese als die beste oder zweckmäßigste annimmt, die ein Maximum von problematischen Sachverhalten mit einem Minimum an Voraussetzungen und Annahmen sinnvoll und bündig erklärt.

Von hierher können wir auch die Frage nach den *Arten der Hypothesen* in der pädagogischen Verhaltenspsychologie beantworten. Wir können folgende drei Arten unterscheiden:

1) Die einfachste Hypothese ist die *beschreibende Hypothese*. Sie begnügt sich mit einer Charakterisierung oder Klassifizierung und Deskription der Gegebenheiten. Sie gibt eine Antwort auf die Frage: Was? Wann? Wer? Wo? Sie stellt noch keine tieferen Beziehungen her und versucht noch nichts zu erklären, sondern lediglich das Gegebene als solches unter einem einfachen Gesichtspunkt zusammenzustellen.

2) Die zweite Art ist die *erklärende Hypothese*. Sie gibt sich nicht mit der bloßen Feststellung zufrieden, sondern fragt nach den zugrunde liegenden Zusammenhängen und gibt so die Grundlage für die Feststellung kausaler und anderer Beziehungen zwischen den Faktoren. Sie antwortet auf die Fragen: Warum? und Wie? – Selbstverständlich gehen die erste und die zweite Art der Hypothesen oft ineinander über und sind nicht leicht zu unterscheiden. Dennoch gibt es auch jede der beiden Arten in ihrer Reinheit, und sie können am besten charakterisiert werden, wenn man sie so einander gegenüberstellt.

3) Schließlich kann man noch die *zweckmäßige Hypothese* unterscheiden. Sie ist keine Hypothese im engeren Sinne, denn sie wird auch akzeptiert, obwohl bzw. ungeachtet des Umstandes, daß sie sich möglicherweise niemals als richtig oder unrichtig erweist. Dennoch kann eine solche nicht verifizierbare Hypothese nützlich sein, ja sie kann zuweilen dazu beitragen, das Leben oder Denken in einer bestimmten Situation überhaupt sinnvoll weitergehen zu lassen. Es handelt sich hier um das, was W. *James* die »unvermeidlichen Optionen« genannt hat. Hypothesen, wie z. B. inhaltliche Feststellungen über transzendente Vorstellungen, können nichtsdestoweniger insofern nützlich sein, als sie das Leben würdiger gestalten helfen und dazu beitragen, daß der Mensch ein erfülltes Leben überhaupt führen kann und Sinnerfüllung zu finden vermag. Hierher gehören Hypothesen, die sich um die großen Ideen von Gott, Freiheit und Unsterblichkeit der Seele gruppieren. Sie sind nicht verifizierbar und deshalb nicht eigentlich Hypothesen in dem hier gemeinten Sinne. Dennoch könnte man sagen, daß ein entscheidender Teil unseres Lebens und Forschens, auch und gerade im Bereich der Erziehung, von diesen zweckmäßigen Hypothesen her bestimmt wird.

4. Die Quellen der Hypothesen in der pädagogischen Verhaltenspsychologie

Bereits bei der Erörterung der einzelnen Konstruktionsschritte der Hypothese haben wir gesehen, daß die Grundlage der Hypothese, die »Versuchshypothese«, induktiv aus der Erfahrung stammt. Darüber hinaus aber gibt es noch zwei andere Quellen der Hypothese. Wir wollen nun die 3 Quellen der Hypothesen in der pädagogischen Verhaltenspsychologie kurz betrachten:

1) Die wichtigste Quelle der Hypothese ist die *Erfahrung*. Im Umgang mit den Dingen und Gegebenheiten der Welt finden sich die Elemente, die auch die Hypothesen aufbauen. Ohne solchen Umgang gibt es keinen Anlaß zur Hypothesenbildung und auch keine Möglichkeiten der Assoziation, weil die Elemente fehlen. Mit *Erfahrung* ist hier nicht nur der Umgang mit der Umwelt, sondern auch mit der Literatur gemeint, ebenso auch der mit Kindern. Die »90% Fleiß«, die das Genie ausmachen sollen, sind eben in dieser Erfahrung enthalten, denn wo eine solche Basis fehlt, hilft auch die Phantasie nicht viel weiter.

2) Eine zweite, nicht minder wichtige Quelle der Hypothesenbildung ist die *Phantasie*. Wiewohl wir eben sagten, daß es in erster Linie auf Erfahrung ankomme, ist doch die Schöpferkraft der Phantasie entscheidend für das Sehen und Vermuten von Zusammenhängen und Beziehungen. Ohne eine solche Beteiligung der Phantasie kann die Erfahrung nicht in größere Zusammenhänge gebracht werden. Man muß also aus der Phantasie im rechten Moment die rechte Idee erhalten, um die Möglichkeit für eine Hypothese überhaupt zu sehen. Allerdings lassen sich solche Ideen nicht herbeizwingen; sie sind nur zum geringen Teil Ergebnis der systematischen Beschäftigung mit einem Zusammenhang. Häufig dagegen kommen schöpferische »Einfälle« rein zufällig, während man sich mit etwas ganz anderem beschäftigt.

3) Die dritte Quelle der Hypothese ist schließlich die *Analogie*, d. h. ein Verhältnis der Ähnlichkeit und der Entsprechung nicht zwischen zwei Dingen als solchen, sondern zwischen einigen ihrer Attribute oder Wirkungen. Analogien können eine reiche Quelle für die Hypothesenbildung sein, doch dürfen sie nie ungeprüft eingesetzt werden, zumal sie eben dazu verleiten, die dennoch vorhandenen Verschiedenheiten zwischen den Dingen zu übersehen. Dies gilt auch für die Analogie zwischen den verschiedenen Situationen. Auch sie entsprechen oft einander bezüglich einzelner Umstände oder Attribute, aber sie unterscheiden sich dennoch in anderen, wesentlichen Zügen, so daß zwar die Anregung zur Konstruktion einer bestimmten Hypothese aus der Beobachtung dieser Analogie kommen kann, nicht aber die Berechtigung, sie ungeprüft zu übernehmen.

An dieser Stelle drängt sich nun die Frage nach den eigentlichen Kriterien für eine bewährte Hypothese auf. Bisher haben wir diese Frage lediglich da und dort aufgegriffen und ein naives Vorverständnis für sie vorausgesetzt. Nun soll es sich darum handeln, die Bewährungskriterien systematisch darzustellen:

5. Die Bewährungskriterien der Hypothese

Die erste Voraussetzung für die Bewährung einer Hypothese ist ihre logische Konsistenz. Ein Satz beispielsweise, der sich selbst widerspricht, kann keine Hypothese sein, denn er hat keine Chance, sich real zu bewähren. Mit der Forderung der logischen Stimmigkeit knüpfen wir wieder an die alte Forderung der »Möglichkeit« einer Annahme an, wie sie schon *Kant* erhoben hat.

Diese rationale Prüfung der Hypothese genügt nicht. Eine empirische Prüfung muß hinzukommen. Eine Annahme, die als Hypothese gelten soll, muß auch in der Erfahrung bestätigt werden können, indem sie dem Test der Bewährung in der konkreten Situation unterworfen wird. Eine Ausnahme hiervon bilden lediglich die »zweckmäßigen Hypothesen«. Sie können aber im beschriebenen Sinne verwendet werden, indem sie den Hintergrund abgeben, vor dem eigentliche Hypothesen entwickelt werden. Diese Art der Prüfung einer zweckmäßigen Hypothese können wir als »pragmatisch« bezeichnen. Somit hätten wir 3 Arten der Hypothesenprüfung zu unterscheiden:

> die logische,
> die empirische und
> die pragmatische.

Entsprechend diesen drei Gesichtspunkten für die Prüfung einer Hypothese können wir folgende 5 Kriterien für die Bewährung der Hypothese feststellen:

1) Das erste Kriterium ist die Übereinstimmung der Hypothese mit den Kategorien unseres Denkens als mit der Summe der bereits sicher verifizierten, allgemeinsten Erkenntnisse. Es soll dabei nicht auf die Frage eingegangen werden, inwieweit eben diese allgemeinen Sätze a priori sind oder aus der Erfahrung stammen und erst durch ihre wiederholte Bewährung und allgemeine Applikabilität gleichsam zum selbstverständlichen Besitz unseres Denkens und Handelns geworden sind – eben weil die Erörterung einer solchen Frage die Grenzen, die dem Bereich der Hypothese gesetzt sind, sprengen müßte. Wir können jedoch feststellen, daß die Hypothese in keinem Widerspruch zu diesen vorhandenen, allgemeinsten Kategorien des Denkens stehen darf. Ihre Aussage darf sich, mit anderen Worten, nicht selbst widersprechen.

2) Das zweite Kriterium ist die Übereinstimmung mit den und die Erklärung der beobachteten Tatsachen. Damit ist gemeint, daß die Hypothese, wenn sie in einer bestimmten Situation zur Behebung einer erfahrenen Schwierigkeit bzw. zur Lösung einer empfundenen Frage eingesetzt wird, sich nicht nur den beobachteten Fakten gegenüber bewährt, d. h. die antizipierten Konsequenzen tatsächlich eintreten läßt, sondern daß sie darüber hinaus diese Fakten auch erklärt, d. h. sie in einen Sinnzusammenhang bringt, innerhalb dessen die einzelnen Tatsachen die ihnen zukommende Bedeutung erkennen lassen.

3) Die Hypothese muß ferner in dem Sinne erfolgreich sein, als sie die Ziele und Zwecke, die sie durch ihren eigenen Inhalt gesetzt hat, in der Situation verwirklicht. Diese Übereinstimmung darf nicht verwechselt werden mit der unter 2) beschriebenen Übereinstimmung, denn hier handelt es sich um eine Bewährung gegenüber dem Inhalt der Hypothese, während es sich dort um eine solche gegenüber den Gegebenheiten der Umwelt handelt.

4) Die Hypothese muß ferner möglichst klar und einfach sein, d. h. sie muß mit einem Minimum an Voraussetzungen und Annahmen ein Maximum an Fakten erklären und sie in einen Sinnzusammenhang bringen. Eine Hypothese, die selbst wieder auf unbestätigten Annahmen und Voraussetzungen aufbauen muß, verstößt gegen dieses Kriterium. Sie kann daher auch nicht als Hypothese akzeptiert werden, ehe nicht die Bewährung dieser Voraussetzungen gewährleistet ist.

5) Schließlich muß sich die Hypothese dem Lebenszusammenhang gegenüber bewähren. D. h. sie muß sich insofern als zweckmäßig erweisen, als sie einen vorübergehend ins Stocken geratenen Handlungsablauf oder Denkvorgang wieder in Fluß kommen läßt, bis er durch ein neues Problemerleben unterbrochen wird und abermals eine Hypothesenbildung einleitet.

Mit dieser Beschreibung der Hypothese und ihrer Rolle innerhalb der pädagogischen Psychologie haben wir zugleich die *methodische Grundausrichtung* angedeutet. Es geht darum, folgende 5 methodische Prinzipien zu beachten:

1) Die bei einer Forschung verwendeten Verfahren müssen bewußt gewählt und auch ausdrücklich bekannt gemacht werden. Es geht nicht an, lediglich Ergebnisse zu »verkünden«, die einem auf irgendeine Weise zugeflogen sein können, sondern (wenn es sich um wissenschaftliche Untersuchungen überhaupt

handeln soll) es müssen die verwendeten Methoden im einzelnen dargestellt werden. Die Darstellung ist nur dann annehmbar, wenn ein beliebiger sachverständiger Leser in der Lage ist, *jeden methodischen Schritt nachzuvollziehen* und so das ganze Experiment zu prüfen.

2) Die Datensammlung muß objektiv vor sich gehen. Auch wenn die Ergebnisse der angewandten Hypothese widersprechen oder dem Forscher als Mensch unsympathisch sind, müssen sie aufgenommen werden.

3) Die in der Hypothese und auch bei der Ergebnisformulierung verwendeten Begriffe müssen klar definiert und jedem sachkundigen Leser verständlich sein. Wenn z. B. Begriffe wie »aggressives Verhalten« oder »guter Schüler« verwendet werden, so muß vorher genau festgelegt werden, was unter Aggression zu verstehen ist, wie sie gemessen wird (mit welchem Test sie ermittelt wird) und welches ihre hier besonders untersuchten Ursachen und andere Zusammenhänge sind. Desgleichen müßte in diesem Fall genau definiert werden, durch welche Kriterien sich der »gute« Schüler auszeichnen soll und womit diese Kriterien wieder zusammenhängen. Auch rein begrifflich darf nichts vorausgesetzt werden.

4) Das Vorgehen muß systematisch sein, d. h. das Streben soll dahin gehen, das zunächst nicht zusammenhängende Faktenwissen durch den Gebrauch zentraler Begriffe zusammenzufassen, zu systematisieren und dadurch verständlich zu machen. Das Ergebnis ist gewöhnlich eine systematische Darstellung, in der die Teile in logischer Ordnung aufeinander bezogen sind.

5) Das eigentliche Ziel der pädagogischen Verhaltenspsychologie ist die Erforschung des Verhaltens mit dem Blick auf seine Verständlichkeit, seine Kontrollierbarkeit und damit seine Vorhersagbarkeit. D. h. als Ergebnis der methodisch exakt angelegten Untersuchung will man nicht lediglich eine Theorie um ihrer selbst willen entwickeln, sondern die ermittelten und logisch dargestellten Erkenntnisse sollen dazu dienen, das Verhalten im einzelnen verständlicher zu machen, es zu kontrollieren (zu steuern) und daher – falls die einzelnen Voraussetzungen bekannt und unter Kontrolle sind – vorherzubestimmen. Erst durch diese Möglichkeit, das Verhalten so in den Griff zu bekommen, daß es systematisch vorhersagbar ist, wenn bestimmte Bedingungen erfüllt und konstant sind, wird diese Forschung für die Erziehungswirklichkeit von Bedeutung. Schließlich will die Erziehung das Verhalten des Zöglings verändern, und dies kann sie nur nach einem Ziel oder Plan tun, wenn das Verhalten im voraus bestimmbar und lenkbar ist, d. h. wenn seine Ursachen und Bedingungen bekannt sind und unter Kontrolle gehalten werden können.

Damit stehen wir vor der Frage, welche *Methoden* die verhaltenspsychologische pädagogische Psychologie im einzelnen verwenden kann, um diesen Prinzipien gerecht zu werden. Wir wollen diese Frage so beantworten, daß wir zunächst die Verfahren der methodischen Planung von Untersuchungen im Bereich der pädagogischen Verhaltenspsychologie darstellen, um anschließend auf die Verfahren der Datensammlungen einzugehen.

II. DIE METHODEN DER PLANUNG VON UNTERSUCHUNGEN IM BEREICH DER PÄDAGOGISCHEN VERHALTENSPSYCHOLOGIE

Drei verschiedene Untersuchungspläne können wir unterscheiden, das *Experiment*, die *Gruppenuntersuchung* und die *Fallstudie*.

1. Das Experiment in der pädagogischen Verhaltenspsychologie

Das Experiment in unserem Sinne enthält *zwei Elemente*: Die Manipulation oder Kontrolle einer Variablen durch den Versuchsleiter und die systematische Beobachtung oder Messung des Ergebnisses. Der Versuchsleiter nimmt also aktiv Einfluß auf eine Situation und versucht durch Kontrolle einer Variablen die Wirkung seiner Aktivität zu ermitteln. Auf diese Weise sollen kausale Beziehungen ermittelt werden, die für die Erziehung von zentraler Bedeutung sind. Könnte das Experiment im menschlichen Bereich voll verwendet werden und wären die hier besonders zahlreichen Variablen leichter unter Kontrolle zu bringen, so wüßten wir beispielsweise auch mehr über den Einfluß (die ursächliche Wirkung) verschiedener Erziehungsmethoden auf die kindliche Persönlichkeit oder über die exakte Wirkung einzelner didaktischer Verfahren auf den Kenntniserwerb der Schüler usf. Wenn wir auch in dieser Hinsicht noch fast am Anfang stehen, so zeigen doch die Experimente der letzten Jahre, daß es grundsätzlich möglich ist, im Bereich des menschlichen Verhaltens relativ exakte Befunde zu erzielen. Wir wollen hier auf die methodischen Probleme der beiden Experimentarten kurz eingehen, auf das klassische und auf das natürliche Experiment:

a) Das klassische Experiment

Das klassische Experiment ist der Prototyp einer experimentellen Verfahrensweise in der pädagogischen Verhaltenspsychologie. Es versucht die Frage zu beantworten, ob und zu welchem Grad eine Variable (die *unabhängige Variable*) eine andere Variable (die *abhängige Variable*) beeinflußt.

Man kann sich den Aufbau am besten an einem einfachen Beispiel klar machen: Zwei Gruppen von Schülern werden möglichst gleichwertig gemacht, d. h. bezüglich des Alters, der Intelligenz, der Herkunft, des Geschlechts etc. gleichwertig zusammengestellt. Sodann wird die Experimentiergruppe dem experimentellen Einfluß ausgesetzt (z. B. Fremdsprachenunterricht nach einer neuen Methode), während die Kontrollgruppe einem neutralen Einfluß ausgesetzt bleibt (etwa Fremdsprachenunterricht nach der überlieferten Methode). Dann wird das Ergebnis durch einen Vergleich ermittelt. Folgendes Schema mag das Vorgehen verdeutlichen:

Die Experimentiergruppe wird dem experimentellen Einfluß – der unabhängigen Variablen – ausgesetzt, während die Kontrollgruppe ohne diesen Einfluß bleibt:

	Vorher	Nachher
Experimentiergruppe (od. Versuchsperson)	A_1	A_2
Kontrollgruppe	B_1	B_2

Die Wirkung der unabhängigen Variablen ist dann

$$(A_2 - B_2) - (A_1 - B_1)$$

Wenn nun alle Bedingungen des klassischen Experiments erfüllt sind und alle 4 Faktoren eingesetzt werden können, dann muß die schließlich errechnete Differenz durch die unabhängige Variable bedingt worden sein. Die Kontrollgruppe ist dabei besonders wichtig, weil man bei einer Experimentiergruppe allein lediglich »Vorher--Nachher«-Vergleiche durchführen könnte und dadurch niemals ganz sicher wäre, ob die beobachtete Veränderung wirklich auf die Wirkung der unabhängigen Variablen zurückzuführen sind oder nicht (nicht immer ist ja »post hoc ergo propter hoc« richtig!).

Dieses Modell kann nun verschiedentlich abgewandelt werden. Manchmal kann man auf die genaue Bestimmung des »Vorher« verzichten, manchmal muß man auf die genaue Gleichwertigkeit der beiden Gruppen verzichten, weil sie sich nicht ganz herstellen läßt (z. B. bei den meisten Schulkinder-Experimenten). Andererseits wird das Modell auch oft erweitert, indem z. B. das »Nachher« erheblich ausgedehnt wird – etwa bei der Bestimmung der Wirkung des Lernens einer bestimmten Multipliziertechnik auf die Fähigkeit zu dividieren, wobei man nicht nur den sofort nach dem Experiment meßbaren Effekt wissen will, sondern auch den nach einigen Wochen oder nach einigen Monaten noch nachweislichen Einfluß –. Man kann auch mehrere unabhängige Variable in einem einzigen Experiment untersuchen. Dann führt man meistens zwei oder mehr Experimentiergruppen ein, die alle mit einer einzigen Kontrollgruppe verglichen werden. Beispielsweise setzt man die Experimentiergruppe 1 dem Einfluß a aus und die Experimentiergruppe 2 dem Einfluß b etc., um alle Experimentiergruppen danach mit der Kontrollgruppe zu vergleichen. Auch kombinierte Einwirkungen mehrerer unabhängiger Variabler auf ein und dieselbe Experimentiergruppe sind mit Hilfe moderner statistischer Techniken möglich. Beispielsweise könnte man in einem pädagogischen Experiment die Wirkungen einer bestimmten Unterrichtsmethode, einer bestimmten Beleuchtung, des Geschlechts des Lehrers und der Schülermotivation auf eine Experimentiergruppe feststellen, indem man das Experiment entsprechend variiert.

Nun können wir diese Experimentiermethode sowohl in einem Laboratorium als auch in natürlichen Situationen anwenden. Wir wollen auf beide Verfahren kurz eingehen.

Das Laboratoriumsexperiment mit Tieren: Obwohl es das Ziel der verhaltenspsychologischen pädagogischen Psychologie ist, menschliches Verhalten zu erforschen und unter Kontrolle zu bringen, wurden doch weit mehr Experimente mit Tieren durchgeführt als mit Menschen. Die häufigsten Versuchstiere sind bisher Ratten, Tauben und Affen gewesen. Hier fragt es sich, weshalb Experimente mit Tieren überhaupt durchgeführt werden sollen, wo es doch auf die Erforschung menschlicher Verhaltenszusammenhänge ankommt.

Hierauf läßt sich zunächst eine *praktische* Antwort geben: Viele Experimente können nicht ohne weiteres mit Menschen durchgeführt werden, weil humanitäre, moralische oder auch juristische Gründe dagegen sprechen würden. Jedes Experiment, das z. B. körperliche Eingriffe verlangt oder körperliche Unbequemlichkeiten und Schmerzen oder peinliche Situationen einbegreift, verbietet sich meistens von selbst bei Menschen, weil sich keine freiwilligen Versuchspersonen finden werden. Demgegenüber sind Versuchstiere billig und leicht zu haben, und das Experimentieren mit Tieren ist auch in der Medizin und in anderen Wissenschaften längst zur Praxis geworden.

Die *theoretische* Antwort auf unsere Frage spricht noch eindeutiger für die Zweckmäßigkeit des Tierexperiments: Während die Umwelt des Menschen praktisch unbegrenzt – eben »Welt« schlechthin – ist, in der es unendlich viele verschiedenen, aber subjektiv möglicherweise bedeutenden Stimuli gibt, läßt sich die tierische Umwelt eindeutig unter Kontrolle halten, weil sie von vornherein festgelegt ist. Da die niedrigen Tiere außerdem rasch heranwachsen und sich leicht vermehren, kann ihre gesamte Entwicklung überwacht, und Vererbungsstudien können vorgenommen werden. Auf diese Weise lassen sich auch weitgehend homogene Anlagefaktoren herstellen, was bei Menschen – abgesehen von den seltenen Zwillingen – kaum erreicht werden kann. Die Verhaltensformen der niederen Tiere sind überdies einfacher – elementarer – als die meisten komplexen Verhaltensformen der Menschen. Daher lassen sich Grundtatsachen des Verhaltens einfacher bei den Tieren feststellen, obgleich vor einer einfachen und kritiklosen Übertragung der Befunde auf die menschlichen Verhältnisse gewarnt werden muß. Wir werden im 3. Kapitel über die verhaltenspsychologische Lerntheorie sehen, daß durch das Studium des Tierverhaltens durchaus grundlegende Erkenntnisse auch für das menschliche Verhalten gewonnen werden können. (Beispielsweise geht die Bewegung des programmierten Lernens und der Lernmaschinen wesentlich auf Tierexperimente zurück.)

Dies bedeutet nicht, daß nicht auch Laborexperimente mit Menschen möglich und notwendig sind. Es sollte nur betont werden, daß die Versuchsbedingungen beim Tier sehr viel einfacher sind und daher die Resultate meistens zuverlässiger als beim Menschen: Man kann ein Tier mehrere Tage lang in ein und demselben abgedunkelten und von Geräuschen völlig isolierten Käfig sperren (z. B. eine Taube in einen entsprechenden Dunkel-[»Skinner«-]Kasten), um möglichst objektive Versuchsbedingungen zu garantieren – ein auch nur einigermaßen ähnliches Verfahren ist beim Menschen nicht möglich, weil immer zu viele Variable mitwirken, die nur überaus schwer ausgeschaltet und kontrolliert werden können.

Das Laboratoriumsexperiment mit Menschen: Es gibt sowohl Einzel- als auch Gruppenexperimente mit Menschen im Laboratorium. Meistens handelt es sich, praktisch gesehen, um Schüler und Studenten, die in den Experimenten zur pädagogischen Psychologie untersucht werden. Daher sind die Ergebnisse, die mit diesen Bevölkerungsgruppen erzielt wurden, besonders für den Bereich des Lernens und Erziehens geeignet, während sie aber für andere Zwecke (etwa politische Vorhersagen, Einstellungen zu bestimmten weltanschaulichen Problemen) nicht unbedingt so zweckmäßig sind.

Das Problem der »Übersetzung« der gefragten Probleme in Labor-Bedingungen und umgekehrt, also die Übertragung der Labor-Resultate auf praktische pädagogische Zusammenhänge außerhalb des Labors, ist dabei von besonderem Interesse. Zum Beispiel muß bei Experimenten, die die Wirkung der Verstärkung auf eine bestimmte Verhaltensform ermitteln wollen, zunächst untersucht werden, was im einzelnen Fall als adäquater Verstärker verwendet werden kann und wie dieser im Labor angewandt werden soll. Bei Tierexperimenten ist dies relativ einfach, indem man die Nahrung als »Universalverstärker« einsetzt. Sie wird in einem Näpfchen, das elektrisch durch den Versuchsleiter gesteuert werden kann, verabreicht. In der menschlichen Situation entstehen dagegen erhebliche Schwierigkeiten bei der Übertragung der Laborergebnisse. Die Ergebnisse, die im Laborexperiment gewonnen wurden, müssen modifiziert werden, um in der natürlichen pädagogischen Situation (in der eine Vielfalt von Variablen wirksam ist, die im Labor künstlich ausgeschaltet bleibt) wertvoll zu sein.

b) Das natürliche Experiment

Jedes »Experiment« hat schon etwas Geplantes, Künstliches, das sich im Vergleich mit der bloßen Deskription zeigt, bei der der Beobachter nicht aktiv (wie beim Experiment) in die Situation eingreift. Dennoch gibt es auch das Experiment außerhalb des Labors. Dies hat gegenüber dem Laborexperiment immer den entscheidenden Vorzug, daß das Problem der Übersetzung der Ergebnisse in die wirkliche Lebenssituation wegfällt, weil die Versuchspersonen im Falle des natürlichen Experiments ungezwungen und unbeeinflußt vom Versuchsleiter ihre natürlichen Verhaltensformen darstellen und sich so geben, wie sie es sonst auch tun würden. Umgekehrt haben solche Experimente den nicht minder gewichtigen Nachteil, daß sie weniger präzise sind, da nicht so viele Variable unter Kontrolle gehalten werden können wie beim Laborexperiment. Deshalb verwendet man häufiger:

Das geplante natürliche Experiment. Hierbei plant der Versuchsleiter, wie beim Laborversuch, systematisch – allerdings außerhalb des Labors – das Experiment und setzt die Versuchsperson dem Einfluß der unabhängigen Variablen aus, um anschließend seine Feststellungen und Messungen vorzunehmen. Die meisten Schuluntersuchungen z. B. gehören hierher. Man setzt die Schulklasse einem bestimmten Experimentiereinfluß aus (etwa einer neuen Methode) und vergleicht dann die Ergebnisse der Experimentiergruppe mit der anderen Hälfte der Klasse, die diesem Einfluß – als Kontrollgruppe – nicht ausgesetzt worden ist.

Das spontane natürliche Experiment vollzieht sich ungeplant. Es kommt vor, daß man ohne Planung Situationen erfährt, die dem geplanten natürlichen Experiment ziemlich entsprechen, so daß man lediglich die Resultate messen und auswerten muß. Als Beispiel dafür könnte man die Situation anführen, die dadurch entstand, daß das Fernsehen eingeführt wurde. Ohne als Experiment geplant zu sein, spielte sich damals ein spontan-natürliches Experiment über etwa folgende Fragen ab: wie verhielt sich z. B. die Bevölkerung auf einem Dorf *vor* der Einführung des Fernsehens und wie *nach* Einführung des Fernsehens? Wie vertrieb man sich die Zeit vorher und wie nachher? Wie war die Einstellung zu Erziehungsfragen vorher und wie nachher? Diese u. ä. Fragen konnten in jener Situation gestellt und auch beantwortet werden, ohne daß experimentelle Planung nötig gewesen wäre.

Allerdings sind in solchen Situationen, wie leicht begreiflich ist, immer viele andere Variablen mit im Spiele, so daß die Ergebnisse kaum so exakt sein können wie die aus einem geplanten natürlichen oder einem Laborexperiment. In vielen

Fällen empfiehlt sich jedoch eine Kombination aus spontanem natürlichem und geplantem natürlichen Experiment, indem zusätzlich zu der natürlichen Situation noch einige geplante – künstliche – Manipulationen eingeführt werden, die dann die Resultate absichern.

Neben dem Experiment – in seinen verschiedenen, erwähnten Ausprägungen – haben wir nun als zweite methodische Form innerhalb der pädagogischen Verhaltenspsychologie die Gruppenuntersuchung, mit der wir uns nunmehr kurz befassen wollen.

2. Die Gruppenuntersuchung in der pädagogischen Verhaltenspsychologie

Die Gruppenuntersuchung als eine Methode der Planung von Untersuchungen in unserem Bereich ist nicht nur eine »Meinungsbefragung«, obgleich umgekehrt jede gute Meinungsbefragung ein Beispiel für eine Gruppenuntersuchung darstellt.

Die Gruppenuntersuchung enthält folgende Elemente: a) Eine Gruppe und b) eine Untersuchung.

a) Die Gruppe. Es muß zuerst entschieden werden, welcher Teil der Bevölkerung untersucht werden soll, d. h. welche »Population« befragt werden soll. (Z. B. kommen Studenten eines bestimmten Gebietes in Frage oder Schüler eines bestimmten Alters, eines bestimmten Geschlechts, einer bestimmten Herkunft etc.) Sodann muß die zu untersuchende Gruppe nach statistischen Gesichtspunkten aus diesem Teil der Bevölkerung zusammengestellt werden. Es kann entweder eine repräsentative Gruppe sein oder eine nichtrepräsentative. Die repräsentative Gruppe repräsentiert in ihrer Kleinheit gleichsam exemplarisch die ganze Bevölkerungsschicht, die untersucht werden soll. Demgegenüber ist die nichtrepräsentative Gruppe zufällig zusammengestellt und kann nicht für die betreffende zu untersuchende Bevölkerungsschicht stehen. Verallgemeinerungen sind natürlich nur dort möglich, wo es sich um Ergebnisse handelt, die an Repräsentativgruppen erzielt worden sind. Eine Repräsentativgruppe zusammenzustellen bedarf der Anwendung entsprechender statistischer Gegebenheiten. Hieraus folgt z. B., daß es nicht unbedingt nötig ist, relevante Untersuchungen an einer möglichst großen (Schüler-)Zahl durchzuführen! Eine gut vorbereitete Repräsentativuntersuchung an einer relativ kleinen Gruppe erfüllt den gleichen Zweck oder kommt sogar zu zuverlässigeren Resultaten, weil die »Großuntersuchung«, wenn sie zwar viele, aber eben nicht alle Angehörigen der betreffenden Population einbezieht, immer noch relativ wenig gesichert ist. Außerdem spart eine Repräsentativgruppen-Untersuchung gegenüber der Großuntersuchung Geld und Zeit.

b) Die Untersuchung. Außer der Gruppe ist nun ein Untersuchungsplan nötig, demzufolge man entsprechende Informationen aus der Gruppe sammelt (z. B. wie Zehnjährige zu religiösen Fragen stehen; wie Zwölfjährige bestimmte physikalische Probleme erklären usw.)

Es ist offensichtlich, daß gewisse Probleme nur durch Gruppenuntersuchungen gelöst werden können. Weder ein Experiment noch eine Fallstudie kann beispielsweise auf die Frage, wie zwölfjährige Jungen den Blitz und den Donner erklären, befriedigend antworten, wenn auch natürlich wertvolle Einzelergebnisse auf diese

Weise gewonnen werden können, die das Ergebnis der Gruppenuntersuchung noch besser untermauern können. Dies ist im allgemeinen immer dann der Fall, wenn die Frage sich auf eine größere Gruppe bezieht und nicht auf einen Einzelnen oder die Eigenschaft eines Einzelnen. Überdies bietet die Gruppenuntersuchung noch den Vorteil, daß auch Beziehungen zwischen einzelnen Variablen hergestellt und in Korrelationen ausgedrückt werden können, was durch kein Experiment und durch keine Fallstudie möglich wäre. Beispielsweise kann durch die Untersuchung der physikalischen Begriffe der Zwölfjährigen auch die Frage angegangen werden, welche Beziehung zwischen den physikalischen Begriffen und der Intelligenz (der Geschwisterzahl, der Belesenheit ...) in dieser Altersgruppe besteht.

Durch solche Korrelationen (die durch Korrelationskoeffizienten ausgedrückt werden können) wird oft, aber nicht notwendig, eine kausale Beziehung angedeutet. Die Kausalität ist aber nicht immer leicht festzustellen, weil es sich auch um reziproke Beziehung handeln kann oder weil zahlreiche andere Variable mit im Spiele sind, die nicht gleichzeitig kontrolliert werden können.

Um nun die Veränderungen in der Zeit durch Gruppenuntersuchungen mit zu berücksichtigen, wendet man wiederholte Untersuchungen an derselben Gruppe und bezüglich derselben Charakteristika an. Wenn man beispielsweise den Transfer-Wert einer bestimmten Lernaktivität auf eine andere Fähigkeit messen will, genügt es meistens nicht, diesen Transfer-Wert unmittelbar nach Beendigung der Gruppeninstruktion zu messen, sondern man muß diese Messung (vielleicht mit einer Parallelform desselben Tests, um Erinnerungen auszuschalten) nach einigen Wochen oder gar Monaten wiederholen.

Die Gruppenuntersuchung bringt zwar, je nach der Zusammensetzung der Gruppe, repräsentative oder nicht repräsentative Ergebnisse, aber sie sind meistens ergänzungsbedürftig, weil durch Gruppenuntersuchungen nicht entdeckt werden kann, wie die psychologischen Gegebenheiten im einzelnen Gruppenmitglied funktionieren oder zustande kommen. Daher wird die Gruppenuntersuchung zweckmäßigerweise ergänzt durch

3. Die Fallstudiumsmethode in der verhaltenspsychologischen pädagogischen Psychologie

Während die Gruppenuntersuchung viele Menschen hinsichtlich einiger weniger Variabler zu messen versucht, will das Fallstudium eine bestimmte Einheit möglichst intensiv und unter Berücksichtigung mehrerer Variablen untersuchen. Außerdem widmet sich das Fallstudium der Einheit über eine längere Zeitspanne hinweg, während die Gruppenuntersuchung das Ergebnis einer bestimmten Befragung in einer bestimmten Zeit – von den erwähnten Wiederholungen abgesehen – zugrunde legt. Das Fallstudium kann sich nun aber auch mit einer »Einheit« schlechthin befassen, d. h. nicht nur mit einem einzelnen Menschen, sondern auch mit einer Familie, mit einer bestimmten Schulklasse, mit einer Stadt oder mit einer ganzen Nation. Immer ist das Charakteristische dabei, daß die betreffende Einheit über eine längere Zeit hinweg auf viele Charakteristika und deren Entwicklung hin verfolgt wird. Man will, mit anderen Worten, möglichst

»alles« über die betreffende Einheit erfahren. Typische Fallstudien sind z. B.: die Entwicklung einer bestimmten Ratte unter dem Einfluß verschiedener Verstärkungsverfahren (dieses Verfahren wurde z. B. von *B. F. Skinner* besonders geschätzt und angewandt)[2], die Lebensgeschichte eines kriminellen Menschen von der Jugendzeit bis zum Erwachsenenstadium; eine Monographie über die Erziehung in einem Indianerstamm; das Leben und Lernen eines Zehnjährigen usw.

Man sieht, daß Fallstudien besonders für alle entwicklungspsychologischen Probleme von Bedeutung sind: Wie entwickelt sich eine neurotische Einstellung im Kind während einer Zeitspanne von zehn Jahren? Wie wirkt sich das Fernsehen auf das Familienleben aus? – diese Fragen könnten im Detail kaum anders als durch ausführliche Fallstudien (Monographien) beantwortet werden.

Umgekehrt liegt die Hauptbegrenztheit dieser Methode darin, daß ihre Ergebnisse nur auf eine Einheit gegründet sind und daher die Verallgemeinerung meistens begrenzt ist. Die Frage muß jeweils gestellt werden: wird *jeder* Zehnjährige in dieser Weise reagieren und sich entwickeln? Welche besonders einmaligen Umstände haben in dem betreffenden untersuchten Fall mitgewirkt? Auch sind die durch ein Fallstudium ermittelten Kausalbeziehungen nicht immer echt, da ja keine Kontrolluntersuchung und keine experimentellen Eingriffe in dem Fallstudium enthalten sind und deshalb oftmals der Fehlschluß »post hoc, ergo propter hoc« gemacht werden kann.

Im Grunde genommen »beweist« also die Fallstudie wenig. Aber sie ist ausgezeichnet geeignet, neue Ideen und Einsichten zu entwickeln, die sodann in Gruppenuntersuchungen und Experimenten geprüft werden müssen. Insbesondere im Bereich der pädagogischen Psychologie geht es (ungleich Untersuchungen in der Soziologie) darum, die Verhaltenszusammenhänge im einzelnen Kind möglichst im Detail zu erfassen und dadurch zu kontrollieren. Dies kann meistens nicht durch Gruppenuntersuchungen ermittelt werden, sondern durch Fallstudien, die nachher in Gruppenuntersuchungen und in Kontrollexperimenten abgesichert werden müssen. Im allgemeinen bewährt sich also eine Kombination der drei methodischen Planungen – Experiment, Gruppenuntersuchung und Fallstudie – am besten, wobei die Reihenfolge des Vorgehens gleichgültig ist. Die meisten Ergebnisse, die wir in diesem Bande berichten, sind durch solches kombiniertes Vorgehen zustande gekommen und abgesichert worden.

4. Verfahren der Datensammlung in der verhaltenspsychologischen pädagogischen Psychologie

Alle im beschriebenen Sinn geplanten methodischen Untersuchungsweisen machen es an irgendeiner Stelle nötig, die Gegebenheiten in systematischer Weise zu sammeln. Wie ist dies möglich?

Im Bereich der pädagogischen Psychologie können wir folgende drei verschiedenen Verfahren der Datensammlung unterscheiden: Die direkte Beobachtung; der direkte Bericht und der indirekte Bericht. Wir gehen im folgenden auf diese drei Verfahren ein:

---

[2] Vgl. unten, Kap. 3.

a) Die direkte Beobachtung des Verhaltens

Häufig ist es dem pädagogischen Psychologen möglich, das Verhalten, das er untersuchen möchte, direkt zu beobachten, indem er entweder an der betreffenden Aktivität (z. B. am Unterricht) selbst teilnimmt oder indem er zwar nicht teilnimmt, aber doch direkt beobachtet (etwa hinter einer einseitig durchsichtigen Wand). So kann den Vpn die Tatsache, daß sie beobachtet werden, entweder bekannt oder auch unbekannt sein. Dies bedeutet nun, daß wir vier verschiedene Arten der direkten Beobachtung haben:

	Der Beobachter nimmt	
	selbst teil	selbst nicht teil
Das Beobachtet-werden ist den Vpn bekannt	Der Psychologe stellt sich einer Klasse oder einer Studentengruppe vor u. nimmt eine Zeitlang regulär am Unterricht teil. Die Klasse weiß, worum es sich handelt.	Der Psychologe sitzt in einer Ecke des Schulzimmers und macht seine Aufnahmen. Die Klasse ist verständigt worden.
Das Beobachtet-werden ist den Vpn nicht bekannt	Der Psychologe mischt sich als »Lehrer« unter die Schüler und beobachtet, ohne daß seine Absichten bekannt sind. Oder er nimmt als Student getarnt am normalen Betrieb teil und beobachtet, ohne daß seine Funktion bekannt ist.	Der Psychologe sitzt hinter einer einseitig durchsichtigen Wand und beobachtet die Klasse, ohne daß es dieser bekannt wäre. Er kann von dort auch Aufnahmen machen, von denen die Klasse nichts weiß.

Die Wirksamkeit dieser Methoden hängt natürlich zum großen Teil von der Art des zu untersuchenden Problems selbst ab. Einer der wichtigsten Gesichtspunkte bei der Auswahl der Methode der Datensamlung ist die Frage, wieweit sich die Ergebnisse ändern werden, wenn die Versuchspersonen von der Tatsache des Beobachtetwerdens verständigt sind.

Wahrscheinlich gibt es kaum ein Problem im Bereich der pädagogischen Psychologie, das nicht durch diesen Umstand beeinflußt würde: Die Menschen verhalten sich meistens mehr oder weniger verschieden, wenn sie davon unterrichtet werden, daß man sie beobachtet. Anders gesagt, sie geben sich anders, wenn sie sich unbeobachtet wähnen. Jedem Lehrer ist dies von der (peinlichen) Situation einer »öffentlichen« Lehrprobe her bekannt. Wenn dennoch gesagt würde, die Kinder »hätten sich an die Besucher« gewöhnt und verhielten sich »natürlich«, so ist eben das »Unnatürliche« zur »Natur« geworden — jedenfalls gibt sich der normale Mensch fast immer anders wenn er beobachtet wird als wenn er sich unbeobachtet fühlt. Dies hängt damit zusammen, daß die meisten Menschen »intelligent«, »gebildet«, »moralisch«, »selbstlos« und vor allem »gut erzogen« erscheinen wollen und daß sie sich in dieser Beziehung oft selbst mißtrauen, weshalb sie anders sein möchten als sie sind (oder als sie glauben, daß sie sind!).

Diese Tendenz kann nun kontrolliert werden, indem man die Ergebnisse einer Untersuchung *mit* Wissen der Untersuchten mit den Ergebnissen vergleicht, die man bei einer Gruppe erhalten hat, die *ohne* ihr Wissen untersucht worden ist. Überdies ist es manchmal angebracht, eine Untersuchung ohne Wissen der Untersuchten durchzuführen und nachträglich ihr Einverständnis einzuholen.

Rein technisch gesehen kann die direkte Beobachtung mit Hilfe von Filmaufnahmen, Fotografien, Tonbandaufnahmen und dergl. objektiver werden; außerdem hat dies den Vorteil, daß die Ergebnisse nachträglich auch von mehreren Beobachtern gleichzeitig studiert und ausgewertet werden können.

b) Der direkte Bericht

Viele Verhaltensphänomene sind der direkten Beobachtung entzogen. Hierher gehört besonders dasjenige Verhalten, das man als »privat« oder »intim« bezeichnen kann (sexuelle Probleme, Streit innerhalb der Familie . . .); ferner gehört hierher asoziales Verhalten (kriminelle Tendenzen . . .), Verhaltensformen, die durch Vorstellungen über Sitte und Gebrauch geschützt sind (religiöse Einstellungen . . .) und schließlich der ganze Bereich der Verhaltensformen, die sich der direkten Beobachtung durch ihre Natur entziehen (Vorstellungen, Gefühle, Annahmen . . .). Daher ist ein erheblicher Teil der pädagogisch-psychologischen Untersuchungen auf direkte verbale Berichte gegründet, die darstellen, was geschehen ist, was wohl geschehen wird, was die befragte Person denkt oder fühlt bzw. dachte oder fühlte, wie sie sich zu bestimmten Problemen verhält usw. Es handelt sich in der Regel um Niederschriften von Befragungen (Interviews). Vielfach allerdings werden auch andere Techniken verwendet, um den direkten Bericht zustandezubringen oder um ihn zuverlässiger zu machen. Wir wollen hier kurz auf folgende Techniken ganz kurz eingehen:

Die Technik der freien Assoziation (im Sinne des psychoanalytischen Interviews).
Die Technik des unstrukturierten Interviews.
Die Technik des halbstrukturierten Interviews.
Die Technik des vollstrukturieren Interviews (meistens in Form eines Fragebogens
Formale Tests.   mit Fragen zum Ankreuzen).

Wir können diese fünf Techniken nun so anordnen, daß wir jeweils fragen, wie die Kontrolle über die Frage des VL, über die Antwort der Vp und über die Präzision bzw. Reproduzierbarkeit des Ergebnisses ist. Ferner wollen wir noch die jeweils mögliche Breite und Tiefe der potentiellen Antwort der Vp berücksichtigen. Es ergibt sich dann folgendes Schema:

	schwach ↑	schwach ↑	schwach ↑	stark ↑
I Freie Assoziation	Kontrolle über die Frage des VL	Kontrolle über Antwort der Vp	Präzision und Reproduzierbarkeit der Ergebnisse	Breite und Tiefe der potentiellen Antwort
II Unstrukturiertes Interview				
III Halbstrukturiertes Interview				
IV Vollstrukturiertes Interview				
V Formaler Test				
	stark ↓	stark ↓	stark ↓	schwach ↓

Je strukturierter das Interview ist, desto spezifischer werden die erhaltenen Informationen sein. Umgekehrt nimmt die Breite der Informationen in dem Maße zu, in dem die feste Struktur des Interviews wegfällt. Deshalb wird man zuerst ein unstrukturiertes Verfahren anwenden und allmählich, indem die Hypothese über den Untersuchungsbefund sich mehr und mehr verdichtet, strukturiertere Methoden verwenden. Wenn man dagegen sofort mit strukturierten Interviews beginnt, entsteht leicht die Gefahr, daß gewisse Bereiche, die dieses Interview nicht berücksichtigt, außerhalb der Betrachtung bleiben.

Wir müssen nunmehr diese fünf Techniken etwas näher betrachten:

Die Technik der freien Assoziation (psychoanalytisches Interview)

Bei dieser Technik haben wir den geringsten Einfluß auf die Antworten und Fragen. Sowohl der VL enthält sich direkter Fragen, als auch die Vp direkter Antworten. Der Befragte berichtet lediglich, was ihm gerade einfällt. Im Idealfall fallen sogar die normalerweise vorhandenen Beschränkungen durch die Logik der Sprache fort, indem die Vp wirklich »daherredet«, was und wie es ihr in den Sinn kommt. Daher ist dies das Breiteste, was durch Verbalberichte überhaupt dargestellt werden kann, besonders, wenn diese Technik verschiedentlich im Laufe einer längeren Zeit angewandt wird. – Hierin liegt zugleich auch der Nachteil dieser Technik: Die Auswertung solcher Berichte ist derart schwierig, daß zuverlässige Ergebnisse entweder gar nicht oder doch nur sehr schwer (und einem relativ begrenzten Kreis von Fachleuten zugänglich) zu erlangen sind. Es empfiehlt sich daher, zwar von dieser Technik auszugehen, nicht aber mit ihr aufzuhören, sondern mehr und mehr spezifischere Techniken zu verwenden, um den Problemkreis einzuengen.

Die Technik des unstrukturierten Interviews

Hier wird der Vp zwar fast völlige Freiheit in der Diskussion eines bestimmten Themas gelassen, aber es wird dennoch wenigstens dieses Thema eindeutig vom VL festgelegt (ungleich der Technik der freien Assoziation!). Das unstrukturierte Interview läßt also sozusagen die freie Antwort zu, aber es begrenzt die Frage. Der VL hat keine definitive Fragenliste, sondern lediglich verschiedene Themenkreise, die er erörtern will. Das Klima dieser Befragung kann jeweils der besonderen Problematik und Situation angepaßt werden.

Charakteristisch für diese Technik ist die häufige Verwendung *indirekter Anstöße:* Hat etwa die Vp auf die erste, mehr allgemeine Frage, geantwortet, so versucht man, mehr und Spezifischeres zu erfahren, indem man die Vp durch Anstöße wie »so?« – oder »wirklich?« oder »wie war das gemeint?« oder einfach »Mm?« zu weiteren, nicht beeinflußten Äußerungen ermuntert (auch gelegentlich als »Mm-Methode bezeichnet!).

Es kommt darauf an, möglichst alle Informationen und Einstellungen aus der Vp »herauszuholen«, ohne direkten Einfluß darauf zu nehmen. Es ist daher wichtig, daß nicht nur die Aussagen selbst notiert (besser noch, mit Tonband aufgenommen), sondern auch die dazugehörigen Gesichtsausdrucksveränderungen, Gesten etc. notiert werden.

Die Technik des halbstrukturierten Interviews

Diese Technik präzisiert nicht nur das Hauptthema der Befragung, sondern auch die einzelnen Fragen und ihre Reihenfolge und gibt daher eine größere Kontrolle über den Ablauf der Untersuchung (damit aber auch eine spezifischere Ausrichtung der Ergebnisse). Wenn Fragebogen verwendet werden, handelt es sich um Fragen, die eine freie Antwortkonstruktion erlauben (und nicht bloß eine Auswahl unter mehreren vorgegebenen Antworten). Es handelt sich bei dieser Technik also um einen Kompromiß zwischen den strukturierteren und den weniger oder gar nicht strukturierten Techniken, der versucht, die Vorteile beider in sich zu vereinigen.

Die Technik des vollstrukturierten Interviews

Hier ist der Interviewer vollkommen bezüglich seiner Fragestellung und der Reihenfolge der Fragen kontrolliert. Aber auch der Befragte ist auf eine jeweils vorgeschriebene Antwortart eingeschränkt. Er kann seine Antwort auf eine Frage nicht frei konstruieren, sondern er wählt sie fertig formuliert aus einer vorgegebenen Anzahl von Antworten durch Ankreuzen aus. Es werden auch davon leicht abweichende Methoden verwendet, wie z. B. die Technik, lediglich entweder mit »ja« oder »nein« zu antworten oder auf eine gegebene Feststellung zuzustimmen oder nicht zuzustimmen (z. B. »Alle Kinder in meinem Alter gehen gern zur Schule« – »Nach meiner Meinung sehr richtig« – »Kann sein« – »Nach meiner Meinung falsch«).

Die Vorteile dieser eindeutigen Technik liegen in der besseren Auswertungsmöglichkeit. Die Nachteile sind ihre Begrenztheit. Daher ist es zweckmäßig, diese vollstrukturierte Technik erst dann zu verwenden, wenn man durch weniger oder gar nicht strukturierte Techniken vorher den ganzen Bereich der Möglichkeiten erstmals abgestrichen hat.

Die Technik der formalen Tests

Die Grenze zwischen Tests und Interviews (strukturierter Art) ist nicht leicht zu finden. Ein vollstrukturierter Fragebogen besitzt meistens dieselben Eigenschaften wie ein Test. Der einzige wesentliche Unterschied in unserem gegenwärtigen Zusammenhang ist der, daß der Test ohne Interviewer von der Vp selbst angewandt wird. Sowohl die Fragen als auch die Antworten sind maximal kontrolliert und präzisiert.

Zu den Tests, die hierher gehören, zählen nicht nur die nichtprojektiven Tests mit der Auswahl-Antwort-Methode und der Konstruktions-Antwort-Methode, sondern auch die projektiven Verfahren (etwa Rorschach oder TAT), die durch eine entsprechende Interpretation der Stellungnahmen der Probanden sehr wertvolle Aufschlüsse und Einblicke in die sonst nicht leicht zugänglichen »inneren« Bereiche (der Vorstellungs-, Gefühls- und Konfliktwelt) ermöglichen.

Man kann ferner für unseren gegenwärtigen Zweck zwischen theoretischen und praktischen Tests unterscheiden, die beide hier verwendet werden können. Die theoretischen Tests versuchen, allgemeine Aufschlüsse über Gegebenheiten im Persönlichkeitsgefüge und in der Verhaltensstruktur des Probanden zu geben.

Die praktischen Tests dagegen versuchen, Vorhersagen und Feststellungen über die mehr lebenspraktischen Fertigkeiten des Probanden zu geben. Beispielsweise gibt es praktische Tests zur Bestimmung der möglicherweise zu erwartenden Leistungen eines Schülers auf der Hochschulebene, seiner Fähigkeiten, Fremdsprachen zu lernen o. ä. Bei den theoretischen Tests kommt es darauf an, daß sie so spezifisch wie möglich konstruiert sind. Sie sollen eine und nur eine Seite der Persönlichkeit erfassen. Sobald ein (theoretischer) Test zur Messung der rechnerischen Fähigkeiten z. B. gleichzeitig auch von der Lesefähigkeit mitbeeinflußt wird, ist sein Wert zweitrangig geworden. Die theoretischen Tests sollen so »rein« wie möglich sein, d. h. jeweils nur eine isolierte Fähigkeit messen. Auf der andern Seite beziehen sich die praktischen Tests auf zukünftige Fertigkeiten, die *nicht* auf jeweils nur einer (reinen) Fähigkeit beruhen, sondern meistens auf einer Kombination mehrerer Fähigkeiten. Der Erfolg eines Schülers im Studium beispielsweise hängt nicht allein von der Fähigkeit ein einzelnes Fach zu studieren ab, sondern auch von seiner emotionalen Stabilität, von seiner Ausdauer, Konzentration, von seiner Zielstrebigkeit, seiner sozialen Angepaßtheit usw. Deshalb wollen die praktischen Tests möglichst solche Fähigkeitskombinationen erfassen, um daraus Schlüsse auf zukünftige Leistungsmöglichkeiten zu erlauben.

c) Der indirekte Bericht

Manchmal ist es einfach unmöglich, einen direkten Bericht über eine Problemsituation im Bereich der pädagogischen Situation anzufertigen, weil z. B. der Untersuchungsgegenstand unzugänglich ist. In solchen Fällen bietet sich der indirekte Bericht an, der *Quellen über* den Untersuchungsgegenstand (aber nicht den Untersuchungsgegenstand selber) auswertet und untersucht. Zu solchen Quellen über einen Untersuchungsgegenstand gehören Berichte, die ursprünglich für ganz andere, allgemeinere Zwecke angefertigt worden waren und die nun auch dem Psychologen wertvolle Aufschlüsse für seine Fragen geben können. Hierher gehören etwa allgemeine Statistiken (aus der Gegenwart und besonders aus der Vergangenheit), Lebensversicherungsberichte, Krankengeschichten, Zeitungsberichte, Romane, Tagebücher, Gefängnisberichte, Kirchenbücher, Schulakten usf. Alles, was über Menschen irgendwie berichtet wurde, kann von Wert für den pädagogischen Psychologen sein, wenn er Aufschluß über ein bestimmtes Problem erlangen möchte, das nicht durch direkte Untersuchung angegangen werden kann.

Um den Wert der schriftlichen oder mündlichen Überlieferungen für diese Zwecke zu erhöhen, werden Inhaltsanalysen durchgeführt, die eine Quantifizierung der Charakteristika, die von Interesse sind, versuchen[3]. Beispielsweise kann in Romanen verschiedener Zeitepochen (und in verschiedenen Sprachen) alles ausgezählt werden, was auf Kinderschilderungen abzielt: Wie werden Kinder

---

[3] Vgl. dazu: L. Festinger, D. Katz (eds.), Research Methods in the Behavioral Sciences. N.Y. 1953. – C. Selltiz et al., Research Methods in Social Relations. N.Y. 1959. – A. L. Edwards, Experimental Design in Psychological Research. N.Y. 1960. – H. Hyman, Survey Design and Analysis. N.Y. 1955. – R. G. Barker, H. F. Wright, One Boy's Day: A Specimen Record of Behavior. N.Y. 1951. – L. Cronbach, Essentials of Psychological Testing. N.Y. 1960[2].

im 18., 19. und wie im 20. Jahrhundert in den erfolgreichsten Romanen beschrieben? Welche Rolle spielen sie? Wie oft treten in den verschiedenen Romanen Kinder überhaupt in Erscheinung? Auf diese Weise können wertvolle Aufschlüsse über die Wandlung pädagogisch-psychologischer Begriffe im Laufe der Zeit erzielt werden, die wiederum dazu beitragen, die gegenwärtige Problematik besser zu verstehen.

III. DIE ANWENDUNGSBEREICHE DER FORSCHUNGSMETHODEN DER PÄDAGOGISCHEN VERHALTENSPSYCHOLOGIE

Haben wir bisher die methodischen Grundgedanken der pädagogischen Verhaltenspsychologie erörtert, so fragen wir nun nach den Bereichen (im allgemeinen) ihrer systematischen Anwendung.

Das allgemeine Ziel der pädagogischen Forschung mit Hilfe der beschriebenen Methoden ist die Entdeckung von Beziehungen zwischen verschiedenen Gegebenheiten, die die pädagogischen Prozesse bestimmen, sowie die Ableitung von Vorhersagen und Steuerungsmöglichkeiten dieser Prozesse aus solchen Erkenntnissen.

Lernen und Erziehung als Prozeß der Verhaltensänderung setzt immer schon die Erkenntnis der Variablen voraus, die das Verhalten konstituieren. Aus dieser Erkenntnis kann man den Vorgang selbst unter Kontrolle bringen und ihn insofern vorherbestimmen, als es gelingt, die verschiedenen Variablen konstant zu halten. Es ist nun kaum möglich, *alle* Variablen, die möglicherweise am Zustandekommen der jeweiligen Verhaltensäußerungen beteiligt sind (einschließlich aller intervenierenden Variablen) zu erkennen und zu kontrollieren. Daher sind auch die Ergebnisse der methodisch-systematischen Forschungen im Bereich der pädagogischen Psychologie keine absoluten Gesetze, sondern lediglich *Wahrscheinlichkeitsgesetze*. Die besterforschten Verhaltenszusammenhänge ereignen sich also auf der Basis einer an Sicherheit grenzenden Wahrscheinlichkeit, andere mit einer Wahrscheinlichkeit entsprechend niedrigeren Grades.

»Gesetze« in der Verhaltenspsychologie sind also *Verallgemeinerungen von Untersuchungsbefunden,* die einen mehr oder weniger hohen Wahrscheinlichkeitsgrad haben. Wir können diese »Gesetze« (als Ergebnisse der verhaltenspsychologischen Forschung) so klassifizieren, daß wir sie nach den Variablen zusammenstellen, die jeweils beteiligt sind:

1. Beziehungen zwischen Reaktionsweisen
2. Beziehungen zwischen einer Reaktion und einer Situation, in der sie entsteht
3. Beziehungen zwischen Verhaltensformen und organischen Bedingungen
4. Beziehungen zwischen der Entwicklung organischer Bedingungen und dem Auftreten bestimmter Stimuli.

Wir gehen im folgenden kurz auf diese 4 Forschungsbereiche ein:

1. Beziehungen zwischen Reaktionsweisen

Dieser Bereich ist für Forschungen im Bereich der pädagogischen Psychologie zentral. Es handelt sich um die Beziehung zwischen einer Reaktion (R_1) und einer Reaktion (R_2). Die Reaktion R_1 verändert sich entsprechend einer Veränderung der Reaktion R_2. Die Veränderung in R_1 ist, mit anderen Worten, eine Funktion von R_2 oder anders ausgedrückt:

$$R_1 = f(R_2).$$

Ein Beispiel dafür ist etwa die Beziehung zwischen den Ergebnissen des Fremdsprachen-Begabungs-Tests (als R_2) und den Zeugnisnoten im (späteren) Fremdsprachenlernen (als R_1). Weil nun eine solche Beziehung besteht, ist es möglich, einem bestimmten Schüler vom Studium der Fremdsprachen abzuraten, wenn das Ergebnis seines FTU (Fremdsprachen-Eignungstest-Unterstufe)[4] zu niedrig ist — oder ihm zuzuraten, wenn dieses Testergebnis entsprechend ermutigend ist.

Hierbei ist wenig oder gar nicht bekannt, wie diese Funktion zwischen den beiden Reaktionsweisen R_1 und R_2 im einzelnen zustande kommt. Wir wissen lediglich aus entsprechenden Untersuchungen, daß eine solche Funktion besteht. Nun resultiert jedoch gerade hieraus die Ungewißheit, ob die in einer bestimmten (im einzelnen nicht genau erfaßten) Situation bestehende Beziehung zwischen zwei Reaktionsweisen auch in einer anderen und neuen Situation bestehen wird: es besteht zwar eine mehr oder weniger große Wahrscheinlichkeit, daß dem so sein wird, aber wir haben kaum eine absolute Gewißheit für eine solche Voraussage, weil zu viele nicht erfaßbare Variable mit im Spiele sind.

2. Beziehungen zwischen einer Reaktion und einer Situation, in der sie entsteht

Diese Beziehungen zeigen an, in welcher Weise man eine Situation (S) verändern muß, um eine Reaktion (R) entstehen zu lassen. Sie drücken, mit anderen Worten, eine Funktion zwischen einer Reaktion und einer Mehrzahl von Bedingungen (S) aus:

$$R = f(S).$$

Diese Beziehungen sind meistens recht kompliziert, weil S in der Regel nicht nur äußerliche, sondern durchaus auch organische (individuelle) Gegebenheiten enthalten kann. Sie sind aber die wohl wichtigsten Beziehungen im Bereich der pädagogischen Psychologie. Sie sind auch zuverlässiger als die unter (1) genannten Beziehungen, denn es handelt sich in der Praxis seltener um eine Abhängigkeit zwischen zwei Reaktionsweisen allein, als vielmehr um eine solche zwischen einer Reaktionsweise und einer ganzen — mehr oder weniger komplexen — Situation. Wenn z. B. das Klassenzimmer der Raum ist, in dem sich das Lernen abspielt, dann müssen wir versuchen, diesen Raum als eine Vielfalt von Reaktionsbedingungen (als »S«) aufzufassen und die dadurch bedingten Lernreaktionen der Schüler als eine Funktion davon zu begreifen. Wir werden in den folgenden Kapiteln des Buches sehen, welche konkreten Resultate auf diese Weise erzielt worden sind und wie diese allerlei praktische Konsequenzen für den Lehrer haben können.

---

[4] Der Fremdsprachen-Eignungs-Test-Unterstufe und -Oberstufe ist die deutsche Bearbeitung des MLAT. Beide Tests sind bei J. Beltz, Weinheim 1966 und 1967 erschienen in der Bearbeitung von *K. H. Ingenkamp* und *W. Correll*.

3. Beziehungen zwischen Verhaltensformen und organischen Bedingungen

Hierbei handelt es sich um den Bereich, in welchem sich Abhängigkeiten aufweisen lassen zwischen Reaktionen (R) und gewissen organischen Zuständlichkeiten (O) in dem betreffenden Individuum. Anders ausgedrückt, die Reaktionen und Verhaltensformen des Individuums werden aufgefaßt als eine Funktion bestimmter organischer Gegebenheiten:

$$R = f (O).$$

Beispielsweise konnte man finden, daß Gehirnschädigungen bestimmter Art (als O) ganz bestimmte Reaktionen und Verhaltensformen im Kind bedingen (als R). Oder man hat gefunden, daß gewisse Endokrinopathien eine bestimmte Weise des Reagierens beim Kind bedingen, die wiederum zu Lernstörungen hinführen müssen.[5] Noch einfacher zeigt sich diese Abhängigkeit des Reagierens von gewissen organischen Zuständlichkeiten, wenn wir hungrige Kinder (oder hungrige Versuchstiere) mit satten Kindern (oder satten Versuchstieren) vergleichen. Die Reaktionsbereitschaft, d. h. die Aktivität des hungrigen Organismus ist sehr viel größer als die des satten. Wir werden sehen, daß man diese Gegebenheit besonders bei den – für die Lernpsychologie wichtigen – Tierexperimenten ausgenutzt hat, indem dort Tiere verwendet werden, die nur zu etwa 85% ihres normalen Ernährungszustandes gefüttert werden, damit sie auch genügend Aktivitätsbereitschaft zeigen. – Im Bereich des menschlichen Lernens haben wir die zentralen Vorgänge der *Motivation* hierher zu rechnen. Die Motivation läßt sich auffassen als eine intervenierende Variable, von der das Lernen entscheidend mitbestimmt wird. – Andererseits werden wir später noch darauf eingehen, wie gerade die Motivation als »organische Gegebenheit« ihrerseits wieder von bestimmten Variablen abhängig ist!

4. Beziehungen zwischen der Entwicklung organischer Bedingungen und dem Auftreten bestimmter Stimuli

Hier wird die organische Bedingung, von der soeben die Rede war, als eine Funktion bestimmter Stimuli betrachtet:

$$O = f (S).$$

Es ist interessant, daß Untersuchungen gerade in diesem wichtigen Bereich der pädagogischen Psychologie bisher relativ selten sind. Es würde hierher z. B. die Untersuchung über die Einwirkung bestimmter – schulisch bedingter – stress-Situationen (Frustrationen, wiederholte Mißerfolgserlebnisse ...) auf organische Zustände (Magengeschwüre, Blutdruckveränderungen ...) gehören. Aber auch der Einfluß verschiedener klimatischer Bedingungen (Hitze, Kälte) auf organische Gegebenheiten, die das Lernen fördern oder hemmen können, die Beziehung zwischen verschiedenen Arten des Lehrer-Schüler-Verhältnisses und der Entwicklung organischer Befindlichkeiten beim Schüler etc. müßten innerhalb dieses Bereiches noch genauer erforscht werden und selbstverständlich auch die schon

---

[5] Vgl. *W. Correll*, Lernstörungen beim Schulkind. 3. Auflage, Donauwörth 1966, S. 139 ff.

erwähnten möglichen Abhängigkeiten der verschiedenen Grade der Motiviertheit von diversen Stimuli in der Umwelt.

Wir werden später in den entsprechenden Kapiteln unserer Darstellung immer wieder auf diese Forschungsbereiche der pädagogischen Psychologie zurückgreifen, so daß sich eine ausführlichere Erörterung an dieser Stelle erübrigt.

3. Kapitel

Die verhaltenspsychologische Lerntheorie

Wie wir bereits dargestellt haben,[1] läßt sich das Lernen grundsätzlich auffassen als *eine Änderung des Verhaltens auf Grund einer gemachten Erfahrung.* »Verhalten« kann sich hierbei sowohl auf geistige Fertigkeiten als auch auf motorische Fertigkeiten und affektive Einstellungen beziehen. Um nun den theoretischen Ort einer solchen verhaltenspsychologischen Auffassung des Lernens klarzumachen, befassen wir uns zunächst mit dieser theoretischen Einordnung.

An anderer Stelle haben wir bereits die Vielzahl der vorhandenen Lerntheorien auf drei zentrale Lerntheorien reduziert, in denen die wesentlichen Erkenntnisse und Ansätze der verschiedenen Theorien untergebracht werden können.[2] An derselben Stelle[3] wurde schließlich noch versucht, diese drei zentralen Lerntheorien unter dem übergreifenden Gesichtspunkt einer verhaltenspsychologischen Analyse des Denkens als Lernprozeß mit verschiedenen Phasen oder Stufen oder Aspekten zuzusammenzufassen. Das *»Denklernen«* oder das »kritische Lernen« haben wir nicht als einen rationalen Prozeß aufgefaßt, sondern als einen Vorgang, an dem der menschliche Organismus als Ganzes beteiligt ist, insofern das Denken als »verinnerlichtes Handeln«, sowohl nach dem »trial and error-Prinzip« als auch nach dem der »Einsicht«, aufgefaßt werden kann. Dies bedeutet zunächst, daß Lernen Aktivität voraussetzt. Man kann das Verhalten nicht ändern, ohne daß man »sich verhält«, ohne daß man aktiv wird, und zwar in einer neuen Weise.

Der Schüler, der in neuer Weise aktiv werden soll, muß also erleben, daß seine bisherige Art zu reagieren in dem gegebenen Fall nicht richtig, d. h. nicht zweckmäßig ist. Er muß sich vor eine Barriere (geistiger Art) gestellt fühlen, ein Hindernis wahrnehmen, ein Problem erleben, und dann kann er »innerlich« handeln. Zu diesem verinnerlichten Handeln gehört sowohl eine Motivation als auch ein »feed-back« in Form eines Erfolgs-(oder Mißerfolgs-)Erlebnisses. Ein Erfolgserlebnis stellt sich ein, wenn das verinnerlichte Handeln zum Ziel geführt hat, das Problem bewältigt worden ist und der Lernende sich diesen Umstand zum Bewußtsein gebracht hat. Die Wirkung des Erfolgserlebnisses ist die einer Verhaltensverstärkung, d. h. die Verhaltensform, die im Denken gleichsam hypothetisch eingesetzt worden war, wird bestätigt und verstärkt. Auf die zahlreichen Zusammenhänge (z. B. die Untersuchungen *Lewins* über das Anspruchsniveau und die Forschungen von *Thorndike* über das Effektgesetz) brauchen wir hier nicht einzugehen, weil wir darauf mehr oder weniger ausführlich bereits in der *»Lernpsychologie«*[4] eingegangen sind. Unter der Voraussetzung der dort dargestellten theoretischen Prinzipien und Erkenntnisse des Lernens fragen wir nunmehr

---

[1] *W. Correll,* Lernpsychologie. 4. Aufl., Donauwörth 1965, S. 16 ff.
[2] Ebenda, S. 18 ff.
[3] Ebenda, S. 37 ff.
[4] Ebenda, besonders S. 23 ff.

spezieller nach den pädagogisch relevanten Ergebnissen der *verhaltenspsychologischen* Lerntheorie, die geeignet ist, die zusammenfassende Funktion des Denklernens zu übernehmen. Wir geben, mit anderen Worten, eine detailliertere Darstellung dessen, was verhaltenspsychologisch unter der in unserer »Lernpsychologie« beschriebenen »Synthese« der Lerntheorie im Denklernen zu begreifen ist. Um dies zu bewerkstelligen, gilt es zuerst, die *lernpsychologischen Grundbegriffe der Verhaltenspsychologie* zu klären. Diese sind:

I. Das Verhalten
II. Stimulus und Reaktion
III. Reflexe und Verhaltensformen
IV. Reaktives Konditionieren
V. Operatives Konditionieren
VI. Verstärkung
VII. Extinktion und »Strafe«
VIII. Methoden der Verstärkung
IX. Generalisierung
X. Diskriminierung
XI. Graduelle Annäherung und
XII. Verhaltensverknüpfung.

I. DAS »VERHALTEN«
IN DER VERHALTENSPSYCHOLOGISCHEN LERNTHEORIE

Der *Gegenstand*, mit dem sich die Verhaltenspsychologie ausschließlich befaßt, ist – wie schon gesagt – das Verhalten. Verhalten schließt alles ein, was eindeutig beobachtbar am Organismus ist: seine konkreten Verhaltensäußerungen, einschließlich kognitive Prozesse und emotionale Äußerungen, seine Reizung durch Stimuli, und psychische Vorgänge, die eine »Verarbeitung« der Stimuli oder eine Verbindung der Reize mit einer bestimmten Reaktionsweise ermöglichen.

Das *Ziel* der Verhaltenspsychologie ist es, das Verhalten eines Organismus (eines Individuums *und* eines Individuums in der Gruppe) zu begreifen, vorherzubestimmen und zu verändern, d. h. Verhaltenspsychologie ist *wesentlich* pädagogische und Lernpsychologie!

Der *Bereich* dieser verhaltenspsychologischen Forschung ist also so weit wie das Feld einer *empirisch* ausgerichteten Pädagogik.

Im einzelnen kann man nun mit *B. F. Skinner,* dem wohl bedeutendsten Vertreter der neuen Verhaltenspsychologie, zwei Arten des Verhaltens unterscheiden: Das *reaktive Verhalten* und das *operative Verhalten*. »Reaktives Verhalten« beschreibt das Verhalten, das durch Stimuli von außen *hervorgerufen* wird. Der Terminus zeigt bereits, daß es sich dabei vorwiegend um »festgelegte« Reaktionen auf bestimmte äußere Einwirkungen handelt. »Festgelegt« kann sich dabei sowohl auf angeborene Reiz-Reaktionsschemata beziehen, wie z. B. auf den Lidreflex, den Kniesehnenreflex, den Saugreflex etc., oder auch auf später erworbene Reiz-Reaktionsschemata, wie z. B. bestimmte emotionale Reaktionen auf bestimmte Umweltgegebenheiten, die man gewöhnlich so ausdrückt, daß man etwa sagt: »Ich wollte zwar nicht aufbrausen, aber ich wurde so ärgerlich, daß ich nicht anders konnte als ...« Hierher gehört auch das Drillverhalten, in welchem ein Organismus gleichsam »automatisch« in ganz bestimmter Weise reagiert, wenn er in einer bestimmten Weise angesprochen (stimuliert) wird, z. B. wenn sich ein Soldat auf den Ausruf »volle Deckung!« sofort auf den Boden wirft und die nächstbeste Bodenerhebung zu seiner Tarnung oder zu seinem Schutz ausnutzt. Dieses reaktive Verhalten gehört also stark in den Bereich dessen, was wir in unserer »Lernpsychologie« als »erste« Lerntheorie (*Pawlow, Guthrie* u. a.[5]) beschrieben haben.

»Operatives Verhalten« auf der anderen Seite beschreibt dasjenige Verhalten, das nicht vom Stimulus hervorgerufen wird, sondern das auf die Umwelt (von sich aus) einwirkt und nachträglich durch die Reaktion der Umwelt verstärkt oder nicht verstärkt wird. Der Terminus »operativ« kommt daher, daß diese Art des Verhaltens in der Umwelt »operiert«, auf sie »einwirkt«. Es handelt sich um ein grundsätzlich »instrumentales« Verhalten (i. S. *Deweys* z. B.[6]), das *nicht* unwillkürlich erfolgt, sondern von unserem Willen, unserer Entscheidung abhängig gemacht werden kann, auch wenn es nicht notwendig immer aus einer *bewußten* Entscheidung hervorgegangen sein muß. Dieses operative Verhalten unterliegt dem Zentralnervensystem, während das reaktive Verhalten vorwiegend dem vegetativen Nervensystem unterliegt.

Skinner definiert operatives Verhalten folgendermaßen: Operatives Verhalten ist ein Ausdruck, »der betont, daß das Verhalten auf die Umwelt einwirkt und bestimmte Folgen hervorruft. Diese Folgen bestimmen die Eigenschaften, durch die Verhaltensformen einander ähnlich genannt werden können. Wir werden diesen Begriff benutzen, ... *um diejenige Form des Verhaltens zu bezeichnen, die durch ihre Folgen bestimmt wird.*«[7]

Operatives Verhalten ist also das typisch menschliche Verhalten, während reaktives Verhalten mehr charakteristisch für das animalische Verhalten ist, obgleich natürlich auch Tiere grundsätzlich »lernen« können und in diesem Sinne zu operativem Verhalten fähig sind.

Wenn nun operatives Verhalten nicht durch einen Stimulus von außen bewirkt wird, wodurch ist es dann verursacht? Handelt es sich vielleicht um ein »spontanes« Verhalten schlechthin? Eine absolute Unbedingtheit des Verhaltens kann es nach allem, was wir bereits im Kapitel 1 über die anthropologischen Grundlagen der Verhaltenspsychologie gesagt haben, nicht geben. Vielmehr liegen die eigentlichen Ursachen des operativen Verhaltens in den Folgen der vorausgegangenen Verhaltensäußerungen des Organismus: Waren die vorausgegangenen Verhaltensäußerungen operativer Art von der Umwelt positiv beantwortet worden (sind sie also »verstärkt« worden), so wendet sie der Organimus gehäuft an, andernfalls werden sie aus dem Verhaltensrepertoire getilgt. In diesem Sinne müssen wir sagen, daß *die Ursachen des operativen Verhaltens in den Folgen des vorausgegangenen Verhaltens liegen* .

---

[5] W. *Correll*, Lernpsychologie. 4. Aufl., Donauwörth 1965, S. 19 ff.
[6] Vgl. W. *Correll*, Reform des Erziehungsdenkens. 2. Aufl., Weinheim 1966, S. 7 ff.
[7] B. F. *Skinner*, Science and Human Behavior. N.Y. 1953, S. 65.

Auf diese Weise kommt eine für die Verhaltenspsychologie eigentümliche *Kontinuität* des Verhaltens zustande: Alles Verhalten äußert sich – wie schon bemerkt – in konkreten, d. h. beobachtbaren Verhaltensformen, und jede einzelne Verhaltensform geht aus der Abänderung vorausgegangener Verhaltensformen hervor. Solche Abänderung des Verhaltens (= »Lernen« im weitesten Sinn!) wird nötig, weil sich die Beziehungen zwischen Mensch und Welt immer wieder ändern und Verhaltensformen nur unter ganz bestimmten Bedingungen erfolgreich sind, d. h. zur Reduktion oder Beseitigung einer Bedürfnisspannung führen können. Diese Reduktion oder Beseitigung einer Bedürfnisspannung ist mit dem Vorgang der Verstärkung gegeben, auf den wir unten noch näher eingehen werden. Die Bedürfnisspannung selbst ist aber nicht etwa ein irgendwie »angeborener Trieb«, sondern lediglich das Bestreben einer verstärkten Verhaltensform, sich wiederholt darzustellen. Das Insgesamt der Verhaltensformen – das operative Verhalten – ist mithin durch eine solche Tendenz zur Kontinuität ausgezeichnet, die das Resultat der Verstärkungen der jeweiligen abgewandelten Verhaltensformen darstellt. Auf dieser Kontinuität des operativen Verhaltens beruht seine grundsätzliche Verständlichkeit und Vorhersagbarkeit, der *»Charakter«*.

Der Charakter eines Menschen spiegelt also gleichsam die Geschichte seiner Verhaltensverstärkung wider. Er ist, mit anderen Worten, das Ergebnis seiner »Erziehung«. Zwar sind der Erziehung gewisse organische Grenzen vorgegeben, aber innerhalb dieser relativ weiten Grenzen kann sie mittels des verhaltenspsychologischen Vorgangs der Verstärkung so gut wie alle Verhaltensformen zustande bringen. Um optimale Resultate erzielen zu können, müssen jedoch auch optimale Verstärkungsmethoden angewandt werden. Die Erziehung bzw. das Lernen und Lehren hängt aber bis heute noch sehr häufig von unkontrollierten Zufälligkeiten ab, die – wie etwa Sympathie oder Antipathie zwischen Lehrer und Schüler, Motivation des Schülers für den Lehrgegenstand oder mehr für Aktivitäten außerhalb der Schule usf. – einen maßgebenden Einfluß auf den Erfolg der pädagogischen Bemühungen haben. Durch eine konsequente Anwendung verhaltenspsychologischer Erkenntnisse müßte es hingegen möglich werden, das Verhalten eines jeden Schülers optimal auszuformen. Wir werden unten auf die Konsequenzen dieser Einsicht des näheren eingehen können.

II. STIMULUS UND REAKTION
IN DER VERHALTENSPSYCHOLOGISCHEN LERNTHEORIE

Wie wir gesehen haben, ist das Verhalten nicht auf den Organismus als solchen beschränkt, sondern ebenso sehr auf die Umwelt bezogen; es ist gleichsam eine »Brücke« zwischen dem Organismus und der Umwelt, und zwar sowohl im Sinne des operativen als auch in dem des reaktiven Verhaltens.

Stimulus und Reaktion sind aufeinander bezogen, entweder insofern, als der Stimulus eine Reaktion des Organismus hervorruft (reaktives Verhalten) oder indem der Organismus eine Verhaltensform äußert, die anschließend durch einen Stimulus aus der Umwelt beantwortet wird (operatives Verhalten). Beidesmal verbindet das Verhalten den Organismus mit seiner Umwelt.

Gehen wir von der vorwissenschaftlichen Bedeutung von »*Stimulus*« aus, so haben wir eine Anregung, einen »Reiz« vor uns, der auf Sinnesorgane einwirkt und damit das Verhalten beeinflußt. Ein Kunstwerk kann z. B. in diesem Sinne »stimulierend« wirken; es kann etwa den Betrachter durch seine Erhabenheit so anmuten, daß er einen Entschluß faßt, der sein Verhalten von Grund auf ändern kann.

Der psychologische Kern der Bedeutung von Stimulus ist daher seine Einwirkung auf den Sinnesorganismus. Ob diese Einwirkung *vor* der Reaktion des Organismus – wie im Fall des reaktiven Verhaltens – oder ob sie *nach* dieser Reaktion erfolgt – wie im Fall des operativen Verhaltens – ist dabei von sekundärer Bedeutung. Wir können daher die Standarddefinition von *English and English* übernehmen, wo es heißt: Ein Stimulus ist »ein Phänomen, ein Gegenstand, ein Aspekt eines Gegenstands oder ein Ereignis – wie dies auch immer aufgefaßt oder beschrieben wird –, das auf das Verhalten einwirkt, indem es die Aktivität eines Sinnesorgans weckt.«[8]

Der Stimulus kann dabei sowohl aus der Umwelt des Organismus als auch aus diesem selbst kommen.

Eine »*Reaktion*« wird dementsprechend definiert als »eine Aktivität der Muskeln oder Drüsen, die von einem Stimulus abhängt.«[9]

In diesem Sinn ist sowohl diejenige Verhaltensäußerung, die unmittelbar auf einen Stimulus folgt, als auch diejenige, die einem Stimulus vorausgeht, eine Reaktion. Denn beide hängen von dem Stimulus insofern ab, als auch die »vorausgehende« Reaktion wiederum durch einen Bezug auf einen früher erfahrenen Stimulus modifiziert (etwa verstärkt) ist. Wir werden später noch unterscheiden können zwischen verschiedenen Arten von Stimuli und Reaktionen, je nachdem sie primär oder sekundär aufeinander bezogen sind.

III. REFLEXE UND VERHALTENSFORMEN IN DER VERHALTENSPSYCHOLOGISCHEN LERNTHEORIE

Sowohl Reflexe als auch Verhaltensformen sind Verbindungen zwischen Stimuli und Reaktionen. Diese Verbindungen zwischen Stimulus und Reaktion können sowohl angeboren als auch erworben sein. Die *angeborenen Reflexe* – etwa der Kniesehnenreflex, der Lidreflex oder der Saugreflex — gehören zur lebensnotwendigen Grundausstattung des Menschen. Sie funktionieren nach kurzer Zeit der Übung, die manchmal fast gar nicht in Erscheinung zu treten braucht, und sind verhältnismäßig unveränderlich: Wenn immer ein entsprechender Stimulus erfahren wird, erfolgt die angeborene Reaktion. Beides ist also hier zu einer mehr oder weniger starren Einheit verschmolzen.

Diese angeborenen Reflexe nehmen nun im Bereich des menschlichen Verhaltens zwar einen wichtigen, aber keinen breiten Raum ein. Die meisten Verhaltensäußerungen sind nicht angeboren, sondern erworben oder gelernt. Im Be-

---

[8] *H. B. English* and *A. C. English*, A Comprehensive Dictionary of Psychological and Psychoanalytical Terms. N.Y. 1958, S. 525.
[9] *H. B. English* and *A. C. English*, a.a.O., S. 461.

reich dieser erworbenen Verhaltensäußerungen können wir nun zwischen erworbenen Reflexen und Verhaltensformen bzw. operativem Verhalten unterscheiden.

Erworbene Reflexe sind Verhaltensäußerungen, die dadurch zustande kamen, daß eine bestimmte Reaktion jeweils auf einen bestimmten Stimulus folgte. Wenn ein Kleinkind beispielsweise beim bloßen Anblick seiner Milchflasche bzw. beim Wahrnehmen eines bestimmten Geräusches, das durch das Schütteln der Flasche verursacht wird, die Nahrungsaufnahme gleichsam vorwegerlebt und ihm dadurch »das Wasser im Munde zusammenläuft« (Speichelabsonderung im Sinne der bekannten Versuche *Pawlows*), dann haben wir hierin einen erworbenen Reflex zu sehen. Es kann sich aber auch um komplizierteres Verhalten handeln, etwa um eine gleichsam automatisch ablaufende Reaktion eines Schülers, der den Stimulus »2 mal 2« wahrnimmt und nun im Sinne eines erworbenen Reflexes antwortet: »ist 4«. Es braucht dabei keine Entscheidung und kein Denkprozeß mehr stattfinden – die Reaktion ist weitgehend automatisiert und fixiert. Wir beobachten dies auch im Bereich des motorischen oder des emotionalen Verhaltens. Ein Soldat, der in unzähligen Wiederholungen gelernt hat, die Teile eines Gewehrs auseinanderzunehmen und wieder zusammenzusetzen, wird dies gleichsam »im Schlafe« vollziehen können, ohne daß er sich irgend etwas dabei denken oder rekonstruieren müßte. Er könnte es sozusagen auch mit verbundenen Augen vollziehen. Emotionale erworbene Reflexe zeigen sich am deutlichsten im Verhalten in bestimmten Konfliktsituationen. Beispielsweise können wir es uns so sehr »angewöhnt« haben, auf ein Erlebnis, das unseren Erwartungen nicht entspricht (etwa eine Frustration), mit einem aggressiven Wutausbruch zu reagieren, daß wir in einer gegebenen Situation wiederum automatisch reagieren und nicht mehr überlegen können, ob ein Wutausbruch nun die beste und zweckmäßigste Reaktion in der betreffenden Situation darstellt oder nicht. Es kann sogar zu einem regelrechten inneren Zwang kommen durch erworbene Reflexe: wir wollen »eigentlich« nicht so reagieren, aber »irgend etwas zwingt uns doch dazu, es (wiederum) zu tun. Hierher gehören alle unsere vielfältigen »Angewohnheiten« (namentlich die schlechten), die manchmal zu einer regelrechten Tyrannei in unserer Lebensführung werden können.

Zu diesen erworbenen Reflexen gehört auch das, was wir in der amerikanischen Literatur meistens (d. h. mit Ausnahme von *John Dewey* und einigen seiner Schüler, die einen anderen Begriff von »habit« eingeführt haben – vgl. oben, 1. Kap.) mit »*habit*« wiedergegeben finden. So finden wir etwa im »New Dictionary of Psychology« folgende Definition für »habit«:[10] »... eine gelernte Reaktion, welche die Muskelkoordinationen, die Assoziationen oder das emotinale Element durch Übung ziemlich fest begründet, so daß sie rasch und beinahe automatisch abläuft.«

Im Unterschied nun zu den angeborenen und erworbenen Reflexen, die, wie wir sehen, alle etwas Definitives, Starres (»Automatisches«) an sich haben, haben wir die *Verhaltensformen.* Sie sind ebenfalls Verbindungen zwischen Stimuli und Reaktionen, aber sie sind nicht so definitiv und starr wie die Reflexe, sondern stellen mehr eine Disposition oder Tendenz zu einem bestimmten Verhalten dar.

---

[10] *P. L. Harriman* (ed.), The New Dictionary of Psychology. N.Y. 1947, S. 154.

Wir sind bereits oben (Kap. I) auf diese Bedeutung eingegangen, wenn auch von einem anderen Zusammenhang her. Verhaltensformen kommen auch anders zustande als Reflexe. Sie sind die Weise, in der sich das bereits definierte operative Verhalten darstellt. Dies bedeutet, es handelt sich nicht so sehr um Reaktionen auf einen bestimmten Stimulus, sondern um operativ geäußerte Verhaltensteile, die – nachträglich – gewisse Stimuli als Verstärkungen (oder das Gegenteil) aus der Umwelt zuwege bringen. *Dewey* wies bereits vor *Skinner* auf diesen Unterschied zwischen Verhaltensform und Reflex hin und wurde daher zum Begründer der modernen Verhaltenspsychologie, wenn auch *Skinner* der erste ist, der diese Erkenntnisse in der experimentellen Praxis anwendet und weitreichende pädagogische Konsequenzen daraus ableitet. Bei *Dewey* finden wir den Zusammenhang, den wir als »Verhaltensform« bezeichnen unter dem Begriff »habit«. Er definiert ihn folgendermaßen: »Eine Verhaltensform ist eine Fähigkeit, geformt durch vorausgegangene Erfahrungen.«[11] Hierin sehen wir sowohl die Feststellung des »operativen« Elements in der Verhaltensform – sie ist »durch vorausgegangene Erfahrungen« geformt, d. h. geprägt durch Verstärkungen (reinforcements i. S. *Skinners*) – als auch die Betonung der relativen Flexibilität – im Unterschied zu den starren und eindeutig festgelegten Reflexen –: Es handelt sich um »eine Fähigkeit« und nicht also um eine Fertigkeit; es ist mehr eine Dispostion und allgemeine Tendenz als ein »Zwang« zu einer ganz bestimmten Handlung. – Die Verhaltensform ist überdies ein Ausdruck dafür, daß der Mensch nicht erst zum Handeln durch einen Stimulus angeregt werden muß, sondern daß er »immer schon« aktiv ist, daß er von sich aus sich verhält und nachträglich entsprechende Stimuli aus der Umwelt dazu wahrnimmt und assoziiert, indem eine Verhaltensform entwickelt wird (durch Verstärkung) oder die betreffende Verhaltensäußerung aus dem Verhaltensrepertoire eliminiert wird (durch Nicht-verstärkung im Prozeß der Extinktion, von dem wir unten noch sprechen werden).

Entsprechend dieser Unterscheidung zwischen angeborenen und nichtangeborenen Reflexen und den Verhaltensformen können wir nun auch zwei Vorgänge unterscheiden, durch die Reflexe bzw. Verhaltensformen zustandekommen: Das reaktive Konditionieren (oder klassische Konditionieren) und das operative Konditionieren. Mit diesen beiden Grundformen des Lernens wollen wir uns nunmehr kurz befassen:

IV. DAS REAKTIVE (ODER KLASSISCHE) KONDITIONIEREN IN DER VERHALTENSPSYCHOLOGISCHEN LERNTHEORIE

Der Vorgang des klassischen oder reaktiven Konditionierens geht auf die bekannten Untersuchungen von *I. P. Pawlow* zurück.[12] Diese Untersuchungen zeigten, daß es möglich ist, durch wiederholte Darbietung eines Nebenstimulus zusammen mit einem unbedingten Stimulus (z. B. eines Glockentons als Neben-

---

[11] *J. Dewey*, Human Nature and Conduct. N.Y. 1922, S. 66.
[12] *J. P. Pawlow*, Sämtliche Werke. Berlin 1953. Vgl. ferner: *W. Correll*, Lernpsychologie. Donauwörth 1963, S. 19–23.

stimulus zusammen mit Futter als unbedingtem Stimulus) die Reaktion (Speichel-sekretion beim Hund) nicht nur hervorzurufen, wenn der unbedingte Stimulus geboten wird, sondern auch, wenn nur der Neben- oder bedingte Stimulus (Glockenton) allein geboten wird. Wenn also z. B. der Hund *Pawlows* Speichel absonderte, obwohl das Futter gar nicht gezeigt wurde, sondern lediglich der Glockenton hörbar wurde, rief ein *bedingter Stimulus* eine *bedingte Reaktion* hervor, und diesen Vorgang nennt man reaktives (klassisches) Konditionieren.

Entscheidend bei diesem Prozeß ist also die Tatsache, daß die bedingte Reaktion nicht etwa spontan geäußert wird, sondern vom bedingten Stimulus *hervorgerufen* wird. Jede bedingte Reaktion muß daher einen nachweisbaren bedingten Stimulus vor sich haben.

In sehr vielen Fällen läßt sich nun auch ein solcher bedingter Stimulus nachweisen, der, wenn er wiederholt dargeboten wird, ohne daß der unbedingte Stimulus gegeben wird, eine Extinktion des bedingten Reflexes bewirkt: Die Speichelabsonderung des Hundes unterbleibt allmählich, wenn der Glockenton wiederholt ohne Futter dargeboten wird. Nach einer gewissen Zeit ohne Konditionierung derselben Art jedoch wird auch nach der Extinktion aufs neue die bedingte Reaktion durch den bedingten Stimulus geäußert. Diese Erscheinung nennt man die *spontane Erholung*. Allerdings ist die spontane Erholung normalerweise nicht so stark wie die ursprüngliche Reaktion, und außerdem kann sie auch rascher zur Extinktion gebracht werden als die ursprüngliche Reaktion.[13]

Besonders in relativ primitiven Verhaltensschemata, wie sie etwa beim Tier, aber auch beim Kind häufig sind, läßt sich eine solche Zuordnung zwischen einem unbedingten und einem bedingten Stimulus und einer entsprechenden unbedingten und bedingten Reaktion nachweisen. Sobald indessen die Verhaltensweisen komplizierter werden, wie etwa im (kognitiven) Verhalten des Erwachsenen, wird es meistens nicht mehr möglich sein, zu einem gegebenen Verhalten den unbedingten und bedingten Stimulus zu finden, es sei denn, man vereinfacht die Situation allzu sehr.

An dieser Stelle setzt nun die verhaltenspsychologische Frage ein, ob es nicht noch eine andere als diese reaktive Konditionierung gibt, die den Vorgang erklären kann auch ohne eine solche eindimensionale Zuordnung von Stimulus und Reaktion.

Was dieser Frage entgegenkommt, ist zunächst der bereits erwähnte Vorgang der Extinktion einer bedingten Reaktion durch wiederholtes Darbieten des bedingten ohne den unbedingten Stimulus. Wodurch kommt es zur Extinktion, wenn der unbedingte Stimulus wiederholt ausbleibt? Man kann diesen Vorgang nicht erklären, ohne auf das Ausbleiben der verstärkenden Funktion des unbedingten Stimulus hinzuweisen. *Sobald also wiederholt keine Verstärkung geboten wird, bricht die reaktive Konditionierung zusammen.* Mit diesem Nachdruck auf die verstärkende Funktion des unbedingten (und des bedingten Stimulus) hängt nun die spezifisch verhaltenspsychologische Lerntheorie vom operativen Konditionieren zusammen. Sie ist allerdings auch in der Lage, Vor-

[13] Vgl. *E. R. Hilgard and D. G. Marquis,* Conditioning and Learning. N.Y. 1940. Ferner: *F. S. Keller and W. S. Schoenfeld,* Principles of Psychology. N.Y. 1950.

gänge der klassischen Konditionierung mit Hilfe des operativen Schemas zu erklären. Der Hund *Pawlows* z. B. sondert, wenn er den Glockenton vernimmt, dadurch Speichel ab, daß er diese Verhaltensform des öfteren geäußert hat und dafür eine Bestätigung in Form des Futters erhalten hat. Wir wollen im folgenden auf diesen für den gesamten pädagogischen Bereich zentralen Vorgang etwas näher eingehen:

V. DAS OPERATIVE KONDITIONIEREN
IN DER VERHALTENSPSYCHOLOGISCHEN LERNTHEORIE

Der Ausgangspunkt für das operative Konditionieren ist die Überzeugung, daß der Mensch grundsätzlich aktiv ist, daß er also nicht erst durch einen Stimulus zur Aktivität angeregt zu werden braucht. Er entläßt »immer schon« Verhaltensteile in die Welt und erfährt nachträglich die Reaktion der Welt in Form einer Verstärkung oder in der des Ausbleibens der Verstärkung. Auf diese Weise ist es nicht mehr nötig, für jedes Verhalten einen unbedingten oder bedingten Stimulus zu suchen (oder zu konstruieren), um es begreifen und kontrollieren zu können. Vielmehr läßt sich grundsätzlich jedes Verhalten als eine Verhaltensform auffassen, die durch Verstärkung im Prozeß des operativen Konditionierens zustande gekommen ist. Ein Beispiel dafür wäre etwa die Sprachentwicklung des Kleinkindes. Hier wäre es sehr schwierig, einen bedingten Stimulus zu finden, der die einzelnen Sprechlaute hervorgerufen hat. Es ist aber nicht schwierig, nachzuweisen, daß es eines solchen Stimulus gar nicht bedarf, um das Kind von sich aus »lallen« zu lassen, noch ehe es verständliche Sprachlaute von sich geben kann. Sobald nun spezifische Teile dieses Lallens verstärkt werden, äußern sie sich häufiger, wenn eine ähnliche Situation wieder auftritt. So bildet sich dann beispielsweise die Tendenz zur Nachahmung durch operative Konditionierung erst heraus, während die Nachahmung ansonsten als ein »Trieb« angenommen werden mußte. Die Äußerung und das Verstehen bedeutsamer Wörter und Sätze kommt auf diese Weise nach und nach zustande, ohne daß man irgendwelche bedingten Stimuli annehmen müßte.

Wie bereits erwähnt, wurde diese überaus zentrale Einsicht in die Bedeutung des operativen Konditionierens als *die* Form des (menschlichen) Lernens bereits vor *Skinner* durch die Arbeiten von *Dewey* – im Zusammenhang mit seinem Begriff der Verhaltensform und der Erziehung – und von *Thorndike*, durch sein Effektgesetz, vorbereitet. *Thorndike* bemerkte durch seine Versuche mit Katzen im Problemkäfig, daß diejenigen Verhaltensformen der Tiere, die erfolgreich waren – die also eine Befreiung aus dem Käfig ermöglichten und dadurch ein Bedürfnis befriedigten –, beibehalten und immer wieder angewandt wurden. Da *Thorndike* jedoch noch an die Notwendigkeit der Annahme eines spezifischen Stimulus glaubte, deutete er diese Beobachtung durch sein *Effektgesetz* so, daß er sagte: Positive Nacheffekte (Erfolgserlebnisse) verstärken eine Assoziation zwischen Stimulus und Reaktion, und Mißerfolgserlebnisse (oder negative Nacheffekte) schwächen eine Assoziation zwischen Stimulus und Reaktion.[14]

[14] Vgl. Darstellung in *W. Correll*, Lernpsychologie. Donauwörth 1965⁴, S. 23 ff.

Was sich nun bei dieser Formulierung allein empirisch feststellen ließ, war die Tatsache, daß diejenigen Verhaltensformen, die verstärkt wurden (erfolgreich waren) auch nachher häufiger geäußert wurden als diejenigen, die nicht verstärkt wurden. Was dagegen nicht nachgewiesen werden konnte, war die Aussage über die Verstärkung der Assoziation zwischen Stimulus und Reaktion. Daher formulierte *Skinner* schon 1938 diesen Tatbestand neu im Sinne seiner Lehre vom operativen Konditionieren, indem er in seinem *»Gesetz des Konditionierens«* sagt: »Wenn die Darstellung eines operativen Verhaltens (i. S. einer Verhaltensform also) von einem verstärkenden Stimulus gefolgt wird, wird seine Stärke vergrößert.«[15] Umgekehrt gilt auch sein *»Gesetz der Extinktion«*, das heißt: »Wenn die Darstellung eines operativen Verhaltens, das bereits verstärkt ist, nicht von einem verstärkenden Stimulus gefolgt wird, vermindert sich seine Stärke.«[16]

Daß also eine Verhaltensform verstärkt wurde, sieht man lediglich daran, daß sie sich häufiger zeigt, d. h. man erkennt, mit anderen Worten, die Verstärkung an den »Folgen« des Verhaltens. So lesen wir bei *Skinner* (1953): »Das Verstärken des Verhaltens, das sich durch die Folgen des Verhaltens zeigt, nennen wir operatives Konditionieren.«[17]

Im Unterschied zum reaktiven Konditionieren wird beim operativen Konditionieren also das Verhalten nicht durch einen Stimulus *hervorgerufen,* sondern die Verhaltensform wird *dargestellt* oder *geäußert. Skinner* läßt es offen, ob es sich um ein »Spontanverhalten« handelt oder um ein Verhalten, dessen Stimulus lediglich nicht in Erscheinung tritt. Es sagt jedoch ausdrücklich, Stimuli für operatives Verhalten seien »nicht in der Umwelt« des Organismus zu finden.[18] Wir wissen, daß nur gemeint sein kann, daß die Stimuli für diese Verhaltensformen im Organismus selbst liegen, indem die vorausgegangenen Verstärkungen für bestimmte Verhaltensformen eine entsprechende »Disposition« geformt haben.

Durch diese Auffassung der Konditionierung ergibt sich nun auch eine entscheidende *pädagogische Möglichkeit*: Während etwa *Thorndike* durch seine Tierversuche zu dem pädagogischen Prinzip von *»trial and error«* gekommen war, leitet *Skinner* von seinen Versuchen die Möglichkeit einer nahezu *unbegrenzten Verhaltensformung* ab. *Thorndikes* Katzen hatten im Problemkäfig allerlei »planlose«, »zufällige« Bewegungen ausgeführt, um zum Ziel zu gelangen. Schließlich war eine davon »zufällig« erfolgreich und dadurch habituell geworden. In einer Anwendung auf die Erziehung würde sich daraus ergeben, daß man in einer gegebenen Problemsituation solange warten muß, bis der Schüler alle »trial and error«-Versuche durchgeführt hat, ja, manchmal würde vielleicht der Schüler gar nicht auf die richtige Lösung kommen – dann könnte sein Verhalten auch nicht verstärkt werden. Demgegenüber wartete *Skinner* nicht bei seinen Tierversuchen, bis sie zufällig die erwünschte richtige Bewegung ausführten (sie hätten sie vermutlich kaum jemals ausgeführt), sondern er konstruierte seine (»Skinner«-)»Box« so, daß jede auch noch so minimale Verhaltens-

[15] *B. F. Skinner,* The Behavior of Organisms. An Experimental Analysis. N.Y. 1938, S. 21.
[16] *B. F. Skinner,* a.a.O., S. 21.
[17] *B. F. Skinner,* Science and Human Behavior. N.Y. 1953, S. 65.
[18] *B. F. Skinner,* The Behavior of Organisms. N.Y. 1958, S. 20.

äußerung der Taube von außen durch einen Druck auf einen Knopf, der Futter in den Käfig fallen läßt, sofort verstärkt werden konnte. Kam es also etwa darauf an, ein Versuchstier auf ein bestimmtes Zeichen hin sich zweimal entgegen dem Uhrzeigersinn um die eigene Achse drehen zu lassen, so ließ er das (Licht-) Zeichen immer zusammen mit der Verstärkung dann in Erscheinung treten, wenn das Tier eine – auch noch so minimale – Bewegung in der gewünschten Richtung zeigte (beispielsweise eine leichte Anhebung des linken Fußes oder eine andeutungsweise Drehung des Kopfes nach links etc.). Es gelingt auf diese Weise meistens innerhalb von etwa 2–4 Minuten, das Tier entsprechend zu konditionieren. Dieses Prinzip wird nun in jeder beliebigen Weise variiert. Vor allem kann die Verstärkung durch die Verabreichung von Futter in einem bestimmten Moment oder auf eine bestimmte Verhaltensäußerung hin auch automatisch erfolgen, so daß das Tier nicht dauernd beobachtet werden muß und doch mit absoluter Präzision konditioniert werden kann. Überdies wurde dann das Verfahren sinngemäß auch auf andere Tiere und schließlich auch – auf Menschen (Studenten) angewandt. Beim Menschen handelt es sich natürlich nicht darum, daß man ihn durch Verabreichung von Nahrung bestätigt, sondern hier genügt meistens schon die Feststellung, daß er seine Aufgabe richtig gelöst hat, als bedeutende Verhaltensverstärkung.

Die *Lehrmaschine*, auf die wir noch eingehen müssen, ist nichts anderes, als *Skinners* Anwendung seiner »Box« auf den Menschen: Die Verstärkung durch Bewußtmachung der Richtigkeit einer Problemlösung geschieht auch hier sofort und unmittelbar durch einen Vergleich der eigenen mit der richtigen Lösung, bzw. auch durch die Tatsache, daß eine nächste Aufgabe geliefert wird, während bei falschen Lösungen dieselbe Aufgabe nochmals erscheint. Mit jeder Verstärkung wird die betreffende Verhaltensform intensiviert. Auf diese Weise gelang es beispielsweise, einen ganzen Lehrgang in Psychologie in ungleich kürzerer Zeit und ungleich zuverlässiger zu vermitteln, als das durch die Methode der Vorlesung oder des Seminars möglich gewesen ist.[19]

Es ist dann mehr als eine pädagogische Vermessenheit, wenn *Skinner* sagt, daß »das operative Konditionieren das Verhalten so formt, wie ein Bildhauer sein Material«[20], oder an anderer Stelle: »Wenn wir einmal die besondere Verknüpfung der Verstärkung angeordnet haben, erlauben es unsere technischen Mittel von heute, das Verhalten eines Organismus fast nach Belieben zu formen.«[21] Denn die experimentellen Untersuchungen geben ihm weitgehend recht.

Eine weitere Konsequenz von außerordentlicher pädagogischer Bedeutung ist die Anwendung von *Skinners* bereits erwähntem »Gesetz der Extinktion«. Es ergibt sich daraus nämlich, daß man eine Verhaltensform nicht dadurch eliminiert, daß man »bestraft« oder »negativ verstärkt«. Dies aber wird ja wohl fast überall in der Kindererziehung (nicht so sehr jedoch in einer in dieser Hinsicht fortschrittlicheren Tierzähmung!) getan: Wenn ein Kind sich nicht so verhält, wie

---

[19] Vgl. *B. F. Skinner*, Warum wir Lehrmaschinen brauchen? In: *W. Correll* (Hrsg.), Programmiertes Lernen und Lehrmaschinen, 2. Aufl., Braunschweig 1966.
[20] *B. F. Skinner*, Science and Human Behavior. N.Y. 1953, S. 91.
[21] *Ders.*, The Science of Learning and the Art of Teaching. In: *W. Correll*, Programmiertes Lernen und Lehrmaschinen, Braunschweig 1965.

man erwartet hat, sondern andere Verhaltensformen äußert, dann wird es bestraft – körperlich gezüchtigt oder auch psychisch (lächerlich gemacht, bloßgestellt, getadelt...). Es steht fest, daß die psychischen Strafen ebenso tief wirken wie die körperlichen – und daß beide Arten im Grunde gleich unwirksam für die Extinktion der betreffenden Verhaltensform sind – von den negativen' Nebenwirkungen ganz zu schweigen. Wie läßt sich dann verhaltenspsychologisch eine Verhaltensform »löschen«? Wenn das *Skinner*sche Extinktionsgesetz angewandt wird, so bedeutet dies einfach, daß man eine solche Verhaltensform nicht verstärken darf, während aber gleichzeitig andere, positive Einstellungen verstärkt werden sollen. Die nicht verstärkte Verhaltensform wird schwächer und schwächer und erlischt schließlich ganz. Es darf indessen nicht versäumt werden, genau zu erkennen, was im einzelnen Fall eine Verstärkung ist! Schickt man z. B. einen Schüler, der durch unaufmerksames Betragen den Unterricht stört, hinaus, so hat man zwar »Ruhe«, aber man kann versichert sein, daß dieser Schüler sein störendes Betragen noch häufiger darstellen wird, da er ja darin verstärkt wurde. Ebenso wird dieser Lehrer ein ähnliches Verhalten wiederholt anzuwenden versuchen, da er ebenfalls eine Verstärkung erfahren hat (Ruhe im Unterricht) und so kann ein gefährlicher circulus vitiosus entstehen, der – in vielfältiger Abwandlung – so manchen »Kleinkrieg« im Schulzimmer charakterisiert.

Wir werden auf die Probleme der Extinktion unten noch eingehen. Hier sollte lediglich im Zusammenhang mit dem operativen Konditionieren darauf hingewiesen werden.

VI. DIE VERSTÄRKUNG
IN DER VERHALTENSPSYCHOLOGISCHEN LERNTHEORIE

Wir haben gesehen, daß der Vorgang des operativen Konditionierens auf der Wirksamkeit der Verstärkung beruht. Sie ist der zentralste Vorgang im Lernprozeß, wie er in der Verhaltenspsychologie gesehen wird. *Man versteht unter einer Verstärkung die Steigerung der Wahrscheinlichkeit des Auftretens einer Verhaltensform dadurch, daß die Darstellung der Verhaltensform von bestimmten Stimuli gefolgt wird.* Solche Stimuli werden *positive Verstärker* genannt. Andere Stimuli können die Wahrscheinlichkeit des Auftretens einer Verhaltensform ebenfalls erhöhen, indem sie *nicht* mehr dargestellt werden. Diese Stimuli nennt man *negative Verstärker.*

Beispiele für positive Verstärker wurden bereits oben mehrfach erwähnt. Jede Belohnung, Bestätigung etc. kann als positiver Verstärker dienen.

Ein Beispiel für eine negative Verstärkung ist folgendes: Wenn man eine Ratte in eine Experimentier-Box gibt, deren Boden elektrisch geladen ist, so daß die Ratte dauernd elektrische Schocks erleidet, es sei denn, sie drückt einen bestimmten Hebel nieder, der den Stromkreis unterbricht, so wird das Tier sehr schnell lernen, den Hebel zu drücken. Diese Verhaltensform des Hebeldrückens ist in diesem Fall dadurch verstärkt worden, daß eine negative Verstärkung eingetreten ist, indem das Hebeldrücken jedesmal von einem *Ausbleiben* des negativen Verstärkers gefolgt war. Man kann dieses Verhalten des Tieres auch als Flucht-

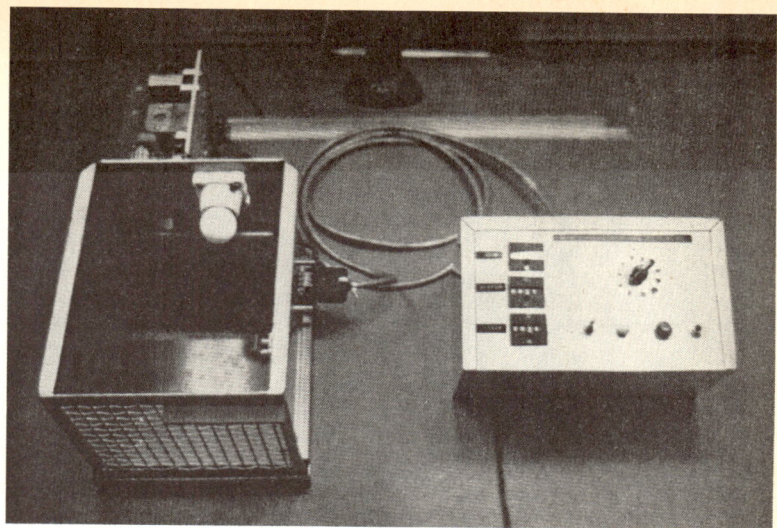

Abb. 1. Ein typischer Tier-Experimentierkäfig, wie er in *Skinners* Labor benutzt wird. Der Käfig ist mit einer automatischen Zähl- und Schaltvorrichtung (rechts) verbunden, die die einzelnen Reaktionen der Ratte und die Verstärkung getrennt zählt. Die Verstärkung wird dem Tier durch die runde Öffnung links unter der Käfiglampe verabreicht, wenn es den rechts daneben befindlichen Hebel in der gewünschten Weise drückt.

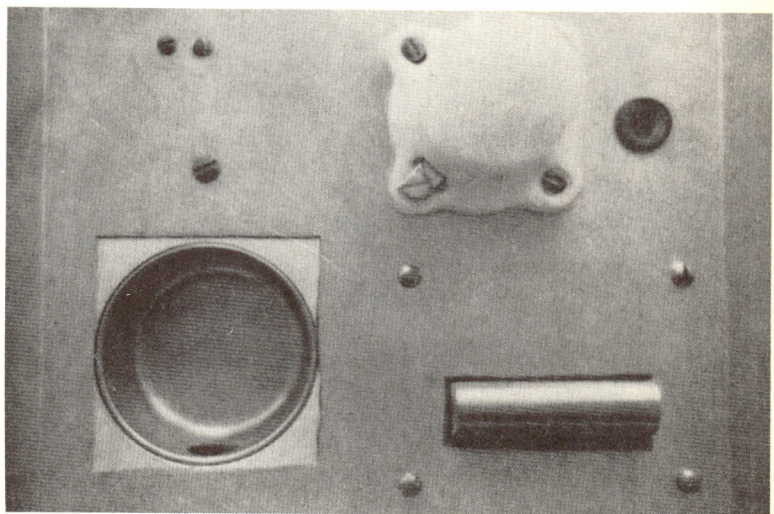

Abb. 2. Ein Blick ins Innere des Experimentierkäfigs. Links die Öffnung, durch deren Boden dem Tier der Napf mit der Nahrung (Verstärkung) verabreicht wird, wenn es den Hebel (rechts) betätigt hat. Über dem Hebel die Lampe, die an- und ausgeschaltet werden kann, so daß beispielsweise erreicht werden kann, daß das Tier nur »arbeitet«, wenn das Licht brennt.

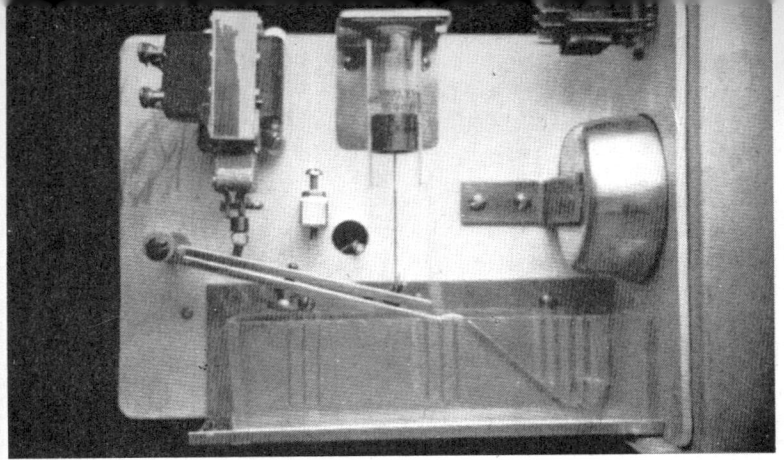

Abb. 3. Ein Blick hinter die Frontwand des Experimentierkäfigs. Hier befindet sich die Verstärkungsvorrichtung, die dem Tier auf den Hebeldruck hin die Nahrung für einige Sekunden zugänglich macht, indem ein Stromkreis geschlossen wird, der den Tauchhebel aus der flüssigen Nahrungsmasse empor und in das Futterloch hinaufführt. Gleichzeitig ertönt ein Summton, der wieder verstummt, wenn nach einigen Sekunden der Stromkreis automatisch unterbrochen wird und der Tauchhebel mit dem Futternapf wieder im Behälter mit der Nahrungsmasse verschwindet. — Es gibt entsprechende Vorrichtungen auch für trockenes Futter.

Abb. 4. Ein Blick auf die elektrische Schaltvorrichtung, die verschiedene automatisch arbeitende Verstärkungsschemata erlaubt. Die Verstärkung kann entweder durch Handbetätigung eines besonderen Knopfes ausgelöst werden, oder gänzlich dem Automaten übertragen werden. Dieser kann dann entweder alle Hebeldruck-Bewegungen des Tieres verstärken oder jede zweite ... bis jede n. »richtige« Bewegung (Reaktionsquotenverstärkung). Es lassen sich außerdem auch Zeitintervallverstärkungen einschalten, so daß das Tier unabhängig von der Zahl seiner Bewegungen alle 2 oder 3 etc. Sekunden oder Minuten verstärkt wird.

verhalten bezeichnen, weil die Ratte ja durch das Hebeldrücken dem negativen Verstärker entfliehen wollte.

Im täglichen Leben erfahren wir allenthalben die Wirksamkeit negativer Verstärker. Denken wir nur beispielsweise an den Studenten, der – ohne die eigenen Geldmittel für das Studium – auf die Unterstützung durch Stipendien u. dgl. angewiesen ist und der (durch negative Verstärkung) gelernt hat, intensiver zu lernen als manche seiner Kommilitonen, weil er allein dadurch dem sonst immer drohenden Ausbleiben der Unterstützung entfliehen kann und der erstrebten Unabhängigkeit näher kommt. Ein Student dagegen, der sich um finanzielle Unterstützung keine Sorgen zu machen braucht, der das Geld auch dann bekommt, wenn er nicht viel arbeitet, wird mit größerer Wahrscheinlichkeit ein sehr viel ausgedehnteres Studium genießen wollen als sein ärmerer Kommilitone.

Wir werden unten noch sehen, daß es neben der »primären« Verstärkung auch noch die »sekundäre« Verstärkung gibt, die schließlich ebenso stark werden kann wie die primäre, so daß aus dem ursprünglichen »Mittel zum Zweck« endlich ein »Zweck in sich selbst« werden kann. Dies hängt dann wiederum aufs engste mit dem pädagogischen Bestreben zusammen, im Kinde möglichst ein sachlich ausgerichtetes »Interesse« – eine »primäre Motivation« – zu verankern, so daß es um der Sache willen und nicht mehr nur um des Erfolgs beim Lehrer willen lernt.

Der spezifisch verhaltenspsychologische Ansatz kommt nun am besten darin zum Ausdruck, daß lediglich der definierte Vorgang der Verstärkung beschrieben wird und es sorgfältig vermieden wird, unbeobachtete »Kräfte« und »Tendenzen« zur Hilfe zu nehmen. Während man außerhalb der Verhaltenspsychologie beispielsweise sehr oft davon spricht, daß ein Hund, der dazu dressiert worden ist, auf den Hinterbeinen zu sitzen, weil er »weiß«, daß er dann etwas zu fressen bekommt oder weil er ein Stück Fleisch »haben möchte«, kann der Verhaltenspsychologe dazu lediglich feststellen, was tatsächlich beobachtbar ist: »Wünsche« oder ein subjektives »Wissen« entziehen sich aber der Beobachtung! Er kann lediglich darauf hinweisen, daß der Hund die Verhaltensform des Auf-den-Hinterbeinen-Sitzens erworben hat, da sie bisher durch Verabreichung von Futter verstärkt worden ist, d. h. die Wahrscheinlichkeit ihres Auftretens wurde erhöht. *Verstärkung kann nur durch die erhöhte Auftrittswahrscheinlichkeit der verstärkten Verhaltensform gemessen werden.*

Ein anderer »Fehler« wäre es, von dem Verstärker als einem »Ziel« zu sprechen, auf das der Organismus hinstrebe. Der Mensch hat nicht etwa einen »eingeborenen Trieb« nach »Erfolg«, nach »Lust«, nach dem Erfahren einer Verstärkung und nach dem Vermeiden einer negativen Verstärkung. Solche Feststellungen enthalten bereits Vorgriffe in einen Bereich, der jenseits des konkret Meß- und Beobachtbaren liegt. Verhaltenspsychologisch feststellbar ist lediglich, daß eine verstärkte Verhaltensform relativ häufiger auftritt als eine nicht verstärkte. Dies setzt also voraus, daß eine Verhaltensform tatsächlich geäußert und verstärkt worden ist, denn, was nicht verstärkt worden ist, kann auch keinen steuernden Einfluß auf das Verhalten ausüben. Das Verhalten wird also *nicht* durch die Ausrichtung auf ein zukünftiges Ziel geprägt, sondern umgekehrt durch die in der Vergangenheit erfahrenen Verstärkungen. – Ein Beispiel dafür ist folgendes Experiment: Eine Ratte wurde in einem Experimentierkäfig durch planmäßige Verstärkung dazu gebracht, an einer Gabelung des Ganges jedesmal den linken Gang (und nicht den rechten) zu wählen. Wird diese Ratte nun in einem neuen Käfig vor Zuschauern vor eine solche Gang-Gabelung gesetzt, so wird sie »ohne Zögern« auch dann die Wendung nach links vollziehen, wenn dort gar kein Futter ist, sondern nur ein leerer Napf. Ja, die Ratte wird selbst dann nach links rennen, wenn dort eine Katze auf sie lauert. Und sie tut es nicht, weil sie »Selbstmord« begehen will oder weil ihr »Nahrungstrieb« sie bestimmt, sondern allein deshalb, weil sie in der Vergangenheit entsprechend konditioniert worden ist.

Die bisherigen Erörterungen über Verstärkung beschränkten sich auf primäre Verstärker, d. h. auf solche, die den Organismus verstärkend beeinflussen, auch wenn sie zum erstenmal dargeboten werden: primäre Verstärker brauchen nicht gelernt zu werden. Nun gibt es jedoch eine sehr viel größere Zahl von *sekundären oder konditionierten Verstärkern*, deren Bedeutung für die Erziehung besonders groß ist. Diese konditionierten Verstärker sind gelernte, erworbene Verstärker. Besonders im menschlichen Verhalten spielen die primären Verstärker eine mit dem Alter abnehmende Rolle, während sekundäre Verstärker an Bedeutung zunehmen. Hierher gehört z. B. die zunehmende Bedeutung der sozialen Verstärker (das Lob und die Anerkennung, die wir von Mitmenschen für ein bestimmtes Verhalten erhalten, die Liebe und Zuneigung, die wir erfahren, die Ehrungen und Auszeichnungen, die man uns verleiht), solche Verstärker sind für den Menschen jenseits des Kleinkindstadiums meistens ungleich wichtiger als Nahrung, Sexualität und ähnliche, primäre Verstärker, weshalb die sekundären Verstärker meistens das Verhalten prägen und die primären gleichsam »geopfert« werden können (z. B. wenn jemand nach einer öffentlichen Ehrung zu streben konditioniert ist und in diesem Verhalten so ausschließlich wird, daß er Verhaltensformen der Selbsterhaltung zurückstellen kann). Der weitaus universellste sekundäre Verstärker ist das *Geld* – seine fast allgemeine Anerkennung, sein »Wert«, beruht lediglich darauf, daß die meisten Menschen durch ihre vorausgegangenen Verstärkungen dazu konditioniert worden sind, daß sie Geld als Mittel zu sehr vielen anderen Möglichkeiten und Aktivitäten benutzen können. Das »Streben nach Geld« ist also kein »Trieb«, sondern lediglich wiederum die Folge einer Verstärkung in der Vergangenheit des betreffenden Menschen. Geld kann so zu einem »Wert in sich selbst« für manche Menschen werden, wenn sie erfahren haben, daß Geld der »Schlüssel« zu jeder beliebigen Verstärkung ist. Die volkswirtschaftliche Bedeutung des Geldes beruht in erster Linie auf dieser seiner Rolle als einer der stärksten sekundären Verstärker.

Man kann leicht zeigen, wie ein sekundärer Verstärker entsteht: Wird einer Taube in der Box wiederholt unmittelbar nach Futterverabreichung (oder gleichzeitig mit ihr) ein rotes Lichtsignal gegeben, so ist dieses Lichtsignal bald selbst in der Lage (auch ohne Futterverabreichung), als Verstärker zu dienen und das Verhalten zu steuern. Man kann dann beispielsweise der Taube auch ohne Futter, allein mit Hilfe des Lichtsignals, beibringen, sich in bestimmter Weise zu drehen oder einen bestimmten Knopf in der Box zu picken etc., indem jede kleine Bewegung in Richtung auf diese Verhaltensform durch Verabreichung des Lichtsignals als sekundärer Verstärker »belohnt« wird.[22]

Wir können einen sekundären oder konditionierten Verstärker also definieren als einen Stimulus, der an sich keine verstärkende Wirkung hat, der aber diese Wirkung dadurch erhält, daß er wiederholt zusammen mit oder unmittelbar nach einem primären Verstärker dargeboten wird.

Entsprechendes gilt nun auch für einen *sekundären oder konditionierten negativen Verstärker.* Man versteht darunter einen Stimulus, der an sich neutral ist, dadurch aber zu einem negativen Verstärker wird, daß er wiederholt zusammen mit einem primären negativen Verstärker dargeboten wird.

Insbesondere sind wir durch diese Erkenntnisse in der Lage, die zentrale Bedeutung der *sozialen sekundären Verstärker* zu erklären. Während anfänglich das Wahrnehmen anderer Menschen für das Kleinkind keineswegs verstärkend wirkt, kommt es sehr bald zu einer Konditionierung: Alle primären, positiven Verstärkungen während der frühen Kindheit werden zusammen mit gewissen mitmenschlichen Stimuli dargeboten (das Kind wird, wenn es genährt wird, aufgenommen, es wird, wenn es trockengelegt wird, aus seinem Bettchen herausgenommen usw.), so daß diese sozialen Stimuli bald ebenso stark wirken wie die primären Verstärker. Das, was man fälschlicherweise als »angeborenen« Trieb nach Anerkennung bezeichnet hat, ist wiederum ein Ergebnis dieser Konditionierung, stellt ein erworbenes – dennoch fast allgemein vorhandenes – Bedürfnis dar, das durch die zentrale Bedeutung der konditionierten sozialen Verstärker entstanden ist. Eine Verhaltensform, die die Aufmerksamkeit oder die Anerkennung der Mitmenschen (zuerst der Eltern) findet, wird daher verstärkt, weil diese mitmenschliche Zuwendung zum sekundären Verstärker geworden ist (durch unvermeidliches gleichzeitiges Auftreten mit den primären Verstärkungen während der frühen Kindheit). An dieser Stelle würde sich auch ein Blick auf viele zentrale Begriffe der Psychoanalyse lohnen, da von hier her die Wirksamkeit dieser Konzeptionen von verhaltenspsychologischer Seite her verständlich und seiner oft fast metaphysischen Einkleidung entledigt wird.

Die Abhängigkeit eines individuellen Menschen von der mitmenschlichen Geltung und Anerkennung (sein sozialer Ehrgeiz z. B.) kann mithin verschieden stark sein, je nach dem Grad, in dem während seines früheren Lebens der mitmenschliche Bereich zusammen mit dem Darbieten primärer Verstärkungen in Erscheinung getreten ist. Hier kommt beispielsweise auch der Unterschied zum Ausdruck, der meistens besteht zwischen Menschen, die in einsamer Gegend und evtl. als Einzelkinder aufgewachsen sind und solchen, die in einer größeren Geschwisterschar in einer Stadt aufwuchsen. Überhaupt dürfte hierdurch vieles der sog. Stammeseigentümlichkeiten« (etwa Norddeutschland und Süddeutschland etc.) als Ergebnis einer spezifischen Weise der Verstärkung und Konditionierung aufzufassen sein und nicht als »Erbausstattung«! Experimentell läßt sich jedenfalls relativ leicht nachweisen, daß die meisten Charaktereigenschaften, die

---

[22] Vgl. dazu: *D. W. Zimmerman*, Durable Secondary Reinforcement: Method and Theory. Psychol. Rev. 64, 1957, S. 373 ff.

man als »erblich« bezeichnet hat, Ergebnisse bestimmter Konditionierungen sind, die auf dem gleichen Weg, auf dem sie entstanden sind, auch wieder zur Extinktion gebracht werden können (Ausbleiben der positiven Verstärkung bzw. Darbieten negativer Verstärkungen).

Diese Zusammenhänge erklären exakt die Tatbestände, die oftmals auch als »Motivierung« und als Überführung von sekundären in primäre Motivationen beschrieben werden und für die Pädagogik zentral sind.[23] Eine solche Überführung einer sekundären in eine primäre Motivation ist nichts anderes, als der Vorgang einer operativen Konditionierung: Das »sekundäre« Motiv wird wiederholt zusammen mit dem »primären« Motiv dargeboten, so daß es schließlich dieselbe verstärkende Eigenschaft besitzt wie diese. Während also beispielsweise ein Unterstufenschulkind zuerst vielleicht noch aus dem (sekundären) Motiv heraus lernt, seiner Lehrerin gefällig zu sein – und dies aus dem erwähnten positiven Sozialgefühl heraus – wird es doch nach und nach dazu kommen, am Lernen selbst Gefallen zu finden, da etwa die Lösung einer Aufgabe meistens dadurch bewußt gemacht wird, daß die Lehrerin ihre Anerkennung ausdrückt, so daß es zu einer Verbindung zwischen der sekundären Verstärkung (bzw. Motivation) und der primären (dem Lernen um des Gegenstandes willen) kommt. Dann erfährt schließlich das Kind im Lösen einer Aufgabe eine ähnliche Verstärkung wie vorher durch die Anerkennung aus dem Munde der Lehrerin oder durch das Zeugnis etc.

Man sieht bereits hieraus, daß eines der Hauptanliegen der Erziehung, nämlich das Lernen um der sachlichen Bewältigung der Probleme willen und die Freude an der Arbeit als solcher, dadurch verwirklicht werden kann, daß die Erkenntnisse um die Verhaltensverstärkung planmäßig in die Schulpraxis eingeführt werden. Durch bloße verbale Anordnungen und Hinweise auf der anderen Seite läßt sich in Wirklichkeit keine Verhaltensänderung erreichen.

Noch in einer anderen Hinsicht ist die Tatsache der konditionierten Verstärkung von großer praktischer Bedeutung. Bei der Anwendung negativer Verstärker kommt es leicht zu einer Assoziation zwischen dem negativen Stimulus und der Person oder Situation durch die derselbe dargeboten wird. Das Kind z. B., das in der Schule Mißerfolge erlebt hat und dafür von seiner Mutter zu Hause schwer getadelt oder bestraft wird, wird nicht nur nach und nach seine positive Einstellung zur Schule und zum Lernen überhaupt verlieren, sondern es wird – durch eine Übertragung – die Mutter selbst als negativen Verstärker erleben, so daß die Darstellung jeder Verhaltensform positiv verstärkt wird, sofern sie auf eine Vermeidung der Mutter als negativem Verstärker gerichtet ist. Mit anderen Worten, es mag eintreten, daß das Kind nicht nur von der Schule wegbleibt – um die negative Verstärkung dort zu vermeiden bzw. als Ergebnis vieler Verstärkungen, die auf eine Vermeidung dieser »Situation« hingearbeitet haben –, sondern auch der Mutter entflieht, aus demselben Grund, wie es der formellen Lernsituation (die zu einem aversiven Stimulus geworden war) aus dem Wege gehen wird.

---

[23] Vgl. *W. Correll*, Lernpsychologie. 4. Aufl., Donauwörth 1965, S. 61 ff.

Allgemein angewandt bedeutet dies, daß ein neutraler Stimulus nicht nur dadurch zum Verstärker werden kann, daß er wiederholt zusammen mit einem Primärverstärker dargeboten wird, sondern sogar auch dadurch, daß er wiederholt zusammen mit einem sekundären Verstärker auftritt. Streng genommen müßte man solche Verstärker dann als »tertiäre« Verstärker bezeichnen, in Wirklichkeit jedoch nennt man sie ebenfalls sekundäre Verstärker. Ein Kind z. B., das das Lächeln der Mutter als sekundäre Verstärkung zu nehmen gelernt hat, weil dieses Lächeln des öfteren zusammen mit einem primären Verstärker (Bonbon, Nahrung etc.) gegeben worden ist, lernt später gewisse Worte oder Gesten ebenso wie ein Lächeln zu nehmen, weil diese Worte oder Gesten des öfteren zusammen mit dem Lächeln aufgetreten sind. Eine Geste oder ein bestimmter verbaler Ausdruck kann dann ebenso (sekundär) verstärkend wirken wie das Lächeln (und wie die primäre Verstärkung). So sagt *Hull* mit Recht: »Ein Stimulus kann zum sekundären Verstärker werden, indem er mit einem vorher als sekundärem Verstärker eingeführten Stimulus assoziiert wird.«[24]

An dieser Stelle erhebt sich nun die pädagogisch besonders wichtige Frage nach der Wirkung einer *Aufschiebung der Verstärkung*. In der praktischen Schulsituation werden nur wenige Schülerreaktionen sofort verstärkt; die weitaus meisten Verstärkungen erfährt das Schulkind dagegen erst Stunden oder auch Tage (sogar Monate!) *nach* seiner Anstrengung. Als Beispiel für eine solche Verstärkungsverzögerung können wir etwa das Warten der Schüler auf die Besprechung einer Klassenarbeit, auf die Ausgabe des Zeugnisses am Ende des Halbjahres, auf das Abschlußdiplom oder sogar auf die »große« Verstärkung aller Schulanstrengungen durch entsprechende Verstärkungen bei der Berufswahl nennen. Sofortige Verstärkung erlebt andererseits der Schüler, der für seinen Gedichtvortrag sofort den Beifall seiner Kameraden und seines Lehrers erntet oder der an einer Lernmaschine die programmierten Lerneinheiten durchgeht und dabei sofort verstärkt – bestätigt – wird. Wie sollte man verfahren – sollte man möglichst umgehend verstärken, oder ist es zweckmäßig, das Kind eine gewisse Zeit mit Spannung auf die Verstärkung warten zu lassen?

Dieses Problem ist schwieriger als es aussieht. Eine erste Studie in dieser Richtung unternahm bereits *Thorndike*[25], indem er das Phänomen der *»Effektverbreitung«* untersuchte. Er fand nämlich, daß eine »Belohnung« nicht nur die Reaktion verstärkte, der sie direkt folgte, sondern auch andere Verhaltensformen, die jener Reaktion folgen oder ihr vorangingen. Es handelte sich scheinbar um eine Art »Transfer« einer Verstärkung, was z. B. bedeuten würde, daß, wenn man ein Kind für ein gut geschriebenes Diktat verstärkt, dadurch zugleich erreicht, daß alle anderen Reaktionen, die zeitlich mit dem Diktatschreiben zusammenhängen, ebenfalls verstärkt. Indessen konnten *Sheffield* und *Jenkins*[26] inzwischen zeigen, daß eine solche Effektverbreitung tatsächlich nicht stattfindet und daß es keinen solchen allgemeinen transfer der Verstärkung gibt. Diese

---

[24] *C. L. Hull*, Principles of Behavior. N.Y. 1943, S. 97.
[25] *E. L. Thorndike*, The Psychology of Wants, Interests, and Attitudes. N.Y. 1935.
[26] *F. D. Sheffield, W. O. Jenkins*, Level of Repetition in the Spread of Effect. Journ. exp. Ps., 43, 1952, S. 471 ff.

Position wird auch von den neuesten verhaltenspsychologischen Untersuchungen bestätigt.

Auf der anderen Seite beobachtet man auch Daten, die die *Thorndike*sche Annahme immer wieder als möglich erscheinen lassen. *Ganz* eindeutig ist diese Frage bisher nicht entschieden worden. Wenn jedenfalls die *Thorndike*sche Auffassung richtig sein sollte, wäre die Bedeutung einer sofortigen Verstärkung weitgehend eingeschränkt, da dann angenommen werden muß, daß auch die nachfolgenden Reaktionen – zusammen mit der vorausgegangenen – verstärkt werden.

Ein zuverlässigerer Ansatz zur Untersuchung dieser für die Pädagogik wichtigen Zusammenhänge ist das Tierexperiment, weil hier die Bedingungen leichter überwacht werden können. Es wurden z. B. die Verstärkungswirkungen verglichen, wenn sie sofort nach Äußerung einer bestimmten Reaktion verabreicht wurden und wenn sie verschiedene Zeiteinheiten später verabreicht wurden. Zunächst schienen die Ergebnisse auch hierbei weitgehend auseinander zu gehen; dies ließ sich jedoch mehr und mehr darauf zurückführen, daß die Untersuchungsbedingungen voneinander abwichen. Eine sehr gute Zusammenstellung und Auswertung der Experimente findet man bei *Spence.*[27] *Spence* kommt schließlich zu der Auffassung, daß *die Wirkung der Verstärkung erhalten werden kann, wenn der Organismus in der Verzögerungszeit seine Aufgabenhaltung beibehalten hat.* Wenn z. B. die Ratte, die dafür verstärkt wird, daß sie einen Hebel drückt, während einer Verzögerungszeit von einigen Sekunden vom Hebel wegläuft und andere Bewegungen ausführt, so wird die Reaktion des Hebeldrückens nicht mehr verstärkt. Wenn die Ratte jedoch während der Verzögerungszeit am Hebel (oder in seiner Nähe) verweilt und auch den Futternapf (als die Verstärkungsquelle) im Auge behält, so kann die Verstärkung so lange ausgesetzt werden, wie das Tier in dieser Position verharrt, weil dann immer noch die Hebeldrück-Verhaltensform verstärkt wird.

Dieser Befund wird dadurch bestätigt, daß eine Verstärkungsverzögerung nachgewiesenermaßen dann wirksamer ist, wenn in der Verzögerungszeit die Bewegungsfreiheit des Versuchstiers eingeschränkt wird, als wenn eine solche Einschränkung der Bewegungen nicht vorgenommen wird und das Tier infolgedessen alle möglichen anderen Bewegungen ausführt (die die nachfolgende Verstärkung für die entscheidende Bewegung unwirksam machen). Über diese Experimente hat vor allem *Carlton* berichtet.[28]

Wir können uns dies so erklären, daß jeweils diejenige Reaktion verstärkt wird, auf die die Verstärkung folgt. Wenn also die Verstärkung nicht schon auf die zu verstärkende Reaktion folgt, sondern erst auf andere, zufällige Reaktionen, so werden diese verstärkt und nicht diejenige, auf die es ankam.

Bisher liegen leider kaum gute Experimente mit Schülern oder Studenten zur Frage der Verstärkungsverzögerung vor. Lediglich *Auble* und *Mech* berichten[29],

[27] *K. W. Spence,* Behavior Theory and Conditioning. New Haven 1956.
[28] *P. L. Carlton,* Response Strength as a Function of Delay in Reward and Physical Confinement. Univ. of Iowa (Diss.) 1954.
[29] *D. Auble, E. Mech,* Response Strength in a Classroom Task Related to Forward Delay in Reinforcement. Journ. ed. ps., 45, 1954, S. 175 ff.

daß in ihrem Experiment sowohl die sofortige als auch die verzögerte Verstärkung dieselbe positive Wirkung gehabt habe. Diese Untersuchung ist indessen nicht so stichhaltig, als daß man sie verallgemeinern könnte, vor allem fehlt eine Kontrollgruppe, die überhaupt keine Verstärkung hätte erhalten sollen – es könnte z. B. sein, daß auch diese Gruppe dieselben Fortschritte im Lernen gezeigt hätte, so daß auch die beiden anderen Ergebnisse nicht zu verwerten sind. Überdies konnte bei dieser Untersuchung nicht kontrolliert werden, daß die Aufgabenhaltung nach Vollendung der Leistung (die zu verstärken war) über die Verzögerungszeit hinweg erhalten blieb. Wenn die Folgerungen aus den Untersuchungen *Spences* jedoch richtig waren, so müssen wir annehmen, daß dies im vorliegenden Fall tatsächlich geschehen war, weil ja sonst die Wirkung der Verstärkungsverzögerung nicht so positiv hätte sein dürfen wie die sofortige.

Zusammenfassend zur Frage der Wirkung der Verstärkungsverzögerung können wir also feststellen, daß nach allen bisher vorliegenden Untersuchungen zu diesem Problem die sofortige Verstärkung gegenüber der verzögerten Verstärkung den Vorteil der Eindeutigkeit hat. Die verzögerte Verstärkung *kann* ebenso wirken wie die sofortige, wenn gewährleistet ist, daß in der Zwischenzeit die gleiche Aufgabenhaltung beibehalten wird. Dies bedeutet beim Schüler, daß auch die inzwischen stattfindenden Denkvorgänge kontrolliert auf dasselbe Ziel gerichtet bleiben müßten, wenn die verzögerte Verstärkung dieselbe Wirkung bei ihnen haben soll. Dies wiederum ist fast nie zu erreichen.

Praktisch müßte man also folgern, daß wo es immer geht, die Verstärkung *sofort* auf die betreffende Reaktion (Leistung) erfolgen soll, weil wir sonst Gefahr laufen, daß eine ganz andere Reaktion oder Gedankeneinstellung verstärkt wird, als wir es beabsichtigen. Um nun eine sofortige Verstärkung zu ermöglichen, kann die Technik des programmierten Lernens verwendet werden, besonders, wenn eine gute Lernmaschine angewandt werden kann. Hierdurch ist nicht nur eine Kontrolle über die einzelnen Verstärkungen möglich, sondern zugleich auch die Vermeidung jeder Verstärkungsverzögerung, weil der Schüler nach seinem eigenen Tempo arbeiten kann und unabhängig vom dem Lehrer und den anderen Schülern ist. Wir werden unten noch ausführlicher auf diese Fragen des programmierten Lernens eingehen.

In diesem Zusammenhang stellt sich nun ein weiteres Problem, das für die Schulpraxis von ähnlicher Wichtigkeit ist wie das der Verstärkungsverzögerung: Wenn das, was wir im Anschluß an *Spence* soeben gefolgert haben, richtig ist, dann wird jeweils das richtige Verhalten (diejenige Reaktion) verstärkt, auf die die Verstärkung folgt. Da nun aber die meisten menschlichen Lernreaktionen (unähnlich in dieser Hinsicht den tierischen Lernreaktionen, wie z. B. das Niederdrücken eines Hebels) zusammengesetzte Akte sind, ist die Frage, ob die ganze Kette von Einstellungen und Reaktionen, die zu dem erwünschten Endverhalten hinführt, verstärkt wird, wenn dieses Endverhalten verstärkt wird oder ob nur das Endverhalten eine Verstärkung erfährt! Z. B. ist die Lösung einer Divisionsaufgabe das Ergebnis einer ganzen Reihe von vorgängigen Überlegungen und Tätigkeiten, die nun indirekt im richtigen Ergebnis zum Ausdruck kommen. Der Schüler mußte, um die Divisionsaufgabe zu lösen auch multiplizieren, addieren und schließlich subtrahieren. Wollen wir ihn nun für die richtige Lösung der Division verstärken, so fragt man sich, ob wir jeden einzelnen Teilschritt innerhalb dieser Aufgabenkette verstärken müssen oder ob es genügt, das Endverhalten – eben das Ermitteln der richtigen Lösung – zu verstärken. Von der Beantwortung dieser Frage hängt selbstverständlich viel für die Didaktik ab, und auch das programmierte Lernen muß von hierher beeinflußt werden (Größe der einzelnen Lernschritte bzw. frames!).

Um diese Frage zu beantworten, wurde der Begriff der »*Erfolgserwartung*« eingeführt. Die einzelnen Unterschritte, die innerhalb eines komplexen Lernverhaltens enthalten sind und dazu beitragen, daß das Endverhalten verstärkt werden kann, werden durch die jeweilige Erfolgserwartung, die Ausrichtung auf das Ziel, zusammengehalten und miteinander verbunden. Dieser Gedanke wurde zuerst von *Hull*[30] verwendet und dann von *Spence*[31] weiterentwickelt. Danach können die Elementarreaktionen innerhalb einer auf ein bestimmtes Ziel ausgerichteten Reaktionskette als »*antizipatorische Teilreaktionen*« bezeichnet werden. Auf diese Weise soll erklärt werden, daß die Verstärkung jeweils nicht nur die Endreaktion als solche betrifft, sondern das Insgesamt von Einstellungen und Teilreaktionen, eben von antizipatorischen Teilreaktionen, die dazu beigetragen haben.

Indessen ist diese Erklärung bisher noch nicht weiter experimentell unterbaut worden. Es müßte vor allem noch geklärt werden, wie groß solche Erfolgserwartungsverbindungen sein können, d. h. wie viele antizipatorische Teilreaktionen von einer Verstärkung beeinflußt werden können.

Dies ist besonders im Fall des menschlichen Lernens wichtig, weil hier ja in den einzelnen Fächern sehr viele Teilerkenntnisse zusammenwirken müssen, um eine komplexere Lernleistung zustande zu bringen. Wie weit reicht nun eine Verstärkung zurück? Welches ist die einzelne, durch eine Erfolgserwartung zusammengehaltene Lerneinheit? – Man darf sich die Antwort auf diese Frage nicht zu leicht machen, indem man erneut auf Tierexperimente verweist, denn hier müssen nun wirklich Experimente mit Schülern in den verschiedenen Altersgruppen und in den verschiedenen Lerngebieten durchgeführt werden, denn es ist zu vermuten, daß diese beiden Variablen eine bedeutende Rolle dabei spielen werden.

VII. EXTINKTION UND STRAFE
IN DER VERHALTENSPSYCHOLOGISCHEN LERNTHEORIE

Wie wir gesehen haben, wird die Wahrscheinlichkeit der Darstellung einer Verhaltensform durch eine nachfolgende Verstärkung erhöht. Darauf beruht u. a. auch die Ausbildung des Anpassungsverhaltens des Menschen (und der Tiere ebenso), denn dasjenige Verhalten, das verstärkt wird, wird im Repertoire beibehalten, und dasjenige, das nicht verstärkt wird, wird aus dem Verhaltensrepertoire ausgeschieden. Wir sehen also, daß diejenige Verhaltensform, die nicht von einer Verstärkung gefolgt wird, in der Häufigkeit ihrer Darstellung

---

[30] C. L. *Hull*, Principles of Behavior. N.Y. 1943.
[31] K. W. *Spence*, Behavior Theory and Conditioning. New Haven 1956.

abnimmt. *Diesen Prozeß der Schwächung einer Verhaltensform durch Nichtver-stärkung nennen wir Extinktion.*

Wir erreichen indessen dieselbe Extinktion auch dadurch, daß wir einen aver-siven Stimulus, der durch seinen Nichtauftritt verstärkend wirkte, wieder auf-treten lassen: die Verhaltensform wird geschwächt und tritt immer weniger in Erscheinung, bis sie schließlich ganz erlischt.

Wir können den operativen Begriff der Extinktion auch im Bereich des reak-tiven Konditionierens nachweisen, indem wir beobachten, daß eine bedingte Reaktion an Stärke bzw. Häufigkeit nachläßt, wenn der bedingte Stimulus wiederholt ohne den unbedingten Stimulus dargeboten wird.

Die Extinktion vollzieht sich nun um so rascher, je weniger die betreffende Verhaltensform vorher verstärkt worden war. Und umgekehrt, je zahlreicher die vorausgegangenen Verstärkungen einer Verhaltensform waren, desto größer ist die Resistenz dieser Verhaltensform gegen die Extinktion infolge ausbleiben-der Verstärkung. Um ein Beispiel aus der Schulpraxis zu nehmen: Je häufiger ein Schüler bei seinen Mitschülern dadurch »Erfolg« hatte, daß er »den Kaspar« gespielt hat, desto länger wird er diese Verhaltensformen der Clownerie auch beibehalten, wenn er, nach einer Versetzung in eine andere Klasse, zunächst kei-nen Beifall mehr erntet. Oder ein anderes Beispiel: Je häufiger und länger die Verhaltensformen der Menschen in einem autoritären Staatsgefüge für unter-würfiges Verhalten (und konformistische Denkeinstellungen) verstärkt wurden, desto nachhaltiger werden diese Einstellungen auch dann fortdauern, wenn das Regime »demokratisch« geworden ist und solche Einstellungen und Verhaltens-formen nicht mehr verstärkt werden.

Eine weitere pädagogisch wichtige Erscheinung im Zusammenhang mit der Extinktion ist die Äußerung aggressiver und emotional-negativer Verhaltens-formen als erste Reaktion auf Nichtverstärkung bei vorher erfolgter Verstär-kung. Dies läßt die Deutung zu, daß es sich um ähnliche Erlebnisse handelt wie bei einer Frustration, wenn eine Verstärkung ausbleibt, die bisher auf eine ent-sprechende Verhaltensform gefolgt war. Das Auftreten solcher aggressiver Äuße-rungen beim Ausbleiben einer Verstärkung läßt sich leicht im Labor beobachten: Die Ratte, die bisher verstärkt worden war, wenn sie den Hebel in der Box betätigt hatte, indem ihr Futter verabreicht wurde, wird »wütend«, oder ge-nauer, sie beißt in den Hebel, drückt ihn hektisch und gleichsam »bestrafend« herunter, wenn das Futter einige Male ausbleibt, obwohl der Hebel betätigt wird. Sie beginnt schließlich zu urinieren, benagt das Gitter und kehrt dann wieder und wieder zum Hebel zurück. Erst wenn dies alles nicht verstärkt wird – wenn kein Futter verabreicht wird –, resigniert das Tier. Wir beobachten ähn-liche Verhaltensäußerungen auch bei Kindern, die vielleicht aus einer anderen Schulklasse und aus einer anderen Gegend in eine neue Schule versetzt worden sind. Vorher waren sie vielleicht erfolgreiche Schüler gewesen, d. h. sie wurden für ihr Verhalten in der Schule von den Mitschülern und dem Lehrer verstärkt, aber nun – nach der Versetzung – bleibt eine solche Verstärkung aus. Sie reagieren zunächst durch allerlei »Tricks«, die die Beachtung der Mitschüler und des Leh-rers auf sie lenken sollen. Sie spielen allerlei Streiche und neigen sogar zu Rüpeleien, machen den Klassenclown oder versuchen durch verkrampfte Lernanstrengungen oder »Spicken« das alte Prestige der Verstärkung wieder zu erlangen. Schließlich kann es aber auch zu neurotischen Tendenzen und aggressiven Einstellungen gegenüber Lehrer und Schülern kommen (Verunglimpfung, Prügeleien, Vandalismus . . .), je nachdem, welche Verhaltensformen am raschesten eine Verstärkung finden! Diese Erscheinung tritt besonders häufig dort auf, wo ein Schüler etwa aus einer kleinen Landschule in die Stadtschule versetzt wird, wo Schüler aus der Volksschule in die Oberschule überwechseln u. dgl., d. h. wo ein Wechsel das Ausbleiben einer gewohnten Verstärkungssituation mit sich bringt und erst allmählich eine Neuanpassung erreicht wird. Selbstverständlich ist hierbei das Moment der inneren Vorbereitung auf einen solchen Wechsel entscheidend; wo sie versäumt wird, da entwickeln sich sehr leicht entsprechende gefährliche Tendenzen.

Extinktion ist nun insofern von *Vergessen* verschieden, als das Vergessen ja auch ohne erfahrene Nichtverstärkung, allein durch Nichtübung (abgesehen von retro- und proaktiver Hemmung[32] eintreten kann, während eine Extinktion *nicht* stattfindet, wenn die Verhaltensform eine Zeitlang gar nicht geäußert wird (und also weder Verstärkung noch Nichtverstärkung stattfindet). *Skinner* hat beispielsweise nachgewiesen, daß Tauben, die durch operatives Konditionieren dazu gebracht worden sind, auf bestimmte Zeichen hin zu picken, diese Verhaltensform auch noch nach Jahren fehlerfrei ausüben konnten, obwohl sie zwischendurch in diesem Verhalten weder verstärkt noch nicht verstärkt worden waren.[33]

Wie schon erwähnt wurde, kann die Extinktion nun sowohl dadurch herbeigeführt werden, daß die Verstärkung der betreffenden Verhaltensform ausbleibt, als auch dadurch, daß ein unangenehmer Reiz — ein aversiver Stimulus — gegeben wird. Beide Verfahrensweisen können als »Strafe« bezeichnet werden, obwohl Strafe im engeren Sinne lediglich das Darbieten eines negativen bzw. aversiven Stimulus meint.

Welcher Vorgang ist nun bezüglich der Extinktion am wirksamsten, die Strafe oder das Ausbleiben der Verstärkung? Diese Frage ist um so wichtiger, als sie ja pädagogisch von sehr weittragender Bedeutung ist.

Über die *Wirksamkeit der Strafe* im engeren Sinn, d. h. über die Wirkung unangenehmer Reize (aversiver Stimuli), liegt eine ganze Reihe von Untersuchungen vor. Man kann sie dahingehend interpretieren, daß *Strafe an sich nicht geeignet ist, eine Verhaltensform zur Extinktion zu bringen.* Sie vermag allerdings – durch den aversiven Stimulus – die Äußerung einer Verhaltensform zu unterdrücken, aber sobald der aversive Stimulus nachläßt, wird die Verhaltensform immer wieder eingesetzt. Ein Kind z. B. dafür zu bestrafen, daß es nicht aufrecht geht, sondern gebeugt, wird nicht geeignet sein, diese falsche Einstellung zu überwinden. Sobald der Erzieher nicht in der Nähe ist, das Kind sich also unbeobachtet fühlt, wird es in den alten Fehler der gebeugten Haltung zurückfallen.

Exakter läßt sich dieser Tatbestand nachweisen, wenn man beobachtet, wie konditionierte Tiere darauf reagieren, wenn sie plötzlich statt der bisherigen

[32] Vgl. *W. Correll*, Lernpsychologie. 4. Aufl., Donauwörth 1965, S. 134 ff.
[33] Vgl. *B. F. Skinner*, Science and Human Behavior. N.Y. 1953.

Verstärkung auf einen Hebeldruck hin eine negative Verstärkung in Form eines elektrischen Schocks erhalten. Denn dies ist die verhaltenspsychologische Grundsituation der Strafe. Tatsächlich ließ sich nun beobachten, daß das Tier, das statt der positiven Verstärkung einen elektrischen Schock erhielt, als es den Hebel wiederum niederdrückte, die gelernte Verhaltensform des Hebeldrückens unterließ. Nach einer gewissen Zeit jedoch nähert sich das Tier erneut dem Hebel, berührt ihn vorsichtig und drückt ihn. Wenn nun kein Schock mehr erfolgt, setzt das Tier das Hebeldrücken fort wie vor der Bestrafung. Daraus folgt, daß es durch die Strafe die Verhaltensform nicht gelöscht, sondern nur vorübergehend unterdrückt hat.

Will man dagegen eine Verhaltensform wirklich zum Verlöschen bringen, so gibt es nur den Weg über die Äußerung der Verhaltensform ohne nachfolgende Verstärkung. Dies hat sich eindeutig aus den experimentellen Untersuchungen von *Skinner*[34], *Estes*[35], *Ferster*[36], *Brackbill* and O. *Hare*[37], *Lewis*[38] und *Baer*[39] ergeben. Selbstverständlich kann auch die Bestrafung i. S. der Darbietung aversiver Stimuli, eine Verhaltensform zur Extinktion bringen, aber dann muß der Organismus ebenfalls wieder gleichsam neu konditioniert, das heißt wiederholt der entsprechenden Verstärkung ausgesetzt werden, und es darf keine Verhaltensäußerung zugelassen werden, die nicht sofort entsprechend verstärkt würde. Ein solches Verfahren ist aber nicht nur sehr langwierig, sondern unter normalen Bedingungen auch kaum zu erreichen. Überdies ergeben sich meistens durch Bestrafungen eine ganze Reihe von emotionalen Komplikationen als »Nebenwirkungen«, die auf lange Sicht gesehen der Persönlichkeitsentwicklung des Menschen höchst abträglich sein können. Um also eine unerwünschte Verhaltensform wieder zum Verlöschen zu bringen, kann sowohl psychologisch als auch pädagogisch lediglich die ausbleibende Verstärkung empfohlen werden. Es setzt dies wiederum voraus, daß die Verhaltensform *nicht* unterdrückt wird, sondern frei geäußert wird – was vielleicht wiederum im einzelnen Fall eine Konditionierung in kleinen Schritten voraussetzt –, so daß anschließend der Effekt der nicht einsetzenden Verstärkung erfahren werden kann.

In dieser Ablehnung der Strafe als Erziehungsmittel stimmt die Verhaltenspsychologie mit der *Tiefenpsychologie* weitgehend überein. Auch an anderen Stellen ist eine solche Parallelität, besonders in den pädagogischen Konsequenzen beider Richtungen, deutlich erkennbar. Die Ablehnung der Strafe durch die pädagogische Verhaltenspsychologie hat ihren Grund in der Erkenntnis, daß die Verhaltensform, die bekämpft – extinguiert – werden soll, sich durch den

---

[34] Vgl. *B. F. Skinner*, The Behavior of Organisms. N.Y. 1938.

[35] *W. K. Estes*, An Experimental Study of Punishment, Psychol. Mon. 57, 1944, S. 1–40.

[36] *C. B. Ferster*, Control of Behavior in Chimpanzees and Pigeons by Time out from Positive Reinforcement, Psychol. Mon., 72, 1958, S. 1–38.

[37] *Y. Brackbill and J. O. Hare*, Discrimination Learning in Children as a Function of Reward and Punishment. WPA-Paper, Oregon 1937.

[38] *D. J. Lewis*, Partial Reinforcement in a Gambling Situation. J. exp. Ps., 43, 1952, S. 447 ff.

[39] *D. M. Baer*. Effect of Withdrawal of Positive Reinforcement on an Extinguishing Response in Young Children. Child Dev., 32, 1961, S. 67 ff.

aversiven Stimulus der Strafe nicht erst darstellen darf, sondern zurückgehalten wird, so daß sie in Wirklichkeit nicht extinguiert, sondern lediglich nicht geäußert wird. Daß die betreffende Verhaltensform immer noch vorhanden ist, kann leicht dadurch nachgewiesen werden, daß z. B. Kinder, die für eine bestimmte Tat bestraft worden sind, dieselbe Untat immer wieder zu begehen pflegen, sobald die Umstände etwas verschoben werden – ja eine Strafe reizt Kinder manchmal sogar dazu, die Tat in etwas »verfeinerter« Form zu wiederholen und »sich nicht dabei erwischen« zu lassen. – Die Tiefenpsychologie lehnt, auf der anderen Seite, die Strafe ab, weil sie erkannt hat, daß sie leicht zu Verdrängungen der in der zu bestrafenden Tat enthaltenen Tendenzen führt, die ihrerseits wieder zu Verhaltensäußerungen führen können, die den normalen Ablauf des Verhaltens stören und die nicht leicht zu kontrollieren sind. Fehlhandlungen und neurotische Einstellungen mannigfacher Art deuten auf Verdrängungen hin und zeigen – wie auch die Verhaltenspsychologie betont –, daß die Strafe eine Einstellung nicht eigentlich überwindet, sondern lediglich »verhindert« und dadurch die Situation eher verschlechtert als verbessert.

Von hier her wird auch die Übereinstimmung beider Richtungen in bezug auf die Betonung der Wichtigkeit der frühen Kindheit verständlich. Sitzen nicht gerade hier die ersten Anfänge solcher Verdrängungen bzw. Verstärkungen und Ausrichtungen? Geschieht es nicht in den ersten Lebensjahren und -monaten, daß im Kind zeitlebens wichtige Einstellungen – etwa zu Vater und Mutter – aufgebaut werden? Was die Verhaltenspsychologie mit Verstärkungen erklären kann, versucht die Tiefenpsychologie durch andere Zusammenhänge, z. B. Triebkräfte (Libido, Lust- und Realitätsprinzip etc.) zu erklären; gemeinsam aber bleibt die Betonung der Überlegenheit der Verstärkung gegenüber Versagung bzw. der Befriedigung gegenüber der Frustration, obwohl die letztere unvermeidlich und sogar notwendig ist, so wie die Versagung notwendig ist, um die Verstärkung an der richtigen Stelle wirksam werden zu lassen.

Der *Konflikt* – das Auftreffen einer bisher verstärkten Verhaltensform auf eine Nichtverstärkung oder Aversion – ist auch in der Verhaltenspsychologie unvermeidlich und notwendig, weil hier die Notwendigkeit zu neuer Aktivität erfahren wird und die »Motivation« entsteht. In der Auseinandersetzung mit den Konflikten wächst und reift die Persönlichkeit zu einem »konfliktträchtigen« und »konfliktverarbeitenden«[40] Wesen heran, lehrt die *Konfliktpsychologie*,[41] und die Verhaltenspsychologie betont, daß im Konflikt die Verhaltensänderung vor sich geht, ohne die der Mensch nicht Mensch, nicht erziehbares, lernendes Wesen sein könnte, da sich ja Erziehung und Lernen in Verhaltensänderung zeigt. Der Mensch strebt über die nichtverstärkte Verhaltensform hinaus, indem er sie abändert, an die neue Situation anpaßt, eine neue Kombination vornimmt usw., um der neuen Verstärkung (einer neuen Befriedigung eines Bedürfnisses i. S. der Konfliktpsychologie) teilhaftig zu werden. So ist die Konfliktdynamik ein zentraler Aspekt sowohl in der Konflikt- und Tiefenpsychologie als auch in der Verhaltenspsychologie, wenn auch der Ausgangspunkt ein verschiedener ist.

---

40 Vgl. *H.-R. Lückert*, Der Mensch, das konfliktträchtige Wesen. München 1964.
41 Vgl. *H.-R. Lückert*, Konfliktpsychologie. München 1957.

VIII. DIE METHODEN DER VERSTÄRKUNG IN DER VERHALTENSPSYCHOLOGISCHEN LERNTHEORIE

Wir haben bereits erwähnt, daß Verhaltensformen, die besonders lang und intensiv verstärkt worden sind, auch längere Zeit der Extinktion durch ausbleibende Verstärkung widerstehen können. Daraus geht schon hervor, daß die Methode der Verstärkung (Intensität der Verstärkung, Zahl der Verstärkungen pro Zeiteinheit und pro dargestellte Verhaltensform etc.) eine bedeutsame Rolle für das Zustandekommen und das Erhalten einer Verhaltensform spielt. Wir müssen uns hierbei eine sehr interessante Untersuchung von *Skinner* und *Ferster*[42] vor Augen halten, um die näheren Umstände in Erfahrung zu bringen.

Das Problem und die Bedeutung dieser Untersuchungen selbst wird deutlicher, wenn wir uns einem Vergleich zwischen dem Verhalten zweier in verschiedener Weise verstärkter Versuchstiere zuwenden. Nehmen wir an, zwei Ratten befänden sich in je einem Versuchskäfig und erhielten je 50 Verstärkungen für je 50 Hebeldrückungen. Die nächsten 50 Verstärkungen jedoch werden nun den beiden Tieren in einer verschiedenen Weise verabreicht: Ratte A erhält ihre Verstärkung jeweils nur bei jedem zweiten Hebeldruck, und Ratte B erhält ihre (gleich vielen) Verstärkungen nach wie vor bei jedem richtigen Hebeldruck (*kontinuierliche* und *unterbrochene* Verstärkung). Nach diesen 50 Verstärkungen erhält für die nächsten 50 Verstärkungen Ratte A wiederum eine unterbrochene Verstärkung in der Form, daß sie nur für jede dritte richtige Bewegung verstärkt wird. Ratte B dagegen erhält nach wie vor kontinuierliche Verstärkung für jeden einzelnen richtigen Hebeldruck. Die nächsten 50 Verstärkungen werden nun abermals in verschiedener Weise an die beiden Tiere verabreicht, wenn sie auch beide genau die gleiche Zahl von Verstärkungen erhalten. Diesmal soll Ratte A nur jedes fünfte Mal verstärkt werden usw. bis hin zu einer unterbrochenen Verstärkung von vielleicht nur jedem zwanzigsten Mal. Zu diesem Zeitpunkt wird nun das Verhalten der beiden Tiere sehr verschieden aussehen. Ratte A wird nämlich durch die unterbrochene Verstärkung, die sie erfahren hat, eine sehr viel stärkere Verhaltensform (des Hebeldrückens) entwickelt haben als Ratte B. Die unterbrochen verstärkte Ratte drückte ihren Hebel sehr viel häufiger und rascher als die kontinuierlich verstärkte Ratte B, die auch am Ende der Experimentierphase noch ungefähr dieselbe Häufigkeit der Verhaltensäußerung zeigt wie am Anfang. Überdies hält sich auch nach Ausbleiben weiterer Verstärkungen die Verhaltensform bei Ratte A sehr viel länger als bei Ratte B, die bei ausbleibender Verstärkung zunächst stark aggressive und emotional aufgeladene Verhaltensweisen zeigte — im Gegensatz zu Ratte A, die ausdauernd weiterhin den Hebel drückte, ohne frustriert zu sein —.

Aus dieser Illustration können wir sehen, daß für das Erziehen zu ausdauernder, sachlicher, von Belohnung und Erfolg relativ unabhängiger Arbeitshaltung — und dies ist wohl eines der wichtigsten Ziele der Pädagogik — die unterbrochene Verstärkungsmethode der kontinuierlichen vorzuziehen ist. Beispielsweise ist es eine vielgehörte Klage mancher Eltern und Lehrer, daß einige Schüler nicht zum

---

[42] *C. B. Ferster and B. F. Skinner*, Schedules of Reinforcement. N.Y. 1957.

Lernen »*motiviert*« seien, daß sie nicht »*ehrgeizig*« genug seien und nicht »*ausdauernd*« arbeiten könnten. Verhaltenspsychologisch betrachtet zeigt sich dieser Mangel zunächst in einer relativ geringen Persistenz und Häufigkeit der Darstellung bestimmter Verhaltensformen bei ausbleibender unmittelbarer Verstärkung.

Wie kann also »Abhilfe« geschaffen werden? Obwohl dieses Problem eine ausführlichere Betrachtung verdient und wir später immer wieder darauf eingehen werden, soll hier doch bereits darauf hingewiesen werden, daß das Prinzip der Erziehung zur wirksamen Arbeitshaltung (zum »Ehrgeiz«, zur »Ausdauer« und »motivierten« Einstellung) in der unterbrochenen Verstärkungsmethode beruht: Wer daran gewöhnt ist, daß auf jede Handlung sofort eine Bestätigung und Verstärkung erfolgt, der wird rasch entmutigt und enttäuscht sein, wenn diese Versärkung einmal ausbleibt. Wer dagegen gelernt hat, daß eine solche Verstärkung nur in unregelmäßigen Abständen erfolgt, kann eine »Durststrecke« leichter überstehen, d. h. relativ unabhängig von der Verstärkung (Anerkennung, Belohnung, Beachtung) weiterarbeiten und Frustrationen tolerieren. Die Erziehung zum Arbeiten »um seiner selbst willen« (»primäre Motivation«) hängt aufs engste damit zusammen. Man erreicht diese Einstellung am schnellsten durch entsprechende unterbrochene Verstärkungsmethoden der betreffenden (zuerst zu analysierenden) Verhaltensformen.

Welches sind nun die Verstärkungsmethoden im einzelnen? Und welches ist ihre Wirkung auf das Verhalten?

1. Verstärkung nach einer bestimmten Anzahl von Reaktionen (Reaktionsquotenverstärkung)

Die Methode der Verstärkung, die wir oben als Beispiel (Ratte A) angeführt haben, können wir als *Reaktionsquotenverstärkung* bezeichnen, weil hier die Verstärkung jeweils nach Äußerung einer bestimmten Anzahl (Quote) von Verhaltensformen erfolgt, z. B. jedes zwanzigste Mal usf. Da, wie erwähnt, diese Verstärkungsmethode offenbar pädagogisch besonders wirkungsvoll ist, wollen wir etwas genauer auf ihre Wirkungen und ihre Organisation eingehen.

An unserem obigen Beispiel war besonders wichtig, daß die Reaktionsquotenverstärkung von 1:20 nicht gleich beim erstenmal eingeführt wurde. Vielmehr wurde mit einer 1:1-Verstärkung begonnen, dann kam es zu einer 1:2-Verstärkung, und erst allmählich wurde diese Quote auf 1:20 erhöht: Es ist wichtig, *daß die Schritte, die zu einer höheren Quote hinführen, relativ klein gehalten werden, weil sonst eine vorzeitige Extinktion eintritt.*

Wie kommt es nun zu der Erscheinung, daß bei Anwendung der Reaktionsquotenverstärkung die Verhaltensform relativ rasch geäußert wird? Wie läßt sich dies verhaltenspsychologisch erklären? Es handelt sich lediglich um eine Anwendung des allgemeinen Prinzips des operativen Konditionierens: Das Versuchstier wird immer erst dann verstärkt, wenn es eine bestimmte Anzahl von Verhaltensformen geäußert hat. Je rascher es daher diese Verhaltensformen äußert, desto schneller erfolgt die Verstärkung. Das Versuchstier wird also dafür verstärkt, daß es die Verhaltensform möglichst rasch hintereinander darstellt.

Andererseits erfolgt bei der Reaktionsquotenverstärkung die Verstärkung niemals direkt nach einer jeden Reaktion, sondern erst nach einer »gewissen« Anzahl. Das Versuchstier antizipiert also keine Verstärkung direkt im Anschluß an eine Reaktion. Wir sehen dies an einem deutlichen Rückgang der Häufigkeit unmittelbar nach erfolgter Verstärkung. Diesen Tatbestand können wir als *»Lorbeer-Effekt«* bezeichnen, da man – gleichsam – sagen kann, der Organismus ruhe sich unmittelbar nach erhaltener Verstärkung »auf seinen Lorbeeren aus«. Wir können diesen Lorbeer-Effekt leicht erkennen, wenn wir die nachstehende graphische Darstellung der Verhaltensäußerungen einer Taube bei einer Reaktionsverstärkung von 1 : 90 beachten.

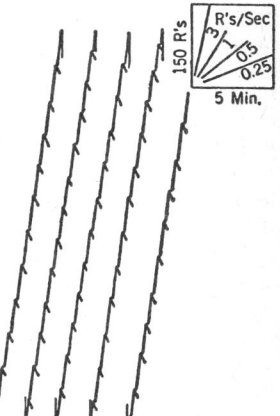

Abb. 1. Reaktionshäufigkeitskurve einer Taube nach einem Reaktionsquotenverstärkungsverfahren von 1 : 90. (Nach *C. B. Ferster and B. F. Skinner,* Schedules of Reinforcement. N.Y. 1957, S. 111.)

Diese Erkenntnisse haben natürlich weitreichende Konsequenzen für die Erziehung und den Unterricht. Nimmt man beispielsweise das System der Klassenarbeiten nach der Reaktionsquotenverstärkung, so würde es sich als zweckmäßig erweisen, anfänglich alle schriftlichen und mündlichen Arbeiten zu bewerten (und dies entsprechend bekanntzugeben), dann nach und nach eine bestimmte Quote, etwa 1:10, einzuführen (dies aber nicht vorher bekanntzugeben). Dies würde dem Lehrer nicht nur Zeit und Kraft beim Korrigieren ersparen, sondern auch den Schüler zu größerer Frustrationstoleranz und einer mehr und mehr sachbezogenen Einstellung zu seiner Arbeit erziehen. – Eine speziellere Anwendung, auf die wir noch unten genauer eingehen werden, ist das programmierte Lernen und das Lernen mit Lernmaschinen. Hier kann die gewünschte Verstärkungsweise leicht eingestellt werden und die Wirkung ist einwandfrei größer als bei nichtmechanisierter Verstärkung.

In der Industrie wäre eine der vielen möglichen Anwendungen die Bezahlung nach der Akkordleistung.

Die Anwendungen in der Erziehung des Kindes sind mannigfaltig. Will man beispielsweise zu ausdauerndem, interessiertem, arbeitsfreudigem Verhalten in einem bestimmten Bereich erziehen (kann sich auch auf das Lernverhalten im allgemeinen beziehen), so kommt es darauf an, zunächst jede Verhaltensäußerung in dem betreffenden Gebiet zu verstärken und dann allmählich eine höhere Reaktionsquotenverstärkung anzustreben (anfänglich, beispielsweise, jeden Botengang belohnen, dann nur noch jeden zweiten, jeden dritten und schließlich nur noch jeden zehnten, um zu erreichen, daß das Kind Botengänge auch ausführt, ohne immer schon »im voraus« eine »Belohnung« zu erhalten!).

2. Verstärkung nach einem bestimmten Zeitintervall (Zeitintervallverstärkung)

Hierbei handelt es sich um eine Verstärkung nicht nach Äußerung einer bestimmten Anzahl von Verhaltensformen (wie 1.), sondern nach einem gewissen Zeitintervall, d. h. es wird eine gewisse Zeitspanne festgesetzt, während welcher nicht verstärkt wird, obgleich richtige Verhaltensformen geäußert werden. Ein Fünf-Minuten-Zeitintervallverstärkungsverfahren würde beispielsweise bedeuten, daß der Organismus zwar in seinen Reaktionen verstärkt wird, daß aber nur alle fünf Minuten eine solche Verstärkung erfolgt.

Auch hierdurch wird nun ein bestimmtes Verhalten erzeugt, das sich von dem unter 1) beschriebenen sehr unterscheidet. Der auffallendste Unterschied besteht in einer größeren Ausprägung des Lorbeer-Effekts: Der Organismus verlangsamt seine Reaktionen nach erfolgter Verstärkung bedeutend und erhöht die Reaktionsgeschwindigkeit erst wieder gegen Ende des Zeitintervalls (vgl. Abb. 2).

Dies hat seine verhaltenspsychologische Erklärung darin, daß die vom Organismus erwartete Wahrscheinlichkeit einer Verstärkung unmittelbar nach erfolgter Verstärkung gleich null ist, weshalb er hier nur relativ schwache Verhaltensformen ausbilden und äußern kann. Gegen Ende des Intervalls dagegen nimmt erwartungsgemäß die Wahrscheinlichkeit einer Verstärkung wieder zu, und die Reaktionen in dieser Zeitphase werden daher erhöht.

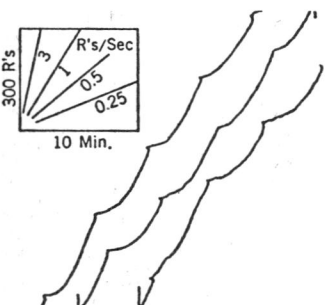

Abb. 2. Reaktionshäufigkeitskurve einer Taube nach einem 4-Minuten-Zeitintervallverstärkungsverfahren. (Nach *C. B. Ferster and B. F. Skinner*, a.a.O., S. 245.)

Ein Beispiel aus dem Erwachsenenleben für dieses Zeitintervallverstärkungsverfahren ist die Bezahlung eines Beamten in monatlichen Abständen. Selbstverständlich liegen hierbei noch viele andere Variable vor, aber immerhin ist das Verhalten eines »Festbesoldeten« in vielerlei Hinsicht anders als die Arbeitshaltung eines Menschen, der nach dem Reaktionsquotenverstärkungsverfahren entlohnt wird, d. h. nach Maßgabe der Produktion einer bestimmten Anzahl erwünschter Arbeitsstücke. Ähnlich ist auch die routinemäßige Ausgabe der Leistungszeugnisse in den Schulen nach dem »Zeitintervallverstärkungsverfahren« fragwürdig, wenn es darum geht, eine gleichmäßig-sachlich orientierte Arbeitshaltung zu produzieren. Wird das Zeugnis z. B. alle sechs Monate ausgestellt, so wird man erreichen, daß die Arbeitsleistung kurz vor der Fälligkeit des Zeugnisses enorm gesteigert wird und nach Erhalt des Zeugnisses ebenso radikal wie-

der abfällt. Anders wäre es aber, wenn man einen bestimmten »Zeugnisbericht«
(über dessen Form man sich im einzelnen noch Gedanken machen müßte) nicht
in regelmäßigen Zeitabständen, sondern immer dann ausstellen würde, wenn
eine bestimmte positive Leistungshöhe beim einzelnen Schüler sichtbar wird.
(Eine Ausnahme davon müßte allerdings das Abschlußzeugnis darstellen, das
sich aber sehr wohl aus den verschiedenen früher ausgestellten Berichten zusammensetzen könnte!)

3. Variierende Verstärkungsverfahren

Häufiger als die Verfahren 1) und 2) kommen in der täglichen Praxis Verstärkungsverfahren vor, die *nicht* an einem bestimmten Zeitintervall oder einer
bestimmten Reaktionsquote orientiert sind: Der Schüler erhält normalerweise
in der Klasse »hin und wieder« eine kleine Anerkennung aus dem Munde des
Lehrers, aber eben nicht »jeden Montag« oder nach jeder fünften Meldung. Hierbei handelt es sich um ein irreguläres, variierendes Verstärkungsverfahren. Es gibt
ein solches variierendes Verstärkungsverfahren zu jedem der beiden regelmäßigen Verstärkungsverfahren. Das unregelmäßige Verfahren zu dem Reaktionsquotenverstärkungsverfahren nennt man das *»variierende Reaktionsquotenverstärkungsverfahren«.* Hierbei wird der Organismus für die Darstellung einer
gewissen Anzahl von erwünschten Verhaltensformen verstärkt, aber die Quote
dieser Reaktionen ist variiert.

Daher besteht für jede geäußerte richtige Verhaltensform praktisch die gleiche
Wahrscheinlichkeit der Verstärkung, so daß erwartet werden darf, daß der Lorbeer-Effekt bei diesem Verstärkungsverfahren entweder minimal ist oder überhaupt nicht sichtbar wird. Genau dies hat sich bestätigt: die Arbeitsleistung
(Lernleistung) bei diesem Verstärkungsverfahren ist weitgehend gleichmäßig und
sehr schnell (da ja diese Geschwindigkeit
die Verstärkungswahrscheinlichkeit erhöht).
Abb. 3 zeigt eine typische Kurve, die sich
nach Anwendung dieses Verfahrens ergibt:

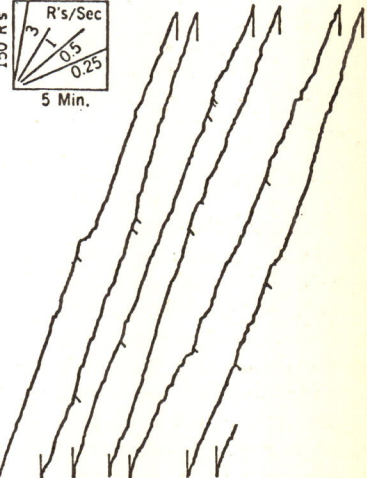

Abb. 3. Reaktionshäufigkeitskurve einer Taube
nach dem variierenden Reaktionsquotenverstärkungsverfahren von 1 : 360. (Nach *C. B.
Ferster and B. F. Skinner*, a.a.O., S. 393.)

Ähnlich ist nun das »variierende Zeitintervallverstärkungsverfahren«, das zwar wie das Zeitintervallverstärkungsverfahren Verstärkungen nach Zeitintervallen vorsieht, wobei jedoch diese Zeitintervalle nicht feststehen, sondern variiert werden. Da hierbei nun wieder keine besonders hervortretende Wahrscheinlichkeit für das Auftreten einer Verstärkung besteht, verschwindet auch hier der Lorbeer-Effekt; stattdessen haben wir ein ziemlich gleichmäßiges Lernverhalten konditioniert, das in Abb. 4 zum Ausdruck kommt:

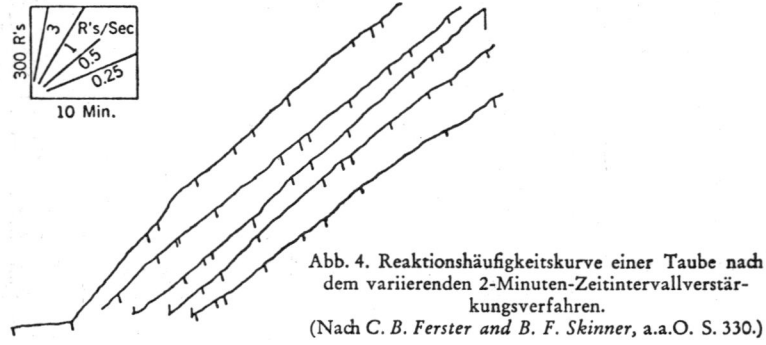

Abb. 4. Reaktionshäufigkeitskurve einer Taube nach dem variierenden 2-Minuten-Zeitintervallverstärkungsverfahren.
(Nach C. B. Ferster and B. F. Skinner, a.a.O. S. 330.)

Noch besser bewährte sich eine Vermischung von variierenden Reaktionsquoten und Zeitintervallverstärkungsverfahren im *variierenden Reaktionsquoten-Zeitintervallverstärkungsverfahren*. Hier wird der Lorbeereffekt fast ganz vermieden, und die Reaktionskurve nimmt einen sehr steilen, kontinuierlichen Fortgang.

Allgemein hat sich ergeben, daß alle unterbrochenen Verstärkungsverfahren insgesamt ein sehr viel stabileres Verhalten erzeugen als die kontinuierliche Verstärkung. Kontinuierlich verstärktes Verhalten kommt nach Ausbleiben der Verstärkung sehr schnell zur Extinktion. *Ferner hat sich allgemein gezeigt, daß die variierenden Verstärkungsverfahren wiederum stabilere Verhaltensformen erzeugen als die nichtvariierenden* (regelmäßigen) *Verfahren. Außerdem haben ja die variierenden Verfahren noch den bereits erwähnten Vorteil, daß sie den Lorbeer-Effekt unterdrücken und ein relativ gleichmäßiges Verhalten entstehen lassen.*

4. Die Verstärkungsverfahren und die Stabilität konditionierter Verstärker

Die erörterten Methoden der Verstärkung von Verhaltensformen lassen sich auch auf die Konditionierung der Verstärker anwenden. Wie bereits erwähnt, wird ein neutraler Stimulus dadurch zu einem (sekundären) Verstärker, daß er wiederholt zusammen mit einem primären Verstärker dargeboten wird. Gelten nun auch hierfür die bereits diskutierten Ergebnisse über die Wirksamkeit der verschiedenen Verstärkungsverfahren? D. h. wird der neutrale Stimulus ein stabilerer Verstärker (sekundärer Art) sein, wenn er kontinuierlich zusammen mit einem primären Verstärker dargeboten wird, als wenn er nach einem der unterbrochenen Verfahren konditioniert wird? Es zeigte sich, daß auch hier die unterbrochene Konditionierungsmethode zu besseren Resultaten führt als die kontinuierliche, d. h. der neutrale Stimulus wird zu einem stabileren sekundären Verstärker (auch nach ausbleibender Verbindung mit einem primären Verstärker), wenn er nicht immer mit einem primären Verstärker dargeboten wurde, sondern wenn der letztere nur »gelegentlich« auftrat, nachdem er allerdings anfänglich stets zusammen mit dem neutralen Stimulus in Erscheinung getreten war.

Eines der beschriebenen unterbrochenen Verstärkungsverfahren würde sich also auch zur Konditionierung der Verstärker besser eignen als die kontinuierliche Verstärkung.

Ein typisches Experiment für diesen Bereich ist die Untersuchung von *Zimmermann*.[43] Er konditionierte einen Summton mit der Verabreichung von Wasser an eine durstige Ratte. Immer, wenn der Summton ertönte, erhielt die Ratte ein wenig Wasser zu trinken. Zuerst wurde diese Konditionierung nach dem kontinuierlichen Verfahren durchgeführt, das heißt, die Ratte erhielt *stets* Wasser, wenn der Ton erschallte. Nachdem das Tier zuverlässig konditioniert war, wurde das Wasser nur noch jedes zweitemal nach Ertönen des Summtons verabreicht, d. h. nach einer Reaktionsquotenverstärkung von 1 : 2. Sodann wurde sowohl die Quote allmählich erhöht als auch variiert bis zu einer *variierenden Reaktionsquotenverstärkung* von 1:14 mit einer mittleren Quote von 1:10. Obwohl also die Wahrscheinlichkeit der Wasserverabreichung bei einer solchen Quote relativ niedrig war, drückte die Ratte sehr zuverlässig weiterhin den Wasserhebel, sobald der Summton hörbar wurde. Die Ratte tat dies auch, nachdem überhaupt kein Wasser mehr verabreicht wurde, d. h., der Summton war zu einem stabilen sekundären Verstärker geworden, der der Extinktion weitgehend trotzte. Nun konnte der Summton verwendet werden, um dem Tier neue Verhaltensformen beizubringen, etwa einen anders angeordneten Hebel zu betätigen. Es genügte nun, der Ratte jedesmal den Summton (als Verstärkung) zu präsentieren, wenn sie die neue Verhaltensform äußerte, und eine primäre Verstärkung war überhaupt nicht mehr nötig. Sobald der Summton des öfteren nicht mehr dargeboten wurde, wenn das Tier den Hebel in der richtigen Weise betätigte, wurde diese Verhaltensform des Hebeldrückens gelöscht.

Ein völlig neutraler Stimulus ist auf diese Weise zu einem konditionierten Verstärker geworden, der sich ebenso zur Konditionierung einer neuen Verhaltensform eignete wie ein primärer Verstärker in Form von Nahrung (oder Wasser). Der Summton hätte ohne Zweifel unendlich lange diese verstärkende Funktion behalten, wenn lediglich gelegentlich eine primäre Verstärkung zusammen mit ihm geboten worden wäre.

Ganz ähnlich gilt in der Erziehung auch der ursprünglich neutrale Stimulus der »Beachtung« (Zuwendung, Ansprechen, Drannehmen, Anlächeln etc.) als konditionierter Verstärker, der dieselben Wirkungen hervorbringen kann wie ein primärer Verstärker. Dies geht darauf zurück, daß »Beachtung« bereits in der frühen Kindheit des öfteren (anfänglich sogar stets) zusammen mit primären Verstärkern erfahren wurde (zusammen mit Nahrungsverabreichung, mit Be-

[43] *D. W. Zimmermann*, Durable Secondary Reinforcement: Method and Theory. Psychol. Rev., 64, 1957, S. 373 ff.

seitigung unangenehmer Bedingungen – Trockenlegen – etc.). Auch wenn später die Zuwendung oder Beachtung nur noch gelegentlich mit der Darbietung primärer Verstärker gepaart wurde, so diente die Beachtung doch weiterhin als außerordentlich stabiler sekundärer (oder konditionierter) Verstärker.

Für die Pädagogik ist nun überaus interessant, *daß es durchaus möglich ist, diesen relativ stabilen konditionierten Verstärker der »Beachtung« dazu zu verwenden, bestimmte Arbeitshaltungen zu verstärken, so daß die sachliche Arbeitseinstellung selbst endlich verstärkend wirkt, d. h. daß das Kind schließlich »lernt um des Lernens willen«* – und dabei ebenso intensive Verstärkungen (»Erfolgserlebnisse«) erfährt wie anfänglich durch die Bestätigungen und Beachtungen durch Lehrer und Eltern. Ein zentrales pädagogisches Anliegen scheint sich mithin durch Anwendung verhaltenspsychologischer Befunde verwirklichen zu lassen!

IX. DAS PRINZIP DER GENERALISIERUNG IN DER VERHALTENSPSYCHOLOGISCHEN LERNTHEORIE

Unter Stimulus-Generalisierung versteht man in der verhaltenspsychologischen Lerntheorie den Umstand, daß eine Verhaltensform, die geäußert wurde, wenn ein bestimmter Stimulus geboten wurde, auch dann geäußert wird, wenn ein *ähnlicher* Stimulus geboten wird. Die Stärke der Reaktion hängt dabei von der Ähnlichkeit der beiden Stimuli ab.

Um ein Beispiel aus dem Bereich des reaktiven Konditionierens zu nehmen, wenden wir uns dem bekannten Versuch von *Pawlow* mit dem Hund zu, der Speichel absonderte, wenn immer ein bestimmter Ton hörbar wurde, der anfänglich wiederholt zusammen mit der Nahrungsverabreichung geboten worden war. Speichel wird nun auch dann abgesondert, wenn nicht der ursprüngliche, sondern ein dem ursprünglichen lediglich ähnlicher (z. B. höherer oder tieferer) Ton geboten wird. Diese Reaktion des Hundes ist in ihrer Stärke von der Ähnlichkeit der Stimuli abhängig, d. h. sie wird schwächer, je unähnlicher der neue Stimulus dem alten Stimulus ist. »Ähnlichkeit« kann sich dabei auf die verschiedensten Stimulus-Dimensionen beziehen; es kann sich beispielsweise handeln um eine Generalisierung auf Grund einer Ähnlichkeit der Farbe, der Form, der Tonqualität, der Geschmacks- oder Geruchsart usw.

Das Prinzip der Generalisierung gilt in vollem Umfange auch für das menschliche Verhalten. Ein Experiment von *S. H. White*[44] z. B. zeigt, daß kleine Kinder in der Lage sind, auf gewisse ähnliche Stimuli entsprechend zu reagieren, wenn sie operativ dafür konditioniert worden sind. *White* verstärkte Kinder, die einen Hebel betätigen, wenn ein farbiger visueller Stimulus gezeigt wurde. Die Verstärkung selbst bestand aus der Verabreichung eines Spiel-Klickersteines. Die Kinder reagierten nun auch (durch Hebeldruck), wenn der Stimulus in der Helligkeit und in der Farbe variiert wurde. Auch hier zeigte sich, daß die Reaktion um so zuverlässiger erfolgte, je ähnlicher die neuen Stimuli dem ursprünglichen waren.

---

[44] *S. H. White*, Generalisation of an Instrumental Response with Variations in two Attributes of the CS. J. exp. Ps., 56, 1958, S. 339 ff.

Generalisierung ist ein überaus wichtiges Prinzip in der Lernpsychologie. Wenn ein Kind keine Stimulus-Generalisierungsfähigkeit hätte, müßte es jede Verhaltensform neu konditionieren, während es ihm in Wirklichkeit möglich ist, auf ähnliche Stimuli auch ähnlich zu reagieren. Ein Beispiel dafür ist etwa das *Sprechenlernen:* Anfänglich äußert das Kind, zufällig vielleicht, ein Lautgebilde, das so ähnlich klingt wie »Wau-Wau«, während tatsächlich ein Hund in der Nähe ist. Die Eltern verstärken meistens eine solche Äußerung beim Kleinkind sehr, indem sie bestätigen »ja, das ist ein Wau-Wau. Du bist aber ein kluges Kind!« o. ä. Nun wird das Kind »Wau-Wau« sagen, wenn immer es eine Verstärkung erhalten möchte. Es wird aber bald merken, daß die Verstärkung tatsächlich nur dann erfolgt, wenn »Wau-wau« in der Anwesenheit eines Tieres geäußert wird. So entsteht eine Verbindung zwischen dem Laut und dem Tier im allgemeinen, d. h. das Kind wird auch eine Katze mit »wau-wau« anreden, und es wird sogar eine Kuh oder ein Pferd (alles, was auf vier Beinen geht, beispielsweise) so anreden, weil es entsprechend generalisiert hat.

Was hier über ein noch unpräzises Verhalten gesagt wurde, gilt aber auch für das positive Verhalten des älteren Kindes etwa seinen Lehrern gegenüber: Das Kind hat anfänglich seine Einstellung zu seinem Vater auch auf die gegenüber seinem Lehrer übertragen und ein besonders »herzliches« und persönliches Verhältnis zu seinem Erstklaßlehrer entwickelt. Es wäre nun sehr zeitraubend, wenn das Kind immer wieder bei jedem notwendigen Lehrerwechsel durch denselben langwierigen Konditionierungsvorgang gehen müßte, um ein pädagogisch fruchtbares Verhältnis herzustellen. Glücklicherweise generalisiert das Kind sehr schnell und reagiert bald auf »alle« (später wird wieder deutlicher unterschieden!) Lehrer in ähnlicher Weise positiv.

Dieses Prinzip gilt nun nicht nur für Stimuli, sondern auch für konditionierte Verstärker, d. h. für Stimuli, die wiederholt zusammen mit einem primären Verstärker dargeboten worden sind und dadurch zu sekundären Verstärkern geworden sind. Ähnliche konditionierte Verstärker rufen – durch die Wirksamkeit des Prinzips der Generalisierung – dieselben Reaktionen hervor.

Hat z. B. ein Kind durch das Geschick seines Lehrers eine besondere Verstärkung erfahren, als es während der ersten Lektionen in Physik oder Chemie im Labor sitzen und arbeiten durfte, so wird es nicht nur in Zukunft mit besonderer Freude und Erwartung Physik- und Chemieunterricht im Labor nehmen, sondern es wird diese positive Einstellung auch haben, wenn es in der Biologie experimentell arbeiten darf: es generalisiert den konditionierten Verstärker auf Grund einer empfundenen Ähnlichkeit.

In ähnlicher Weise lernt das Kind seine Eltern als Verstärker schätzen und lieben, weil sie es in der Regel sind, die ihm positive Verstärkungen aller Art zuteil werden lassen. Der bloße Anblick oder die Stimme der Eltern allein wirkt daher sehr bald verstärkend. Zugleich aber wirkt sich die Generalisierung so aus, daß das Kind diese verstärkende Eigenschaft auf alle anderen Menschen ausdehnt, die in irgendeiner Weise den Eltern ähnlich sind (in Körpergröße, Haarfarbe, Augenfarbe etc.). Diese Tatsache wirkt bekanntlich bei der Wahl der Freunde (und der Ehepartner) entscheidend mit.

X. DAS PRINZIP DER DISKRIMINIERUNG
IN DER VERHALTENSPSYCHOLOGISCHEN LERNTHEORIE

Während, wie wir gerade sahen, das Prinzip der Generalisierung es ermöglicht, daß das Kind seine Äußerung »Wau-wau« auf *alle* Tiere ausdehnt, obwohl es nur für eine Äußerung dieses Lautgebildes in der Anwesenheit eines bestimmten Hundes verstärkt worden war, ermöglicht das Prinzip der Diskriminierung eine Unterscheidung zwischen diesen verschiedenen Stimuli. Genauer gesagt, das Kind wird verstärkt, wenn es »Wau-wau« in Gegenwart eines Hundes sagt, aber es wird nicht verstärkt, wenn es diesen Laut beim Anblick eines Pferdes äußert. Und weiter, es wird schließlich verstärkt, wenn es einen ganz bestimmten Hund »Wau-wau« nennt, aber nicht, wenn es einen beliebigen anderen Hund so nennt, so daß das Kind schließlich durch diese Diskriminierung den »Namen« eines bestimmten, »seines« Hundes kennenlernt. Um diesen pädagogisch entscheidenden Vorgang genauer kennenzulernen, wenden wir uns wieder einem Tierversuch zu.

Nehmen wir an, eine Taube sei in der Skinner-Box dazu konditioniert worden, ein bestimmtes Metallschild im Käfig anzupicken, um daraufhin Futter zu erhalten. Nun schaltet man etwa alle 30 Sekunden eine 60-Watt-Birne im Käfig ein und läßt das Futter nur verabreichen, wenn diese Birne brennt, während bei Picken ohne Licht kein Futter verabreicht wird. In kurzer Zeit wird die Taube nur noch dann picken, wenn die Birne brennt. Nun schaltet man abwechslungsweise andere Birnen ein, etwa 20- und 30-Watt-Birnen und liefert das Futter aber nur, wenn die 60-Watt-Birne brennt. Die Taube muß nun »unterscheiden lernen« zwischen Picken bei Dunkelheit und Picken bei Licht und zusätzlich noch zwischen Picken bei 60-Watt-Stärke und Picken bei 20- oder 30-Watt-Lichtern. In relativ kurzer Zeit hat man in der Regel eine Taube dazu konditioniert.

Selbstverständlich lassen sich sehr viele Beispiele aus der pädagogischen und Kinderpsychologie für diese Zusammenhänge finden. Ein Kind hat beispielsweise durch Generalisierung eine allgemein freundliche Einstellung zu allen Mitmenschen erworben, weil es zuerst von seinen Eltern verstärkt worden ist. Nach und nach aber lernt es deutlich zwischen verschiedenen Menschen zu unterscheiden, und als Resultat dieser Diskriminierung wird es sich später ganz anders verhalten, wenn es sich in der Gesellschaft seiner Eltern befindet oder im Zimmer seines Schulrektors, eines Pfarrers oder eines nahen Verwandten, und seine Einstellung zu einem Polizisten wird sich meistens deutlich von der zu einem Arzt unterscheiden usw. Dies ist dann jeweils das Resultat verschiedener Verstärkungen unter Einwirkung des Prinzips der Diskriminierung.

Hierher gehört auch die Fähigkeit, verschiedene verbale Äußerungen in ihrer spezifischen Bedeutung zu verstehen und auch zwischen verschiedenen Intonationen und Gesten zu unterscheiden. Selbst Tiere sind auf Grund solcher Diskriminierung manchmal in der Lage, den »Tonfall« ihrer »Herrchen« oder »Frauchen« zu »verstehen«, d. h. sie wurden für gewisse Interpretationen verstärkt und für andere wieder nicht (mancher Hund z. B. beginnt auf den Satz hin »Gassi gehen!« spontan mit dem Schwanz zu wackeln und zur Tür zu gehen; äußern wir dagegen: »Sobald ich nun meine Arbeit beendet habe, werden wir beide einen Spaziergang machen«, so wird der Hund den Tonfall nicht entsprechend aufnehmen können und anders oder gar nicht reagieren).

Auch das, was man üblicherweise unter »*Abstraktion*« versteht, kann in diesem Zusammenhang als Ergebnis einer Diskriminierung verstanden werden. Man meint dann mit Abstraktion den Vorgang, durch den eine Reaktion unter die Kontrolle eines bestimmten Elements eines Stimulus gelangt, das in verschiedenen Stimuli vorkommt, aber nur als Teil dieser Stimuli existiert.[45] Dies bedeutet, daß durch Abstraktion ein bestimmtes Stimulus-Element unabhängig von dem Objekt, in dem es vorkommt, wirksam werden kann. Beispielsweise ist es durch Diskriminierung möglich, das Element der Form allein wirksam werden zu lassen, ohne daß es darauf ankäme, die Form eines Bildes, eines Körpers, einer dunklen oder einer hellen Fläche usw. zu berücksichtigen.

Ein einfaches Beispiel für diesen Vorgang ist dies: Ein Kind wurde beim Aussprechen des Wortes »rot« in Anwesenheit eines roten Autos verstärkt. Wenn ein Auto mit anderer Farbe sichtbar wird, wurde keine Verstärkung verabreicht. Nach und nach wird nun die Verstärkung auch ausgedehnt auf andere Gegenstände, die rot sind und die vom Kind als »rot« bezeichnet werden: Kleider, Bälle, Spielsachen ... Die Verstärkung findet jedoch nur dann statt, wenn tatsächlich ein roter Gegenstand präsentiert wird, nicht aber, wenn ein andersfarbiger Gegenstand (vielleicht derselben Gattung) in Erscheinung tritt. Dadurch wird erreicht, daß das Kind sozusagen die »Rotheit« schlechthin als »rot« bezeichnen lernt, daß es also den abstrakten Begriff des »rot« erlernt hat. Auf diese Weise läßt sich sehr vieles erlernen, was bis jetzt in den Schulen oftmals noch wenig berücksichtigt wird oder dem bloßen Zufall überlassen bleibt: Die Abstraktionsfähigkeit ist grundsätzlich üb- und lernbar! Während sie aber gewöhnlich nur indirekt durch sehr viele unspezifische Übungen in anderen Zusammenhängen entwickelt wird, könnte man zu günstigeren Resultaten gelangen, wenn man das Prinzip der Diskriminierung in diesem verhaltenspsychologischen Sinn in der Praxis verwenden würde. Besonders im Zusammenhang des programmierten Lernens ließen sich leicht fruchtbare Anwendungsmöglichkeiten finden.

XI. DAS PRINZIP DER GRADUELLEN ANNÄHERUNG
IN DER VERHALTENSPSYCHOLOGISCHEN LERNTHEORIE

Wir haben gesehen, daß das Prinzip der *Diskriminierung* eine Unterscheidung ermöglicht zwischen den verschiedenen Stimuli, die eine Verhaltensform konditionieren. Diskriminierung steht also im Gegensatz zu der *Generalisierung*, die wir ebenfalls oben beschrieben haben.

Im Unterschied hierzu bezeichnet nun der verhaltenspsychologische Begriff der *Differenzierung* den Vorgang, durch den bestimmte Verhaltensformen innerhalb eines geäußerten Verhaltensrepertoires durch Verstärkung konditioniert werden, während die nicht verstärkten Verhaltensteile gelöscht werden. Dieser Vorgang der Differenzierung ist von zentraler Bedeutung für die *Verhaltens-*

---

[45] Vgl. *J. G. Holland and B. F. Skinner*, The Analysis of Behavior. N.Y. 1961.

formung: Wie wir bereits oben erwähnt haben, braucht der Verhaltenspsychologe, der ein Versuchstier zu einem bestimmten Verhalten konditionieren will, nicht abzuwarten, bis das Tier zufällig einmal die gewünschte Verhaltensform von sich aus äußert, um sie sodann zu verstärken, sondern er kann diese Verhaltensform *»graduell annähern«,* indem er den Vorgang der Differenzierung anwendet. Im Fall des bereits erwähnten Taubenexperiments[46] sah dies so aus, daß eine Taube dazu gebracht werden sollte, stets mit hoch erhobenem Kopf zu gehen, statt sich mit »normaler« Kopfhaltung fortzubewegen. Es wurde nun jeweils dann eine Verstärkung verabreicht, wenn die Taube, eine leichte, nur bei genauer Beobachtung überhaupt erkennbare Annäherung an diese Verhaltensform zeigte. Auf diese Weise wurden diejenigen Verhaltensteile »ausdifferenziert«, die für die Verhaltensform des Kopf-hoch-Haltens nötig waren, und nach wenigen Minuten hat man in der Regel ein solches Verhalten konditioniert. Wenn jemand die Taube nach vollendeter Konditionierung in ihrem sonderbaren Verhalten beobachtet hätte, der von dem Vorgang der Konditionierung nichts gewußt hätte, so hätte er das Tier sicherlich als »abnorm« bezeichnen müssen, denn in der Tat würde das Tier unter normalen Umständen nie ein solches Verhalten entwickelt haben; es ist einzig und allein das Ergebnis einer systematischen Anwendung des Prinzips der Differenzierung in der *graduellen Annäherung* (an eine als Ziel dienende Verhaltensform, die normalerweise nicht in Erscheinung getreten wäre).

Innerhalb des Prozesses der graduellen Annäherung ist nun der Begriff der *Reaktionsklasse* von großer Bedeutung. Darunter versteht man diejenigen Reaktionen oder besser Verhaltensäußerungen, die dadurch verstärkt werden können, daß man eine von ihnen verstärkt und umgekehrt, die alle dadurch geschwächt werden, daß eine von ihnen nicht verstärkt wird. Um es an einem Beispiel deutlicher zu machen, was gemeint ist, wenden wir uns kurz einem Experiment von *Verplanck*[47] zu. Er konditionierte Hochschulstudenten (operativ) nach dem Verfahren der graduellen Annäherung zu einer Reihe ganz ungewöhnlicher Verhaltensformen, z. B. dazu, daß sie sich auf ein gegebenes Zeichen hin am rechten Ohr kratzten, daß sie eine Reihe bestimmter Wörter aufsagten, Grimassen schnitten usw. Als Verstärker dienten ihm »Belohnungspunkte«, die die Studenten aufzeichnen konnten, um am Ende des Experiments möglichst viele davon vorzeigen zu können. Um nun beispielsweise die Verhaltensform des Ohrkratzens mit der rechten Hand zu konditionieren, muß der VL nicht so lange warten, bis der Student zufällig dieses Verhalten voll zeigt, um ihn dann zu verstärken, sondern er verstärkt zuerst irgendeine Verhaltensäußerung, die in dieselbe Reaktionsklasse wie das Ohrkratzen gehört, d. h. z. B. jede Bewegung überhaupt: Rutscht der Student etwa nach einiger Zeit leicht auf seinem Stuhl herum, wenn das Experiment begonnen hat, erhält er sogleich einen Belohnungspunkt. Daraufhin wird der Student vielleicht andere Bewegungen äußern, Bewegungen der Beine und schließlich auch der Arme, die jeweils verstärkt wer-

---

[46] Vgl. *B. F. Skinner*, Science and Human Behavior. N.Y. 1953, S. 63 ff.
[47] *W. S. Verplanck*, The Operant Conditioning of Human Motor Behavior. Psych. Bull., 53, 1956, S. 70 ff.

den. Auf diese Weise erreicht man, daß die ganze Reaktionsklasse verstärkt wird, der Student wird nunmehr mehr Bewegungen äußern als ohne Verstärkung. Dadurch wird nun auch gleichzeitig die Wahrscheinlichkeit gesteigert, daß der Student seinen rechten Arm bewegt und hebt. Zuerst aber werden alle Bewegungen der rechten Körperseite verstärkt werden müssen, denn innerhalb der Reaktionsklasse »Bewegung« muß nun im Sinne der Differenzierung die Subklasse »Bewegungen der rechten Körperseite« besonders verstärkt werden. Während auf diese Weise das Verhaltensziel »graduell« näher rückt, werden die nicht weiter verstärkten Verhaltensformen der »weiteren« Reaktionsklasse geschwächt und die der »engeren« verstärkt. So läßt sich die gewünschte Verhaltensäußerung systematisch aufbauen, »formen«.

Dieser Prozeß hat selbstverständlich für die Erziehung die allergrößte Bedeutung, denn es ist ja das »Wesen« der Erziehung, daß sie die »rohe« Natur des Menschen »veredeln«, »formen« will, indem sie ein bestimmtes »Bild vom Menschen« als Erziehungsziel anvisiert und die junge Generation danach ausrichten will: alles, was diesem Bild vom Menschen im tatsächlichen Verhalten des jungen Menschen entspricht, wird verstärkt, d. h. meistens »belohnt« (und alles, was ihm widerspricht, wird bestraft!), bis der Zögling schließlich das Bild »erkennen« kann und selbst danach strebt, womit er endlich die »Mündigkeit« erreicht hat. Während nun in der Regel der Zögling gleichsam im »trial and error«-Verfahren vielleicht zufällig einmal erwünschte Verhaltensformen äußert und damit auf Anerkennung stößt, läßt sich nach den Erkenntnissen der Verhaltenspsychologie also dieser schwierige Prozeß wesentlich wirksamer und kürzer gestalten. Voraussetzung allerdings ist, daß man zuerst genau feststellt, *was* man erziehen will, d. h. welcher Art die zu konditionierenden Verhaltensformen sein sollen. Sodann müssen sie im Zusammenhang ihrer Reaktionsklassen und Unterklassen gesehen werden, und endlich muß ein geeignetes Verstärkungsmittel gefunden und systematisch angewandt werden.

Anders ausgedrückt, es geht beim Lehren zuerst darum, eine mehr allgemeine Einstellung zu dem betreffenden Problem überhaupt zu verstärken, um sodann aus dieser allgemeinen, oder »großen« Reaktionsklasse graduell die erwünschte geistige oder körperliche Verhaltensform herauszudifferenzieren. Wir werden im weiteren Verlauf unserer Darstellung immer wieder von diesem Prinzip der Verhaltensformung Gebrauch machen können. Es ist das Kernstück der verhaltenspsychologischen pädagogischen Psychologie.

Nun könnte eingewandt werden, daß die Studenten in dem *Verplanck*schen Experiment durch die verschiedenen Belohnungspunkte schließlich zu dem »Bewußtsein« dessen gelangt seien, was der VL gewollt hat, so daß das Experiment mehr ein »Ratespiel« gewesen wäre, in dem die Einsicht der Vp schließlich die verborgene Absicht des VL erraten mußte. Diese Deutung ist indessen unrichtig. Die Studenten bekundeten auf Befragung übereinstimmend, daß sie sich nicht bewußt geworden seien, was eigentlich jeweils verstärkt worden sei (durch Verabreichung der Belohnungspunkte). Vielmehr haben sie unbewußt diejenigen Reaktionsklassen und schließlich Unterklassen verstärkt angewandt, die belohnt worden sind. Noch deutlicher kommt dies allerdings bei denjenigen Verhaltensformen zum Ausdruck, die subtiler sind als das erwähnte Beispiel vom Ohr-kratzen (z. B. eine bestimmte Gesichtsgrimasse zu schneiden, ein Lächeln aufzu-setzen usw.).[48]

Interessant in diesem Zusammenhang ist auch die Ähnlichkeit des Reaktions-quotenverstärkungsverfahrens mit dem eben beschriebenen Prozeß der Diffe-renzierung! Beim Reaktionsquotenverstärkungsverfahren wird, wie wir gesehen haben, die Geschwindigkeit des Reagierens dadurch gesteigert, daß immer nach Äußerung einer gewissen Anzahl (Quote) von richtigen Verhaltensformen eine Verstärkung erfolgt. Dies ist nun nichts anderes als eine Differenzierung nach dem Gesichtspunkt der Zeit.[49] Unter einer Vielfalt von Verhaltensmöglichkeiten wird die der raschen Reaktion durch Reaktionsquotenverstärkung herausdiffe-renziert.

Dies ist besonders für die Erziehung zum Leistungsverhalten wichtig. Leistung stellt sich ja bereits in der Schule als Arbeit in einer gewissen Zeit dar, und es kommt nicht nur darauf an, richtige Lösungen zu finden, sondern sie in möglichst kurzer Zeit zu produzieren! Auch von diesem Gesichtspunkt aus betrachtet dürfte sich das Reaktionsquotenverfahren (möglichst variiert) am besten in der Schule eignen. Die praktischen Anwendungen liegen auf der Hand: nicht nur die Frage der Zeugnisgebung und der Beurteilung der schriftlichen Arbeiten, sondern auch die Benutzung von programmierten Texten kann von hier aus fruchtbar an-gegangen werden; aber auch der direkte Umgang des Lehrers mit dem Schüler kann von diesen Gedanken angeregt werden.

XII. DIE VERHALTENSVERKNÜPFUNG
IN DER VERHALTENSPSYCHOLOGISCHEN LERNTHEORIE

Unsere bisherigen Beispiele für Verhaltensformung und Konditionierung waren bewußt aus dem Bereich des psychologischen Labors genommen worden, um die Tatbestände so unverfälscht wie möglich darzustellen. In Wirklichkeit laufen allerdings die Verhaltensformen weitgehend »weicher« ab, d. h. eine Verhaltensform geht fast unmerklich in eine andere über, die eine Verhaltens-form scheint die nächste gleichsam hervorzurufen. Dies scheint indessen nur so zu sein! In Wirklichkeit produziert jede Verhaltensform, jede Bewegung schlecht-hin, eine Stimulus-Empfindung, denn unsere Muskeln enthalten sensorische Par-tikeln, die es uns z. B. auch erlauben, jederzeit die Lage unserer Glieder wahr-zunehmen, ohne die Augen zu gebrauchen. Die Stimuli, die eine Bewegung her-vorruft, werden sich nun je nach der Lage der Muskeln und Glieder unterschei-den. Man nennt diese Stimuli *proapriozeptive Stimuli*.[50]

Jede einzelne Verhaltensform läßt nun einen solchen propriozeptiven Stimulus entstehen, der seinerseits wiederum eine entsprechende neue Reaktion in uns hervorruft. Auf diese Weise entsteht eine natürliche *Verhaltensverknüpfung*, ein

---

[48] Vgl. für eine eingehendere Diskussion der Rolle der Bewußtheit bei der Kon-ditionierung: *W. S. Verplanck*, Unaware of Where's Awareness . . . In: *C. W. Eriksen* (ed.), Behavior and Awareness, Durham 1962.
[49] Vgl. *F. S. Keller and W. S. Schoenfeld*, Principles of Psychology. N.Y. 1950.
[50] Ebenda.

koordiniertes Verhalten. Beim Gehen z. B. löst die Bewegung eines Beines (R) einen entsprechenden propriozeptiven Stimulus (PS) hervor, der dann seinerseits wieder eine neue Beinbewegung (R$_1$) hervorruft usw. Wir können diese Verhaltensverknüpfung oder -koordination folgendermaßen veranschaulichen:

R————PS——R$_1$————PS$_1$——R$_2$————PS$_2$——R$_3$————PS$_3$ usw

Wie gesagt, visuelle Stimuli sind dafür gar nicht erforderlich, weil wir, »ohne hinzusehen« – eben durch die propriozeptiven Stimuli – wissen, wo unsere Gliedmaßen jeweils sind und wie sie weiterhin zu verfahren haben.

Zusätzlich zu diesen Stimuli können bei Verhaltensverknüpfungen auch noch andere Stimuli-Arten beteiligt sein (innerliche und äußerliche); *doch haben sie alle gemeinsam, daß sie eine jeweils nächste Reaktion hervorrufen, die dadurch mit den vorangegangenen Reaktionen verknüpft wird.* So besteht etwa unser Sprechen zwar aus einzelnen Silben bzw. Lauten, Wörtern und Sätzen, aber in Wirklichkeit sprechen wir doch in gewissen Zusammenhängen, auch wenn unsere einzelnen Wörter langsam »herauskommen« (falls wir z. B. etwas ausdenken und nicht bloß »hersagen«). Diese Zusammenhänge – »Sprechgestalten« – entstehen als solche Verhaltensverknüpfungen und machen die Sprache (als gesprochene Sprache und auch als geschriebene) erst verständlich. Wenn nun in einem bestimmten pathologischen Fall beim Sprechen keine solchen Stimuli hervorgerufen werden, die nachfolgende Sprechreaktionen produzieren können, dann wird die Rede unterbrochen und schwer verständlich.[51]

Anfänglich kann eine Verhaltensweise durchaus von Umweltstimuli dirigiert werden, aber nach und nach kann dann die Verhaltensverknüpfung im beschriebenen Sinne stattfinden und die Verhaltensform läuft dann unabhängig von den Umweltstimuli ab. Lernt z. B. jemand ein neues Klavierstück, so ist es meistens zuerst unmöglich, das ganze Stück »flüssig« und ausdrucksvoll zu spielen. Vielmehr wird man es Note für Note »ablesen« und mehrmals wiederholen. Hier wird jede Bewegung gleichsam von der Umwelt (dem Notenblatt) gesteuert. Sobald aber die Verhaltenskoordination hergestellt wird, spielt der gute Klavierspieler unabhängig von den einzelnen Noten auf dem Blatt »Zusammenhänge«, Ausdrucksgestalten oder äußert eben »Verhaltensketten«! Ähnlich ist es beim Schreiben, wo auch zuerst einzelne Buchstaben oder Silben aufgemalt werden, die dann nach Herstellung der »Kette« geläufig ineinander übergehen, ohne daß meistens die einzelnen Buchstaben isoliert gesetzt werden würden. Auch beim Autofahren – einer mehr motorischen Tätigkeit – zeigt sich dasselbe Prinzip. Der Fahrlehrer wird dem Fahrschüler zuerst immer wieder vorsagen müssen: »Jetzt auf die Kupplung treten, langsam zurückziehen, Gas geben« usw., während der gute Fahrer später diese Verrichtungen geläufig, gleichsam als eine Kette von ineinanderfließenden Tätigkeiten ablaufen läßt, ohne daß es ihm vorgesagt werden muß.

Bei diesem Vorgang der Verhaltensverknüpfung handelt es sich wiederum um die Wirkung einer operativen Konditionierung. Die Geläufigkeit ist das Ergeb-

---

[51] Vgl. dazu: *I. Goldiamond*, Perception. In: *A. J. Bachrach* (ed.), Experimental Foundations of Clinical Psychology, N.Y. 1962, S. 307.

nis einer Verstärkung, wie auch die Schnelligkeit auf diese Weise zustande kommt.

Wir haben oben von Stimuli gesprochen, die nicht ohne weiteres beobachtbar sind, aber dennoch wirksam sind (propriozeptive Stimuli z. B.). Wir können diese Stimuli, wie sie in der Verhaltensverknüpfung wirksam sind, als »implizierte« Stimuli bezeichnen. Ebenso wie wir diese implizierten Stimuli haben, so haben wir aber auch *implizierte Reaktionen,* d. h. Verhaltensäußerungen, die nicht ohne weiteres beobachtbar sind, dennoch aber Wirkungen hervorbringen können und eine eigene Realität haben. Manche Menschen sprechen beispielsweise gelegentlich »zu sich selbst«, sie bewegen dabei nur leicht die Lippen und das Gesprochene ist nicht recht zu verstehen oder bleibt überhaupt jenseits des Hörbaren; dennoch aber »hört« der Sprecher, was er spricht und antwortet sich selbst auf seine Fragen. Solche implizierten Reaktionen können nun leicht in Verhaltensketten eingehen und Stimuli produzieren, die ihrerseits dann offene Reaktionen hervorrufen.[52]

Nach allem, was wir bereits über die Methoden der verhaltenspsychologischen Forschung gesagt haben, kann als Gegenstand der wissenschaftlichen Forschung nur das dienen, was wirklich beobachtbar ist. Wir sagten jedoch gerade, daß die propriozeptiven Stimuli oder auch die implizierten Reaktionen an sich nicht beobachtbar sind. Gehören sie deshalb also nicht in den Bereich der wissenschaftlichen Verhaltenspsychologie? An dieser Stelle bietet es sich an, den Begriff der *intervenierenden Variablen* zu betrachten. Menschliches Verhalten ist nämlich komplizierter als die bloß offensichtliche Beziehung zwischen abhängigen und unabhängigen Variablen – etwa zwischen einem offensichtlichen Stimulus und einer offensichtlichen Reaktion. Vielmehr sind zwischen der abhängigen und der unabhängigen Variablen meistens eine Reihe von intervenierenden Variablen, die zwar wirksam sind, aber nicht direkt ohne weiteres beobachtbar sind. Zu diesen intervenierenden Variablen gehören z. B. auch die implizierte Reaktion und die propriozeptiven Stimuli. Eine intervenierende Variable hat also eine funktionale Beziehung sowohl zur Reaktion als auch zum Stimulus; ihre Stellung im Verhaltensgefüge läßt sich folgendermaßen schematisieren:

$$S \text{————} V_i \text{————} R$$

S ist hierbei der (beobachtbare) Stimulus und R ist die beobachtbare Reaktion; dazwischen befindet sich V_i als intervenierende Variable. Die Wirkungen der intervenierenden Variablen sind also durchaus beobachtbar, wenn auch die intervenierende Variable als solche sich meistens der direkten Beobachtung entzieht (wie etwa der Zustand der Motivation, von dem wir unten noch genauer sprechen werden). Alle bisher erörterten Charakteristika der beobachtbaren Reaktionen gelten nun auch für intervenierende Variable, d. h. sie können beispielsweise durch Wiederholung unter gleichen Bedingungen verstärkt werden, sie können aber anderseits durch ausbleibende Verstärkung in ihrer Wirkung geschwächt werden.

[52] Vgl. *J. Dollard* and *N. Miller,* Personality and Psychotherapy. N.Y. 1950; bes. S. 205 ff.

Die Tatsache nun, daß ein Stimulus (etwa in Form der propriozeptiven Stimuli) durch eine Reaktion hervorgerufen werden kann, hat noch weitere Konsequenzen als lediglich die bereits erwähnte Funktion innerhalb des Aufbaus einer Verhaltenskette im Verhaltensverknüpfen. Wir wissen z. B. aus der pädagogischen Praxis sehr wohl, daß viele Tätigkeiten, die anfänglich nur widerwillig ausgeführt worden sind, durch konstante Verstärkung schließlich angenehm, zu einem »Bedürfnis« werden können und durch ihre Ausübung selbst schon verstärkend wirken. Ein Mann beispielsweise, der als junger Lehrling nur mit großem Widerstreben in die Fabrik gegangen ist, um seinen Beruf zu lernen, scheint nach seiner Pensionierung sehr häufig Wesentliches zu vermissen, weil er nicht mehr arbeiten darf. Man sagt, er habe sich so daran gewöhnt, daß es ihm zum »Lebenselement« geworden sei, zu arbeiten. Der Entzug dieser Arbeitsmöglichkeit kann sogar zu schweren seelischen Krisen führen (Pensionistenschwermut, Pensionistentod etc.). So kann aber auch der Student, der anfänglich nur aus »Verlegenheit« sich zum Studium seines besonderen Faches entschlossen hat (oder um dem Wunsche seiner Eltern und Lehrer zu entsprechen), später so mit diesem Gebiet verwachsen werden, daß er es als seinen eigentlichen Lebensinhalt betrachten kann und die Tätigkeit in diesem Gebiet allein schon eine Verstärkung bedeutet. Voraussetzung dafür ist allerdings, daß die Tätigkeit, im ganzen gesehen, verstärkt worden ist. Hierbei wurde dann, durch wiederholte Verstärkung, der durch die Reaktionen jeweils produzierte Stimulus zum konditionierten Verstärker, so daß schließlich die Ausübung der Verhaltensform an sich schon und relativ unabhängig von der de-facto-Verstärkung verstärkend wirkt, weil der produzierte Stimulus ein Sekundär-Verstärker ist. Schematisch dargestellt, ergibt sich folgendes Bild:

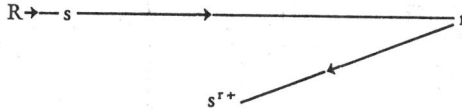

oder, nach mehreren Wiederholungen (nach verschiedenen Verstärkungsverfahren, beispielsweise nach der variierenden Reaktionsquotenverstärkung):

$$R\text{———————}S^{r+}$$

Hierbei bedeutet R die Reaktion, s stellt den durch die Reaktion produzierten Stimulus dar und r ist die Verstärkung (reinforcement), die durch die Reaktion bewirkt wird; S^{r+} bedeutet dann den konditionierten (sekundären) Verstärker als durch R produzierten Stimulus. Diesen für die Erziehung außerordentlich bedeutsamen Vorgang können wir als den Prozeß der *Selbstverstärkung* bezeichnen. Er ist gleichbedeutend mit dem in der Lernpsychologie immer schon bedeutsamen Vorgang der Umwandlung sekundärer in primäre Motivationen[53]: Man kann zuerst etwas lediglich aus sekundärer Motivation heraus tun, etwa die betreffende Verhaltensform als bloßes Mittel zum Zweck betrachten (Lernen

---

[53] Vgl. dazu: *W. Correll*, Lernpsychologie. 4. Aufl., Donauwörth 1965, S. 64.

als Mittel zur Erlangung von Anerkennung bei Eltern und Lehrer) und hernach durch wiederholte Verstärkung erleben, daß der dadurch produzierte Stimulus selbst zum konditionierten Verstärker geworden ist, so daß dieser bereits eine Verstärkung der betreffenden Tätigkeit – unabhängig von den tatsächlichen verstärkenden Konsequenzen – hervorruft.

Auf dieselbe Art und Weise, wie eine Verhaltensweise selbstverstärkend werden kann, kann sie aber auch – durch eine Umkehrung – *selbstschwächend* werden. Wenn etwa eine Verhaltensform wiederholt von einer negativ verstärkenden Reaktion gefolgt wird, dann wird auch der durch die erste Reaktion hervorgerufene Stimulus zum konditionierten aversiven Stimulus und die Äußerung der Verhaltensform selbst wird dann – unabhängig von der tatsächlichen Nichtverstärkung oder Bestrafung – zum nicht verstärkten Vorgang, der zur Extinktion führt.[54]

Das, was wir gewöhnlich als *»Angst«* oder *»Schuldgefühle«* bezeichnen, kann häufig als Beispiel für diesen Prozeß der Selbstschwächung einer Verhaltenseinstellung dienen. Wenn z. B. ein Schüler des öfteren vom Lehrer vor die Klasse gerufen worden ist, um dort »bloßgestellt« zu werden, weil er die Antwort zu einer Frage nicht zu geben vermochte oder weil er – im Gesangunterricht – vorsingen mußte und dabei versagte (weil er z. B. nicht gut singen kann), wird dieser Schüler bereits Angstgefühle entwickeln, wenn er vom Lehrer »herausgerufen« wird; sein Blutdruck wird steigen, und es wird ihm »heiß und kalt« werden. Selbst wenn er dann an sich fähig wäre, die Antwort zu geben, wird er meistens versagen, weil ihm die Angst ein ruhiges Nachdenken verwehrt. Es gibt sogar erwachsene Männer, die beim Betreten eines Schulzimmers, besonders in der Nähe des Lehrerpultes, immer noch unangenehme Gefühle, Angstzustände, bekommen, ohne im einzelnen zu wissen, warum. Auch hierbei handelt es sich um die Wirkungen einer Selbstschwächung. (Ähnlich ist es auch, wenn manche Menschen jedes öffentliche Auftreten zu vermeiden suchen, weil sie »Lampenfieber« bekommen und zu stottern anfangen, wenn sie vor einer versammelten Zuhörerschaft etwas erklären sollen!)

Wie besonders *Holland* und *Skinner* gezeigt haben, ist es dazu nicht unbedingt nötig, daß aversive Stimuli geboten werden, sondern es genügt sogar, wenn des öfteren die Verstärkung entzogen wird. Denn der Entzug der Verstärkung wirkt bereits ähnlich wie eine »Bestrafung« und hat dann auch denselben Effekt auf den reaktionsbedingten Stimulus, d. h. dieser wird zu einem konditionierten (oder sekundären) aversiven Stimulus.[55]

Der Begriff der durch eine Reaktion hervorgerufenen Stimuli ist noch in einer anderen Richtung anwendbar. Wir haben bereits gesehen, daß eine Reaktion, die mit einem bestimmten Stimulus in Verbindung steht, auch dann eintritt, wenn ein dem ursprünglichen Stimulus ähnlicher Stimulus geboten wird (Generalisierung). Diese Art der Generalisierung können wir nun als *primäre Stimulus-Generalisierung* bezeichnen. Mit Hilfe unseres Begriffes des durch eine Reaktion hervorgerufenen Stimulus können wir nun aber auch erklären, warum eine

---

[54] Vgl. dazu: O. H. *Mowrer,* Learning Theory and Behavior. N.Y. 1960.
[55] Vgl. *J. G. Holland and B. F. Skinner,* The Analysis of Behavior. N.Y. 1961.

Generalisierung möglich ist, obwohl keine physische Ähnlichkeit der Stimuli gegeben ist. Zwei einander unähnliche Stimuli können nämlich dazu konditioniert sein, dieselben Reaktionen hervorzurufen und dadurch effektiv dennoch ähnlich zu wirken! Diese Reaktionen nämlich können ihrerseits wiederum ein und denselben charakteristischen Stimulus hervorrufen. Diesen Vorgang können wir als *vermittelte Stimulus-Generalisierung* bezeichnen. Dieser Vorgang ist bei den höheren geistigen Tätigkeiten (etwa beim Sprachenlernen) besonders wichtig.

Bisher haben wir in dieser Darstellung der verhaltenspsychologischen Lerntheorie fast stets davon gesprochen, daß ein bestimmter Stimulus eine einzelne Reaktion oder eine Kette von Reaktionen (Verhaltensverknüpfung) hervorrufen kann bzw. daß beide Tatbestände durch operatives Konditionieren miteinander verbunden werden. Nun ist aber meist die tatsächliche Situation sehr viel komplexer, denn selten wird nur eine einzige Reaktion, eine einzelne Verhaltensform mobilisiert; vielmehr sind es in der Regel mehrere, miteinander in Konflikt tretende Verhaltensformen, die geweckt werden, zur Äußerung drängen!

Eine Studentin sitzt z. B. beim Studium ihrer Psychologie-Aufzeichnungen, während sie plötzlich einen Telefonanruf ihres Freundes erhält, der sie zu einem Kinobesuch einlädt. In dieser Situation werden wohl mindestens zwei verschiedene, sich ausschließende Verhaltensformen geweckt: einmal die uneingeschränkte Annahme der wahrscheinlich angenehmen Einladung; andererseits aber die Sorge um die dann nicht gelernte Psychologie-Lektion. Kinobesuch oder Lernen?, das ist hier die Konfliktsituation. Bisher haben wir nichts darüber gesagt, wie ein solcher Konflikt auf Grund verhaltenspsychologischer Untersuchungen erklärt und gelöst werden kann.

Um diese Situation besser begreifen zu können, wenden wir uns abermals einem Tierexperiment zu. Wird eine Ratte im Experimentierkäfig operativ dazu konditioniert, einen horizontal angeordneten Hebel zu betätigen, um daraufhin durch Nahrung verstärkt zu werden, so wird sie eine relativ starke Verhaltensform des Horizontal-Hebeldrückens erwerben, je nachdem wie oft sie dafür verstärkt worden ist. Wird nun dieselbe Ratte nachher in einen zweiten Experimentierkäfig gebracht, in welchem der Hebel vertikal betätigt werden muß, um die Nahrungsverabreichung auszulösen, so wird die Ratte auch diese Verhaltensform erwerben, weil sie dazu konditioniert wird. Kommt sie endlich in einen dritten Käfig, in welchem beide Hebelsysteme nebeneinander angeordnet sind, so haben wir eine klassische, wenn auch vereinfachte Konfliktsituation vor uns: die Ratte kann nun beide erlernten Verhaltensformen anwenden, aber nur eine zur Zeit:

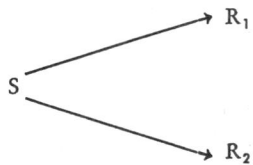

(Der Stimulus S – Nahrung – legt sowohl Reaktion R₁ als auch Reaktion R₂ nahe, denn beide sind operativ konditioniert worden.)

Nach *Hull*[56], der ähnliche Experimente durchgeführt hat, »siegt« nun in solchen Situationen diejenige Verhaltensform, die in der Vergangenheit am meisten verstärkt worden ist. Mit anderen Worten, in der Konfliktsituation wird diejenige Verhaltensform angewandt, die sich in der Vergangenheit am meisten bewährt hat, denn sie ist die »stärkste« Verhaltensform. Auf diese Weise entsteht eine *»Reaktionshierarchie«*, an deren Spitze die am meisten verstärkten Verhaltensformen stehen.

Interessant ist nun aber, daß diese Reaktionshierarchien nicht statisch sind, sondern jederzeit verändert werden können, indem neue Verstärkungen auftreten. Wird z. B. in dem oben erwähnten Experiment *(Hulls)* die an sich in der Vergangenheit häufiger verstärkte Verhaltensform (etwa des horizontalen Hebeldrückens), die auch in der Konfliktsituation zunächst angewandt wird, in dieser Konfliktsituation *nicht* verstärkt, so wird sie nach und nach schwächer und schließlich wird die Ratte die nächst stärkere Verhaltensform, etwa die vertikale Hebeldrückung, anwenden. Wird diese nun verstärkt, so wird sie schließlich an die Spitze der Reaktionshierarchie gestellt, wo vorher die andere Reaktion gestanden hatte.

Diese Situation hat man als Lernen nach trial and error bezeichnet.[57] Wir sehen jedoch nun, daß das trial and error-Lernen durchaus auch mit den Begriffen des operativen Konditionierens erklärbar ist: Es handelt sich dabei lediglich darum, daß eine durch vergangene Verstärkungen etablierte Reaktionshierarchie unter neuen Umständen nicht mehr funktioniert, so daß andere, bisher schwächere Verhaltensformen angewandt werden, die, falls sie verstärkt werden, nunmehr an eine obere Stelle »aufrücken«, d. h. in Zukunft öfters angewandt werden.

Desgleichen aber kann man das »innere trial and error«[58] – das Antizipieren und Denken[59] – mit Hilfe der verhaltenspsychologischen Lerntheorie verständlich machen. Die verhaltenspsychologische Lerntheorie liefert uns also ein brauchbares, empirisch abgesichertes Begriffssystem für die Erklärung der fundamentalen Vorgänge des Lernens.

Wir wollen nun versuchen, von diesem Standpunkt aus auch einige zentrale Begriffe aus dem Bereich der pädagogisch *angewandten* Lerntheorie neu zu erhellen.

[56] *C. L. Hull*, Simple Trial and Error-Learning. An Empirical Investigation. J. comp. Psychol., 27, 1939, S. 233 ff.
[57] Vgl. *W. Correll*, Lernpsychologie. 4. Aufl., Donauwörth 1965, S. 23 ff.
[58] Vgl. *Ders.*, a.a.O., S. 42.
[59] Vgl. *Ders.*, a.a.O., S. 43 ff.

4. Kapitel

Verhaltenspsychologische Befunde zur Praxis des Lernens

So wie wir uns bei der Erörterung der verhaltenspsychologischen Lerntheorie auf die Darstellung der wichtigen *verhaltenspsychologischen* Grundbegriffe beschränkt haben und im übrigen auf frühere Darstellungen der Lerntheorie im allgemeinen verweisen konnten, so soll es sich auch bei der Erarbeitung der Praxis dieser Theorie nicht um eine allgemeine Abhandlung über die praktische Anwendung lerntheoretischer Konzeption handeln, sondern vielmehr darum, Aspekte der *verhaltenspsychologischen* Lerntheorie in der Praxis der Erziehung aufzuzeigen, wobei freilich zugleich »die« Lerntheorie angewandt wird, da ja, wie wir sagten, die verhaltenspsychologische Lerntheorie geeignet ist, eine Art Synthese dieser Theorien darzustellen. Im folgenden wollen wir uns zuerst mit dem Begriff der *Lernbereitschaft* auseinandersetzen.

I. DIE LERNBEREITSCHAFT

Grundsätzlich ist der Mensch, wie wir bereits betont haben, stets zum Lernen bereit, falls wir mit Lernen eine grundsätzliche Verhaltensänderung gemeint haben. Der Mensch ist »Prozeß«, ist im beständigen Austausch mit seiner sich verändernden Welt und muß sich daher immer wieder neu orientieren. Neuorientierung erfolgt immer dann, wenn sich ein vertrauter Zustand verändert zeigt – dies aber scheint ein Charakteristikum der menschlichen Verhaltensformen überhaupt zu sein, sie treffen immer wieder auf etwas Neues und müssen sich verändern. In diesem Sinn kann man auch – wenigstens dem Ansatz nach – verstehen, daß *Bruner* der Auffassung ist, die Lernbereitschaft sei beim Kind stets für alles da, oder »die Grundlagen eines jeden Faches können jedermann zu jeder Zeit in bestimmter Form gelehrt werden«.[1]

Dennoch bleibt aber die Frage damit unbeantwortet, ob zu verschiedenen Zeiten der menschlichen Entwicklung auch verschiedene Aspekte der Welt als »neu« erscheinen, verschiedene »Fähigkeiten« erwachen und damit eine verschiedene Art der Lehre nahelegen. Muß man, im Sinne *Bruners,* die Grundlagen eines jeden Faches in den verschiedenen Lebensaltern nicht in verschiedener Weise lehren, entsprechend den jeweils entwickelten geistigen Fähigkeiten? Wenn so, welches sind die Reifemerkmale der verschiedenen Altersstufen? Und weiter: Ist es möglich, Lernbereitschaft durch pädagogisch-psychologische Maßnahmen herbeizuführen oder ist sie unabhängig von solchen Einflüssen das Ergebnis eines inneren Reifeprozesses?

Die traditionelle Auffassung des Reife- und Entwicklungsprozesses scheint zunächst dafür zu sprechen, daß diese Vorgänge relativ unbeeinflußt von exoge-

---

[1] *J. S. Bruner*, The Process of Education. Cambridge 1960, S. 12.

nen Einflüssen ablaufen und in verschiedenen Entwicklungsabschnitten (»Stadien«) auch verschiedene Lernbereitschaften entstehen lassen (vgl. z. B. *Piaget* und *Inhelder*). Die pädagogische Konsequenz aus dieser Auffassung wäre dann, den Unterricht in den jeweiligen Fächern und Gegenständen so lange aufzuschieben, bis auch die dafür notwendige Reife vorhanden ist. Wird früher damit begonnen, ohne daß die Reifevoraussetzung gegeben ist, so bedeutet dies eine Überforderung des Kindes; beginnt man aber zu spät damit, so ist der günstige Moment verpaßt, und es können abermals bedeutende Lernstörungen eintreten, ganz abgesehen von den negativen Folgen, die bei denjenigen Schülern eintreten, die zwar für ein bestimmtes Lernen reif wären, aber nicht darin unterrichtet werden (innere und äußere Abwendung von der Schule, Unaufmerksamkeit, Langeweile etc. . . . .).

Auf der anderen Seite steht die Auffassung, daß Lernbereitschaft lediglich von exogenen Faktoren und Einflüssen abhängt und wir durchaus in der Lage sind, jederzeit jeden jedes Fach zu lehren. Lediglich die Art des Unterrichts (und die Art der Motivierung) müßte man an die Altersgruppe anpassen. Ein solcher didaktischer Optimismus spricht etwa aus dem oben angeführten Satz *Bruners*, wiewohl *Bruner* selbst durchaus nicht einseitig diesem Standpunkt verhaftet ist, wie er an anderen Stellen wiederholt klargelegt hat.

Uns scheint nun, daß auch hier der verhaltenspsychologische Standpunkt einen optimalen Ansatz abgeben kann: es kommt darauf an, die biologisch-physiologische Reife einschließlich der geistigen Reife und Entwicklung zu beachten, aber gleichzeitig zu berücksichtigen, daß diese Vorgänge *nicht* unabhängig von pädagogischen und gezielten psychologischen Maßnahmen ablaufen. Alle Versuche sind bisher gescheitert, die für den Unterricht eines gegebenen Lerngebietes allgemeingültig eine bestimmte Altersphase vorschreiben wollten, denn es sind zu viele Variable mit dem Prozeß der Reifung verbunden, als daß irgendein allgemeinverbindliches pädagogisch relevantes Ergebnis erzielt werden könnte. Daher käme es darauf an, die Lernbereitschaft so intensiv wie möglich zu beeinflussen und mit dem Lernen in den einzelnen Fächern zu beginnen, sobald jeweils diese Lernbereitschaft (reifemäßig-»endogen« *und* pädagogisch-»exogen«) erreicht ist.

Gibt es nun Beispiele für diesen Ansatz in der pädagogischen Praxis? Wurde versucht, die Lernbereitschaft für ein bestimmtes Lerngebiet unter Berücksichtigung der physiologisch-geistigen Reifevoraussetzung unter Verwendung pädagogischer Maßnahmen *herbeizuführen*?

Versuche, die gelungen sind, stammen vor allem aus dem Bereich der Mathematik, aber es ist nicht einzusehen, warum dies allein in diesem Fach möglich sein soll. *F. J. Mueller* z. B. beschreibt, wie man die Lernbereitschaft für Algebra in der 7. und 8. Klasse systematisch herbeiführen kann.[2] Er betont, man müsse die Faktoren der Algebra bereits in diesem Alter an die Schüler heranbringen (Gleichungen z. B. einführen), um schlummernde Fähigkeiten zum Erwachen zu bringen. Zu diesem Zweck muß natürlich erst festgestellt werden,

---

[2] *F. J. Mueller*, Building Algebra Readiness in Grades seven and eight. Arithmetic teacher, VI, 1959, S. 269 ff.

welche Faktoren in den vorausgesetzten Fertigkeiten und Techniken eigentlich entwickelt werden sollen. Für die meisten Fächer dürfte es sehr schwierig sein, Übereinstimmung über diese Fragen zu erzielen; in der Mathematik ist es dagegen verhältnismäßig einfacher. *Davis* unterzog beispielsweise die Algebra einer solchen Analyse und ließ sodann in den Elementarklassen diese Fähigkeiten systematisch unterrichten, so daß eine volle Lernbereitschaft für die Algebra schließlich erreicht werden konnte, und zwar lang *vor* dem Zeitpunkt, den man ohne eine solche Schulung hätte erwarten können.[3] Auch *Bruner* empfiehlt für die Geometrie einen frühen Unterricht in den Elementen dieses Faches während der Grundschuljahre, so daß die Lernbereitschaft systematisch geschult würde.[4] *Brownell*[5] zeigte nun aber, daß die Schüler starke individuelle Unterschiede bezüglich des Zeitpunktes ihrer Reife für mathematische Fähigkeiten haben. Trotz der vorbereitenden Schulung in den Grundfertigkeiten erreichten die verschiedenen Schüler ihre Lernbereitschaft zu einem verschiedenen Zeitpunkt. Hieraus würde sich die (alte) Forderung nach einer *Differenzierung* der Klassen nach Maßgabe von »Reifegruppen« ableiten lassen. Die Lernbereitschaft müßte natürlich dann jeweils mit Hilfe geeigneter standardisierter Testverfahren ermittelt werden.

Im Zusammenhang mit diesen Vorstellungen ist die Untersuchung von *Gagné* von besonderer Bedeutung.[6] *Gagné* prägte den Begriff der »*Lernzusammenhänge*« (learning sets), worunter er folgendes versteht: »Das Wissen, das für eine bestimmte Lernaufgabe als Zusammenhang mit anderen untergeordneten Fähigkeiten von Bedeutung ist, wird ›Lernzusammenhang‹ genannt.«[7] Ausgehend von diesem Begriff stellt *Gagné* fest, daß demgegenüber der Begriff einer allgemeinen Lernfähigkeit oder -reife eine untergeordnete Rolle spielt, weil für die Bewältigung einer gegebenen Aufgabe lediglich oder doch vorwiegend der Grad wichtig ist, zu dem die dafür nötigen Lernzusammenhänge beherrscht werden (d. h. bereits früher erlernt worden sind). Daraus folgert er, daß die für ein Lernprogramm notwendigen Lernzusammenhänge möglichst frühzeitig erworben werden sollten, damit die Programme selbst auch möglichst reibungslos bewältigt werden können. *Gagné* analysiert dann die Lernzusammenhänge für das Gleichungsrechnen und weist nach, daß seine Faktoren tatsächlich einen direkten Zusammenhang mit dem Erfolg in diesem Gebiet haben.[8] Man könnte hier einwenden, daß das, was *Gagné* untersucht, lediglich ein *Transfer*-Effekt sei, insofern das auf einer früheren Stufe Erlernte zugleich das Lernen der komplizierteren Fertigkeiten auf der höheren Ebene mitübe. Aber damit wäre nur gesagt, daß der Transfer einen Teil des Lernbereitschaftsproblems darstellt, was kaum

[3] *R. B. Davis*, The Madison-Project of Syracuse University. Mathematic Teacher, LIII, 1960, S. 571 ff.
[4] *I. H. Brune*, Geometry in the Grades. Arithmetic Teacher, VIII, 1961, S. 210 ff.
[5] *W. A. Brownell*, Arithmetical Readiness as a Practical Classroom Concept. Elem. Sch. J., LII, 1951, S. 15 ff.; ferner *Ders.*, Readiness for Subjectmatter Learning. Natl. Ed. Ass. J., XL, 1951, S. 445 ff.
[6] *R. M. Gagné and N. E. Paradise*, Abilities and Learning Sets in Knowledge Acquisition. Ps. Monogr., LXXV, No. 14, 1961.
[7] *Gagné and Paradise*, a.a.O., S. 2.
[8] *Gagné and Paradise*, a.a.O., S. 6 und 17 f.

bestritten werden kann: Wenn die Lernbereitschaft übbar ist – im Sinne der Lernzusammenhänge –, so ist dies auf Grund eines Transfers so. Gäbe es keinen Transfer zwischen den früher erlernten Zusammenhängen und den später erwarteten Fähigkeiten, so wäre auch die Lernbereitschaft nicht übbar!

Es kommt also in der Tat darauf an, in den einzelnen Fächern Analysen anzustellen, die die »Lernzusammenhänge« klarstellen, die notwendig sind, um die einzelnen Aufgaben zu bewältigen. Sobald diese Faktoren ermittelt sind, könnte man daran denken, sie in den einzelnen Grundschulklassen zu erproben, um festzustellen, in welchem Schuljahr tatsächlich mit diesem Lernen begonnen werden kann. Da bisher kaum empirische Untersuchungen hierzu vorliegen, müßte man sozusagen fast »von vorn« damit beginnen, obgleich natürlich die entwicklungspsychologischen Untersuchungen wertvolle Hilfen leisten könnten. Wichtig ist ferner, daß die Lernzusammenhänge, d. h. die Faktoren, die als Lernfaktoren jeder einzelnen komplexen Lernaufgabe zugrunde liegen, tatsächlich »Zusammenhänge« darstellen und nicht nur »Allgemeinheiten«, die keinen spezifischen Bezug auf die konkrete Aufgabe haben. Ein Transfer findet nämlich, wie wir wissen[9], nur dort statt, wo ein erkennbarer Zusammenhang zwischen zwei Situationen besteht, d. h. dort, wo Generalisierungen vorgenommen werden können. Auf diese Weise müßte es gelingen, die Lernbereitschaft für jede einzelne Lernaufgabe systematisch vorzubereiten, statt sie einfach mehr oder weniger passiv abzuwarten und darauf zu vertrauen, daß sie »von selbst« heranreift! Sie entsteht in der Tat nie »von selbst«, sondern nur durch die Einwirkung der verschiedenen Lerntätigkeiten in verwandten Gebieten. Was man bisher mehr oder weniger dem Zufall überlassen hat, könnte man auf Grund dieser Vorschläge und Ansätze systematischer aufbauen und dadurch sicherlich größere Wirkungen erzielen.

Um nun den Lernprozeß in der Praxis besser steuern zu können, müssen wir uns ein Modell der physischen und psychisch-geistigen *Entwicklung* erarbeiten. Wir haben bereits gesehen, daß das Phänomen der Lernbereitschaft stark von der Entwicklung abhängig ist. Daher wollen wir uns nun dem Problem einer verhaltenspsychologischen Betrachtung des Entwicklungsvorganges in seinen verschiedenen Phasen und Aspekten zuwenden, soweit es für das Verständnis und für die Steuerung der pädagogischen Vorgänge von Belang ist.

II. DER PROZESS DER ENTWICKLUNG VOM STANDPUNKT DER PÄDAGOGISCHEN VERHALTENSPSYCHOLOGIE

Die mit dem menschlichen Leben gegebene fortlaufende Veränderung des Verhaltens, die wir mit einem umfassenden Lernprozeß im weitesten Sinn gleichgesetzt haben, betrifft nicht nur das Tun und Denken des Menschen, sondern auch seine sozialen Einstellungen und Erwartungen, seine sprachliche Ausdrucks- und Verstehensweise und seine körperliche Konstitution. Der Begriff der *Entwicklung* umfaßt alle diese Veränderungen, und die verhaltenspsychologisch

---

[9] Vgl. *W. Correll,* Lernpsychologie. 4. Aufl., Donauwörth 1965, S. 143 ff.

orientierte Entwicklungspsychologie beschreibt diese Vorgänge, soweit sie sich empirisch nachweisen lassen. Auf diese Weise können zunächst gewisse *Prinzipien* festgestellt werden, denen das Entwicklungsgeschehen zu folgen scheint:

1. Entwicklung vollzieht sich kontinuierlich. Die verschiedenen Stadien oder Phasen der Entwicklung, die unterschieden werden können, um einen besseren und systematischen Überblick zu erhalten, sind in Wirklichkeit nicht streng voneinander getrennt. Es hat sich in vielen Untersuchungen gezeigt, daß die Auffassung, die Entwicklung vollziehe sich periodisch (z. B. Phasen des Längenwachstums und solche des Breitenwachstums etc.), nicht haltbar ist. Frühere Darstellungen isolierter »Streckungs- und Füllungsphasen« (*Stratz* u. a.) hatten eine ungenügende Basis. In Wirklichkeit vollziehen sich die Abläufe tatsächlich kontinuierlich, wie sich auch das körperliche Wachstum selbst stetig vollzieht, sowohl was das Längenwachstum betrifft als auch bezüglich des Breitenwachstums bzw. der Gewichtszunahme. Dies hat in neuerer Zeit besonders eingehend *Tanner* nachgewiesen[10], der feststellt, daß die einzige Abweichung von der normalen, kontinuierlichen Wachstumskurve – ausgedrückt in der Formel: $a+bt+\log t$ – der sog. »*puberale Längenschub*«, die Wachstumsbeschleunigung im Alter von 12,5–15 Jahren bei Knaben und 10,5–13 Jahren bei Mädchen darstellt. Der Zuwachs an Körperlänge in dieser Ausnahmezeit ist fast genau so groß wie der mit 2 Jahren. Ansonsten baut jede »Phase« auf der vorangegangenen Phase auf: das Neue einer jeden Phase entsteht immer nur als Abwandlung oder Ergänzung zu dem vorangegangenen Alten – nirgends in dem Entwicklungsgeschehen entsteht etwas absolut Neues, sozusagen aus dem »Nichts« heraus.

2. Entwicklung vollzieht sich ungleichmäßig. Obgleich alle Entwicklung grundsätzlich kontinuierlich erfolgt, vollzieht sie sich doch nicht gleichmäßig in den verschiedenen Bereichen des psychischen und physischen Daseins. Auch zwischen den verschiedenen Menschen in einem und demselben Entwicklungsstatus herrschen bedeutsame Unterschiede, die zeigen, daß auch in dieser Beziehung die Entwicklung ungleichmäßig voranschreitet.

Dies bedeutet, daß wir nicht sinnvoll von »der« Entwicklung eines jungen Menschen schlechthin sprechen können, sondern jeweils beschreiben müssen, welche Teilentwicklung gemeint ist: so wird die intellektuelle Entwicklung einen anderen – im allgemeinen langsameren – Gang nehmen als die soziale Entwicklung oder die Entwicklung der körperlich-motorischen Fähigkeiten. Das Studium individueller Entwicklungskurven ist von entscheidender Bedeutung für ein wirksames Lernen und Lehren, das ja die Entwicklung bestimmter Fähigkeiten voraussetzt.

Zum andern bedeutet dies auch, daß es nicht genügt, die Entwicklung dieser spezialisierten Teilbereiche »im allgemeinen« zu beschreiben, sondern daß darüber hinaus die individuelle Entwicklung jedes einzelnen Menschen ihre Besonderheiten aufweist, wiewohl eine deutlich sichtbare allgemeine Richtung und allgemeine Tendenz der Entwicklung bei allen Menschen eines Kulturbereiches erkennbar ist.

---

[10] *J. M. Tanner*, Education and Physical Growth. London 1961, S. 15 ff.

3. Entwicklung in den verschiedenen Bereichen des Organismus ist aufeinander bezogen. Zwar müssen wir von der Entwicklung in den verschiedenen Bereichen des menschlichen Organismus sprechen und etwa die intellektuelle von der körperlichen oder der sozialen Entwicklung unterscheiden, doch besteht eine enge Wechselbeziehung zwischen den Vorgängen in diesen Bereichen. Jedes Geschehen in einem Bereich beeinflußt das Geschehen in einem anderen Bereich und umgekehrt. Es gibt keine isolierte Entwicklung innerhalb des Organismus!

Beispielsweise beeinflußt die Entwicklung des Gehenlernens des Kindes wesentlich auch die soziale Entwicklung, indem neue mitmenschliche Interessen und Einstellungen entstehen. Zugleich verändert sich aber auch die Entwicklung der motorischen Koordination, die sprachliche Entwicklung und die Entwicklung der Aufmerksamkeit. Da zwischen allen Entwicklungsbereichen diese enge Wechselbeziehung besteht, ist es schwer zu sagen, in welchem Bereich eine gegebene Entwicklung ihren Anfang nimmt.

Im Sinne dieser drei Prinzipien der Entwicklung wollen wir nun einen gedrängten Überblick über die für uns relevanten Ergebnisse der Forschung im Gebiet der physischen, geistigen und sozialen Entwicklung geben.

1. Die physische Entwicklung

Da im Sinne unseres dritten Entwicklungsprinzips das Entwicklungsgeschehen in allen Gebieten des Organismus eng miteinander verbunden ist, ist es von besonderer Bedeutung, die physische Entwicklung des Kindes, die zudem relativ leicht zu beobachten ist, zu beachten.

Eine sehr große Anzahl von Untersuchungen wurde nun darüber angestellt, wie groß das durchschnittliche Körpergewicht und die durchschnittliche Körpergröße in den einzelnen Altersabschnitten ist. Zu diesem Zweck wurden größere Gruppen von Jungen und Mädchen fortlaufend in regelmäßigen Abständen gewogen und gemessen und die Ergebnisse wurden zu *Wachstumskurven* zusammengestellt.

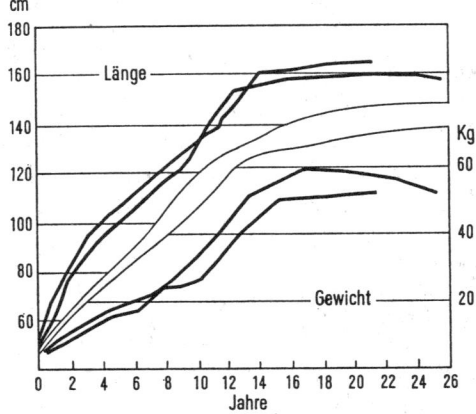

Abb. 5. Je 2 typische Wachstumskurven (Länge u. Gewicht) von 0–26 Jahren. (Nach *N. Bayley,* Individual Patterns of Development. Child. Dev., 27, 1956, S. 45 ff.)

Nun haben diese Kurven erst dann einen pädagogischen Sinn, wenn verstanden wird, daß es sich um Durchschnittswerte und nicht um verbindliche Normen für das einzelne Kind handelt; ferner muß beachtet werden, daß verschiedene Faktoren, von denen wir unten noch sprechen wollen, das physische Entwicklungsgeschehen stark beeinflussen können, so daß nur Kinder aus demselben Milieu sinnvoll miteinander in dieser Hinsicht verglichen werden können. Überhaupt wird die Beziehung zwischen Gewicht und Länge des Körpers bzw. die zwischen Durchschnittsgewicht und Durchschnittslänge und individueller Körperstruktur erst dann pädagogisch wichtig, wenn die Abweichungen sehr groß sind.

Wenn man die überaus zahlreichen und sorgfältigen statistischen Aufarbeitungen zum physischen Wachstum zusammenfassen will, so kann man vom Standpunkt der pädagogischen Psychologie her folgende fünf Hauptergebnisse nennen:

1. Die körperliche Entwicklung (Längenwachstum und Gewichtszunahme) ist besonders intensiv in der Zeit von der Geburt bis zum Alter von $2^{1}/_{2}$ Jahren.

2. In abgeschwächter Form setzt sich diese Entwicklung bis zum Ende der Grundschulzeit fort.

3. Im Alter von 10,5–13 Jahren (Mädchen) und 12,5–15 Jahren (Jungen) wird die körperliche Entwicklung bedeutend beschleunigt (Akzeleration): »Puberaler Längenschub« und »puberale Gewichtszunahme«.

4. Während der Pubertät nimmt die Intensität der körperlichen Entwicklung wieder langsam ab (»Dezeleration«).

5. Die Entwicklungskurven für Jungen und Mädchen sind ähnlich, mit dem Unterschied jedoch, daß die Mädchen den Jungen in der körperlichen Reife um etwa 1,5–2 Jahren voraus sind.

Mit diesem Längenwachstum und der Gewichtszunahme hängen nun auch aufs engste Veränderungen in der Persönlichkeit des jungen Menschen, in seinen geistigen und sozialen Interessen, seiner Konzentrationsfähigkeit und seiner geistigen Leistungsfähigkeit zusammen. Bevor wir auf diese Prozesse etwas näher eingehen, wollen wir jedoch noch auf die leichter zu beobachtenden *Proportionsverschiebungen* im Zusammenhang mit dem Längenwachstum eingehen.

Betrachtet man die Körperproportionen vom Babyalter bis zur Pubertät, so fällt zunächst auf, daß sich die Proportion Kopf : Körper stetig zu Gunsten des Körpers verschiebt, der Kopf also mit zunehmendem Alter im Verhältnis zum übrigen Körper »kleiner« erscheint. Die Beine werden bis etwa 15 Jahren ebenfalls länger, und dann verlängert sich der Rumpf etwas, wobei zugleich bei den Jungen der Schultergürtel und bei den Mädchen der Beckengürtel verbreitert wird. Sehr eingehend dargestellt finden sich diese Befunde bei *N. Bayley* (1956).[11]

Es verschieben sich jedoch nicht nur die großen Körperproportionen im Laufe der physischen Entwicklung, sondern auch die Gesichtsproportionen und das Verhältnis zwischen dem Wachstum der Füße und dem übrigen Körper. Letzteres ist besonders auffällig, weil meistens die Füße am raschesten ihre volle Größe

---

[11] *N. Bayley*, Individual Patterns of Development. Child Dev., 27, 1956, S. 45 ff.

entwickeln, während der übrige Körper noch kindhaft erscheinen mag, so daß die Fußgröße der Jugendlichen gelegentlich besonders »auffällig« wirkt. Im Gesicht lassen sich die Verhältnisveränderungen auch deutlich verfolgen. Das Baby hat noch eine kleine, flache Nase, ein zartes Kinn und große Augen. Mit zunehmendem Alter wächst nun besonders die Nase und das Kinn, so daß die Augen und ihr Abstand kleiner erscheinen und – besonders im Jugendalter – die Nase »überdimensional« aussehen kann.

Ähnliche Veränderungen lassen sich auch im Wachstum der einzelne *Organe* und *Systeme* nachweisen. Am raschesten wächst offenbar das Gehirn und das Nervensystem. Es hat bereits mit 5–6 Jahren fast seine volle Entwicklungshöhe erreicht.[12] Das lymphatische System wächst stetig bis etwa 12 Jahre und läßt von da an deutlich nach, und die Genitalorgane beginnen ihr Wachstum überhaupt erst – zu einem nennenswerten Grad – mit dem Alter von 12 Jahren.

Das *Herz* hat im Alter von 6 Jahren das 4–5fache seiner Größe bei der Geburt erreicht. Bis zum Eintritt der Pubertät wächst es nur langsam, aber von da bis etwa 18 Jahren verdoppelt es sein Gewicht und Volumen, während zur gleichen Zeit die Arterien ihren Durchmesser lediglich um etwa 15% vergrößern. Dies hat eine bedeutende Konsequenz für den Blutdruck, der stetig ansteigt.[13] Andererseits verändert sich auch die Anzahl und die Struktur der Knochen: Ihre Anzahl beträgt bei der Geburt 270 und steigt auf 350 im Alter von etwa zwölf Jahren; ihr Mineralgehalt nimmt zu und vergrößert ihr Gewicht bis zum 35. Lebensjahr. Im Alter von etwa 6 Monaten wachsen die ersten Milchzähne, und die ersten richtigen Zähne brechen mit etwa 6 Jahren durch, aber erst mit etwa 13 Jahren ist das Gebiß vollständig, abgesehen von den »Weisheitszähnen«, die oftmals erst in den Zwanzigerjahren hervortreten.

Besonders zahlreiche Untersuchungen wurden über die körperlichen Anzeichen der *Sexualreifung* angestellt. Es scheint, daß sie (gemessen an der ersten Menstruation) im Alter zwischen 10 und 16 Jahren eintritt, am häufigsten jedoch zwischen 11 und 13 Jahren.[14] Für die Jungen läßt sich ein solches Kriterium nicht so eindeutig angeben, doch zeigen vergleichende Untersuchungen, daß der puberale Längenschub – und damit wohl auch die Sexualreifung – bei den Knaben im Durchschnitt mit 13,7 Jahren und bei den Mädchen mit 11,5 Jahren einsetzt.[15] Auch die Genitalbehaarung beginnt bei den Knaben durchschnittlich mit 11,8 Jahren, um mit 15,2 Jahren abgeschlossen zu sein. Zur gleichen Zeit findet bei ihnen die Verbreiterung der Schultern, das Wachstum der Barthaare und der Haare unterm Arm, der Stimmwechsel und die Steigerung der Aktivität der Schweißdrüsen statt.

In dieser Phase des gesteigerten körperlichen Wachstums mit seinen mannigfaltigen Implikationen ist der gesamte Organismus des jungen Menschen besonders *empfindlich*, sowohl im Sinne einer gesteigerten physischen Anfälligkeit

[12] Vgl. *E. W. Count*, Brain and Body-Weight in Man. Annals N.Y. Acad. Sci., 46, 1947, S. 993 ff.

[13] *J. B. Zubek and P. A. Solberg*, Human Development. N.Y. 1954.

[14] *A. B. Nicolsen, C. Hanley*, Indices of Physiological Maturity: Derivation and Interrelationships. Child Dev., 1953, S. 3 ff. (Nr. 24).

[15] Ebenda.

(Krankheiten) als auch im Sinne leichter emotionaler Erregbarkeit (Unsicherheitsgefühle).[16] Hieraus erklärt sich z. B. das auffällige Ansteigen der sozialen Ablehnungen unter den Kindern im Alter des beginnenden puberalen Längenschubs: die Anzahl der von ihren Mitschülern abgelehnten Kinder steigt vorübergehend auf ca. 30%.[17] Gleichzeitig nehmen die Schulleistungen, gemessen an den Zeugnisnoten, deutlich ab: Rückgang um etwa eine halbe Note durchschnittlich[18], was mit den in dieser Zeit besonders häufigen emotional bedingten Lernstörungen zusammenhängt. Selbstverständlich hängen damit die vielen Symptome der sozialen Auffälligkeit (negative Einstellung nicht nur zu den Gleichaltrigen, sondern auch zu den Erwachsenen überhaupt [»Generationskonflikt«], geringe Frustrationstoleranz, daher aufbrausendes, unausgeglichenes Verhalten) und der emotionalen Labilität zusammen, wovon unten noch gesprochen wird.

Aber auch die steigende Anzahl bestimmter Erkrankungen in diesem Alter dürfte wenigstens teilweise mit der psychischen Labilität zusammenhängen: Besonders die Erkrankungen des Magen- und Darmtraktes zeigen in der Pubertätszeit einen signifikanten Anstieg. Ebenso steigen die Allergien in dieser Zeit an, und die Unfallsneigung wird ebenfalls etwas größer. Im übrigen gibt folgende Tabelle einen wohl ziemlich allgemeingültigen Überblick über die Häufigkeit verschiedener Krankheitsarten von der frühen Kindheit bis zum Alter von 18 Jahren:

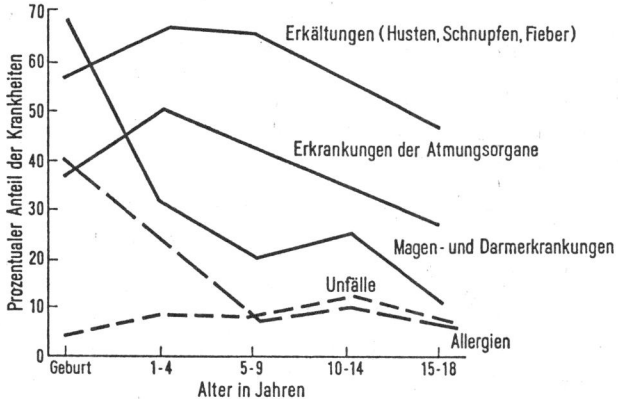

Abb. 6. Prozentuales Auftreten verschiedener Krankheitsarten bei einer Gruppe von 126 normalen Kindern vom frühen Kindheitsalter bis 18 Jahre.[19]

Die *pädagogischen* Probleme, die sich aus solchen physischen Gegebenheiten erklären lassen, liegen auf der Hand: Die Aufmerksamkeit, die in der Schule gefordert wird, kann nicht in vollem Maße aufgebracht werden, da einschnei-

[16] S. M. Garn, Physical Growth and Development. Am. J. phys. Anthr., 10, 1952, S. 169 ff.
[17] W. Correll, Lernstörungen beim Schulkind. 3. Aufl., Donauwörth 1966.
[18] Ebenda.
[19] L. M. Bayer, M. M. Snyder, Illness Experience in a Group of Normal Children. Child dev., 21, 1950, S. 93 ff.

dende physische Veränderungen eine allzu große Ablenkung darstellen; dies gilt besonders für die Zeit des puberalen Längenschubs und der Geschlechtsreifung.

Während einer leichteren physischen Erkrankung ist die Lernfähigkeit bedeutend herabgesetzt und die Ablenkbarkeit vergrößert, während die Ausdauer vermindert und die soziale Irritierbarkeit gesteigert ist. Wird die Erkrankung so stark, daß der Schulbesuch unmöglich wird, so versäumt das Kind während einer mehr oder weniger langen Zeit den Unterricht und zeigt sich hernach öfters zu ängstlich, um zuzugeben, daß es »Lücken« hat. Auf diese Weise verliert es dann den »Anschluß« an die Klasse und entwickelt mehr oder weniger schwerwiegende Lernstörungen, die sich auch auf das emotionale und soziale Verhalten auswirken müssen. Auch wenn kein ausgesprochenes Schulversäumnis vorliegt, zeigen sich Kinder, nachdem sie eine Krankheit – und sei es auch nur eine Erkältung – überwunden haben, meistens leicht ermüdbar und geschwächt – »lernmüde«.

Auf solche Symptome sollte daher der Lehrer – besonders während der Jahre gesteigerten physischen Wachstums – achten und mögliche Zusammenhänge erkennen, statt etwa das Kind durch oberflächliche Methoden zu einem besseren Lernverhalten zu »zwingen«.

Welches sind nun die *Faktoren, die die physische Entwicklung beeinflussen?* Diese Frage ist um so wichtiger, als wir ja gesehen haben, daß besonders für den pädagogischen Bereich sehr viel von positiven Gegebenheiten im Bereich des physischen Wachstums abhängt.[20] Wie können wir möglichst günstige Bedingungen für die körperliche Entwicklung des Kindes gestalten?

Im Sinne unseres Grundgedankens der *multiplen Kausation* innerhalb der Verhaltenspsychologie ist es auch im Bereich der physischen Entwicklung unmöglich, einen einzigen Faktor zu benennen, der für den Ablauf dieser Entwicklung allein von Bedeutung wäre. Vielmehr handelt es sich um das komplizierte Zusammenwirken einer Reihe von Faktoren und Gegebenheiten. Beispielsweise steht heute fest, daß eine gute Ernährung zwar wichtig ist, daß sie aber allein noch nicht eine geordnete physische Entwicklung gewährleisten kann, da es darauf ankommt, die aufgenommene Nahrung auch optimal auszunützen. Dies aber hängt hauptsächlich von der Funktionstüchtigkeit der innersekretorischen Drüsen ab. Es konnte gezeigt werden, daß bei Unterfunktion entsprechender Drüsen die Nahrung sich als Fett ansetzt, statt den Wachstumsprozeß in Gang zu halten.[21] Auch dirigieren innersekretorische Drüsen, welche Gewebe oder Systeme mit Hilfe der aufgenommenen Nahrung entwickelt werden.[22]

Unter ähnlichen Ernährungsbedingungen entwickeln sich jedoch die Menschen in physischer Hinsicht ähnlich. Zwar läßt sich nun das Entwicklungstempo durch entsprechende planmäßige Übung leicht steigern, doch gelingt es nicht, sich über

[20] Vgl. *P. Blommers a. o.*, Organismic Age Concept. J. Ed. Psychol., 46, 1955, S. 142 ff.; ferner: *W. M. Krogman,* Physical Growth and Development in Relation to Student Success. Nat. Ass. sec. Sch. Pr. B., 39, 1955, S. 449 ff.
[21] Vgl. *R. Gaunt,* Chemical Control of Growth in Animals. In: *E. J. Boell,* Dynamics of Growth Processes, Princeton Univ. 1954, S. 183 ff.
[22] *F. J. Stare* (ed.), Extradietary Factors Influencing Tissue Growth. Nutrition R., 7, 1949, S. 182.

den anlagemäßig gegebenen Entwicklungsrhythmus hinwegzusetzen. Beispielsweise wäre es erfolglos, wollte man durch frühzeitige Übungen ein Kleinkind schon in den ersten Wochen zum Gehen bringen: dies gelingt erst, wenn die erforderliche körperliche Konsolidierung erfolgt ist und sich die »Gehreife« eingestellt hat. Dann allerdings beginnt das Kind von selbst mit seinen Gehversuchen. Es würde auch wenig nützen, das Kind durch zusätzliche Nahrung schneller oder größer wachsen zu lassen, wiewohl festzustehen scheint, daß im erwähnten Sinn das innersekretorische Drüsensystem hierbei eine gewichtige Rolle spielt.

Es wäre also verfehlt, wollte man das physische Wachstum gänzlich auf exogene oder gänzlich auf endogene Faktoren zurückführen. Beide sind beteiligt. Daß z. B. endogene Gegebenheiten eine bedeutende Rolle beim Wachstum spielen, zeigen die Unterschiede im Längenwachstum und in der Gewichtszunahme zwischen den Kindern in verschiedenen Ländern. Die Kinder in Finnland beispielsweise werden im Durchschnitt etwas größer und auch etwas schwerer als die Kinder in Italien. Gegen die Annahme, dies sei auf einen bloßen Klimaeinfluß zurückzuführen, spricht nun eine sehr schöne Untersuchung von *Matheny* und *Meredith*,[23] die zeigt, daß bei einem Vergleich von rund 1000 Kindern finnischer Herkunft mit ebensovielen italienischer Herkunft – beide Gruppen leben in *derselben* Gegend (Minnesota) – die ersteren immer 2–3 cm größer waren und auch 1–2 Pfund schwerer als die letzteren.

Inwieweit die weltweit zu beobachtende Vorverlagerung der Sexualreifung und die allgemein gesteigerten Längenwerte der Jugendlichen von heute im Vergleich mit denen vor etwa 50 Jahren von Ernährungsfaktoren abhängen, läßt sich bis jetzt nicht eindeutig nachweisen. Immerhin kann man vermuten, daß die verschiedensten exogenen Faktoren beteiligt sind, um diese Phänomene hervorzurufen. Dazu gehört allerdings außer der besseren Ernährung auch der Einfluß des schnelleren Lebenstempos, die größere Bedeutung, die dem Sport beigemessen wird, und die allgemeine Steigerung der Qualität der Wohnverhältnisse.

2. Die emotionale und soziale Entwicklung

Emotionale und soziale Entwicklung haben so viele Berührungspunkte und gemeinsame Aspekte, daß wir sie in einem Abschnitt zusammenfassen wollen. Sehr viele emotionale Reaktionen werden beim Schulkind durch die sozialen Gegebenheiten bedingt und geformt; daher können wir uns bei der Erörterung der emotionalen Entwicklung selbst auf die Darstellung des Begriffs des Emotionalen vom Standpunkt der Verhaltenspsychologie und auf die Herausstellung der wichtigsten Entwicklungstendenzen beschränken, zumal manche Bestätigungen dafür bei der Erörterung der sozialen Entwicklung erscheinen werden.

a) Der Begriff des Emotionalen in der Verhaltenspsychologie

Die Verhaltenspsychologie sieht den jeweiligen emotionalen Zustand als eine Folge und Funktion der Verstärkungszusammenhänge: Wenn eine Reaktion ver-

---

[23] *W. D. Matheny, H. V. Meredith*, Mean Body Size of Minnesota School Boys of Finnish and Italian Ancestry. Am. J. Phys. Anthrop., 5, 1947, S. 343 ff.

stärkt wird, tritt sie in der Folgezeit häufiger auf. Wird jedoch die Verstärkung wieder entzogen, so tritt nicht nur allmählich eine Extinktion dieser Reaktion ein, sondern auch ein negativer emotionaler Zustand (Frustration, Angstzustand, Unlustgefühle, Gefühl der Unbefriedigung etc.). Umgekehrt bedingt der Anblick und das schließliche Erfahren eines Verstärkers (sei es ein primärer Verstärker oder ein bedingter Verstärker, der dadurch zum Verstärker geworden ist, daß er wiederholt zusammen mit einem primären Verstärker dargeboten worden ist) einen positiven emotionalen Zustand (Gefühl der Befriedigung, Lust, Geborgenheit, Zuneigung . . .).

Wenn daher gesagt wird, die emotionalen Zustände seien abhängig von der Befriedigung der Interessen und Triebe des Menschen, so ist dies insofern richtig, als Interessen und Triebe ihrerseits wieder durch Verstärkungen entprechender Verhaltensformen entstanden sind. Man darf nicht davon ausgehen, daß Interessen und Strebensrichtungen von vornherein »da« wären – sie entstehen durch Verstärkungen als Tendenz zur Wiederholung. Sobald nun die durch eine Verhaltensverstärkung bedingte verstärkte Darstellung der betreffenden Verhaltensform ausgeführt werden kann, entsteht ein positiver emotionaler Zustand. Er kann einfach als Befriedigung, Gefühl der Sicherheit und Geborgenheit, als Gefühl der Kraft und des Glücks auftreten oder mehr oder weniger differenzierte Formen annehmen, je nach dem Entwicklungsstadium des Individuums. Wir werden sehen, daß sich in dieser Entwicklung des emotionalen Erlebens deutlich eine Tendenz vom Ganzheitlichen, Undifferenzierten zum Differenzierten, Gegliederten erkennen läßt.

b) Hauptstadien der emotionalen Entwicklung: Frühe Kindheit bis zur Schulreife

In der frühen Kindheit sind konditionierte Verstärker relativ selten. Die in den ersten Lebenstagen und -wochen allein wirksamen Verstärker sind »primärer« Art – es sind die Verstärkungen im Zusammenhang mit der Nahrungsaufnahme, der Erhaltung der geeigneten Temperatur und der Befriedigung anderer vitaler körperlicher Bedürfnisse. Der zuerst völlig undifferenze emotionale Zustand der *allgemeinen Erregung* spaltet sich in den ersten Lebenstagen deutlich auf[24] in Zustände der *Lust* und solche der *Unlust*, je nachdem die physischen Bedüfnisse durch entsprechende Erfahrungen der Verstärkung befriedigt werden oder durch die Vorenthaltung der Verstärkung unbefriedigt bleiben. Das kleine Kind entwickelt so am Anfang die »Lust« des Saugens (es wird durch Nahrungsaufnahme verstärkt) und die »Unlust« des Wartens auf die Nahrung, die »Lust« des Warm- und Weichliegens und die »Unlust« des unbequemen und kalten Liegens auf der Babywaage, die »Lust« des Strampelns und die »Unlust« des Still-liegen-Müssens usw.

Schon während der ersten drei Lebensmonate jedoch findet eine überaus wichtige Konditionierung dieser elementaren emotionalen Erfahrungen mit den Menschen in der nächsten Umgebung des Kleinkindes statt. Es erfährt, daß ihm die Nahrung immer wieder von derselben Person (der Mutter oder der Amme)

---

[24] Vgl. *K. M. Bridges*, Emotional Development in Early Infancy. Child Dev., 3, 1932, S. 324 ff.

verabreicht wird. So wird diese Person als Ganzes und später mehr und mehr detailliert bestimmte Züge (Lächeln[25] oder ernstes Gesicht, Kleidung etc.) dieser Person zu einem konditionierten oder sekundären Verstärker. Das Kleinkind empfindet bereits »Freude«, wenn die Mutter sich ihm nähert und »Furcht«,[26] wenn sie längere Zeit außer Sicht- und Hörweite bleibt. Im 4. Lebensmonat ist das Kind meistens schon zur Empfindung eines emotionalen »Zorns« fähig – und es äußert ihn entsprechend durch kräftiges Schreien, das sehr wohl vom Schreien aus anderen Anlässen unterscheidbar ist –: Wenn die Mutter nach kurzer Annäherung die antizipierte Verstärkung nicht verabreicht (das Kind nicht aufnimmt, es nicht streichelt, es nicht füttert . . .), sondern sich wieder zurückzieht, wird diese ausbleibende Verstärkung als Frustration erfahren und mit einem mehr oder weniger heftigen Zornausbruch beantwortet.[27]

In diesen ersten Monaten bilden sich bereits die elementaren sozialen Grundeinstellungen heraus, die für das ganze weitere Leben von großer Bedeutung bleiben. Das Kind wird entweder sozial aufgeschlossen und grundsätzlich »freundlich« eingestellt werden, wenn es in seiner frühkindlichen Umwelt positive, verstärkende Erlebnisse im Zusammenhang mit seinen ersten Zuwendungen zur Mitwelt erfährt; und es wird andererseits mehr sozial verschlossen werden – oder sich gar gegen die soziale Mitwelt wenden –, wenn diese seine ersten Zuwendungsversuche negativ beantwortet, d. h. nicht verstärkt (manchmal sogar bestraft) werden. Dies sind einige der kaum vermeidbaren Nachteile einer frühkindlichen Heimerziehung, wo meist weder Zeit noch Personal verfügbar ist, um den sozialen und emotionalen frühkindlichen Bedürfnissen entsprechen zu können. Ebenfalls in diesen ersten Lebensmonaten muß indessen das Kind auch bereits lernen, Verstärkungserwartungen aufrechtzuerhalten, wenn sie nicht sofort eintreten. Es muß dazu konditioniert werden, kleine Frustrationen (etwa Verstärkungsvorenthaltungen) zu tolerieren, ohne gleich mit unkontrollierten emotionalen Protestreaktionen zu antworten. Es kommt also, pädagogisch gesehen, darauf an, solche »negativen« Reaktionen nicht dadurch zu befestigen, daß man sie verstärkt, sondern sie nach Möglichkeit bald zu extinguieren, indem Verstärkungen in ihrem Gefolge unterbleiben.

Normalerweise entsteht etwa im 9.–10. Lebensmonat die *Sympathie*, d. h. der definitive emotionale Zustand der Zuneigung zu den Erwachsenen in der Umgebung des Kindes. Diese Zuneigung überträgt das Kind nach und nach auch auf die Kinder in seiner Umgebung und auf die Erwachsenen der weiteren Umgebung. Allerdings entsteht ungefähr gleichzeitig mit dieser Verzweigung der Sympathiegefühle auch die *»Eifersucht«* (etwa auf die Geschwister), indem der eigene Zustand mit dem nun beobachteten Zustand anderer Kinder (und Erwachsener) verglichen wird: Das Geschwisterchen, das z. B. herausgenommen und gefüttert wird, während es selbst nicht zugleich gefüttert wird, wird zum Gegenstand der Eifersucht und zum Ziel allerlei unkontrollierter emotionaler

---

[25] Vgl. *Ch. Buehler*, From Birth to Maturity. Routledge 1935.
[26] Vgl. *A. T. Jersield, F. B. Holmes*, Children's Fears. Child Dev. Mon., 20, 1935.
[27] Vgl. *R. A. Spitz*, The Role of Ecological Factors in Emotional Development in Infancy. Child Dev., 20, 1949, S. 145 ff.

Proteste, bis das Kind gelernt hat, diese Regungen zu kontrollieren. Ohne die pädagogische Hilfe der Erwachsenen gelingt dies jedoch kaum. Es ist die Aufgabe einer guten Erziehung bezüglich der emotionalen Entwicklung in diesem Stadium, daß das Kind genügend intensive emotional-positive Einstellungen und Reaktionsformen aufbaut, indem solche Reaktionen verstärkt werden, während negative (antisoziale) Verhaltensformen extinguiert werden müssen.

Allerdings besteht hierbei die Gefahr, das Kind und sein Verhalten bereits zu sehr vom Gesichtspunkt des Erwachsenen zu beurteilen. Es wäre verkehrt, wollte man diejenigen emotionalen Regungen beim Kind als »positiv« betrachten, die am stärksten den Regungen des Erwachsenen gleichkommen und alle echt-kindlichen Äußerungen als »negativ« extinguieren! Das Kind hat in jeder Phase seiner Entwicklung ihm gemäße, von dem Erwachsenenrepertoire mehr oder weniger deutlich abweichende emotionale Ausdrucksformen und -bedürfnisse, und es gilt, sie zu respektieren, soweit sie nicht ausgesprochen antisozial sind und weiterer Entwicklung im Wege stehen. Beispielsweise fordert das Kind bald mehr Aufmerkamkeit und »Liebe« von den Erwachsenen seiner Umgebung, als diese normalerweise geben können. Dies liegt in der Natur der Entwicklung, denn sobald einmal der Erwachsene im beschriebenen Sinn als konditionierter Verstärker da ist, wird er auch gefordert. Es besteht sozusagen nunmehr ein (sekundäres) »Bedürfnis« des Kindes nach dem Erwachsenen, nach seiner Stimme, seiner Aufmerksamkeit, seiner Gegenwart schlechthin. Nun kommt es darauf an, diesen »Verstärker« dann einzusetzen, wenn man eine (gerade geäußerte) Verhaltensform des Kindes verstärken will. Wird hingegen jede beliebige Aufmerksamkeit erheischende Verhaltensform des Kindes durch den Erwachsenen verstärkt, so kommt es zwangsläufig zu *Verwöhnungssymptomen*, die man dadurch charakterisieren könnte, daß man besonders ihre egozentrische Tendenz herausstellt: das Kind verlernt die Rücksicht auf die Mitmenschen und kommt zu der Auffassung, daß sich buchstäblich alles um es (im Zentrum) dreht. Sobald es Bedürfnisse äußert, werden sie auch befriedigt, und die wichtigen Verhaltensformen der Toleranz der Verstärkungsvorenthaltung (die bei der Frage der Motivierung eine zentrale Rolle spielt) und der Imitation des entsprechenden Erwachsenenverhaltens zur Bedürfnisbefriedigung werden entweder gar nicht oder nur rudimentär aufgebaut. – Andererseits kennt das Kind die Tabu-Einstellungen der Erwachsenen noch nicht und führt daher allerlei Handlungen aus, die vom Standpunkt des Erwachsenen als »ungehörig« zu betrachten wären. Beispielsweise entdeckt es schon bald die Teile seines eigenen Körpers als geeignetes »Spielzeug«. Es entdeckt auf diese Weise die Funktion der verschiedenen Körperteile und empfindet außerdem eine Art libidinöse Befriedigung (i. S. der frühkindlichen Sexualbefriedigung) und Lustgefühle. Diese Betätigungen zu unterdrücken oder gar zu bestrafen, wäre verkehrt. Man kann sie nur nach und nach in einen besseren Zusammenhang bringen, indem man dem Kind zusätzliche, »bessere« Quellen der Verstärkung (und Befriedigung) bereitstellt, die mehr im Bereich des erstrebten Verhaltensrepertoires liegen. Sie werden sich allerdings kaum ganz beseitigen lassen, sondern bleiben zeitlebens als »primitive«, aber eben »einfache«, d. h. leicht zu Verstärkungen führende Verhaltensformen erhalten, die immer dann – auch während des späteren Lebens – angewandt werden, wenn die Entwicklung der komplexeren Verhaltensformen zu einem vorübergehenden Stillstand kommt. Auch im hohen Alter beobachtet man häufig ein allgemeines Rückfallen in die Verhaltensweisen der frühen Kindheit, besonders bezüglich des emotionalen Verhaltens: die Egozentrizität, die Eifersucht, das Mißtrauen, die Furchtsamkeit und die allgemeine Selbstgefälligkeit vieler alter Leute hat eine große Ähnlichkeit mit manchen frühkindlichen Einstellungen, die nur mit Mühe in sozial angepaßtere Verhaltensformen übergeführt worden waren.

Überhaupt sieht man leicht, daß besonders die emotionale Entwicklung sehr stark von den Umweltgegebenheiten abhängig ist, so daß man generelle Tendenzen nur in einem sehr weiten Bereich abstecken kann, während die Details von Fall zu Fall verschieden ausfallen werden. Welche emotionalen Erwartungen und Verhaltensformen im einzelnen befestigt werden, hängt in hohem Maße von den Verstärkungen ab, die das Kind erfährt. Gerade während der frühen Kindheit werden die entscheidenden Grundeinstellungen in dieser Hinsicht gebildet. Mit der zunehmenden Differenzierung des emotionalen Erlebens muß daher während dieser ersten Phase auch dafür gesorgt werden, daß starke konditionierte Verstärker im mitmenschlichen Bereich aufgebaut werden, die helfen, das Kind aus seiner egozentrischen Haltung zu befreien und es in engen Kontakt mit anderen Menschen bringen. Hierzu erweisen sich von selbst die Einstellungen der Frustrationstoleranz, der Rücksicht (und Vor-sicht) auf andere Menschen und die Entwicklung des Imitationsverhaltens als notwendige Mittel. Viele Untersuchungen haben auch gezeigt, daß besonders bei Einzelkindern fast immer eine Tendenz besteht, diese Entwicklung zu verzögern, so daß sozusagen eine mehr oder weniger verlängerte frühe Kindheitsphase entsteht, in die das »Einzelkind« sogar als Erwachsener noch gelegentlich (und häufiger als andere Kinder) zurückfällt (regrediert). Daher empfiehlt es sich besonders in solchen Fällen, das Kind durch das Erleben einer kleinen Kindergemeinschaft – etwa in einem Kleinkindergarten – emotional positiv anzuregen.

c) Mittlere Kindheit

Zwar ist, wie schon angedeutet, die emotionale Entwicklung überhaupt sehr stark individuell verschieden – je nach den emotional-sozialen Erfahrungen, die gemacht werden –, doch kann man einen ziemlich eindeutigen Einschnitt in der emotionalen Entwicklung beobachten, wenn das Kind etwa 6 Jahre alt ist und schulreif wird. Bisher waren die Eltern und einige wenige andere Menschen, die häufig oder dauernd im Elternhaus anwesend waren, die Quellen der hauptsächlichsten Verhaltensverstärkungen, die das Kind erfahren hat. Freilich kamen auch schon einige Erfahrungen mit Gleichaltrigen außerhalb des Elternhauses dazu, aber der eigentliche emotionale Bezugspunkt blieb doch fast ausschließlich das Elternhaus. Dies ändert sich nun mit dem Beginn der mittleren Kindheit. Hier zeigt das Kind Tendenzen, sich aus dieser emotionalen Eindimensionalität herauszulösen. Freilich geht dies meistens nicht ganz ohne Übergangsschwierigkeiten vor sich. Am Anfang mag das eine oder andere Kind noch Schwierigkeiten haben, sich in die größere Gruppe einzuordnen, d. h. in unserem gegenwärtigen Zusammenhang, sich diejenigen Verstärkungen zu eigen zu machen, die für die ganze Gruppe bestimmt sind. Das Kind muß sich also gleichsam mit der Gruppe identifizieren und doch seine Individualität bewahren! Wo dies anfänglich noch nicht ganz bewältigt wird, da zeigen sich etwa »Morgenkrankheiten« als typische Symptome für emotionale Schwierigkeiten in der ersten Schulzeit. Das Kind neigt dazu, vor Schulbeginn plötzlich Verdauungsstörungen, Kopfweh oder Fieber zu haben, sobald aber die Schulzeit vorüber ist, gibt sich auch die »Krankheit« wieder, so daß das Kind am Nachmittag hellmunter sein kann. Dies kann ein Zeichen dafür sein, daß die Anpassung an die neue, fremde Umgebung, das Teilen der Aufmerksamkeit der emotionalen Bezugsperson (des Lehrers) mit dem Rest der Klasse, das Aufgeben der Mittelpunktsrolle, noch größere Schwierigkeiten bereitet. Allmählich aber wird die Schulumwelt zu einer weit mächtigeren Quelle von Verstärkungen, als es das Elternhaus gewesen war: Die Möglichkeit, sich durch bestimmte Fähigkeiten auszuzeichnen, sich objektiv zu »bewähren« – und nicht nur um seiner selbst willen geliebt und geachtet zu werden, wie das zu Hause der Fall ist – stellt meistens für die Schulkinder eine wirksame Herausforderung dar. Der Lehrer tritt als neue, mächtige Autorität neben (oder manchmal sogar vor) die Eltern. »Aber der Lehrer sagte . . .« wird nun häufig zu Hause zitiert, und ganz gleich, was die Auffassung der Mutter ist, der »Lehrer hat recht«!

Was diese Position des Lehrers so sehr bedingt, ist vor allem die Tatsache, daß Verstärkungen von ihm nicht so leicht zu erhalten sind, wie das zu Hause der Fall war und ist. Man muß viele Verstärkungsvorenthaltungen hinnehmen, man muß mit anderen Kindern wetteifern und kann dann schließlich – relativ selten – eine echte, nun aber wirklich »erarbeitete« – Verstärkung erleben. Es bilden sich auch die ersten noch wenig beständigen »Freundschaften« unter den Gleichaltrigen, die oft durch allerlei »Feindschaften« gegenüber anderen kleinen Gruppen zusammengehalten werden. Hierdurch kommen ganz neue Aspekte in das Leben des Kindes. Es lernt, neue Spiel- und Lebensregeln zu übernehmen und kleine Geheimnisse auch vor seinen Eltern zu bewahren. Es lernt auch, sein eigenes Elternhaus mit dem anderer Kinder zu vergleichen und sozusagen seine Welt, die bisher unvergleichlich war, relativ zu sehen und nach und nach seinen eigenen Wert in der Gruppe zu begreifen.

Dies geht nicht ohne allerlei »Experimente« vor sich. Das Kind will die neuen emotionalen Einstellungen in jeder Hinsicht ausprobieren, bevor es eine gemäßigtere, tragfähige Haltung ausbilden kann. So beobachten Eltern und Lehrer gleicherweise besorgt eine gewisse Nachlässigkeit in der Ausdrucksform des Kindes. Die Kinder, die vorher vom Elternhaus her »schön« gesprochen hatten, werfen nun mit allerlei »Straßenausdrücken« um sich und kommen sich dabei besonders wichtig und stark vor. Ja, wer weiterhin »schön« spricht, kann es in der Gruppe mitunter besonders schwer haben und vorübergehend zum »schwarzen Schaf« erklärt werden! Manchmal kommt es auch zur Ausbildung einer »Geheimsprache« innerhalb einer Kindergruppe, was das Zusammengehörigkeitsgefühl dieser Gruppe noch besonders verstärkt. Die Gruppen haben ihre besonderen Normen und »Werte«, und so erfahren die Mitglieder Verstärkungen für diejenigen Verhaltensformen, die solchen Normen und Werten entsprechen. Dies erklärt die relative Intensität, mit der die Gruppe das Verhalten der einzelnen Kinder zu prägen imstande ist. In der Gruppe »das Gesicht zu wahren« ist oft ein stärkeres Bedürfnis bei den Kindern dieses Alters, als den Eltern zu gehorchen oder sich dem Lehrer gegenüber auszuzeichnen, ja, die Rückwirkung einer Lernleistung auf den Status in der Gruppe ist eine bedeutende Motivation in diesem Alter: es kommt daher darauf an, die Gruppen vorsichtig so zu lenken, daß positive Werte anerkannt werden. Wenn dies nicht der Fall ist, können das Lerninteresse und die Einstellung zur Schule insgesamt vorübergehend darunter leiden, daß die Gruppe andere, der Schule entgegengesetzte »Normen« verfolgt. Selbstverständlich werden diese Normen von einem oder einigen Kindern »erstellt«, so daß man auf dem Weg über die Zusammensetzung der Gruppen den besten Einfluß auf ihre Mitglieder ausüben kann.

Die Beziehung zwischen den Geschlechtern ist auf dieser Altersstufe meist noch nicht definitiv. Es kommen sehr häufig noch gemeinsame Spiele vor, wenn auch im allgemeinen die Jungen sich bereits von den Mädchen abzusondern beginnen. Die Entwicklung verschiedener Interessen beider Geschlechter beschleunigt die gegenseitige Absonderung und intensiviert den Zusammenhalt der Geschlechtergruppen.

Durch die verschiedenen neuen Interessen, die sich nunmehr entwickeln, ergeben sich auch neue Quellen für Verstärkungen und neue Bedürfnisse, die ihrerseits neue Verstärker aufbauen können. Für die Jungen ist es mehr und mehr die technische Welt der modernen Zivilisation, die sie fasziniert, und für die Mädchen ist es mehr der Bereich des handarbeitlichen und künstlerischen Gestaltens. Das letztere spielt allerdings auch bei den Jungen in diesem Alter eine erhebliche Rolle; das Malen, Basteln, Modellieren, das Geschichten erzählen und das Lesen von spannenden Erzählungen ist sowohl bei Knaben als auch bei Mädchen dieses Alters zwischen 6 und etwa 10 Jahren besonders beliebt. Erst mit etwa 10 Jahren weicht diese schöpferische Tätigkeit zusehends hinter einem mehr »realistischen« Streben und Interesse zurück. Gerade hier kann der Lehrer mit Erfolg eingreifen und verhindern, daß das schöpferische Interesse allzu sehr in den Hintergrund tritt, denn auch »realistische« Betätigungen bedürfen offensichtlich sehr der schöpferischen Anregung, wenn sie wirksam sein sollen! Vor allem dann sollte diese Seite betont werden, wenn ein Kind sichtbare Stärken darin zeigt. Wir müssen jede Möglichkeit benutzen, um den einzelnen Kindern positive Verstärkungen – Erfolgserlebnisse – zu vermitteln, die entsprechende Bedürfnisse und Motivationen aufbauen können. Das größte Bedürfnis während dieser sexuellen Latenzperiode des Kindes ist das nach Anerkennung, nach sozialer Auszeichnung, nach emotionaler Sicherheit und Geborgenheit. Gerade wo der Erfolg im Lernen etwas schwerer zu erhalten ist, wo das Kind da und dort Schwierigkeiten zeigt, ist es doppelt wichtig, innerhalb der Schule Bereiche zu finden, in denen dieses Kind sich Verstärkungen verdienen kann, in denen es um einer Leistung willen anerkannt und ausgezeichnet wird. Sonst sucht es sich diese Erlebnisse notgedrungen außerhalb der Schule oder es flieht in das

Elternhaus zurück (und damit meistens in infantile Verhaltensweisen).[28] Umgekehrt wäre es ähnlich vergeblich, würde man Schwierigkeiten allzusehr aus dem Weg und dem Gesichtskreis des Kindes räumen. Erst durch echte Schwierigkeiten, die im Bereich der Fähigkeiten des Kindes liegen, wird das Kind herausgefordert, kommt es zu Einsätzen, die schließlich auch zu Erfolgserlebnissen hinführen können. Wo dagegen keine Schwierigkeiten gesehen werden können – weil sie durch eine übervorsichtige Erziehung aus dem Wege geräumt worden sind – kann auch keine sinnvolle Aktivität und damit auch keine Verstärkung erlebt werden: – das Leben wird so langweilig und eintönig wie eine Landschaft ohne Abwechslung! Das Kind aber, das so aufwächst, wird sich aus eigener Initiative eine andere, mehr herausfordernde Welt suchen. Es wird sich in allerlei Abenteuer – außerhalb der Schule – stürzen, die es manchmal an den Rand des Kriminellen führen können, was man besonders in den Städten gar nicht so selten beobachten kann. Gerade auch in den USA gibt es »Kinderbanden«, die z. B. auf Automatendiebstahl spezialisiert sind, die dies aber sozusagen aus reiner Abenteuerlust heraus tun, um der widerstandslosen Langeweile ihrer sonstigen Schul- und Elternwelt ab und zu zu entfliehen.

Um so mehr geht es darum, durch umsichtige Planung dem Kind jeweils die Schwierigkeiten intellektueller und emotionaler Art zu bieten, die es gerade noch zu bewältigen vermag. Je mehr es solche Kämpfe in der Schule und unter der Aufsicht des Lehrers ausführen kann, desto mehr wird es sich auch mit der Schule beschäftigen und nicht »auf die Straße« gehen. Wenn dagegen die Schule diese zentrale Aufgabe nicht wahrnehmen kann, sucht sich das Kind selbstverständlich außerhalb seine emotionalen Absättigungen.

Ein Bereich der Schule, der sich besonders gut für emotionale Verstärkungen in diesem Alter eignet, sind die verschiedenen Formen der Schülerselbstverwaltung. Wenn es sich auch um noch so kleine Aufgaben handelt, irgendwie sollte jedes Kind Aufgaben für die Allgemeinheit haben und sich persönlich für einen solchen Bereich (Blumengießen, Tafeldienst, Fensterdienst ...) verantwortlich fühlen. Die Anerkennungen, die es dafür anfangs häufiger, später nur noch vereinzelt, erfährt, sind Pfeiler, auf denen seine spätere emotionale Sicherheit ruhen kann. Das Kind soll aber auch lernen, seine Interessen und Pläne mit denen anderer Kinder abzustimmen, um nachher auch die Resultate relativ zu sehen und sein eigenes Erfolgsstreben mit dem einer Gruppe zu identifizieren. Zu diesem Zweck sollten z. B. Aufgaben nicht stets vom Lehrer verteilt werden, sondern es sollten auch immer wieder Gelegenheiten zu gemeinsamen »Planungen« der Kinder gegeben werden, in denen die Kinder selbst ihre Ziele absprechen, die Rollen verteilen (ähnlich wie in den außerschulischen Gruppen, nur unter Aufsicht und vorsichtiger Leitung eines Lehrers!) und nachher auch gemeinsam die Ergebnisse sondieren. Auf diese Weise lernt das Kind, Mißerfolge leichter zu ertragen, seinen Ehrgeiz an seine Fähigkeiten anzupassen und

---

[28] Vgl. zu dem ganzen Bereich der emotionalen Störungen im Bereich des Lernens meine Darstellung: Lernstörungen beim Schulkind, Donauwörth 1964 (2. Aufl.). Ferner: *A. I. Gates,* The Role of Personality Maladjustment in Reading Disability. Ped. Sem., 59, 1941, S. 77 ff.

vor allem, seine Interessen mehr und mehr sozial auszurichten, was eine der wichtigsten Aufgaben gerade dieser Phase der emotionalen Entwicklung ist.

d) Späte Kindheit und Pubertät

Gegen Ende der sexuellen Latenzperiode macht sich die späte Kindheit und Pubertät durch gewaltige Änderungen in der physischen Entwicklung (s. oben) und besonders auch in der emotionalen Entwicklung bemerkbar.

Besonders augenfällige Schwierigkeiten und Probleme treten hier dann auf, wenn die emotionale Entwicklung nicht mit der physischen übereinstimmt, was verbreitet der Fall ist. Sind etwa während der frühen Kindheit und während der mittleren Kindheit die spezifischen Aufgaben der emotionalen Entwicklung nicht genügend gesehen worden, ist das Kind also verwöhnt worden, an keine Konsequenz gewöhnt oder sozial nicht anerkannt und eingegliedert worden, so erweist es sich nun als eindeutig retardiert und dies um so mehr, als es physisch normal entwickelt ist. Wenn es andererseits physisch zurückgeblieben ist, dann entwickeln sich neue Schwierigkeiten emotionaler Art dadurch, daß das Kind dann Schwierigkeiten hat, sich in seine Altersgruppe einzuordnen (es erscheint als »Baby«).

Selbst wenn emotionale und physische Entwicklung einigermaßen parallel verlaufen, befindet sich das Kind in der frühen Pubertät in emotionalen Nöten: Die gewaltigen körperlichen Veränderungen der beschriebenen Längen- und Gewichtszunahme und vor allem der Sexualreifung bedingen eine wenigstens vorübergehende Verunsicherung des kindlichen Lebensgefühls. Das Kind erlebt, daß die Verstärkungszusammenhänge, die es bisher getragen haben, nicht mehr funktionieren. Die früheren größeren Freundschaftsgruppen brechen auseinander und formen sich neu – unter neuen Gesichtspunkten –: die neuen Interessen bedingen ein fast generelles Nachlassen der Schulleistungen (Rückgang der Leistungen um etwa eine halbe Note im Durchschnitt);[29] der Vergleich der bisher fraglos übernommenen Werte und Normen der Erwachsenen (besonders der Eltern und Lehrer) mit der »Wirklichkeit« führt zu einer verbreiteten Enttäuschung und damit zu einer »Entthronung« der bisherigen Autoritäten; bevor neue Autoritäten gefunden werden können, macht sich ein (emotionales-soziales) Vakuum breit, das besonders gefährlich ist.

In diesem Zustand benötigt das Kind ganz besonders die Hilfe des psychologisch geschulten Erwachsenen. So sehr es den Erwachsenen auch ablehnen mag, so sehr sehnt sich das Kind und der Jugendliche nach einer Geborgenheit in einer unaufdringlichen Erwachsenen-Autorität! Der junge Mensch braucht in diesem Alter also das *Vorbild*. Er will am konkreten Beispiel erleben und nachahmen können, welche neuen Verstärkungszusammenhänge nun gelten; welche Werte und Normen an die Stelle der aufgegebenen treten sollen. Dies ist die neue Aufgabe des Erwachsenen in der emotionalen Erziehung des Jugendlichen: Er soll nicht mehr so sehr – wie bisher – konkrete Anweisungen geben, was getan werden soll, sondern er soll lediglich – oder doch in erster Linie – Vorbild

---

[29] Vgl. *W. Correll*, Lernstörungen. 3. Aufl., Donauwörth 1966.

sein und dadurch die Normen und Werte vorleben, so daß sie der junge Mensch nachahmen kann, und in seiner Suche nach Sicherheit einen Halt findet. Selbstverständlich ist diese Aufgabe bedeutend schwieriger, als lediglich verbale Hinweise und Anordnungen zu geben, die man selbst nicht auszuführen braucht! Reales Vorbild im verhaltenspsychologischen Sinn kann demgegenüber nur sein, wer in seinem aktuellen Verhalten zeigt, wie er empfindet und denkt und auf diese indirekte Weise auf den jungen Menschen einwirken kann.

Was über den Lehrer und seine Aufgabe in dieser schwierigen Phase gesagt wurde, gilt natürlich auch für die Eltern. Sie werden, wie die meisten Erwachsenen in der näheren Umgebung des Pubertierenden, zunächst meistens abgelehnt und kritisiert, weil ihre bisherigen Lehren meistens da und dort nicht mit der beobachteten Wirklichkeit übereinstimmen und weil der Jugendliche – auch falls die Übereinstimmung mit der Wirklichkeit gewährleistet wäre – höhere, eindeutigere Ideale anstrebt als diese! So muß es den Eltern gelingen, ihm zu zeigen, daß sie zwar – wie er selbst – unvollkommen, im Streben aber nahe an der Vollkommenheit sind! Gerade der Bezug auf die Zukunft wird dem Jugendlichen entgegenkommen, lebt doch kaum ein Lebensalter so intensiv auf die Zukunft zu wie gerade die Pubertätszeit, und jeder, der es versteht, sich gerade in dieser Beziehung dem Jugendlichen gleichzustellen, der zukunftsträchtige Ideale nicht etwa predigt, sondern vorlebt, d. h. vorstrebt, der hat definitiv die Möglichkeit, vom Jugendlichen als Vorbild erwählt zu werden, pädagogisch auf sein Verhaltensrepertoire einzuwirken, ohne daß er einen direkten Einfluß darauf nehmen müßte.

Bei all diesen Problemen und Änderungen, die der Jugendliche zu bewältigen hat, ist es kein Wunder, wenn er in seinen *Stimmungen* plötzlichen Schwankungen ausgesetzt ist. Heiterkeit und Selbstvertrauen wechseln urplötzlich und oft ohne ersichtlichen Anlaß in tiefe Traurigkeit und Depression über. Tiefe, z. T. unbewußte Schuldgefühle (die auch im sexuellen Leben verwurzelt sein können) können ihn heute fast zur Verzweiflung bringen, und morgen schon wird er von einer alles besiegenden Begeisterung fortgetragen. So ist denn diese Phase recht eigentlich eine »emotionale« Zeit, in der die ganze Skala der Emotionen in rascher Folge durchlebt wird. Die Widerborstigkeit und Scheuheit des Jugendlichen in dieser ersten Phase, seine negative Einstellung und sprichwörtliche Oppositionshaltung sind ein anschaulicher Ausdruck dieser Unsicherheit und Ungefestigtheit und damit eine Herausforderung an den Erzieher, ihm diese gesuchte Geborgenheit – durch sein Vorbild – zu geben.

Die Aufgabe des Lehrers und der Schule wird in dieser Hinsicht immer größer und wichtiger, da festzustehen scheint, daß das Elternhaus immer weniger in der Lage ist, die emotionale Betreuung zu sichern, die der Jugendliche benötigt. Die ungeheuer raschen und intensiven Veränderungen in der soziologischen und politischen Struktur unserer Zeit, die weltweiten Verbindungen, die sich heute in fast jedem Elternhaus bemerkbar machen, und auch die zahllosen technischen und zivilisatorischen Fortschritte der letzten Jahrzehnte haben auch die Erziehungsauffassungen aufs intensivste beeinflußt. Da aber die Erziehungstraditionen etwas vom Konservativsten zu sein scheinen, besteht eine allgemeine Erziehungsunsicherheit in den Elternhäusern: man weiß, daß neue Ergebnisse der Forschung vorliegen, man weiß auch, daß die Jugend heute »anders« ist als früher und daher anders angefaßt werden muß – aber man scheut sich doch, diesen Weg einzuschlagen. Andere wieder lassen sich von einer Extremströmung in eine andere fortreißen und kommen daher aus den fortgesetzten Widersprüchen gar nicht mehr heraus. Es ist kein Wunder, wenn diese Gegebenheiten die allgemeine emotionale Unsicherheit der Pubertierenden noch vergrößern helfen und der junge Mensch sich hilfesuchend, wenn auch oft nur unbewußt, an seinen Lehrer wendet. Man darf sich durch die äußerlich zur Schau gestellte Gleichgültigkeit, durch die aufreizende Unberührtheit der Jugendlichen nicht darüber hinwegtäuschen lassen, daß hinter dieser Fassade, die nur notdürftig aufrechterhalten wird, das große Vakuum des Hilfesuchenden steckt. Gerade in einer Zeit des »Übergangs« wie der unsrigen ist es wichtig, dem suchenden Jugendlichen eine relativ eindeutige »geistige« Welt zu bieten, aus der er seine emotionale Stabilität ableiten kann. Die Furcht vor der Zukunft, die viele Jugendlichen beschäftigt, die »bevorstehenden« neuen Kriege, die Frage der Berufs- und Lebensgestaltung einschließlich Ehe- und Familiengründung – diese emotionalen Druckvorstellungen können wir nur dadurch mildern, daß wir in der Gegenwart des Jugendlichen eindeutige Verstärkungszusammenhänge aufbauen, von denen wir nur hoffen können, daß sie sich auch in der Zukunft als tragfähig erweisen werden. Wir wollen versuchen, die pädagogische Anwendung dieser Betrachtung über die emotionale Entwicklung kurz zusammenzufassen:

1. Der Erzieher muß die Emotionen des Kindes als das nehmen, was sie sind: Das Ergebnis von Verstärkungen und Versagungen – der Niederschlag der individuellen Geschichte des Erfolgs und Mißerfolgs eines Menschen.

2. Das Kind benötigt auf jeder Entwicklungsstufe emotionale Herausforderungen, d. h. Aufgaben, die nicht zu schwierig (Überforderung!), aber auch nicht zu leicht (Langeweile durch Unterforderung!) sind, sondern gerade noch bewältigt werden können. Diese Aufgaben sollten so viele Erfolgserlebnisse wie irgend möglich vermitteln und daher nicht zu umfangreich sein. Das Prinzip des programmierten Lernens (kleine Schritte) kann auch im täglichen pädagogischen Umgang mit dem Kind erfolgreich angewandt werden.

3. In der Schule müssen starke Emotionen erregt werden, und die Kinder sollen lernen, wie man negative, antisoziale Emotionen zurückhält und in vertretbarer Weise äußert. Neben den Erfolgserlebnissen (Verstärkungen!) soll das Kind daher auch zahlreiche Verstärkungsvorenthaltungen (Frustrationen) erfahren und im »Leben mit Frustrationen«, d. h. in der *Frustrationstoleranz* von Anfang an geübt werden. Verstärkungen und Versagungen müssen dabei jedoch stets in ausgewogenem Verhältnis bleiben.

4. Das Kind muß so geführt werden, daß seine positiven und emotionalen Erlebnisse es immer stärker an seine Mitmenschen binden, d. h. Verhaltensformen, die es zur Kooperation und überhaupt zur aktiven Auseinandersetzung mit den Mitmenschen bringen, sollten verstärkt werden. Auf diese Weise entstehen sthenische Emotionen (im Gegensatz zu den asthenischen, die zur Isolierung von der Gemeinschaft und schließlich oft zur Gegnerschaft gegen die Ge-

meinschaft führen können), die das Leistungsstreben weiter motivieren und die Auseinandersetzung mit der Mitwelt stark mit positiven Emotionen verbinden.

5. In der engen Zusammenarbeit mit anderen Menschen muß das Kind nach und nach lernen, seine eigenen Fähigkeiten richtig einzuschätzen und *realistische Erwartungen* sich selbst gegenüber aufzubauen. Das Kind soll dazu angeleitet werden, seine eigenen Leistungen immer wieder selbst auszuwerten (zu vergleichen). Von hier her wird es auch mehr und mehr möglich werden, das Kind zu realistischen *Planungen* seiner Arbeit anzuhalten. Dies ist besonders während der schwierigen und konfliktreichen Vorpubertätsphase notwendig.

6. Um die mitmenschliche Orientierung der positiven Emotionen des Kindes zu erleichtern, können wir es in möglichst viele Gemeinschaftsarbeiten verwickeln. Es muß von Anfang an kleine und immer umfangreicher werdende Verantwortungen innerhalb einer Kindergemeinschaft übernehmen lernen (z. B. sinnvolle Verantwortungen innerhalb der Schulklasse . . .). Doch muß das Kind beizeiten auch lernen, Verantwortungen, die über seinen Fähigkeiten liegen, nicht zu übernehmen, weil es die negativen Konsequenzen antizipieren kann. Es muß, mit anderen Worten, lernen »nein« zu sagen – auch in der Gemeinschaft.

7. Während das Kind mit zunehmender emotionaler Reife mehr und mehr individuelle Freiheit in der Wahl seiner Arbeitsprojekte und Arbeitsmethoden erhalten kann, muß doch darauf geachtet werden, daß das Vollendungsinteresse gesteigert wird, indem Verstärkungen jeweils für *ganz* erledigte Arbeiten (aber nicht für nur teilweise durchgeführte!) geboten werden. Dieses Vollendungsinteresse muß dabei in möglichst engen Zusammenhang mit den Interessen der anderen Mitglieder des Arbeitsteams gebracht werden, so daß Einstellungen der Toleranz, der gegenseitigen Hilfe und der teilweisen Identifizierung mit einer Gruppe entstehen und das Kind so reif wird für das Leben in der Gemeinschaft, ohne seine emotionale Integrität zu verlieren.

e) Die soziale Entwicklung

Wir haben gesehen, daß die emotionale Entwicklung wesentlich von sozialen Gegebenheiten abhängig ist, indem sowohl emotional-positive als auch emotional-negative Erfahrungen (Erfolge und Mißerfolge) sehr häufig direkt durch mitmenschlichen Reaktion vermittelt werden. Daher ist die Kenntnis der sozialen Entwicklung des Kindes und Jugendlichen von zentraler Bedeutung für die emotionalen Reaktionen und schließlich auch für die geistige Entwicklung.

Grundsätzlich ist die soziale Entwicklung kontinuierlich in dem Sinn, daß soziale Erfahrungen eines Kindes im Alter von 5 oder 10 Jahren auch erst später, wenn es 15 oder 20 ist, wirksam werden können. Die soziale Entwicklung wird zwar ebenfalls wesentlich durch umweltliche Verstärkungszusammenhänge beeinflußt, aber es lassen sich dennoch drei mehr oder weniger deutlich voneinander unterschiedene Entwicklungsstadien unterscheiden, die dadurch zustandekommen, daß hier typische Erlebnisweisen der Umwelt und auch einigermaßen typische Reaktionsmodi vorherrschen. Diese *drei Stadien,* die wir nacheinander darstellen wollen, sind die frühe Kindheit bis zur Schulreife, die mittlere Kindheit (bis 12) und die späte Kindheit mit der Pubertät.

Die soziale Entwicklung während der frühen Kindheit ist entgegen früherer Auffassungen von großer Bedeutung für die nachfolgende Schulzeit und die Pubertätszeit, denn viele soziale Einstellungen und Erwartungen, die in späteren Phasen (einschließlich der Erwachsenenzeit) maßgebend sind, werden in der frühen Kindheit bereits veranlagt.[30] Die spezifischen Verstärkungen im sozialen Leben des Kleinkindes scheinen wichtiger zu sein als die meisten späteren Einflüsse in dieser Hinsicht: Bereits mit 5 Jahren kann sich unter dem Einfluß eines verwöhnenden Elternhauses eine Persönlichkeit herausgebildet haben, die durch ihre Egozentrizität, ihre asoziale Launenhaftigkeit und Rücksichtslosigkeit auch im späteren Leben im gesamten sozialen Bereich Schwierigkeiten haben wird. Um so wichtiger ist es also, diese Möglichkeiten für positive Ansätze zu nutzen.

Während der ersten Lebensmonate findet, wie bereits gelegentlich der emotionalen Entwicklung beschrieben (s. oben), eine fortschreitende Konditionierung des Kindes in Richtung auf die nächsten Erwachsenen seiner Umgebung statt. Die intensivsten Verstärkungen in seinen ersten Lebensmonaten gelangen zu ihm durch die Vermittlung der Mutter, oder der Amme, jedenfalls durch einen anderen (erwachsenen) Menschen. So wird dieser Erwachsene bald zu einem bedingten Verstärker, dessen Stimme allein schon genügt, um Verstärkungsantizipationen zu wecken und dessen Gegenwart auf jeden Fall verstärkend wirkt. Das »Lächeln« mit 3 Monaten mag als ein erstes Anzeichen des Wiedererkennens gewertet werden, aber das Weinen des Kindes mit etwa 7 Monaten, wenn die Mutter sich zurückzieht und nicht mehr mit ihm spricht, ist sicherlich ein Zeichen dafür, daß die Mutter als »bedingter Verstärker« bereits bewußt als soziale Beziehungsperson erlebt wird. Von hier her ist es natürlich, daß zuerst die Mutter, dann andere Erwachsene und erst allmählich – mit etwa 18 Monaten – andere Kinder als Partner erlebt werden: sie treten in dem Maße in den Erlebnishorizont des Kleinkindes ein, in dem sie in Verstärkungszusammenhängen eine Rolle spielen.

Dennoch ist die Sozialbeziehung zu etwa Gleichaltrigen zunächst noch durch die vorherrschende Egozentrizität getrübt. Das Kind ist vor dem 4. Lebensjahr meistens noch nicht zur Kooperation fähig; es spielt nur solange mit seinen »Partnern« als diese seinen jeweiligen Intentionen entsprechen, und es löst sich rasch (und mit viel Geschrei) aus der kleinen Gruppe, sobald die anderen Kinder ihrerseits Intentionen anmelden. Es fehlt, mit anderen Worten, vor dem 4. Lebensjahr noch an der Fähigkeit, die Absichten und Handlungspläne aufeinander abzustellen, sich in die Position des anderen gleichsam hineinzuversetzen, sich anzupassen und abzustimmen. Daher sind die frühen Sozialbeziehungen zu Gleichaltrigen, wiewohl sie einen großen Teil der Spielzeit des Kindes ausmachen mögen (nach einer früheren Untersuchung waren es bei 2jährigen z. B.

---

[30] Vgl. z. B. die interessante Untersuchung von 25 Babies während der ersten beiden Lebensjahre auf ihre sozialen Einstellungen hin und die Untersuchung dieser Kleinkinder nach 15 Jahren: *M. M. Shirley*, The First Two Years. A Study of twenty-five Babies. 3 Bde., Minneapolis 1931–1933, und *P. Neilson*, Shirley's Babies after 15 Years. J. Gen. Psych., 73, 1948, S. 175 ff.

41%, bei 3jährigen 64% und bei 4jährigen 77% – in einem Kindergarten[31]) noch kaum gegenseitige Beziehungen, sondern mehr einseitiger Art, sofern jedes Kind vom andern Verstärkungen erwartet, wie es dies vom Elternhaus her gewöhnt ist. Dies zeigt sich auch darin, daß Kinder sich anfänglich selten beim Namen nennen (können), während dies erst vom etwa 4. Lebensjahr ab häufiger und dann regelmäßig der Fall wird. Auch Wortschatzuntersuchungen zeigen immer wieder, daß die meisten Wörter, die das Kind dieses Alters gebrauchen kann, um Vater, Mutter, Geschwister und die elterliche Wohnung zentriert bleiben[32]. Auch aus Untersuchungen über Wettbewerbshandlungen der Kinder verschiedenen Alters geht hervor, daß vor dem 4. Lebensjahr die Kinder noch weniger in der Lage sind, sich mit anderen zu messen und dadurch ihre Leistungen zu steigern, während mit dem 4.–5. Lebensjahr in einer Studie[33] rund 70% aller Handlungsformen als Wettbewerbsaktionen interpretiert werden konnten.

Allerdings ist leicht einzusehen, daß diese Einstellungen sehr stark von der kulturellen Tradition abhängen und von den Werten und Normen, die das Kind in seiner Gemeinschaft wahrnimmt und mit denen es übereinzustimmen trachtet, um möglichst viele Verstärkungen zu erfahren. So schildert z. B. *M. Mead* umgekehrt, daß Arapesh-Kinder überhaupt kein Wettbewerbsdenken kennen und dort fast keine Wettbewerbssituationen vorkommen, da auch die Erwachsenen keine Wettkämpfe oder Leistungsvergleiche (weder im Sport noch sonstwo) durchführen.[34] Wir werden noch (unten) näher darauf eingehen, wie gerade auch dieses Leistungs- und Wettbewerbsstreben in hohem Maße durch Verstärkungen im Kinde veranlagt werden kann und wie es – was schon jetzt ersichtlich sein dürfte – keinesfalls »angeboren« ist.

So haben auch zahlreiche Untersuchungen immer wieder gezeigt, daß innerhalb derselben kulturellen Tradition Unterschiede in der sozialen Entwicklung des Kindes dadurch zustande kommen können, daß die Eltern verschiedene soziale Einstellungen verkörpern. Beispielsweise tendieren Kinder aus Familien mit verwöhnender Tendenz dazu, aggressive Einstellungen und Spiele mit anderen Kindern zu vermeiden, Aufgaben unvollendet liegen zu lassen und unkontrollierte emotionale Reaktionen (Schreien, Toben, Ungeduld ...) zu äußern. Kinder, die in einem vernachlässigenden Erziehungsmilieu aufwachsen, neigen zu Handlungen, die die Aufmerksamkeit der Mitmenschen auf sich lenken, also zu »Angebereien«, Prahlereien, zum Geschichtenerfinden und zur Clownerie. Sie wollen dadurch gleichsam auch außerhalb des Elternhauses diejenigen Tendenzen verwirklichen, die sich bisher bewährt haben und verstärkt wurden. Jeder Lehrer kennt in seiner Klasse diese »Typen«, die ihm meistens ziemlich viel zu schaffen machen! – Kinder schließlich, deren Eltern sich mit ihnen in Spiel und Arbeit abgeben, zeigen das positivste Sozialverhalten, indem sie bereit und fähig

---

[31] *H. Mallay*, Study of some of the Techniques Underlying the Establishment of Successful Social Contacts at the pre-school Level. Ped. Sem., 47, 1935, S. 431 ff.

[32] Vgl. z. B. *M. M. Shirley*, Common Content in the Speech of Pre-school Children. Child Dev., 9, 1938, S. 333 ff.

[33] *P. J. Greenberg*, Competition in Children: an Experimental Study. Am. J. Psychol., 44, 1932, S. 221 ff.

[34] *M. Mead. N. Calas*, Primitive Heritage. N. V. 1953, S. 141.

sind, schon frühzeitig auf die Einstellung und Wünsche anderer Kinder einzugehen, sich nicht rücksichtslos durchzusetzen, sondern ihre eigenen Absichten auf die der anderen abzustimmen. Wenn die Eltern schon frühzeitig damit begonnen haben, im Umgang mit dem Kind dessen Initiative zu verstärken (und nicht etwa zu entmutigen), dann zeigen solche Kinder auch später Originalität und den Mut, ihre Auffassungen etwa im Klassenverband zur Sprache zu bringen. Und wenn die Eltern von vornherein das anpassungsfähige Abändern der eigenen Vorschläge nach Maßgabe der Auffassungen anderer verstärkt haben, dann sind diese Kinder auch in der Schule ohne emotionalen Protest bereit, ihre Pläne durch Aufnahme neuer Gesichtspunkte zu modifizieren.[35]

Kinder aus Familien mit Spannungen zwischen den Eltern zeigen auch in ihrem sozialen Verhalten mit Gleichaltrigen im Kindergarten mehr Schwierigkeiten und Anzeichen von Unreife als Kinder aus harmonischen Elternhäusern.[36]

Besonders negativ scheint sich die inkonsequente Erziehung auf die soziale Entwicklung auszuwirken. Wenn beispielsweise ein Kleinkind aufgefordert wird zu schlafen und im Bett zu bleiben, dann muß auch dafür gesorgt werden, daß das Kind dies einhält. Wenn dagegen das Kind sich gegen diese Anordnung sträubt, strampelt und schreit und dadurch erreicht, daß die Mutter es schließlich aus dem Bett nimmt und hin und her trägt, so bewirkt dies umgekehrt, daß die Oppositionseinstellung im Kind verstärkt wird: Das Kind wurde ja gleichsam dafür belohnt, daß es die Anordnung mißachtete! Es ist dann kein Wunder, wenn dieses Kind bei nächster Gelegenheit erneut »widerborstig« ist und schließlich auch gegenüber anderen Kindern bestrebt ist, stets seinen eigenen Willen durchzusetzen und daher bald zum Einzelgänger wird, da sich die anderen von dem unsozialen Spielkameraden bald zurückziehen. An dieser Stelle bietet sich der Hinweis auf die verschiedenen Fehlformen der Familienerziehung und ihre Auswirkung auf das Kind an, die wir an anderer Stelle zu systematisieren versuchten.[37]

Überall dort, wo es sich um Einzelkinder handelt oder wo der Abstand zum nächsten Kind zu groß ist, empfiehlt es sich unbedingt, das Kind vom 4. Lebensjahr an (oder etwas früher) in einen *Kindergarten* gehen zu lassen, da hier mitmenschliche Beziehungen, die für die nachfolgende Schulzeit von entscheidender Bedeutung sind, geübt werden können, während sie ohne diesen Einfluß nicht nur nicht befestigt würden, sondern durch a- oder antisoziale Einstellungen ersetzt würden. Es kommt darauf an, von Anfang an die sozial positiven Verhaltensformen zu verstärken und dies konsequent durchzuhalten. In vielen Elternhäusern wird immer noch gegen diese Erkenntnis aus Unkenntnis oder aus Schwäche verstoßen, und das Ergebnis ist eine offensichtliche Retardierung der sozialen Entwicklung des Kindes, was sich sogar verzögernd auf die Schulreife auswirken kann, zu der wesentlich auch die soziale Reife hinzugehört.

[35] Vgl. *B. W. Hattwig*, Interrelations between the Preschool Child's Behavior and certain Factors in the Home. Child Dev. 9, 1936, S. 27 ff.
[36] *D. W. Baruch*, A Study of Reported Tension in Interparental Relationships as co-existent with Behavior Adjustment in Young Children. J. exp. Educ., 6, 1937, S. 187 ff.
[37] *W. Correll*, Lernstörungen. 3. Aufl., Donauwörth 1966.

Die primäre Sozialgruppe des Vorschulkindes bestand meistens aus den Mitgliedern der eigenen Familie und einigen Nachbarkindern. Höchstens wenn der Einfluß eines Kindergartens stark genug war, wurde diese Beziehung etwas ausgeweitet, was der Einschulung sehr zugute kommen muß. In der Volksschule nun erlebt das Kind zum ersten Male eine neue, weitere soziale Welt mit ganz anderen, mehr objektiven Verstärkungszusammenhängen. Nicht mehr die Eltern, deren Interesse um das eigene Kind zentriert ist, sondern der Lehrer steht nun im Mittelpunkt dieser sozialen Welt. Und dieser Lehrer hat nicht nur das einzelne Kind, sondern alle Kinder der Klasse zu betreuen, so daß das Kind sich nach und nach mit dieser Klasse identifizieren muß, um an den Verstärkungen, die der Klasse als solcher zuteil werden, teilzuhaben.

Diese Fähigkeit ist meistens mit 6 Jahren vorhanden, wenn während der Vorschulzeit entsprechende Einstellungen verstärkt worden sind. Man darf indessen nicht annehmen, die soziale Reife ereigne sich von selbst und unabhängig von einer planmäßigen Erziehung! Verstärkungszusammenhänge und planmäßige Konditionierungen sind nötig, um die Einordnung in eine Gruppe zu ermöglichen.

Die soziale »Atmosphäre« im Schulzimmer selbst bestimmt nun weitgehend, wie wir noch sehen werden, die Normen und sozialen Ambitionen der Schulkinder. Ist der Lehrer »autoritär« oder »dominativ«, so werden auch die Kinder weniger zur Kooperation neigen, werden ihre Leistungen möglichst für sich allein erreichen wollen und die Anstrengungen der anderen zu erniedrigen versuchen. Ist dagegen die Einstellung des Lehrers mehr »integrativ« oder »demokratisch«, so übernehmen auch die Kinder diese Haltung in der Beziehung untereinander, neigen zur Kooperation und Partnerschaft und bilden Arbeitsgruppen und »teams«, die ohne diese Lehrerattitüde kaum spontan zustande kommen würden.[38]

Besonders negativ wirkt sich eine Haltung des »laissez-faire« aus, des bloßen »Gewährenlassen« der Kinder. Diese Lehrereinstellung verwechselt integratives Verhalten mit bloßem »Wachsenlassen«. Die Kinder, die einer gewissen »demokratischen« Führung bedürfen, hemmen und stören sich nun selbst gegenseitig, so daß kaum ein geordnetes soziales Lernen möglich sein wird. Am besten dürfte eine Lehrform sein, in der etwa zweimal so viele integrative als dominative Lehrereinstellungen (ein IDQ von etwa 1,90) herrschen, d. h. im Unterricht darf nicht *nur* integrativ – vermittelnd, kompromißbereit, »demokratisch« – vorgegangen werden, sondern auch durchaus dominativ, eindeutig anordnend, feststellend und sogar befehlend, doch sollen diese Situationen nur etwa 50% der integrativen ausmachen. Die Kinder übernehmen dann die Lehrereinstellung und zeigen dies in ihrem Umgang mit den Gleichaltrigen in den Kindergruppen, ähnlich, wie auch ein Erwachsener seinerseits diejenigen sozialen Normen übernimmt, die in seiner kulturellen (und politischen) Umwelt gelten.

---

[38] Für eine detailliertere Darstellung des dominativen und integrativen Verhaltens (und des »IDQ«) siehe: W. *Correll*, Lernstörungen. 3. Aufl., Donauwörth 1966, Kap. 1.

Insbesondere in den ersten Schulmonaten und im ersten Schuljahr ist es für das Kind von entscheidender Bedeutung, vom Lehrer bereits für »voll« genommen zu werden und nicht länger als »Baby« angesehen zu werden. Das Kind will sozusagen schon am ersten Schultag etwas »lernen« und »arbeiten« – es will in der Schule durch konkrete Aufgaben, die seinen Fähigkeiten entsprechen, herausgefordert werden und interessiert sich nicht allzusehr für die Spiele die es ja vom Kindergarten her genügend kennt! Am besten ist es, wenn man schon von Anfang an darauf achtet, daß Aufgaben gestellt werden, die in gemeinsamer Arbeit mehrerer Kinder gelöst werden können, so daß das Kind merkt, wie sehr es auf Zusammenarbeit ankommt und nicht nur auf »Alleingänge«.

Dieser Wert der Zusammenarbeit wird zwar von den meisten Pädagogen heutzutage anerkannt, doch sieht man in der Schulpraxis selbst noch viel zu wenig konkrete Auswirkungen davon. Immer noch wird mehr das einzelne Kind und seine Einzelleistung geprüft, als etwa seine Fähigkeit, Beiträge zu einer Gruppenarbeit zu leisten! Wir lassen Klassenarbeiten schreiben, aber es sind meistens Arbeiten, die das einzelne Kind in möglichst guter Isolation von seinen Kameraden anfertigen muß. Vielfach wird sogar die natürliche Neigung des Kindes, sich vorher mit seinem Nachbarn abzusprechen, als störend empfunden und bestraft. Man darf daher unter solchen Umständen auch nicht erwarten, daß sich eine sozial-aufgeschlossene Einstellung entwickelt! Wenn wir wollen, daß das Kind in teams arbeiten soll, müssen wir alle Verhaltensformen verstärken, die in diese Richtung weisen. Dies schließt nicht aus, daß wir auch gelegentlich einmal eine reine Einzelleistung von ihm verlangen können; doch sollte dies nicht die ausschließliche Art des Arbeitens sein. – Im ersten Schuljahr ist unter den gegenwärtigen Bedingungen (dabei wird vorausgesetzt, daß – wie es sich oft erwiesen hat – diese Sozialeinstellungen in hohem Maße von der Art des sozialpädagogischen Einflusses abhängen) nicht damit zu rechnen, daß das Kind schon ein ausgeprägtes Gruppenbewußtsein hat. Soziometrische Untersuchungen in den ersten Schulklassen erweisen sich meistens als unfruchtbar, weil die Einstellungen der Kinder noch zu ungefestigt sind. Sie wechseln von einem Tag zum andern, und in Wirklichkeit sind es höchstens 4–5 Kinder, die sich näher kennen und »mögen« – doch auch diese Sympathieeinstellungen wechseln über Nacht. Daher bestehen auch noch keine eindeutigen Ablehnungen, die die berüchtigte »Schwarze-Schaf-Stellung« bedingen. Die Kinder sind auf dieser Stufe noch zu sehr im »Übergang«, um irgendwelche positiven oder negativen sozialen Einstellungen formulieren zu können.

Dies ändert sich aber im zweiten Schuljahr und besonders im dritten Schuljahr. Hier bilden sich mehr und mehr größere Freundschaftsgruppen von besserer Konstanz heraus. Immer noch sind die »Mitgliedschaften« in diesen Gruppen leicht auswechselbar, und auch die Ablehnungen sind noch nicht eindeutig, sondern vorübergehend. Die Größe der Gruppen schwankt, doch finden sich meistens Gruppen von 5–7 Kindern.

Erst mit etwa 11 bis 12 Jahren bilden sich eindeutigere Gruppen mit ziemlich konstanten Mitgliedschaften und auch einigermaßen eindeutigen Kriterien der

Zugehörigkeit. Hier umfassen die Gruppen bis zu 15 Mitglieder, die manchmal durch allerlei »geheime« Zeremonien zusammengehalten werden und eine erklärte Gegnerschaft gegen andere Gruppen oder Individuen haben. Die Führer dieser Gruppen haben einen außerordentlich starken Einfluß auf die Mitglieder. Ihre ausgesprochenen oder unausgesprochenen Anordnungen werden oft mehr befolgt als die Anordnungen der Eltern oder Lehrer. Die Normen und Werte, die in diesen Gruppen gelten, sind für die soziale Entwicklung des Kindes entscheidender als die Normen der Erwachsenengesellschaft. Daher ist es von außerordentlicher Bedeutung, diese Gruppen so weit wie möglich positiv zu steuern, dafür zu sorgen, daß möglichst schulfreundliche Elemente den Ton angeben. Wenn dagegen schulfeindliche Kinder die Gruppenführer sind, dann entstehen oft gewaltige Schwierigkeiten für den Lehrer, die Kinder für die Lernaufgaben innerhalb der Schule zu begeistern, und es kann zu einem regelrechten Boykott kommen. Hier empfiehlt es sich manchmal, den »Bock zum Gärtner« zu machen, das heißt möglichst den Gruppenführer selbst für die Lernaufgaben zu begeistern, ohne ihn freilich allzu deutlich zu »umwerben«, was ja seine Machtposition über die anderen Kinder nur noch stärken würde (und die des Lehrers schwächen müßte). Vor allem aber gilt es, die besonders hilfsbedürftigen Kinder, die von den anderen Schülern abgelehnt werden (die »schwarzen Schafe«) herauszufinden – durch regelmäßige soziometrische Untersuchungen in der Klasse – und ihre Eingliederung in die Gruppen zu erreichen. Wenn nämlich ein Kind (und es sind ca. 20% aller Kinder, die irgendwann einmal dieses betrübliche Schicksal des Abgelehntseins tragen müssen![39]) keine soziale Anerkennung, sondern nur aktive Ablehnung durch seine Mitschüler erfährt, wird es in seiner sozialen Entwicklung aufs empfindlichste beeinträchtigt. Auch seine schulische Leistungsfähigkeit wird stark negativ beeinflußt. (Es entstehen Lernstörungen und die Leistungen gehen zurück!) Damit kommt es selbstverständlich auch zu emotionalen Störungen (Minderwertigkeitserfahren und starken Frustrationen, die kaum rational verarbeitet werden können, sondern zu unkontrollierbaren Reaktionen führen). Wir werden in einem späteren Kapitel noch besonders auf diese Probleme eingehen und können uns hier auf das Aufzeichnen der mehr entwicklungspsychologischen Tendenzen im Bereich des sozialen Wachstums des Kindes beschränken.

Die Gründe für das Abgelehntwerden sind einesteils physischer Art. Ein Kind kann beispielsweise abgelehnt werden, weil es extrem kurzsichtig ist und eine Brille tragen muß, die es daran hindert, in manchen Spielen mitzumachen. Oder ein anderes Kind wird abgelehnt, weil es einen Hörfehler hat und manches nicht recht versteht, was die anderen sagen oder »flüstern« usw. Häufiger aber sind die Ursachen für das Abgelehntwerden sozialpsychologischer Art: Ein Einzelkind, das keinerlei verläßliche soziale Verhaltensformen sthenischer Art besitzt, wandert in der Schule von einer Gruppe zu anderen und zieht sich sofort zurück, wenn es angegriffen wird. Hat es doch nie Verstärkungen für eine soziale Initiative erhalten, sondern nur für bescheidenes und resignierendes Zurück-

---

[39] Vgl. *W. Correll*, Lernstörungen beim Schulkind. 3. Aufl., Donauwörth 1966.

weichen vor der Autorität der (strikten) Eltern! Es ist nun also kein Wunder, wenn die anderen Schulkinder dieses Kind dazu benutzen, in ihm einen »Sündenbock« zu sehen: es wehrt sich ohnehin nicht und scheint diese Rolle geradezu magisch auf sich zu lenken.

Wiederum gilt es zu betonen, daß keine solche Einstellung »angeboren« ist. Es handelt sich jeweils um das Ergebnis einer entsprechenden Konditionierung!

Auf der andern Seite sind die »geborenen« Führer der Gruppe. Sie haben Initiative, identifizieren sich mit der Gruppe (ohne sich über sie erheben zu wollen) und sind den Gruppenmitgliedern allgemein durch ihre Aktivität überlegen. Außerdem spielt dabei auch die Einstellung zum Lehrer eine große Rolle. In den unteren Klassen der Volksschule (1–5) wird meistens die Fähigkeit des Gruppenführers, mit dem Lehrer gut auszukommen (d. h. ein guter oder wenigstens gut durchschnittlicher Schüler zu sein) positiv gewertet. In den mittleren Klassen jedoch (6–7) sind es oftmals diejenigen Kinder, die dem Lehrer gegenüber besonders negativ und oppositionell auftreten, die vom Rest der Klasse als »Star« anerkannt und gewählt werden. Hierin spiegelt sich die allgemeine Unsicherheit dieser Altersphase bezüglich der Einstellung zu den Erwachsenenautoritäten. Man experimentiert sozusagen mit einer »neuen Autorität« und setzt die alte ab, indem der größte »Gegner« des Lehrers (etwa ein besonders aggressives Kind, das aktiv gegen den Lehrer aufzutreten wagt) unterstützt wird. In den späteren Klassen jedoch normalisiert sich dies meistens wieder. Es sind dann selten die besten Schüler einer Klasse, die die »Stars« sind, sondern es sind mittelmäßige Schüler mit großer allgemeiner Aktivität und vielen schöpferischen Einfällen, die sich auch außerhalb der Schule auswirken.

Neben dem Abgelehnten und dem Star haben wir den »Freund« als eine wichtige sozialpsychologische Figur in dieser Altersgruppe. Er hat ungefähr dieselben Interessen, wohnt in der Nachbarschaft (oder in derselben Straße) und ist ebenfalls ein Junge (ein Mädchen). Diese Freundschaftsbeziehung ist meistens eine Komplementärbeziehung, d. h. ein besonders aktiver Schüler wählt sich einen mehr passiven Freund usw., so daß sich fruchtbare Ergänzungen ergeben. Es besteht dabei kein hierarchisches Verhältnis wie in der größeren Gruppe, sondern durchaus ein partnerschaftliches Verhältnis, das allerdings manchmal nur für bestimmte Aktivitäten gilt (etwa nur für Unternehmungen außerhalb der Schule, während man in der Schule andere Freunde um sich hat ...). Die Bedeutung dieser Freundschaften nimmt während der Volksschulzeit von etwa 15 % bis zu etwa 25 % (in der 1. bzw. 7. Klasse) zu. Die Zahl der Ablehnungen scheint besonders im 6. und 7. Schuljahr rapide anzusteigen (was im Zusammenhang mit der dort beginnenden negativen Phase der Pubertät zu stehen scheint), um dann wieder auf das Niveau der mittleren Klassen abzusinken (ca. 18 % vor dem 6. Schuljahr, ca. 30 % während des 6. und 7. Schuljahrs).[40] Interessant in diesem Zusammenhang ist auch die Entwicklung der sozialen Einstellung zwischen den Geschlechtern. Hier beobachten wir ein ständiges Abnehmen der Beziehungen vom 1. zum 4. Schuljahr (von etwa 35 % auf 5 %). Dann nimmt das Interesse

[40] Vgl. *W. Correll*, Lernstörungen, a.a.O.

an dem anderen Geschlecht – niedergeschlagen in den gegenseitigen Wahlen – leicht zu (steigt auf etwa 7% im 5. Schuljahr), um dann vom 7. Schuljahr an eindeutiger zuzunehmen, wenn die sexuellen Interessen der Pubertät ihren Einfluß geltend machen.

Wie sehr die sozialen Einstellungen in diesem Alter korrigierbar sind, zeigt z. B. eine sehr interessante Studie von *Lowenstein* und *Svendsen*,[41] in der dargestellt wird, wie eine Gruppe von abgelehnten Kindern im Alter von 6 bis 10 Jahren während einiger Wochen in einem kleinen Ferienlager behandelt werden kann, um mit einem ganz neuen Sozialgefühl in die alte Gruppe zurückzukehren. Es scheint überhaupt ein sozialpsychologisches Gesetz zu sein, daß alle Kinder, gleichgültig, ob sie »Star«-Kinder oder »schwarze Schafe« sind, wenn sie unter sich sind, wieder neu formieren, d. h. wiederum Gruppenführer wählen und wiederum Untergruppen bilden und Ablehnungen konstituieren. Man kann allerdings die Zahl der Ablehnungen auf ein Minimum beschränken, wenn man entsprechende vorsichtige Beratungen vornimmt und Aufgaben verteilt, die ab und zu gerade dem abgelehnten Kind eine besonders positive Stellung verleihen, von wo aus es sich eine bessere Position erarbeiten kann.[42]

Späte Kindheit und Pubertät

Es wäre verkehrt anzunehmen, daß sexuelle Probleme erst mit der Pubertät auftreten und soziale Einstellungen beeinflussen. Es steht fest, daß sexuelle Spielereien (Masturbation) und heterosexuelle Annäherungen lange vor der Pubertät bei fast allen Kindern gelegentlich auftreten[43] und wieder verschwinden, wenn nicht die Erwachsenen durch verkehrte »Behandlungsmethoden« (»Moralpredigten«) der Sache ein ungebührliches Gewicht verleihen und sie daher erst richtig interessant für die Kinder werden lassen. Mit der Pubertät aber – und mit der dann gegebenen biologischen Sexualreife – wird der Aufbau normaler *heterosexueller Sozialbeziehungen* zum Hauptproblem der sozialen Entwicklung.

Besonders durch die offensichtlichen Akzelerationssymptome auf diesem Gebiet wird das Problem der Sexualerziehung zu einer zentralen Aufgabe im Bereich der sozialen Entwicklung und – Erziehung des Kindes. Die bisher vorherrschende Gleichgültigkeit oder Ablehnung zwischen den Geschlechtern sollte nach und nach einer normalen Beziehungsaufnahme zwischen ihnen weichen. Hierzu ist es nötig, daß die Erzieher entsprechende Gelegenheiten dazu vorbereiten und Verstärkungen für heterosexuelle Interessen gewähren. Vor allem bedeutet dies, daß der Jugendliche in diesem Alter über sexuelle Fragen diskutieren kann und Verständnis bei den Erwachsenen für seine Fragen findet.

Wenn jedoch – was leider häufig zu beobachten ist – der Bereich des Sexuellen als »Tabu« selbst bei den Erwachsenen gilt, dann wird er für den Jugendlichen noch interessanter, aufregender und verleitet ihn fast mit Sicherheit zu eigenen

---

[41] P. *Lowenstein, M. Svendsen*, Experimental Modification of the Behavior of a Selected Group of Shy and Withdrawn Children. Am. J. Orthops., 8, 1938, S. 639 ff.

[42] Vgl. z. B. *E. G. Osborne*, Camping and Guidance. N.Y. 1939.

[43] Vgl. z. B. *A. C. Kinsey, W. B. Pomeroy, C. E. Martin*, Sexual Behavior in the Human Male. Philadelphia 1948 (u. ö.).

»Expeditionen« in dieses neue Gebiet, über das anscheinend niemand spricht, aber jeder für besonders wichtig zu halten scheint. – Diese eigenen Erkundungen gehen nicht immer zum Vorteil für die weitere soziale Entwicklung des Jugendlichen aus, sondern führen öfters in Isolierung und andere soziale Sackgassen hinein. Viele Fallstudien zu diesen Fragen haben gezeigt, daß erfolgreiche heterosexuelle Einstellungen und Fähigkeiten des Erwachsenen zum großen Teil bereits während der Pubertätszeit grundgelegt werden müssen und daß auch umgekehrt die meisten erwachsenen Versager auf diesem Gebiet (unglückliche Ehen, extreme Zurückhaltungen in sexueller Hinsicht und homosexuelle Tendenzen) bereits während der frühen Pubertätszeit falsche Verstärkungen oder gar keine Verstärkungen auf diesem Gebiet erhalten haben: Wenn ein Junge mit 15 Jahren systematisch entmutigt wird, sooft er auch nur andeutungsweise ein Interesse an Mädchen äußert, ist es kein Wunder, daß sich schließlich ein einzelgängerischer Erwachsener aus ihm entwickelt, der ängstlich alle Situationen vermeidet, die ihn in Verbindung mit dem anderen Geschlecht bringen würden.[44] Entsprechendes gilt selbstverständlich für Mädchen, die in der Regel den Jungen um 1 bis 2 Jahre vorauseilen, durch allerlei »Vorbereitungen« die Aufmerksamkeit der Jungen auf sich zu lenken versuchen und in diesen Bemühungen planmäßig verstärkt werden müssen, wenn eine gesunde und normale Einstellung zum anderen Geschlecht sich entwickeln soll. Viele Frustrationen (die teilweise auch dadurch zustande kommen können, daß die Jungen ihrer »Wahl« noch zu unreif sind) haben jedoch eine negative Wirkung, die oftmals jahrelang anhalten kann. Vieles von der bereits erwähnten Oppositionshaltung des Jugendlichen gegenüber dem Erwachsenen hat außerdem darin ihre Ursache, daß die Erwachsenen oftmals gerade die sexuellen Sorgen und Nöte der Jugendlichen mißverstehen und ihnen unnötige Barrieren in den Weg legen, die wiederum als Herausforderung auf den Jugendlichen wirken müssen.

Normalerweise bilden sich nun als typische Sozialform in der frühen Pubertät die *gemischtgeschlechtlichen Gruppen* heraus, die aus etwa 10 bis 20 Jugendlichen beiderlei Geschlechts bestehen. In diesen Gruppen finden die stark verunsicherten Jugendlichen einen neuen Halt: sie versuchen möglichst gleichartig zu sein – gleiche Kleidung, ähnliche Frisur, ähnliche Auffassungen sind sozusagen »selbstverständlich« für die Mitglieder der einzelnen Gruppen, die manchmal auch gewisse Symbole tragen (Abzeichen . . .), um sich dadurch möglichst deutlich von anderen Gruppen abzusetzen. Was die Gruppe beschließt, wird auch gegen den Widerstand der Eltern und Lehrer (»gegen die Welt«!) durchgehalten – ja häufig ist es gerade dieser Gegensatz zu den Erwachsenen, der die Gruppenmitglieder mit einem in diesem Stadium besonders notwendigen neuen Selbstvertrauen ausstattet. Selbstverständlich führt dies gelegentlich zu neuen Schwierigkeiten in der Schule, falls die Gruppe durch den Einfluß einiger Mitglieder mehr oder weniger schulfeindlich ist. Durch geschickte Manipulationen kann aber ein Lehrer hier eine vorübergehende Feindschaft leicht in begeisterte Anhänglichkeit verwandeln. Wichtig ist dabei vor allem, daß er die Jugend-

---

[44] Vgl. *P. Blos*, The Adolescent Personality. N.Y. 1941.

lichen nicht mit Gewalt und kraft seiner Autorität als »Älterer« und als Lehrer zwingt, sondern mehr durch sein Verständnis für die besonderen Sorgen und Nöte der Jugendlichen überzeugt!

Innerhalb dieser Gruppen wird nun auch das Besondere des anderen Geschlechts »studiert«. Die Jugendlichen veranstalten oder besuchen gemeinsame Tanzveranstaltungen, begeistern sich gemeinsam an einem neuen Tanz, an einem neuen Schlager (»fan-clubs«!) und schwärmen auch gemeinsam für ein bestimmtes Ideal eines Mädchens oder eines Mannes (Einfluß des Filmes und des Fernsehens!).

In diesem Zusammenhang findet natürlich auch ein Wechsel von dem »Freund« der Vorpubertätszeit zur »Freundin« (bzw. zum Freund des anderen Geschlechts) statt. Diese Beziehungen bestehen meistens neben der Mitgliedschaft zur Gruppe und sind nicht so stark und einflußreich wie diese. Meistens sind die ersten »Freundinnen« und »Freunde« Mißgriffe, und anfänglich findet ein ziemlich rascher Wechsel in solchen Beziehungen statt. Was dem Jugendlichen dabei besonders hilft, ist wieder seine Gruppe, denn hier werden die Fragen dieser Freundschaften mit großer Offenheit »diskutiert«, und der Einzelne kommt auch mehr und mehr mit verschiedenen Vertretern des anderen Geschlechts in Berührung. Solange die Gruppen nicht von ausgesprochen negativen, antisozialen Elementen beherrscht werden, sind sie dem Jugendlichen eine ausgezeichnete emotionale Stütze in einer Zeit der inneren und äußerlichen Haltlosigkeit.

Diese Beziehungsaufnahme mit dem anderen Geschlecht hat auch bedeutsame Rückwirkungen auf die Beziehungen zum eigenen Geschlecht während dieser Entwicklungsphase. Während es vorher mehr physische Qualitäten waren, die – neben der Originalität und der allgemeinen Aktivität – ein Starkind ausgezeichnet haben, kommen nun als neue Kriterien für gleichgeschlechtliche Sozialbeziehungen der sozio-ökonomische Status und die Beliebtheit des gleichgeschlechtlichen Partners beim anderen Geschlecht hinzu. Es finden nun kaum mehr Assoziierungen zwischen Angehörigen verschiedener wirtschaftlicher und gesellschaftlicher Schichten statt. Die Jugendlichen von *Elmtown* z. B., die *Hollingshead* genau untersucht hat, wählten überwiegend (78% der Mädchen und 71% der Jungen) Angehörige der gleichen gesellschaftlichen und wirtschaftlichen Klasse zum Freund (im gleichgeschlechtlichen Bereich).[45]

Andererseits bestehen kaum Freundschaften zwischen gleichgeschlechtlichen Jugendlichen, von denen der eine beim anderen Geschlecht beliebt und »erfolgreich« ist und der andere nicht. Es tun sich sozusagen die Jugendlichen auch unter diesem Gesichtspunkt zusammen, um ihre gemeinsamen »Triumphe« oder »Niederlagen« zu erörtern, um Trost oder Anregung zu erhalten von dem anderen, der offenbar dieselben »Interessen« in dieser Hinsicht verfolgt. Sexuelle Probleme werden zum Gesprächsstoff Nr. 1 innerhalb der jugendlichen Freundschaften, und die Trauer und Depressionen werden leichter, wenn sie geteilt und mitempfunden werden – wie auch die Freude und der Enthusiasmus noch gesteigert werden, wenn man sie mitteilen kann! Insbesondere Mädchen scheinen dazu zu

---

[45] *A. B. Hollingshead*, Elmtown's Youth. N.Y. 1949, S. 216 ff.

neigen, einander zu helfen, wenn sich heterosexuelle Schwierigkeiten ergeben.[46]

Dieser größere Grad der Intimität zwischen den Freunden und auch innerhalb der Gruppen bedeutet einen weit stärkeren Zusammenhalt, als das früher in Freundschaften und Gruppen der Fall war. Dies wiederum wirkt sich in einer größeren Konstanz dieser Sozialbeziehungen aus und auch in einer größeren Konstanz der Ablehnungen und Feindschaften! Außerdem ist die Zahl der Ablehnungen jetzt bei beginnender Pubertät (ca. 12 Jahre) besonders groß. Hierin spiegelt sich die gesteigerte Kritiksucht und die große innere Unsicherheit, die Reizbarkeit und Empfindlichkeit mit sich bringen. Als besonders tragische Erscheinung in diesem Alter ist die »*einseitige Freundschaft*« zu betrachten, die zwar auch vorher vorgekommen ist, doch jetzt besonders häufig zu beobachten ist: In einer Untersuchung von über 500 Jugendlichen männlichen Geschlechts waren nicht weniger als 13% der Freundschaften »einseitig«, d. h. die Jungen bezeichneten in der Befragung (soziometrische Erhebung) Kinder als ihre Freunde, die ihrerseits keine Notiz von ihnen nahmen, sondern ganz andere Jungen zu Freunden wählten![47] Diese Kinder sind meistens auch nicht Mitglieder einer Gruppe – denn die Gruppe duldet kaum »Mitläufer«, sie verlangt ganzes Dabeisein und gegenseitige Sympathie. Man gehört entweder ganz oder gar nicht dazu! So sind denn sehr viele Kinder in diesem Alter auch von ihren Altersgenossen (nicht nur von den Eltern und anderen Erwachsenen, zu denen das Vertrauen zwangsläufig in eine Krise geraten ist) alleingelassen. Und hier hat wiederum der Lehrer eine besondere Aufgabe, die jenseits seiner eigentlichen Lehrverpflichtung liegt und dennoch den Erfolg seines Unterrichts erst ermöglicht! Ein Kind, das ohne Hilfe bleibt in dieser sozialpsychologischen Krise, ist selbstverständlich kaum zu ausdauerndem Lernen fähig. Vielmehr wird es zu Tagträumereien und allerlei anderen Fluchtreaktionen neigen oder seine Lernanstrengungen werden verkrampft und extrem und beschwören gerade dadurch um so mehr die Ablehnung der Mitschüler herauf.[48]

Diese sozialpsychologischen Probleme des jungen Menschen beeinträchtigen meistens auch seine Beziehung zu den Eltern vorübergehend negativ. Die Eltern, die die Veränderungen in ihrem Sohn oder in ihrer Tochter mit Mißfallen feststellen, versuchen meistens mit »eindeutigen« Maßnahmen, d. h. mit strengen Vorschriften und Restriktionen die »Eskapaden« einzudämmen. Dadurch aber versteift sich die Front nur noch mehr: Der Jugendliche fordert mehr und mehr Unabhängigkeit, und die Eltern wollen dieses Streben mehr und mehr eindämmen!

Die Vielfalt solcher Konflikte zeigen viele Untersuchungen, von denen hier als Beispiel nur auf eine ältere Untersuchung von *Block*[49] verwiesen werden soll, weil sie ausgezeichnet durchgeführt worden ist. Sie ergab, durch Befragung von etwa 500 Pubertierenden, daß 80% der Jungen und 81% der Mädchen in häu-

---

[46] Vgl. z. B. und besonders: *C. B. Zachry, M. Lighty,* Emotion and Conduct in Adolescence. N.Y. 1940, bes. S. 534.

[47] *H. S. Dimock,* Rediscovering the Adolescent. N.Y. 1937.

[48] Vgl. *A. T. Jersild,* The Psychology of Adolescence. N.Y. 1951, S. 210 ff.

[49] *V. L. Block,* Conflicts of Adolescents with their Mothers. J. abn. Soc. Psychol., 32, 1937, S. 193 ff.

figen Streit mit ihrer Mutter darüber geraten, daß sie über ihre Geldausgaben genaue Rechenschaft ablegen mußten; 82% bzw. 86% kamen wegen der schlechter gewordenen Schulnoten in Konflikte mit der Mutter (Leistungsabfall in der Pubertät!); 66% bzw. 87% berichteten über Konflikte wegen der Benutzung des Autos am späten Abend und 67% bzw. 76% ärgerten sich darüber, daß ihnen dauernd ein Bruder oder eine Schwester als Vorbild vorgehalten wurde. Dies waren lange nicht alle, aber die häufigsten Konfliktbereiche, die diese Kinder zu Protokoll gaben.

Sicherlich könnte man einwenden, daß diese Untersuchung von 1937 inzwischen ihre neuere Ergänzung erfahren habe, doch berichten neuere Untersuchungen weitgehend über dieselben Probleme.[50] Was jedoch verstärkt hinzuzukommen scheint, ist eine auffallende Bewußtheit des gesellschaftlichen und wirtschaftlichen Status der Eltern, und vorübergehend kann sich ein Jugendlicher seines Vaters schämen, weil er einen »gewöhnlichen« Beruf hat; oder eine Tochter kann sich ihrer Mutter schämen, weil sie alleinstehend ist und arbeiten muß.

Hier gilt es wiederum für den Lehrer, möglichst genau Angaben über solche Konflikte seiner Kinder zu ermitteln und dann individuell zu helfen. Allein das bloße Interesse des Lehrers für die Sorgen und Nöte des einzelnen Kindes wirkt gelegentlich sehr positiv. Das unaufdringliche Vorbild aus guter Literatur oder der bloß mündliche Hinweis auf diese oder jene individuelle Möglichkeit können gleichermaßen heilend wirken. Überdies sollte die Schule viele Gelegenheiten bieten, um die Kinder zu gemeinsamen Aktivitäten anzuregen, in denen die Einstellung der gegenseitigen Hilfe verstärkt wird (es also nicht auf das »Gewinnen« eines Einzelnen ankommt!). Mit Gewinn kann der Lehrer dabei seine Kenntnis der Zusammensetzung der einzelnen »Gruppen« innerhalb der Klasse benutzen und auch die nicht beantworteten Bestrebungen der Kinder mit der »einseitigen Freundschaft« geschickt dadurch verwirklichen helfen, daß er diese Kinder jeweils in jene Gruppen gibt, in denen ihre angeblichen Freunde sind. Häufige Konferenzen und Ausspracheabende mit den Eltern können überdies helfen, die Spannungen und Konflikte zwischen den Eltern und ihren Kindern zu mildern, sobald durch den Lehrer auf die entwicklungspsychologischen Gegebenheiten der einzelnen Phasen hingewiesen wird und die Eltern sozusagen das »Normale« im »besonderen« Verhalten ihres Kindes erkennen lernen. Sowohl die Kinder als auch die Eltern sollen also auf die beginnende Pubertät gut vorbereitet werden.

Die Behandlung der besonderen sexuellen Interessen der Kinder auf der Oberstufe legt auch nahe, in der Biologie u. ä. Fächern von den verschiedensten, naheliegenden Fragen her auf die besonderen Probleme des Kindes jenes Alters einzugehen. In vielen Fällen dürfte sich sogar ein regelrechter »Aufklärungsunterricht« – wie immer man ihn auch nennen mag – als zweckmäßig erweisen (namentlich in den größeren Städten). Mit Gewinn läßt sich an diesen Interessen anknüpfen, um die meistens schlummernden ästhetischen Neigungen der Kinder

---

[50] *Hollingshead*, a.a.O.

zu wecken und zu pflegen und ihnen dadurch zudem eine rechte wirksame Hilfe für die Überwindung ihrer Probleme in die Hand zu geben.

Nachdem wir nun die entwicklungspsychologische Seite der sozialen Einstellungen der Kinder und Jugendlichen skizziert haben, wenden wir uns der intellektuellen und sprachlichen Entwicklung zu.

3. Die intellektuelle und sprachliche Entwicklung

Intelligenz ist eine der wichtigsten geistigen Fähigkeit des Menschen. Sie ist indessen nicht das »Insgesamt« dieser geistigen Fähigkeiten, zu denen, neben der Intelligenz, das schöpferische Verhalten,[51] die sprachliche Fähigkeit, die geistige Konzentrationsfähigkeit und noch andere Fähigkeiten gehören.

Bevor wir nun auf die Entwicklung der Intelligenz eingehen, müssen wir daher beschreiben, was unter Intelligenz im einzelnen zu verstehen ist, nachdem deutlich ist, daß der Hinweis auf die geistigen Fähigkeiten lediglich eine Abgrenzung von anderen, verwandten Fähigkeiten darstellen kann. Es wäre auch zu einfach, wenn man sich damit begnügen würde festzustellen, Intelligenz sei das, was der jeweilige Intelligenztest mißt. Denn die Art wie ein Intelligenztest aufgebaut ist, ist eben bereits von einer bestimmten Vorstellung des Phänomens »Intelligenz« beeinflußt und geprägt.

Die Auffassungen der Psychologen über die Intelligenz gehen weit auseinander. Verhaltenspsychologisch interessant ist dabei, daß alle Auffassungen davon ausgehen, *Intelligenz ermögliche ein an neue Situationen angepaßtes Verhalten,* indem eine bestimmte Art von geistiger Anpassung oder Bewältigung des »Neuartigen« (des »Problems«) vollzogen wird. Dies betonte z. B. bereits *Binet,*[52] indem er die Meinung vertrat, Intelligenz sei die Fähigkeit, sich anzupassen, sich selbst zu kritisieren. Dieser Gedanke taucht auch bei *W. Stern,*[53] bei *J. Piaget*[54] und bei *L. M. Terman*[55] auf. Eine der klarsten Definitionen dieser Art bietet neuerdings *D. Wechsler,* der sagt, »Intelligenz ist die ... umfassende Fähigkeit des Individuums, zweckmäßig zu handeln, rational zu denken und wirksam mit der Umgebung fertig zu werden«.[56]

Demgegenüber haben wir nun folgende vier *differenzierte* Standpunkte in der Intelligenzforschung zu unterscheiden, die davon ausgehen, daß mehrere Faktoren oder Teilfähigkeiten innerhalb der Intelligenz zu untersuchen seien. Wir wollen diese Standpunkte kurz betrachten:

Zunächst ist da die bekannte *Zweifaktoren-Theorie* von *Spearman.*[57] Sie besagt, daß allen geistigen Funktionen ein allgemeiner Faktor »g« zugrundeliegt. Neben diesem g-Faktor besteht dann, nach dieser Theorie, eine Vielzahl von

---

[51] Vgl. *W. Correll,* Programmiertes Lernen u. schöpferisches Denken. München 1965.
[52] *A. Binet et Th. Simon,* Méthodes nouvelles pour le diagnostic du niveau intellectuel des anormaux. Année psychol., 11, 1905.
[53] *W. Stern,* Die Intelligenz der Kinder und Jugendlichen und die Methoden ihrer Untersuchung. Leipzig 1928⁴.
[54] *J. Piaget,* Psychologie der Intelligenz. Zürich 1948.
[55] *L. M. Terman and M. A. Merrill,* Measuring intelligence. N.Y. 1937.
[56] *D. Wechsler,* The Measurement of Adult Intelligence. 4. Aufl., Baltimore 1960, Seite 7.
[57] *C. E. Spearman,* The Abilities of Man: their Nature and Measurement. N.Y. 1927.

s-Faktoren, die den einzelnen Aufgaben entsprechen. Individuelle Intelligenzunterschiede kommen nun dadurch zustande, daß die Qualität des g-Faktors oder die der s-Faktoren unterschiedlich ist. Ein Individuum mag z. B. hervorragend in seiner allgemeinen Intelligenz (g-Faktor) sein, und doch kann es in einer bestimmten Intelligenzaufgabe total versagen, weil der entsprechende s-Faktor mangelhaft ausgebildet ist. Da nun aber der g-Faktor alle Bereiche durchdringt, ist es unwahrscheinlich, daß ein Individuum mit unterentwickeltem g-Faktor in einem Teilgebiet wirklich Hervorragendes zu leisten vermag.

Neben der Zweifaktorentheorie haben die *Mehrfaktorentheorie* von *E. L. Thorndike* zu unterscheiden.[58] Sie besagt, daß Intelligenz aus einer Vielfalt von Faktoren besteht, die sich als spezifische Fähigkeiten im intelligenten Verhalten zeigen. Intelligenz ist nach *Thorndike* sowohl *abstrakt* – als Fähigkeit, mit Symbolen und Ideen umzugehen –, als auch *mechanisch* – als Fähigkeit, mit mechanischen Dingen umzugehen – und schließlich *sozial* – als Fähigkeit, mit Menschen umzugehen –. Da auch nach *Thorndike* eine gewisse Gemeinsamkeit zwischen diesen drei Gebieten des »Umgehens« besteht, ist zu erwarten, daß Tests in diesen Bereichen zu hohen Korrelationen neigen. Mit dem Schulerfolg hat offensichtlich die abstrakte Seite der Intelligenz am meisten gemeinsam, was indessen lediglich besagt, daß in der Schule vorwiegend das »Umgehen mit Symbolen und Ideen« gelehrt wird.

Zwischen diesen beiden Auffassungen von *Spearman* und *Thorndike* steht die *Theorie der primären geistigen Fähigkeiten* von *Thurstone*.[59] Nach *Thurstone* gibt es keinen allgemeinen g-Faktor der Intelligenz, vielmehr, sagt er, ist Intelligenz das Ganze aus verschiedenen primären geistigen Fähigkeiten, die zusammenwirken, um intelligentes Verhalten entstehen zu lassen. *Thurstone* versuchte nun, diese primären geistigen Fähigkeiten im einzelnen zu benennen, und er baute auf dieser Grundlage seinen bekannten Test auf (Chicago Primary Abilities Test). Diese Untersuchungen waren für die meisten Intelligenztestkonstruktionen von maßgebender Bedeutung. Doch es besteht wiederum keine Übereinstimmung darüber, ob die von *Thurstone* benannten Primärfähigkeiten notwendig alles umfassen, was zur Intelligenz gehört, oder ob noch andere hinzukommen müssen. – An dieser Stelle setzt nun neuerdings *Guilford* an mit seiner *Theorie der Intelligenzstruktur*.[60] *Guilford* erweitert die Theorien seiner Vorgänger, indem er die Intelligenzfaktoren gleichsam kubisch angeordnet denkt und so die Faktoren der 1) *Operationen*, 2) der *Ergebnisse* und 3) der *Inhalte* der Intelligenz unterscheidet. Zu den ersteren gehört: die Bewertung, das konvergierende und das divergierende Denken, das Gedächtnis und das Erkennen. Zu den Inhalten rechnet er: figurale, symbolische, semantische und behaviorale Inhalte, und zu den Ergebnissen zählt er: Einheiten, Klassen, Beziehungen, Systeme, Transformationen und Implikationen. Das Ganze läßt sich nach *Guilford* folgendermaßen veranschaulichen:

[58] *E. L. Thorndike*, Intelligence and its Measurement. Journal Ed. Ps., 12, 1921, S. 123 ff.
[59] *L. L. Thurstone and T. G. Thurstone*, Factorial Studies of Intelligence. Psychometrics Monogr., No. 2, 1941
[60] *J. P. Guilford*, Three Faces of Intellect. The Am. Psychologist, 14, 1959, S. 469.

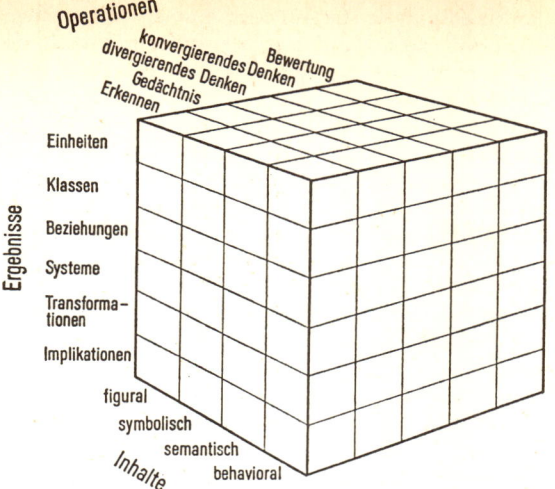

Abb. 7. Das Würfelmodell *Guilfords* von der Struktur der Intelligenz.

Nach diesem Modell ergeben sich also 120 theoretische Strukturmomente der Intelligenz: 4 Inhaltsaspekte, 5 Operationsaspekte und 6 Ergebnisaspekte.

Für unsere Betrachtung der verhaltenspsychologischen Seite der Intelligenz ist nun besonders der Gesichtspunkt der Operationen von Bedeutung. *Intelligenzoperationen* im Sinne *Guilfords* sind Weisen des Intelligenz-Verhaltens, die in bezug auf die verschiedenen Inhaltsaspekte verschiedene Ergebnisarten erzeugen. Während uns die Operationen des Gedächtnisses und des Erkennens geläufig sind, ist die Unterscheidung zwischen Bewertung, divergierendem und konvergierendem Denken nicht so allgemein und für unsere Darstellung von besonderer Bedeutung, weshalb hier etwas näher darauf eingegangen werden soll.

Das konvergierende Denken (nach *Guilford*) »strebt nach einer einzigen, richtigen, d. h. endgültigen oder konventionellen Antwort«.[61] Diese Antwort ist auch in den entsprechenden Tests eingeplant, so daß bei der Messung des konvergierenden Denkens so viele Antworten entstehen, wie es sinnvolle Kombinationen aus den 3 Inhaltsarten mit den 6 Ergebnisarten gibt.

Das *divergierende Denken* dagegen strebt nach einer Vielfalt von Antworten, die in verschiedene Richtungen weisen können. Es ist »diejenige Art des Denkens, die in verschiedene Richtungen strebt, die beim Problemlösungsverhalten Richtungsänderungen möglich macht und die zu verschiedenen Antworten führen kann, wo mehr als eine Antwort (der Situation nach) annehmbar ist.«[62] Das divergierende Denken strebt gleichsam in die Breite, wo das konvergierende Denken mehr in die Tiefe zielt.[63]

---

[61] *J. P. Guilford*, Personality. N.Y. 1959 S. 359.
[62] Ebenda S. 381.
[63] Vgl. *W. Correll*, Programmiertes Lernen u. schöpferisches Denken. München 1966³.

Dadurch ist die enge Beziehung zwischen dem »schöpferischen« Denken und dem divergierenden Denken offensichtlich. *Guilford* vertritt die Auffassung, daß das schöpferische Verhalten nicht so sehr im konvergierenden Denken, das im gewöhnlichen Schulunterricht im Vordergrund steht, sondern mehr im divergierenden Denken begründet sei, denn hier kommt die Kategorie der *Flüssigkeit,* der *Flexibilität* und auch der *Originalität* am eindeutigsten zur Anwendung.[64]

Die *Fähigkeiten der Bewertung* beziehen sich auf das »kritische« Denken. *Guilford* definiert sie folgendermaßen: »Die Bewertungsfähigkeiten haben es mit der Bewertung der Informationen und Schlüsse zu tun. Sie stellen ihre Eignung, Annehmbarkeit, ihre Qualität und ihre Konkretheit fest. Dies schließt die Frage der Kriterien und Normen ein. Die Bewertungsfaktoren unterscheiden sich bezüglich der Urteilskriterien und hinsichtlich der üblichen drei Inhaltskategorien.«[65] Die Bewertungsfähigkeiten der Intelligenz bemühen sich also um die logische und die Erfahrungsauswertung, indem logische Beziehungen benutzt werden, um die Richtigkeit sinnvoller Schlüsse zu überprüfen bzw. indem eine Situation dadurch überprüft wird, daß ihre Übereinstimmung mit dem Erfahrungsschatz festgestellt wird; außerdem bemühen sie sich um das Erkennen eines Problems als solches und um die Ermöglichung brauchbarer Entscheidungen in schwierigen Situationen.[66]

Wir sehen aus diesem Überblick über die wichtigsten Auffassungen über das Wesen der Intelligenz, daß lediglich insofern eine Übereinstimmung zu bestehen scheint, als nur dasjenige als zur Intelligenz gehörig bezeichnet werden kann, was sich tatsächlich im *intelligenten Verhalten* nachweisen und – nach Möglichkeit – auch quantitativ erfassen läßt. Wir werden unten verfolgen, wie sich die verschiedenen Darstellungensweisen der wachsenden Intelligenz im Entwicklungsprozeß aufweisen lassen. Vorher wollen wir indessen einen Blick auf das allgemeine Wachstum der Intelligenz werfen.

Die *Wachstumskurve der Intelligenz* stellt dar, wie Intelligenz im Verhältnis zum Lebensalter zunimmt. Allgemein ausgedrückt können wir sagen, daß während des ganzen Lebens eine kontinuierliche Intelligenzentwicklung stattfindet, daß sich dieser Prozeß jedoch verschieden intensiv zeigt in den verschiedenen Lebensphasen. Gemessen an den Ergebnissen der üblichen Intelligenz-Tests wie z. B. des Wechsler-Intelligenz-Tests, des Binet-Simon-Intelligenz-Tests oder der Stanford-Binet-Intelligenz-Tests u. a. m., ergibt sich eine Intelligenz-Entwicklungskurve, die folgenden charakteristischen Verlauf zeigt:

In der frühen Kindheit findet ein sehr intensiver Anstieg der Intelligenz-Entwicklung statt, etwas abgeschwächter ist ihr Fortschritt in der späteren Kindheit, um schließlich gegen Ende der Pubertät, um das zwanzigste Lebensjahr herum, »stehen« zu bleiben. Eine typische Kurve der Intelligenzentwicklung zeigt also folgenden Verlauf:

---

[64] *J. P. Guilford,* a.a.O., S. 389 f.
[65] Ebenda, S. 390 f.
[66] Vgl. Ebenda, S. 392–394.

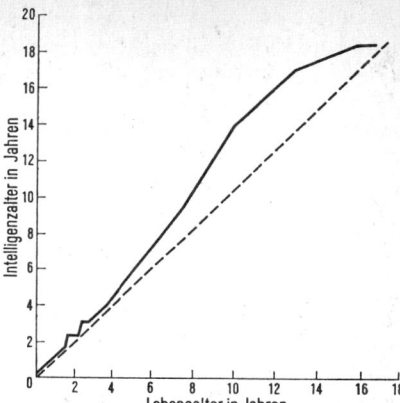

Abb. 8. Typischer Verlauf der Intelligenzentwicklung.

Diese typische Kurve der Intelligenzentwicklung ergibt sich aus den Untersuchungen von *N. Bayley*.[67] Die gestrichelte Linie stellt den Verlauf dar, den die Intelligenzentwicklung nehmen würde, wenn sie absolut gleichgeschaltet mit dem Lebensalter wäre, d. h. wenn das Intelligenzalter (IA) (das man mit Hilfe der Intelligenz-Tests errechnen kann) immer gleich dem Lebensalter (LA) oder der Intelligenz-Quotient (IQ) immer (IA/LA) · 100 = 100 wäre. Die IA-Ergebnisse dieser Gruppe von 40 Kindern stammen von Intelligenz-Tests, die vom ersten Lebensjahr bis zum Alter von 17 Jahren an ihnen durchgeführt wurden (Stanford-Binet und für die Altersgruppen unter 5½ Jahren ein besonderer Kinder-Intelligenz-Test).[68] Am Anfang wurden monatliche Tests durchgeführt, später nur noch jährliche. Die Kurve beruht auf den Mittelwerten dieser Untersuchungen.

Daraus und aus ähnlichen Untersuchungen ergibt sich, daß die Intelligenzentwicklung im großen und ganzen parallel zur chronologischen Entwicklung verläuft, d. h. daß der IQ ziemlich konstant bleibt. Allerdings zeigt sich aus dieser Kurve bereits, daß die Intelligenzkurve in den ersten Lebensjahren – wie sie sich aus den angewandten Tests errechnen läßt – einigermaßen von ihrem späteren Verlauf abweicht. Dies läßt vermuten, daß der IQ, den man in den ersten Lebensjahren eines Menschen errechnet, nicht besonders »zuverlässig« ist, d. h. daß er nicht hoch mit den IQ-Werten korreliert, die man etwa mit 18 Jahren erhält. Die genauen Korrelationskoeffizienten (bezogen auf 27 Kinder) zwischen den IQ-Werten in den einzelnen Lebensaltern mit dem IQ-Wert mit 18 Jahren sind folgende:[69]

Alter	1	2	4	7	9	11	15
Korrelationskoeffizient	14	39	52	68	80	87	84

Man sieht, daß der Intelligenztest mit 1 Jahr praktisch überhaupt nicht mit dem Ergebnis eines Intelligenztests derselben Person mit 18 Jahren überein-

[67] *N. Bayley,* The Growth of Intelligence. Amer. Psychol., 10, 1955, S. 805.
[68] The California First Year and Preschool Scales.
[69] Vgl. *N. Bayley,* Consistency and Variability in the Growth of Intelligence from Birth to 18 Years. Ped. Sem. and J. Gen. Psychol., 75, 1949, S. 165–196.

stimmt. Man kann also mit 1 Jahr noch nicht viel über die spätere Intelligenz eines Menschen feststellen! Dagegen sind die Übereinstimmungen mit 7 Jahren schon ziemlich gut, und mit 9 Jahren sind sie sehr gut. Dies ist z. B. für die Übergangsprüfungen auf eine höhere Schule von Bedeutung. Allerdings bestimmt die Intelligenz allein nicht den Schulerfolg, es müssen noch andere Fähigkeiten (Ausdauer, Fleiß, Milieuübereinstimmung, emotionale und soziale Stabilität etc.) hinzukommen.

Wenn man nun die Testergebnisse von 17 und 18 Jahren auf einen Durchschnitt bringt und die früheren Ergebnisse ebenfalls auf einen Durchschnitt umrechnet, so ergibt sich folgendes Bild:

Durchschnittl. Alter (korreliert mit 17/18)	10, 11, 12 Mo,	42, 48, 54 Mo.	5, 6, 7 J.
Korrelationskoeffizient	0,41	0,62	0,86

Ähnlich unsicher wird nun der IQ im hohen Alter. Die vorliegenden Untersuchungen deuten an, daß die Intelligenz im beschriebenen Sinne zuerst schnell und nach der Pubertät langsamer, ungefähr parallel mit dem Lebensalter weiterwächst,[70] so daß der IQ ziemlich konstant bleibt (von einigen drastischen Änderungsmöglichkeiten durch Milieuwechsel etc. werden wir noch sprechen) bis zum Einbruch des Greisenalters, wo sich die Intelligenz nicht mehr weiterentwickeln kann und daher der IQ zurückgeht. Der genaue Zeitpunkt dieser Rückentwicklung des IQ kann indessen vorerst noch nicht ermittelt werden, weil zu wenige Untersuchungen mit zuverlässigen Testmitteln zur Verfügung stehen.[71] Überdies hängt dies von der individuellen Lebensführung, von den sozio-ökonomischen Umständen und von anderen Umweltgegebenheiten sehr stark ab, wie überhaupt die Intelligenz-Wachstumskurve in starkem Maße von solchen Faktoren beeinflußt wird und nicht allein von endogenen Gegebenheiten, wie man früher gemeint hat. Welche Faktoren kommen hier vor allem in Betracht?

An erster Stelle scheint die *Erbausstattung* einen äußerst starken Einfluß auf die intellektuelle Entwicklung auszuüben. Aus vielen Untersuchungen, die man vortrefflich zusammengefaßt und ausgewertet findet bei *Jones,*[72] läßt sich ableiten, daß Kinder aus Elternhäusern mit höherem sozio-ökonomischem Status (höheres Einkommen, bessere, akademische Ausbildung) auch höhere IQ-Werte aufweisen, als Kinder aus niedrigeren sozio-ökonomischen Schichten. Selbstverständlich gibt es Ausnahmen, aber die Regel scheint dies zu sein. Nun kann aber dieses Ergebnis so gedeutet werden, daß die Kinder aus den »besseren« Elternhäusern die besseren Möglichkeiten der intellektuellen Entwicklung haben (Reisen, Gespräche, emotionale Sicherheit und Wärme, Bücher etc.) und die Kinder

[70] Vgl. *Dieselbe,* Data on the Growth of Intelligence between 18 and 21 Years... J. Gen. Ps., 90, 1957, S. 3 ff.

[71] Vgl. jedoch die sehr guten Darstellungen: *H. E. Jones and H. S. Conrad,* The Growth and Decline of Intelligence: a Study of a Homogeneous Group between the Ages of ten and sixty. Gen. Ps. Mon., 13, 1933, S. 223 ff.; *H. E. Jones and O. J. Kaplan,* Psychological Aspects of Mental Disorders in Later Life. In: *O. J. Kaplan* (ed.), Mental Disorders in Later Life, 2. Aufl., Stanford U. 1956, S. 98 ff.

[72] *H. E. Jones,* The Environment and Mental Development. In: *L. Carmichael* (ed.), Manual of Child Psychology, 2. Aufl., N. Y. 1954, S. 631 ff.

aus den »schlechteren« Elternhäusern eben die weniger günstigen oder hindernden Faktoren in ihrer Umgebung vorfinden. Andererseits kann gesagt werden, daß die Eltern mit dem höheren Einkommen und der besseren Ausbildung bereits erfolgreich *durch* ihren höheren IQ geworden sind, so daß der höhere IQ der Kinder in erster Linie durch die Vererbung bedingt sei. – Nach allen Untersuchungen, die vorliegen, handelt es sich jedoch nicht um eine einseitige Entweder-oder-Position, sondern um ein Sowohl-als-auch: sowohl die Vererbung der Intelligenzausstattung als auch eine mehr oder weniger förderliche Umwelt wirken zusammen, um im Kind eine entsprechende Intelligenzentwicklung zu ermöglichen. Die häufig beobachteten Veränderungen in den IQ-Werten während verschiedener Stadien des individuellen Lebens zeigen zudem, daß die Intelligenz auch von außen her erheblichen Veränderungen unterworfen sein kann – und darauf kommt es schließlich bei einer verhaltenspsychologisch orientierten pädagogischen Psychologie an: wir können wenig an den Vererbungsfaktoren, aber sehr viel an den Umweltfaktoren ändern; wir können die »Umwelten« der Kinder verbessern und so wenigstens das Maximum der ererbten Anlagen zur Entfaltung bringen! Vielfach erscheinen Kinder als »schwachsinnig«, obgleich sie es in Wirklichkeit nicht sind, da ihre eigentlichen intellektuellen Möglichkeiten, ihre Erbausstattung, durch hinderliche Umweltbedingungen nicht zur Entfaltung gekommen sind. Hierauf hat besonders *Arthur*[73] eingehend hingewiesen.

Um diese Problematik – ob die Erbausstattung oder die Umwelteinflüsse einen größeren Einfluß auf die intellektuelle Entwicklung des Kindes haben – mit stichhaltigeren Methoden zu klären, wurden verschiedene Untersuchungen mit *eineiigen Zwillingen* durchgeführt, die genau dieselbe Erbausstattung haben, aber in verschiedenen Umwelten aufgewachsen sind. Diese Ergebnisse wurden dann mit den Beobachtungen an anderen Kindern verglichen, die teils im gleichen, teils in verschiedenen Milieus aufgewachsen sind. Wenn nun trotz der verschiedenen Umwelten bei eineiigen Zwillingen z. B. eine signifikante Korrelation zwischen den intellektuellen Fähigkeiten errechnet werden könnte, würde dies eindeutiger als andere Untersuchungen für den entscheidenden Einfluß und die vorherrschende Abhängigkeit der Intelligenz von der Vererbung sprechen. Tatsächlich liegen neuerdings folgende Korrelationen vor:[74]

Eineiige Zwillinge, zusammen aufgewachsen	0,925
Eineiige Zwillinge in verschiedenen Umwelten aufgewachsen	0,876
Geschwister, zusammen aufgewachsen	0,538
Geschwister, in verschiedenen Umwelten aufgewachsen	0,517
Nicht verwandte Kinder, zusammen aufgewachsen	0,269

Hieraus zeigt sich, daß die Erbanlage (eineiige Zwillinge, in verschiedenen Umwelten, dennoch zu einer Korrelation von 0,876 in intellektueller Hinsicht verwandt und nichtverwandte Kinder in derselben Umwelt lediglich zu 0,269 verwandt!) einen sehr entscheidenden Einfluß auf die Intelligenzentwicklung ausübt. Wenn es den Anschein hat, daß intelligentere Kinder auch physisch besser entwickelt sind als weniger intelligente, so beruht dies nach neueren Unter-

---

[73] *G. Arthur*, Some Factors Contributing to Errors in the Diagnosis of Feeblemindedness. Americ. J. of Mental Defic., 54, 1950, S. 497.
[74] *C. Burt*, The Inheritance of Mental Ability. Am. Psychol., 13, 1958, S. 1.

suchungen nicht auf einer Korrelation zwischen intellektueller und physischer Entwicklung, sondern auf dem Einfluß derselben Umwelt.[75]

Andererseits besteht ein definitiver Einfluß *verschiedener Umweltfaktoren* auf die Intelligenz. *Jones*[76] und *M. Mead*[77] fanden z. B. in ihren überaus interessanten Untersuchungen, daß die *Motivation* durch eine mehr oder weniger erziehungsfreundliche und lernfreundliche Umwelt einen entscheidenden, ja bestimmenden Einfluß auf die Intelligenzentwicklung hat. Wo die Anregungen fehlen, da kann sich auch eine etwa vorhandene (erbmäßig) intellektuelle Anlage nicht voll entfalten. Umgekehrt entwickelt sich dort eine maximale intellektuelle Fähigkeit, wo gute Motivationen aus der Umwelt auf das Kind zukommen, es zu geistiger Arbeit herausfordern usw., falls eine zu entwickelnde Anlage überhaupt vorhanden ist.

Solche Ergebnisse haben sich auch in Untersuchungen an *Heimkindern* ergeben, die in der Regel unter stress-Situationen leiden, das Gefühl der Ungeborgenheit haben und deren *Bedürfnis nach Liebe* und Zuneigung von seiten eines bestimmten Erwachsenen nicht voll befriedigt ist. Diese Kinder zeigten fast durchweg deutlich intellektuelle Minderleistungen, die sie bis zu 2 Jahren unter ihrem zu erwartenden Niveau verbleiben ließ.[78, 79, 80] Auch in Elternhäusern, die die erforderliche *emotionale Sicherheit* nicht zu vermitteln vermochten, zeigten sich ähnliche Symptome.[81, 82]

Sontag u. a.[83] fanden, daß bei der Intelligenzentwicklung der Faktor der emotionalen Unabhängigkeit von den Eltern eine bedeutende Rolle spielt. Es wurden Kinder im Alter von 6 Jahren und 10 Jahren in ihren intellektuellen Leistungen miteinander verglichen und gleichzeitig auf bestimmte Persönlichkeitsmerkmale hin untersucht. Diejenigen Kinder, die sich intellektuell am positivsten entwickelten, zeigten einen höheren Grad der emotionalen Unabhängigkeit von ihren Eltern als die anderen Kinder. Es scheint demnach so zu sein, daß zur vollen Entfaltung der intellektuellen Anlagen auch eine Gelegenheit gehört, ohne Schuldgefühle den verschiedensten Einfällen und Impulsen nachgehen zu dürfen, Probleme nicht nur zu sehen, sondern auch mit ihnen zu

---

[75] O. F. Bersch, W. Lenz, J. Maxwell, The Correlation between Mental and Physical Growth in Twins. British J. Ed. Ps., 31, 1961, S. 267.

[76] H. E. Jones, The Environment and Mental Development. In: L. Carmichael (ed.), Manual of Child Psychology, 2. Aufl. N.Y. 1954, S. 631 ff.

[77] M. Mead, Research on Primitive Children. In: L. Carmichael (ed.), Manual of Child Psychology, 2. Aufl. N.Y. 1954, S. 735 ff.

[78] J. Bowlby, Maternal Care and Mental Health. WHO, 1951, S. 179.

[79] W. Goldfarb, Emotional and Intellectual Consequences of Psychologic Deprivation in Infancy: a Revaluation. In: P. H. Hoch and J. Zubin (eds.), Psychopathology in Childhood, N.Y. 1955, S. 105 ff.

[80] R. Spitz, Hospitalization. An Inquiry into the Genesis of Psychiatric Conditions in Early Childhood. In: A. Freud a. o., The Psychoanalytic Study of the Child, Vol. I, Int. U. 1945, S. 53 ff.

[81] H. N. Lewis, Deprived Children. Oxford U. 1954.

[82] M. Ribble, Infantile Experience in Relation to Personality Development. In: Hunt, Personality and the Behavior Disorders, N.Y. 1944, S. 621 ff.

[83] L. W. Sontag, C. T. Baker, V. L. Nelson, Mental Growth and Personality Developments: a Longitudinal Study. Mon. of the Soc. Res. Child Dev., 23, 1958, Nr. 2, S. 137.

experimentieren, selbst wenn dadurch – in den Augen der Erwachsenen – »nichts Positives« erzeugt wird! Das Kind muß Gelegenheit haben, »das Lernen zu lernen«, indem es schon vor dem Schuleintritt einen möglichst vielfältigen Umgang mit Dingen und Vorstellungen, mit Fragen und Personen haben darf, ohne dabei von den Eltern »gegängelt« zu werden.

Andererseits bestehen auch in dieser Beziehung wesentliche Unterschiede zwischen den einzelnen Kindern: was den einen in der intellektuellen Entwicklung zurückwirft und schädigt, das kann den anderen sogar voranbringen und zu einer maximalen intellektuellen Entfaltung antreiben. Dies haben besonders die Untersuchungen von *Lewis*[84] und von *Palermo*[85], neben denen von *Bayley*[86] erwiesen. Hier scheinen also vor allem Persönlichkeitseigentümlichkeiten (Temperament, Vitalität...) dafür verantwortlich zu sein, wie ein Kind auf eine gegebene emotionale oder motivationspsychologische Behinderung reagiert: »schwächere« Naturen scheinen durch Resignation, »stärkere« dagegen durch vermehrte Anstrengungen und Bemühungen zu reagieren. Doch sind solche Hypothesen bisher noch nicht stichhaltig genug untersucht worden, um sie zu einem erwiesenen Faktum erheben zu können.

In diesem Zusammenhang ist es interessant, wie weit der Faktor der Gesundheit und Krankheit auf die intellektuelle Entwicklung Einfluß nimmt. *W. Thompson* hat besonders betont, daß bereits vorgeburtliche Einflüsse auf die intellektuelle Entwicklung bestehen: Wenn die Mutter in einem bestimmten Stadium schwere Krankheiten durchmachen muß, kann dies einen sehr negativen Einfluß auf die Intelligenz des Kindes ausüben. So besteht die (begründete) Vermutung, daß z. B. Mongolismus beim Kind von solchen Faktoren während seiner vorgeburtlichen Entwicklung herrühren kann.[87] Selbstverständlich bedeutet eine physische Erkrankung nach der Geburt stets einen Verlust an Energie und an Gelegenheit zum Umgang mit Dingen und Personen. Deshalb beobachtet man bei solchen schwereren Erkrankungen während der Kindheit meistens einen intellektuellen Rückschlag; dies gilt auch noch für das Schulalter, wo zusätzlich noch das Versäumnis evtl. neugelernter Dinge in der Schule hinzukommt und nach der Gesundung eine mehr oder weniger starke Frustration beim Kind verursacht. Doch ist auch hierbei nicht leicht eine Verallgemeinerung zu ziehen, da manche Kinder, wie *Bayley*[88] zeigte, auf eine solche Reduktion der Spielmöglichkeiten mit einer vermehrten Intelligenzentwicklung und Zuwendung zu einer mehr geistigen Beschäftigung reagieren.

Im Lichte dieser Untersuchungen, namentlich der von *Jones*[89], erscheint es fraglich, ob der *Unterschied im Milieu* tatsächlich das große Gewicht für die

[84] *H. N. Lewis*, a.a.O.

[85] *D. S. Palermo a. o.*, The Relationship of Anxiety in Children to Performance in a Complex Learning Task. Child Dev., 27, 1956, S. 333 ff.

[86] *N. Bayley*, Factors Influencing the Growth of Intelligence in Young Children. In: Intelligence, its Nature and Nurture, 39th Yearbook, P. II, NSSE Publ. Sch. 1940, S. 49 ff.

[87] *W. R. Thompson*, Early Environment – its Importance for Later Behavior. In: *P. H. Hoch*, *J. Zubin* (eds.), Psychopathology in Childhood, N.Y. 1955, S. 120 ff.

[88] *N. Bayley*, a.a.O. (1940), S. 49–79.

[89] *H. E. Jones*, a.a.O. (1954), S. 631 ff.

intellektuelle Entwicklung hat, das man ihm bisher weitgehend zugeschrieben hat! Wenn man z. B. die Studien von *Terman* and *Merrill*[90], die von *Anastasi*[91] und von *Smith*[92] zusammennimmt, ergibt sich folgende Übersicht:

Die Beziehung zwischen dem Beruf des Vaters (»Milieu«) und den Intelligenz-Test-Ergebnissen der Kinder in verschiedenen Altersstufen

Beruf des Vaters	$\emptyset$-IQ nach Binet		$\emptyset$-IQ nach Wechsler
	2–5,5 Jahre	15–18 Jahre	
Akademiker	116	116	110
Facharbeiter	108	110	103
Bauer	99	94	97
Ungel. Arbeiter	94	98	94

Jedoch: ist es das Milieu als solches oder ist es die durch die Vererbung gegebene selektive Intelligenz, was hier wirksam ist? D. h. sinkt das Niveau der Intelligenz bei den Kindern weniger ausgebildeter Eltern, weil das Milieu schlechter ist oder weil die Eltern ihrerseits einen relativ niedrigen IQ hatten und daher in diese weniger ausgebildeten Berufe hineingeraten waren? *Jones* vertritt, wie gesagt, nach sehr sorgfältiger Auswertung der vorliegenden Befunde, die Auffassung, daß es mehr die Vererbungsfaktoren seien als die puren Milieufaktoren, die eine solche Entwicklung beeinflussen. Trotzdem steht auch fest, daß intelligentes Verhalten erheblich durch ein extrem »armes« Milieu behindert und die intellektuelle Entwicklung daher verzögert wird. Die Frage jedoch bleibt bisher unbeantwortet, welcher Grad der »Armut des Milieus« vorliegen muß, um eine solche intellektuelle Behinderung zu bewerkstelligen! Wahrscheinlich ist es auch nicht möglich, eine allgemeingültige Antwort hierauf zu geben, da sehr viele individuelle Variable im Spiele sind.

Alle diese Faktoren scheinen nun zusammenzuwirken, um im individuellen Kind die verschiedensten Einflüsse auf die intellektuelle Entwicklung auszuwirken: Der IQ bleibt konstant, wenn diese Faktoren einigermaßen konstant bleiben und er verändert sich in dem Maße, in dem sie sich verändern. Ein radikaler Wechsel im Elternhaus – der Verlust eines Elternteils, eine neue Erzieherin, ein neues Geschwisterchen, ein Umzug in eine neue Gegend usw. – oder ein entsprechender Wechsel in der Schule bzw. in der Gesellschaft (Kriegswirren z. B. oder chaotische Nachkriegszeit ...) – können eine positive oder negative Änderung des IQ bewirken, indem sich das intelligente Verhalten auf einer entsprechend höheren oder tieferen Ebene zeigt.

Damit haben wir bereits angedeutet, daß es verschiedene Ebenen des intelligenten Verhaltens gibt, die für verschiedene Altersstufen typisch sind. Wir wollen nun erörtern, wie das intelligente Verhalten in den verschiedenen Lebensaltern aussieht:

[90] *L. M. Terman, M. A. Merrill*, Measuring Intelligence. Boston 1937.
[91] *A. Anastasi*, Psychological Testing. N.Y. 1954.
[92] *M. Smith*, University Student Intelligence and Occupation of Fathers. Americ. Soc. Rev., 1942, S. 704 ff.

a) Intelligentes Verhalten in verschiedenen Entwicklungsstadien

Frühe Kindheit. Die allerersten Verhaltensäußerungen des Fötus können noch nicht als intelligent bezeichnet werden. Es handelt sich erst um elementare Anfänge des Verhaltens, die mehr als vegetativ oder rein physiologisch zu bezeichnen sind, als als intelligent.[93, 94] Auch das Neugeborene lebt in der behüteten Umwelt der Erwachsenen (seiner Mutter) mit Hilfe einiger elementarer Verhaltensreflexe, die zunächst kaum der intelligenten Abwandlung bedürfen. Der Anfang des bewußten und intelligenten Lebens und Verhaltens ist jedoch bereits hier zu erkennen, indem die Sinne elementare Veränderungen der Temperatur, der Lichtverhältnisse, der akustischen Umwelt und der Welt der Druck- und Geschmacksverhältnisse registrieren und reflexartige Bewegungen auslösen. Diese reflexartigen Bewegungen sind jedoch bereits in diesem Stadium einer leichten Beeinflussung durch Erfolgs- oder Mißerfolgserlebnisse zugänglich: Wird eine Bewegung – in einem allerersten elementaren Sinn – verstärkt, so wird sie wiederholt; wird sie nicht verstärkt, so wird sie sich so lange abzuändern und anzupassen versuchen, bis eine Verstärkung im Sinne einer Bedürfnisbefriedigung eintritt. Dieses System ist jedoch in den ersten vier oder fünf Lebensmonaten so elementar, daß es mit Recht noch nicht als intelligent, sondern als »sensu – neuro-motorisch« bezeichnet wurde.[95] In den ersten 18 Monaten bleibt das intelligente Verhalten – wenn man die ersten vorsichtigen Anpassungsversuche so bezeichnen will – weitgehend mit den motorischen Koordinationen verbunden und erscheinen kaum als eigenständige, als »geistige« Verhaltenskategorie.

Bayley z. B. testete jeden Monat Neugeborene sowohl auf ihre motorische als auch auf ihre intellektuelle Fähigkeit und verglich dann die Ergebnisse in Form von Korrelationen. Es ergab sich für die ersten 18 Monate ein Koeffizient von ca. 0,50; erst hinterher sank diese Korrelation auf etwa 0,25.[96] Überhaupt kann intelligentes Verhalten in diesem Alter bis zu 18 Monaten höchstens als eine Art »intellektueller Wachheit« bezeichnet werden, also als eine Fähigkeit, neue Situationen überhaupt als solche wahrzunehmen und darauf zu reagieren – gleichgültig, ob diese Reaktionen bereits adäquat oder inadäquat sind.

Erst mit dem Verständnis und dem Gebrauch der *Sprache* (wir werden unten noch genauer mit der Sprachentwicklung zu tun haben), also mit etwa 1,5 Jahren, beginnt das Kind definitive intelligente Verhaltensformen zu benutzen, indem es ein Verständnis für Symbole (sprachliche und andere) zeigt, indem es den Gesichtsausdruck zu deuten vermag usw.[97]

Das Verständnis für Symbole zeigt sich verhaltenspsychologisch darin, daß das Kind jetzt nicht mehr nur auf direkte (Primär-)Reize reagiert, sondern

---

[93] *N. Bayley,* Development and Maturation. In: *H. Helson* (ed.), Theoretical Foundations of Psychology, N.Y. 1951, S. 154 ff.

[94] *L. Carmichael,* The Onset and Early Development of Behavior. In: *L. Carmichael* (ed.), Manual of Child Psychology, 2. Aufl. N.Y. 1954, S. 60 ff.

[95] *A. Gesell,* The Ontogenesis of Infant Behavior. In: *L. Carmichael* (ed.), Manuel of Child Psychology, 2. Aufl. N.Y. 1954, S. 335 ff.

[96] *N. Bayley,* The Development of Motor Abilities during the first three Years. Mon. Soc. Res. Child dev., 1, 1935, S. 1 ff.

[97] *D. McCarthy,* Language Development in Children. In: *L. Carmichael* (ed.), Manual of Child Psychology, 2. Aufl. N.Y. 1954, S. 492 ff.

auch auf »Reizstellvertreter«. Dies gilt sowohl für das reaktive als auch für das operative Verhalten, d. h. das Kind kann durch einen Reizstellvertreter sowohl zu einer Reaktion angeregt, als auch in einer operativen Reaktion durch einen Sekundärstimulus verstärkt werden. Das Verhalten ist nun so konditioniert, daß das Kind einen Gegenstand oder ein Ereignis (auch eine Person) stellvertretend für ein anderes Ereignis (Gegenstand, Person) nehmen kann. Auch eine verbale Äußerung kann schließlich in diesem Sinne stellvertretend für etwas »Gemeintes« stehen und funktionieren. Allgemein ausgedrückt, kann nun eine Verhaltensform auch dadurch verstärkt werden, daß ein Stimulus auftritt, der bisher des öfteren zusammen mit einem Primärverstärker aufgetreten war. Die freundliche Äußerung der Mutter: »Du bist aber ein liebes Kind!« kann die gleiche Wirkung haben wie die physische Liebkosung oder die Nahrungsverabreichung, in deren Begleitung ähnliche Worte des öfteren gesprochen worden waren!

Damit beginnt die Fähigkeit der Abstraktion und der Antizipation, so daß von jetzt an definitiv von intelligentem Verhalten – meßbar als IQ – gesprochen werden kann. Die Korrelation zwischen diesen IQ-Werten und den späteren bleibt immerhin signifikant positiv und in der Regel in der Nähe von 50. Allerdings lassen sich zuverlässige Intelligenzvoraussagen erst vom 5.—6. Lebensjahr an mit den gegenwärtig verfügbaren Tests durchführen (vgl. S. 143).

Zwischen dem Alter von 1,5 und 5 Jahren liegt auch der besonders wichtige Vorgang der sozialen Entwicklung (s. oben!), der auch auf die intellektuelle Entwicklung, namentlich auf die sprachliche Entwicklung einen entscheidenden Einfluß hat, wie auch umgekehrt er wieder von den intellektuellen und sprachlichen Entwicklungen bestimmt wird. Es findet m. a. W. eine enge Wechselwirkung zwischen diesen verschiedenen Entwicklungen statt, und es ist daher wichtig, die hier getrennt aufgeführten Teilentwicklungen nachträglich wieder zusammenzusehen.

Außerdem hat die Entwicklung der Aufmerksamkeitsspanne einen bedeutsamen Einfluß auf die intellektuelle Entwicklung des Kindes in diesem Alter. *Munn*[98] hat gezeigt, wie jetzt die Fähigkeit der Konzentration auf eine bestimmte, komplexe Tätigkeit, wie z. B. das Anlegen der Kleider oder kleine Aufträge wächst. Die Konzentrationsdauer ist zuerst noch kurz und von der subjektiven Einstellung (Motivation) des Kindes zu der betreffenden Tätigkeit abhängig. Später wird die Konzentrationsspanne länger und nicht mehr so direkt von der Vorliebe des Kindes abhängig, es kann sich auf etwas einstellen, auch wenn es zunächst keine besondere Vorliebe dafür empfindet. Mit diesem lernpsychologisch interessanten Aspekt der intellektuellen Entwicklung haben sich besonders *Moyer* a. o.[99] befaßt. Diese selektive Aufmerksamkeit spielt eine große Rolle in der sozialen Entwicklung, denn der Sozialisierungsprozeß muß gerade diese subjektiven Einstellungen zu einem gewissen Grad überwinden; das Kind muß sich, wenn es sozial reif ist (mit etwa 4 Jahren), auch für etwas interessieren können, was seine spontane Vorliebe nicht direkt anspricht, aber

[98] *N. L. Munn*, Evolution and Growth of Human Behavior. N.Y. 1955.
[99] *K. E. Moyer et al.*, Attention Spans of Children for Experimentally Designed Toys. J. Gen. Ps., 87, 1955, S. 187.

von der Gemeinschaft von ihm erwartet wird. Trotzdem ist vor dem Schuleintritt bzw. der Schul*reife*, das Kind beim Intelligenztest mehr oder weniger stark behindert, weil einmal seine Aufmerksamkeitsspanne noch nicht so stark ausgebildet ist und weil es zum andern immer noch mehr oder weniger unter dem Druck seiner eigenen Vorlieben steht, die es etwa an einer Spielaufgabe »hängen bleiben« lassen, während es eigentlich zur nächsten Aufgabe fortschreiten sollte. Diese Lösung des intelligenten Verhaltens von subjektiven Einstellungen ist ein Prozeß, der wesentlich mit den Schulerfahrungen des Kindes zusammenhängt.

Spätere Kindheit und Reifezeit: Mit 6 Jahren ist das Kind im allgemeinen (d. h. abgesehen von vielen individuellen Ausnahmen, die es mit Schulreifetests zu erfassen gilt) intellektuell so weit entwickelt, daß es den elementaren Anforderungen der Grundschule gewachsen ist. Unter dem stimulierenden Einfluß der Schule macht während der ersten Schuljahre die intellektuelle Entwicklung intensive Fortschritte. Es gibt sogar Anzeichen dafür, daß eine besondere Beschleunigung zwischen dem 8. und 10. Lebensjahr liegt[100], die – beim begabten Kind – mit etwa 12 oder 13 Jahren von einer leichten Abschwächung gefolgt wird, die mit dem »puberalen Leistungsabfall« zusammenhängen dürfte.[101, 102]

In der Grundschulzeit findet nun eine allmähliche Differenzierung der verschiedenen Intelligenzbereiche statt, wie sie durch faktorenanalytische Untersuchungen[103, 104] isoliert werden können. Über die genaue Entwicklung dieses Differenzierungsprozesses ist jedoch noch nichts bekannt, da solche Untersuchungen bisher noch in den Anfängen stecken.

Solange die faktorenanalytischen Untersuchungen bzw. die entsprechenden Testergebnisse der einzelnen isolierten Intelligenzfaktoren noch nicht vorliegen, kann man indessen auf die Ergebnisse zurückgreifen, die mit Hilfe der überlieferten Intelligenztests ermittelt wurden, indem man die einzelnen Bereiche dieser Tests als gleichsam verschiedene – a priori angenommene – Intelligenzfaktoren wertet. So haben *Freeman* und *Flory*[105] bereits durch ihre wiederholten Testversuche mit Kindern zwischen 8 und 17 Jahren gefunden, daß am schnellsten das Analogie-Denken wächst, während das Denken in Gegensätzen und Kontrasten an zweiter Stelle steht. Mit 17 Jahren scheinen diese beiden Funktionen ihr Maximum bereits erreicht zu haben. Das langsamer sich entwickelnde Vokabular andererseits wächst auch über dieses Stadium hinaus noch. Ferner wurde ermittelt[106], daß sich das mathematische Denken, das räumliche Vorstellen und das Bilder-Vervollständigen kontinuierlich über das Alter von 25 Jahren hinaus weiterentwickeln.

[100] *N. Bayley,* Individual Patterns of Development. Child Dev., 27, 1956, S. 45 ff.
[101] *F. N. Freeman, C. D. Flory,* Growth in Intellectual Ability as Measured by Repeated Tests. Mon. Soc. Res. Child Dev., 2, 1957, S. 1–116.
[102] Vgl. *W. Correll,* Lernstörungen. Donauwörth 1964².
[103] *H. E. Garrett,* A Developmental Theory of Intelligence. Am. Ps., 1, 1964, S. 372 ff.
[104] *J. P. Guilford,* a.a.O., besonders: The Structure of Intellect. Psychol. Bull., 53, 1956, S. 267 ff.
[105] *F. N. Freeman, C. D. Flory,* Growth in Intellectual Ability as Measured by Repeated Tests. Monogr. Soc. Res. Child Dev., 2, 1937.
[106] *N. Bayley,* Data on the Growth of Intelligence between 16 and 21 Years as Measured by the Wechsler-Bellevue Scale. J. Genet. Ps., 90, 1957.

b) Entwicklung der Sprache

Einer der wichtigsten Aspekte der Intelligenz-Entwicklung ist die *Entwicklung der Sprache.* Besonders im Hinblick auf das Lernen in der Schule, das immerhin weitgehend verbales Lernen ist, ist das Verständnis der sprachlichen Entwicklung und seiner Beziehung zum Denken bedeutsam. Eine interessante Untersuchung, die die enge Beziehung zwischen Intelligenz und Sprache zum Ausdruck bringt, ist die von *Clymer,* der kürzlich[107] die sprachliche Ausdrucksfähigkeit zweier Gruppen von Fünftkläßlern miteinander verglichen hat, wobei die erste Gruppe einen (Binet-)Durchschnitts-IQ von 92,7, die zweite Gruppe einen solchen von 133 hatte. Die Gruppe mit dem höheren IQ erreichte auch sehr viel höhere Rohwerte im sprachlichen Test. Die Ergebnisse veranschaulichen folgende Übersicht:

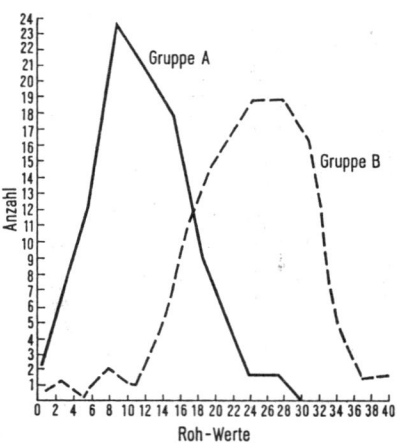

Abb. 9. Roh-Wert-Verteilung für Test 12 (Verbaltest im »California Test of Mental Maturity«) bei zwei Gruppen von Fünftkläßlern (Gruppe A mit ∅ IQ von 92,7; Gr. B mit ∅ IQ von 133).

Wenn nun so ein enger Zusammenhang zwischen sprachlichen und den Denkleistungen besteht, müssen wir nach den Gesetzmäßigkeiten der sprachlichen Entwicklung fragen, um dadurch zugleich mit mehr Klarheit die intellektuelle Entwicklung überhaupt betrachten zu können.

Es bestehen sehr viele Theorien über die Sprachentwicklung, von denen jedoch die meisten durch experimentelle Untersuchungen widerlegt werden konnten. So ist heute die assoziationistische Reflextheorie über das Lallen weitgehend aufgegeben.[108] Die Gestalt- und Feldtheorien haben wenig zur Frage der Sprach-

[107] *Th. Clymer,* A Study of the Vocabulary of the California Test of Mental Maturity, Elementary Language Section. The 18th Yearbook of the Natl. Council of Measurement in Education, 1961, S. 125 ff.
[108] Vgl. *N. E. Miller and J. Dollard,* Social Learning and Imitation. New Haven 1941.

entwicklung beigetragen, ausgenommen zu Problemen der Begriffsentwicklung mit Nachdruck auf den vorsprachlichen Wahrnehmungen und deren Entwicklung. Der Versuch einer Anwendung der Feldtheorie auf eine Analyse der Wortbedeutung stellt z. B. die Untersuchung von *H. Werner* und *E. Kaplan*[109] dar. – Auch der reine *Watson*sche und *Pawlow*sche Standpunkt zur Sprachentwicklung ist heute weitgehend ersetzt durch die exakteren Befunde der verhaltenspsychologischen Verstärkungstheorie, mit deren Beitrag zur Sprachentwicklung wir uns deswegen im folgenden etwas befassen wollen.

Die Sprachentwicklung in der Kindheit vom Standpunkt der Verhaltenspsychologie

Entsprechend der bereits beschriebenen Bedeutung, die *B. F. Skinner* dem »operativen Konditionieren« und der »Verstärkung« beimißt, ist auch – von hier her betrachtet – der Prozeß der Sprachentwicklung ein Vorgang des operativen Konditionierens bzw. der Verstärkung in direkter oder indirekter Weise. Das Kind lernt und behält diejenigen Äußerungen, die verstärkt werden, die also zur Reduktion seiner Bedürfnisspannungen beitragen, indem solche Erwartungen direkt befriedigt werden oder indem sie eine indirekte Befriedigung hervorrufen durch einen Stimulus, der mit einer direkten Befriedigung assoziiert ist. Solche Äußerungen können direkte Reaktionen auf Stimuli sein oder auch »operative« Äußerungen, wie etwa das »*Lallen*« des Kleinkindes, das eine Äußerung ohne direkten Stimulus, rein aus dem Inneren des Kindes herausdrängend, darstellt. Lallen hat zunächst keine »Bedeutung«, es will nichts vermitteln, steht für nichts anderes als für sich selbst. Das Kind lallt gewöhnlich, wenn es – etwa vom 3. Lebensmonat an – zufrieden und gesättigt ist. Der Prozeß der Ausdifferenzierung dieser bedeutungslosen Lalläußerungen in das, was wir die Anfänge der Sprache nennen können, ist nun besonders von der neueren Verhaltenspsychologie in neuer Weise untersucht und erhellt worden.

Am klarsten kommt dieser Ansatz in »Verbal Behavior« von *B. F. Skinner*[110] zum Ausdruck. Während die ältere Sprachpsychologie noch davon ausging, daß im Menschen von Anfang an ein »Trieb« oder »Instinkt« zur Nachahmung liegen müsse, der das Kind seine erwachsene oder jedenfalls sprechende Umgebung kopieren läßt, gibt *Skinner* diese Hypothese auf. *Niemand kann einen »angeborenen Instinkt« zur Nachahmung wirklich nachweisen!* Es ist aber möglich, auch ohne eine solche spekulative Setzung eines Instinkts auszukommen.

Eine Tendenz zur Nachahmung im Kind entwickelt sich durch die vielen Verstärkungen seiner operativen Verhaltensäußerungen (sprachlicher Art = Lallen), die dann erfahren werden, wenn sie sich mit den sprachlichen Äußerungen der Erwachsenen bzw. der sprechenden Umgebung in Übereinstimmung befinden. Die Umgebung des Kindes »belohnt« – durch entsprechende Reaktionen – diejenigen sprachlichen Äußerungen des Kindes, die ihr verständlich sind, d. h. die eine Bedeutung in der wirklichen Sprache dieser Umgebung haben. Daher

---

[109] *H. Werner and E. Kaplan*, Development of Word Meaning through Verbal Context: an Experimental Study. J. Ps., 29, 1950, S. 251 ff.
[110] *B. F. Skinner*, Verbal Behavior. N.Y. 1957.

übernimmt das Kind nach und nach solche Äußerungen, es »ahmt die Umgebung« nach – aber es tut es nicht, weil es einen angeborenen Instinkt dazu hat, sondern lediglich, weil es erfahren hat, daß solche Verhaltensäußerungen positive Reaktionen (= Verstärkungen) hervorrufen können. Die auf diese Weise im Vorgang des operativen Konditionierens entstandene Fähigkeit zur Nachahmung hilft nun auch dem Kind, mehr und mehr seine sprachlichen Äußerungen so zu kombinieren, daß sie schließlich dem Muster der sprechenden Umgebung entsprechen.

Das Kind befindet sich hier bereits in einem exemplarischen Lernprozeß. In einem unbewußten trial and error lernt es das chaotische Lallen zu strukturieren und zu präzisieren und die sprechende Umgebung nachzuahmen. In diesem Prozeß kommen indessen auch neue Äußerungen zustande, spontane Kombinationen und Generalisierungen. Indessen liegen bisher noch keine Untersuchungen vor, die diesen Prozeß in einzelne Phasen zerlegen könnten. Die Sprachentwicklungsstadien, die wir unten unterscheiden werden, stellen ebenfalls keine eindeutigen und notwendigen Phasen dar, sondern dienen mehr dem Überblick über die wichtigsten Ereignisse vom Standpunkt der Verhaltenspsychologie.

Im Prozeß des operativen Konditionierens lernt das Kind nicht nur die einzelnen sprachlichen Äußerungen mit einem Sinn und einer Bedeutung zu verbinden, sondern es lernt auch Wörter (bzw. Begriffe) zu Sätzen zusammenzustellen. Hier handelt es sich wiederum um einen komplizierten Differenzierungsvorgang, in dem das Kind nach und nach die Funktion der einzelnen Satzteile kennenlernt, nachdem es zuerst ein einzelnes Wort oder eine Wortkombination für einen ganzen Satz genommen hat (wir gehen unten auf dieses »Einwortstadium« noch ein). So entsteht »Sprache«, als ein strukturiertes System von willkürlichen Lauten und Lautreihen, das benutzt wird zur zwischenmenschlichen Kommunikation und das ziemlich vollständig die Gegenstände und Zustände der menschlichen Erfahrung katalogisiert.[111]

Die Stadien der Sprachentwicklung

Es ist ausgesprochen schwierig, eindeutige Stadien der Sprachentwicklung wie überhaupt der psychologischen Entwicklung festzulegen, weil einmal individuelle Verschiedenheiten jeder Einteilung widersprechen und weil zum andern der Prozeß des operativen Lernens ein kontinuierlicher Vorgang ist, der keine starren Barrieren kennt.

Der Ausgangspunkt vom »ersten Wort« als dem Beginn der kindlichen Sprache ist z. B. sehr problematisch, da meistens dieses erste Wort des Kindes noch kein Wort im eigentlichen Sinn, d. h. keine sprachliche Äußerung mit einer definitiven Bedeutung, ist; auch ist der Nachweis des ersten Wortes sehr schwierig. Besser ist dagegen ein Ausgangspunkt vom Zeitpunkt der Unterscheidung von Wörtern in der Sprache der Erwachsenen durch das Kind, was bereits auf den Einfluß bedeutsamer Konditionierungen hinweist. Eine gute Darstellung der beiden ersten

---

111 Vgl. die sehr gute überblickende und zusammenfassende Darstellung der modernen Sprachpsychologie von *J. B. Carroll*, The Study of Language. A Survey of Linguistics and Related Disciplines in America. Cambridge, Mass. 1953.

Jahre der Sprachentwicklung des Kindes unter solchen Gesichtspunkten findet sich bei *M. M. Lewis*.[112]

Unter Berücksichtigung all dieser Einschränkungen der Berechtigung der »Stadien« können wir doch des Überblicks wegen folgende 6 Entwicklungsstadien unterscheiden:

Die ersten Monate der Sprachentwicklung

Die ersten drei Monate nach der Geburt sind noch durch die Äußerung nicht-diskriminierter Laute gekennzeichnet. Es handelt sich um ein zuerst noch völlig undifferenziertes »Schreien« des Kleinkindes, das sowohl Ausdruck des Schmerzes, der Unsicherheit, des Alleinseins, des Hungers oder der allgemeinen Unpäßlichkeit sein kann. Solches Schreien kann noch nicht als Sprache bezeichnet werden, aber es ist ein für die Sprachentwicklung besonders wichtiges Vorstadium, denn hier wird zum einen der Sprechapparat im allgemeinen geübt und für das Kind gleichsam »entdeckt«, und zum andern werden hier die Bedingungen dafür geschaffen, daß später Diskriminierungen – durch die Verstärkung einzelner solcher Äußerungen – stattfinden können und die Kommunikationsfunktion entwickelt wird. Eine erste Annäherung in dieser Hinsicht findet dadurch statt, daß das Kind schon bald lernt, gleichsam »verschieden« zu schreien, wenn es Hunger hat oder wenn es naß ist oder wenn es sich langweilt usf. Es liegen indessen keine eindeutigen Merkmale fest, die diese Entwicklung charakterisieren würden, doch sind wohl die meisten Mütter in der Lage, solche frühkindlichen Lautäußerungen schon bald zu deuten.

Das Lallstadium der Sprachentwicklung

Das Lallen ist etwas völlig anderes als das Schreien während der ersten drei Monate. Das Kind lallt nicht, wenn es ein dringendes Bedürfnis ausdrücken will, es lallt überhaupt nicht, um etwas auszudrücken, sondern es lallt gleichsam »um des Lallens willen«. D. h. das Kind hat entdeckt, daß es seinen Sprechapparat in dieser Weise gebrauchen kann und benutzt ihn ähnlich wie es auch anfängt, mit seinen einzelnen Körperteilen (etwa den Fingern und den Füßen) zu spielen, aber es sind bereits differenziertere Äußerungen als beim bloßen Schreien. Das Lallen ist auch nicht »gelernt« im Sinne einer Nachahmung der Sprache der Erwachsenen seiner Umgebung, denn auch taube Kinder lallen.

Die Imitation der sprechenden Umgebung des Kindes kommt erst dadurch zustande, daß einzelne – gleichsam zufällige – Lallteile durch entsprechende Reaktionen der Umgebung beantwortet und so verstärkt werden: Was verstärkt wird, wird dann beibehalten, öfters angewandt, mit einer entsprechenden Reaktion verbunden, erhält so eine Bedeutung und wird zum Sprachsymbol. So wird das Lallen vom 3. bis zum 10. Monat (etwa) die Grundlage für die Entwicklung einer ersten rudimentären Nachahmung durch den Vorgang der operativen Konditionierung. Am Ende des ersten Lebensjahres beobachtet man häufig ein plötzliches Aufhören des Lallens, und das Kind scheint vorübergehend »stumm« zu sein. Es handelt sich um ein Zwischenstadium, in dem das Kind nicht mehr lallt,

---

[112] *M. M. Lewis*, Infant Speech, a Study of the Beginnings of Language. N.Y. 1951[2]

aber auch noch nicht spricht. Diese »stille Phase« ist charakteristisch für den Übergang zu den Anfängen des Sprachverständnisses.

Die Anfänge des Sprachverständnisses

Zwischen etwa dem 8. und dem 10. Lebensmonat stellt man die ersten Anzeichen für ein Verstehen symbolischer Gesten, Intonationen und Wörter fest. Das Kind kann allmählich auch die häufiger geäußerten Laute seiner Umgebung als solche erkennen und sprechen. Es handelt sich jedoch immer noch um ein rudimentäres Verstehen; volles Sprachverständnis erreicht das Kind erst mit etwa 6–7 Jahren, und auch dann ist der Prozeß noch nicht abgeschlossen.

Zunächst sind es die größeren und wenig differenzierten linguistischen Einheiten, die das Kind aufnehmen kann. Es sind einzelne Wörter oder zusammengehörige Wörter, die wie ein Wort ausgesprochen und verstanden werden. Z. B. hört das Kind vielleicht des öfteren »guten Morgen!«, wenn es des Morgens herausgenommen wird, oder es hört »auf Wiedersehn«, wenn es allein gelassen wird, und spricht diese Wörter jeweils nach als »Dumorg« und »Abides«. Entscheidend dabei ist jedoch, daß, unabhängig von der Ungenauigkeit der Nachahmung, die Bedeutung der Äußerung in etwa erkannt wird. Erst später, mit 2 oder 3 Jahren, lernt das Kind auch stark ähnlich klingende Sätze genauer zu unterscheiden.

Die Anfänge der symbolischen Kommunikation

Gegen Ende des ersten Jahres bemerken wir eine erste bewußte und aktive Verwendung der gesprochenen Sprache. Das Kind verwendet Lautgebilde, die den Wörtern der Erwachsenen ähnlich sind. Immer noch gehen spontane Lalläußerungen und konditionierte (nachgeahmte) Sprechlaute durcheinander; sie können nur schwer unterschieden werden. Vor dieser Zeit aber hat das Kind bereits gelernt, grundsätzlich die Sprache als Instrument in seinem Verhalten zu verwenden: es benutzt Lautgebilde, um etwas damit zu erreichen (eine bestimmte Reaktion bei den Erwachsenen seiner Umgebung z. B. hervorzurufen etc.) und um sich auszudrücken. Es versteht also nicht nur rudimentär die sprachlichen Äußerungen der Erwachsenen seiner Umgebung (Stadium III), sondern es verwendet selbst solche, um etwas zu erreichen. Allerdings ist der Wortschatz anfänglich sehr gering, und mit etwa 6 Monaten – nach der Äußerung des »ersten Wortes« – hat das Kind kaum mehr als 5 oder 6 Wörter zur Verfügung. Diese werden unpräzise ausgesprochen, wenn auch die Intonation meistens korrekt ist. Zwischen 12 und 18 Monaten wird dann die Verwendung von Wortkombinationen in Form des »Einwortsatzes« gelernt, indem das Kind schon vorher den Sinn solcher häufig benutzter Wortkombinationen begriffen hat und nun versucht, sie auf seine eigene Weise zu benutzen. Hier erscheinen nun im Wortschatz des Kindes Gebilde wie das erwähnte »Dumorg« (für »guten Morgen«) oder »Abides« (für »auf Wiedersehen). Häufig haben diese als Einheiten wiedergegebenen Wortkombinationen in dieser Zeit auch lautmalerischen Charakter. Alles, was auf vier Beinen geht, kann z. B. als »Wau-wau« bezeichnet werden.

Aus diesen noch nicht differenzierten Einheiten wird nach und nach das einzelne Wort herausdifferenziert, so daß dann erst die differenzierte, strukturierte Ganzheit des Satzes entstehen kann.

Gegen Ende des 2. Lebensjahres setzt ein stärkeres Wachstum des Wortschatzes ein und zugleich eine Differenzierung der Sätze. Zunächst stellt sich der charakteristische »Zweiwortsatz« ein nach dem Muster: »Kuchen haben«, »Puppe haben«, »Auto haben« usw. Das Kind entdeckt dabei, daß gewisse Teile des Satzes gleichbleiben können, während andere sich ändern und doch eine verschiedene Reaktion der Umgebung hervorrufen können. Es setzt daher ein Stadium des »linguistischen Experimentierens« ein, in dem das Kind nach und nach nicht nur den Wortschatz selbst erweitert, sondern auch die Verwendung der Wörter im Satz differenzieren lernt. Hierbei spielt selbstverständlich die Nachahmung eine Hauptrolle, obwohl das reine Konditionieren ebenfalls noch beteiligt ist. Dies stellt die Grundlage für eine artikulierte Satzstruktur dar. So beobachtet man schon bald nach dem Zweiwortschatz eine typische Satzkonstruktion, die aus drei Wörtern besteht. Dieses Stadium erhält sich bis etwa 3 Jahre, wo das Kind im allgemeinen Sätze bildet, die aus etwa 4 Wörtern bestehen. Mit 5 Jahren hat das Kind bereits einen Satzumfang von etwa 5 und 6 Wörtern entwickelt.[113]

Das Vokabular selbst wächst ebenfalls rapide an. Nach einer guten Untersuchung von *Seashore*[114] besteht es mit 4 Jahren aus etwa 5600 und mit 5 Jahren bereits aus 9600 verschiedenen Wörtern. Mit 6 Jahren verfügten seine (117) untersuchten Kinder bereits über einen Wortschatz von 14 700 Wörtern. Selbstverständlich hängt diese Entwicklung, wie wir noch (unten) sehen werden, von verschiedenen Faktoren der Umwelt sehr stark ab, so daß sich auch in dieser Hinsicht nicht leicht eine Norm aufstellen läßt. Vor allem verhalten sich Kinder, wie besonders *E. Hahn*[115] gefunden hat, auch in sprachlicher Hinsicht verschieden, je nachdem sie sich mit einem Erwachsenen oder mit Kindern unterhalten. Sobald ihre Erstkläßler mit Gleichaltrigen sprachen, verwandten sie durchschnittlich 10,4 Wörter pro Satz; wenn sie dagegen mit einem Erwachsenen in Verbindung traten, verwandten sie Sätze, die nur durchschnittlich aus 7 Wörtern bestanden. *Templin*[116] hat gefunden, daß die Anzahl der unvollständig gesprochenen Sätze der Kinder mit zunehmendem Alter abnimmt. So wurden bei 5jährigen Kindern noch 12,6% unvollständige Sätze gezählt, während es bei 6jährigen nur noch 8,6% waren.

Spätere Stadien der Sprachentwicklung

Sobald das Kind einmal differenzierte syntaktische Strukturen frei gebraucht, kann man im Grunde nicht mehr gut von einzelnen Stadien sprechen, denn von nun an fließt die Sprachentwicklung gleichsam ohne Einschnitt und rasch voran. Mit 6 Jahren hat das Kind fast alle phonetischen Unterschiede und gramma-

---

[113] *F. M. Young*, An Analysis of Certain Variables in a Developmental Study of Language. Gen. Ps. Mon., 23, 1941, S. 473 ff.

[114] *R. N. Seashore*, A New Light on Children's Vocabularies. Sch. Soc., 66, 1947, S. 163 ff.

[115] *E. Hahn*, Analyses of the Content and Form of the Speech of First Grade Children. Q. J. Speech., 34, 1948, S. 361 ff.

[116] *M. C. Templin*, Certain Language Skills in Children. U. of Minneapolis 1957, S. 74 ff.

tischen Konstruktionen erfaßt, soweit solche in der Umgebung des Kindes verwendet werden. Der Wortschatz wächst stetig weiter bis weit ins Erwachsenenleben hinein. In der Pubertätszeit allerdings scheint eine definitive Fixierung der sprachlichen Strukturen einzutreten, so daß nach der Pubertät z. B. Fremdsprachen schwerer zu lernen sind als etwa im Volksschulalter, obwohl es selbstverständlich immer noch möglich ist.

Die Beziehung zwischen Sprechen und Denken

Es ist eines der Verdienste der modernen Verhaltenspsychologie, den engen Zusammenhang zwischen Sprechen und Denken aufgewiesen zu haben. Wir haben bereits gesehen, wie eng die Beziehung zwischen der intellektuellen und der sprachlichen Entwicklung ist, so daß wir beide in demselben Kapitel behandelt haben.

Im Gegensatz zu anderen Standpunkten in der Psychologie geht die Verhaltenspsychologie davon aus, daß im tatsächlich beobachtbaren Verhalten das Kind dann anfängt zu »denken«, wenn es vor einer »Schwierigkeit« steht, die es gleichsam als »Lücke« in einer Kette von Ereignissen empfindet und die es schließen möchte, indem es künftige Ereignisse vorwegnimmt, soweit sie mit früheren Erfahrungen vereinbar sind. Das Kind schließt, mit anderen Worten, aus der Erfahrung in seiner Vergangenheit auf zukünftige Ereignisse, es antizipiert sie. Um dies durchführen zu können, müssen diese Ereignisse – Gegenstände und Zustände und Abfolgen – in symbolischer Form »zuhanden« sein, d. h. das Kind muß sie sprachlich parat haben, es verwendet Begriffe. In diesem Sinn ist das Sprechenlernen selbst auch bereits ein Denkvorgang, denn auch hier wird durch die Verwendung bestimmter Sprachformen eine entsprechende Reaktion (der Erwachsenen) antizipiert – tritt diese Reaktion ein, wird die Sprachform mit dem Ereignis verknüpft; tritt sie nicht ein, wird sie durch eine andere Form ersetzt. Wir sind bereits auf diese Vorgänge eingegangen .

Die Sprache ist also nicht nur das Instrument, dessen sich das Denken bedient, um sich auszudrücken, sondern sie ist zugleich auch die Form, in die sich gleichsam das Denken ergießt, die es »ausformt« und wirksam werden läßt.[117]

Diese enge Beziehung zwischen Sprechen und Denken kommt auch in den Entwicklungsstadien zum Ausdruck, die etwa *Piaget*[118] unterschieden hat und die seither, z. T. in abgewandelter Form, immer wieder bestätigt worden sind. Er unterscheidet folgende 3 Stadien der Denk- und Sprech-Entwicklung:

1) Das sensumotorische Stadium,
2) das egozentrische Stadium des Denkens und Sprechens und
3) das Stadium des rationalen Denkens.

Im sensumotorischen Stadium der Entwicklung der Sprache und des Denkens empfindet sich das Kind noch als Mittelpunkt seiner Welt, aber immerhin bereits als von dieser seiner Welt verschieden. Es lernt, daß die Symbole und Gesten eine entsprechende Beziehung zu den Dingen der Umwelt haben. Die

---

[117] Vgl. *D. Krech and R. S. Crutchfield*, Elements of Psychology. N.Y. 1961, bes S. 473 ff.

[118] *J. Piaget*, Factors determining Human Behavior. Harvard U. 1937.

Sprache und das Denken helfen gleichsam, die Kluft zwischen dem Kind und seiner Welt wieder zu überbrücken und das Handeln zweckdienlich zu gestalten.

Am Anfang empfindet sich das Kind noch durchaus egozentrisch, und seine Sprache ist dementsprechend noch nicht auf den Hauptzweck der Kommunikation ausgerichtet. Das Denken ist ebenfalls egozentrisch, wenn es auch langsam in ein Stadium der sozialen Egozentrizität übergeht. Es wird in den ersten beiden Stadien also nicht nur die sensumotorische Koordination hergestellt und damit die Grundlage für das Symbolverständnis geschaffen, sondern es erfolgt auch eine erste, noch egozentrische Deutung der Welt und eine dementsprechende Einstellung des Verhaltens. – Im dritten Stadium erst – während des 7. bis 11. Lebensjahres – wird diese egozentrische Denkeinstellung durch eine sachlich-rationale ersetzt. Das Kind lernt z. B. jetzt, die objektiven Gegebenheiten als solche aufzunehmen und sich nicht von seinen eigenen Erwartungen blenden zu lassen; es wird auch nicht mehr von den Gestalten der Dinge seiner Umgebung gefesselt, sondern versteht es, sie »als solche« zu nehmen, d. h. das Gesetz der Sachlichkeit in seinem Denken über die subjektiven Einstellungen zu stellen. Es ergeben sich sehr interessante Konsequenzen aus dieser Betrachtungsweise für die Pädagogik, auf die z. B. *Bruner* neuerdings hingewiesen hat.[119]

Die enge Beziehung zwischen Denken und Sprechen rechtfertigt auch die starke Konzentration der Intelligenztestverfahren auf die Sprache, obgleich natürlich neben der verbalen auch die nichtverbale Intelligenz beachtet werden muß. Selbst diese jedoch scheint von der sprachlichen Entwicklung beeinflußt zu sein. – So ist es auch möglich, die Faktoren, die die sprachliche Entwicklung beeinflussen, zugleich als Faktoren zu betrachten, die die intellektuelle Entwicklung im allgemeinen mitbestimmen. Mit einigen dieser Aspekte wollen wir uns nunmehr kurz befassen.

Faktoren, die die sprachliche und intellektuelle Entwicklung beeinflussen

Wie die physische Entwicklung, so ist auch die geistige und sprachliche Entwicklung das Ergebnis des Zusammenwirkens einer Vielzahl von Faktoren und nicht bloß der Ablauf eines angeborenen Prozesses. Unter den Faktoren, die für unsere Darstellung von besonderer Bedeutung sind, ragen folgende hervor:

1) Organische Einflüsse
2) Einflüsse verschiedener Weisen der Verhaltensverstärkung
3) Einfluß der Reife
4) Einfluß des Geschlechts
5) Einfluß verschiedener Umweltfaktoren (Status der Eltern, Geschwisterzahl, Stellung in der Geschwisterreihe etc.)
6) Einfluß der Sprachstörungen

Zu 1. Organische Einflüsse auf die sprachlich-intellektuelle Entwicklung

Organische Störungen aller Art haben einen entscheidenden Einfluß auf die geistige und sprachliche Entwicklung, da diese Entwicklung jeweils das Ergebnis der Zusammenwirkung organischer, angeborener und Umwelt-Tendenzen und

---

[119] *J. S. Bruner*, The Process of Education. N.Y. 1963.

Gegebenheiten darstellt. Mit »organischen Einflüssen« ist gemeint: Jede Art von Defekten in der Anatomie, Struktur und Funktion der Sinnesorgane, des Knochenbaus und Muskelsystems, des neurologischen Systems und des Systems der innersekretorischen Drüsen sowie alle anderen Defekte in den verschiedenen körperlichen Abläufen. Solche Störungen und Defekte können sowohl erblicher Art sein als auch – besonders während der pränatalen Phase oder während des Geburtsakts selbst – erworben. Ihr Einfluß auf die sprachlich-intellektuelle Entwicklung kann verschieden stark sein, sie können beispielsweise sprachlich-intellektuelles Verhalten so gut wie ganz unterbinden oder sie können auf der andern Seite einen kaum merklichen Einfluß ausüben. In jedem Fall aber geht es darum, solche Einflüsse im einzelnen Fall nachzuweisen und, wo es möglich ist, (medizinische) Abhilfe zu schaffen. Falls eine solche Hilfe nicht möglich ist, muß durch eine konsequente Heilpädagogik zum »Leben mit der Störung« erzogen werden.

Im einzelnen lassen sich innerhalb der organischen Einflüsse auf die sprachlich-intellektuelle Entwicklung folgende Bereiche unterscheiden:

a) Der Bereich der Reaktion auf (verschiedene) Stimuli;

b) Der Bereich der Aufnahme von Stimuli;

c) Der Bereich der sozialen Wirkung.

Zu a) Es liegt auf der Hand, daß ein Kind, das nicht in der Lage ist, auf eine bestimmte Art von Stimuli zu reagieren, in seiner intellektuellen und sprachlichen Entwicklung mehr oder weniger empfindlich gestört wird. Es wird überall dort versagen müssen, wo Reaktionen gefordert werden, die das Kind nicht ausführen kann, weil es entweder anatomisch oder funktional-physiologisch dazu nicht in der Lage ist. In solchen Fällen kann durch Übungen auch noch so guter Art nichts verbessert werden; auch durch hervorragende Motivation und durch den Einsatz bester Methoden wird ein Schüler versagen müssen, wo er organisch am Reagieren auf entsprechende Stimuli-Bereiche behindert ist. Allerdings ist es möglich, die fehlenden Reaktionen durch andere Verhaltensäußerungen bis zu einem gewissen Grad zu ersetzen. Der Mensch kann lernen, organische Reaktionsbehinderungen zu kompensieren, wenn er dazu durch besondere Methoden angehalten wird. Hierauf muß denn auch die psychologische und heilpädagogische Betreuung in diesen Fällen abzielen.

Zu b) Wenn ein Kind eine bestimmte Art von Umweltstimuli nicht oder nicht vollständig aufnehmen kann, hat dies bedeutende Konsequenzen für die sprachlich-intellektuelle Entwicklung, da diese von einer Vielzahl solcher Stimuli abhängig ist. Fällt ein bestimmter Bereich von Stimuli für das Kind aus, so wird auch die geistige Entwicklung in diesem Bereich beeinträchtigt. Wenn z. B. durch einen Ausfall manueller, motorischer oder ähnlicher Fertigkeiten entsprechende Umweltstimuli nicht aufgenommen werden können, kommt es auch zu einem Rückstand in der intellektuell-sprachlichen Entwicklung. Ein Kind, das etwa nur auf dem Rücken liegen kann, nimmt Stimuli von unten oder von den Seiten nicht wahr, während ein Kind, das sich umdrehen kann und das von einer Seite auf die andere rollen kann, einen sehr viel weiteren Reizbereich erschließen kann. Ähnlich größer ist natürlich der Bereich der Stimuli eines Kindes, das sich selbst bewegen kann, das auch entfernte Gegenstände »begreifen« kann, weil es zu ihnen zu gelangen vermag, verglichen mit einem Kind, das an ein und denselben Ort gebunden ist und immer auf andere angewiesen ist, wenn es sich weiterbewegen will (wie etwa im Falle eines gelähmten Kindes). Es liegt auf der Hand, daß demzufolge auch der Sprachschatz und allgemein das Denkvermögen schlechthin eines solchermaßen behinderten Kindes in Mitleidenschaft gezogen sein wird. Entsprechend dem Ausmaß und der Natur der organisch bedingten Störung kann ein Stimulus-Bereich entweder überhaupt verschlossen bleiben oder er kann erst mit einer Verzögerung und auf Umwegen zugänglich werden. Dementsprechend muß sich auch die Erziehung im einzelnen Fall einstellen.

Zu c) Eine dritte Art, in der ein organisch gestörtes Kind in seiner sprachlich-intellektuellen Entwicklung beeinträchtigt sein kann, bezieht sich auf die Art und Weise, in der es auf seine Mitwelt einwirkt. Seine Erscheinung oder sein Auftreten kann z. B. so sein, daß sich seine Mitmenschen von ihm zurückziehen oder feindselig reagieren, weil sie sich etwa frustriert, beleidigt oder zurückgestoßen fühlen. In diesem Fall wird der Teil der sprachlich-intellektuellen Entwicklung retardiert sein, der auf soziale Einflüsse in besonderem Maße angewiesen ist. Ein körperlich behindertes (und dadurch vielleicht »häßlich« erscheinendes) Kind erhält beispielsweise weniger Aufmerksamkeit von seiner sozialen Mitwelt, weil etwa seine Eltern »mehr« beschäftigt sind mit der Sorge um die anderen, gesunden Kinder und weil seine Geschwister durch ihre Spiele und ihre Arbeiten von der Beachtung des behinderten Geschwisters abgelenkt werden. Die Nachbarskinder reagieren ähnlich; auch sie kümmern sich weniger um das behinderte Kind, da sie mit ihm nicht spielen können wie mit einem gesunden Kind. Auf diese Weise kommt es nicht nur zu empfindlichen Störungen im emotionalen Bereich des kranken Kindes, sondern auch im Bereich des sprachlich-intellektuellen Verhaltens, ja, es können sogar zeitweilige totale Ausfälle solcher Fähigkeiten entstehen. Sprachliche Reife und intellektuelle Geschicklichkeit setzen ein gewisses Maß an sozialem Umgang voraus, der überwiegend positiv, d. h. verhaltensverstärkend wirken muß, da die Verhaltensformen, die geistige Aktivität ohne Partner möglich machen, letzten Endes doch im sozialen Umgang erworben werden müssen. Freilich lassen sich soziale Niederlagen gar nicht vermeiden, ja, sie sind sogar für eine gesunde mitmenschliche Entwicklung notwendig; es muß sich aber ermöglichen lassen, eine solche Niederlage auszugleichen und zu überwinden, indem »zum Trost« positive Sozialerfahrungen herangezogen werden können. Wo diese Ausgleichsfunktion ganz fehlt, kommt es zwangsläufig zu empfindlichen Störungen.

Die unter a) bis c) genannten Bereiche stehen natürlich in einer engen Beziehung zueinander. Eine Beeinträchtigung im einen Gebiet bedingt gleichzeitig eine Störung in den anderen Bereichen und in der Gesamtpersönlichkeit.

Zu 2. Einflüsse verschiedener Weisen der Verhaltensverstärkung auf die sprachlich-intellektuelle Entwicklung

Auch die sprachlich-intellektuelle Entwicklung vollzieht sich als kontinuierlicher Erwerb von Verhaltensformen von zunehmend differenzierter Art. Wie alle Verhaltensformen im allgemeinen, so können auch diese im besonderen nur dadurch erworben werden, daß sie im konkreten Verhalten erscheinen und durch positive Nacheffekte (»Erfolgserlebnisse«) verstärkt werden. Je mehr eine Verhaltensform verstärkt wird, desto häufiger tritt sie in Erscheinung, d. h. desto stärker wird sie habituell. Wenn dagegen die Verstärkung ausbleibt oder gar ein aversiver Stimulus erfahren wird, indem eine »Bestrafung«, ein »Tadel« erlebt oder schließlich ein Entzug einer bisher erlebten positiven Verstärkung offensichtlich wird, dann erlischt die Verhaltensform allmählich (»Extinktion«). Kommt es also bei der Entwicklung sprachlicher und intellektueller Verhaltensformen darauf an, die gewünschten Verhaltensäußerungen zu verstärken, so muß andererseits darauf gesehen werden, entwicklungsfeindliche Verhaltensäußerungen zum Verlöschen zu bringen, indem sie nicht verstärkt werden.

Eltern und Erzieher können nun durch ihre Art und Weise der Verhaltensverstärkung einen außerordentlich starken Einfluß auf die Entwicklung des Kindes ausüben. Schließlich hängt die Verstärkung kindlichen Verhaltens zum größten Teil von den Reaktionen der Eltern und Erzieher ab. Zu *Entwicklungsverzögerungen* kann es nun dadurch kommen, daß Eltern und Erzieher systematisch entwicklungshemmende Verhaltensformen des Kindes verstärken und andere, positive Verhaltensäußerungen unbeachtet lassen oder gar bestrafen. Dies ist beispielsweise der Fall, wenn die Eltern die Absicht haben, ein Kind mit ganz besonders »angenehmen« Umgangsformen zu erziehen, das sich nicht widersetzt, sondern »folgsam« ist und seinen Eltern und Erziehern lange zugetan bleibt. In diesem Fall wird jede Äußerung des Kindes, die auf eigene Intentionen gegründet ist, ignoriert oder bestraft (von aversiven Stimuli gefolgt) und dadurch zum Verlöschen gebracht. Andererseits aber wird jede Verhaltensäußerung verstärkt, wenn sie den Erwartungen der Eltern entspricht, d. h. wenn sie möglichst wenig Eigenständigkeit und möglichst viel Abhängigkeit von den Eltern widerspiegelt. Der Prototyp dieses abhängigen Verhaltens ist das kleinkindliche Offensein für die Intentionen der Eltern. Das Kind wird unter solchen Bedingungen zwangsläufig auf einer Entwicklungsstufe gehalten, die hinter seiner altersmäßig zu erwartenden Stufe mehr oder weniger weit zurückbleibt. Diese Gegebenheit kommt besonders häufig im Zusammenhang mit körperlichen Anomalien vor. Die Eltern scheinen dann dem »von Natur« »benachteiligten« Kind besonders viel »Gutes« dadurch erweisen zu wollen, daß sie ihm jeden Konflikt, jede Schwierigkeit aus dem Wege räumen und es systematisch in einer aufgezwungenen frühkindlichen Verhaltensweise halten.

Aber auch wenn die Eltern ihrem Kind nur sporadisch Aufmerksamkeit schenken und also nur »hin und wieder« eine Verhaltensform verstärken, kommt es zu Entwicklungsverzögerungen, besonders im sprachlichen Bereich. Eine Verhaltensäußerung, die nicht verstärkt wird, nachdem sie früher einmal verstärkt worden war, wird schwach und erlischt nach gewisser Zeit. Dies trifft bei weitem nicht nur für die tierischen Verhaltensformen zu, an denen *Skinner* bekanntlich seine verhaltenspsychologische Einsicht in die Rolle der Verstärkung entwickelt hat, sondern auch für die menschlichen und besonders die kleinkindlichen Verhaltensformen.

Hierzu liegen besonders interessante Versuche und Darstellungen von *S. W. Bijou* und *D. M. Baer*[120] vor. *Baer* zeigt auch an einer anderen Stelle,[121] daß eine Nichtverstärkung einer Verhaltensform für diese ebenso bzw. besser wirkt wie ein aversiver Stimulus (in Form einer Bestrafung). Er befindet sich dabei in Übereinstimmung mit der Auffassung von *Estes*, der ebenfalls feststellt, daß ». . . eine Verhaltensäußerung nicht schneller aus dem Verhaltensrepertoire getilgt werden kann, wenn man Strafen anwendet, als wenn man keine anwendet«.[122]

Wenn also beispielsweise sprachliche Äußerungen des Kindes im ersten Stadium nicht verstärkt werden, d. h. wenn die Eltern nicht darauf eingehen und ebenfalls mit dem Kind sprechen, sondern es »links liegen« lassen und ihm vielleicht sogar das »Babbeln« verbieten, dann ist es kein Wunder, wenn das Kind sprachliche Störungen aufweist oder überhaupt in seiner sprachlichen Entwicklung zurückbleibt.

In diesen Zusammenhang gehört nun auch der Hinweis auf die große Bedeutung einer ungenügenden Verhaltensverstärkung für die geistige Entwicklung des Menschen überhaupt. Wo Anregungen und Reaktionen in der Umwelt des Kindes fehlen, entsteht ein »langweiliges«, eintöniges Milieu, das keine Verstärkungen für eingesetzte Verhaltensformen ermöglicht und dadurch eine Art geistiger und sozialer Verarmung des Kindes verursacht. Kinder werden auf diese Weise leicht *autistisch*, wie namentlich *Ferster* gezeigt hat.[123] Denn besonders für ein sozial positives und angemessenes Verhalten bedarf es Verhaltensformen, die nur in der intensiven Wechselwirkung mit einer möglichst vielfältigen sozialen Mitwelt gewonnen werden können. Wo diese fehlt, wird das Kind auf sich selbst zurückgeworfen, egozentrisch und erfährt daher mit seinen sozial unangemessenen Verhaltensweisen in der Mitwelt kaum Verstärkungen, höchstens Tadel und Mißerfolg, was den Autismus nur noch verfestigen muß.

Wir finden diesen Tatbestand der ungenügenden Verhaltensverstärkung besonders in folgenden drei typischen Situationen:

a) Bei Kindern, die in einer isolierten Gegend aufwachsen und ungenügende wirtschaftliche (und zivilisatorische) Verhältnisse hinnehmen müssen.

b) Bei Kindern, die in Heimen aufwachsen, in denen die normalen Familienkontakte und -anregungen fehlen.

c) Bei Kindern, die in Familien aufwachsen, in denen die Eltern unter emotionalen und sozialen Störungen leiden und dadurch den Kindern die üblichen Kontakte mit Menschen und Dingen vorenthalten.

Die erstere Bedingung kommt auch heute, im Zeichen der wirtschaftlichen Blüte in der westlichen Welt, noch verhältnismäßig häufig vor. Nicht selten beobachtet man, wie extremer Reichtum neben erdrückender Armut lebt und wie Kinder auch heute noch – nicht nur in abgelegenen Landstrichen – unter sehr

[120] *S. W. Bijou and D. M. Baer*, Child Development: a Systematic and Empirical Theory. N.Y. 1961.

[121] *D. M. Baer*, Effect of Withdrawal of Positive Reinforcement on an Extinguishing Response in Young Children. Child Dev., 32, 1961, S. 67 ff.

[122] *W. K. Estes*, An Experimental Study of Punishment. Ps. Mon., 57, 1944, S. 37.

[123] *C. B. Ferster*, Positive Reinforcement and Behavioral Deficits in Autistic Children. Child Dev., 32, 1961, S. 437–456.

kargen wirtschaftlichen Bedingungen und ohne genügende geistige und soziale Anregung aufwachsen müssen. Manchmal handelt es sich auch darum, daß beide Eltern abwesend sind und das Kind unter ungenügender Aufsicht während eines großen Teils des Tages sich selbst überlassen ist, ohne daß es die nötigen Spielsachen oder andere Anregungen und Spielgefährten hätte. Im Extrem haben wir diese Erscheinung in der Figur des Kaspar Hauser veranschaulicht, der ja seither noch sehr viele Nachfolger gefunden hat. Hierher gehören beispielsweise auch die nicht wenigen Kinder, die unehelich geboren werden und aus gesellschaftlichen oder religiösen Gründen von der Mitwelt ferngehalten werden, daher ungenügende Verhaltensverstärkungen erhalten und entwicklungsmäßig zurückbleiben. Auch politische oder rassische (teilweise auch religiöse) Minderheiten leben gelegentlich in geographischer und ökonomischer Isoliertheit und Armut, und die Kinder neigen daher zu Retardierungen in der intellektuellen und sprachlichen Entwicklung.

Bei geographischer Isoliertheit allein bieten zwar die modernen Kommunikationsmittel einen gewissen Ersatz für die anderen fehlenden Anregungen, doch bleibt in der Regel ein deutliches Defizit bestehen. Vor allem fehlt das direkte Eingehen auf die Regungen des Kindes, das eindeutige Verstärken der positiven Verhaltensformen und das Tilgen der unerwünschten Regungen durch Nichtverstärkung.

Die Bedingung der Heimerziehung als mögliche Ursache für mangelnde Verhaltensverstärkung und Entwicklungsretardierung wurde in den zahlreichen Untersuchungen zum *Hospitalismusproblem* hervorgehoben. Gerade im Kleinkindalter benötigt der Organismus mehr als bloß physische Pflege und Versorgung. Wenn das Kind nicht auch seelisch umsorgt und geliebt wird, wenn es nicht die vielen kleinen und kleinsten Verhaltensverstärkungen erhält, die ihm eine Mutter geben würde, wenn sie »natürlich« mit dem Kind umgeht, dann stellen sich über kurz oder lang schwere Retardierungen leiblicher und besonders geistiger und emotionaler Art ein.[124, 125]

Ein Beispiel für die Retardierung als Folge ungenügender Verhaltensverstärkung durch emotional gestörte Eltern haben wir in dem erschütternden Bericht von *Davis*.[126] Hier wird geschildert, wie Isabella, das uneheliche Kind einer taubstummen Mutter, in grausamer Isolierung aufgewachsen ist. Das Kind befand sich meistens in einem dunklen Zimmer ohne mitmenschlichen Kontakt, nur in Gesellschaft der taubstummen Mutter. Als Isabella entdeckt wurde, war sie 6;5 Jahre alt und war des Sprechens völlig unfähig. Sie konnte sich lediglich durch primitive Gesten mit ihrer Mutter verständigen und ließ von Zeit zu Zeit »seltsame unartikulierte Laute« ertönen. Gegenüber den Mitmenschen, besonders männlichen Geschlechts, zeigte das Kind außerordentlich scheue, feindselige

[124] Vgl. vor allem die ausgezeichnete Darstellung bei *R. A. Spitz*, Die Entstehung der ersten Objektbeziehungen. Direkte Beobachtungen an Säuglingen während des ersten Lebensjahres. Stuttgart 1957, bes. S. 89 ff.
[125] *W. Dennis*, Infant Development under Environmental Handicaps. Psychol. Mon. Gen. and Appl., 1957, Nr. 436, 71, 7.
[126] *K. Davis*, Final Note on a Case of Extreme Isolation. Americ. J. of Sociol., 57, 1947, S. 432 ff.

Einstellungen. Auch konnte es überhaupt nicht mit den üblichen Spielsachen kleiner Kinder umgehen. Nach dem Stanford-Binet-Intelligenz-Test zeigte Isabella das Intelligenzalter eines 1;7jährigen Kleinkindes.

Ein weiterer Faktor, der im Bereich der verschiedenen »Weisen der Verhaltensverstärkung« als Einfluß auf die geistige Entwicklung erwähnt werden soll, ist die *schwere Bestrafung*. Mit »Bestrafung« meinen wir den verhaltenspsychologischen Tatbestand, den *Skinner* beschrieben hat als »Bieten eines aversiven Stimulus« (z. B. schlagen) oder als »Zurücknahme einer (positiven) Verstärkung« (z. B. Wegnahme der Nahrung von einem hungrigen Organismus).[127] Selbstverständlich kann die Strafe auch durch die physische Umwelt (in einen Graben stürzen) oder durch die soziale Mitwelt (von der Gemeinschaft abgelehnt werden) ausgeführt werden. In jedem Fall also wird bei einer Strafe in diesem Sinn eine Verhaltensäußerung durch einen negativen Stimulus oder durch die Zurücknahme einer positiven Verstärkung gefolgt.

Die möglichen Konsequenzen schwerer Bestrafung für die Entwicklung sind mannigfaltig. Wir wollen hier nur auf einige typische Möglichkeiten hinweisen. Eine erste Folge ist die *Verzerrung* des bestraften Verhaltens, so daß es keine positive Verstärkung mehr hervorrufen kann. Ein Beispiel dafür ist etwa folgende Situation: Ein kleiner Dreijähriger hat sich angewöhnt, allerlei »böse« Worte über sein kleineres Geschwisterchen zu sagen, und das bei Tisch! Die Eltern bestrafen ihn dafür hart (Entzug der Mahlzeit, Verweis vom Tisch, Klapse). Diese Bestrafung wirkt nun so, daß das Kind sein normales Sprechverhalten überhaupt verzerrt und von nun an so spricht, daß es niemand mehr verstehen kann. Auch stottert er seither leicht.

Es handelt sich also bei diesem Beispiel darum, daß das Kind die negative Verstärkung nicht auf den speziellen Inhalt seiner Worte bezog, sondern auf das Sprechen überhaupt, so daß dieses Verhalten verzerrt wurde. Auf diese Weise können im ganzen Bereich des intellektuellen und sprachlichen Verhaltens schwere Störungen und Retardierungen zustande kommen, die manchmal das Bild eines zurückgebliebenen Kindes abgeben. Auch *Ferster* bemerkt hierzu treffend: »Das Fehlen angemessener Verhaltensformen kann durchaus auch von einer Verzerrung der Verhaltensformen herrühren, so daß ihre Anwendung nicht mehr den erwarteten Effekt haben kann.«[128] Die solchermaßen bedingte Verhaltensverzerrung vermeidet zwar eine weitere Bestrafung, aber sie hemmt die Entwicklung.

Eine weitere mögliche Folge schwerer Bestrafung für die Entwicklung ist die *Unterdrückung* größerer Verhaltensteile. Ein Kind, das für eine verkehrte Handlung schwer bestraft wurde, kann also nicht nur in Zukunft ähnliches Verhalten vermeiden, sondern es kann u. U. auch überhaupt passiv bleiben im Umgang mit seinen Eltern. Die Folge wäre dann, daß auch positive Lehren der Eltern nicht übernommen werden können, da das Insgesamt der Einstellungen in dieser Richtung durch die Bestrafung blockiert wurde. Hinzu kommt meistens noch die negative Wirkung, die mit einer solchen Unterdrückung oder *Verdrän-*

---

[127] *B. F. Skinner*, Science and Human Behavior. N.Y. 1953.
[128] *C. B. Ferster*, Reinforcement and Punishment in the Control of Human Behavior by Social Agencies. Psychiatr. res. Rep., 10, 1958, S. 104.

gung von Wünschen einhergeht, d. h. die Entwicklung neurotischer Tendenzen, die die Persönlichkeitsentwicklung stark gefährden können.

Schließlich können, als Folge schwerer Bestrafung, Verhaltensformen entwickelt werden, die nicht nur die Situation als solche vermeiden, in der die Bestrafung stattfand, sondern auch andere Stimuli, die mit dieser Situation assoziiert werden können: Es kommt zu *aversiven Einstellungen* gegenüber der Strafsituation und den mit ihr assoziierten Stimuli. Ein Kind, beispielsweise, das versucht hat, zu reiten und darin von seinem älteren Bruder ermutigt worden ist, wurde abgeworfen und kann nun nicht nur das Reiten auf diesem besonderen Pferd in Zukunft ablehnen, sondern das Reiten überhaupt und auch überdies eine feindselige Haltung gegenüber dem Bruder einnehmen (ihm nichts mehr glauben, nichts mehr mit ihm zu tun haben wollen etc.). Man kann sich leicht auf Beispiele besinnen, die zeigen, daß auf diese Weise die geistige Entwicklung aufs empfindlichste gestört werden kann. Dies wird überall dort der Fall sein, wo die aversiven Einstellungen auf Bereiche gerichtet sind, die für die weitere Entwicklung wesentlich sind (z. B. Eltern, Erwachsene überhaupt, Elternhaus, Schule o. ä.).

Wir sehen, wie bedeutend die Einwirkungen verschiedener unzweckmäßiger Verstärkungsweisen auf die Entwicklung sein können. Die Konsequenzen für die Schulpädagogik liegen klar auf der Hand und brauchen nicht erst im einzelnen aufgeführt werden: Es kommt darauf an, die entwicklungsadäquaten Verhaltensäußerungen positiv zu verstärken und entwicklungswidrige Einstellungen dadurch zum Verlöschen zu bringen, daß sie keine Verstärkung erfahren. Übermäßige Bestrafungen sind stets gefährlich und haben meistens mehr negative als positive Konsequenzen für das weitere Verhalten.

Zu 3. Der Einfluß der Reife auf die geistige Entwicklung

Wenn auch bei der Frage der Reife für eine bestimmte geistige und sprachliche Tätigkeit die Anlagefaktoren im Vordergrund stehen, so ist doch auch die Reife bereits das Ergebnis des Zusammenwirkens von Anlage und Umweltfaktoren. Dies beweisen vor allem die großen individuellen Unterschiede in der Sprach- und Denkentwicklung, die, wie wir erwähnten, eine gültige Einteilung des Vorganges in Stadien erschweren. Andererseits ergibt sich dennoch für jedes dieser Stadien ein gewisser Durchschnittswert, der das Vorhandensein endogener Faktoren nahelegt. Viele Untersuchungen sind nun unternommen worden, um die Bedeutung der Reife für einzelne Denk- und Sprechoperationen nachzuweisen. Hier kann besonders auf die Untersuchungen von *Piaget* hingewiesen werden.

Stellvertretend für viele Untersuchungen an eineiigen Zwillingen zur Feststellung der Bedeutung der Reife für das Sprechen kann die Forschung von *Strayer* stehen.[129] Er stellte fest, daß ein so geringer Reifevorsprung wie 5 Wochen bei den Zwillingen einen eindeutigen Vorteil beim Wortschatztraining bedeutete.

---

[129] *L. C. Strayer*, Language and Growth, the Relative Efficiency of Early and Deferred Vocabulary Training Studied by the Method of the Co-twin-control. Gen. Ps. Mon., 8, 1930, S. 209 ff.

Der Zwilling, dessen Übungen so lange ausgesetzt worden waren, bis (nach 5 Wochen) die Reife eher gewährleistet war, lernte nicht nur rascher und leichter, sondern reagierte auch sehr viel ausgeglichener und angemessener als der andere.

Eine besondere Bedeutung erlangt die Reifefrage in diesem Zusammenhang bei der Feststellung der Lesereife im ersten Schuljahr. Die meisten Schulreifetests berücksichtigen dies bereits als ein Merkmal der Schulreife überhaupt.

Es läßt sich leicht zeigen, daß man durch verstärkte Übung zwar den Reifevorgang beschleunigen kann, daß aber dadurch meistens persönlichkeitspsychologische Schwierigkeiten auftreten, die ein solches Vorgehen sehr in Frage stellen. Wird ein Kind in eine Sprachentwicklungsstufe gezwungen, für die es noch nicht reif ist, so kann es vielleicht gelingen, das Kind auf ein entsprechendes sprachliches Verhalten hin zu drillen, aber es fällt dafür in anderer Hinsicht um so eindeutiger auf seine eigentliche Reifestufe zurück. Z. B. zeigen diese Kinder meistens schwerwiegende soziale Störungen, Störungen im Gefühlsbereich (Minderwertigkeitsgefühle, Aggressionsneigung, Anpassungsprobleme ...) und gelegentlich sogar gesundheitliche Störungen (Magenleiden, Verdauungsstörungen, »nervöse« Leiden ...).

Zu 4. Geschlechtsunterschiede der Sprachentwicklung

Die vorhandenen Geschlechtsunterschiede in der sprachlichen Entwicklung dürften mit den geschlechtlich verschiedenen Reifeprozessen zusammenhängen. Mädchen tendieren während der Vorschulzeit zu einer etwas rascheren Sprachentwicklung als Knaben. Mädchen beginnen etwas früher als die Knaben mit dem Sprechen und entwickeln sich in dieser Hinsicht auch in den folgenden Jahren etwas rascher, so daß sie z. B. auch beim Schuleintritt den Knaben um etwa ein halbes Jahr in der Sprechfertigkeit vorauseilen. Sie sprechen deshalb deutlicher und klarer als die Jungen und können in der Regel auch »schönere«, d. h. gewähltere und längere Sätze bilden. Sie sind in diesem Zusammenhang auch für das Lesenlernen sehr viel aufgeschlossener als die Jungen und haben daher auch weniger Schwierigkeiten damit als diese. In vielen Untersuchungen wurde dieser Vorsprung der Mädchen nachgewiesen, der sich allerdings dann aufheben läßt, wenn ein Junge aus einem sprechfreudigen Milieu mit einem gleichaltrigen Mädchen verglichen wird, das aus einem sprecharmen Milieu kommt. Eine sehr gute Darstellung zu diesem Problem gibt *McCarthy*. Sie kommt zu dem Ergebnis, daß »wenn man Jungen und Mädchen bezüglich ihrer Sprachentwicklung vergleicht und zwei wohlausgewogene Gruppen zur Verfügung hat (gleichwertig bezüglich der sozio-ökonomischen Herkunft, Intelligenz und Interessen), so wird eine leichte Überlegenheit der Mädchen offensichtlich«.[130]

Da nun durch diesen frühen Vorsprung der Mädchen in der Regel auch deren Lesefreude (Motivation!) größer ist als die der Jungen, kommen sie im Durchschnitt auch zu leicht besseren Leistungen auf dem Gebiet der sprachlichen Ausdrucksfähigkeit, obgleich höchstwahrscheinlich ein eigentlicher geschlechtlich be-

---

[130] *D. McCarthy*, Language Development in Children. In: *L. Carmichael*, Manual of Child Psychology, 2nd. ed. N.Y. 1954, S. 577.

dingter *Reife*vorsprung vom 8. Lebensjahr an nicht mehr besteht. Bei einer sorgfältigen Vergleichsuntersuchung zwischen Jungen und Mädchen in schriftlichem und mündlichem Ausdruck in den 4., 5. und 6. Schuljahren fand z. B. *Murray* keine Unterschiede mehr zwischen den Geschlechtern.[131] Die – nichtsignifikanten – leichten Überlegenheiten der Mädchen dürften auch hier wahrscheinlich auf ihre größere Motivation und Erfolgserwartung in diesem Gebiet zurückzuführen sein und nicht auf einen Reifevorspung.

Zu 5. Umweltfaktoren und Sprachentwicklung

In zahlreichen Untersuchungen konnten verschiedene Umweltfaktoren nachgewiesen werden, die einen Einfluß auf die Sprachentwicklung haben. Da, wie wir bereits gesehen haben, die Imitation beim Sprechenlernen eine hervorragende Rolle spielt (auch wenn es sich dabei um eine operativ gelernte und nicht um eine angeborene Technik handelt), hat ein Kind, das in einem sprechfreudigen Milieu aufwächst, von vornherein einen Vorteil gegenüber einem Kind, das in einem Milieu heranwächst, in dem wenig und nur primitiv gesprochen wird. Auch wird sich der Dialekt der Eltern und deren grammatikalische Unsicherheit selbstverständlich auf das Kind übertragen. Es wurden zahlreiche Untersuchungen zu diesen Fragen angestellt, die alle die Überlegenheit der gehobeneren, gebildeteren Bevölkerungskreise gegenüber den weniger gebildeten Kreisen nachgewiesen haben. Wiederum mag hier die bereits oben diskutierte intellektuelle Überlegenheit dieser gebildeten Schichten eine Rolle spielen, doch ist im Falle der Sprachentwicklung der Abstand so eindeutig, daß auf alle Fälle hier die Umwelt den größeren Einfluß hat. In seiner interessanten Untersuchung zu diesem Fragenkreis hat *Irwin*[132] die Sprachentwicklung von Kindern, deren Eltern akademische oder gehobene Verwaltungsberufe hatten, verglichen mit derjenigen von Kindern, deren Eltern hauptsächlich angelernte Handarbeiter waren. In der Altersgruppe zwischen 6 und 30 Monaten stellte sich ein signifikanter Unterschied zu Gunsten der Kinder in den gebildeteren Elternhäusern heraus. Den Grund dafür sieht *Irwin* hauptsächlich darin, daß diese Eltern ihre Kinder bei ihren Sprechversuchen unterstützen, z. B. auf ihr Lallen (in bereits beschriebener Weise) reagierten, sich mit den Kindern überhaupt abgaben, während das bei den anderen Kindern aus dem wirtschaftlich und bildungsmäßig schlechter gestellten Elternhäusern nicht in dem Maße der Fall gewesen ist. Solche Unterschiede haben die meisten Untersuchungen in diesem Gebiet erbracht. *Schulman und Havighurst* fanden solche sprachlichen Überlegenheiten bei Kindern aus gehobeneren Elternhäusern sogar noch bei 16jährigen Schülern.[133]

Einfluß der Geschwister. Wenn schon der Einfluß der Eltern und deren sozioökonomischer Status von entscheidender Bedeutung für die sprachliche Entwick-

---

[131] *T. Murray*, A Study of the Oral and Written Language of Children in the 4., 5., and 6. Grade in Various Social Situations. U. of S. California 1953.

[132] *O. C. Irwin*, Speech Development in the Young Child, some Factors Related to the Speech Development of the Infant and the Young Child. J. Speech and Hearing Disorders, 17, 1952, S. 269 ff.

[133] *M. J. Schulman* and *R. J. Havighurst*, Relations between Ability and Social Status in a Midwestern Community: IV. Size of vocabulary, J. of Ed. Ps., 38, 1947, S. 437 ff.

lung (und damit auch für die Denkentwicklung) des Kindes ist, so kann vermutet werden, daß auch die Geschwister bzw. die Situation des Einzelkindes für diese Entwicklung von entscheidender Bedeutung ist, da ja in diesen Situationen verschieden intensive Sprech-Stimuli wirksam sind. Auch wird die Stellung in der Geschwisterreihe (umgeben von älteren, sprechenden Geschwistern oder umgeben von noch kleineren, nichtsprechenden Geschwistern etc.) von Wichtigkeit sein.

Leider liegen zu diesem Fragenkreis nicht viele stichhaltige Untersuchungen vor. Die Zwillingsuntersuchungen von *Day* ergaben, daß die Zwillinge in ihrer Sprachentwicklung leicht hinter anderen Kindern zurückbleiben bis in die ersten Schuljahre hinein.[134]

Während man vermuten sollte, daß die Sprachentwicklung derjenigen Kinder, die mit älteren, schon sprechenden Kindern aufwachsen, rascher verläuft als die der Einzelkinder, haben die Untersuchungen von *Sears* u. a. das Gegenteil ergeben:[135] Es zeigte sich, daß den Einzelkindern, z. B. den Erstgeborenen, in der Regel besondere Aufmerksamkeit von seiten der Eltern geschenkt wird, so daß sie auch sprachlich sehr viel mehr Anregungen erhalten als die später Geborenen. Nach *Sears* ist dies der Hauptgrund für die leichte Überlegenheit dieser Kinder über die anderen in sprachlich-intellektueller Hinsicht.

Nun ist es aber auch möglich, daß die Überlegenheit der Einzelkinder in dieser Beziehung darauf zurückzuführen ist, daß Einzelkinder häufiger aus Elternhäusern stammen, die einem höheren sozio-ökonomischen Niveau angehören. Diese Möglichkeit wurde leider in der angeführten Studie nicht berücksichtigt.

Kinder, die in einem Heim aufwachsen, zeigen sich bezüglich ihrer Sprachentwicklung bedeutend retardiert im Vergleich mit Kindern aus einem normalen Elternhaus. Dies haben alle Untersuchungen auf diesem Gebiet übereinstimmend ergeben.[136, 137] Allerdings können diese Rückstände durch intensiven Unterricht aufgeholt werden.[138]

Ein Umweltfaktor, der die Bevölkerung in Grenzgebieten und Einwanderer beeinflussen mag, ist die *Zweisprachigkeit*. Hat die Tatsache, daß die Eltern in der Umgebung eines Kindes zwei Sprachen sprechen einen positiven oder negativen Einfluß auf die Sprachentwicklung des Kindes? Könnte man ggfs. mit dem Fremdsprachenunterricht bereits in der Vorschulzeit beginnen und dadurch die Grundlagen für eine bessere Sprachbeherrschung legen?

Die vorliegenden Untersuchungen stimmen darin überein, daß Kinder aus

---

[134] E. J. *Day*, The Development of Language in Twins, I and II. Child Dev., 3, 1932, S. 170–199 und S. 298–316.

[135] R. R. *Sears*, J. W. M. *Whiting*, V. *Nowlis*, P. S. *Sears*, Some Child Rearing Antecedents of Aggression and Dependency in Young Children. Gen. Ps. Mon., 47, 1953, S. 135 ff.

[136] W. *Goldfarb*, Infant Rearing and Problem Behavior. Am. J. Orthopsychiatry, 13, 1943, S. 249 ff., und *Ders.*, Effects of Psychological Deprivation in Infancy and Subsequent Stimulation. Am. J. Psychiatry, 102, 1945, S. 18 ff.

[137] J. K. *Moore*, Speech Content of Selected Groups of Orphanage and Nonorphanage Pre-school Children. J. exp. Education, 16, 1947, S. 18ff.

[138] H. C. *Dawe*, A Study of the Effect of an Educational Program upon Language Development and Related Mental Functions in Young Children. J. exp. ed., 11, 1942, S. 200 ff.

zweisprachigen Familien in beiden Sprachen unter dem Niveau der einsprachigen Kinder liegen. Vor allem die Untersuchung von *M. E. Smith*[139] zeigte, daß die Kinder zwischen 3 und 6 Jahren keinen Vorteil von einem zweisprachigen Elternhaus haben, sondern einen deutlichen Nachteil. In keiner der beiden Sprachen (Englisch und Chinesisch) konnten diese Kinder den Testnormen entsprechen. Wenn die Ergebnisse in beiden Sprachtesten zusammengenommen wurden, erfüllten sie allerdings fast die Normen. Man müßte indessen noch untersuchen, ob sich hierbei Unterschiede bezüglich des Intelligenzniveaus feststellen lassen, daß z. B. intelligentere Kinder die Zweisprachigkeit leichter bewältigen als weniger intelligente und von welchem Alter ab die Zweisprachigkeit allgemein von Vorteil sein kann. Bisher liegen lediglich Vermutungen dazu vor, die dahin gehen, daß intelligentere, wohlangepaßte Kinder etwa vom 5. Lebensjahr an von einer zweisprachigen Umgebung profitieren könnten und andere Kinder vom Schuleintritt an in der Lage wären, eine zweite Sprache als Fremdsprache hinzuzulernen.

Wenn dagegen die Zweisprachigkeit von Anfang an gegeben ist, dürfte wohl eine negative Beeinträchtigung der Sprachentwicklung vorliegen. Außerdem wird dadurch auch die Leistung in den üblichen Intelligenztests negativ beeinträchtigt, was insbesondere von *Anastasi* und *Cordora* nachgewiesen wurde.[140] Hieran dürfte wiederum die sprachliche Behinderung und andererseits auch die begriffliche Verwirrung schuld sein, die bei zweisprachigen Kindern zu beobachten ist.

Zu b) Sprachstörungen

Das Gebiet der Sprachstörungen ist viel zu weit und zu kompliziert, als daß wir es hier auch nur annähernd erörtern könnten. Da aber viele Sprachstörungen mit allgemeinen Verhaltensstörungen verbunden sind, wollen wir doch auf einige der wichtigeren Formen eingehen. – Für den Lehrer ist es besonders wichtig zu beachten, daß Sprachstörungen beim Kind häufig mit Störungen im Bereich des Emotionalen und Sozialen verbunden sind und daß eine Störung in einem Bereich leicht eine Störung in dem anderen Gebiet bedingen kann. Eine Lernstörung beispielsweise kann sowohl durch eine Sprachstörung, die soziale und emotionale Schwierigkeiten mit sich bringt, verursacht werden, wie auch umgekehrt eine Sprachstörung durch eine Lernstörung und die damit zusammenhängenden mannigfaltigen Frustrationen des Kindes in Schule und Elternhaus bedingt werden kann.

Eine erste in diesem verhaltenspsychologischen Zusammenhang erwähnenswerte Form der sprachlichen Gestörtheit ist die

Sprachliche Retardiertheit. Sie tritt normalerweise während des Kindergartenalters und im ersten Schuljahr ein, wo Kinder gelegentlich oder regelmäßig bestimmte Buchstaben und Silben – z. B. r oder k – durch andere Buchstaben oder Silben ersetzen – z. B. statt »Rad« »Lad« oder »Wad« und statt »Reiter« »Lei-

---

[139] *M. E. Smith*, Measurement of Vocabularies of Young Bilingual Children in both the Languages used. J. Gen. Ps., 74, 1949, S. 305 ff.

[140] *A. Anastasi, F. Cordora*, Some Effects of Bilingualism upon the Intelligence Test Performance of Puerto Rican Children in New York City. J. Ed. Ps., 44, 1953, S. 1–19

ter« oder »Weiter«. Im Zusammenhang mit dem normalen Reifevorgang während der ersten Volksschuljahre – etwa bis zum 4. Schuljahr – werden diese Schwierigkeiten in der Regel von selbst, d. h. ohne besondere fachmännische Betreuung, überwunden.[141] Eine besondere Phase der Schwierigkeiten in dieser Hinsicht ist die Zeit des Zahnwechsels um das 7. Lebensjahr herum, wo die Kinder vorübergehende Schwierigkeiten mit den Zischlauten haben. In der Regel wird dies auch nach Erscheinen der zweiten Zähne überwunden, doch gibt es immer einige Kinder, die eine falsche Aussprache auch später beibehalten.

Überdies fallen ältere Kinder unter dem Druck einer nicht bewältigten Frustration auch später noch in einen sprachgestörten Zustand zurück und beginnen Silben oder Buchstaben zu vertauschen, gleichsam in ein früheres Entwicklungsstadium regredierend. Hier gilt es, fachmännische Hilfe in Anspruch zu nehmen.

Das Lispeln findet sich verhältnismäßig häufig bei Vorschulkindern und bei Kindern der unteren Klassen. Man bezeichnet damit das auch als »Babysprache« (weil Babies ähnliche Schwierigkeiten haben) bekannte falsche Aussprechen verschiedener Buchstaben und Laute bzw. ihr Auslassen. Besonders die S- und Z-Laute sind davon betroffen. Normalerweise sollte das Lispeln mit etwa 6 Jahren überwunden sein, doch herrscht es leider bei vielen Kindern sehr viel länger vor und wird nach und nach eine feste Angewohnheit. Es kann aber – wenn es nicht auf physiologischen Ursachen beruht – durch Spezialbehandlung beseitigt werden.

Kinder fallen aber im fortgeschrittenen Schulalter gern ins Lispeln zurück, wenn sie starkem emotionalem Druck ausgesetzt sind. Im übrigen können mit *Garrison* und *Force* folgende Hauptursachen für das Lispeln angenommen werden[142]: a) Der schlechte Einfluß unscharf artikulierender Sprechvorbilder in der Umgebung des Kindes. b) Schwächen im Auffassen (Hören) der Laute. c) Unvollständige Entwicklung der Sprechorgane. d) Anatomische Abnormitäten der Zähne, Lippen, Zunge, des Kiefers, Gaumens, der Nasen- und Rachenhöhle usw. oder e) eine allgemeine Unterentwicklung der motorischen Zentren überhaupt.

Die Fähigkeit, Konsonanten richtig auszusprechen, kann geradezu als Basis für die Beurteilung der physischen, geistigen und emotionalen Entwicklung des Kindes dienen. Mit $3^{1}/_{2}$ Jahren sollte das Kind z. B. fähig sein, die Laute m, p, b und w richtig auszusprechen und zu benutzen. Jedoch sind solche Kriterien nicht leicht in allgemeingültiger Form aufzustellen, weil viel zuviel von der jeweiligen sprechenden Umgebung des Kindes abhängt.

Das Stottern ist oft wiederum eine gute Widerspiegelung der emotionalen Unsicherheit des Kindes. Das stotternde Kind wiederholt einzelne Laute rasch, verkrampft und unter gewaltiger Muskelanspannung. Der ganze Körper ist beim Stottern beteiligt. Während das Lispeln normalerweise am Anfang der Schulzeit überwunden wird, verstärkt sich das Stottern oft von Schuljahr zu Schuljahr bis zum 10. oder 11. Lebensjahr. In der Regel beginnt das Kind im Alter von 2–4 Jahren mit dem Stottern.

---

[141] Vgl. dazu *V. Roe, R. Milisen,* The Effect of Maturation upon Defective Articulation in Elementary Grades. J. Speech Disorders, 7, 1942, S. 37 ff.

[142] *K. C. Garrison, D. Force,* The Psychology of Exceptional Children. N.Y. 1959, S. 288.

Was die Ursachen des Stottern angeht, so liegen zahlreiche Untersuchungen dazu vor, die wir hier nicht referieren können, da sie weit über das Ziel dieser Darstellung hinausführen. Es ist jedoch wichtig zu beachten, daß es mehrere Arten von Stottern gibt, die jeweils nicht nur eine verschiedene Ursache, sondern auch verschiedene Symptome und eine verschiedene Art der Therapie haben. Es scheint, im Gegensatz zu früheren Auffassungen, heute als ziemlich erwiesen zu gelten, daß die Grundlage des Stotterns in den meisten Fällen eine ererbte Disposition ist. Andererseits kann diese Disposition durch bestimmte negative Züge in der Umgebung des Kindes (dominative Einstellung der Eltern, emotionaler Druck, Schockwirkungen usw.)[143] verstärkt werden, während sie durch eine vorbeugende, sprachheilpädagogische Behandlung überwunden werden kann. – Der für unseren Zusammenhang entscheidende Befund ist jedoch die enge Beziehung zwischen allgemeinen Störungen in der geistigen Entwicklung und Sprechstörungen, auf die wir im folgenden noch eingehen wollen.

Die Beziehung zwischen Sprachstörungen und geistiger Retardierung

Wie schon gesagt wurde, besteht ein enger Zusammenhang zwischen der intellektuellen und der sprachlichen Entwicklung. Verschiedene Untersuchungen erbrachten nun den Nachweis, daß Sprachstörungen wesentlich häufiger bei geistig zurückgebliebenen Kindern sind, als bei geistig normal entwickelten Kindern. Nach *Gens* haben sogar etwa 75% aller geistig zurückgebliebenen und in Heimen untergebrachten Kinder zugleich Sprachstörungen.[144] Einen ähnlichen Befund ergab die Untersuchung von *Russell* an etwa 200 Kindern mit einem durchschnittlichen IQ von 65,5.[145] Es zeigt sich überdies, daß Sprachstörungen aller Art bei Knaben häufiger vorkommen als bei Mädchen.

In diesen Fällen scheint indessen die Vermutung nicht zuzutreffen, daß intellektuelle Minderleistungen festgestellt werden, weil Sprachstörungen vorliegen. Denn auch in Tests, die lediglich die motorische oder Handlungsintelligenz berücksichtigen, schneiden Kinder mit Sprachstörungen bedeutend schlechter ab als Kinder ohne solche Störungen. Umgekehrt ist es wohl auch nicht richtig zu vermuten, daß sich Sprachstörungen dort einstellen, wo vorher schon eine geistige Retardierung vorliegt. Vielmehr treten beide Symptome gleichzeitig auf, und beide sind in gleichem Maße zu beeinflussen. Es kommt vor allem darauf an, in der Umgebung solcher Kinder viele Anreize zum guten Sprechen zu schaffen und emotionale und soziale Schädigungen zu vermeiden. Selbst geistig normale Kinder fallen ja in Sprachstörungen zurück, wenn sie sich in Situationen befinden, die ihr emotionales und soziales »Gleichgewicht« stören (dominative Erziehungsform, Isoliertheit von Gleichaltrigen, Mißerfolgserlebnisse in schulischer Hinsicht, Trauerfälle etc.).

---

[143] Vgl. *J. P. Moncur*, Parental Domination in Stuttering. J. Speech and Hearing Disorders, 17, 1952, S. 155.

[144] *G. W. Gens*, Speech Retardation in the Normal and Subnormal Child. The Training School Bull. 48, 1952, S. 32 ff.

[145] *H. K. Russell*, Articulation Profile of 209 Mentally Retarded Children. Sem. i. Spec. Ed. Rep. San Francisco State Coll., 1952.

4. Charakteristische Probleme und Aufgaben des Verhaltens in den verschiedenen Altersstufen

Haben wir uns bisher mit den wichtigsten Ergebnissen einer verhaltenspsychologisch orientierten Entwicklungspsychologie bezüglich der physischen, emotionalsozialen und intellektuellen Entwicklung des Kindes beschäftigt, so wollen wir nun versuchen, diese Ergebnisse dadurch zu ergänzen und zusammenzufassen, daß die verschiedenen Altersstufen unter dem Aspekt ihrer spezifischen Verhaltensprobleme betrachtet werden. Hierdurch kommt der pädagogiche Gesichtspunkt stärker in den Vordergrund.

Diese spezifischen Verhaltensaufgaben der einzelnen Altersstufen treten an den Menschen durch den Entwicklungsvorgang selbst und durch die Gesellschaft, in der er lebt, heran. Die erfolgreiche Bewältigung dieser Aufgaben ist eine Voraussetzung für den Eintritt in das jeweils nachfolgende Entwicklungsstadium. Ein Versagen gegenüber diesen Aufgaben bedeutet eine große Frustration, der eine mehr oder weniger tiefsitzende Unzufriedenheit mit sich selbst und dem Leben im allgemeinen entwächst; außerdem ergeben sich dann in der Regel Konflikte mit der Gesellschaft und Prädispositionen zum Scheitern auch in den nachfolgenden Aufgaben. Es kommt also für die Pädagogik darauf an, diese spezifischen Verhaltensprobleme gleichsam vorwegzunehmen und das Kind bzw. den Jugendlichen systematisch darauf vorzubereiten, so daß eine befriedigende und individuelle Lösung dieser Probleme gelingt. Es hat sich nämlich in vielen Untersuchungen gezeigt, daß der Mensch in verschiedenen Stadien seiner Entwicklung zu verschiedenen Verhaltenseinstellungen bereit ist. Die Unterweisung in einem bestimmten Gebiet oder in bestimmten Fertigkeiten erfolgt am besten dann, wenn die physische und geistige Bereitschaft dazu vorhanden ist; erfolgt sie früher, so ist die Mühe in der Regel umsonst; erfolgt sie später, so ist nur in Ausnahmefällen noch mit einem guten Erfolg zu rechnen. Jedes Lernen hat also seinen *optimalen entwicklungspsychologischen Moment*. Ihn zu finden ist eines der Hauptanliegen der entwicklungspsychologischen Verhaltenspsychologie.

a) Von 1 bis 5 Jahren

In der frühen Kindheit (1–5 J.) steht das Kind vor folgenden verhaltenspsychologischen Hauptaufgaben, die es im Bereich der Familie und der unmittelbaren Umgebung derselben zu lösen lernt und dadurch zu der Persönlichkeit heranreift, die man im allgemeinen im Alter von 5 Jahren erwarten kann:

1) Gehenlernen
2) Sprechenlernen
3) Feste Nahrung zu sich nehmen lernen
4) Sich an einen festen Rhythmus der Nahrungsaufnahme und der Ausscheidung gewöhnen lernen
5) Einfache Begriffe mitmenschlicher Beziehungen und des Handelns in der menschlichen Gemeinschaft formen lernen
6) Gut und Böse unterscheiden lernen und ethische Normen als Grundlage des Gewissens entwickeln lernen und schließlich

7) Lernen, ein richtiges emotionales Verhältnis zu den Eltern, Geschwistern und zu den anderen Menschen der Umgebung herzustellen.

Diese sieben Hauptaufgaben in der Verhaltensentwicklung des kleinen Kindes umfassen natürlich nicht alles, was sich in diesen ersten Lebensjahren ereignet, sondern geben nur gleichsam den *Umriß* dessen an, was auf alle Fälle gelernt werden muß, damit das Kind anschließend ohne psychischen Schaden in das nächste Stadium eintreten kann.

b) Von 6 bis 12 Jahren

In der mittleren Kindheit (6–12 J.) strebt das Kind aus dem engen Kreis der Familie in die weitere »Welt« hinaus: Es erweitert seine mitmenschlichen Beziehungen von der Familie zum Kreis seiner gleichaltrigen Spielkameraden; es erweitert seinen Aktivitätsraum, indem es altersspezifische Spiele und Fertigkeiten lernt, und es erweitert seinen geistigen Horizont durch Aufnahme von Begriffen und Zusammenhängen aus der Welt der Erwachsenen.

Der Eintritt in die Arbeits- und Lebensgemeinschaft der Schule mit 6 oder 7 Jahren bedeutet einen sehr tiefen Einschnitt: das Kind erwirbt dadurch ein neues Selbstgefühl. Zur Schule – und nicht mehr »bloß« zur Kinderschule – gehen zu können, bedeutet dem Kind, daß es jetzt »groß« ist, und es erwartet von den Erwachsenen, daß dies anerkannt und immer wieder bestätigt wird. Der Schulanfänger möchte tatsächlich nicht mehr als Kindergartenkind behandelt werden, sondern etwas lernen, »schwierige« Aufgaben zur Bewältigung übertragen bekommen und dafür dann auch anerkannt werden. Wo dieser Schritt vom Kind nicht vollzogen werden kann, weil etwa die Eltern oder Lehrer die vorhandene »Lernbereitschaft« und die damit auch gegebene soziale Reife übersehen und das Kind weiterhin als »Kleinkind« behandeln, da bleibt das Kind notwendig unbefriedigt, frustriert und kann sich nicht voll entfalten.

Als Schulkind verbringt das Kind auch einen großen Teil seines Tages außerhalb der Familie, in der Schule oder im Zusammenleben mit seinen Freunden und Schulkameraden. Die Technik des Zusammenlebens mit diesen Gleichaltrigen muß aber gelernt werden! Vor dem Schuleintritt hat das Kind meistens – außer dem Kindergarten – keine tiefergehenden Berührungen mit Gleichaltrigen gehabt, es stand in der Familie in einer intimeren emotionalen Beziehung zu Eltern und Geschwistern als das nun außerhalb der Familie erwartet werden darf. Es spielte vor dem Schuleintritt häufig allein oder unabhängig von den anderen Kindern, die evtl. in seiner Nähe waren; nach Schuleintritt aber kommt es mehr und mehr zu Gruppenspielen, die ihre eigenen Regeln haben! Das Kind muß lernen, sich nicht nur solchen Regeln anzupassen, sondern sie auch zu tragen und gegebenenfalls abzuändern und zu ergänzen. Initiative für die Gruppe ist eine der geschätzten Eigenschaften in diesem Alter. Wer sich nicht an die Regeln hält oder wer durch sein Verhalten oder sogar durch sein Aussehen den Gruppenerwartungen widerspricht, wird von der Gruppe rücksichtslos ausgestoßen und gleichsam »geächtet«. Manche Kinder in diesem Alter sind nicht nur gegen Tiere grausam, sondern auch gegen Gleichaltrige und auch gegen Erwachsene! Sie huldigen einer Schwarz-Weiß-Einstellung: entweder man spielt mit und hält sich an die Regeln bzw. ergänzt sie zum Wohle aller – oder man ist ein Außenseiter und wird verfolgt! Die Gruppenführer – »Stars« – haben oftmals eine weitergehende Autorität als der Lehrer oder die Eltern. – Ein besonders bedauernswertes Schicksal haben die »schwarzen Schafe«, Kinder, die keine Freunde haben, sondern nur Ablehnungen erfahren. Wir werden in einem späteren Kapitel näher darauf eingehen. Die Regeln dieser Gruppen in der mittleren Kindheit sind äußerst straff und eindeutig – ähnlich wie der Dekalog (z. B. Du sollst nicht lügen, ausgenommen gegenüber Karl [dem abgelehnten Kind außerhalb der Gruppe]; Du sollst nicht stehlen – ausgenommen von Karl …). Gegen Ende dieser Phase brechen diese Gruppen meistens auseinander, und es formen sich neue – meist kleinere – Verbände unter anderen Gesichtspunkten. Die körperliche Gewandtheit spielt in der mittleren Kindheit eine große Rolle, aber intellektuelle und soziale Fähigkeiten dürfen nicht unterschätzt werden. Die Fähigkeit, die ein Kind in der Schule zeigt (also in etwa das Ansehen, das es beim Lehrer genießt), dient lange Zeit als Grundlage auch für seine soziale Anerkennung außerhalb der Schule in den Gruppen der Gleichaltrigen.

Gleichzeitig mit dem Einbruch des sozialpsychologischen Bezugs auf den Mitschüler in das Leben des Kindes vollzieht sich auch eine verstärkte Hinwendung des Kindes zur Gedankenwelt der Erwachsenen. Sie erschließt sich ihm nicht mehr ausschließlich nur durch die persönliche Belehrung oder Vorführung, sondern mehr und mehr durch die Medien, die auch die Erwachsenen benutzen, also durch das Buch, das Radio, das Fernsehen, die Zeitung usf. Die Welt der Zahl und die Dimension der Zeit werden neue Realitäten in der kindlichen Erfahrung. Damit wächst auch die ktetische Aufmerksamkeit und das Vollendungsinteresse, so daß Kinder jetzt erfolgreich gegen Ablenkungen ankämpfen können, um ihre einmal begonnene Arbeit (oder das Spiel) zu Ende zu führen.

Überhaupt ist die vielbeschriebene überschäumende Energie und Aktivität des Kindes von 6 bis 12 der überaus wirksame Antrieb für den mannigfaltigen geistigen Fortschritt während dieser Entwicklungsphase. Es gibt wohl kaum eine Zeit – abgesehen von den ersten Lebensmonaten –, in der das Kind ähnlich große geistige Fortschritte bewältigt. Ein augenfälliges Beispiel ist die leicht zu beobachtende Sammelleidenschaft der Kinder dieses Alters. Es wird praktisch alles gesammelt und irgendwie »geordnet« – von den Briefmarken angefangen bis zu Muscheln oder Schnecken und Bierdeckeln oder Flaschen. Dies steht im Zusammenhang mit der nun rasch wachsenden Abstraktionsfähigkeit, die das Kind beispielsweise erkennen läßt, daß die Erde aus verschiedenen Kontinenten besteht und diese wiederum aus verschiedenen Ländern, die alle verschiedene – und verschieden wertvolle – Briefmarken herausgeben. Das Sammeln der Briefmarken kann daher zur geistigen Bewältigung geographischer Probleme sehr beitragen.

In ähnlicher Weise bewältigt das Kind in diesen Jahren Probleme auf den ausgefallensten Gebieten, was die erstaunliche Lesefreudigkeit, besonders der intelligenteren Kinder, verständlich macht. Die meisten Menschen lesen in keinem Lebensabschnitt so viel und so begierig wie in diesem Alter. Dies wirkt sich natürlich auf die Interessen wiederum aus, so daß die Eltern und der Lehrer im

Umgang mit solchen Kindern manchmal geradezu überfordert sind, wenn sie alle Fragen und Probleme dieser renaissancehaft vorwärtsdrängenden Jugend beantworten sollen. Hieraus wird schon deutlich, daß nunmehr die Bücherei selbst häufiger an die Stelle des Lehrers zu treten hat, der sich nichts vergibt, wenn er die Frager gelegentlich in die Schulbibliothek schickt, statt selbst eine Antwort zu geben.

Eine weitere Aufgabe in dieser Phase der mittleren Kindheit ist der Ausbau der Welt der Spiele und der sportlichen Gewandtheit. Wir haben bereits gesehen, daß die körperliche Entwicklung die größten Anforderungen an das Kind im ersten Lebensjahr stellt. In den Jahren der mittleren Kindheit jedoch wächst das Kind nur relativ langsam. Erst während des puberalen Längenschubs wird dieses Gleichmaß wieder gestört. Da also in der mittleren Kindheit der Körper harmonisch und nicht übermäßig wächst, sind hier die besten Voraussetzungen für sportliche Betätigungen gegeben. Hinzu kommt noch die größere soziale Reife und geistige Aufgeschlossenheit, die das Befolgen auch komplizierterer Regeln im sozialen Verband ermöglichen, so daß die Rollenspiele jetzt einen großen Teil der Freizeit der Kinder ausfüllen. Damit wächst auch die psychomotorische Koordinationsfähigkeit, so daß eine Vielfalt von Fertigkeiten nicht nur sportlicher Natur, sondern auch z. B. im Bereich des Werkens entwickelt werden kann. Die Kinder interessieren sich also praktisch für alles und freuen sich, wenn sie möglichst viele Tätigkeiten der Erwachsenen nachahmen können oder wenn sie gar neue Regeln und Fertigkeiten »erfinden« dürfen.

Es ist bekannt, daß die Vielfalt solcher Erfahrungen während der mittleren Kindheit in direktem Zusammenhang zu der Aufgeschlossenheit und Plastizität im Erwachsenenalter steht, d. h. wer in der mittleren Kindheit in der Entfaltung seiner sportlichen und spielerischen Interessen allzu sehr eingeengt worden ist, wird auch später mehr oder weniger große Schwierigkeiten haben, wenn er sich in ein neues Gebiet einarbeiten soll. Überdies fördert die Ausbildung psychomotorischer Fertigkeiten während der mittleren Kindheit maßgebend die soziale Anpassungsfähigkeit und Aufgeschlossenheit auch während der späteren Lebensjahre, da die meisten dieser Fertigkeiten zwangsläufig in Gruppen ausgeübt werden. Kinder, die keine Gelegenheit haben, diese Fertigkeiten (beispielsweise Schwimmen, Radfahren, Basteln, Tanzen) frühzeitig zu lernen, neigen dann später, bereits während der Pubertätszeit, zur Ausbildung einzelgängerischer Tendenzen, die eine Gefahr für die psychische Gesundheit darstellen.

c) Von 13–19 Jahren (Pubertät)

Die Pubertät ist eine nicht genau abgegrenzte Phase, die ungefähr mit der Zeit der Sexualreifung beginnt und mit dem Eintritt in das Erwachsenenstadium endet. Beide Ereignisse sind aber individuell verschieden anzusetzen, so daß die Phase sowohl nach unten als auch nach oben nicht eindeutig festzulegen ist. Die Hauptaufgabe während dieser Phase ist die Bewältigung der sexuellen Probleme einschließlich der Übernahme der adäquaten Geschlechtsrolle in der Erwachsenengesellschaft. Damit hängt auch die Erlangung der wirtschaftlichen Unabhängigkeit von den Eltern zusammen und die Fähigkeit, eine eigene Familie, auch wirtschaftlich, zu tragen. Zur wirtschaftlichen Selbständigkeit muß die geistige und emotionale Eigenständigkeit kommen, die ebenfalls wesentlich in dieser Phase vollzogen werden muß, wenn auch ein akademisches Studium noch weit bis in die Zwanzigerjahre hineingezogen wird.

Die *Sexualreifung* stellt sich, wie erwähnt, nicht bei allen Kindern gleichzeitig ein. Die Mädchen haben im allgemeinen einen Vorsprung von 1–2 Jahren vor den Jungen, doch auch dies unterliegt individuellen Abweichungen. Schon hierdurch ergeben sich bedeutende pädagogische Aufgaben: Die Sexualreifung im Zusammenhang mit dem puberalen Wachstumsschub (vgl. oben) kann bei einigen Kindern verzögert sein, so daß innerhalb kurzer Zeit in einer Schulklasse bedeutende körperliche Unterschiede zutage treten, die gewaltige soziale Spannungen entstehen lassen: die »kleinen« Jungen werden plötzlich von den rascher wachsenden Kindern nicht mehr für »voll« genommen, sondern »links liegen« gelassen, selbst wenn sie bis dahin zu den beliebten Kindern der Klasse gehört haben. Solchermaßen abgelehnte Kinder reagieren darauf nicht selten durch Lernstörungen oder durch eine generelle Schulangst. Erst später, wenn auch sie körperlich »aufgeholt« haben, gewinnen sie wieder das gewohnte Ansehen in der Klasse, falls sie sich bis dahin nicht allzu sehr verkrampft haben, was leider sehr häufig der Fall ist. Andererseits haben Mädchen, die sexuell bedeutend früher reif werden als die Knaben ihrer Klasse, ebenfalls besondere Anpassungsprobleme, da ihre sozialen Interessen von den Jungen noch nicht gleich erwidert werden und sie andererseits auch körperlich meistens fülliger und schwerer sind als die Knaben und langsamer reifende Mädchen dieses Alters. Für die Geschicklichkeits- und Kraftspiele (der Knaben) sind diese Mädchen nach erlangter Sexualreifung also nicht mehr geeignet und auch nicht mehr interessiert, aber für die Verwirklichung ihrer heterosexuellen Interessen haben sie noch keine rechte Gelegenheit. So kommt es häufig zu Tagträumereien, Widerborstigkeit (gegen die Erwachsenen überhaupt) und zu merklichen Rückfällen in der schulischen Leistung. Hinzu kommt noch das zeitraubende ängstliche Besorgtsein um die körperliche Erscheinung (Gewicht, Größe, Hautunreinigkeiten ...), das die soziale Frustration noch vertieft.

Die Übernahme der Geschlechtsrolle in der Erwachsenengesellschaft stellt besonders in unserer Kulturgemeinschaft gegenwärtig ein weitgehend unbewältigtes Problem für Pubertierende dar. Während manche andere Kulturen besondere »Einweihungsriten« entwickelt haben, die den Übertritt des Kindes oder Jugendlichen in die Erwachsenengesellschaft nach Erlangung der Sexualreifung markieren und ihm alle Rechte und Pflichten der Erwachsenen übertragen, ist das in unserer Kultur nicht so ohne weiteres möglich, da ja eine sehr viel längere Ausbildung und damit eine länger fortdauernde wirtschaftliche Unselbständigkeit und auch geistige Abhängigkeit von den Erwachsenen nötig ist; kaum ein Jugendlicher kann in der gegenwärtigen Gesellschaft mit 14 Jahren wirtschaftlich und geistig selbständig sein, obgleich er meistens die Reife dafür hätte.

Der tatsächliche Eintritt ins Stadium des Erwachsenseins vollzieht sich in unserer Kultur erst mit der erlangten geistigen und wirtschaftlichen Selbständigkeit, während die biologische Reife für ein »Erwachsenenleben« meistens schon etwa 10 Jahre vorher erreicht ist. Diese rund 10 Jahre der zwar erlangten körperlichen aber noch nicht erreichten geistigen und wirtschaftlichen Reife sind gekennzeichnet durch besonders starke Konflikte, die meistens erhebliche emotionale und soziale Störungen bei den Jugendlichen bedingen. Der Jugendliche muß in dieser Zeit lernen, sich den Regeln und Gepflogenheiten der Erwachsenengesellschaft zu unterwerfen und sich mit ihnen zu identifizieren oder zu versuchen, in der Auseinandersetzung mit ihnen einen eigenen Lebensstil zu konzipieren. Dies wiederum setzt mehr Zeit zum Nachdenken, zum »Alleinsein« voraus, als das in der mittleren Kindheit der Fall war. Aus dieser Isolierung heraus entsteht dann der Impuls zur Kritik in der äußeren und innerlichen Distanz zu den Erwachsenen. Ideale und Zielvorstellungen werden entwickelt und Lebenspläne geschmiedet. Während sich diese Ziele und Pläne bei den männlichen Jugendlichen vorwiegend um Berufsvorstellungen herum gruppieren, bietet unsere Gesellschaft bisher noch kein so eindeutiges Verhaltensmuster für die weiblichen Jugendlichen, die sich auf der einen Seite auf die Ehe vorbereiten sollen, andererseits aber auch mit der Möglichkeit rechnen müssen, daß sie sich durch eigene Berufsarbeit zu erhalten haben. So scheint sich allmählich bei den jugendlichen Mädchen eine Art Doppelideal herauszubilden, das sowohl auf eine Ehe als auch auf einen Beruf ausgerichtet ist, woraus sich abermals schwierige Konflikte ergeben müssen, die nur individuell überwunden werden können.

Die Aufgabe der *Unabhängigkeit* und *Selbständigkeit* hängt, wie bemerkt, aufs engste mit den Aufgaben der Sexualreifung und der Übernahme der Geschlechtsrolle in der Erwachsenengesellschaft zusammen. Geistige und wirtschaftliche Selbständigkeit kann nur auf dem Weg über die produktive Überwindung von Konflikten erlangt werden. Die Verhaltensschemata, die bei diesen Konfliktüberwindungen in der Jugendzeit angewandt werden, entstammen meistens den Erfahrungen früherer Auseinandersetzungen mit den Eltern und Lehrern.

Bei den männlichen Jugendlichen stehen folgende Probleme im Zusammenhang mit dem Streben nach Selbständigkeit und Unabhängigkeit von den Erwachsenen im Vordergrund:

Der Wunsch, länger aufzubleiben – gegenüber dem Zwang, zur festgesetzten Zeit zu Bett gehen zu müssen;

Der Wunsch, einen bestimmten Geldbetrag zur freien Verfügung zu haben – gegenüber dem Zwang, für jeden erbetenen größeren Betrag gleich den konkreten Verwendungszweck angeben zu müssen;

Der Wunsch, rauchen zu dürfen – gegenüber dem Zwang, nicht rauchen zu dürfen (mancher Jugendliche würde tatsächlich nicht zum Raucher werden, wenn es ihm nicht von vornherein verwehrt würde!);

Der Wunsch, eigenständige Entscheidungen über Freizeitunternehmungen und bezüglich der Berufswahl vorzunehmen – gegenüber dem Zwang, auch in diesen Dingen den Vorstellungen der Erwachsenen folgen zu müssen. Dies gilt auch hinsichtlich des Umgangs mit Freundinnen und Freunden.

Bei den Mädchen sind es hauptsächlich folgende Probleme:

Der Wunsch, eigene Pläne und Ziele verfolgen zu dürfen – gegenüber dem elterlichen Zwang, solche Pläne fertig von den Erwachsenen übernehmen zu müssen;

Der Wunsch, hinsichtlich der Wahl jugendlicher Freunde und Freundinnen freie Hand zu haben – gegenüber elterlichen Vorschriften;

Der Wunsch, frei über eine bestimmte Geldsumme verfügen zu können – gegenüber dem Zwang, bei jeder konkreten Gelegenheit um einen bestimmten Betrag bitten zu müssen und

der Wunsch nach mehr Freizeit, die zur völlig freien Verfügung steht – gegenüber dem Zwang, den Erwachsenen auch über die Freizeitbetätigungen Rechenschaft abzulegen.

Solche Konflikte und die Unmöglichkeit, sie sofort und direkt zu überwinden, führen den Jugendlichen meistens zu einer intensiveren Beachtung der Rolle der *Gruppe der Gleichaltrigen*, in der er seinen Platz sucht. Diese Kameradschaftsgruppe (nicht unbedingt Freundschaften!) rettet den Jugendlichen gleichsam über das »Niemandsland« hinweg, das sich um ihn gebildet hat, nachdem er sich den Beeinflussungen der Erwachsenen entzogen zu haben glaubt. Die eindeutigen Regeln und Gebräuche dieser Gruppen befreien den Jugendlichen von den Gefühlen der Unsicherheit und der Angst, die ihn beherrschen, wenn er in der Gesellschaft der Erwachsenen nicht weiß, wie er sich im einzelnen verhalten darf. Überdies vermittelt die Rolle, die der Jugendliche in seiner Gruppe spielt, das Gefühl der sozialen Bedeutsamkeit und der Anerkennung, das er sonst, auf sich allein gestellt oder lediglich in der widersprüchigen Erwachsenengesellschaft, nicht haben könnte. Der Mensch kann – auch schon als Jugendlicher – ohne eine gewisse Befriedigung des Grundbedürfnisses nach »Zugehörigkeit« und »Anerkennung« nicht gesund existieren, daher kommt der Gruppe besonders in der Jugendzeit eine entscheidende Rolle zu. Es sollte dafür gesorgt werden, daß sich Gruppen ohne ausgesprochen antisoziale Tendenzen (Banden) bilden, während andererseits eine Einmischung der Erwachsenen in die Einzelheiten der Organisation und Ausrichtung dieser Gruppen der Jugendlichen vermieden werden muß.

d) Nach der Jugendzeit (ab 19 Jahren)

Die Grenze zwischen Jugendzeit und Erwachsenenstadium ist, wie gesagt, nicht eindeutig festzulegen. Mit der Bewältigung der beschriebenen drei Entwicklungsaufgaben der Jugendzeit jedoch erlangt der junge Mensch das Stadium des Erwachsenen, das abermals neue Aufgaben der Weiterentwicklung mit sich bringt. Es ist nicht so, daß nach Erlangung der wirtschaftlichen und geistigen Selbständigkeit um das zwanzigste Lebensjahr herum der Mensch ein für allemal sein Verhaltensmuster entwickelt hätte, das er lediglich zu erhalten brauche. Vielmehr kann man innerhalb des Erwachsenenstadiums folgende drei Stufen unterscheiden, die jeweils charakteristische Entwicklungsaufgaben mit sich bringen. Da eine genauere Diskussion dieser Stufen nicht mehr in den Bereich dieser Darstellung gehört, beschränken wir uns auf eine Aufzählung der wichtigsten dieser Entwicklungsaufgaben:

Entwicklungsaufgaben des *Frühstadiums des Erwachsenseins* (19–30 J.): Die Entwicklungsaufgaben in dieser ersten Phase des Erwachsenseins sind um die Probleme des Berufs, der Familie und der Gesellschaft zentriert. Der junge Erwachsene muß sich zunächst mit der Frage der Wahl eines geeigneten Lebenspartners befassen. Spätestens in diesem Alter also wird der junge Mensch eigenständige Bemühungen in der Richtung auf das Kennenlernen des anderen Geschlechts unternehmen und die damit auftauchenden emotionalen Probleme bewältigen müssen. Auch das Zusammenleben mit einem Ehepartner stellt eine neue Aufgabe dar. Anders als in der Freundschaftsgruppe oder in der Gruppe der Gleichaltrigen handelt es sich nun um ein *verbindliches* Zusammenleben und Zusammenplanen, das *alle* Aspekte des Lebens umfaßt. Da Hilfen von dritter Seite hierbei meistens mehr schaden als nützen, muß der junge Erwachsene besonders in dieser Hinsicht allein lernen, diese Konflikte zu bewältigen. Hinzu kommt bald noch das Problem der Kindererziehung und der Gründung eines Heims. Beides ist u. a. mit finanziellen Fragen verknüpft, die innerhalb der Berufsprobleme eine zunehmend wichtige Rolle spielen. Schließlich drängt sich auch die Aufgabe der Übernahme staatsbürgerlicher Verantwortungen und der Auswahl einer geeigneten gesellschaftlichen Gruppe für den sozialen Umgang in das Leben des jungen Erwachsenen.

Entwicklungsaufgaben des *mittleren Stadiums des Erwachsenseins* (30–55): Hier stehen die gesellschaftlichen Verantwortungen, die bereits im Frühstadium eine gewisse Rolle gespielt haben, im Vordergrund. Der Erwachsene im mittleren Stadium muß bestrebt sein, in erster Linie seine staatsbürgerlichen, gesellschaftlichen und beruflichen Verantwortungen auszubauen und zu befestigen. Die Fragen der Aufrechterhaltung eines möglichst gehobenen und gesicherten Lebensstandards treten an den Menschen verstärkt heran. Hierzu gehört auch die Entwicklung von erwachsenen Weisen der Freizeitgestaltung, die mit dem gegebenen Lebensstandard im Einklang stehen. Das Verhältnis der Ehepartner zueinander verändert sich in dieser Phase ebenfalls und fordert eine neue Anpassung beider aneinander. Die Kinder, die nunmehr mit ihren eigenen teenager-Fragen zu den Eltern kommen, wollen verstanden und beraten werden. Schließlich stellt sich auch der Körper in dieser Phase um, und es kommt darauf an, diese Veränderungen vorwegzunehmen und zu bejahen, statt sich dagegen aufzulehnen. Zugleich tritt meistens eine ganze Reihe von Problemen dadurch auf, daß sich der Mensch nunmehr an das Vorhandensein alternder Eltern gewöhnen und möglicherweise deren Verlust überstehen muß.

Entwicklungsaufgaben des *späteren Stadiums des Erwachsenseins* (55–): Hier kommen wieder Probleme der eigenen Körperlichkeit in den Vordergrund. Der alternde Mensch muß sich mit der Tatsache seiner abnehmenden körperlichen Kräfte abfinden und sich an das »Leben mit der Krankheit« gewöhnen. Damit hängt auch die früher oder später an den alternden Menschen zwangsläufig herantretende Aufgabe des Rückzugs aus dem aktiven beruflichen und sozialen Leben zusammen. Dies stellt besonders für den bisher aktiven Menschen ein sehr schwieriges Problem dar, und es scheint, als ob unsere Gesellschaft erst allmählich dazu übergeht, sich verstärkt der Probleme der alternden Menschen anzunehmen. Es ist jedenfalls nicht richtig, alternde Menschen generell für »arbeitsunfähig« zu erklären, vielmehr gibt es Tätigkeiten, die der alternde Mensch sogar meistens besser und gründlicher ausüben kann als der jüngere, so daß er dadurch nicht nur weiterhin das Gefühl des Gebrauchtwerdens haben kann, sondern auch tatsächlich für die Gesellschaft weiterhin tätig sein darf. Hierher gehören alle Tätigkeiten, die größere Überblicke und Erfahrung zur Voraussetzung haben. Aufgaben in der Verwaltung beispielsweise, die politische, wirtschaftliche oder allgemeinmenschliche Probleme bewältigen soll, können in diesem Entwicklungsstadium gut übernommen werden. – Erneut kommt nun auch die Frage einer Freizeitbeschäftigung in den Vordergrund, denn die bisherige Art der Freizeitgestaltung kann vielleicht nicht mehr ausgeübt werden, weil sie höhere Anforderungen an körperlichen Einsatz stellte oder mehr Geld beanspruchte als nach dem Rückzug aus dem aktiven Leben verfügbar ist. Eine weitere Aufgabe, die in diesem Stadium an die meisten Menschen herantritt, ist die Anpassung an das Alleinsein. Häufig bedeutet dies sogar das Fertigwerdenmüssen mit dem Tod des Ehepartners und mit der Abwesenheit der Kinder. Die Lebensbedingungen werden im allgemeinen eingeschränkt werden können, und gelegentlich ergibt sich sogar eine Verkleinerung des Heims, das mehr an die reduzierten Möglichkeiten und Ansprüche des alternden Menschen angepaßt ist. Auch in dieser Beziehung könnte von unserer Gesellschaft noch bedeutend mehr getan werden als bisher sichtbar wird.[140]

III. DIE MOTIVATION

1. Zur Definition der Motivation

Die Lernbereitschaft und die Entwicklung stellt, wie wir sahen, lediglich eine Vorbedingung für das Lernen in einem bestimmten Gebiet dar, aber sie ist nicht identisch mit einem Lernbedürfnis! Wird eine Lernbereitschaft nicht ausgenützt, indem man ihr aus der Umwelt entsprechend entgegenkommt, so verliert sie sich nach einiger Zeit wieder, ähnlich wie auch eine Verhaltensform, die nicht verstärkt wird, zur Extinktion gelangt. Was mithin zur Lernbereitschaft hinzukommen muß, ist eine Motivation für das Lernen in einem bestimmten Gebiet und die äußeren Möglichkeiten, diese Motivation auch zu verwirklichen.

Dies haben wir in unserer bisherigen Darstellung und Erörterung der verhaltenspsychologischen Lerntheorie stillschweigend vorausgesetzt, denn immer, wenn davon die Rede war, daß Versuchstiere in einem bestimmten Verhalten verstärkt worden sind, wurde ja vorausgesetzt, daß diese Tiere das Verhalten geäußert haben. Um beispielsweise eine Ratte oder eine Taube dazu zu bringen, sich um Nahrung zu bemühen (Hebel zu betätigen etc.), muß das Tier eine gewisse Zeitlang ohne genügend Nahrung gewesen sein,[147] damit es überhaupt »Hunger« hat, zur Nahrungsaufnahme motiviert ist. Ähnliches gilt auch – grundsätzlich – für das menschliche Verhalten, wenn es auch hier sehr viel komplizierter sein kann, weil verschiedene ähnlich starke Bedürfnisse einander durchkreuzen können. Nehmen wir aber zunächst ein ganz einfaches Beispiel: wenn

---

[140] Vgl. *R. Havighurst*, Human Development and Education. N.Y. 1953.
[147] Standardpraxis ist, Versuchstiere einige Zeit vor Beginn des Experiments nur zu 85% zu füttern. Dies kann dadurch erreicht werden, daß das Gewicht des Tieres und die Nahrungsaufnahme vor und nach Eintritt in die Vorbereitung auf das Experiment kontrolliert wird.

ein Wanderer, der viele Stunden ohne Getränk durch eine trockene Landschaft marschiert ist, plötzlich an eine Quelle kommt, wird er wahrscheinlich anhalten und trinken; wenn er dagegen erst wenige Minuten vorher Rast gemacht hat und dabei genügend getrunken hat, wird er keine Motivation zum Trinken zeigen, er wird vielleicht sogar die Quelle nicht einmal bewußt wahrnehmen, sondern andere Merkmale der betreffenden Landschaft aufnehmen.

Daraus können wir leicht ein Hauptmerkmal der *Zuwendungsmotivation* erkennen: sie äußert sich, wenn dem Organismus die Stimulus-Objekte, auf die er zur Befriedigung eines Bedürfnisses, d. h. zur Verstärkung eines Verhaltens, angewiesen ist, vorenthalten werden. Eine *Zuwendungsmotivation* ist also das, was wir in unserer »Lernpsychologie« definiert haben als »Zustand des Angetriebenseins, in welchem sich Motive manifestieren, die auf die Reduktion einer Bedürfnisspannung abzielen«.[148] Voraussetzung für ihre Wirksamkeit ist jedoch, daß ein verstärkender Stimulus eine gewisse Zeit vorenthalten wird, damit er auf diese Weise zu einem wirksamen Verstärker werden kann. (Nahrung ist erst dann ein guter Verstärker, wenn der Organismus eine gewisse Zeitlang ohne Nahrung gewesen ist.) Jedes Verhalten andererseits, das von dem verstärkenden Stimulus gefolgt wird, wird entsprechend verstärkt. *Motivation ist also das Ergebnis einer Verstärkung und der Vorenthaltung eines Verstärkers.*

Nun erhebt sich aber die Frage, welche Stimuli es sind, die durch ihre Vorenthaltung zu Verstärkern werden bzw. eine (Zuwendungs-)Motivation entstehen lassen. Denn offensichtlich ist nicht jeder Stimulus dazu geeignet. Wenn man einem Kleinkind z. B. eine Zeitlang keine Bücher neben sein Bett legt, wird dies noch lange keine Zuwendungsmotivation zu Büchern bedingen, noch wird das spätere Darbieten eines Buches als Verstärker für ein vorausgegangenes Verhalten wirken. Ebenso bedeutet die Darstellung einer bestimmten Verhaltensform noch nicht, daß es sich notwendig dabei um eine Zuwendungsmotivation handelt und dem Organismus die Ausübung dieser Verhaltensform vorenthalten worden war. Beispielsweise kann ein Kind essen, ohne daß die Nahrungsaufnahme in einem gegebenen Fall ein Bedürfnis befriedigt. Es kann etwa essen, weil es dazu von den Eltern angehalten wird, weil diese Tätigkeit allenthalben in sozialer Hinsicht verstärkend wirkt (ein Lob der Mutter bewirkt bzw. einen Tadel vermeidet).

Voraussetzung ist mithin, daß die betreffende Verhaltensform durch einen zugehörigen Stimulus bereits genügend oft verstärkt und dadurch habituell geworden ist. Es ist nicht unbedingt nötig, daß es sich um »angeborene« Bedürfnisse handelt (Nahrungsaufnahme etc.), denn auch ein Verhalten wie Radfahren kann z. B. bei einem Jungen habituell geworden sein, so daß das Fahrrad, wenn es ihm eine Zeitlang vorenthalten worden ist, hinterher (z. B. nach einer längeren Ferienreise ohne Rad mit den Eltern) zu einem intensiven Verstärker wird und die Tätigkeit des Fahrens auf diese Weise mehr und mehr intensiviert wird. Je stärker die Vorenthaltung des verstärkenden Stimulus erfahren wird, desto größer wird auch die Aktivität[149] in Richtung auf die Erlangung des vermißten

---

[148] *W. Correll*, Lernpsychologie. 4. Aufl., Donauwörth 1965, S. 61.
[149] Vgl. *K. W. Spence*, Behavior Theory and Conditioning. New Haven 1956. Ferner: *C. L. Hull*, Principles of Behavior. N.Y. 1943.

Verstärkers. Ein Kind, das an regelmäßiges Frühstück gewöhnt ist und eines Morgens ohne Frühstück zur Schule muß, weil seine Mutter verreist ist, wird in der Schule durch allerlei ungewöhnliche Verhaltensweisen »auffallen«, es wird unruhig hin- und herrutschen, unaufmerksam sein und bald träumerisch, bald überaktiv wirken. In ähnlicher Weise können sich selbstverständlich auch subtilere Veränderungen in der häuslichen Welt des Kindes auf sein Lernverhalten auswirken, wenn sie etwa der Vorenthaltung eines verstärkenden Stimulus gleichkommen.[150]

In ein Schema gebracht, läßt sich dieser Zusammenhang zwischen der Vorenthaltung eines Stimulus und der Zuwendungsmotivation folgendermaßen darstellen:

1. Bisher verstärkte Verhaltensform	2. Vorenthaltung des verstärkenden Stimulus	3. Zuwendungsmotivation (verstärkte Aktivität nach Verstärker)
Trinken	Wasser	Durst – verstärktes Suchen nach Wasser – Wasser ist Verstärker
Essen	Nahrung	Hunger – verstärktes Bemühen um Nahrung – Nahrung ist Verstärker
Lernen (im Sinne des Lernens um des Lernens willen)	Lerngelegenheiten, Problem, neue Situation usw.	Lerneifer, Lerninteresse, »Ausdauer« – Erkenntnis bzw. Fertigkeitserwerb etc. ist Verstärker für Lernanstrengung

Auf der andern Seite haben wir nun (aversive) Stimuli, die nicht durch ihre Vorenthaltung, sondern durch ihre Darbietung eine Intensivierung der Aktivität auslösen. Diese Art der Motivation können wir als *Abwendungsmotivation* bezeichnen. Der Stimulus, der durch seinen Abzug verstärkend wirkt, ist ein *negativer Verstärker*. Ein Radio, das beispielsweise in einem Wohnzimmer versehentlich auf volle Lautstärke gestellt worden ist und gerade irgendeinen störenden Pausenton aussendet, wirkt aktivierend auf die Zuhörer: Ein schlafendes Kind wird erwachen und zu Schreien beginnen; ein Erwachsener wird sein Buch weglegen und zu dem Apparat eilen, um ihn abzuschalten; ein Hund wird heulend aufstehen und das Zimmer verlassen etc. Sobald aber das Radio abgestellt ist, tritt die normale, geringere Aktivität wieder ein; das Abstellen wird verstärkt durch das Nachlassen des störenden Stimulus. Desgleichen kann nun auch das Schulerlebnis als solches wie ein negativer Verstärker wirken, wenn das Kind niemals oder höchst selten Erfolgserlebnisse hat, wenn es von seinen Mitschülern nicht anerkannt wird, wenn es dem Arbeitstempo nicht standhalten kann usw. In diesem Fall kann es zu einer Abwendungsmotivation dadurch kommen, daß das Kind die Schule schwänzt und somit dem negativen Stimulus entgeht, so daß das Schwänzen verstärkt wird. Diese Tendenz findet sich bei sehr vielen »schulfeindlichen« Kindern, die nicht zuletzt wegen dieser nicht beachteten Abwendungsmotivation später asozial und gelegentlich antisozial werden.

---

[150] Vgl. *W. Correll*, Lernstörungen beim Schulkind. 3. Aufl., Donauwörth 1966.

Wie schon angedeutet, gilt das über Zuwendungs- und Abwendungsmotivation Gesagte nicht nur für Bedürfnisse, die in der biologischen Natur des Organismus verankert sind, sondern durchaus auch für erlernte, d. h. für konditionierte Bedürfnisse bzw. Verhaltensformen. Diese Tatsache ist genügend beschrieben worden von *Dollard* und *Miller*,[151] *Gewirtz*[152] und auch von *Osgood*.[153] In diesen Untersuchungen wird folgerichtig zwischen primären (biologisch fundierten) und sekundären (erlernten) Bedürfnissen unterschieden. Die erlernten Bedürfnisse spielen nun im täglichen Leben eine besonders große Rolle. Selten wird dem Menschen in der heutigen Zivilisation die Befriedigung seiner primären Bedürfnisse länger vorenthalten. Aber die jeweils sofortige Befriedigung zahlreicher sekundärer Bedürfnisse wird ihm fortwährend und fast unvermeidlich versagt, so daß dadurch immer stärkere Zuwendungsmotivationen entstehen, woraus sich schließlich eine laufende Verstärkung der durch den verstärkenden Stimulus gefolgten Verhaltensformen und Einstellungen ergibt. Hierher gehört beispielsweise das ganze vielschichtige Gebiet der mitmenschlichen Beziehungen, des ausgesprochenen oder angedeuteten und auch des materiell dargestellten Lobes, der Anerkennung und Belohnung auf der einen Seite und das System der Kritik, des Tadels, der Herausforderung auf der anderen Seite. Insbesondere in der Erziehung (einschließlich der erzieherischen Beeinflussung der Erwachsenen in der Ehe, im Geschäftsleben usf.) wirken sozial positive und sozial negative Verstärker überaus intensiv prägend auf das Verhalten der Kinder ein. Zu vielem werden die Kinder motiviert, weil sie eine Anerkennung von seiten der Mutter oder des Lehrers erstreben oder weil sie einen Tadel durch eine Autoritätsperson vermeiden wollen. Bei den Verstärkern solcher Aktivitäten handelt es sich dann um konditionierte Verstärker, um Stimuli also, die – etwa während der frühen Kindheit bereits – des öfteren zusammen mit primären Verstärkern erfahren wurden und dadurch deren verstärkende Eigenschaft selbst übernommen haben. *Je länger* (bis zu einem Grenzwert) *nun der sekundäre Verstärker vorenthalten wird, desto intensiver wird sein Verstärkungswert sein*, d. h. desto größer ist die Motivation und die Wirkung der Bedürfnisbefriedigung. Dies wurde z. B. auch sehr anschaulich in einem Experiment von *Gewirtz* und *Baer*[154] gezeigt: Drei Gruppen von Kindern mußten Spielsteinchen in Apparate werfen und wurden dafür verbal belohnt, d. h. die Anerkennungsworte des VL dienten als sekundäre Verstärkung. Um nun herauszufinden, wie sich die Vorenthaltung dieses sekundären Verstärkers auf die Aktivität der Kinder auswirkt, wurden der einen Gruppe vor Beginn des Experiments 20 Minuten lang allerlei Spielsachen gegeben, mit denen die Kinder sich befassen konnten, ohne daß sie für ihre Betätigung in irgendeiner Weise verbal bestätigt worden wären. Eine zweite Gruppe spielte während dieser 20 Minuten unter Aufsicht eines VL, der die Kinder, wo es irgend ging, lobte und ihnen Anerkennung zuteil werden ließ. Die dritte Gruppe schließlich

[151] *J. Dollard and N. Miller*, Personality and Psychotherapy. N.Y. 1950.

[152] *J. L. Gewirtz*, A Program of Research on the Dimensions and Antecedents of Emotional Dependence. Child Dev., 27, 1956, S. 205 ff.

[153] *C. E. Osgood*, Method and Theory in Experimental Psychology. N.Y. 1953.

[154] *J. L. Gewirtz, D. M. Baer*, Deprivation and Satisfaction of Social Reinforcers as Drive Conditions. J. abnorm. soc. Psych., 57, 1958, S. 165 ff.

spielte ihre 20-Minuten-Zeit unmittelbar im Anschluß an eine Schulstunde, während der in normaler Verteilung Lob und Anerkennung ausgesprochen worden war (Zwischengruppe). Es zeigte sich nun, daß die 1. Gruppe, die vorher keine Anerkennungen erhalten hatte, im Experiment sehr viel intensiver durch die dort ausgesprochenen Verstärkungen angemutet (motiviert, aktiviert) wurde als die beiden anderen Gruppen. An zweiter Stelle kam die Gruppe 3, und an letzter Stelle stand die »gesättigte« Gruppe 2, die vorher bereits 20 Minuten lang Verbalverstärkungen erhalten hatte.

Aus diesem Befund läßt sich nun die schulpraktische Anwendung unmittelbar ableiten: So sehr es darauf ankommt, die Verhaltensformen durch Verstärkungen aufzubauen und zu intensivieren, so sehr muß andererseits doch davor gewarnt werden, dieses – wirksamste aller pädagogischen Mittel des Lehrers – dauernd anzuwenden. Die Wirkung der verstärkenden Verbalstimuli (Lob, Anerkennung …) nimmt beträchtlich zu, wenn die Kinder sie nicht andauernd erfahren, sondern eine gewisse Zeit arbeiten müssen, ohne dafür anerkannt zu werden, um sodann eine »große« Verstärkung durch eine einfache Verstärkung zu erleben.

Diese Folgerung deckt sich auch mit den Ergebnissen über die Wirkung der verschiedenen Verstärkungsmethoden, die wir bereits oben diskutiert haben. Auch dort haben wir erkannt, daß grundsätzlich die unterbrochenen Verstärkungsverfahren wirksamer seien als die kontinuierliche Verstärkung und daß schließlich die variierende Zeitintervall- und Reaktionsquotenverstärkung am wirksamsten ist.

Es wäre nun allerdings wichtig, zu wissen, wie lang der Abstand zwischen solchen optimalen Verstärkungserfahrungen sein soll, bzw. wieviele Reaktionen (Anstrengungen) gemacht werden sollen, ehe eine Verstärkung erfolgt. Es liegen indessen zu dieser Frage noch keine Ergebnisse vor,[155] die man verallgemeinern könnte, zumal sich hier Unterschiede von einem Fach zum andern und von einem Kind zum andern zeigen dürften. Um dieses optimale Maß herauszufinden, eignet sich aber das programmierte Lernen am besten: wenn man Programme nach verschiedenen Verstärkungsverfahren aufbaut und sie ausprobiert, so müßte sich bald das optimale Verfahren an den Ergebnissen ablesen lassen. Wir werden unten noch auf einige Probleme des Programmierens eingehen, doch können wir an dieser Stelle auch auf eine andere Veröffentlichung verweisen.[156]

Motivation oder »Interessiertheit« ist also nichts, was außerhalb des verhaltenspsychologischen Zusammenhangs von Verhaltensform und Verstärkung steht, sondern es *ist das Ergebnis einer Konditionierung durch Verstärkung,* wobei sodann der verstärkende Stimulus eine gewisse Zeitlang vorenthalten werden kann, um die Motivation, d. h. die beobachtbare Häufigkeit der Darstellung einer Verhaltensform (»Aktivität«), zu intensivieren. An dieser Stelle erhebt sich nun die schwierige Frage nach der Rolle der Verstärker und nach der Art der wirksamen Verstärker bei dem Aufbau von Motivationen. Welche Verstärker hat der

[155] Vgl. die umfassende Zusammenstellung: *C. N. Cofer, M. H. Appley,* Motivation – Theory and Research. N.Y. 1964 (950 Seiten) und *H. J. Eysenck,* Experiments in Motivation. N.Y. 1964.
[156] *W. Correll,* Programmiertes Lernen und schöpferisches Denken. München 1966³.

Lehrer in der Schule zu seiner Verfügung? Wirken alle Verstärker bei allen Kindern in gleicher Weise? Wenn es die Aufgabe der Schule ist, das Lernen zu lehren, die Kinder für das Lernen an sich zu motivieren, so kommt dieser Frage nach den Verstärkern eine zentrale Bedeutung zu; von ihr hängt die praktische »Konditionierungsarbeit« des Erziehers weitgehend ab!

2. Die Rolle der Verstärker bei der Motivierung

Motivationen sind, wie wir betonten, das Ergebnis von Verstärkungen und anschließenden Vorenthaltungen von Verstärkungen. Daher ist die Frage nach dem, was im einzelnen Fall ein »Verstärker« ist, von zentraler Bedeutung. Um es an einem schulpraktischen Beispiel deutlich zu machen, halten wir uns vor Augen, daß in einer Schulklasse ein Teil der Kinder durch die Verstärkungen des Lehrers für folgsames, fleißiges, »gelehriges« Verhalten angesprochen wird und mithin solche Verhaltensformen häufiger äußern wird. Diese Schüler würden durch eine gewisse Vorenthaltung der Anerkennungen durch den Lehrer in ihrem Bestreben, fleißige, folgsame und gelehrige Verhaltensformen zu zeigen, nur noch aktiver werden, d. h. noch intensiver in dieser Richtung motiviert werden. Voraussetzung dafür jedoch wäre, daß die Anerkennungen des Lehrers tatsächlich verstärkend auf die Kinder wirken! Es gibt in vielen Klassen nämlich auch einen erheblichen Teil von Kindern, die auf solche Anerkennungen durch den Lehrer nicht viel geben, d. h. die dadurch gar nicht verstärkt werden. Sie werden sich umgekehrt gegenseitig verstärken für oppositionelles Verhalten dem Lehrer und der Schule und auch den vom Lehrer geschätzten Kindern gegenüber. Sie werden also ein Verhalten ausbilden, das nicht folgsam und gelehrig, sondern eher »rüpelhaft«, frech, aggressiv, widerborstig ist. Ein einziger Lacherfolg eines Schülers für eine solche Verhaltensform mag genügen, um ihn weiterhin für solches Verhalten zu motivieren, d. h. um ihn immer aktiver in dieser negativen Richtung tätig werden zu lassen, bis er wieder einmal eine Verstärkung durch seine Mitschüler erhält.

Hierdurch verschiebt sich der pädagogische Akzent auf das Ziel, die Kinder für das Erleben bestimmter Verstärker aufzuschließen, denn dann werden sie von sich aus in der entsprechenden Weise aktiv werden. Diese Aufgabe läßt sich indessen nicht bewältigen ohne sorgfältige Beobachtung jedes Individuums einschließlich seiner Umgebung und seiner individuellen Lebensgeschichte. Denn was ein Individuum als Verstärker erlebt, hängt wieder von dem ab, was es bisher – einschließlich der frühen Kindheit – an Verstärkungen primärer und sekundärer Art erfahren hat.

In der psychologischen Literatur haben wir denn auch zahlreiche Hinweise auf diesen Tatbestand. Allerdings finden sich meistens Begriffe, die nicht aus der Verhaltenspsychologie stammen, die aber – wie etwa der Begriff des *Bedürfnisses* bei *Maslow*[157] oder *Murray*[158] oder der Begriff des *Wertes* in der soziologischen Literatur (etwa bei *Cuber*)[159] – jeweils das umschreiben, was für den betreffenden Menschen oder für die betreffende Gruppe von Menschen als *Ver-*

---

[157] *A. H. Maslow*, Motivation and Personality. N.Y. 1954.
[158] *H. A. Murray*, Explorations in Personality. N.Y. 1938.
[159] *J. F. Cuber*, Sociology: a Synopsis of Principles. N.Y. 1955.

stärker wirksam ist. Wenn bei dem einen die Anpassung an ein autoritäres Vorbild verstärkend wirkt, so hat man dies damit umschrieben, daß man sagte, er habe ein »Bedürfnis« nach Anpassung oder er erlebe besonders stark den »Wert« des Sich-Anpassens. Wenn dagegen ein anderer besonders häufig gegen irgendwelche Autoritäten aufgestanden ist, ihnen Widerpart gehalten hat und seine unabhängige Meinung durchzusetzen versuchte, so wurde ihm ein »Bedürfnis« nach Unabhängigkeit, nach Originalität oder das Erleben eines »Wertes« der Eigenständigkeit etc. zugeschrieben, statt sich einfach auf den beobachtbaren Tatbestand selbst zu beschränken, der darin besteht, daß die betreffende Verhaltensform offenbar verstärkt worden ist und dadurch häufiger geäußert wird. Mit anderen Worten: der Tatbestand der Verstärkung bezeichnet verhaltenspsychologisch genauer, was die Begriffe des Bedürfnisses, des Wertes, des Interesses oder gar Instinktes oft allzu ungenau umschrieben haben.

Homans[160] hat nun den bedeutsamen Versuch unternommen, in der Bildungssoziologie den Begriff des »Wertes« durch den der Verstärkung zu ersetzen, und er hat dadurch eine Reihe sehr interessanter Konsequenzen aufzeigen können. Er zeigt vor allem, wie der Mensch in jeder Gruppe die verschiedensten Verhaltensformen äußert und dafür entweder die Zustimmung oder Ablehnung der Gruppe erhält – er wird entweder belohnt oder bestraft für sein Verhalten durch die zunächst übermächtige Gruppe. Er erfährt auf diese Weise, daß sein Verhalten in einem gegebenen Fall einen positiven oder einen negativen »Wert« im Licht der Gruppe hat, d. h. er erfährt einen verschiedenen Grad der *Verstärkung* (oder Bestrafung) dafür und baut so sein »sozial angepaßtes« Verhalten auf.[161] In ähnlicher Weise interpretiert *Homans* auch den ökonomischen Begriff der Nützlichkeit oder Utilität als »Verstärkungswert« eines Gegenstands, wodurch er ihn synonym mit seiner Auffassung des »Wertes« gebraucht. Da nun in den verschiedenen sozial-kulturellen Gruppen auch verschiedene Gegebenheiten als verstärkend erfahren werden – weil es ganz verschiedene Gegenstände und Situationen sind, die dort von Anfang an mit primären Verstärkern assoziiert werden –, kann die Wirksamkeit solcher relevanter Verstärker als entscheidendes soziologisches und anthropologisches Kriterium angesehen werden. Von diesem jeweils wirksamen Verstärker her wird das *Erziehungsziel* der betreffenden Gruppe wesentlich getragen sein, und schließlich wird von hier her auch die Motivation der Gruppenangehörigen gesteuert sein.

Ein Beispiel für ein solches in unserer gegenwärtigen *»Leistungsgesellschaft«*[162] fast universell wirksames Motiv ist das der Leistung i. S. des Strebens nach Überwindung von Schwierigkeiten, Meisterung von Aufgaben auf allen Gebieten, nach Übertreffen der eigenen und der fremden Anstrengungen. Hierbei ist interessant, daß dieses Leistungsstreben an sich nicht verstärkend wirken würde, wenn es nicht entsprechend konditioniert worden wäre. Leistungsanstrengungen, die Überwindung von Schwierigkeiten, der Wettbewerbsdruck usw. sind zu-

---

[160] *G. C. Homans,* Social Behavior: its Elementary Forms. N.Y. 1961.
[161] Vgl. G. Homans, a.a.O., S. 40
[162] Vgl. *D. C. McClelland, J. W. Atkinson, R. A. Clark, E. L. Lowell,* The Achievement Motive. N.Y. 1953. Ferner: *D. McClelland,* The Achieving Society. Princeton 1961.

nächst, wie schon *Azrin*[163] klar dargestellt hat, aversive Situationen, die als negative Verstärker wirken können, wenn sie vermieden werden. Mit anderen Worten, ohne entsprechende Konditionierung würde der Mensch Leistungssituationen eher aus dem Wege gehen als sich ihnen zuzuwenden und eine Verstärkung dadurch zu erfahren. Dennoch ist in der gegenwärtigen westlichen Gesellschaft kaum eine Motivation so stark wie gerade dieses Wettbewerbs- und Leistungsstreben auf den verschiedensten Gebieten. Besonders das Schulwesen scheint wesentlich von hier her beeinflußt zu sein. Ohne dieses Motiv wäre das, was wir »Ehrgeiz«, »Lerneifer« oder »schulisches Streben« nennen, nicht möglich. Kinder, die diese Motivation nicht zu haben scheinen, werden nicht nur in ihren tatsächlichen Leistungen zurückbleiben, sondern auch meistens als »faul«, »unzuverlässig«, »gleichgültig« abgewertet – eben weil sie dem »Wert« (i. S. *Homans*) dieses Verstärkers nicht entsprechen. Wie ist es nun zu erklären, daß einige Kinder (und Erwachsene) eine sehr starke Leistungsmotivation haben und andere nur eine sehr schwache oder fast gar keine? Dies scheint eine der zentralen pädagogischen Fragen in diesem Zusammenhang zu sein, denn wenn es z. B. gelänge, Kinder allgemein in dieser Richtung zu motivieren, wären Disziplinschwierigkeiten in der Schule überwunden, und das Phänomen der »Faulheit« wäre mindestens zu einem großen Teil nicht mehr da!

Um diese Frage zu beantworten, wenden wir uns abermals dem verhaltenspsychologischen Zusammenhang der Verstärkung und der Konditionierung zu. Im normalen Fall wird bereits das kleine Kind für seine verschiedenen »Leistungen« im Zusammenhang mit Sauberkeit, Pünktlichkeit, Ordentlichkeit usw. gelobt, d. h. verstärkt, und zwar zuerst primär und dann mehr und mehr sekundär, verbal. Das Kind wird auch in der Regel in diesen Verrichtungen bezüglich Schnelligkeit und Gründlichkeit mit seinen Geschwistern oder anderen Kindern verglichen (»Du warst diesmal schneller, gründlicher, besser ... als Paul«!) und vergleicht sich schließlich selbst mit anderen Kindern und Erwachsenen mit dem Ziel, es ihnen gleich zu tun oder sie zu übertreffen. Das Kind erhält auch meistens auf diese Weise die Erfahrung, daß eine Aufgabe zu lösen »gewinnen« bedeutet und sie nicht zu lösen oder ihr auszuweichen »verlieren« ist usw. In der Schulzeit schließlich verfolgen die meisten Eltern mit Interesse die Anstrengungen des Kindes und »loben« oder verstärken es in anderer Weise für sein Leistungsverhalten, so daß ihm endlich dies zum Motiv, zum »Wert« wird. Andere Kinder dagegen wachsen ohne solche Erfahrungen auf. Es kommt sogar vor, daß das Leistungsverhalten systematisch negativ aufgeladen wird und jede Anstrengung und sogar jede Aufgabe zu einem negativen Verstärker wird, der nur dadurch verstärkend wirken kann, daß man ihn vermeidet. Über diese Unterschiede in den persönlichen Lebensgeschichten der Kinder bezüglich ihrer Verstärkung für das Leistungsverhalten liegen interessante, auch soziologisch relevante Untersuchungen vor,[164] die zeigen, daß auch diese Motivation keineswegs angeboren ist, daß

---

[163] *N. H. Azrin*, Time-out from Positive Reinforcement. Science, 133, 1961, S. 382.
[164] *A. W. Staats, C. K. Staats, R. W. Schulz, M. Wolf*, The Conditioning of Textual Responses Using Extrinsic Reinforcers. J. exp. anal. Behav., 5, 1962, S. 33 ff. Ferner: *A. W. Staats, C. K. Staats*, A. Comparison of the Development of Speech and Reading Behaviors with Implications for Research. Child Dev,. 33, 1962, S. 831 ff.

also Kinder nicht angeborenermaßen »ehrgeizig«, »lernbegierig« usw. sind, sondern daß dies ein Ergebnis einer entsprechenden Verstärkungskonditionierung ist. Von hier her ergeben sich eine Reihe praktischer pädagogischer Konsequenzen: Soll ein Kind für das Leistungsverhalten motiviert werden, so gilt es, möglichst frühzeitig mit der Verstärkung auch kleinster Leistungen oder Leistungsansätze zu beginnen. Am Anfang müssen primäre Verstärkungen (Nahrungsverabreichung, körperliche Liebkosung beim Kleinkind etc.) verwendet werden, später können sie durch sekundäre Verstärkungen, die vorher zusammen mit den primären verwendet worden sind, an ihre Stelle treten (im wesentlichen verbale Anerkennungen, Lob, positive Vergleiche). Situationen und Aufgaben, von denen erwartet werden kann, daß sie das Kind überfordern, müssen sorgfältig vermieden werden. Eine Schwierigkeitssteigerung soll langsam – im Sinnne der graduellen Annäherung – erfolgen, um Enttäuschungserlebnisse zu vermeiden, die lediglich negative Verstärkungen darstellen würden. Dies schließt auch ein, daß Wettbewerbssituationen in der Klasse nur dort angebracht sind, wo Kinder mit ungefähr gleichen Fähigkeiten einander gegenübertreten; sobald dagegen von vornherein feststeht, daß das eine oder andere Kind dabei notwendig verlieren *muß*, sollte eine solche Situation für diese Kinder vermieden werden. Es ist daher zweckmäßig, *Gruppen* zu bilden, die auf Grund sorgfältiger Beobachtungen zusammengestellt werden und innerhalb welcher dann der Wettbewerb ausgetragen werden kann. Ebenfalls empfiehlt es sich stets, das Kind auf seine eigenen Fortschritte aufmerksam zu machen, d. h. es gleichsam mit sich selbst in Wettbewerb treten zu lassen. – Wo nun Kinder früherer Verstärkungsverfahren in der Richtung auf Leistungsstreben nicht teilhaftig wurden (die also keine Motivation in der gewünschten Richtung aufweisen), kommt es darauf an, daß in der Schule – und möglichst auch außerhalb derselben – jeder kleinste Leistungsansatz (z. B. schon das Stillsitzen, das Zuhören, das ansatzweise Bemühen um eine Leistung ...) beobachtet und verstärkt wird, um auf diese Weise graduell die notwendigen Verhaltensformen im Konditionierungsverfahren aufzubauen. Hier kann das programmierte Lernen, das ja dieses Prinzip am stärksten verwendet, mit besonderem Gewinn verwendet werden, was auch z. B. seinen großen Erfolg bei lerngestörten und verhaltensschwierigen (Hilfsschul-)Kindern erklärlich macht. – Auf weitere praktische Konsequenzen dieser Erkenntnis werden wir unten noch eingehen, wenn wir das Problem der Verhaltensstörung behandeln.

3. Die diskriminierende Funktion der Verstärker bei der Motivierung

Wir haben gesehen, daß Motivationen dadurch zustande kommen, daß bestimmte Reaktionen (Verhaltensformen) verstärkt werden, wodurch sie zur Wiederholung drängen. In den Tierversuchen, die wir bereits erwähnt haben, zeigte sich, daß die Wirkung der Verstärker dadurch definiert wird, daß sie die Häufigkeit der Darstellung der Verhaltensform, die sie verstärken, vergrößern. Wenn die Verstärkung eine Zeitlang vorenthalten wird, so wird die früher verstärkte (habituelle) Reaktion intensiviert, d. h. die Motivation wird verstärkt, während die Motivation unmittelbar nach der Verstärkung relativ gering ist (»Lorbeer-effekt«). Weiterhin haben wir gesehen, daß der Begriff des »Wertes« ebenfalls als Verstärker aufgefaßt werden kann, insofern er dieselbe Funktion erfüllt. Die wirksamen Verstärker variieren jedoch in den verschiedenen sozio-kulturellen Gruppen stark und stellen ein wichtiges sozial-anthropologisches Kriterium dar.

Die Art nun, wie die Wirksamkeit solcher Verstärker im menschlichen Zusammenleben ermittelt wird, ist meistens nicht dieselbe wie die, in der im exakten Laborversuch der Verstärkungswert eines Stimulus bestimmt wird. Es ist nämlich meistens nicht möglich, im menschlichen Leben diese genauen Messungen anzustellen, die nötig wären, um die durch einen verstärkenden Stimulus hervorgerufene größere Häufigkeit einer Reaktion festzustellen. Außerdem ereignen sich wirklich durchgreifende Verstärkungen im menschlichen Leben charakteristischerweise so selten, daß sie sich wiederum einer genauen quantitativen Bestimmung entziehen. Z. B. ist die verstärkende Wirkung des Abschlusses eines erfolgreichen Studiums in der Regel lebenslang wirksam, aber doch nur einmalig. Trotzdem wird dadurch die Motivation ganz entscheidend geformt. – Wenn es also nicht so sehr die Wirkung der Vergrößerung der Häufigkeit einer Reaktion ist, die durch die Verstärkung in diesen Fällen bedingt wird, worin besteht dann die *beobachtbare* Wirkung solcher Verstärkungen?

Um diese entscheidende Frage zu beantworten, erinnern wir uns an das bereits Gesagte über die *Diskriminierung*: Ein Verstärker bewirkt, daß eine bestimmte Reaktion unter die Kontrolle des verstärkenden Stimulus kommt, so daß diese Verhaltensform entwickelt und habituell wird, während andere, ähnliche Verhaltensformen nicht zur Darstellung kommen. Diese diskriminierende Funktion der Verstärker ist zentral für das Verständnis des Zustandekommens einer Motivierung. So definiert z. B. *Newcomb* ein *Motiv* geradezu als »Zustand des Organismus, in dem körperliche Energie mobilisiert und selektiv auf verschiedene Teile der Umwelt gerichtet wird.«[165] Auch *Klineberg* teilt diese Auffassung, indem er Motiv folgendermaßen definiert: »Ein Motiv schließt ein Streben in Richtung auf ein bestimmtes Verhalten bezüglich eines bestimmten Ziels ein.«[166] Diese zielgerichtete Funktion des Motivs kommt auch in dem zum Ausdruck, was als »Norm« in sozialpsychologischen Zusammenhängen bezeichnet wird. »Norm« ist wie »Wert« ebenfalls als Motivation bzw. als Verstärker im verhaltenspsychologischen Sinn erklärbar. So definiert *Bierstedt* die Norm als »Verhaltensregel, ... die unser Verhalten in sozialen Situationen steuert«.[167] *Homans* deutet noch schärfer auf die diskriminierende Funktion der Normen hin, wenn er feststellt: »Eine Norm ist die Feststellung einer Anzahl von Gruppenmitgliedern – nicht notwendig aller Gruppenmitglieder –, wonach die Mitglieder sich in bestimmten Situationen in ganz bestimmter Weise zu verhalten haben.«[168]

Dies bedeutet, daß die Norm im sozialpsychologischen Zusammenhang nichts anderes ist als ein Verstärkungszusammenhang, der bewirkt, daß bestimmte Verhaltensäußerungen der Gruppe, die mit der Norm übereinstimmen, verstärkt

---

[165] *T. M. Newcomb,* Social Psychology. N.Y. 1950, S. 80.
[166] *O. Klineberg,* Social Psychology. N.Y. 1954, S. 76.
[167] *R. Bierstedt,* The Social Order, an Introduction to Sociology. N.Y. 1957, S. 175.
[168] *G. C. Homans,* a.a.O., S. 46.

werden und daher habituell zu werden vermögen, während andere Einstellungen, die von der Norm abweichen, entweder nicht verstärkt werden oder von einem aversiven (bestrafenden) Stimulus gefolgt und daher zukünftig vermieden werden. Ähnlich wie bei *Darwins* »natürlicher Auslese« wird also auch bezüglich der Verhaltensformen lediglich die »lebenstüchtige«, d. h. diejenige, die verstärkt wird, »überleben«, während die anderen Äußerungen nicht wiederholt werden können. Die Motivation, die dadurch entsteht, ist nichts anderes als die Tendenz, verstärkte Verhaltensformen und -richtungen zu wiederholen, wobei die im einzelnen Fall wirksamen Verstärker in den meisten Fällen konditionierte Verstärker sind, die dadurch zustande kamen, daß sie öfters zusammen mit primären dargeboten worden sind (verbale, soziale usw. Anerkennungen, Übereinstimmungen etc. die letzten Endes ein leichteres »Überleben« bedeuten, weil die Nähe zu ursprünglichen, primären Verstärkern erlebt wird).

So kann also ein und derselbe Stimulus zwei Funktionen im verhaltenspsychologischen Zusammenhang haben: Einmal kann er verstärkend wirken und zum andern kann er, dadurch, daß er verstärkt, diskriminierend wirken. Im ersteren Fall wird die größere Häufigkeit der Darstellung der betreffenden, verstärkten Verhaltensform erklärt und damit die Motivation zur Äußerung dieser Verhaltensform, d. h. das »Streben« nach einem solchen »Ziel«. Andererseits entsteht durch die diskriminierende Funktion des verstärkenden Stimulus eine natürliche Auswahl derjenigen Verhaltensformen und -einstellungen, die in die Richtung der Verstärkung führen, d. h. es entsteht eine Motivation und alles, was damit übereinstimmt, wirkt verstärkend.

Ein Schulkind z. B., das erfährt, daß seine Anstrengungen in der Schule nicht verstärkt werden, d. h. nicht erfolgreich sind, wird sein Verhalten mehr in anderer Richtung ausformen und sich überwiegend dort betätigen, wo Erfolgserlebnisse entstehen, also z. B. außerhalb der Schule in einer Jugendgruppe. In diesem Fall wird bei dem Kind eine immer stärkere Motivation in Richtung auf solche Freizeitbeschäftigungen entstehen und eine immer geringere Motivation wird für die Schule wirksam sein. Dies bedeutet umgekehrt, daß – entsprechend der diskriminierenden Funktion der Verstärker – auch diejenigen Verhaltensformen verstärkt werden, die auf die außerschulischen Freizeitbeschäftigungen gerichtet sind und die innerschulischen Anstrengungen unterbleiben. Auf diese Weise kann eine schwere Lernkrise entstehen, obgleich gar keine Begabungsmängel zu bestehen brauchen. Umgekehrt läßt sich auf diesem Weg auch systematisch das Interesse an der Schule und am Lernen aufbauen, indem durch genau geplante Aufgaben, die »gerade noch« im Bereich der individuellen Fähigkeiten des Kindes liegen, innerschulische Verstärkungen aufgebaut und dadurch Verhaltensformen habituell werden, die auch diskriminierend weitere Verstärkungen für Aktivitäten bedingen, die in die Richtung der schulischen und Lernbetätigung zielen. Für die Schulpraxis bedeutet dies natürlich eine genaue und stetige Leistungsbeobachtung jedes einzelnen Schülers, so daß eine individuelle Aufgabenplanung getroffen werden kann, die Versagenserlebnisse (= aversive Stimuli!) vermeidet und positive Verstärkungen (i. S. von Erfolgserlebnissen) bedingt. Überdies empfiehlt es sich auch von hierher, das programmierte Lernen in verstärktem Maße zu verwenden, da hierdurch nicht nur eine sehr zuverlässige Einsicht in den eigentlichen Leistungsstand des Schülers gewonnen werden kann, sondern der Schüler auch in seinem individuellen Tempo voranschreiten und ein Maximum an unmittelbaren Verstärkungen erleben kann.

4. Verstärkungsvorenthaltung und Motivation

Wie wir bereits ausgeführt haben, hat sich in experimentellen Laboruntersuchungen gezeigt, daß die Wirkung einer Verstärkung dadurch bedeutend vergrößert wird, daß die Verstärkung selbst eine gewisse Zeit vorenthalten wird. Aus diesem Grund wird auch die Motivation, die Tendenz, eine verstärkte Verhaltensform wiederholt darzustellen, erheblich durch eine gewisse Verstärkungsvorenthaltung intensiviert. Wir haben erwähnt, daß es eine Standardpraxis ist, die Versuchstiere für Konditionierungsexperimente auf einem Ernährungsniveau von nur 85% zu halten, um eben ihre Motivation, d. h. die Wirkung der einzelnen Nahrungsverabreichung als Verstärkung zu erhöhen. Von einer solchen Verstärkungsvorenthaltung haben wir nun bisher bei der Erörterung der rein menschlichen Motivationszusammenhänge noch nicht des näheren gesprochen, da ja außerhalb des Laboratoriums genaue Messungen über Verstärkungsvorenthaltung und dadurch bedingte Erhöhung des Verstärkungswertes (im Sinne einer Erhöhung der Reaktionsbereitschaft) eines Stimulus (etwa eines Wertes, einer Norm etc.) nicht leicht durchführbar sind.

In klinischen Studien hat aber z. B. *Maslow* nachweisen können[169], daß die »Bedürfnisse« (gemeint sind hier Motivationen, die durch entsprechende Verhaltensverstärkungen hervorgerufen worden sind) in einer hierarchischen Ordnung wirksam werden, so daß, wenn das stärkste »Bedürfnis« (etwa Hunger oder Durst) abgesättigt (die entsprechende Aktivität verstärkt) worden ist, das nächststärkste an die erste Stelle rückt usw. Die Rangliste dieser »Bedürfnisse« *Maslows* führt von den vitalen Motivationen wie Hunger und Durst und Sexualität zu den ästhetischen und künstlerischen Motivationen, die zwar relativ schwach sind, aber dennoch durch entsprechend lange Verstärkungsvorenthaltung schließlich an die oberste Stelle der Motivationspyramide rücken können, um dann stärker zu sein als vitale Bedürfnisse, die kurz vorher abgesättigt worden waren. Auf diese Weise erklärt es sich, daß Menschen mit einer entsprechenden Verstärkungsgeschichte durchaus in der Lage sein können, ihren »rein geistigen« Interessen mehr Gewicht beizulegen als ihren vitalen Bedürfnissen, ja, daß sie schließlich vitale Bedürfnisse für religiöse, geistige oder politische usw. Motivationen völlig »aufopfern« können.

Eine Parallele zur Zunahme der Motivation durch Verstärkungsvorenthaltung findet man in der Ökonomie, wo das »*Gesetz der abnehmenden Nützlichkeit*«[170] aussagt, daß je mehr ein Individuum von einer bestimmten Ware besitzt, desto geringer die Befriedigung (»Nützlichkeit«) ist, die es vom Besitz einer weiteren

---

[169] Vgl. *A. H. Maslow*, Motivation and Personality. N.Y. 1954, und *H. S. Sullivan*, Tensions Interpersonal and International, a Psychiatrist's View, in: *H. Cantril*, Tensions that Cause War. Urbana 1950.
[170] *P. A. Samuelson*, Economics: an Introductory Analysis. N.Y. 1958, S. 430.

Einheit dieser Ware ableiten könnte, d. h. je seltener ein bestimmtes Gut ist, desto größer wird sein Wert und die Nachfrage nach ihm. (In einem extrem schlechten Apfeljahr ist der Preis der Äpfel am höchsten!)

Zwei Stimuli, die das gleiche Maß an Verstärkung vermittelt haben, werden sich dadurch in ihrem aktuellen Verstärkungswert unterscheiden, daß sie verschiedene Sättigungs- bzw. Vorenthaltungs-Grade aufweisen: Derjenige Verstärker, der am längsten vorenthalten wurde, wird am stärksten sein, und *die* Motivation wird am intensivsten sein, die am schwierigsten (aber doch nicht allzu schwierig!) zu verwirklichen ist. Wird beispielsweise das Lob eines Lehrers in der Schule zu einem täglichen oder gar stündlichen Erlebnis, so nimmt sein Wert ab. Derjenige Lehrer dagegen, bei dem es »schwer« ist, eine Auszeichnung zu erlangen, wird in seinen Schülern das intensivste Streben, die stärkste Motivation in dieser Richtung auslösen, vorausgesetzt, daß eine solche Auszeichnung überhaupt gelegentlich stattfindet. Viele Erwachsene erinnern sich daher auch am meisten an solche Schulsituationen, in denen es ihnen gelungen ist, die Anerkennung des »besonders strengen« Lehrers zu erlangen; die vielen − und daher zu »billigen« Bestätigungen, die sie dagegen von dem »gutmütigen« Lehrer erhalten hatten, werden leicht vergessen, machen keinen tiefen Eindruck und haben auch eine entsprechend geringe Wirkung.

Von hierher ergeben sich auch interessante Konsequenzen für die sexuelle Motivation der Jugendlichen in unserer Zeit. Während Nahrung, Kleidung und Wohnung in der Regel in genügendem Maße durch die Eltern zur Verfügung gestellt wird, haben die Jugendlichen, die einerseits in physischer Hinsicht akzeleriert sind, andererseits aber länger als früher auf den Abschluß ihrer Berufsausbildung (und damit auf ihre ökonomische Selbständigkeit) warten müssen, häufig eine sehr intensive sexuelle Motivation, weil Verstärkungen auf diesem Gebiet nicht immer leicht zu erhalten sind. Eine Anerkennung in Form eines Lächelns eines hübschen Vertreters des anderen Geschlechts, eine Einladung durch einen Freund, ein kleines Geschenk der Freundin etc. bedeutet daher sehr häufig eine überaus intensive Verstärkung für eine entsprechende Verhaltensform des Jugendlichen. Das Unterrichtsprinzip der Koedukation kann daher gerade im Jugendalter sehr nützlich sein, da viele Jugendliche in solchen Situationen bedeutend intensiver arbeiten werden, als wenn durch Lernerfolge in der Schule keine sexuell gefärbten Verstärkungen (Beachtung durch die Mädchen in der Klasse bzw. durch die Jungen in einer Mädchenklasse) in der Schule erhältlich sind. Umgekehrt wirken in der Erwachsenengesellschaft, die in der Regel verheiratet und sexuell abgesättigt ist, Verstärker wie soziale Auszeichnung, Prestige durch berufliche Erfolge und finanzielle Macht oder politischer Einfluß weit intensiver als sexuelle Verstärker. Mit anderen Worten, die sexuelle Motivation ist dort am stärksten, wo die sexuelle Verstärkung am seltensten erhältlich ist und die Berufsmotivation, Arbeitsmotivation, das politische Interesse, das »Streben nach Erfolg« usw., sind dort vorherrschend, wo diese Verstärkungen vorenthalten werden bzw. schwer zu erlangen sind.

[171] *C. R. Jeffery*, Behavior Theory and Criminology. Denver 1961, S. 17.

Von hierher erklären sich auch verschiedene Einstellungen zur Schule bei verschiedenen sozio-ökonomischen Schichten der Bevölkerung. Auch die Jugendkriminalität und ihre Verteilung auf verschiedene Schichten kann von hier aus, wenigstens teilweise, verstanden werden. Wie z. B. *Jeffery* gezeigt hat, »sichert sich ein Angehöriger der Mittelklasse Nahrung, Kleidung und Geld, Autos und sexuelle Anerkennung durch nichtkriminelle Verhaltensformen«[171], während Angehörigen armer Schichten manchmal entsprechende Verstärkungen so lange vorenthalten werden, daß ihre Motivationsstärke so sehr anwächst, daß es leichter zu kriminellen Reaktionen kommt, um schneller und direkter zu einer Verstärkung (Absättigung) zu gelangen.

Auch die neurotische Tendenz, sich aus der Anonymität der wenig strukturierten, egalitären Gesellschaft herauszuheben, nimmt in Zeiten zu, in denen eine natürlichere und normalere Weise zu sozialer Anerkennung und Geltung zu gelangen, nicht möglich ist. Z. B. beobachtet man in den USA eine beängstigende Zunahme verkrampfter, neurotischer Handlungen, die dem einzelnen, selbst in suizidaler Absicht, die Befriedigung sozialer Anerkennung und Beachtung verschaffen sollen. In einer Gesellschaft, die die Verstärkung der meisten anderen charakteristischen Verhaltensweisen sehr erleichtert hat, indem ein relativ hoher Lebensstandard gesichert ist, tritt offenbar nach dem Prinzip der Erhöhung der Motivation durch Verstärkungsvorenthaltung eine Motivation in den Vordergrund, die relativ zweitrangig gewesen wäre, wenn vitalere Motivationen (z. B. Probleme der Lebenserhaltung, sexuelle Probleme) schwieriger abzusättigen wären.

Die Anwendungen in pädagogischer und sozialpsychologischer Hinsicht liegen in diesem Fall klar auf der Hand: Es kommt darauf an, zuerst erwünschte Verhaltensformen nach dem Prinzip der graduellen Annäherung zu formen, sodann die Verstärkungen zunehmend vorzuenthalten und auf diese Weise eine starke Motivation aufzubauen, die zu häufigeren Darstellungen der entsprechenden Verhaltensform und zu einer diskriminierenden Wirkung unter den Verhaltensformen und lediglich relativ selten zu einer vollen Verstärkung (sowohl nach einer variierenden Zeitintervalls- als auch nach einer variierenden Reaktionsquotenverstärkung!) führt. Umgekehrt gilt es, einer schulfeindlichen Einstellung von Anfang an so entgegenzuwirken, daß entsprechende Verhaltensformen von vornherein nicht verstärkt werden können. Denn wenn sie einmal (sogar *nur* einmal!) verstärkt worden sind, können sie eine überaus mächtige Motivation in der entsprechenden Richtung darstellen, weil weiteres Ausfallen von Verstärkungen im Sinne der Verstärkungsvorenthaltung wirken kann. Dies läßt sich z. B. auch in den Entwicklungsgeschichten vieler Diebe leicht nachweisen: Die Einstellung, fremdes Gut an sich zu nehmen, ist meistens nicht von Anfang an da, sondern entwickelt sich geradlinig, nachdem es ein erstes Mal gelungen ist, irgend etwas, und sei es auch nur eine belanglose Kleinigkeit, wegzunehmen. Selbst länger andauernde Pausen in der kriminellen Betätigung können die Neigung dazu nicht mehr schwächen, sondern eher stärken (im Sinne der Verstärkungsvorenthaltung!). Es geht daher bei der Behandlung solcher Einstellungen darum, nicht etwa die bestehende Motivation zu unterdrücken oder die

Verstärkung längere Zeit vorzuenthalten, sondern darum, die entsprechende Verhaltensform möglichst oft darstellen zu lassen, *ohne* daß eine Verstärkung erfolgt bzw. lediglich ein negativer (aversiver) Stimulus erfolgt; zum andern muß gleichzeitig eine neue Verhaltensform durch kontinuierliche und dann durch unterbrochene Verstärkung aufgebaut werden, die mit der unerwünschten Verhaltensform unvereinbar ist. Je mächtiger diese dann wird und je schwächer die andere wird, desto sicherer wird die entsprechende Motivation extinguiert.

Diese Betrachtungen führen immer wieder zu der zentralen Frage zurück, wie es möglich ist, Stimuli zu *verstärkenden Stimuli werden zu lassen*, d. h. welche Mechanismen in Funktion treten, um einen sekundären Verstärker aufzubauen. Mit dieser Frage steht oder fällt die pädagogische Anwendung der Motivationstheorie, wie wir sie hier entwickelt haben, denn immer handelt es sich um die Verstärkung von Verhaltensformen durch Stimuli, die tatsächlich auch als Verstärker wirken müssen. Wenn nun keine primären Verstärker benutzt werden können (Nahrung ...), so gilt es oftmals zuerst, wirksame sekundäre Verstärker aufzubauen, die an Stärke den abgesättigten primären Verstärkern mindestens gleichkommen. Um diesen Zusammenhang deutlicher zu machen, wenden wir uns dem nächsten Abschnitt zu.

5. Die Erzeugung motivierender Stimuli

Wir haben schon darauf hingewiesen, daß sich menschliche Gesellschaften stark darin unterscheiden, welche Gegenstände oder Situationen von ihren Mitgliedern als »Verstärker«, d. h. als »Werte«, als Anerkennungen oder Belohnungen erlebt werden. Dies gilt nun auch in hohem Maße für das Individuum: Abgesehen von eindeutigen Belobungen sind es ganz verschiedene Gegenstände oder Situationen, die den einzelnen Menschen verstärken, nach denen er also strebt, die als motivierende Stimuli bei ihm funktionieren. Überdies können diese motivierenden Stimuli sogar bei ein und demselben Menschen unter verschiedenen Umständen verschiedenartig sein, und sie können sich ferner immer wieder neu umformen und entwickeln. Die Kenntnis dessen, was dem einzelnen Schüler als Verstärker erscheint, was ihn zu motivieren vermag, ist von grundlegender Bedeutung für seine Erziehung, die ja nur mittels Verstärkungen entsprechender Verhaltensformen vor sich geht (Erziehung als Verhaltensänderung!).

Bereits *Freud* hat, ohne die Methoden und Grundlagen der modernen Verhaltenspsychologie anzuerkennen oder auch nur um sie zu wissen, beobachtet, daß seine »Triebe« durch ganz verschiedene Mittel gesättigt werden können, wenn auch die Triebe als solche während des ganzen Lebens gleich blieben. Er stellte ausdrücklich fest, daß das originale Sättigungsmittel eines Triebes durch ein anderes »substituiert« werden könne, woraus sich ein ganzes System von Ersatzhandlungen und Ersatzzielen ableiten ließ.

Dies deckt sich mit dem, was wir bereits oben über die Entwicklung von sekundären oder konditionierten Verstärkern gesagt hatten: Dadurch, daß ein Stimulus des öfteren gleichzeitig und in unmittelbarem Zusammenhang mit einem bereits wirksamen (oder primären) Verstärker auftritt, kann er selbst diese verstärkende Funktion übernehmen, auch ohne daß dann der andere bzw. primäre Verstärker geboten wird. Der Aufbau eines konditionierten Verstärkers ist identisch mit dem Aufbau eines motivierenden Stimulus. Auf einige für die Erziehung besonders interessante Vorgänge eines solchen Aufbaus konditionierter Verstärker bzw. Motivationen, wollen wir nun im folgenden kurz eingehen:

Die direkte Erfahrung beim Aufbau eines Verstärkers (einer Motivation)

Ein neutraler Stimulus kann dadurch zum Verstärker werden, daß er wiederholt dann dargeboten wird, wenn eine Verhaltensform verstärkt wird. Gleichermaßen werden Verhaltenseinstellungen verstärkt, wenn sie wiederholt mit verstärkt werdenden Verhaltensformen zusammen auftreten. Ein Kind z. B., das sich frustriert fühlt, weil ein anderes Kind ihm sein Spielzeug weggenommen hat, kann verstärkt werden, indem es dieses Kind verhaut und sein Spielzeug wieder zurückholt. Auf diese Weise wird schließlich die aggressive Einstellung und Verhaltensweise als solche zu einem Verstärker und eine aggressive Motivation entsteht. Zugleich mag das andere Kind etwa in Tränen ausgebrochen sein und geschrien haben, so daß auch diese Gegebenheiten schließlich verstärkende Stimuli werden können, wenn sie sich öfters in solchen Zusammenhängen ereignen. Das Kind erlebt dann bereits eine Verstärkung, wenn es ein anderes Kind weinen sieht und schreien hört. Später kann diese Einstellung verallgemeinert werden und dazu führen, daß alle Verhaltensformen, die der Selbstbehauptung dienen, verstärkend wirken, etwa nach dem Motto: Gut ist, was sich behauptet, sich durchsetzt, sich wehrt usw.

Es handelt sich dabei also um nichts weiter als um einen einfachen, bereits beschriebenen Konditionierungsvorgang. Dieser Prozeß kann nun aber auch auf der Ebene bloß sprachlicher Erfahrung zustandekommen:

Die sprachliche Erfahrung beim Aufbau eines Verstärkers (einer Motivation)

Eine aggressive Motivation kann nun auch mit Hilfe sprachlicher Verstärker aufgebaut werden. Wird beispielsweise das Kind, wenn es eine aggressive Handlung begangen hat, dadurch belohnt, daß man ihm sagt: »So ist es richtig! Ein tapferer Junge läßt sich nichts wegnehmen!«, so wird schließlich die verbale Anerkennung durch »tapferer Junge« allein schon verstärkend wirken und »tapfer« zu sein, wird sozusagen ein »Wert«, ein »Zweck in sich selbst« werden, der keiner weiteren Verstärkung mehr bedarf.

Desgleichen aber – und dies scheint für die Erziehung von entscheidender Bedeutung zu sein – kann man in dieser Weise erreichen, daß die Lernhaltung in sich zu einem Selbstzweck wird. In diesem Fall muß das Lernen wiederholt durch verbale Verstärkungen wie »Du bist ein guter Schüler«, »So ist es recht«, »Lernen ist wichtig, recht so!« usw. gefolgt werden. Später genügt es dann, nur noch in gewissen Abständen, sozusagen gelegentlich, eine Lernhandlung verbal zu verstärken, weil der Schüler selbst das Lernen, die erfolgreich vollzogene Verhaltensänderung durch die Lösung eines Problems oder durch die Überwindung eines intellektuellen Hindernisses als Bestätigung und Verstärkung erfahren wird. Die Motivation zum Lernen wird auf diese Weise mehr und mehr »primär«, das Lernen wird zu einem »Bedürfnis«, dessen Befriedigung in sich selbst verstärkend wirkt.

Die Fremderfahrung beim Aufbau eines Verstärkers (einer Motivation)

Während wir bisher von der Bedeutung der direkten und sprachlichen Eigenerfahrung für den Aufbau eines Verstärkers gesprochen haben, können wir nun betrachten, wie auch eine Fremderfahrung, die beobachtet oder verbal geschildert wird, dieselbe Funktion übernehmen kann. Sobald die entsprechenden verbalen Fähigkeiten aufgebaut sind, kann ein Kind durchaus von einem »Beispiel« lernen, das ihm demonstriert wird: Wird z. B. ein anderes Kind dafür bestraft, daß es ein Kind ohne rechten Grund schlägt und wird ihm gesagt: »Das war aber sehr böse...«, so bedeutet dies nicht nur für das bestrafte Kind selbst, sondern auch für das zuschauende dritte Kind eine Lernsituation. Der Zuschauer kann sich gleichsam mit der Situation identifizieren und dadurch einen ähnlichen Effekt an sich erleben, wie der tatsächliche Akteur in der Situation. Gerade dieses Lernen »durch Beobachtung« ist ja von zentraler Bedeutung in der praktischen Schulsituation, wo selten ein Kind für sich allein erzogen wird, sondern meistens mit einer größeren Gruppe anderer Kinder zusammen, und meistens genügt es für *alle* Kinder, wenn *eines* für eine bestimmte Handlungsweise gelobt bzw. bestraft wird, um diese Handlung zu einem positiven oder negativen Stimulus werden zu lassen. Selbstverständlich kommt es darauf an, diese Situation genügend oft zu wiederholen und an immer wieder anderen Kindern dieselbe Wirkung zu demonstrieren.

So fanden z. B. *Bandura* und seine Mitarbeiter in einer Reihe von interessanten Versuchen[172], daß ein Kind durch Beobachtung Verstärker (Motivationen) aufbauen kann, wenn ihm entsprechende »Modell-Demonstrationen« gegeben werden. Nicht jede beliebige Demonstration wirkt indessen als Modell-Demonstration, d. h. nicht alles, was ein Kind beobachtet, wird von ihm nachgeahmt, wird von ihm also so empfunden, »als ob« es selbst in der Situation gewesen sei. *Bandura* konnte nun durch geschickte Versuchsanordnung überzeugend zeigen, daß die Voraussetzung für die Übernahme einer Fremderfahrung in die eigene Erfahrung beim Aufbau eines Verstärkers darin besteht, daß die »Demonstrationsperson« vorher in ein positives Verhältnis zu dem Beobachter tritt. Dies erreichte *Bandura* beispielsweise dadurch, daß die Demonstrationsfigur zuerst positiv mit dem Beobachter konditioniert wurde (sie vermittelte dem beobachtenden Kind zuerst in einer Spielphase verschiedene positive Verstärkungen). In der Experimentierphase äußerte dann das so konditionierte Kind sehr viel mehr Verhaltensformen, die dem Verhaltensrepertoire der Demonstrationsperson entstammten, als ein Kind, das keine solche Konditionierung vorher erhalten hatte.

Entsprechendes ereignet sich stets in der Schule und auch außerhalb der Schule in den verschiedenen Spielgruppen, denen die Kinder angehören: Die Verhaltensweisen derjenigen Menschen in der Umgebung des Kindes, die in einem positiven Verhältnis zu ihm stehen (die »Modelle« für es darstellen, weil sie positive Verstärkungen in verschiedener Weise vermittelt haben), gehen leicht in das Verhaltensrepertoire des Kindes über; sie werden nachgeahmt und aus den Erfah-

---

[172] *A. Bandura,* Social Learning through Imitiation. In: *M. R. Jones* (ed.), Nebraska Symposion on Motivation. Lincoln, Nebr. 1962.

rungen dieser Modellpersonen wird gelernt, indem z. B. die Verstärker der Modellperson übernommen werden und dadurch auch die Motivationen.

Auf diese Weise entsteht der in der Pädagogik zentrale Bezug zu einem »Vorbild«. *Ein Vorbild ist nichts anderes als eine »Modellperson«* in diesem Sinne! Das Kind erwählt sich solche Vorbilder unter denjenigen Menschen seines Erfahrungsraumes, die in persönlichem Kontakt oder auch in indirekter Beziehung zu ihm stehen, immer aber – direkt oder indirekt – Verstärkungen vermittelt haben. Es kann sich also auch um eine geschichtliche Figur handeln, die durch das, was von ihr überliefert ist, dem Kind besondere Verstärkungen vermittelt hat und deren überlieferte Einstellung nunmehr nachgeahmt wird, weil dieselben Motivationen übernommen wurden. Meistens aber handelt es sich um ganz konkrete Modelle in der unmittelbaren Umgebung des Kindes (andere Kinder, Lehrer, Pfarrer, Eltern, Verwandte etc.), die diese Rolle übernehmen und denen daher eine besondere Verantwortung zufällt, da ja ihr Handeln und Denken sozusagen in das Kind übergeht und so direkt verhaltensändernd wirkt, d. h. pädagogisch bedeutend wird.

Der Lehrer sollte selbstverständlich, wie auch die Eltern, »Vorbild« in diesem Sinne sein. Dies aber bedeutet, daß er sich zuerst auch persönlich mit dem Kind beschäftigen muß – er darf nicht bloß ein »Aufgabenverteiler« sein, sondern er muß eine zentrale Rolle als »Verstärker« im Leben des Kindes spielen. Wenn dagegen ein Lehrer meint, er müsse sich so weit vom Kind distanzieren, so »objektiv« bleiben, daß er diese persönliche Beziehung nicht herstellt, dann bedeuten seine Handlungen und sein Denken auch nichts für das Kind, d. h. er wirkt dann nicht als »Modell« und das Kind sucht sich infolgedessen sein Modell außerhalb der Schule. Hat andererseits der Lehrer einmal diese Rolle eines Verstärkers und damit eines Vorbilds für das Kind übernommen, so kann er sich nicht willkürlich wieder davon zurückziehen. Er darf auch nicht erwarten, daß das Kind zwischen »Schulzeit« und »Freizeit« unterscheidet, sondern muß darauf gefaßt sein, daß es den Lehrer »immer« als Vorbild nimmt und daher auch sein Verhalten außerhalb der Schule von zentraler Bedeutung bleibt. Die negative Wirkung eines zu häufigen Wechsels des Lehrers während der Schulzeit liegt damit auch auf der Hand. Es sollte vermieden werden, daß das Kind allzu rasch eine gerade aufgebaute Modellperson wieder abbauen und eine neue aufbauen muß, weil dadurch die pädagogische Wirkung des Modells selbst schwächer und schwächer wird.

Von hier aus erhebt sich nun die Frage, ob es notwendig ist, ein Modellverhalten *direkt* zu beobachten, um Vorbildcharakter zu erhalten, oder ob es auch möglich ist, es symbolisch geschildert oder gezeigt zu bekommen, um dennoch dieselbe Funktion zu haben. Mit diesem für die Gegenwart besonders interessanten Problem wollen wir uns nunmehr kurz befassen:

Die Massenkommunikation beim Aufbau eines Verstärkers (einer Motivation)

Die Frage, ob das Verhalten, das von Kindern über Massenkommunikationsmittel (Filme, Fernsehsendungen, Radio, Zeitungen etc.) beobachtet werden kann, eine ähnliche Wirkung auf das Verhalten hat wie das direkt beobachtete Verhalten eines anderen Menschen, ist heute von besonderer Bedeutung, da ein ziemlich großer Teil der Zeit zwischen Aufwachen und Einschlafen bei den heutigen Kindern vor dem Fernsehschirm verbracht wird.[173] Das Kind scheint sich weitgehend mit dem dargestellten Filmhelden zu identifizieren und daher seine Verstärkungszusammenhänge auf sich selbst zu beziehen: dasjenige, wofür der Filmheld – der gleichsam »Modell« oder »Vorbild« wird – verstärkt wird, ist »gut« auch für das beobachtende Kind, und dasjenige, was ihm negative Erfahrungen einbringt, was er bekämpft und zu vermeiden sucht, ist »böse«, auch für das Kind.

Bandura[174] und seine Mitarbeiter haben nun versucht, experimentell nachzuweisen, ob Verstärkungszusammenhänge, die im Film das »Modell« betreffen, auch einen Einfluß auf zuschauende Kinder haben, ähnlich wie die direkte Beobachtung von Fremderfahrungen. Es wurden zu diesem Zweck drei Experimentiergruppen und drei Kontrollgruppen gebildet. Die Experimentiergruppen beobachteten nacheinander aggressive und nichtaggressive Realsituationen, filmisch gspielte und dargebotene menschliche Situationen und filmisch dargestellte Trickfiguren-Situationen, während die Kontrollgruppen jeweils neutrale Filme und Situationen ansehen durften. Das Ergebnis zeigte, daß die Kinder, die aggressive Szenen beobachtet hatten, insgesamt auch mehr aggressive Tendenzen in einem anschließend gegebenen Test zeigten als diejenigen Kinder, die nichtaggressive Szenen beobachtet hatten, oder als Kinder, die neutrale Szenen gesehen hatten.

Interessant ist dabei, daß sich kaum ein Unterschied zwischen dem Einfluß der Beobachtung der aggressiven Szenen selbst und der Beobachtung aggressiver Filmszenen ergab. Die höchsten Aggressionstendenzen erzeugte sogar der Trickfilm, doch sind die Unterschiede zwischen diesem und den Werten, die sich bei den verfilmten menschlichen Situationen ergaben, kaum signifikant. Die direkt beobachteten menschlichen Aggressionsszenen dagegen erzeugten etwas schwächere Aggressionstendenzen als die verfilmten. Die niedrigsten Aggressionstendenzen wurden dort gemessen, wo nichtaggressive Szenen beobachtet worden waren, während die Kontrollgruppenkinder allgemein in ihren Aggressionstendenzen etwas höher lagen.

Ähnliche Ergebnisse haben sich auch bei Erwachsenen feststellen lassen.[175] Außerdem decken sich diese Ergebnisse weitgehend mit den Befunden, die in vergleichbaren Untersuchungen von anderen Forschern berichtet werden.[176, 177]

Es genügt also bereits, in den Massenkommunikationsmitteln aggressive Szenen zu verbreiten, um in demjenigen Teil der Bevölkerung, der diese Szenen einiger-

---

[173] Nach einer Untersuchung von *Schramm* u. a. beträgt diese Zeit mindestens ein Sechstel. Vgl.: *W. Schramm, J. Lyle, E. F. Parker,* Television in the Lives of our Children. Stanford Univ. Pr. 1961. Vgl. ebenfalls *A. Bandura,* a.a.O., S. 15.
[174] *A. Bandura, D. Ross, S. Ross,* Imitation of film-mediated Aggressive Models. J. abnorm, soc. Psychol., 1963.
[175] *R. H. Walters, E. Llewellyn-Thomas, C. W. Acker,* Enhancement of Punitive Behavior by audio-visual Displays. Science, 136, 1962, S. 872 ff.
[176] *O. I. Lövaas,* Effect of Exposure to Symbolic Aggression and Aggressive Behavior. Child Dev., 32. 1961, S. 37 ff.
[177] *P. H. Mussen, E. Rutherford,* Effects of Aggressive Cartoons on Children's Aggressive Plays. J. abnorm. soc. Psychol., 62, 1961, S. 461 ff.

maßen regelmäßig anschaut, eine bedeutsame Erhöhung der aggressiven Tenden-
zen zu bewirken, d. h. die Aggressionsneigung insgesamt positiver (verstärkender)
erscheinen zu lassen und damit eine Motivation in dieser Richtung aufzubauen.
Von hierher ergeben sich interessante Einblicke in die Bedeutung der amerikanischen Fernsehfilme, die zu einem sehr großen Teil aus aggressiven Szenen bestehen und die sehr häufig von Jugendlichen verfolgt werden.

Selbstverständlich können auf diese Weise nicht nur aggressive Motivationen
aufgebaut werden, sondern auch beliebig andere Motivationsrichtungen. Eine
Tendenz in den Fernsehprogrammen der Gegenwart z. B. ist die Verherrlichung
sportlicher, kraftvoller und großzügiger Einstellungen bei den einzelnen Helden:
Personen mit solchen Charaktereigenschaften erhalten in den Programmen meistens die größten Verstärkungen, d. h. sie gewinnen etwa die Liebe der schönen
Heldin oder siegen über schwächere und kleinlichere Konkurrenten im Geschäftsleben usw. Dadurch entsteht zwangsläufig im Publikum eine entsprechend aus-
gerichtete Motivation in dieser Richtung (die natürlich meistens von den Pro-
grammherstellern auch beabsichtigt ist).

Bisher sind diese Zusammenhänge kaum für die Erziehung selbst benützt worden. Es ließe sich daraus jedoch ein überaus wirksames Erziehungsmittel machen,
indem Schulfilme z. B. nicht weiterhin notorisch »langweilig« gestaltet werden
müssen, sondern durchaus »spannend« und lebensvoll sein können, aber systematisch diejenigen Verhaltensweisen verstärkend in den Vordergrund rücken,
die von der Erziehung tatsächlich angestrebt werden. Sobald einmal Klarheit
darüber erlangt wird, welche konkreten Verhaltensformen man eigentlich erwünscht, lassen sich durchaus Szenen verfilmen und schildern, die im Modell —
aber wie wir sahen dennoch wirksam oder sogar noch wirksamer als die direkte
Beobachtung — diese Einstellungen verstärken. Schilderungen und filmische Darstellungen, die Verhaltensformen und Motivationen wie z. B. Ausdauer, Selbst-
losigkeit, Vaterlandsliebe in friedlichen Zeiten und Umständen, Gewissenhaftig-
keit in den Dingen des Alltags, liebevolles Einstehen für den Mitmenschen ohne
Erwartung einer Auszeichnung dafür in ihrem Zentrum haben, sind heute
noch verhältnismäßig selten. Wenn sie einmal über die mehr negativ ausgerichteten Programme dominieren, wird auch eine andere Motivation im Publikum
entstehen, und die Massenkommunikationsmittel hätten dann ihren erzieherischen Auftrag wenigstens an einer Stelle ernst genommen. —

Von hier her erhebt sich die Frage nach einer quantitativen Messung der Motivation. Ist es möglich, die Motivation zuverlässig zu ermitteln?

6. Das Problem der Messung der Motivation

Wir haben die Motivation als verhaltenspsychologisches Phänomen in engen
Zusammenhang mit der Verstärkung gebracht. Sie ist im Grunde die Tendenz,
eine verstärkte Verhaltensform zu wiederholen, um dadurch weiterer Verstärkung teilhaftig zu werden. So gesehen, wäre das Problem der quantitativen
Motivationsmessung bereits dadurch gelöst, daß man die durch Verstärkung
einer Verhaltensform erreichte Steigerung der Aktivität an den größeren Reaktionsquoten ablesen kann.

Abgesehen von dieser quantitativen Bestimmung geht es uns aber hier auch noch darum, daß man nach Möglichkeit die Motivation in ihrer *qualitativen* Richtung und Wirkung messen sollte, um ihre Bedeutung für das Lernen noch stärker in den Griff zu bekommen.

Zu diesem Zweck wurden bisher zahlreiche Methoden ausgearbeitet und angewandt, die wesentlich durch die grundlegenden Untersuchungen von *Freud* und besonders *Murray*[178] beeinflußt sind. Sie sind *projektive* Verfahren und untersuchen in der Regel die Wirkung der Motivation auf die Phantasie. Hier kommt dann die Motivationsrichtung am deutlichsten zum Ausdruck, indem die Versuchsperson entweder undeutliche Bilder interpretieren, angefangene Geschichten vollenden oder auch einfach Stellungnahmen zu vorgegebenen Aussagen abgeben soll.[179]

Da, wie wir gesehen haben, die Motivation in unserer Kulturgemeinschaft stark auf eine Leistungsgesellschaft bezogen ist, können die Untersuchungen von *McClelland* als typisch betrachtet werden.[180] Er untersuchte hauptsächlich die Wirkung der Leistungsmotivation auf verschiedene Einstellungen und Leistungsformen. Um etwa die Leistungsmotivation selbst in Gang zu setzen, genügte ein einfacher Hinweis, daß die gestellte Aufgabe als Kriterium für die individuelle Intelligenz oder Führereigenschaft geeignet sei. Demgegenüber war diese Leistungsmotivation ausgeschaltet, wenn diese Aufgaben eine ganz gewöhnliche, nicht besonders wichtige Grundlage für eine psychologische Doktorarbeit darstellten o. ä. Die Stärke der Leistungsmotivation selbst läßt sich dann an den unterschiedlichen Ergebnissen in den verschiedenen Situationen erkennen.

Für die Schule besonders interessant ist indessen eine von *Frymier* entwickelte Methode, der »*Junior Motivation Index*«.[181] Der JMI wurde von 1961 bis 1964 durch verschiedene Anwendungen in der Volksschuloberstufe und den unteren Klassen der Oberschule entwickelt. In verschiedenen Staaten der USA wurde er erprobt und an insgesamt 6520 Versuchspersonen standardisiert. Dieser Test besteht aus 50 Aufgabensituationen (ursprünglich waren es 200, aus denen diese verbliebenen 50 als die besten herausgewählt werden konnten), die die Schulmotivation, d. h. den in einem Schüler verschieden starken Wunsch, in der Schule erfolgreich zu sein, messen sollen. Der JMI will also, mit anderen Worten, messen, inwieweit Schulerfolge Verstärker für einen Schüler sind. Zu diesen 50 Test-Items kommen nun noch 30 Füll-Items, die nicht ausgewertet werden, sondern lediglich das Augenmerk von dem »Bloß-schulischen« aufs Allgemeine lenken sollen. Die Beantwortung der Items geschieht beim JMI durch einfaches Ankreuzen einer Graduierung: +1 = leichte Zustimmung, +2 = starke Zustimmung; —1 = leichte Ablehnung, —2 = starke Ablehnung. Folgende Items sollen als Beispiel dienen:

---

[178] H. A. *Murray*, Explorations in Personality. N.Y. 1938.
[179] Vgl. die sehr interessante Zusammenstellung dieser Methoden in: R. C. *Birney*, R. C. *Teevan* (eds.), Measuring Human Motivation. N.Y. 1962.
[180] D. C. *McClelland*, J. W. *Atkinson*, R. A. *Clark*, E. L. *Lowell*, The Achievement Motive. N.Y. 1953.
[181] J. R. *Frymier*, Development and Validation of a Motivation Index, a fourth Report. AERA-Bericht, Chicago 1963.

Item 9: Die meisten Jugendlichen gehen im Grunde ungern zur Schule.
+1   +2   —1   —2

Item 16: Das Gefühl, das man einem Lehrfach gegenüber entwickelt, ist so wichtig wie die Fakten aus diesem Gebiet selbst.
+1   +2   —1   —2

Item 28: Die meisten Schüler würden lieber zur Schule gehen, wenn die Lehrer keine Zeugnisse erteilen würden.
+1   +2   —1   —2

Item 40: Viele neue Ideen sind nicht einmal das Papier wert, auf dem sie gedruckt sind.
+1   +2   —1   —2

Item 40: Schüler sollten die Möglichkeit haben, jeweils ihren eigenen Neigungen folgen.
+1   +2   —1   —2

Item 58: Die meisten Leute haben überhaupt keine guten Einfälle, bevor sie wirklich erwachsen sind.
+1   +2   —1   —2

Item 69: Fragenstellen ist meistens unangebracht, weil es einen in Ungelegenheiten bringt.
+1   +2   —1   —2

Frymier hat die Ergebnisse seines JMI mit verschiedenen Variablen korreliert und interessante Koeffizienten gefunden. Die Korrelation mit dem IQ ergab z. B. einen Koeffizienten von $+0,12$, und für die Übereinstimmung mit der Einordnung der Schüler durch ihre Lehrer bezüglich ihrer Motiviertheit wurden besonders hohe Korrelationen errechnet (um $+0,70$).

Es ist nun interessant, beispielsweise zu beobachten, wie die Ergebnisse in diesem JMI durch verschiedene Lehrverfahren, etwa im Vergleich mit dem Programmierten Lernen, beeinflußt werden, d. h. wie die Schulmotivation durch verschiedene Verstärkungsarten modifiziert wird.[182] Man kann den Test indessen auch zu vielen anderen Zwecken verwenden, die für lernpsychologische Zusammenhänge wichtig sind.

Welche praktischen Konsequenzen lassen sich nun aus diesen Befunden und Erörterungen über die Motivation in verhaltenspsychologischer Sicht aufzeigen? Auf zahlreiche praktische Anwendungsmöglichkeiten sind wir ja bereits bei der Darstellung selbst eingegangen. Diese brauchen hier nicht nochmals herausgestellt zu werden. Wir wollen indessen unter einem anderen Gesichtspunkt nochmals einige Hinweise für die praktische Schularbeit geben, die bisher weniger deutlich erörtert worden sind:

7. *Einige Hinweise für weitere schulpraktische Anwendungen der verhaltenspsychologischen Erkenntnisse über die Motivation*

1. Da die Motivation durch einen Verstärkungszusammenhang entsteht, ist es wichtig, schulische Motivationen durch entsprechende Verstärkungen verbaler und anderer Art aufzubauen. Das System des Motivationsaufbaus folgt dem beschriebenen System des operativen Konditionierens.

---

[182] Vgl. dazu die Berichte in: *W. Correll*, Programmiertes Lernen und schöpferisches Denken. 3. Aufl., München 1966.

2. Der Verstärkungswert eines Verstärkers nimmt mit seiner Vorenthaltung zu. Daher darf eine Verhaltens- und Leistungsform nicht zu häufig verstärkt werden, wenn der betreffende Verstärker nicht an Wert verlieren soll. (Das Lob und die Anerkennung sollen im Sinne der unterbrochenen und nicht im Sinne der kontinuierlichen Verstärkungsmethoden verwendet werden.)

3. Eine schulische (Lern-)Tätigkeit kann zuerst aus einer sekundären Motivation heraus ausgeführt werden, z. B. um der Verstärkung in Form der verbalen Anerkennung durch den Lehrer teilhaftig zu werden. Je häufiger aber positives Lernverhalten in dieser Weise verstärkt wird und je konsequenter dabei die Befunde der Wirkung der verschiedenen Verstärkungsmethoden (Reaktionsquoten- und Zeitintervallsverstärkung) angewandt werden, desto mehr wird schließlich dieses Lernverhalten selbst verstärkend wirken, so daß eine streng sachliche Aufmerksamkeit entsteht.

4. An die Stelle der direkten Verstärkung kann auch eine indirekte treten. Eine an einem anderen Schüler beobachtete Verstärkung einer Verhaltensform wirkt nach einigen Wiederholungen auch verstärkend auf die eigene Verhaltensform. An die Stelle der Beobachtung eines Verstärkungsvollzugs selbst kann auch die Schilderung oder der Film (die Szene) treten. Die Massenkommunikationsmittel können hier mit Gewinn benutzt werden.

5. Da die Übernahme von Verhaltensformen und Verstärkungen aus dem Repertoire einer anderen Person dadurch erleichtert wird, daß ein persönliches, warmes, »verstärkendes« Verhältnis zwischen den beiden Personen besteht, ist es von zentraler Bedeutung, daß der Lehrer, dessen Motivationen (Verstärkungszusammenhänge und Einstellungen) auf den Schüler übergehen sollen, ein gedeihliches Verhältnis zu seinen Schülern herstellt. Er darf nicht in »neutraler Objektivität« über der Szene schweben, sondern muß in die Sorgen und Nöte seiner Schüler direkt durch positive und negative Verstärkung eingreifen. Je besser das Lehrer-Schüler-Verhältnis ist, desto mehr wird der Lehrer »Vorbild«, desto eindeutiger werden die Schüler Lehrermotivationen übernehmen.

6. Zu dem guten, persönlichen und freundlich-wohlwollenden Lehrer-Schüler-Verhältnis soll noch ein ebenso gutes Schüler-Schüler-Verhältnis treten, da die sozialen Beziehungen (wie wir noch genauer darstellen werden) entscheidend in die Verstärkungszusammenhänge eingreifen. In der Schulklasse soll systematisch darauf geachtet werden, daß schulisch positive Verhaltensformen anerkannt und verstärkt werden (»Wert«!). Die Gruppeneinstellung läßt sich dabei genau so steuern wie das Einzelverhalten.

7. Das Motiv der sozialen Überlegenheit (Wettbewerb, Leistung in bezug auf die anderen!) soll nach und nach ersetzt werden durch das Motiv der sachlichen Meisterung, die unabhängig von dem Vergleich mit anderen bestätigt werden kann. Dadurch wird vermieden, daß sich bei den überlegenen Schülern eine Hybris und bei den unterlegenen eine starke Frustration herausbildet. Dadurch wird zugleich auch das Prinzip der sozialen Zusammenarbeit verwirklicht, dem sonst das des Wettbewerbs im Wege stünde.

8. Schließlich muß, damit überhaupt eine Zuwendungsmotivation entstehen kann, eine Inhibition stattfinden, die nicht nur in Form einer Verstärkungsvor-

enthaltung, sondern auch als geistige Problemsituation (ungelöste, aber über-
schaubare Situation, die geklärt werden muß, um die Inhibition aufzulösen)
an den Schüler herantreten soll. Diese ungeklärte, aber zur Klärung drängende
Situation muß natürlich aus den bisher vorhandenen Fertigkeiten und Verstärkungszusammenhängen herauswachsen.

IV. AUFNEHMEN, BEHALTEN UND VERGESSEN DES LERNSTOFFES

Wir haben bisher auf dem Hintergrund der lernpsychologischen Grundbegriffe
und Methoden versucht, einige Vorbedingungen des Lernens in der Erörterung
der Lernbereitschaft, der Entwicklung und der Lernmotivation zu finden. Nunmehr wenden wir uns der Diskussion der Aufnahme des Lernstoffes selber zu.

1. Die Lernkurve

Um die Aufnahme eines Lernstoffes darzustellen, bedient man sich in der
verhaltenspsychologischen Lernforschung der Lernkurve. Sie ermöglicht es, die
quantitative Zunahme des Wissens in einem bestimmten Gebiet aufzuzeichnen
und übersichtlich darzustellen. Man erhält sie, indem man einfach die Zunahme
des Wissens (beispielsweise die Anzahl der Wörter in einer Fremdsprache, die
richtig übersetzt werden können) auf die Zeit bezieht. Auf diese Weise erhält
man auch einen Einblick in die Phasen, in denen das Lernen schneller erfolgt als
in anderen Perioden. Andererseits sagt diese Lernkurve nichts aus über das Behalten des Gelernten nach einer längeren Zeitspanne und auch nichts über die
Fähigkeit der Vp, das Gelernte in bekannten oder neuen Situationen anzuwenden. Mit anderen Worten, *die Lernkurve stellt jeweils nur einen besonderen
Aspekt des Lernens dar und nicht alle Aspekte der Lernaufnahme. Je nach der
Art der Überprüfung des Gelernten ergeben sich auch verschiedene Lernkurven.*

Beispielsweise stellt Abb. Nr. 10 dar, wie der Wortschatz eines Kindes mit
zunehmendem Alter wächst, während Abb. Nr. 11 den Fortschritt in der Satzlänge (beim Aufsatzschreiben) im Laufe der Schuljahre 4–12 darstellt:

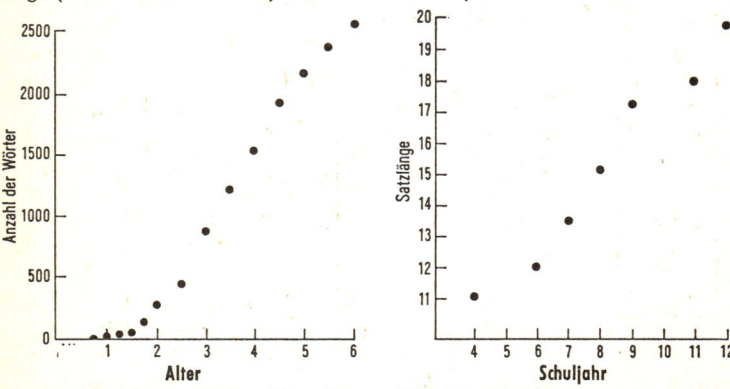

Abb. 10. Beziehung zwischen Wortschatz   Abb. 11. Beziehung zwischen mittlerer
      und Alter.   Satzlänge und Schuljahr.

Beide Kurven zeigen einen ganz verschiedenen Verlauf, wenn sich auch beide mit dem Lernfortschritt befassen. Eine Lernkurve wird also durch die verschiedensten Bedingungen, die berücksichtigt werden können, ganz verschieden gestaltet; sie sagt nichts über das »Wie« des Wissenserwerbs aus, sondern berichtet lediglich den Fortschritt im Erwerb als solchen.

Wie ist nun der *Verlauf* einer solchen Lernkurve beim Lernen neuer Stoffe? Ist es eine kontinuierlich ansteigende Linie oder zeigt sie charakteristische Auf und Abwärtsbewegungen, deren Kenntnis natürlich für den Lehrer von großer Bedeutung wäre? Bis vor kurzem glaubte man allgemein, die *typische* Lernkurve zeige zunächst einen steilen Anstieg bis zu einem gewissen Punkt und verlaufe dann mehr oder weniger waagrecht aus, d. h. in der ersten Zeit – meinte man – lernt man besonders viel, und nachher bleibt die Zunahme des Lernens ziemlich konstant. Demgegenüber entdeckte nun *Spence*[183], *daß die typische Lernkurve über die Aneignung neuen Lernstoffes eine S-Form zeigt.* Ein Beispiel dafür ist Abb. 12:

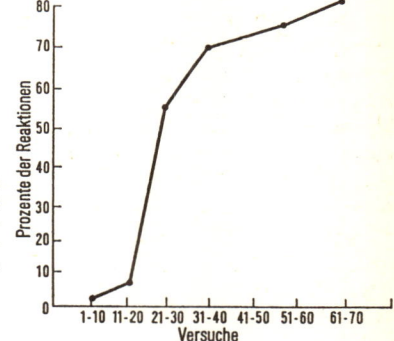

Abb. 12. Reaktionshäufigkeit einer Ratte (Reaktionen pro Versuch). (Die Ratte mußte einen Hebel niederdrücken – ähnlich wie bei den schon erwähnten Versuchen *Skinners*.) Nach *K. W. Spence,* a.a.O.

In vielen Fällen nun erscheint diese S-form nicht vollständig, weil es sich meistes um komplexes Lernen handelt, bei dem Teile bereits bekannt sind, wenn das Lernen beginnt. Beispielsweise würde eine Lernkurve über den Fortschritt im Dividieren wahrscheinlich gleich mit einer steilen Kurve beginnen und also den linken Teil der S-Form weglassen, weil ja wichtige Teile dieser Fähigkeit schon bekannt sind, wenn der Versuch beginnt (z. B. sind die Ziffern bekannt, das Multiplizieren, Subtrahieren und Addieren).

Wenn nun an irgendeinem Punkt die Lernkurve waagrecht verläuft und erst später wieder einen Anstieg zeigt, so nennt man eine solche Phase ein *Lernplateau.* Wir haben an anderer Stelle bereits über die möglichen Ursachen des Lernplateaus und seine Überwindung gesprochen.[184] Hier soll lediglich darauf hingewiesen werden, daß, wenn eine Lernkurve an irgendeiner Stelle einebnet, dies noch nicht *immer* bedeuten muß, daß jetzt die obere Spitze der S-Form erreicht ist. Es ist durchaus möglich, daß die Kurve, nach einer neuen Motivation

---

[183] *K. W. Spence,* Behavior Theory and Conditioning. New Haven 1956.
[184] *W. Correll,* Lernpsychologie, Donauwörth 1963 (2. Aufl.), S. 168 ff.

z. B., neu ansteigt und eine größere Höhe erreicht, daß also das Lernplateau überwunden werden kann.

Lernplateaus entstehen beispielsweise häufig beim Lesenlernen nach dem analytischen Verfahren, wenn eine der charakteristischen Phasen durchlaufen ist und die neue Phase noch nicht eingeleitet wurde. Man könnte daher sagen, *daß ein komplexes Lernen durch eine Aneinanderreihung von mehreren normalen S-förmigen Kurven (evtl. ohne den linken Ast am Anfang) dargestellt werden kann, wobei der rechte Ast mehr oder weniger kurz (als Plateau) sein kann, bis schließlich die letzte Höhe erreicht ist:*

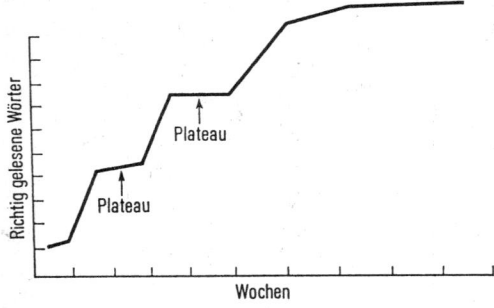

Abb. 13.
Modell einer Lernkurve
mit mehreren Plateaus
(Lesenlernen).

Die Frage, wie festgestellt werden kann, ob bei einem gegebenen Plateau die letzte Höhe der Lernkurve schon erreicht ist oder ob es sich nur um ein vorübergehendes Lernplateau handelt, ist nicht leicht zu beantworten. In den meisten Fällen läßt sich nämlich eine Lernstockung durch eine neue Motivation oder eine allgemeine Veränderung der Lernbedingungen überwinden, bis schließlich die Lernkapazität der Vp in dem betreffenden Gebiet erreicht ist und die Kurve sozusagen ihren rechten Ast des »S« erreicht hat. Es muß jedoch betont werden, *daß bisher diese »Lernkapazität« kaum absolut zuverlässig ermittelt werden kann, so daß jeweils durchaus die Möglichkeit besteht, weitere Steigerungen zu erzielen, wenn es gelingt, bessere Lernbedingungen zu schaffen und neue, wirksamere Motivationen einzuführen.*

Sind Lernkurven *mathematisch berechenbar?* Diese Frage hat in letzter Zeit viel Aufmerksamkeit auf sich gelenkt. In einigen Fällen ist es gelungen, Kurven mathematisch vorauszuberechnen und im Lernexperiment eine erstaunliche Übereinstimmung mit dieser theoretischen Kurve zu erzielen. Einen originellen Ansatz in dieser Richtung vertritt *Estes,*[185] und einen sehr guten Überblick über die verschiedenen Modelle findet man bei *Kemeny und Snell.*[186]

2. Das Behalten des Gelernten

So wie die *Lernkurve* einen bestimmten Aspekt des Aufnehmens eines Lernstoffes darstellt, so stellt die *Behaltenskurve* das Quantum des behaltenen Lern-

---

[185] *W. K. Estes,* The Statistical Approach to Learning Theory. In: *S. Koch* (ed.), Psychology, the Study of a Science. N. Y. 1959, S. 380 ff.
[186] *J. G. Kemeny, L. J. Snell,* Mathematical Models in the Social Sciences. N.Y. 1961

stoffes nach verschiedenen Zeitintervallen dar. Nun kann das Behalten auf ganz verschiedene Art und Weise gemessen werden, so daß auch die Behaltenskurve je nach der Methode, mit der das Behalten gemessen wird, verschieden ausfällt.

Folgende Methoden der Messung des Behaltens sind gebräuchlich:

a) Die Erinnerungsmethode
b) Die Wiedererkennungsmethode
c) Die Lernwiederholungs-(oder Spar-)Methode und
d) Die Extinktionsmethode.

a) Die Erinnerungsmethode

Diese Methode ist die bekannteste. Der Schüler muß dabei einfach soviel wie möglich von dem früher Gelernten erinnern, indem er etwa in Form eines Aufsatzes darüber berichtet oder indem er eine vorgelegte Liste von deutschen Wörtern in die gelernte Fremdsprache übersetzt (bzw. umgekehrt, eine vorgelegte Liste fremdsprachiger Wörter ins Deutsche überträgt). Auch motorische Fertigkeiten können mit dieser Methode gemessen werden, indem (etwa im Sport) der Schüler das Gelernte nach gewisser Zeit (aus dem Gedächtnis) demonstriert.

b) Die Wiedererkennungsmethode

Diese Methode wird vor allem zur Messung des normalen Schullernens mit Erfolg angewandt. Der Schüler muß dabei nicht wie bei Methode a) das behaltene Wissen einfach als solches erinnern, sondern einen richtigen Sachverhalt wiedererkennen. Es werden meistens mehrere Sachverhalte vorgegeben, unter denen der Schüler den richtigen auswählen muß, indem er ihn wiedererkennt.

Es liegt auf der Hand, daß hierbei bessere Ergebnisse erzielt werden als bei der Methode des Erinnerns, da das Wiedererkennen leichter ist als das Erinnern ohne Assoziationshilfen. Dies stimmt mit der Erkenntnis überein, daß der aktive Wortschatz in der Regel kleiner ist als der passive (wobei wiederum das Moment des Wiedererkennens bzw. Erinnerns mit im Spiele ist).

c) Die Lernwiederholungs-(oder Spar-)Methode

Diese Methode wird bisher fast ausschließlich in den psychologischen Labors und nicht in den Schulen verwendet, was aber nicht ausschließt, daß man sie nicht auch für Schulzwecke mit großem Erfolg verwenden könnte. Man läßt z. B. eine Liste von Silben solange auswendig lernen, bis sie dreimal hintereinander fehlerfrei hergesagt werden kann. Hierbei wird die benötigte Zeit genau gemessen. Nach einem gewissen Zeitintervall (etwa 6 Wochen) wäre der Schüler wohl kaum in der Lage, die Wörterliste nach Methode a) aus dem Gedächtnis zu reproduzieren; auch Methode b) würde keine besonders guten Resultate erzielen. Wenn man dagegen Methode c) anwendet, erhält man in solchen Fällen recht zuverlässige Aufschlüsse. Der Schüler muß dabei die Wörterliste wiederum auswendig lernen, und es wird die Zeit gemessen, die er benötigt, um die Liste dreimal hintereinander fehlerfrei aufzusagen. In dem Maße, in dem er etwas vom ersten Lernen her behalten hat, wird er Zeit *sparen* beim Wiederholungslernen! Hat er z. B. beim erstenmal 25 Minuten benötigt, so benötigt er bei der

Lernwiederholung etwa nur 5 Minuten, um die gleiche Perfektion zu erlangen (dies würde einer Ersparnis von 85⁰/o entsprechen).

d) Die Extinktionsmethode

Diese Methode wird vor allem verwendet, um die Reaktionsstärke zu messen. Beispielsweise hat ein Versuchstier gelernt, einen Hebel zu drücken und anschließend Nahrung (als Verstärkung) in Empfang zu nehmen. Die Reaktionsstärke kommt nun darin zum Ausdruck, daß das Versuchstier den Hebel auch dann noch weiterdrückt, wenn die Verstärkungen ausbleiben. Die Anzahl der Reaktionen vom Ausbleiben der Verstärkung bis zur Extinktion der Reaktion gibt dann Aufschluß über das Behalten.

Diese Methode kann nur dort angewandt werden, wo man eine genaue Kontrolle über die Verstärkung (bzw. über ihr Ausbleiben) hat. Sie ist also kaum in der Schule anwendbar, weil es sich hier um Reaktionen handelt, die sich selbst verstärken, so daß die Extinktion nicht leicht herbeizuführen ist. Dagegen eignet sich die Extinktionsmethode vorzüglich zur Behaltensmessung bei Versuchstieren im Labor.

Die *Behaltenskurve* stellt nun dar, was in der Schule meistens übersehen wird, nämlich den Grad, zu dem ein Schüler (eine Vp) *auch nach längerer Zeit* noch in der Lage ist, sich so zu verhalten wie unmittelbar im Anschluß an das Lernen der neuen Verhaltensform(en). Meistens begnügt man sich in der Schule mit der Feststellung, daß der Schüler unmittelbar im Anschluß an das Lernen möglichst viel davon – in irgendeiner Form – wiedergeben kann. Jeder kann sich indessen leicht aus eigenem Erleben klarmachen, daß dies keineswegs dafür benutzt werden kann, eine Aussage über das zu machen, was auch noch nach Wochen und Monaten oder gar Jahren behalten wird! Wie häufig lernt der Schüler sozusagen für die nächste Klassenarbeit, um es dann schleunigst wieder zu vergessen! Der »Wirkungsgrad« des Schullernens aber kommt ja gerade nicht bei den Klassenarbeiten zum Ausdruck, sondern in der Fähigkeit, das Gelernte »später« – also nach Jahren (!) – in praktischen Lebenssituationen anzuwenden. (Von dem hier angeschnittenen Problem des Transfer werden wir unten noch ausführlich sprechen.) An dieser Stelle erscheint also augenfällig die Wichtigkeit der Behaltensmessung nach verschiedenen Zeitintervallen, wie sie sich dann in den Behaltenskurven niederschlägt.

Ein Kind hat z. B. vor einigen Jahren das Gedicht »Der Erlkönig« auswendig gelernt. Es ist nun nicht mehr in der Lage, das Gedicht aufzusagen – es hat es »vergessen«. Damit ist jedoch nicht gesagt, daß es »nichts« von dem einst Gelernten behalten hat! Auch wenn nach der Methode a) das Behaltensergebnis null sein sollte, könnte man vielleicht mit Methode b) und c) dennoch ziemlich eindeutige Behaltensergebnisse feststellen!

Das Typische an der Behaltenskurve wurde bereits von *Ebbinghaus*[187] erkannt. Neuere Untersuchungen haben seine grundsätzlichen Befunde immer wieder bestätigt. Vor allem den Umstand, daß unmittelbar nach dem Lernen verhältnismäßig viel vom Behaltenen verlorengeht, während es in den nachfolgenden

---

[187] *H. Ebbinghaus,* Über das Gedächtnis. Leipzig 1885.

Intervallen langsamer absinkt. Eine neuere Untersuchung (aus dem Jahre 1958) über das Behalten – gemessen nach Methode c) – von bestimmten Steuerungsverhaltensformen (z. B. ein Flugzeugmodell nach einer bestimmten komplizierten Methode zu steuern) nach längeren Phasen, während welcher *keine* Übung stattgefunden hat, zeigt Abb. 14. Hierbei wurde außerdem noch untersucht, in welchem Maße die Häufigkeit der vorangegangenen Lernübungen auf das Behalten nach längeren Intervallen ohne Übung einwirkt. Es zeigte sich, daß das Behalten bedeutend größer war, wenn die Übung relativ häufig gelernt worden war (30mal, verglichen mit einer Gruppe, die nur 5mal die Übung gelernt hat).

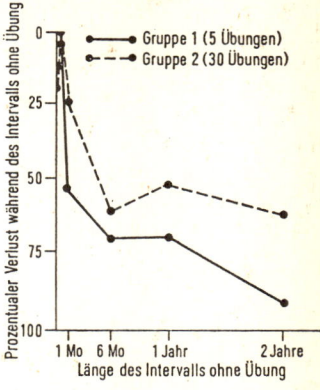

Abb. 14. Behaltenskurven zweier Gruppen von Vpn., von denen die eine (Gruppe 1) das Steuerungsverhalten 5mal geübt hatte und die andere (Gruppe 2) 30mal. (Vgl. *R. B. Ammons* u.a., 1958.)[188]

An dieser Stelle erhebt sich die Frage, ob das bloße Prüfen einer früher gelernten Verhaltensform bereits wieder ein Lernen darstellt, so daß sich durch häufige Prüfungen die Behaltensergebnisse verbessern müßten! Diese Frage ist vor wenigen Jahren besonders wichtig geworden, weil es durch sie gelungen ist, einen etwa 50jährigen Irrtum im Zusammenhang mit dem sog. »Reminiszenz-Phänomen« aufzuklären. Wir wollen uns kurz mit diesem Phänomen, das in derPsychologie der Vergangenheit eine große Rolle gespielt hat, befassen:

Das »Reminiszenz-Phänomen« als Irrtum der Behaltensforschung

Das »Reminiszenz-Phänomen« wurde zuerst von *Ballard* beschrieben.[189] Er machte die Beobachtung, daß die Schulkinder, denen er ein Gedicht zum Lernen aufgegeben hatte, unmittelbar nach dem Lernen *weniger* behalten zu haben schienen als am folgenden Tag. Dieses Phänomen, das seither durch zahlreiche andere Experimente immer wieder bestätigt werden konnte, wurde als »Reminiszenz-Phänomen« bezeichnet. Es läßt sich nun aber nachweisen, daß all diese Experimente denselben Fehler enthielten und deswegen auch zu ähnlichen Resultaten kamen. Der Aufbau dieser Experimente hatte folgendes Schema:

Lernen des Materials,
Prüfen des Behaltenen,
Zeitintervall ohne Übung in diesem Bereich,
Neue Prüfung des Behaltenen.

[188] *R. B. Ammons, R. G. Farr a. o.*, Long Term Retention of Perceptual Motor Skills. Journ. expr. Ps., 55, 1958, S. 318.
[189] *P. B. Ballard*, Obliviscence and Reminiscence. British J. Ps. Monograph, Suppl. 1, Nr. 2, 1913.

1954 wurde nun nachgewiesen, daß der angebliche Anstieg des Behaltenen nach einem ersten Absinken – eben das »Reminiszenz-Phänomen« – darauf zurückzuführen ist, daß das erste Prüfen des Behaltenen selbst als eine Art Lernsituation wirkte[190] entsprechend dem Befund, daß, je häufiger die Übung war, desto größer das Behalten ist (wie aus der Abbildung 14 hervorgeht). Dies wurde dadurch bewiesen, daß die Ergebnisse zweier Gruppenuntersuchungen miteinander verglichen wurden. Die eine Gruppe wurde nach dem oben beschriebenen 4-Stufen-Verfahren untersucht, die andere dagegen nach folgendem Schema:

Lernen des Materials,
Zeitintervall ohne Üung in diesem Bereich,
Prüfung des Behaltenen.

Die Gruppe, die der Prüfung des Behaltenen unmittelbar nach dem Lernen unterzogen wurde, zeigte bei der zweiten Prüfung den von *Ballard* beschriebenen Anstieg, aber die andere Gruppe, die nach einer ähnlich langen Zeitspanne – aber nur *ein*mal – geprüft wurde, zeigte diesen Anstieg *nicht,* sondern schnitt ähnlich ab wie die erste Gruppe bei der unmittelbar nach dem Lernen erfolgten Prüfung!

Eine Art Reminiszenz-Phänomen besteht lediglich bei bestimmten motorischen Verhaltensformen und dann auch nur bei einem Intervall von wenigen Minuten.[191] Dies läßt sich jedoch dadurch erklären, daß während der Übung selbst eine retro- bzw. proaktive Hemmung stattgefunden hat, die während der kurzen Pause wieder abgeklungen ist.[192]

Das Behalten von sinnvollem und sinnlosem Material

Eine Frage, die sich an dieser Stelle erhebt, ist die, ob das Behalten auch von der Art des Lernmaterials abhängig ist, z. B. von dem Umstand, ob es sich um sinnlose Silben handelt (wie sie oft in Versuchen benutzt werden, um mögliche Assoziationen, die man nicht kontrollieren kann, zu vermeiden) oder um sinnvolles Material, das für die Vp eine bestimmte Bedeutung hat. – Im Anschluß an die Versuche von *Ebbinghaus* wurde allgemein weiterhin angenommen, daß sinnvolles Material leichter behalten wird als sinnloses.

In der Praxis trifft dies allerdings auch zu. Doch die Begründung, die man bisher dafür gegeben hat, ist wahrscheinlich unrichtig. Sinnvolles Material wird leichter behalten als sinnloses – aber: sinnvolles Material ist deshalb sinnvoll, weil es bereits – in seinen Elementen – dem Lernenden bekannt ist. Es hat Sinn und Bedeutung, weil der Schüler bereits etwas damit verbinden kann, während sinnloses Material wirklich völlig neu gelernt werden muß. Wenn daher die Versuche zeigten, daß sinnvolles Material leichter behalten wird als sinnloses, so kann dies zunächst nur bedeuten, daß das Lernen bereits früher teilweise

---

[190] *H. Ammons, A. L. Irion,* A Note on the Ballard Reminiscence Phenomen. J. exp. psychol., 48, 1954, S. 184 ff.
[191] Vgl. z. B. *O. S. Ray,* Personality Factors in Motor Learning and Reminiscence. J. abnorm. and soc. Ps., 58, 1959, S. 199 ff.
[192] Vgl. zu diesem Begriff unsere weiteren Ausführungen, sowie auch: *C. L. Hull,* Principles of Behavior, N.Y. 1943.

gelernten Materials leichter ist als neues Lernen – ein Ergebnis, das uns bereits bekannt ist!

Es ist indessen schwierig, Experimente zu konstruieren, die diesen Tatbestand eindeutig klarlegen. Bisher jedenfalls scheinen solche Versuche nicht unternommen worden zu sein.[193]

»Überlernen« und Behalten

Man kann ein Material solange lernen, bis man es gerade meistert, oder man kann es noch länger üben. Dieses Lernen oder Üben über den Punkt hinaus, zu dem das Material beherrscht wird, nennt man »Überlernen«. Es gibt nun zahlreiche Untersuchungsergebnisse und Befunde der Praxis, die zeigen, daß ein gewisses Maß an Überlernen nötig ist, um eine Verhaltensform möglichst lebenslang behalten zu können. Freilich gibt es ebenfalls viele Beispiele dafür, daß ein einmaliges Lernen oft genügt, um die betreffende Situation nie wieder zu vergessen. Dies ist besonders dann der Fall, wenn bei diesem Lernen starke Emotionen beteiligt waren. Vor allem die praktischen Lehrerfahrungen aller Zeiten haben jedoch gezeigt, daß einer der sichersten Wege zum Behalten das Überlernen in immer wieder neuen Situationen ist.

Der Nachdruck liegt auf der letzten Hälfte des Satzes! Überlernen darf nicht, wenn es auch gleichsam ein Lernen »über« das Maß des im Augenblick Nötigen ist, verwechselt werden mit leerer »Paukerei«. Dies würde nämlich eine gegenteilige Wirkung dadurch haben, daß hierbei Abwendungsmotivationen entstehen. Das Kind, das immer wieder dieselbe Übung durchnehmen muß, obwohl es sie längst beherrscht, wird zuerst gelangweilt, dann entweder aggressiv oder es resigniert, d.h. es begehrt entweder auf gegen den »Stumpfsinn« oder es schickt sich in ihn – aber es lernt in beiden Fällen nichts dazu! Die negativen Emotionen bedingen vielmehr eine innere Abkehr von dem betreffenden Gebiet, und der Lernstoff ist in der Gefahr, leichter vergessen – nämlich verdrängt – zu werden als das Lerngut, das weniger ausgiebig geübt worden ist. So ist manchem schon das Gedichtlesen und -lernen dadurch verleidet worden, daß er immer wieder dasselbe Gedicht aufsagen mußte, und es gibt Fälle, die zeigen, daß gerade dieses eine Gedicht, das am meisten gepaukt wurde, gänzlich aus dem Gedächtnis verstoßen wurde!

Wie soll also dann das Überlernen gepflegt werden? Hier bietet sich ein gutes Beispiel aus der Musik an: Die *Etüden* sind jedem praktischen Musiker ein Begriff! Sie sind eine gute Art und Weise, das Überlernen in diesem Bereich zu pflegen – es schwierig genug und doch auch zugleich anregend und ästhetisch zu halten. Was nötig ist, ist also eine Art »Etüdenplan« für das Rechnen, für die Geschichte, die Geographie usw.! Anders ausgedrückt: es gilt zuerst – wie in der Musik – herauszufinden, *was* in dem jeweiligen Sachgebiet eigentlich gelernt werden soll, was das »Wesentliche« jeweils ist, worauf es uns als Lehrer ankommt. Es ist erstaunlich, wie sehr die Meinungen darüber auseinandergehen! –

[193] Vgl. jedoch: *E. Hilgard, R. P. Irvine a. o.*, Rote Memorization, Understanding and Transfer. An Extension of Katona's Card Trick Experiments. J. exp. Ps., 46, 1953, S. 288 ff.

Sobald dies geklärt ist, müssen diese Elemente so geschickt wie möglich eingeführt werden, und dann müssen immer wieder neue, immer schwierigere Situationen gefunden werden, in denen der Schüler stets dieselben elementaren Erkennntnisse aufs neue anwenden muß und sie daher übt – überlernt!

Es genügt beispielsweise nicht, das Einmaleins einzuführen und sich zu vergewissern, daß es die Kinder verstanden haben! Sie würden es sehr bald wieder vergessen haben, wenn es nicht erheblich »übergelernt« würde! Die Kunst des Lehrers ist es nun, *immer wieder neue Übungssituationen zu finden*, die jeweils eine neue Motivation für das Kind mit sich bringen, es immer wieder aufs neue herausfordern, weil eine neue Schwierigkeit vor das Kind tritt. (Der Zweitkläßler, der an einem Tag mit Briefmarken rechnet und dabei sein Einmaleins anwendet, befindet sich in einer neuen Situation, wenn er am andern Tag »Kirschen verkauft« und dabei wiederum das Einmaleins anwenden muß!) Allerdings bestehen immer noch viel zu wenige Überlieferungen bewährter Übungssituationen und -weisen in den einzelnen Fächern. Hier handelt es sich um ein Gebiet, in dem sich der einzelne Lehrer noch sehr fruchtbringend betätigen kann.

Störungen des Behaltens durch früheres oder nachfolgendes Lernen (pro- und retroaktive Hemmungen)

Im Anschluß an das Überlernen stellt sich die Frage, wie das Lernen in *einem* Gebiet das Lernen in einem *anderen* beeinflußt. Wird z. B. im Sprachenlernen von einem Lehrer eine gewisse grammatikalische Regel im Sinne des Überlernens immer wieder neu geübt und angewandt, so erhebt sich die Frage, ob dies (etwa im Lateinischen) nun einen negativen Einfluß auf das Lernen einer anderen Sprache (etwa Griechisch) hat, in der diese betreffende Regel nicht gültig ist! Dann wäre das Überlernen zwar in einem Fach gut und nützlich gewesen, aber es würde zugleich das Lernen in anderen Gebieten hindern.

Die Tatsache des Einflusses des Lernens in einem Fach auf das Lernen in einem anderen Gebiet wird sowohl im Zusammenhang des *Transfer* (s. unten!) als auch in dem des Vergessens (mit dem wir uns anschließend noch befassen wollen) wichtig. Durch viele Unteruchungen konnte festgestellt werden, daß *das Behalten eines Lernstoffes um so mehr durch nachfolgendes oder vorausgehendes Lernen gestört wird, je ähnlicher die Lerngebiete sind!* Es wird beispielsweise bereits eine gewisse negative Beeinträchtigung zwischen dem Lernen der deutschen Muttersprache und dem Lateinischen (das unmittelbar anschließend oder unmittelbar vorher erfolgte) bestehen, aber diese Beeinträchtigung wird noch gesteigert, wenn man ähnlichere Sprachen, etwa Lateinisch und Französisch, nebeneinander lernen läßt. Es kommen dann nicht nur gewöhnliche Verwechslungen vor, sondern auch Verschiebungen im Gedächtnis, die ein zuverlässiges Behalten einfach unmöglich machen. Hieraus folgt eine besonders wichtige Anwendung für die Stundenplangestaltung: Ähnliche Fächer sollten möglichst nicht aufeinanderfolgen! Auch der Stoffplan' kann durch eine solche Erkenntnis gewinnen: Es ist besser, in einem Jahr nur *eine* Sprache einzuführen, statt gleich zwei gleichzeitig! Und wenn es zwei sein sollen, dann empfiehlt es sich, zwei Sprachen zu wählen, die sich möglichst unähnlich sind!

Eine weitere Frage, die sich hieran anschließt, ist die, wie solche retroaktive Hemmungen auf ein Minimum beschränkt werden können, d. h. welcher Art die Aktivität idealerweise sein soll, die auf das Lernen eines bestimmten Sachgebiets folgen soll, um das Behalten möglichst gar nicht zu stören, denn grundsätzlich kann ja eine gewisse (wie immer schwache) Einflußnahme von jeder Tätigkeit auf die vorausgehende stattfinden. Von diesem Gedanken geleitet haben mehrere Untersuchungen gezeigt, daß der *Schlaf* den wohltuendsten Einfluß auf das vorausgegangene Lernen hat, d. h. der Schlaf beeinträchtigt das Behalten überhaupt nicht. Nächst dem Schlaf als der völligen Passivität kommen alle Tätigkeiten, die möglichst völlig andere Einstellungen und Verhaltensformen erfordern als das vorausgegangene Lernen (etwa rein motorische Tätigkeiten auf eine Phase intellektueller Arbeit etc.). Die Anwendungen dieser Erkenntnisse – auf die wir im übrigen im nächsten Kapitel (»Transfer«) näher eingehen werden – liegen auf der Hand: Es kommt darauf an, nicht nur unähnliche Fächer aufeinanderfolgen zu lassen und miteinander zu kombinieren, sondern auch nach wichtigen Lernabschnitten *Pausen* folgen zu lassen, in denen völlig andere Tätigkeiten zu ihrem Recht kommen sollen. Im allgemeinen ist diese Erkenntnis in unserer schulischen Planung bereits gut angewandt durch den Rhythmus von Ferien und Arbeit, von Pausen nach den einzelnen Stunden und dergl.

Dieser Hinweis auf zeitliche Einteilungen bringt uns zu unserem nächsten Problem:

Behalten als Funktion der zeitlichen Verteilung des Lernens

Wenn das Lernen konzentriert innerhalb einer gewissen möglichst kurzen Zeitspanne stattfindet, spricht man von *gehäuftem Lernen* im Gegensatz zu *verteiltem Lernen,* das dann stattfindet, wenn die Lektionen und Übungen über eine längere Zeispanne verteilt und immer wieder durch andere Tätigkeiten oder Ruhepausen unterbrochen werden.

Welche Art des Lernens ist nun besser – gehäuftes oder verteiltes? Ist es, mit anderen Worten, besser, die oben erwähnte Möglichkeit der Vermeidung eines störenden Einflusses auf das Behalten durch nachfolgende Tätigkeiten nicht nur durch das Einschalten von Schlafperioden zu verwirklichen, sondern weitergehend dadurch, daß man »überhaupt nichts« zwischen die Lernphasen schaltet, sondern sie alle zusammenlegt und sozusagen in einem konzentrierten »Ansturm« das ganze Pensum bewältigt?

Dieses Problem wurde bereits durch *Ebbinghaus* (a.a.O.) 1885 erörtert. Durch seine ausgedehnten Untersuchungen mit sinnlosen Silben kam er zu dem allgemeinen Ergebnis, daß *verteiltes Lernen* zweckmäßiger sei als gehäuftes. Es hat sich bei ihm als besser erwiesen, die Silben nicht in einem konzentrierten Ansturm lernen zu lassen, sondern in einem unterbrochenen, *verteilten* Lernen, das immer wieder durch Ruhepausen und andere Aktivitäten aufgegliedert wurde. Dieser Befund wurde seither durch andere Untersuchungen weitgehend bestätigt.[194]

[194] Vgl. z. B. *L. F. Cain, R. de V. Willey,* The effect of Spaced Learning or the Curve of Retention. J. exp. Ps., 25, 1939, S. 209 ff.

Diese Überlegenheit des verteilten über das gehäufte Lernen wurde zuerst auf das bereits erwähnte »Reminiszenz-Phänomen« zurückgeführt, das heute jedoch nicht mehr geltend gemacht werden kann. Vielmehr scheint nach dem heutigen Stand der Forschung folgendes vorzuliegen: Während des Lernens der sinnlosen Silben bilden sich proaktive Hemmungen aus, die das nachfolgende Lernen und Behalten beeinflussen. Andererseits bilden sich zugleich auch retroaktive Hemmungen, die wiederum das vorausgegangene Lernen verzerren können und das Behalten erschweren. Wenn nun zwischen einzelnen Lernabschnitten immer wieder Pausen geschaltet werden, können diese pro- und retroaktiven Hemmungen abklingen, und das Behalten wird weniger beeinträchtigt.

Wie groß sollen nun aber die Ideal-Lerneinheiten sein, die jeweils von Ruhepausen gefolgt sein sollen? Diese Frage ist bisher noch nicht allgemeingültig beantwortet worden. Alle angestellten Untersuchungen zeigen eine starke Verschiedenheit der Resultate je nach dem Sachgebiet, das gelernt wurde. Es ist offenbar nicht gleichgültig, ob sinnlose Silben, mathematische Formeln oder schließlich motorische Fertigkeiten gelernt werden! Allgemein darf vermutet werden, daß auch noch individuelle Unterschiedlichkeiten der Lernfähigkeiten der verschiedenen Schüler hinzukommen und die Antwort auf unsere Frage weiterhin erschweren. Es scheint jedoch soviel festzustehen, daß die einzelnen Lerneinheiten so klein wie möglich gehalten werden sollen und daß jedem individuellen Schüler – soweit wie möglich und sinnvoll! – Gelegenheit zu individuellen Pausen nach dem Lernen solcher Lerneinheiten gegeben werden soll, um das Behalten möglichst intensiv sein zu lassen und die Hemmungen niedrig zu halten.

Diese Möglichkeit haben wir nun im programmierten Lernen verwirklicht. Keine andere Lernart kommt diesen Befunden so nahe wie gerade das programmierte Lernen, obwohl die Pioniere des programmierten Lernens kaum von diesen Erwägungen ausgegangen sind. Wir werden später noch auf einige Fragen des Programmierens eingehen. An dieser Stelle können wir auf eine andere Veröffentlichung darüber verweisen.[195] Eine weitere praktische Anwendung dieser Erkenntnis von der allgemeinen (aber nicht *immer* feststellbaren) Überlegenheit des verteilten Lernens ist die Kritik am Blockunterricht, der versucht, möglichst gar nicht durch anderes Lernen zu unterbrechen. Wenn nun verteiltes Lernen besser ist als gehäuftes, dann muß dieses Vorgehen nachteilig sein, falls es nicht gelingt, das Lehren selbst immer wieder so zu variieren, daß es – in den Augen des Schülers – immer wieder etwas Neues ist! Auch der Epochenunterricht muß von diesem Gesichtspunkt her stark kritisiert werden!

Am dringendsten aber empfiehlt sich eine Neuorganisation der Lerngewohnheiten der meisten Schüler *nach* der Schule! Hier ist meistens eine bestimmte Zeit für das »Erledigen« der Hausaufgaben vorgesehen, und diese Spanne ist möglichst kurz. Sowohl die Eltern als auch der Schüler sind sich meistens darin einig, daß die Hausaufgaben so rasch wie möglich gemacht werden sollen, so daß das Kind frei ist für das Spielen oder für andere Arbeiten in Haus und Hof. Sei es, daß dieses häusliche Lernen unmittelbar nach dem Mittagessen stattfindet oder

---

[195] W. *Correll*, Programmiertes Lernen und schöpferisches Denken. München 1966³.

unmittelbar vor dem Zubettgehen – jedenfalls handelt es sich in den meisten Fällen um geradezu klassische Beispiele für gehäuftes Lernen. (Auch viele Erwachsene scheinen übrigens geneigt zu sein, ihre eigenen Lernaufgaben im Zusammenhang mit beruflichen Einarbeitungen o. ä. mehr im Sinne des gehäuften als in dem des verteilten Lernens zu erledigen.) Diese Situation ließe sich leicht verbessern, wenn anstatt einer einzigen Lernzeit etwa zwei oder drei kürzere »Lernsitzungen« in die Freizeit des Kindes eingeplant würden und außerdem der Lehrer die Hausaufgaben selbst programmiert, d. h. in kleinere Einheiten aufteilt und dadurch das Kind auch zu Hause einigermaßen zu verteiltem Lernen anleitet.

3. Das Vergessen

Während Lerntheoretiker häufig darauf hinweisen, daß einmal gelernte Verhaltensformen nie wieder verschwinden, wenn sie nicht durch besondere Prozesse zur Extinktion gebracht werden, spricht die Erfahrung des »Laien« dafür, daß alles, was nicht weiter geübt und benützt wird, vergessen wird und »verschwindet«. Wenn man sein Schullatein jahrelang nicht benützt hat, kann man schließlich kaum eine einzige Regel mehr und ist nicht mehr imstande, eine ordentliche Übersetzung eines einfachen Textes zu liefern. Wie steht es nun wirklich mit dem Vergessen und wie läßt es sich verhaltenspsychologisch erklären? Wir setzen uns zur Klärung dieser Frage am besten zuerst mit den bestehenden Theorien des Vergessens kurz auseinander; dies sind folgende:

a) Die Theorie des »Verklingens« oder »Verschwindens« des Gedächtnisinhaltes mit der Zeit.

b) Die Theorie des Vergessens als Verdrängung.

c) Vergessen als Folge gewisser störender Vermischungsvorgänge des Gedächtnisinhalts und

d) Vergessen als Extinktionsprozeß.

Zu a) Die Auffassung, daß das Gelernte mit der Zeit von selbst wieder verklingt, wenn es nicht benutzt wird, ist weit verbreitet, aber wenig begründet. Danach soll das Gelernte etwa so verschwinden, wie die Wellen, die durch einen Stein, der in einen See fiel, verursacht worden sind, nach gewisser Zeit wieder verschwunden sind. Dieser Meinung widerspricht nun aber der Umstand, daß viele Beweise dafür vorliegen, daß Gedächnisinhalte, die eine Zeitlang fast völlig verschwunden zu sein schienen, unter veränderten Bedingungen wieder in Erscheinung treten können. Hierher gehören besonders hypnotische und andere klinische Erfahrungen, aber auch Erfahrungen aus dem Alltagsleben können dafür angeführt werden: Die Jugendszene, die plötzlich wieder lebendig wird, wenn man seine alte Schule wieder besucht oder den stillen Pfad am Waldrand entlangwandert; die Erinnerung an alle Einzelheiten eines bestimmten Erlebnisses beim Geruch eines bestimmten Parfüms, das man vielleicht Jahre hindurch nicht wahrgenommen hatte usw.

Die meisten Fachleute vertreten dieser Theorie gegenüber die Auffassung, daß das Vergessen nicht von selbst eintritt, sondern immer die Folge bestimmter Vorgänge und Bedingungen ist.

Zu b) Die psychoanalytisch orientierte Auffassung des Vergessens betrachtet Verdrängungsvorgänge als Ursache vieler Vergessensphänomene. Klinische Beobachtungen zeigen immer wieder, daß der Mensch dazu neigt, unangenehme Erinnerungen aus seinem Bewußtsein zu verdrängen. Was ihm peinlich erscheint, was seinen bewußten oder unbewußten Absichten widerspricht, wird offensichtlich leichter vergessen als das, was mit angenehmen Empfindungen verbunden ist. Ein Beispiel dafür ist die alltägliche Erfahrung, daß uns oft der Name eines Menschen aus dem Gedächtnis verschwunden ist, den wir zwar sehr gut kennen, mit dem sich aber allerlei peinliche Erinnerungen verbinden. Die Frau z. B., die sich an den Namen ihres langjährigen Jugendfreundes nicht mehr erinnern kann, nachdem sie verheiratet ist und eines Tages von diesem Jugendfreund besucht wird – oder der Mann, der eine Verabredung mit seinem Zahnarzt treffen wollte und diesen Termin immer wieder versäumt – dies sind Situationen, die zur Unterbauung dieser Theorie beitragen könnten.

Heute wird die Bedeutung der Verdrängungsvorgänge (einschließlich der Fehlleistungen im weiteren Sinne) von der Vergessensforschung weitgehend anerkannt. Man weiß, daß solchermaßen vergessene Phänomene in Wirklichkeit im Unterbewußten weiterhin wirksam bleiben und sich beispielsweise in Traumbildern oder auch in neurotischen Tendenzen und Handlungen darstellen können. Aber das Verdrängen kann nicht für *alles* Vergessen verantwortlich gemacht werden. Besonders große Bereiche des Schullernens sind relativ frei von Erlebnissen, die Verdrängungen begünstigen würden, wenn auch z. B. die zahlreichen Beziehungen und emotionalen Zuständlichkeiten im Zusammenhang mit dem Lehrer-Schüler- und dem Schüler-Schüler-Verhältnis nicht unterschätzt werden dürfen.

Als empirische Grundlage für diese Theorie des Vergessens lassen sich nicht nur die Beobachtungen *Freuds* anführen, sondern auch Experimente wie etwa die Untersuchungen von *Krugmann,* der die Gedächtnisleistungen einer Gruppe psychiatrischer Patienten mit denen normaler Vpn verglich und dabei immer wieder auf Gedächtnisausfälle stieß.

In einigen besonderen Fällen scheint also die Verdrängung am Zustandekommen des Vergessens beteiligt zu sein. Das genaue Ausmaß dieser Beteiligung und auch das Ausmaß des Verdrängungsvergessens im Bereich des Schullernens überhaupt läßt sich experimentell nur sehr schwer feststellen, weil man kaum Veruchsanordnungen treffen kann, die solche Tatbestände wiedergeben würden. So ist dieser Bereich bisher nur ungenügend lernpsychologisch erforscht worden.

Zu c) Viele Anzeichen sprechen dafür, daß das Vergessen zu einem hohen Grad dadurch zustandekommt, daß sich aufeinanderfolgende Lernvorgänge in gewisser Weise vermischen und das Behalten dadurch stören. Es handelt sich hauptsächlich um die *pro-* und *retroaktive Hemmung.* Wir haben bereits erwähnt, daß Tätigkeiten, die einem Lernprozeß vorausgehen oder ihm folgen, das Behalten des Gelernten negativ beeinträchtigen, und das um so mehr, je ähnlicher sich die Tätigkeiten sind. Der Schlaf als Beispiel für Inaktivität gilt als beste »Tätigkeit« nach einem Lernvorgang, der möglichst vollkommen im Gedächtnis bleiben soll.

Man beobachtet aber auch zahlreiche Beispiele für die positive und unter den gegenwärtigen Bedingungen der Erziehung sogar notwendige Wirkung dieser Vermischungs- und Störungsvorgänge: Viele Eltern bilden im Kleinkind durch entsprechende Verstärkung einzelner Verhaltensformen Gewohnheiten aus, die zwar beim Baby »nett« wirken, beim größeren Kind aber sehr störend empfunden werden. Nun geht es darum, diese »Angewohnheiten« wieder zu vertreiben, indem man sie mit neuen Verhaltensformen vermischt, die unvereinbar mit ihnen sind. Diese Art des Vergessens dauert meistens ziemlich lange und ist mühsam genug. Selbstverständlich wäre es besser, wenn von vornherein darauf geachtet würde, nur wirklich erwünschte Verhaltensformen zu verstärken und habituell werden zu lassen, was aber eine sorgfältigere Beobachtung und Betreuung des Kindes voraussetzt, als dies jetzt meistens gewährleistet ist.

Zu d) Wenn eine gelernte Verhaltensform wiederholt wird, ohne daß die gewohnte Verstärkung eintritt, gelangt diese Reaktion allmählich zur Extinktion, indem sie immer mehr an Intensität und Häufigkeit verliert. Wenn dann die Extinktion eingetreten ist, reagiert der Organismus nicht mehr wie früher (vor der Extinktion) auf die entsprechenden Stimuli. D. h. die betreffende Reaktion ist »vergessen«.

Allerdings verläuft der Extinktionsvorgang in der Regel nicht so geradlinig. Denn meistens »erholt« sich die Reaktion nach einer gewissen Zeit wieder und wird erneut bei einem entsprechenden Stimulus geäußert. Verschiedene Extinktionsphasen sind also nötig, um eine Reaktion endgültig zum Verlöschen zu bringen – die Anzahl der nötigen Extinktionen hängt dabei von der Reaktionsstärke ab.

Für die Schulpraxis ist die Extinktion als Vergessensform überall dort von Bedeutung, wo eine Verhaltensform dadurch gelernt wird, daß sie verstärkt wird durch einen Verstärker, über den der Lehrer Kontrolle hat. Die meisten verbalen Kenntnisse beispielsweise werden zwar als verstärkte Verhaltensformen durch den Schüler erworben, aber die Verstärkungen selbst liegen außerhalb der Kontrolle des Lehrers, indem sie sich etwa selbst verstärken. Anders ist es dagegen bei denjenigen Kenntnissen, die sich der Schüler aneignet, um etwa vom Lehrer (oder von den Eltern) gelobt und anerkannt zu werden. Dies ist auf der Unterstufe bedeutend häufiger als auf der Mittel- und Oberstufe der Volksschule. Auch auf der Oberschule spielt dieses Lernen (etwa des Zeugnisses wegen!) wieder eine größere Rolle, so daß auch hier durch das Ausbleiben der gelegentlichen Verstärkungen ein Vergessen im Sinne einer Extinktion eintreten kann.

Besonders wichtig aber wird diese Art des Vergessens dort, wo das Kind motorische und emotionale Einstellungen produziert, um einer ganz bestimmten Verstärkung teilhaftig zu werden. Beispielsweise will ein neurotisches Kind dadurch die Aufmerksamkeit des Lehrers auf sich lenken, daß es – wie etwa zu Hause – sich der Clownerie zuwendet, hinter dem Rücken des Lehrers allerlei Grimassen schneidet und »den Kasper« spielt. Wird nun das Kind auf solche Unternehmungen hin konsequent nicht verstärkt, d. h. findet es weder beim Lehrer noch bei den Mitschülern die Beachtung, die es sich wünscht, so wird die Einstellung nach und nach vergessen. Wenn sie jedoch »zwischendurch« auch nur einmal verstärkt wird, dann wirkt dies um so intensiver, da ja – wie wir sahen – unterbrochene Verstärkungen nachhaltiger wirken als kontinuierliche. Der Extinktionsprozeß müßte dann erneut von vorne einsetzen.

Es gibt nun wahrscheinlich auch Verhaltensformen, die überhaupt nicht durch einen Extinktionsprozeß »vergessen« werden können. Hierher gehören, nach *Hull*[196], vor allem Verhaltensformen, die neurotische Angstsymptome enthalten. Vermutlich wird dabei die Angstreaktion automatisch verstärkt, so daß es keine Möglichkeit gibt, die Situation ohne Angsterlebnis zu wiederholen, was ja die Voraussetzung für eine Extinktion wäre.

Betrachten wir nun diese Theorien des Vergessens, so wird klar, daß vom verhaltenspsychologischen Standpunkt in der Pädagogik alle diese Theorien, besonders b–d, in einer Art Kombination wichtig werden: Es ist kaum möglich, alle Arten des Vergessens durch eine einzige Theorie zu erklären; vielmehr sind jeweils mehrere Einwirkungen feststellbar, die zusammen das Vergessen im einzelnen Fall erklären können. In jedem Fall sind die beschriebenen Verstärkungszusammenhänge wirksam, so daß der Lehrer auf diesem Wege bedeutsamen Einfluß darauf nehmen kann, sei es, um das Vergessen zu beschleunigen oder sei es, um es zu verhindern.

Neben den praktischen Konsequenzen für die Erziehung, die sich bereits aus der Darstellung der Probleme des Aufnehmens, Behaltens und Vergessens des Lernstoffes ergeben haben, wollen wir nun noch besonders auf folgende unmittelbar wichtige Ergebnisse hinweisen:

1. Die Aufnahme des Lernstoffes kann durch Herstellung verschiedener Beziehungen graphisch in der *Lernkurve* dargestellt werden. Die Form der Lernkurve hängt von der im einzelnen dargestellten Beziehung ab. Wenn es sich um neues Lernen handelt, ähnelt die Kurve meistens einem »S«. Doch kann die linke Anfangshälfte dadurch wegfallen, daß – was häufig der Fall ist – bereits Teile des Lernstoffes aus anderen Zusammenhängen bekannt sind. *Lernplateaus* innerhalb der Kurve brauchen nicht notwendig bereits das Optimum der Aufnahme darstellen, sondern können vorübergehender Natur sein. In diesem Fall sind sie durch Einführung neuer Lernbedingungen, vor allem einer neuen Motivation, zu überwinden.

2. Sinnvolles Material ist leichter anzueignen als sinnloses, da im ersteren Fall bereits Elemente bekannt sind (und daher ein Ast der Lernkurve wegfällt!). Der Lehrer sollte sich daher bemühen, bei der Einführung neuer Stoffe die Verbindungen zu bereits bekannten Sachverhalten klarzumachen, so daß die Schüler es mit sinnvollem Material zu tun haben. Wenn dagegen ohne Rücksicht auf das Verständnis der Schüler sinnloses (wenigstens in den Augen des Schülers!) Material gelehrt wird, ist der Lernerfolg zweifelhafter Art.

3. Lernen wird erleichtert, wenn die Stimuli neu sind, aber nicht, wenn die Reaktionen unbekannt sind. Der Lehrer sollte daher immer für neue Motivationen, neue Übungsmöglichkeiten, Herausforderungen etc. sorgen, die das Lernen sehr viel wirkungsvoller machen.

---

[196] Vgl. *C. L. Hull*, Principles of Behavior. N.Y. 1943.

4. **Verteiltes Lernen ist zweckmäßiger als gehäuftes.** Das Lernen wird also durch Unterbrechungen in Form von Pausen oder Aktivitäten, die der Lernaktivität möglichst unähnlich sind, gefördert. Programmiertes Lernen stellt eine sehr gute Anwendung dieser Erkenntnis dar.

5. **Das Überlernen befestigt das Gelernte** sehr viel besser als gewöhnliches Lernen. Allerdings muß es sich um immer wieder neu motiviertes Lernen desselben Stoffes handeln und nicht um bloße Wiederholung desselben!

6. Periodische **Verstärkungen** sind nötig, um ein einmal gelerntes Material über längere Zeitspannen hinweg zu behalten. Diese Intervalle der Verstärkung können dabei nach und nach immer größer gehalten werden.

7. Das **Vergessen** ist im wesentlichen eine Folge des störenden Einflusses vorausgehenden oder nachfolgenden Lernens im Sinne der pro- und retroaktiven Hemmung. Daher sollten möglichst unähnliche Lernaktivitäten aufeinanderfolgen und viele Pausen eingeschaltet werden, die (im Idealfall) auch durch absolute Ruhe ausgefüllt sein können.

8. Die typische **Behaltenskurve** zeigt anfänglich einen scharfen Abstieg, der dann in einen allmählicheren übergeht. Das »Reminiszens-Phänomen« beruht im Verballernen auf einer Fehlinterpretation. Es kann jedoch im Bereich gewisser motorischer Verhaltensformen nachgewiesen werden.

V. DER TRANSFER DES LERNENS (DIE ÜBERTRAGUNG)

1. Zur Definition des Transfers

Wenn das Lernen, wie wir es in der Schule betreiben, überhaupt sinnvoll sein soll, müssen wir annehmen, daß das einmal Gelernte nicht nur zu einem gewissen Grad behalten wird, sondern daß es auch in neuen Situationen – nämlich im praktischen Leben und im Alltag außerhalb der Schule – anwendbar ist, d. h. das Lernen neuer Verhaltensformen erleichtert. Wenn wir z. B. Grammatik und Rechtschreiben in der Schule durchnehmen, dann ist dies nur sinnvoll, wenn erreicht wird, daß das Kind hierdurch nicht nur ein gutes Zeugnis in dem betreffenden Fach erwirbt, sondern daß es in die Lage versetzt wird, alle Aufgaben, die in Zukunft an seine Fähigkeit, Probleme schriftlich zu bewältigen, gestellt werden, besser und leichter zu bewältigen.

Solche Annahmen oder Voraussetzungen zielen alle auf das Bestehen eines Transfer, einer Übertragung zwischen dem Lernen in einem Gebiet auf das Lernen (und Anwenden) in einem anderen Gebiet ab. Dieser Gedanke ist daher auch nicht neu, sondern hat bereits durch die Theorie der Formalbildung eine besondere – z. T. verhängnisvolle – Rolle gespielt. Die *Formalbildungstheorie* war davon ausgegangen, daß bestimmte geistige Fähigkeiten geübt werden müßten, damit daraus eine allgemeine geistige Fähigkeit (Denkfähigkeit ...) entstehen könne und der Mensch alle neuen Probleme leichter zu lösen imstande wäre. Je schwieriger diese formalen Übungen seien, desto größer sei der Effekt auf die allgemeine geistige Fähigkeit. Da nun Mathematik und Latein weitgehend als »schwierige« Fächer galten (es ist keineswegs deutlich, warum in diesen Fächern besondere Schwierigkeiten liegen sollen, die nicht auch in anderen Fächern entdeckt werden könnten, wenn sie in der gleichen Weise unterrichtet würden!), wurden Übungen aus diesen Bereichen als die eigentliche Grundlage für die Übungen der geistigen Fähigkeit angesehen.

Die Beobachtungen aus dem Bereich körperlicher Übungen untermauerten diese Theorie, denn auch im körperlichen Bereich konnte man beobachten, daß durch schwierige und häufige Übungen die Muskelkräfte gesteigert werden konnten!

Es soll damit nicht angedeutet werden, daß diese Auffassung auch die Grundlage des humanistischen Gymnasiums gewesen sei, denn es ist offensichtlich, daß *neben* solchen Theorien auch noch spezifische Ideen des Neuhumanismus *(Humboldts)* eine entscheidende Rolle gespielt haben. Immerhin muß jede pädagogisch-psychologische Theorie dem Test einer experimentellen Untersuchung standhalten können, und da die Formalbildungstheorie eine der einflußreichsten und lange unangefochtenen Theorien in der Pädagogik war, haben sich in der jüngsten Vergangenheit viele Forscher darangemacht, die Grundlagen dieser Auffassung kritisch zu prüfen. Die Grundlage der Formalbildungstheorie aber ist das Problem der Übertragung oder des Transfer. Damit meinen wir die Übertragung des Lernergebnisses von einer Situation auf eine andere Situation. Da sich in der wissenschaftlichen Literatur allgemein der Begriff »Transfer« eingeführt hat, verwenden wir ihn auch hier und verzichten auf die an sich mögliche Übersetzung als »Übertragung«. Genauer gesagt verstehen wir mit *McGeogh* und *Irion* folgendes unter dem Transfer: *»Der Transfer des Lernens ist der Einfluß einer früher gelernten Verhaltensform auf das Aufnehmen, die Darstellung oder die Wiederholung einer zweiten Verhaltensform.«*[197]

Alles Lernen als Verhaltensänderung steht nun immer schon zwischen zwei Lernsituationen: Es geht jeder Verhaltensänderung die Existenz einer Verhaltensform voraus, und jeder neuen Verhaltensform folgt wieder eine andere nach. Dies haben wir bereits im Kapitel über die anthropologischen Grundlagen der Verhaltenspsychologie ausgeführt (s. dort). Daher muß auch jedes Lernen einen Transfereffekt haben, wenn er auch klein (oder sogar negativ) sein mag. Die bereits im vorausgegangenen Kapitel beschriebene jeweilige Lernkurve ist gewissermaßen das Ergebnis eines Transfer-Einflusses, der minimal ist, wenn die S-förmige Lernkurve entsteht.

Der Transfer kann nun *positiv* oder *negativ* sein. Im ersteren Fall bedeutet er eine Erleichterung des Erwerbs einer Verhaltensform durch den Erwerb (das Lernen) einer anderen (ersten) Verhaltensform. Wenn es sich um einen negativen Transfer handelt, wird durch das Lernen einer Verhaltensform das Lernen einer anderen Verhaltensform nicht gefördert, sondern behindert. Ein Beispiel für positiven Transfer ist die Tatsache, daß das Lernen des Addierens zweistelliger Zahlen das Lernen des Addierens drei- und vierstelliger Zahlen erleichtert. Als Beispiel für negativen Transfer kann jede proaktive Hemmung dienen, von denen wir bereits oben gesprochen haben (das Lernen spanischer Grammatik kann z. B. das Lernen lateinischer Grammatik störend beeinträchtigen).

[197] J. A. McGeogh, A. L. Irion, The Psychology of Human Learning. N.Y. 1958.

Transfer gibt es nicht nur im Bereich des intellektuellen Verhaltens, sondern auch beim motorischen und emotionalen Verhalten. Ein Beispiel für emotionalen Transfer ist der Einfluß des Erfolgserlebnisses in einem Fach auf die Erfolgserwartungen in anderen Fächern und Gebieten. Wenn ein Kind des öfteren Verstärkungen in einem bestimmten Gebiet erlebt, wird nicht nur die betreffende Verhaltensform als solche intensiviert (sie tritt häufiger und intensiver auf), sondern die Aktivitätsbereitschaft im allgemeinen nimmt zu (das Anspruchsniveau wird angehoben). Umgekehrt kann ein Kind durch einen Lehrer so verängstigt werden, daß sich ein Transfer auf andere Schulaktivitäten auswirkt und das Kind auch bei anderen Lehrern, ja endlich auch seinen Eltern gegenüber Angstreaktionen zeigt.

2. Experimentelle Untersuchungen zum Transfer-Problem

Haben wir nun den Begriff des Transfer geklärt, so fragt sich nun, wie man den Transfer im einzelnen experimentell nachweisen und messen kann! Will man z. B. die Formalbildungstheorie dadurch beweisen, daß man den Transfer des Lateinlernens auf die allgemeine Denkfähigkeit (z. B. den IQ) feststellt, so kann dies nicht einfach dadurch geschehen, daß man eine Gruppe von Schülern, die eine gewisse Zeitlang Latein gelernt hat, in ihrem Durchschnitts-IQ mit einer Gruppe von Schülern vergleicht, die keinen Lateinunterricht erhalten hat. Denn in diesem Fall würden wahrscheinlich die IQ-Werte der Lateingruppe höher liegen als die der anderen Gruppe, weil in der Regel Schüler, die Latein lernen, von vornherein einen höheren IQ haben als andere Schüler. Vielmehr müßte man dafür sorgen, daß vor Beginn des Experiments zwei im IQ (oder einer entsprechenden Fähigkeit, an der man den Einfluß des Lateinlernens messen will) gleichwertige Gruppen geschaffen werden, von denen dann die eine Latein erhält und die andere Sport (oder ein anderes Unterrichtsfach, das nach der Theorie keinen so großen Einfluß auf die geistige Fähigkeit hat wie Latein). Nach einer gewissen Zeit müßte man dann beide Gruppen erneut mit einem IQ-Test messen und dann feststellen, welche Gruppe sich am meisten verbessert hat. Allgemein ausgedrückt folgen klassische Transfer-Experimente grundsätzlich diesem Schema:

Gruppe 1 = Experimentiergruppe:
1. Test am Beginn des Experiments in einer Fähigkeit A
2. Übung in der Fähigkeit B, die nach der Hypothese einen Transfer auf A haben soll und
3. Abschlußtest der Fähigkeit A

Gruppe 2 = Kontrollgruppe:
1. Test am Beginn der Untersuchung in der Fähigkeit A (wie Gr. 1)
2. Übung in einer Fähigkeit, die keinen Bezug auf A hat, oder Ruhe
3. Abschlußtest der Fähigkeit A

Vergleich zwischen den beiden Endergebnissen in Gruppe 1 und 2.

Dieses (klassische) Schema der Transfer-Experimente ist nun nicht so leicht durchzuführen. Insbesondere für unsere Ausgangsfrage bezüglich des Transfers von Lateinlernen auf den Intelligenzquotienten liegen genaue Untersuchungen nach diesem Schema nicht vor. Es gibt jedoch zahlreiche Befunde aus ähnlichen Experimenten, die darauf hinweisen, daß ein allgemeiner Transfer tatsächlich nicht stattfindet, und wir werden im folgenden noch näher darauf eingehen.

Das klassische Schema für Transfer-Experimente wurde inzwischen präzisiert, indem der Umstand berücksichtigt wurde, daß ein Transfer sowohl vorwärts (proaktiv) als auch rückwärts (retroaktiv) stattfinden kann. Wir haben diese beiden Möglichkeiten der Beeinflussung des Lernens bereits oben gelegentlich der pro- und retroaktiven Hemmung (und beim Vergessen) diskutiert. Dementsprechend unterscheidet man heute zwischen dem *Proaktions-Schema* und dem *Retroaktions-Schema* im Transfer-Experiment.

Das *Proaktions-Schema* hat folgende Form:

| Experim. Gruppe: | Lernen der Aufgabe 1 | Test in der Aufgabe 2 |
| Kontr. Gruppe: | Ruhe oder Tätigkeit ohne ersichtl. Beziehung zu Aufgabe 2 | Test in der Aufgabe 2 |

Hier wird also der Transfer-Einfluß des Lernens der Aufgabe 1 auf das Lernen der Aufgabe 2 geprüft. Dies entspricht dem »klassischen« Transfer-Experiment. Die Resultate dieser Untersuchungen sind nun aber insofern nicht sehr zuverlässig, da nicht ermittelt wurde, inwieweit auch eine rückwirkende Beeinflussung gleichzeitig vorliegt. Dies zu ermitteln, ist Aufgabe des *Retroaktions-Schemas:*

| Exp. Gr.: Lernen der Aufg. 1 | Lernen der Aufgabe 2 | Test in der Aufgabe 1 |
| Kontr. Gr.: Lernen der Aufg. 1 | Ruhe oder Tätigkeit ohne ersichtl. Beziehung zu Aufgabe 1 | Test in der Aufgabe 1 |

Hier wird also der Transfer des Lernens der Aufgabe 2 auf das Lernen und die Leistung in der Aufgabe 1 gemessen, d. h. der *retroaktive Transfer,* während in dem ersteren Schema der *proaktive Transfer* gemessen wird.

Eines der noch ungelösten Probleme dieser Experimente ist die Beschäftigung der Kontrollgruppe, während die Experimentiergruppe lernt. »Ruhe« ist bei Kindern nicht leicht zu gewährleisten, außerdem hätten sie dann, wenn sie einzuhalten wäre, eine Gelegenheit, das zu überdenken und sogar zu üben, was sie gelernt haben – und dies würde das Ergebnis wieder beeinträchtigen. Die »Tätigkeit ohne ersichtliche Beziehung« zur Testaufgabe ist ebenfalls sehr schwierig zu finden. Denn woher will man wissen, ob solche Beziehungen bestehen oder nicht?

Das Transfer-Problem wird nun noch dadurch kompliziert, daß sich gezeigt hat, *wie derselbe Transfer, der proaktiv positiv wirkt, retroaktiv negativ wirken kann.* Transfer kann also nach den beiden Richtungen verschieden wirken! Die Bedingungen und Faktoren, die solche Wirkungen verursachen, sind bisher noch nicht ermittelt worden. Immerhin sind viele, gerade für den Lehrer überaus wichtige Tatsachen bekannt, die wir im folgenden erarbeiten wollen:

Thorndike hat als erster eine systematische Transfer-Theorie entwickelt, die auf experimentelle Daten gestützt war. Sie ist zwar heute weitgehend ergänzt worden, aber es ist dennoch wichtig, sie zur Kenntnis zu nehmen, da neuere Erklärungen darauf aufbauen.

Thorndike ging nicht wie die Verhaltenspsychologie davon aus, daß Verhaltensformen geäußert und dann verstärkt werden, sondern davon, daß ein Stimulus gegeben sein muß, der dann eine Reaktion hervorruft. Seine Auffassung des Verhaltens entspricht also dem »reaktiven« Typ und nicht dem »operativen« (vgl. oben, Kap. 3).

Ein Transfer findet nach *Thorndike* nur dann statt, wenn die beiden Lernaktivitäten, die verglichen werden, *identische Elemente* haben.[198] Dies bedeutet, daß – nach ihm – ein Transfer zwischen dem Lernen einer Aufgabe 1 und einer Aufgabe 2 dann stattfindet, wenn Aufgabe 1 und 2 dieselben Elemente xyz enthalten. *Thorndike* hat uns aber leider gerade über die Einzelheiten der Natur dieser Elemente »xyz« im unklaren gelassen. Er war sich selbst wohl nicht klar darüber, wie man die Identität dieser Elemente in den Lernaufgaben bestimmen soll.[199] Beispielsweise sollte man annehmen, daß zwischen dem Lernen eines Gedichts und dem Lernen eines anderen Gedichts (im Unterschied zur Prosa) bestimmte identische Elemente und damit auch ein Transfer bestehen könnten. Wie aber bereits *Thorndike* feststellte, bestand kein oder nur ein sehr geringer Transfer, was besagen würde, daß auch keine – bzw. nur sehr wenige – identische Elemente vorhanden wären.

Während *Thorndike* bei seiner Theorie der identischen Elemente an bestimmte Gleichheiten mehr physiologischer Art dachte, ist die neuere Forschung dazu übergegangen, den Transfer von *Aufgabenähnlichkeiten* abhängig zu sehen. Man unterscheidet dabei eine Ähnlichkeit auf der Stimulus-Seite und eine solche auf der Reaktionsseite der Aufgabe. Ein Beispiel für gleichbleibende Stimuli aber verschiedene Reaktionen haben wir im Fremdsprachenlernen vor uns, wenn beispielsweise in derselben Situation (Stimuli gleich) des Morgens auf deutsch »guten Morgen«, auf englisch aber »good morning« gesagt wird. Der Transfer würde dann darin zum Ausdruck kommen, daß die bisherige Stimulus-Reaktions-Verbindung von Morgen und »guten Morgen« die neue Reaktion auf denselben Stimulus erleichtert (positiv) oder behindert (negativ). Wenn der Unterricht in der Fremdsprache weiter fortschreitet, kann der Schüler schließlich auf englische Fragen englisch antworten, d. h. er hat dann sowohl neue Reaktionen als auch neue Stimuli, und wiederum kann der Transfer durch einen entsprechenden Vergleich ermittelt werden.

Mit diesen *Stimulus- und Reaktions-Variationen* im Bereich der Transfer-Forschung hat sich besonders *Gagne* (u. a.) befaßt.[200] Er ging so vor, daß er einfache Verrichtungen wie das Niederdrücken einer Taste auf einer bestimmten Seite und auf einen bestimmten Stimulus hin studierte. Die Vp mußte in der 1. Situation auf ein rotes Lichtsignal (Stimulus) hin eine Taste rechts von ihr niederdrücken und auf ein grünes Lichtsignal hin eine Taste links von ihr. Bei der 2. Situation wurde nun die Ähnlichkeit der Stimuli – um den Transfer zu messen – dadurch erreicht, daß anstelle des roten Signals ein rotgelbes Signal gegeben wurde und

---

[198] E. L. *Thorndike,* The Psychology of Learning, Vol. I. N.Y. 1923, S. 250.
[199] Vgl. *Thorndike,* a.a.O., S. 359.
[200] R. M. *Gagne, K. E. Baker, H. Forster,* On the Relation between Similarity and Transfer of Training in the Learning of Discrimination Motor Tasks. Psychol. Review, 57, 1950, S. 67 ff.

anstelle des grünen Lichtes ein grün-gelbes erschien. Da hier die Stimuli relativ ähnlich sind, wurde ein hoher Transfer erwartet. Es wurde außerdem erwartet, daß der Transfer in dieser Situation abnimmt, wenn die Stimuli in der 2. Situation einander ähnlich werden. Der Transfer sollte auch abnehmen, wenn die Stimuli einander unähnlich werden. Ferner wurde dann in einer 2. Situation der Stimulus durch einen Wortstimulus (durch das Wort »rot« statt des Lichtsignals) ersetzt, wobei erwartet wurde, daß auch hier ein Transfer stattfindet, solange die beiden Stimuli dieselbe Bedeutung haben.

Diese Erwartungen sind auch in den Versuchen erfüllt worden. Wiederum ist es jedoch schwer, von diesen Versuchsbedingungen her Verallgemeinerungen schlechthin abzuleiten: Welches sind die Kriterien der »Ähnlichkeit« – sei es im Stimulus, sei es auch in der Reaktion? Kann ein negativer Transfer nur dann erwartet werden, wenn die erforderten Reaktionen umgekehrt werden, wie *Gagne* meinte, oder auch unter anderen Bedingungen, wie es sich tatsächlich zeigte? Ein weiterer Nachteil bei den *Gagne*-Untersuchungen ist überdies, daß er stets das Proaktions-Schema verwandte.

Demgegenüber benützte *Osgood*[201] beide Schemata und arbeitete auch ein etwas schärferes Modell aus, das aber dieselben Variablen benutzt wie *Gagne*: Die Ähnlichkeit und Unähnlichkeit der Stimuli und der Reaktionen und dann die Gegensätzlichkeit der Stimuli und Reaktionen. *Osgood* glaubte nun, eine ziemlich genaue Voraussage über den positiven *und* negativen Transfer machen zu können, je nachdem die Stimuli und Reaktionen gleich bleiben oder die Stimuli bzw. Reaktionen oder beide verschieden werden und umgekehrt. Sobald die Stimuli sich mehr und mehr von denen des originalen Lernens entfernen, wird auch der Transfer immer geringer und schließlich negativ. Wenn also die Stimuli gleichbleiben und die Reaktionen variiert werden, dürfte nach der Theorie von *Osgood* kaum ein positiver Transfer stattfinden. Dennoch wurde ein solcher festgestellt, beispielsweise in einem interessanten Experiment von *Morgan* und *Underwood*[202]. Auch *Bugelski* und *Cadwallder*[203] fanden, daß ihre Ergebnisse in das Osgoodsche Modell nicht gut einzuordnen seien.

Mit Hilfe des verhaltenspsychologischen Modells der Bedeutung der Verstärkung kann man sich den positiven Transfer jedoch dadurch erklären, daß bei gleichbleibenden Stimuli und variierten Reaktionen der Transfer positiv in dem Maße sein muß, in dem der Schüler die im Originallernen erhaltenen Verstärkungen auch auf die neue Situation anwenden kann, weil die Reaktionen für ihn Ähnlichkeiten enthalten. Sobald nun diese Ähnlichkeit nicht mehr ersichtlich ist, kann auch die Reaktionsverallgemeinerung nicht mehr stattfinden, und der Transfer bleibt aus oder verkehrt sich ins Negative. Dies würde durch die Befunde von *Underwood* und *Hughes*[204] bestätigt werden. Auch die Befunde aus

---

[201] *C. E. Osgood*, The Similarity Paradox in Human Learning, a Resolution. Psychol. Review, 56, 1949, S. 132 ff.

[202] *R. L. Morgan, B. J. Underwood*, Proactive Inhibition as a Function of Response Similarity. J. Exp. Ps., 40, 1950, S. 592 ff.

[203] *B. R. Bugelski, T. C. Cadwallder*, A Reappraisal of the Transfer and Retroaction Surface. J. Exp. Ps., 52, 1956, S. 360 ff.

[204] *B. J. Underwood, R. H. Hughes*, Gradients of Generalized Verbal Responses Am. Journ. of Ps., 63, 1950, S. 422 ff.

Wahrnehmungsexperimenten, die mehr motorische Reaktionen verlangten, ließen sich von hierher besser interpretieren als durch das etwas zu schematische und eben deshalb vielleicht nicht so zweckmäßige Modell von *Osgood*.[205] *Die Verstärkung einer richtigen Reaktion im Originallernen (Aufgabe 1) resultiert in einer Verstärkung der verwandten Reaktionen (auf dieselben Stimuli) und daher in einem Transfer.*

Andererseits zeigte eine Untersuchung von *Hauty*[206], daß ein negativer Transfer stattfinden kann, wenn die Reaktionen ähnlich sind! Diese Feststellung wurde auch von *Deese* und *Hardman*[207] gemacht. Sie deckt sich mit der bereits im letzten Kapitel erwähnten retroaktiven Hemmung – eine Form des negativen Transfers!

Wir sehen also, daß sich zahlreiche Studien aufzeigen lassen, deren Ergebnisse unter ähnlichen Bedingungen ganz Verschiedenes über den Transfer auszusagen scheinen. So sahen wir, daß bei gleichen Stimuli und variierten Reaktionen einmal positive und dann wieder negative Transfereffekte festgestellt werden konnten. Die erstere Erscheinung konnten wir durch eine Reaktionsverallgemeinerung im Sinne der Verstärkungstheorie der Verhaltenspsychologie erklären und die letztere mußten wir als eine retroaktive Hemmung anerkennen. Ähnlich widersprechende Befunde liegen aber auch über Experimente bei gleichbleibenden Reaktionen und verschiedenen Stimulisituationen vor! *Es scheint also kein allgemeingültiges Gesetz zu geben, das es uns erlauben würde, schlüssige Voraussagen über die Bedingungen eines positiven und negativen Transfers zu machen; die Versuche von Osgood, Gagne und Thorndike sind zwar wertvolle Beiträge, aber doch noch keine Lösungen des Problems. Es steht lediglich fest, daß es keinen allgemeinen Transfer im Sinne der Formalbildungstheorie gibt.* Eine Hauptschwierigkeit für die Vorherbestimmung des Transfers – sowohl des positiven wie auch des negativen – ist das Problem der exakten *Definition der Kriterien für die Identität der »Elemente« bzw. für die Ähnlichkeit der Stimuli und Reaktionen!* In (einfachen) Fällen, in denen allerdings eine solche Problematik nicht besteht und klar ist, inwieweit zwei Stimuli oder Reaktionen einander ähnlich sind, ist auch eine relative Sicherheit in der Vorhersage des Transfereffekts gewährleistet, es sei denn, es entsteht – wie im beschriebenen Fall – statt eines positiven Transfers ein negativer, was dann einer retroaktiven Hemmung entsprechen würde.

Eine weitere interessante Frage ist, *ob eine Beziehung zwischen der Intensität des Lernens einer Aufgabe und ihrem Transfereffekt auf eine zweite Aufgabe besteht.* Wenn z. B. der Transfer dadurch erhöht würde, daß man eine Aufgabe besonders intensiv übt, dann hätte das eindeutige Konsequenzen für die Schulpraxis. Sie würden sich mit dem decken, was wir bereits über die Wichtigkeit des Überlernens gesagt haben.

[205] Vgl. vor allem: *B. G. Andreas*, Empirical Gradients of Generalization in a Perceptual Motor Task. J. exp. Ps., 48 ,1954 ,S. 119 ff.
[206] *G. T. Hauty*, Response Similarity, Dissimilarity and Differential Motor Transfer Effect. J. of Ps., 36, 1953, S. 363 ff.
[207] *J. Deese, G. W. Hardman*, An Analysis of Errors in Retroactive Inhibition of Rote Verbal Learning. Am. J. of Ps., 67, 1954, S. 299 ff.

Tatsächlich haben *Underwood*[208], *Atwater*[209] und *Mandler*[210] durch ihre Untersuchungen zeigen können, daß der positive Transfer mit dem Grad des Überlernens gesteigert werden kann. Außerdem hat sich da ergeben, daß der negative Transfer, der dadurch entsteht, daß sich die beiden Aufgaben ähnlich sind, dadurch verringert werden kann, daß das Üben in der Aufgabe 1 bedeutend verstärkt wird (Überlernen); auf diese Weise kann schließlich ein positiver Transfer aus einem ursprünglich negativen Transfer werden. Dieses Ergebnis ist für die Schulpraxis von außerordentlicher Bedeutung. Es legt nahe, *alle wichtigen Erkenntnisse und Bildungsgüter nicht nur zu lernen, sondern überzulernen, d. h. in immer wieder neuen Situationen zu üben. Dadurch kann mit ziemlicher Sicherheit ein positiver Transfer erreicht werden, der andernfalls – wie wir leider feststellen mußten – keineswegs so sicher ist.*

Die praktische Alltagserfahrung bestätigt diesen Befund weitgehend: Wer gerade nur »erkenntnismäßig« eine Sprache gelernt hat, wer keine genügende Übung in der Anwendung der gelernten Gesetzmäßigkeiten und grammatikalischen Besonderheiten hat, der ist in dem fremden Land zunächst ziemlich verloren. Wer dagegen die spezifischen Ausdrucksweisen übergelernt hat, ist leicht in der Lage, sich unvorhergesehenen Situationen in dem fremden Land anzupassen und originelle Lösungen zu finden. Dies gilt auch z. B. für mechanische Fähigkeiten wie das Autofahren: Wenn jemand gerade erst seinen theoretischen Kurs der Fahrschule absolviert hat und lediglich wenige Stunden Praxis genossen hat, wird in ziemlicher Verlegenheit sein, wenn er an ein anderes Modell gesetzt wird, während der sorgfältig und »übermäßig« trainierte Autoschüler leicht auf ein neues Modell überwechseln kann.

Von hierher könnte man vermuten, daß es nicht nur auf den Grad des Überlernens bei Aufgabe 1 ankommt, sondern auch auf den *Schwierigkeitsgrad* dieser Aufgabe. Z. B. könnte man hypothesieren, daß je größer dieser Schwierigkeitsgrad ist, desto intensiver auch der positive Transfer sein müsse.

Die Untersuchungen, die bisher zu diesem Problem durchgeführt worden sind, kamen indessen zu keinem übereinstimmenden Ergebnis. Vielleicht liegt dies aber an den Versuchsanordnungen. Wenn man ein Experiment so konstruieren könnte, daß mit dem gesteigerten Schwierigkeitsgrad jeweils auch eine vermehrte Übung und Beschäftigung mit dem Problem verbunden ist, so müßte es u. E. in einen gesteigerten Transfereffekt auf eine vergleichbare Aufgabe ausmünden. Die Arbeiten an dieser Frage sind indessen noch nicht abgeschlossen.

3. Transfer beim Lernen von Einzelheiten und beim Lernen von Grundsätzen

Eine weitere für die Schulpraxis zentrale Frage ist die, ob der Transfer dadurch gesteigert wird, daß wir möglichst viele konkrete Einzeltatsachen lernen oder dadurch, daß wir allgemeingültige Prinzipien zur Kenntnis nehmen!

---

[208] *B. J. Underwood*, Associative Transfer in Verbal Learning as a Function of Response Similarity and Degree of first Learning. J. exp. Ps., 42, 1951, S. 44 ff.
[209] *S. K. Atwater*, Proactive Inhibition and Associate Facilitation as Affected by Degree of prior Learning. J. exp. Ps., 46, 1953, S. 400 ff.
[210] *G. Mandler*, Transfer of Learning as a Function of Degree of Response Overlearning. J. exp. Ps., 47, 1954, S. 411 ff.

Bereits die bekannten Experimente von *Judd*[211] haben gezeigt, daß das Lernen des Prinzips, das den Einzelheiten zugrundeliegt, bessere Transfereffekte erzielt als das Lernen der Einzelheiten allein. Gleichsam gelingt es dann den Schülern leichter, das Gleichbleibende an den neuen Situationen zu erkennen und das Gelernte neu anzuwenden. Diese Ergebnisse wurden auch bei einer Wiederholung des *Judd*schen Experiments durch *Hendrikson* und *Shroeder* wieder erzielt.[212]

Im Grunde genommen sind diese Erkenntnisse jedoch nichts Neues. Sie stellen nichts anderes dar, als daß dann, wenn Ähnlichkeiten in einer neuen Situation mit einer früheren erkannt werden, die alten Erkenntnisse angewandt werden können. Das Prinzip oder der Grundsatz ist ja eine solche Verallgemeinerung, die eine Klasse von ähnlichen Situationen zusammenfaßt! So kann es ebenfalls vorkommen, daß Schüler bei aller Kenntnis des Grundsatzes, diesen an der falschen Stelle anwenden oder die Ähnlichkeit zu der neuen Situation nicht erkennen, so daß kein Transfer stattfinden kann. – Mit anderen Worten, das Lernen des Prinzips ist insofern zweckmäßig, als es dem Schüler zeigen kann, wie er eine Anzahl von *ähnlichen* Situationen in ähnlicher Weise (ähnliche Reaktionen auf ähnliche Stimuli!) bewältigen kann. Anders ausgedrückt: *Es kommt darauf an, dem Schüler den Gedanken des Transfers selbst – durch die Sache – beizubringen und ihn dazu anzuleiten, ein und dieselbe Erkenntnis in immer wieder neuen Situationen anzuwenden (gleiche Reaktion bei veränderten Stimuli!) und umgekehrt, ein und dieselbe Situation in immer wieder neuer Weise zu bewältigen (gleiche Stimuli bei variierenden Reaktionen!).*

Diese Erkenntnis wurde nun weiterentwickelt zu der *Lerneinstellungstheorie,* mit der wir uns nun kurz befassen wollen, weil sie für die Pädagogik fruchtbar ist:

Das Lernen von Einstellungen (»sets«) und Transfer

Die Lerneinstellungstheorie geht auf Experimente von *Harlow*[213] zurück, in denen er vor allem Affen benutzte, die lernen sollten, »wie man lernt«, d. h. das Transferproblem wurde am Tierversuch studiert. Die Tiere mußten einfache Diskriminierungsaufgaben lösen. Beispielsweise lagen ein Würfel und eine Pyramide vor dem Affen, und unter einem der beiden Körper lag die Rosine. Bald lernte der Affe, daß der Leckerbissen immer unter dem Würfel und nicht unter der Pyramide lag. Nun folgte die nächste Aufgabe (die er schon rascher bewältigen konnte, da bereits ein geringer Transfer stattfand). Hier standen plötzlich zwei Würfel vor dem Affen, aber der eine war weiß und der andere schwarz. Die Rosine war unter dem weißen und nicht unter dem schwarzen Würfel. Hat das Tier diese Aufgabe gut gelöst (d. h. ohne weitere Irrtümer sofort die Lösung hintereinander gefunden), so wird ihm wiederum eine neue Situation vorgeführt usw. Es zeigte sich nun, daß das Tier nach und nach *die neuen Situationen immer*

[211] *C. H. Judd,* The Relation of Special Trainind to Special Intelligence. Educ. Rev., 36, 1908, S. 28 ff.

[212] *G. Hendrikson, W. H. Schroeder,* Transfer of Training in Learning to Hit a Submerged Target. J. exp. Ps., 32, 1941, S. 205 ff.

[213] *H. F. Harlow,* The Formation of Learning Sets. Ps. Rev., 56, 1949, S. 51 ff.

schneller meisterte: Es fand also ein großer Transfer statt. Anders ausgedrückt, das Tier konnte diskriminieren und generalisieren! Oder wie *Harlow* es nannte, er hat eine *»Einstellung«* gelernt, die ihm half, ähnliche Probleme leichter zu lösen.

Ganz ähnliche Ergebnisse erzielte *Harlow* auch in Versuchen mit Kindern. Charakteristisch ist nun, daß *Harlow* jeweils eine relativ lange Reihe von Aufgaben (learning »sequences«) bewältigen ließ, bis schließlich die Einstellung (»set«) erworben werden konnte. Es dauert also eine geraume Zeit, bis man »das Prinzip«, das für den Transfer nötig ist, als Einstellung »im Griff« hat!

Hier zeigt sich eine *Überlegenheit der konventionellen schulpraktischen Überzeugung von der Notwendigkeit der Übung* über die mehr »fortschrittliche« Auffassung, Übung sei nicht so nötig, es komme mehr auf die »Einsicht« in die Dinge an. Diese *»Einsicht«* kann sich offenbar erst auf der Grundlage einer langen Übung entwickeln – sie ist das Ergebnis eines *Überlernens*, das wir an anderer Stelle schon einmal angeführt haben. Damals sagten wir, daß Überlernen sich positiv auf den Transfer auswirke; nun können wir feststellen, daß sich *eine Einstellung erst auf Grund einer langen Übungsreihe an immer wieder abgewandelten Situationen entwickelt.*

Harlow vertritt die Auffassung, daß die meisten allgemeinen Begriffe als solche Einstellungen erworben werden durch fortschreitende Diskriminierung (Rot z. B. als rotes Auto, rotes Kleid, rotes Bild . . .). Damit aber kommt auch ein neuer Aspekt des alten Problems der Entstehung der »Einsicht« zustande: Vielleicht, das ist jedenfalls *Harlows* Hypothese, entsteht die Einsicht ähnlich wie eine Einstellung als Ergebnis eines mehr oder weniger schnell ablaufenden Diskriminierungsprozesses!

Daß tatsächlich die Lerneinstellung gelehrt werden kann und dadurch der Transfer bedeutend vergrößert wird, zeigt sich beispielsweise an folgender Tatsache:

Sowohl *Gagne* als auch *Osgood* stimmten darüber überein, daß ein negativer Transfer eintreten müsse, wenn die Bedingungen (Stimuli) umgekehrt werden. Wenn also beispielsweise ein Kind gelernt hat, daß immer unter dem weißen Teller das Bonbon liegt und nicht unter dem schwarzen, dann wird diese Situation umgekehrt und das Bonbon liegt nun unter dem schwarzen und nicht unter dem weißen Teller, um einen negativen Transfer entstehen zu lassen. Dies läßt sich auch tatsächlich nachweisen. Nun aber zeigt es sich, daß die Lerneinstellungstheorie in dieser Hinsicht jedenfalls recht hat. *Denn wenn man die Bedingungen des öfteren umkehrt, immer wieder neue Situationen mit umgekehrten Stimuli aufbaut, dann lernt das Kind meistens in relativ kurzer Zeit die notwendige »Einstellung«, um diesen Problemen rasch beizukommen:* Es entdeckt gleichsam die zugrundeliegende »Idee«, *es entwickelt einen positiven Transfer, und der negative Transfer hat schrittweise abgenommen, bis er schließlich in einen positiven übergeführt wird.*

Wie kann nun der Erwerb der Lerneinstellung beschleunigt werden? Diese Frage gilt es anzugehen, weil sie für die Schulpraxis offensichtlich von größter Bedeutung ist. Wenn es gelänge, einen Weg zum Erwerb der jeweiligen »Einstellung« zu finden, wäre ja das didaktische Problem Nr. 1 gelöst: Der Transfer wäre gewährleistet und das Verständnis (samt Einsicht) wäre garantiert!

Harlow unternimmt einen interessanten Versuch, dieses Problem zu klären.[214] Er geht davon aus, daß der Transfer zwischen einer Situation und einer anderen von dem Grad abhängt, in dem in der ersten Situation gelernt worden ist. Wenn die Arbeit an der ersten Situation abgebrochen wird, ehe »genügend« – es wird allerdings nicht angegeben, wie dies festzustellen sei – gelernt worden ist, ist der Transfer entsprechend gering. In einem fortgeschrittenen Stadium dagegen ist nicht mehr so viel Übung nötig wie gerade am Anfang, denn hier wirkt sich bereits der Transfer positiv und zeitsparend aus. In vielen Fällen müssen auf diesem Weg zur Lerneinstellung »Fehler«, d. h. verkehrte Einstellungen, eliminiert werden. Es kann z. B. sein, daß ein Kind so generalisiert, daß es zu der (verkehrten) Einstellung gelangt: Das Bonbon befindet sich immer unter dem rechts stehenden Teller, gleichgültig ob der schwarz oder weiß ist! Dann gibt es nach *Harlow* nur den zeitraubenden Weg der Extinktion, um diese Einstellung zu korrigieren, d. h. das Kind wendet diese Verhaltensform wiederholt an und wird nicht dafür verstärkt, bis es sie schließlich aufgibt. An diesem Punkt darf aber noch nicht abgebrochen werden, sondern diese neue Einstellung muß durch genügend »Überlernen« stark befestigt werden. Je besser es gelingt, die Anfangsfehler alle sauber zu beseitigen, desto schneller geht der Fortschritt zur richtigen Lerneinstellung in den späteren Stadien vor sich und desto unmittelbarer stellt sich endlich sogar die blitzartige Erkenntnis der Lösung eines Problems (das »Aha-Erlebnis«) ein. *Diese »Einsicht« ist, von hierher betrachtet, nichts weiter als das Ergebnis eines optimalen Transfers, einer Anwendung der Summe der bisherigen Erfahrungen im Umgang mit ähnlichen Problemen, die zur Lerneinstellung geführt haben!*

Diese Auffassung ist durchaus mit unserer vereinbar, wonach die Einsicht als extrem schnell verlaufendes verinnerlichtes »trial and error« anzusehen ist[215], denn gerade dieses innere Umgehen mit den Dingen ist es ja, was sich – verhaltenspsychologisch betrachtet – im Vorgang der Generalisierung und Diskriminierung abspielt.

Von hierher erhebt sich nun die Frage, ob der Transfer höher ist, wenn wir konzentriert bei einer einzelnen Aufgabe verharren oder wenn wir Aufgaben üben, die eine gewisse Variabilität zeigen? Von der Lerneinstellungstheorie her müßte man folgern, daß die Übung in einer möglichst großen Vielfalt von Aufgaben einen günstigeren Effekt auf den Transfer hat als das konzentrierte Verharren bei einer einzigen Aufgabe. Genau dieses Ergebnis erbrachte die interessante Untersuchung von *Duncan*.[216] *Es konnte gezeigt werden, daß der Transfer eine direkte Funktion der Vielfalt der geübten Aufgaben und des Ausmaßes dieser Übung ist.*

[214] H. F. *Harlow*, Learning Set and Error Factor Theory. In: *S. Koch* (ed.), Psychology: a Study of a Science, N.Y. 1959, S. 492–537.
[215] *W. Correll*, Lernpsychologie. 4. Aufl., Donauwörth 1965, S. 42.
[216] *C. P. Duncan*, Transfer after Training with Single versus Multiple Tasks. J. exp. Ps., 55, 1958, S. 63 ff.

4. Die Transfermechanismen

Obgleich, wie wir betont haben, das Transferproblem heute noch nicht endgültig gelöst ist, liegen doch so viele Untersuchungsbefunde vor, daß sich nicht nur ausgezeichnete praktische Konsequenzen ableiten lassen, sondern auch einige theoretische Erkenntnisse über das Funktionieren des Transfers selbst. Diese Erkenntnisse wollen wir hier kurz aufzeigen und jeweils auf praktische Implikationen hinweisen:

1) die Stimulusgeneralisierung
2) die Reaktionsgeneralisierung und
3) komplexe Vermittlungsmechanismen.

Zu 1) Der Vorgang der *Stimulusgeneralisierung* wurde grundsätzlich bereits erörtert; hier braucht er nur noch zur Erklärung des Transferproblems herangezogen zu werden. Wenn eine Reaktion (Verhaltensform) R durch Lernen (Verstärkungen) mit einem Stimulus S verbunden wurde, dann wird ein Transfer auf das Lernen derselben Reaktion in Verbindung mit den Stimuli S_1, S_2 oder S_3 stattfinden, wobei der Grad des Transfers von der Ähnlichkeit dieser Stimuli mit dem Stimulus S abhängt.

Wenn ein Kind lernt, den Namen »Hund« anzuwenden, wenn immer es einen Hund sieht, dann ist dies nur auf Grund der Stimulusgeneralisierung möglich: Es hat zuerst gelernt, seinen eigenen Hund, den es genau kennt, so zu nennen und hat dies dann allmählich auf ähnliche Vierbeiner ausgedehnt.

Stimulusgeneralisierung erklärt also den Transfer in jenen Fällen, in denen die Reaktionen gleichbleiben und die Stimuli verändert werden.

Zu 2) Die *Reaktionsgeneralisierung* bezeichnet den Vorgang, durch den ein Stimulus S, der durch einen Lernprozeß (Verstärkung) eine Reaktion hervorrufen (bzw. häufiger werden lassen) kann, auch die Reaktionen R_1, R_2 oder R_3, die ähnlich R sind, hervorrufen (bzw. häufiger werden lassen) kann. Der Transfergrad hängt wiederum von dem Ähnlichkeitsgrad ab.

Reaktionsgeneralisierung erklärt den Transfer in jenen Fällen, in denen die Stimuli gleichbleiben und die Reaktionen verändert werden sollen. Der diesem Vorgang zugrundeliegende Prozeß ist wiederum ein Verstärkungsvorgang: Dasjenige, was R verstärkt, verstärkt in einem entsprechend geringeren Grade (abhängig von der Ähnlichkeit) auch R_1 oder R_2.

Außer diesem Verstärkungsvorgang sind wahrscheinlich noch andere Prozesse beteiligt, denn bisher ist es ja noch nicht eindeutig möglich, vorauszusagen, ob ein Transfer, der mit der Reaktionsgeneralisierung erklärt werden kann, positiv oder negativ ausfallen wird. Über die Art dieser Vorgänge gibt es bis jetzt nur Hypothesen.

Zu 3) Alle einfachen Erklärungsmodelle des Transfers reichen offensichtlich nicht aus, um diesen vielschichtigen Vorgang erschöpfend zu erklären. Es muß angenommen werden, daß komplexe Vermittlungsvorgänge eine Rolle spielen, über deren Natur bisher wenig bekannt ist. Eine interessante Untersuchung von

Judson, Cofer und *Gelfand*[217] jedoch legt nahe, daß verbale Assoziationen dabei eine bedeutsame Rolle spielen. Bei diesem Experiment mußten zwei Gruppen von Studenten das sog. *Maier*sche Seilproblem lösen, das darin besteht, daß die Vp (in diesem Fall lediglich auf einer Illustration) zwei Seile, die von der Decke hängen, miteinander verknüpfen muß, wobei allerdings die beiden Seile so weit auseinander hängen, daß man sie nicht gleichzeitig erreichen kann, d. h. während man das eine Ende in der Hand hat, kann man nicht gleichzeitig das andere erhaschen. Auf dem Boden des Versuchsraums liegt nun – scheinbar zufällig – eine Zange. Die Vp muß nun auf die Idee kommen, diese Zange an das eine Seil zu binden und dies als ein Pendel hin- und herschwingen zu lassen, so daß vom anderen Seil aus dann die Verknüpfung vorgenommen werden kann. Es handelt sich um ein schwieriges Problem, das in der Regel höchstens von 50% der Studenten gelöst wird. Nun erhielten die beiden Gruppen an den vier vorausgehenden Tagen Wortlisten zu lernen. Bei der Experimentiergruppe waren innerhalb der sonst neutralen Wortliste die Ausdrücke »Seil, Schwingen, Pendel« eingeschoben, die in der Liste der Kontrollgruppe nicht enthalten waren. Es zeigte sich nun, daß die Experimentiergruppe signifikant häufiger die richtige Lösung des Problems fand als die Kontrollgruppe. Daraus schlossen die Verfasser, daß eine gewisse Verbindung zwischen verbalen Assoziationen und den Fähigkeiten des Problemlösens bestehen müßte.

Dies ist ein Ansatz, der wahrscheinlich in naher Zukunft weitere bedeutsame Ergebnisse für ein besseres Verstehen des Transferproblems bringen wird. Auch die Lerneinstellungstheorie und -forschung von *Harlow* und anderen dürfte in Zukunft noch weitere interessante Einzelheiten zutage fördern, die die bisher unbekannten Vermittlungsvorgänge im Transferphänomen unter Kontrolle bringen können.

5. Einige pädagogische Konsequenzen

Die meisten Erkenntnisse der Transferforschung haben wir bereits in ihrer unmittelbaren pädagogischen Bedeutung erwähnt. Hier wollen wir lediglich nochmals einige für die Praxis der Erziehung wichtige Gesichtspunkte herausstellen.

1. Die frühen Transferexperimente (z. B. von *Thorndike*) haben gezeigt, daß es keinen allgemeinen Transfer gibt, d. h. daß nicht erwartet werden kann, daß etwa das Lernen besonders schwieriger Lernstoffe gleichzeitig die allgemeine Denkfähigkeit fördert. Am besten ist es, die einzelnen Fähigkeiten, die man ausbilden möchte, direkt zu schulen und sich nicht auf einen Transfer von einem anderen Fach her zu verlassen. *Thorndike* machte den tatsächlichen Transfer abhängig von dem Vorhandensein identischer Elemente in den beiden Lernsituationen, konnte jedoch nicht befriedigend definieren, welches die Kriterien der Identität sein sollen. Es würde sich hieraus ergeben, in der Schule die erstrebten Fähigkeiten möglichst direkt zu lehren (und die Theorie von der formalen Bildung aufzugeben).

---

[217] *A. J. Judson, C. N. Cofer, S. Gelfand*, Reasoning as an Associative Process, II. Direction in Problem Solving as a Function of prior Reinforcement of Relevant Responses. Psychol. Rep., 2, 1956, S. 501 ff.

2. Die Untersuchungen zum Transfer haben ferner gezeigt, daß der Transfer besonders eindeutig dadurch gesteigert werden kann, daß die erste Aufgabe nicht nur gelernt, sondern im Sinne des Überlernens intensiver geübt wird als es den meisten Schülern als nötig erscheinen mag. Das Üben der grundlegenden Fertigkeiten ist etwas vom Wichtigsten im Rahmen einer systematischen Erziehung zu möglichst hohem Transfer.

3. Wie sich vor allem durch die Untersuchungen zum Phänomen der Lerneinstellung ergeben hat, ist es notwendig, das Üben nicht nur an ein und derselben Aufgabe vorzunehmen, sondern an einer möglichst umfangreichen Reihe von verschiedenen Aufgaben. D. h. der Lehrer sollte das Üben selbst immer wieder neu motivieren und neue Übungssituationen erfinden (»Etüden«), die es dem Schüler erleichtern, zur »Lerneinstellung«, d. h. zur Generalisierung (Stimulus- oder Reaktionsgeneralisierung) zu gelangen. Gerade im Bereich der Volksschule sollte diese Erkenntnis besonders beachtet werden.

4. Es hat sich erwiesen, daß der Transfer dadurch erleichtert wird, daß nicht nur Einzelheiten und Fakten unterrichtet werden, sondern auch die zugrunde-liegenden Prinzipien (»Ideen«). Umgekehrt genügt es aber nicht, das Prinzip als solches zu lehren, denn es muß auch gelehrt werden, wie es in den verschiedensten Fällen angewandt werden kann. Diese direkte Schulung des Transfers ist sogar eines der wirksamsten Mittel zur Intensivierung des Transfers. Da gerade viele Schulerkenntnisse lediglich im Raum der Schule selbst ihre Anwendung zu finden scheinen, ist es unentbehrlich, daß wir in der Schule von vornherein auch darauf hinarbeiten, zu zeigen, wo und wie man die Erkenntnisse in praktischen Situationen wirklich anwenden kann.

VI. VERHALTENSPSYCHOLOGISCHE BEFUNDE ZUM PROBLEM DER BEDEUTUNG SOZIALER WECHSELBEZIEHUNGEN FÜR DAS LERNEN

1. Die Gruppentypen

Die Schule hat sowohl eine »Lernaufgabe« als auch eine »Erziehungsfunktion«. Die letztere wird in der neueren Zeit sogar in zunehmendem Maße wichtig, da das Elternhaus in seinem Erziehungseinfluß mehr und mehr zurückzutreten scheint (Berufstätigkeit der Eltern, Tagesheimschulen...). Während nun die Erziehung, als systematische Verhaltensänderung, Verstärkungen durch den Mitmenschen (beginnend mit der Mutter) voraussetzt, *vollzieht sich zwar das Lernen meistens ebenfalls in einer sozialen Interaktion, doch ist diese nicht unbedingt notwendig für das Lernen*. Es gibt vielmehr auch ein Lernen, ohne daß die Verstärkung durch einen Menschen (Lehrer) vermittelt werden müßte. Das programmierte Lernen ist ein hervorragendes Beispiel für ein Lernen ohne soziale Wechselwirkung. Insofern also das Lernen ebenfalls auf Verhaltensänderung ausgerichtet ist, erzieht es zugleich. Deshalb wäre, theoretisch gesehen, grundsätzlich auch die erziehliche Beeinflussung, die jetzt wohl fast ausschließlich durch soziale Wechselwirkung geschieht, auch ohne eine solche direkte Wechselbeziehung im außersozialen Raum möglich.

Da aber nun das Lernen und Erziehen im Raum der Schule und in dem des Elternhauses fast immer soziale Wechselwirkungen (sowohl zwischen dem Lehrer und dem Schüler als auch zwischen den einzelnen Schülern) einschließt, müssen wir uns fragen, welche Bedeutung diesen sozialen Wechselbeziehungen im einzelnen für das Lernen zukommt. Zu diesem Zweck gilt es zuerst, die verschiedenen, innerhalb der Schule möglichen *Arten* der sozialen Wechselbeziehung zu beschreiben[218] und sodann ihre Bedeutung herauszustellen.

Ein Kind kann sich in einer Gruppe befinden, die aus tatsächlich anwesenden Mitgliedern besteht, welche sich in einer Wechselwirkung befinden; die Gruppe kann eine gewisse Tradition haben (= *Typ 1* der Gruppe). Das Kind kann sich jedoch auch in einer Gruppe befinden, die keine Tradition hat, sondern ad hoc für einen bestimmten Zweck gebildet wurde. Auch in dieser Gruppe sind die Mitglieder tatsächlich anwesend und befinden sich in einer Wechselwirkung (= *Typ 2* der Gruppe). Das Kind kann ferner in einer Gruppe sein, deren Mitglieder sich in keiner Wechselwirkung befinden, die aber dennoch persönlich anwesend sind (*Typ 3* der Gruppe). Schließlich kann das Kind zu einer Gruppe gehören, deren Mitglieder nicht persönlich anwesend sind und die sich nicht in einer Wechselwirkung befinden (*Typ 4* der Gruppe). Diese 4 Typen wollen wir ganz kurz charakterisieren, weil sie für das Verständnis der sozialen Einwirkungen, wie sie in der Schule stattfinden, wichtig zu sein scheinen:

Typ 1: Diese Art der Gruppe stellt die Schulklasse vieler Lehrer dar, doch sind nicht alle Klassen notwendig so strukturiert. Wenn z. B. ein Lehrer einer mehr konventionellen Didaktik anhängt, kommt es zwar zu einer Wechselwirkung zwischen ihm und dem individuellen Schüler, aber nicht zu einer Interaktion zwischen den Schülern selbst. Auch kann der Lehrer Gruppen von Fall zu Fall neu zusammensetzen (»ad hoc«), und in diesem Falle würde es sich ebenfalls nicht um den Typ 1 handeln. Die meisten Schulklassen sind unseres Erachtens weder in Deutschland noch in den USA zur Zeit Gruppen vom Typ 1, weil in der Regel das Kriterium der gegenseitigen Wechselwirkung zwischen den Schülern fehlt. Weil die Gruppen vom Typ 1 bereits so lange bestanden haben, daß die einzelnen Mitglieder in der Lage sind, ihre möglichen Reaktionen zu antizipieren, kann die Gruppe vom Typ 1 noch nicht während des ersten Schuljahres bestehen, sondern frühestens vom 2. Schuljahr ab.

Typ 2: Bei dieser Art einer Gruppe handelt es sich zum Beispiel um eine Gruppe, die ein Lehrer zusammenstellt, um ein kleines Schauspiel aufführen zu lassen. Die Gruppenmitglieder mögen sich zwar kennen, aber sie haben bisher noch nicht in einer Gruppe so lange zusammengearbeitet, daß sie in der Lage wären, ihre gegenseitigen Reaktionen zu antizipieren. Sobald sich nun aber aus dieser ad hoc-Gruppe eine Arbeitsgruppe bildet, die längere Zeit zusammenbleibt und auch noch andere Zwecke verfolgt, kann aus ihr eine Gruppe vom Typ 1 werden.

---

[218] Vgl. dazu den ausgezeichneten Überblick, dem diese Kategorisierung entstammt, von *J. Lorge, D. Fox, M. Brenner,* A Survey of Studies Contrasting the Quality of Group Performance and Individual Performance 1920–1957. Psychol. Bull., 55, 1958, S. 337 ff.

Die Mitglieder einer Gruppe vom Typ 2 verhalten sich in vielerlei Hinsicht anders als Mitglieder einer Gruppe vom Typ 1. Dies muß von vornherein beachtet werden, weil nämlich viele Kindergruppen studiert worden sind, die diesem Typ angehören, weil sie z. B. extra für den Zweck einer psychologischen Untersuchung zusammengestellt wurden und darüber hinaus (oder davor) keinen Bestand hatten. Daher können die Ergebnisse, die aus Untersuchungen an Gruppen vom Typ 2 gewonnen wurden, nicht ohne weiteres auf Gruppen anderer Typen angewandt werden und umgekehrt. Beispielsweise kann nicht erwartet werden, daß ein Lehrer, der aus einer Schule kommt, in der Gruppenunterricht betrieben wurde, und an eine Schule mit Frontalunterricht versetzt wird, mit seiner Methode bei den neuen Schülern denselben Erfolg hat wie vorher in seiner Gruppe. Eine Gruppe wird nur das als Norm annehmen können, was der bereits bestehenden Tradition entspricht.

Typ 3: Zu dieser Gruppenart gehören z. B. Schulklassen, in denen jeder Schüler seine eigenen Aufgaben erledigt, ohne sich um die anderen Schüler wesentlich zu kümmern. Zwar können sich die Mitglieder dieser Gruppe beeinflussen, aber es besteht keine eigentliche Wechselbeziehung zwischen ihnen: Jeder verfolgt entweder seine eigene Aufgabe (etwa in einer Prüfungssituation) oder jeder verfolgt dieselbe Aufgabe, aber isoliert von den anderen Schülern. Wiederum verhalten sich die Schüler in einer solchen sozialen Umgebung anders, als wenn sie allein wären, und anders, als wenn sie in einer Gruppe nach Typ 1 oder 2 wären.

Typ 4: Die meisten Kinder sind nicht nur Mitglieder der Klasse und der evtl. innerhalb derselben bestehenden Gruppen (verschiedene Arten), sondern gehören auch Gruppen an, die außerhalb der Klasse bestehen und deren Mitglieder im Schulunterricht nicht vereint sind. Ein Kind ist z. B. ein Mitglied in einer nachbarlichen Bastelgruppe, die indirekt sein Verhalten in der Schule beeinflußt, indem sie ihm beispielsweise die soziale Anerkennung und diejenigen Verstärkungen zuteil werden läßt, die es in der Schule nicht finden kann etc. Schließlich gehört das Kind auch noch der Gruppe innerhalb seiner eigenen Familie an, und gerade die Zugehörigkeit zu dieser Intimgruppe beeinflußt seine Leistungsfähigkeit und -bereitschaft in der Schule aufs stärkste, ohne daß die Mitglieder dieser Gruppe direkt und persönlich anwesend zu sein brauchen.

Auf diese 4 Typen der Gruppen, durch die ein Schulkind beeinflußt werden kann, werden wir im weiteren Verlauf der Darstellung genauer eingehen.

2. Sozialpsychologische Einwirkungen der verschiedenen Gruppentypen auf das Schulkind

Es kann kein Zweifel daran bestehen, daß alle skizzierten Gruppentypen einen Einfluß auf das Schulkind und auf seine Leistungen in der Schule haben. Es erheben sich jedoch nun zwei Fragen in diesem Zusammenhang:

1) Ist dieser Einfluß immer gleichgeblieben oder gibt es Phasen, in denen das Kind besonders durch seine Gruppenzugehörigkeit beeinflußt wird?
2) Welcher Gruppeneinfluß ist für das Lernen des Kindes am vorteilhaftesten – Gruppentyp 1, 2 oder 3?

Zu unserer ersten Frage liegen bisher nur Untersuchungen vor, die nachweisen, daß die Zeit von der beginnenden Pubertät an besonders von den Gruppeneinflüssen her bestimmt wird. Wenn mit beginnender Sexualreife und mit gesteigertem Wachstum das Kind seine körperlich-seelische Harmonie verliert und innerlich wie äußerlich unsicher wird, verliert es sein bisheriges Vertrauen in die Erwachsenen und sucht Anschluß an Gleichaltrige. Gleichzeitig aber wird es von der »gemischt-geschlechtlichen Gruppe«, der es zugehört, in starkem Maße beeinflußt: Nicht nur die Art der Kleidung und im weiteren Maße die Art der Freizeitbeschäftigung, sondern auch die Einstellung zur Schule wird mehr oder weniger von dieser Gruppe bestimmt. Überdies gelingt es nur in den seltensten Fällen, die aufkeimenden sexuellen Interessen der Jugendlichen innerhalb der Schule zu befriedigen, indem genügend heterosexuelle Gruppenaktivitäten eingeplant werden. Daher wendet sich der Jugendliche (gerade auch von der Volksschuloberstufe an) zunehmend von der Schule ab und der Jugendgruppe zu, wo ja beide Geschlechter zusammen sind. Diese Aktivitäten sind so zeitraubend, daß oftmals weder die schulischen Hausaufgaben erledigt werden, noch andere häusliche Pflichten wahrgenommen werden, so daß sich die Vertrauenskrise zu dem Lehrer und den Eltern dadurch immer mehr vertieft. Wenn es dagegen gelingt, einen positiven, indirekten Einfluß auf die Gruppen zu nehmen, kann dieser Einfluß außerordentlich segensreich für den jungen Menschen und seine Arbeit werden. Dieser Einfluß müßte nun dadurch zustandekommen, daß der junge Mensch nicht nur durch seine Zugehörigkeit zur Gruppe außerhalb der Schule Verstärkungen erhält, sondern daß die Verstärkungen von seiten der Erwachsenen und der Schule die Verstärkungen außerhalb der Schule an Intensität und Häufigkeit überragen. Dadurch entsteht dann auch ein typisches sozialpsychologisches Verhältnis, das pädagogisch positiv wirksam wird. Diese Möglichkeiten haben besonders *Bandura*[219] und auch *Adams* und *Romney*[220] unlängst sorgfältig untersucht.

Was unsere zweite Frage anbelangt, so gehen hier die Untersuchungsbefunde ziemlich weit auseinander. Die Frage, ob *generell* die Gruppe vom Typ 1 (mit gegenseitiger Wechselwirkung) oder die vom Typ 3 (ohne Wechselbeziehung der Schüler untereinander) lernpsychologisch besser sei, kann nicht eindeutig unterschieden werden.

Meistens wurden diese Untersuchungen in der Schulklasse selbst durchgeführt, wobei eine Gruppe nach Typ 1 (»Diskussionsmethode«) und eine zweite nach Typ 3 (»Doziermethode«) unterrichtet wurde. Dann wurden anschließend die Ergebnisse verglichen. *Lorge* u. a.[221], die die meisten der seit 1920 vorliegenden Untersuchungen auf diesem Gebiet ausgewertet haben, kommen zu dem Schluß, daß keine eindeutigen Vor- oder Nachteile einer der beiden sozialpsychologischen Strukturen ermittelt werden konnten. Dies liegt nun unseres Erachtens vor allem daran, daß der Begriff der »Diskussionsmethode« immer in ganz verschiedener Weise aufgefaßt wurde und daß auch eine der wichtigsten Voraussetzungen für

[219] *A. Bandura*, Social Learning through Imitation. In: *M. R. Jones* (ed.), Nebraska Symposion on Motivation, Lincoln 1962, S. 250 ff.
[220] *J. S. Adams*, *A. K. Romney*, A Functional Analysis of Authority. Psychol. Rev., 66, 1959, S. 234 ff.
[221] *J. Lorge u. o.*, a.a.O. (1958).

die Anwendung dieser Methode, nämlich das Bestehen einer Gruppe vom Typ 1 – und nicht vom Typ 2 (!) – nicht immer gewährleistet war, vielmehr wurden die Gruppen häufig »ad hoc« zusammengestellt und die Kinder waren deshalb nicht immer an diese Art des Unterrichts gewöhnt, so daß sie auch nicht ein Optimum leisten konnten. Auch wurde die Zahl der Mitglieder einer Diskussionsmethode, die ja möglichst niedrig gehalten werden muß, in den meisten dieser Untersuchungen nicht berücksichtigt. Schließlich wurde nicht berücksichtigt, ob bestimmte Unterschiede vom Lerngebiet her bestehen; es könnte z. B. gut sein, daß sich die Struktur vom Typ 1 besser in der Sozialkunde eignet als im Zeichnen, während sich Typ 3 etwa in der Musikerziehung besser bewährt usw. Auf diesem Gebiet müßten noch viele neue Untersuchungen durchgeführt werden, ehe man zu brauchbaren Verallgemeinerungen gelangen kann.

Steht nun auch, rein lernpsychologisch gesehen, der Vorteil der »integrativen« Unterrichtsweise (Typ 1) nicht eindeutig fest, so hat sie doch dadurch einen unbestreitbaren Vorteil gegenüber der »dominativen« Unterrichtsweise (Typ 3), daß sie sehr viel günstigere Einwirkungen auf die emotionale und soziale Entwicklung des Kindes hat als die andere Methode. An anderer Stelle sind wir bereits in diesem Zusammenhang auf die Vorteile des integrativen Unterrichtsstils hinsichtlich der Lernstörungen des Kindes eingegangen, und wir können hier deswegen darauf verweisen.[222] Ähnliche Resultate berichtet auch *Asch* in seiner Arbeit über »nondirektiven Unterricht«.[223] Er fand, daß zwar die Gruppe mit dem »direktiven« Unterricht (normaler Frontalunterricht durch den Lehrer) gegenüber der Gruppe mit dem »nondirektiven« Unterricht (Lehrer stellt lediglich Unterrichtsmittel bereit und gibt mehr oder weniger unverbindliche Hinweise und Hilfen) leistungsmäßig besser abschnitt, daß aber die andere Gruppe emotional positiver beeinflußt worden ist.

Wie bereits erwähnt, sind die bisher vorliegenden Untersuchungen zu diesem Problemkreis noch nicht so, daß man allgemeingültige Schlüsse daraus ableiten könnte. Es kommt nämlich noch hinzu, daß viele subjektive Faktoren der Lehrerpersönlichkeit unkontrollierte Elemente in den Experimenten darstellten. Z. B. haben wir den Unterschied im Unterrichtserfolg, der dadurch zustande kommt, daß der eine Lehrer von seiner Methode überzeugt ist und die Kinder zu begeistern vermag, während der andere Lehrer vielleicht kein positives Verhältnis zu seiner Methode hat und die Kinder daher nicht in demselben Maße anzusprechen vermag. Der ganze vielschichtige Problemkreis des Lehrer-Schüler-Verhältnisses spielt, m. a. W., auch hier mit herein, und einzelne Faktoren aus diesem Bereich können durchaus die erhaltenen Ergebnisse verändert haben. Es soll vor allem noch einmal betont werden, daß jetzt schon einigermaßen feststeht, daß die Diskussionsmethode in einer sehr großen Klasse (über 35 Kinder) nicht sinnvoll angewandt werden kann, da eine Diskussion eine relativ kleine Gruppe voraussetzt, wenn sie fruchtbar sein soll. Für die derzeit bestehenden Klassenfrequenzen ist daher wohl eine Aufspaltung in verschiedene Arbeitsgruppen (von Dauer) emp-

---

[222] Vgl. *W. Correll*, Lernstörungen beim Schulkind. Donauwörth 1966³, Kap. 1.

[223] *M. J. Asch*, Nondirective« Teaching in Psychology: an Experimental Study. Psychological Monogr. 65, 1951, Nr. 4.

fehlenswert, in denen dann Verhältnisse nach Typ 1 (Wechselbeziehung zwischen den Gruppenmitgliedern, d. h. Diskussion . . .) herrschen können. Das programmierte Lernen kann hier verwendet werden, um solche Gruppen zu ermöglichen, da auf diese Weise eine Gruppe etwa an Lernmaschinen oder Lernprogrammen arbeiten kann, während die andere Gruppe den lehrergeleiteten integrativen Unterricht erhält.[224]

Dieses Verfahren führt allerdings häufiger zur Errichtung der Sozialbedingungen nach Typ 2 (Gruppen ad hoc, ohne längeren Bestand). Die Arbeit in Gruppen ist dann der Arbeit in der Klasse als ganzer vorzuziehen, wenn dadurch mehr Verstärkungen für den einzelnen Schüler möglich werden. Dies ist nun in der Tat der Fall. Diskussionsgruppen von etwa 10–15 Schülern sind vorzüglich geeignet, den einzelnen noch genügend oft zu Wort kommen zu lassen und ihn dennoch mit Gewinn an den Beiträgen der anderen zu beteiligen. Dies war auch eines der Ergebnisse der Untersuchung von *Watson*.[225] Er zeigte jedoch auch, daß man sich auf das Urteil der einzelnen Schüler innerhalb der Diskussionsgruppen bezüglich der Überlegenheit dieser Methode nicht ohne weiteres verlassen kann: Die Meinungen darüber, ob eine Diskussion innerhalb einer solchen Gruppe »interessant« war oder nicht, gingen sehr weit auseinander.

Es scheint indessen sicher zu sein, daß die Anzahl der wirksamen Verstärkungen in den Gruppen (um 10 Mitglieder) innerhalb einer größeren Klasse bedeutend größer sein kann, als wenn keine Gruppen innerhalb der Klasse bestehen und die Kinder lediglich auf die Verstärkungen angewiesen sind, die der Klasse als ganzer zuteil werden und auf die (wenigen), die der einzelne Schüler durch den direkten Lehrerkontakt erhält: Sobald die Wechselwirkung zwischen den Schülern zu der Wechselbeziehung der Schüler mit dem Lehrer *hinzukommt,* wird zwangsläufig auch die Möglichkeit der Verstärkungen erhöht und damit der Wirkungsgrad!

Wir können also – von hierher und ohne im einzelnen auf stichhaltige Untersuchungsergebnisse verweisen zu können – mit einiger Sicherheit annehmen, daß die Gruppe (relativ klein gehalten) vom Typ 1 den positivsten Einfluß sowohl auf das Lernen als auch auf die soziale und emotionale Entwicklung der Kinder ausüben wird.

Viele Untersuchungen haben gezeigt, daß der Mensch (besonders als Kind) nicht nur durch die Sozialbeziehungen beeinflußt wird, denen er durch persönliche Wechselbeziehungen ausgesetzt ist (Typ 1 und 2), sondern auch durch diejenigen Gruppenmitglieder, mit denen er nicht in eine direkte Wechselbeziehung tritt (Typ 3), d. h. auch wenn keine Wechselbeziehung innerhalb der Angehörigen einer Schulklasse besteht, wird das Verhalten der einzelnen Kinder dadurch beeinflußt, daß noch andere Kinder anwesend sind.

Dieser Einfluß kommt zunächst und vor allem in einer allgemeinen Arbeitsbeschleunigung zum Ausdruck: Kinder (und Erwachsene) arbeiten wesentlich mehr und schneller, wenn sie in einer Gruppe zusammengefaßt sind, obgleich

---

[224] Vgl. dazu vor allem: *H. Thielen,* Dynamics of Groups at Work. Chicago 1954.
[225] *G. Watson,* An Evaluation of Small Group Work in Large Class. J. educ. Psychol., 44, 1953, S. 385 ff.

keine Wechselbeziehung innerhalb dieser Gruppe besteht. Dies zeigen z. B. die Untersuchungen von *Mukerji*[226], die ergaben, daß 90⁰/o der Kinder in einer Gruppensituation schneller arbeiteten als wenn sie alleine saßen. Es handelte sich allerdings hierbei, wie in den meisten anderen Arbeiten zu diesem Problem, um Aufgaben, die keine Herausforderung für das einzelne Kind enthielten, sondern lediglich Routinearbeiten darstellten. Es müßten nun ähnliche Untersuchungen noch angestellt werden, die zeigten, ob gleiche Ergebnisse auch dann erzielt werden, wenn es sich um individuell bedeutsame (Problemlösungs-)Aufgaben handelt! Es kann zwar vermutet werden, daß dem so sein wird – da die Anwesenheit anderer Personen die Arbeitshaltung als solche zu beeinflussen scheint –, doch müßte man die Frage noch experimentell untersuchen.

Es scheint überdies wahrscheinlich zu sein, daß die bloße Anwesenheit anderer Personen auch durch das Imitationsphänomen anregend wirkt. Wir müssen uns im folgenden kurz mit diesem wichtigen Problem befassen.

3. Das Nachahmungsverhalten und seine lernpsychologische Bedeutung

Bis vor nicht allzu langer Zeit wurde das Nachahmungsverhalten des Kindes (und des Erwachsenen) als das Ergebnis der Wirksamkeit eines angeborenen Triebes zur Imitation angesehen. Hierfür schienen auch Tierversuche zu sprechen, die immer wieder die starke Tendenz der Jungen zeigten, das Verhalten der älteren Tiere nachzuahmen. Durch verhaltenspsychologische Untersuchungen an Tieren und Kindern konnte indessen gezeigt werden, daß *das Nachahmungsverhalten in hohem Maße das Ergebnis eines Lernprozesses ist:* Diejenigen Verhaltensformen werden schließlich übernommen, deren Äußerung verstärkt wird. Wenn nun z. B. die Mutter das eineinhalbjährige Kind öfters dafür verstärkt, daß es die Wörter nachahmt, die die Mutter sagt, so ahmt schließlich das Kind das sprachliche Verhalten der Mutter nach. (Die Mutter hält beispielsweise ein Bonbon vor das kleine Kind hin und sagt wiederholt »Bonbon«. Schließlich sagt das Kind ebenfalls »Bonbon« und erhält dafür das Bonbon als Bestätigung und als Verstärkung seines Nachahmungsverhaltens.) Ähnlich wird das Verhalten des Lehrers vom Schüler weitgehend nachgeahmt, weil es die Autorität des Lehrers ist, die einzelne Verhaltensformen des Schülers, die sich im Einklang mit den gesetzten Normen befinden, durch entsprechende verbale Bestätigungen verstärkt.

In den wichtigen Untersuchungen von *Dollard und Miller*[227] wurde nun zwischen einem »angepaßten Abhängigkeitsverhalten« und einem »Kopierverhalten« innerhalb der Nachahmungsmechanismen unterschieden. Das erstere ist in der Schule besonders wichtig. Es vollzieht sich unbewußt (zum größten Teil) und zeigt sich darin, daß Verhaltensweisen einer Autoritätsfigur in der Umgebung des Kindes von diesem weitgehend übernommen werden. Nicht nur werden das Verhalten und die Einstellung des Lehrers vom Kind weitgehend übernommen, sondern es übernimmt auch ohne viel Kritik die Einstellungen und Verhaltensweisen des »Gruppenbosses« (besonders zu beginnender Pubertätszeit, wenn diese

---

[226] *N. F. Mukerji*, Investigation of Ability to Work in Groups and in Isolation. British Journal of Psychology, 30, 1940, S. 352 ff. (u. oe.).
[227] *N. E. Miller, D. Dollard,* Social Learning and Imitation. New Haven 1941

Anlehnung, wie gesagt, besonders stark wird). Das Ziel des angepaßten Abhängigkeitsverhaltens ist die Identifikation mit dem Autoritätsbild. In diesem Stadium übernimmt das Kind nicht nur offensichtliche Verhaltensformen der Autoritätsperson, sondern auch seine Einstellungen zu den verschiedenen Problemen und Situationen, z. B. seine Vorlieben und Abneigungen. Das Mitglied einer Gruppe kann beispielsweise auf diese Art und Weise die Abneigung des Gruppenführers gegen die Erwachsenen und seine Vorliebe für eine bestimmte Art sich zu kleiden (Lederjacken!), zu sprechen, die Zigarette anzuzünden usw. übernehmen. Das Kind versetzt sich gleichsam »in die Autoritätsperson hinein«, denkt und fühlt aus ihr heraus. Diese Tendenz ist um so stärker, je unsicherer und ungefestigter sich das Kind selbst fühlt und desto mehr es infolgedessen von den Verstärkungen durch seine Autoritätsfigur abhängig ist. Die Studenten an einer Hochschule können z. B. gewisse Verhaltensformen eines geschätzten Professors nachahmen, aber man wird leicht feststellen, daß die eigentlichen Prüfungskandidaten des Professors oder seine Assistenten die Einstellungen und Auffassungen des Professors noch weit mehr reflektieren, was wiederum darauf beruhen dürfte, daß hier ein stärker empfundenes Abhängigkeitsverhältnis von den Verstärkungen des »Meisters« vorliegt. Die Vorteile, aber auch die Gefahren dieses Verhältnisses liegen auf der Hand und brauchen nicht eigens erörtert zu werden. –

Im Unterschied zum angepaßten Abhängigkeitsverhalten versucht das Kind im Kopierverhalten eine bestimmte Verhaltensform seines Vorbildes bis in alle Einzelheiten hinein zu kopieren, indem es ganz bewußt seine eigenen Verhaltensformen immer wieder mit denen des Vorbildes vergleicht und endlich durch den Vorgang der Diskriminierung zu einer Kopie derselben gelangt. Dies liegt etwa dann vor, wenn das Kind im ersten Schuljahr die Schreibweise der Lehrerin kopiert, wenn es auf seine Schiefertafel so lange an seinen Buchstaben und Wörtern herumkorrigiert, bis sie exakte Nachbilder der Buchstaben und Wörter an der Wandtafel sind. Dafür wird das Kind dann von der Lehrerin wiederum verstärkt, d. h. gelobt und anerkannt (im anderen Fall wird es negativ verstärkt – es muß »nochmals schreiben« oder wird getadelt). So ist das Kopierverhalten meistens innerhalb eines Abhängigkeitsverhältnisses bzw. eines Autoritätsverhältnisses enthalten und spielt selbstverständlich während der ganzen Schulzeit, besonders aber in den ersten Schuljahren, eine große Rolle. Es kommt, rein pädagogisch gesehen, darauf an, das Kopierverhalten jeweils auf das Kopieren der *ganzen* Verhaltensform zu lenken und nicht bei der Nachahmung eines Teiles davon stehen zu bleiben. Beispielsweise führt ein teilweises Kopieren im Rechenunterricht dazu, daß das Kind sehr wohl in der Lage ist, eine bestimmte Aufgabenart nach einer gegebenen (kopierten) Formel zu lösen. Sobald aber die Aufgabe etwas anders eingekleidet erscheint, die Formel in veränderter Form anzuwenden ist, versagt dieses Kind, weil es den Sachverhalt nicht verstanden hat, sondern lediglich einen Teil der geforderten Verhaltensform kopiert hat.

Dollard und *Miller* (a.a.O.) zeigten nun in ihren Experimenten, daß dieses Nachahmungsverhalten tatsächlich von Verstärkungszusammenhängen abhängig, d. h. lernbar ist. Sie benutzten dabei meistens eine sehr einfache Versuchsanordnung, indem ein Kind vor zwei gleich aussehenden Kästen stand, von denen einer ein Stück Kaugummi (auf eine entsprechende Manipulation des VL hin) herauswirft, wenn das Kind sich auf einen Stuhl setzt, der neben dem Kasten steht. Das Kind muß nun wählen, auf welchen der beiden Stühle es sitzen möchte. Nun darf jedes Kind, bevor es selbst an der Reihe ist, zusehen, wie ein anderes Kind vor ihm verfährt. *Dollard* und *Miller* fanden nun, daß das Imitationsverhalten dadurch signifikant gesteigert werden kann, daß das Kind dafür verstärkt wird, daß es genau so verfährt wie das Kind vor ihm. Wenn dagegen das Kind sowohl dafür verstärkt wird, daß es das vor ihm agierende Kind nachahmt als auch dafür, daß es dies nicht nachahmt, so entsteht kein Nachahmungsverhalten (im Sinne des angepaßten Abhängigkeitsverhaltens).

Von hierher wird es klar, warum das Kind (abgesehen von den vorübergehenden Oppositionsphasen bei beginnender Pubertät) im allgemeinen die Verhaltensweisen der Erwachsenen und besonders des Lehrers und der Eltern nachzuahmen bestrebt ist: es besteht von klein auf die Tendenz, jeweils das Verhalten zu verstärken, das sich mit dem Verhalten des Lehrers und der Eltern in Übereinstimmung befindet. Eine oppositionelle Einstellung wird dagegen dann entstehen, wenn – vgl. etwa die Situation in der Pubertätsphase – durch andere Verstärkungszusammenhänge außerhalb des Einflußbereiches der Erwachsenen der Jugendliche dafür verstärkt wird, daß er anti-erwachsene Verhaltensformen eines Gleichaltrigen nachahmt bzw. von sich aus äußert.

In Übereinstimmung damit befinden sich auch die interessanten Ergebnisse von *H. H. Anderson* u. a.[228], die erbrachten, daß das dominative bzw. integrative Verhalten des Lehrers weitgehend von den Schülern übernommen wird. D. h. wenn der Lehrer z. B. aggressiv ist, etwa laut spricht, »autoritär« in seinen Anordnungen und im ganzen Umgang mit den Schülern ist, dann verhalten sich auch die Schüler sehr bald aggressiv, sowohl dem Lehrer gegenüber als auch ihren Mitschülern gegenüber, d. h. sie werden mißtrauisch gegeneinander, neigen mehr zur Opposition als zur Kooperation und versuchen allgemein jeweils ihre eigenen Ansichten ihrer Mitwelt aufzuzwingen.

4. Sozialpsychologische Faktoren im Zusammenhang mit verschiedenen Lehrstilen

Die bereits erwähnten sozialpsychologischen Zusammenhänge werden in den verschiedenen Lehrstilen in verschiedener Weise berücksichtigt. Daher ist auch die psychologische Rückwirkung dieser Stile auf das Verhalten der Schüler unterscheidbar. Ehe wir nun auf die vorliegenden Forschungen zu diesem Problem eingehen, wollen wir die beiden kontrastreichsten Lehrstile einander gegenüberstellen, so daß klar wird, was gemeint ist. Wir können für den vorliegenden Zusammenhang unterscheiden zwischen einem

a) »lehrerbezogenen« Lehrstil und

b) »sachbezogenen« Lehrstil.

[228] *H. H. Anderson, J. F. Brewer,* Studies of Teachers' Classroom Personalities: I. Dominative and Socially Integrative Behavior of Kindergarten Teachers. Appl. Psych. Monogr., Nr. 6, 1945. *H. H. Anderson, J. E. Brewer,* Studies of Teachers' Classroom Personalities: II. Effects of Teachers' Dominative and Integrative Contacts on Children's Classroom Behavior. Appl. Psych. Monogr., Nr. 8, 1946.

a) *Der »lehrerbezogene« Lehrstil.* Dieser Lehrstil ist dadurch charakterisiert, daß der Lehrer weitgehend die Stimuli unter Kontrolle hält, die das Verhalten der Schüler beeinflussen. Der Lehrer kann sich zu diesem Zweck verschiedener Methoden bedienen.

Eine erste Methode ist das Bestrafen jeder Verhaltensäußerung der Schüler, die nicht mit der vom Lehrer erstellten Norm übereinstimmen. In diesem Fall funktioniert das Abweichen von der Lehreranordnung als aversiver Stimulus den das Kind konsequenterweise zu vermeiden sucht, und schließlich die positiv verstärkten Verhaltensformen, die sich den Lehreranforderungen anpassen, aufbaut. Diese Methode hat wohl die längste Tradition innerhalb der Geschichte der Pädagogik. Trotzdem ist damit nicht gesagt, daß sie für das Lernverhalten besonders wertvoll sei.

Eine zweite Methode ist das Darbieten von Stimuli durch den Lehrer, die für den Schüler einen hohen Motivationseffekt besitzen. Der Lehrer, der es versteht, den Unterricht durch seine Darbietungsart besonders »spannend« und »anregend« zu gestalten, gehört hierher. Der Schüler wird in diesem Fall durch die Lehrerstimuli gesteuert, weil diese Stimuli bedeutend stärker motivierend wirken als andere Stimuli in der Umgebung des Kindes. Immer noch handelt es sich indessen um den »lehrerbezogenen« Erziehungsstil, auch wenn der Lehrer durch seine geschickte Darbietungsart das Interesse der Schüler geweckt und erhalten hat, denn immer noch ist es der Lehrer, der die Stimuli für das Verhalten des Schülers in der Hand behält.

Eine dritte Methode innerhalb des »lehrerbezogenen« Lehrstils ist die, die Kinder schon vor Beginn ihrer Schulzeit möglichst eindeutig auf den Lehrer hin zu konditionieren. Während der Vorschulzeit z. B. kann leicht erreicht werden, daß die Kinder planmäßig – durch entsprechende Verstärkungen – auf einen Lehrer ausgerichtet werden. Wenn diese Kinder dann zur Schule kommen, sind sie bereits daran gewöhnt, alle ihre Anweisungen vom Lehrer entgegenzunehmen und auch keinen anderen Bewertungsmaßstab für ihr Verhalten und ihre Leistung anzuerkennen als die Zustimmung oder Ablehnung durch den Lehrer. Im Laufe der Zeit nimmt diese Einstellung der Kinder meistens an Stärke ab, und der Lehrer sieht zu, daß er sie so lange wie möglich erhält, indem er sich möglichst »konsequent« und »streng« verhält.

Beim »lehrerbezogenen« Lehrstil befindet sich die Schulklasse in der Situation nach Typ 3 (ohne Wechselwirkung zwischen den tatsächlich anwesenden Gruppenmitgliedern). Die einzig signifikante Wechselwirkung spielt sich zwischen dem Lehrer und den Schülern ab, aber nicht zwischen den Schülern selbst. Nicht die Schüler verstärken gegenseitig ihr Verhalten, sondern *allein der Lehrer verstärkt* und wird daher zum Zentrum der Klasse. Der Lehrer betont in diesem Lehrstil die Wichtigkeit der Demonstration, nimmt dabei von vornherein an, daß dieses »Vormachen« ein »Nachmachen« beim Schüler bewirken wird.

Dies setzt jedoch voraus, daß der Schüler schon ein »angepaßtes Abhängigkeitsverhalten« im beschriebenen Sinn dem Lehrer gegenüber ausgebildet hat und daß dieses Verhalten ungetrübt besteht. Besonders auf der Volksschuloberstufe kann aber dieses Verhalten durch die geschilderten entwicklungspsychologischen

Gegebenheiten mindestens vorübergehend ins Wanken geraten und unwirksam werden. Dann (besonders dann) erweist sich die Schwäche des lehrerbezogenen Lehrstils, denn der Lehrer wird bei aller Härte nicht immer in der Lage sein, alle Stimuli in der Hand zu behalten, die das Verhalten der Schüler steuern, und in dem Maße, in dem er die Stimuluskontrolle verliert, verliert er auch die Kontrolle über die Verstärkungen und damit seine »Autorität«. Dieser Vorgang ist wohl jedem Lehrer und Erzieher wohlbekannt.

Unter dem Einfluß des lehrerzentrierten, »harten« Lehrstils können sich verschiedene Einstellungen bei den Schülern nicht entwickeln, weil sie nicht verstärkt werden können. So kommt es z. B. nicht zur Entfaltung kooperativer Einstellungen unter den Kindern, da ja das Verhalten der Zusammenarbeit nicht verstärkt wird. Auch Initiative und eigenes Planen wird nicht verstärkt, wenn der Lehrer entscheidet, was getan werden soll und alle Anordnungen von ihm ausgehen. Schöpferisches Verhalten wird ebenfalls bei den Kindern, die diesem Lehrstil ausgesetzt sind, unterentwickelt bleiben, weil ja die Darstellung schöpferischer Verhaltensformen ebenfalls nicht verstärkt werden kann (höchstens dann, wenn es sich um eine schöpferisch entwickelte Form des Nachahmungsverhaltens handelt).

Man könnte nun einwenden, daß es ja auch in der Volksschule nicht so sehr auf die Entwicklung schöpferischer und sozial-integrativer Verhaltensformen ankomme, sondern mehr auf das Erlernen der grundlegenden Fähigkeiten und Fertigkeiten im Zusammenhang mit der Beherrschung der elementaren Bildungsgüter. Demgegenüber muß nun aber der eindeutig durch verhaltenspsychologische Untersuchungen ermittelte Tatbestand betont werden, daß das Kind während einer jahrelangen Konditionierung durch einen lehrerbezogenen Lehrstil schließlich diejenigen Verhaltensformen in sich aufbauen wird, die dort betont werden und daß es ihm nur außerordentlich schwer, wenn überhaupt, möglich sein wird, diese Tendenzen später wieder aufzugeben (d. h. zu extinguieren) und neue, entgegengesetzte zu entwickeln. Selbst wenn es – was unter den gegenwärtigen Bedingungen sowohl in der Industrie wie auch im Handel und im Gewerbe und in den Stätten der höheren Bildung der Fall ist – dazu gezwungen wird, die Verhaltensformen des Nachahmens durch schöpferische Einstellungen zu ersetzen, wird dies kaum ohne schwerwiegende Konflikte und emotionale wie auch soziale Krisen vonstatten gehen können.

b) *Der »sachbezogene« Lehrstil.* Dieser Lehrstil steht dem lehrerbezogenen Lehrstil gegenüber und zeichnet sich durch folgende drei Kriterien aus:

Der Lehrer kontrolliert nur einen relativ kleinen Teil des Schülerverhaltens direkt.

Der Schüler äußert verhältnismäßig viele Verhaltensformen von sich aus.

Es bestehen neben den Verstärkungen durch den Lehrer noch andere Verstärkungszusammenhänge, und der Lehrer selbst verstärkt jedes Schülerverhalten, solange es nicht antisozial ist.

Das erste dieser Kriterien verweist auf den oft beschriebenen Tatbestand, daß in diesem Lehrstil der Lehrer den Schülern mehr »zugesteht«, als dies im lehrerbezogenen Lehrstil der Fall ist. Der Lehrer verweist auch die Schüler bewußt auf andere, sachliche Bewertungsmöglichkeiten ihres Verhaltens. Stellt beispielsweise ein Schüler eine Frage nach der Rechtschreibung eines bestimmten Begriffs oder nach der Bedeutung eines Begriffes im allgemeinen, so wird der Lehrer im lehrerbezogenen Lehrstil eine Antwort geben. Beim sachbezogenen Lehrstil dagegen wird der Lehrer das Kind in beiden Fällen auf ein bereitstehendes Schülerlexikon verweisen und es daher zu einer mehr sachlichen Einstellung erziehen, weil die Verstärkung in diesem Fall nicht durch den Lehrer erteilt wird, sondern durch das Lexikon, d. h. durch einen unpersönlichen, sachlichen Zusammenhang. Auch bezieht sich dies auf eine bedeutende Einschränkung des Demonstrationsverhaltens des Lehrers überhaupt, indem der Schüler, sooft es geht, darauf verwiesen wird, sich Erkenntnisse selbst durch das Studium entsprechender Quellen, bei deren Auswahl ihm der Lehrer allerdings weitgehend behilflich sein wird, anzueignen, statt lediglich den Lehrer nachzuahmen. Die Bewertung dieser sachlich erarbeiteten Erkenntnisse soll dann ebenfalls wieder durch einen Vergleich mit entsprechendem Material ermöglicht werden und nicht so sehr durch ein Befragen des Lehrers. Auf diese Weise gibt der Lehrer sehr viel von der Kontrolle des Schülerverhaltens an sachliche Zusammenhänge ab. Ein Beispiel für eine völlige Abtretung jeder Verhaltenskontrolle vom Lehrer an sachliche Zusammenhänge ist das *programmierte Lernen,* auf das wir an späterer Stelle noch eingehen werden.

Das zweite Kriterium des »sachbezogenen« Lehrstils besagt, daß der Schüler hier bedeutend aktiver ist als unter der Bedingung des lehrerbezogenen Lehrstils, weil die Schüleraktivität an sich schon verstärkt wird. Im lehrerbezogenen Lehrstil verstärkt der Lehrer lediglich diejenigen Verhaltensäußerungen, die seinen Anordnungen genau entsprechen. Beim sachbezogenen Lehrstil dagegen ist zum einen das Kind nicht auf die alleinige Verstärkung durch den Lehrer angewiesen, und zum andern ermutigt auch der Lehrer hier jegliche Aktivität des Kindes. Die Anpassung an irgendwelche lehrergesetzte Normen ist nicht nötig, da solche nicht bestehen. Das Kind bezieht so seine Verstärkungen für seine *spontan* geäußerten Verhaltensformen einmal vom Lehrer und zum andern in hohem Maße von seinen Mitschülern und durch Vergleich mit sachlichem Material.

Besonders die Verstärkungen durch die Mitschüler nehmen beim sachbezogenen Erziehungsstil einen breiten Raum ein: Die Mitschüler – die Gruppenstruktur entspricht hier meistens dem Typ 1 (Gruppen mit intensiver gegenseitiger Wechselbeziehung) – sind gewöhnt, gegenseitig auf ihre Äußerungen zu achten, Stellung dazu zu nehmen und zu diskutieren. So wird etwa eine Verhaltensäußerung eines Kindes dadurch verstärkt, daß eine Gruppe seinen Impuls aufnimmt, ihn diskutiert und ihn vielleicht als Arbeitsprogramm übernimmt. Aber auch bereits eine einfache Beachtung und positive – etwa bestätigende – Stellungnahme durch einen Mitschüler wirkt als intensive Verstärkung. Die sachliche Verstärkung haben wir etwa dann, wenn ein Kind unter dem »sachbezogenen« Erziehungsstil vom Lehrer mit einer Frage auf das Lexikon verwiesen wurde und hier die Bestätigung für seine Vermutung finden kann. Desgleichen wird ein Kind etwa beim programmierten Lernen dadurch ständig verstärkt, daß seine richtigen

Antworten unmittelbar danach bestätigt werden, und zwar unabhängig von der Anwesenheit eines Lehrers. –

Umgekehrt wird beim sachbezogenen Erziehungsstil die Aktivität des einen Kindes durch die Aktivität des anderen Kindes eingeschränkt. Wenn alle Schüler ungehemmt »aktiv« werden, entsteht eine planlose, die Arbeit störende »laissez-faire-Atmosphäre«, von der wir unten noch sprechen wollen. Besonders in dieser Hinsicht ist wenigstens am Anfang die Hilfe des Lehrers notwendig. Die Kinder müssen lernen, die Reaktionen gegenseitig zu beachten, sich »ernst zu nehmen« und aufeinander zu hören. Dies zu erreichen, erfordert vom Lehrer ziemlich viel Geschick und psychologisches Können.

Das dritte Kriterium des sachbezogenen Erziehungsstils in der Schule hängt aufs engste mit dem eben erwähnten Ziel zusammen, diejenigen Verhaltensweisen des Kindes durch eine geschickte Unterrichtsplanung zu verstärken, die das soziale Zusammenleben der Kinder fördern. Dies bedeutet, daß zunächst alle Aktivitäten der Kinder überhaupt verstärkt werden und dann mehr und mehr diejenigen, die innerhalb der Gruppe bestehen können, die sich also nicht ausgesprochen gegen die Gemeinschaft richten.

Es hat sich nun gezeigt, daß der lehrerbezogene Lehrstil dem sachbezogenen Lehrstil dann überlegen ist, wenn es darauf ankommt, das Verhaltensrepertoire des Lehrers möglichst auf die Schüler zu übertragen. Umgekehrt ist der sachbezogene Lehrstil dem lehrerbezogenen insofern überlegen, als sein Resultat eine sachliche und gruppenorientierte Einstellung des Schülers ist. Die Menge des Gelernten als solche kann hingegen bei beiden Stilen etwa gleich sein.[229]

Diese Untersuchungen weisen indessen noch viele Ungenauigkeiten auf und können nicht ohne weiteres verallgemeinert werden. Vom Standpunkt der Verhaltenspsychologie her ist jedenfalls die Frage nicht so sehr die, ob die sozialpsychologische »Atmosphäre« in der Schule mehr »demokratisch« oder mehr »autoritär« ist, sondern genauer, *ob unter der einen oder einer anderen Bedingung mehr oder weniger Verstärkungen für die Verhaltensformen der Kinder möglich sind.*

Es liegt nun auf der Hand, daß nach dem bereits Gesagten in einer Gruppe vom Typ 1 und bei einem Lehrstil nach der »sachbezogenen« Art eindeutig mehr Verstärkungen möglich sind als bei einem lehrerbezogenen Lehrstil und bei einer Gruppenstruktur vom Typ 3.

Deshalb müßte erwartet werden können, daß unter einer solchen Bedingung nicht nur die Qualität des Gelernten, sondern auch seine Quantität beeinflußt wird. Der Schüler wird nicht nur mehr, sondern auch dauerhafter und zuverlässiger lernen, wenn er in gegenseitiger Wechselwirkung mit einer Gruppe arbeiten darf und nicht nur durch die naturgemäß begrenzten Aufmerksamkeitszuwendungen des Lehrers verstärkt wird, sondern auch durch die Reaktionen der Gruppenmitglieder und durch sachliche Selbstüberprüfung seiner Reaktionen und Einstellungen an Hand von Vergleichen mit objektivem Material (Bücher, Filme, Programme . . .). Experimentelle Bestätigungen für diese Hypothese liegen

---

[229] Vgl. dazu besonders: R. K. *White, R. Lippitt,* Autocracy and Democracy. N.Y. 1960.

indessen zur Zeit noch nicht vor. *Wohl aber lassen sich die Voraussetzungen für unsere Hypothese experimentell belegen.* Zum Beispiel hat sich in einem interessanten Experiment von *Bandura* und *Ross*[230] ergeben, daß jeweils dasjenige Verhalten nachgeahmt wird, das von der am meisten verstärkenden Person geäußert wird oder von der Person, die offensichtlich im Besitz der meisten Verstärker ist (auch wenn diese nicht eigentlich erfahren worden sind). Sie gingen dabei folgendermaßen vor: Eine Gruppe von Kindern hatte Umgang mit zwei verschiedenen Erwachsenen, von denen der eine zahlreiche Verstärker in Form von Spielsachen, Getränken, Süßigkeiten usw. hatte und der andere nicht. Einem Teil der Kinder gab der Erwachsene (mit den Verstärkern) tatsächlich konkrete Verstärkungen, dem anderen Teil nicht, obgleich diese Kinder die Verstärkungen ihrer Kameraden sehen konnten. Anschließend wurde untersucht, wie die Kinder auf die beiden Erwachsenen reagierten, welcher von beiden den größeren Einfluß auf ihr Verhalten auszuüben vermochte. Zu diesem Zweck spielten die Erwachsenen ein »Spiel« vor, das die Kinder anschließend unter sich nachspielen sollten. Jeder der beiden Erwachsenen benahm sich in deutlich verschiedener Art dabei. Als nun die Kinder das Spiel nachspielten, zeigte sich, daß das Verhalten des Erwachsenen mit den Verstärkern – gleichgültig ob das einzelne Kind nun selbst Verstärkungen erfahren hatte oder nicht – von fast allen Kindern bedeutend häufiger nachgeahmt wurde als das des anderen Erwachsenen ohne Verstärker.

Man kann also feststellen, daß der Grad, zu dem ein Mensch einen anderen in seinem Verhalten zu beeinflussen vermag, deutlich von dem Verstärkungswert des Verhaltens (des Vorbildes) abhängig ist, und der Verstärkungswert eines Verhaltens wiederum hängt ab von der Häufigkeit der Verstärkungen, die durch dieses Verhalten erwartet werden können. So sagt etwa auch *Homans* in seiner sehr interessanten Darstellung: »Ein Mensch wird zur Autorität durch die Achtung, die er von anderen Mitmenschen erfährt, und er erfährt diese Achtung in dem Maße, in dem er die Mitmenschen verstärkt.«[231] Solche Auffassungen wurden auch durch andere Untersuchungen in den letzten Jahren immer wieder untermauert.[232]

Wenn also der Lehrer im Besitz der alleinigen Verstärker in der Schulklasse ist und er allein die wirksamen Verstärkungen verteilt, so ist es kein Wunder, wenn sein Verhalten, seine Einstellungen mehr oder weniger von den Schülern übernommen werden. Welche Nachteile dies haben kann, liegt auf der Hand. Insbesondere in den wenig gegliederten Landschulen, wo die Kinder nicht allzu viele Lehrer haben, deren Verhalten sie übernehmen könnten, drängt ein und derselbe Lehrer seine Einstellungen und Verhaltensformen ganzen Gene-

---

[230] *A. Bandura,* Social Learning through Imitation. In: *M. R. Jones* (ed.), Nebraska Symposion on Motivation, Lincoln 1962, S. 250 ff.

[231] *G. C. Homans,* Social Behavior: its Elementary Forms. N.Y. 1961, S. 314.

[232] Vgl. *E. E. Maccoby,* Role-Taking in Childhood and its Consequences for Social Learning. Child Dev., 30, 1959, S. 239 ff; *P. H. Mussen, L. Distler,* Masculinity, Identification and Father-Son Relationships. J. abnorm. soc. Psychol., 59, 1959, S. 350 ff.; *B. Raven, J. R. P. French,* Legitimate Power, Coercive Power and Observability in Social Influence. Sociometry, 21, 1958, S. 83 ff.

rationen von Kindern auf! Außerdem sind die Kinder fortan von den Verstärkungen dieses Lehrers abhängig! Sie sind nicht in der Lage, ihre Verstärkungen relativ unabhängig davon sich selbst zu suchen, etwa durch sachliche Vergleiche oder durch Gruppenaktivitäten. Schließlich sind die möglichen Verstärkungen auf diese Weise überaus begrenzt, so daß auch die entsprechenden Verhaltensformen nicht so intensiv wirksam sein können.

Wenn andererseits die meisten Verstärkungen in der Schulklasse durch die Mitschüler (in der Gruppe) und durch sachliche Vergleiche (im Sinne des sachbezogenen Lehrstils) erfolgen, so wird – nach den zitierten Ergebnissen – die sachliche Einstellung der Kinder und ihr soziales Gruppeninteresse immer mehr verstärkt und der Lehrer selbst nicht mehr als die alleinige Autorität nachgeahmt. Auf diese Weise wird das Kind mehr und mehr unabhängig von den Lehrerverstärkungen und schließlich auch von den Verstärkungen durch einen bestimmten Menschen überhaupt und kommt in die Lage, sich seine Verstärkungen selbst durch sachliche Vergleiche und Auswertungen seiner Arbeit zu erwerben.[233] Dadurch sind schließlich bedeutend *mehr* und intensivere Verstärkungen möglich, als wenn das Kind lediglich auf die Verstärkungen durch den Lehrer (oder andere Mitmenschen) angewiesen ist.

Ist es ein wesentliches Ziel der Erziehung, zur Mündigkeit und zum selbständigen Lernen hinzuführen, so läßt sich dies nur dadurch erreichen, daß – im Sinne unserer bisherigen Darstellung in diesem Abschnitt – soziale Gruppen vom Typ 1 und ein Lehrstil von der Art »sachbezogen« in der Schule vorherrscht.

Das Ergebnis eines solchen Vorgehens wird also zunächst ein besseres Lernen sein. Daneben und darüber hinaus aber ist es erst dadurch möglich, sog. »demokratische« Einstellungen im jungen Menschen zu verankern. *Das bloße Wissen über die Zusammenhänge einer demokratischen Verwaltung genügt nämlich nicht, um demokratische Verhaltensformen aufzubauen!* Es ist geradezu unsinnig, anzunehmen, dadurch, daß ein Kind wisse, wie der Bundespräsident und die Bundestagsabgeordneten heißen, komme es auch zu einer positiven Einstellung zu deren Arbeit! Und wir können nicht annehmen, daß das bloße Ermahnen, »demokratische« Praktiken in der Schule auszuüben, wirklich zu demokratischen Gesinnungen führt! Wie sollen aber nun, abgesehen von dem sicherlich wichtigen *Wissen* um die staatsbürgerlichen Zusammenhänge, das in der Staatsbürgerkunde gelernt wird, die staatsbürgerlichen Verhaltenseinstellungen gelehrt werden?

Nach allem, was bereits gesagt wurde, ist dies nur möglich auf dem Weg über den sachbezogenen Lehrstil und über die Gruppenstruktur vom Typ 1. Wir müssen uns nämlich auch bei dieser Erziehungsaufgabe zuerst fragen, in welchen konkreten Verhaltensformen sich eigentlich eine »demokratische« Einstellung äußern soll! Es ist erstaunlich, wie wenig durchdacht dieser Zusammenhang ist und wie wenig die meisten Menschen mit dem Stich-(oder besser oft Schlag-)Wort der »demokratischen« Einstellung verbinden. Vom Standpunkt der Verhaltens-

---

[233] Man kann sich denken, daß auf diese Weise ein mehr »innengesteuerter« Menschentyp möglich wird, der im Gegensatz zu einem »außengesteuerten« Menschen, zwar von seinen Mitmenschen nicht unabhängig, aber doch nicht in seinen Entschlüssen und werthaften Einstellungen von ihnen dauernd beeinflußt wird. Vgl. dazu: *D. Riesman, N. Glazer, R. Denney,* The Lonely Crowd. N.Y. 1953.

psychologie her können wir aber sagen, daß es mindestens folgende Verhaltensformen sind, die wesentlich zu einer demokratischen Einstellung hinzugehören und die alle durch entsprechende Verstärkungen (bzw. durch planmäßige Verhaltensformung) zustande gebracht werden können:

1. Der demokratisch erzogene Schüler hat gelernt, seine Intentionen auf die Intentionen seiner Mitmenschen abzustimmen. Dies bedeutet nicht, auf die Äußerung eigener Pläne und Wünsche zu verzichten oder sie umgekehrt rücksichtslos gegen die anderen Menschen durchzusetzen, sondern ein Verständnis für die Absichten und Bedürfnisse der Mitmenschen zu entwickeln und die eigenen Absichten und Bedürfnisse auf diese mitmenschlichen Gegebenheiten abzustimmen.

2. Der demokratisch erzogene Schüler erwartet nicht von einem anderen Menschen Befehle, Anordnungen und Verstärkungen für gehorsames Ausführen dieser Anordnungen, sondern er entwickelt seine eigenen Pläne in Abstimmung mit denen der anderen und ist schließlich fähig, die Verstärkung dafür aus der eigenen sachlichen Feststellung heraus abzuleiten.

3. Der demokratisch erzogene Schüler ist bestrebt, sein konkretes Wissen in allen Bereichen ständig zu erweitern, um in der Lage zu sein, in der Zusammenarbeit mit den anderen Schülern (und später mit Erwachsenen) möglichst konstruktive Hilfen leisten zu können. Er verstärkt die sozialgerichteten Verhaltensäußerungen der Mitschüler, indem er sie beachtet und aufgreift, und wird seinerseits von ihnen wiederum dadurch verstärkt, daß diese auf seine Vorschläge achten und sie, je nach Zweckmäßigkeit, aufgreifen. So wird er insofern zur »Autorität« für seine Mitmenschen, als er sie verstärkt für ihr sozialgerichtetes Verhalten, und umgekehrt erkennt er die Autorität der Mitmenschen an, insofern diese seine sozialgerichteten Intentionen und Darstellungen verstärken.

Zusammenfassend über diesen Abschnitt über die Bedeutung der sozialpsychologischen Wechselbeziehungen für das Lernen können wir mithin wiederholend folgende Punkte herausstellen:

1. Lernen ereignet sich in sozialen Zusammenhängen. Es ist daher sowohl für die Quantität als auch für die Qualität des Lernens ausschlaggebend, die beste sozialpsychologische Struktur in der Schule zu benützen.

2. Unter den drei möglichen Typen der Sozialstruktur innerhalb der Schulklasse erschien der Typ 1 als der geeignetste (Wechselbeziehungen zwischen den Gruppenmitgliedern, die über längere Zeit hinweg zusammenarbeiten).

3. Durch das Arbeiten in einer Gruppe (auch ohne tatsächliche Wechselwirkung) werden meistens die Arbeitsleistungen des einzelnen Kindes erhöht.

4. Bei einer Gruppenstruktur nach Typ 3 (keine Wechselbeziehung zwischen den Gruppenmitgliedern, lediglich Ausrichtung auf den Lehrer als alleinigen Verstärker) kommt es leicht zur bloßen Nachahmung der Verhaltenseinstellungen des Lehrers, da er es ist, der alle wirksamen Verstärker in der Klasse in Händen hält und verteilt. Hierdurch werden nicht nur zu wenig wirksame Verstärkungen, sondern auch zu einseitige erfahren.

5. Imitationsverhalten ist zum größten Teil lernbar. Es hängt ab von den erfahrenen Verstärkungen. Sozialpsychologisch bedeutet dies, daß derjenige zur

»Autorität« und zum »Vorbild« für seine Mitmenschen wird, der es versteht, deren Verhaltensformen zu verstärken.

6. Der sachbezogene Lehrstil hat bedeutende Vorzüge gegenüber dem lehrerbezogenen Lehrstil. In diesem Zusammenhang kommt dem programmierten Lernen eine besondere Bedeutung zu, da es eine konsequente Anwendung dieser Erkenntnis bedeutet. Aber auch im nichtprogrammierten Unterricht läßt sich der sachbezogene Lehrstil durch Beachtung seiner verschiedenen Kriterien leicht verwirklichen.

7. Eine demokratische Erziehung ist nur möglich, wenn geklärt wird, worin die demokratischen Verhaltensmerkmale bestehen sollen. Dies wurde vom verhaltenspsychologischen Standpunkt aus versucht. Es zeigte sich, daß eine demokratische Erziehung – abgesehen von der nötigen Wissensseite der Staatsbürgerkunde – nur möglich ist, wenn eine Sozialstruktur vom Typ 1 und ein Lehrstil vom Typ »sachbezogen« vorherrscht.

8. Während sich durch verschiedene Experimente die Hypothesen, die zu der Folgerung von Punkt 7 hinführen, belegen lassen, liegen doch so gut wie überhaupt keine stichhaltigen Untersuchungsergebnisse zu diesem Problem vor. Hier könnte ebenfalls die Forschung des Lehrers in der Zukunft ein reiches Tätigkeitsfeld finden.

VII. DAS PROGRAMMIERTE LERNEN UND DIE LEHRMASCHINEN ALS EINE ANWENDUNG VERHALTENSPSYCHOLOGISCHER ERKENNTNISSE ÜBER DAS LERNEN

Das programmierte Lernen und die Lehrmaschine sind wohl die konsequenteste praktisch-pädagogische Anwendung der Erkenntnisse über das operative Konditionieren und die Bedeutung der Verstärkung für Motivation, Sozialisierung, Transfer, emotionale Entwicklung usw. Außerdem sind durch die Technik des programmierten Lernens neue Forschungsmöglichkeiten entdeckt worden, die vorher nicht bestanden haben. Beispielsweise wurden in fast allen lernpsychologischen Bereichen (einschließlich dem Bereich der Entwicklungspsychologie und der Motivationspsychologie) verschiedene »Postulate« als Vorurteile akzeptiert, die weitere Forschungen auf den entsprechenden Gebieten fast unmöglich gemacht hatten. So wurde allgemein angenommen, die Bereitschaft, verschiedene Fertigkeiten zu lernen (etwa das Lesen), sei an ein ganz bestimmtes Alter gebunden (es hätte wenig Sinn, etwa vor dem 6. Lebensjahr damit zu beginnen) oder das schulische Lernen sei grundsätzlich nur durch die Vermittlung eines Lehrers möglich etc. Gerade durch die Untersuchungen über und mit programmiertem Lernen zeigt sich aber, daß weitgehende Revisionen vorgenommen werden müssen.

Vor allem aber ist es durch das programmierte Lernen möglich geworden, die Erkenntnisse im Zusammenhang mit dem Vorgang der Verhaltensverstärkung nicht nur (wie bisher) dilettantisch, sondern unter wissenschaftlich-objektiver Kontrolle anzuwenden und sogar technische Apparate zu verwenden, die nicht nur Stoffe darbieten (wie Filme, Bücher etc.), sondern zugleich ihre Verarbeitung durch den Schüler überwachen und bewerten und dadurch eine genau steuerbare Verstärkung ausüben.

Wir können und wollen an dieser Stelle nicht auf die ganze Problematik des programmierten Lernens und der Lehrmaschinen eingehen, weil wir dies an anderer Stelle bereits getan haben;[234, 235] hier soll es lediglich darum gehen, den Ort des programmierten Lernens innerhalb der Anwendung verhaltenspsychologischer Erkenntnisse auf die praktische Pädagogik aufzuzeigen.

Wir können drei Komponenten nennen, die dem programmierten Lernen und dem Lernen mit Lehrmaschinen zugrunde liegen:

1. Das programmierte Lernen beruht auf der Voraussetzung, daß Lernen eine Verhaltensänderung ist, wobei das Verhalten als »operatives Verhalten« (vgl. oben, 3. Kapitel) verstanden wird.
2. Operatives Verhalten läßt sich maschinell und nichtmaschinell formen.
3. Diese Verhaltensformung stellt eine Anwendung experimenteller Methoden dar, die vorher in vielen Tierexperimenten entwickelt worden sind.

Diese drei Komponenten sind auf Grund der Ausführungen im 3. Kapitel verständlich.

Die ganze pädagogische Bedeutung des programmierten Lernens und damit die psychologische Bedeutung des verhaltenspsychologischen pädagogischen Ansatzes ist zur Zeit wohl noch nicht in ihrer ganzen Tragweite zu übersehen. Es ist aber sicher, daß dadurch eine Revolution im Erziehungswesen herbeigeführt werden kann und auf jeden Fall ein neuer, spezifisch pädagogischer Zugang zur pädagogischen Psychologie ermöglicht wurde. Hat sich die pädagogische Psychologie bisher häufig damit begnügt, die Bedingungen zu erforschen, unter denen sich »Lernen« ereignet und verschiedene wichtige Vorgänge und Begriffe in diesem Zusammenhang zu klären, *so zeichnet sich unter dem verhaltenspsychologischen Einfluß ein deutlicher Wechsel zu den Fragen der praktischen Manipulierbarkeit dieser Bedingungen ab, also zu einer experimentellen Untermauerung der praktischen Pädagogik.* Diese Bestrebungen kommen am reinsten im programmierten Lernen zum Ausdruck.

Da sowohl die Wirksamkeit des programmierten Lernens ohne Maschine als auch das Lernen mit der Maschine wesentlich von der Güte des verwendeten Programms abhängig ist, wollen wir uns zuerst mit dem Programm und dem Programmieren kurz befassen:

1. Das Programm und das Programmieren

So verschieden die Auffassungen einzelner Vertreter der Forschung in diesem Bereich auch sein mögen, so sind sie sich doch alle darin einig, daß das Programm entsprechend den oben erwähnten drei Komponenten des programmierten Lernens folgende *grundsätzliche Charakteristika* zeigen muß:

---

[234] *W. Correll,* Programmiertes Lernen und schöpferisches Denken. München 1965.
[235] *W. Correll* (Hrsg.), Programmiertes Lernen und Lehrmaschinen, 2. Aufl., Braunschweig 1966, und *ders.,* Lernen und Denken. Beiträge des Programmierten Lernens zur Methodik des Unterrichts. Braunschweig 1967.

1. Das Programm – als Instrument zur operativen Verhaltensformung – soll den Lernenden zu möglichst häufigen Reaktionen veranlassen. Es läßt ihn nicht bloß passiv »Informationen« aufnehmen! Das Programm verwirklicht also den alten pädagogischen Grundsatz der Schüleraktivität.

2. Diese Reaktionen des Lerners müssen durch das Programm möglichst sofort bestätigt oder korrigiert werden. Jede »Wartezeit« muß vermieden werden, weil sonst andere, dazwischenliegende Verhaltensformen verstärkt werden können, statt der eigentlichen zu verstärkenden Lernreaktion.

3. Der Lernende muß durch die elementare Anordnung der programmierten Lernschritte die Möglichkeit haben, seinem eigenen, individuellen Arbeitstempo entsprechend vorzugehen.

4. Da sich jedes Verhalten grundsätzlich in seine elementaren Verhaltensteile aufgliedern läßt, läßt sich auch jedes Lehrgut programmieren. Es muß lediglich zuerst festgestellt werden, worin das zu lehrende Gut verhaltenspsychologisch zum Ausdruck kommt (wie es sich im konkreten Verhalten zeigt).

5. Die optimale Struktur eines Programmes soll experimentell und graduell dadurch entwickelt werden, daß – ausgehend von bestimmten Programmierungs-grundsätzen[236] – die verschiedenen Programmentwürfe in zahlreichen Vorversuchen mit Lernenden entsprechend den Reaktionen der Schüler auf die einzelnen Aufgaben fortschreitend verbessert werden. Auf diese Weise muß es möglich sein, die vorhandenen Fähigkeiten und Kenntnisse der zu lehrenden Schüler so genau zu berücksichtigen, daß die mögliche Fehlerzahl bei den elementaren Programmschritten (zwischen den einzelnen Aufgaben) auf ein Minimum (z. B. etwa 5–10⁰/o) beschränkt bleibt.

Im Sinne dieser Charakteristika könnte man ein Programm definieren als ein Instrument zur schrittweisen Veränderung des Verhaltens durch Herausforderung entsprechender, genau vorausgeplanter Reaktionen und ihre sofortige Verstärkung, so daß der Lernende von einem Ausgangsverhalten zu einem präzise festgestellten Zielverhalten fortschreitet.

Aus dieser Definition geht u. a. hervor, daß das Programm nicht zu verwechseln ist mit einem Instrument, das lediglich Informationen darbietet (wie etwa ein Film, ein Tonband, ein Buch etc.), sondern daß es Reaktionen vom Lernenden erfordert, die es selbst wiederum verstärkt, so daß Verhaltensformen entwickelt werden. Aus diesem Grunde läßt sich auch die Frage beantworten, ob das Gerät, das ein Programm ohne Lehrervermittlung an den Lernenden heranbringt, eine *»Lehrmaschine« oder eine »Lernmaschine«* genannt zu werden verdient: Da das Programm nicht nur Informationen (oder Stimuli) darbietet, sondern die Reaktionen darauf auch kontrolliert und verstärkt, handelt es sich um ein Gerät, das den Lernprozeß nachahmt, weshalb die Bezeichnung »Lernmaschine« gerechtfertigt ist. Andererseits ist es aber auch nicht verkehrt, von »Lehrmaschinen« zu sprechen, denn das Programm lehrt ja, indem es den Lernprozeß darstellt. Die beiden Bezeichnungen sind, mit anderen Worten, durchaus synonym und werden in der Literatur auch so gebraucht.

---

[236] Vgl. dazu: *W. Correll,* Programmiertes Lernen und schöpferisches Denken. 3. Aufl., München 1966.

Der Anfang des *Programmierens* (d. h. des Erstellens eines Programms) ist demnach die verhaltenspsychologische Analyse dessen, was das »Ziel« des betreffenden Lehrens sein soll. Der Programmierer muß genau feststellen, was er eigentlich erreichen will, und zwar in eindeutigen Begriffen, die deutlich machen, durch welche Eigenschaften sich das *Zielverhalten* vom *Ausgangsverhalten* des Lernenden unterscheiden soll. »Wenn einmal das Zielverhalten genau identifiziert ist, kann geplant werden, wie der Lernende graduell dorthin gebracht werden kann«, sagt *Stolurow*.[237]

Die einzelnen Reaktionen des Lernenden auf die durch das Programm an ihn herangebrachten Lernstimuli sind in der Regel so aufeinander bezogen, daß die vorangehende Reaktion richtig gelernt sein muß, ehe die nachfolgende gegeben werden kann. Als Beispiel für diesen allgemeinen Aufbau eines Programms kann nachfolgendes Zitat aus einem programmierten Lehrbuch für Verhaltenspsychologie dienen:[238]

Ein Lernprogramm nach dem Konstruktions-Antwort-System, linear

Werner Correll und *Hugo Schwarze:* Lernpsychologie Programmiert. Programmiertes Lehrbuch der Lernpsychologie. 2. Aufl. Donauwörth 1970.

Vorbemerkung: Das Buch ist so eingeteilt, daß jede Seite in Streifen mit je einer Lerneinheit untergliedert ist. Man liest nun nicht von oben nach unten, sondern man beginnt bei der oberen Lerneinheit und blättert dann zur nächsten Seite, wo man oben die Einheit 13-1 findet, dann zur nächsten Seite, wo sich oben Einheit 13-2 findet usw. Bei 13-4 angekommen, blättert man wieder zum Anfang, aber auf den zweiten Streifen usw.

Die Beispiele finden sich auf S. 253–257.

Die einzelnen Aufgaben folgen in logischer, dichter Reihenfolge aufeinander und ermöglichen richtige Antworten bei den meisten Lernenden (die Fehlerzahl übersteigt 10% bei diesem Programm für Hochschulstudenten nicht). Das richtige Lösen einer Aufgabe bedeutet insofern eine Verstärkung für den Lernenden, als er jeweils durch den Vergleich seiner Antwort mit der im Programm als richtig vorgesehenen für seine Leistung sachlich »belohnt« wird und zur nächsten Aufgabe weiterschreiten kann. Wir lassen zunächst außer acht, ob im einzelnen Programm die Antwort des Schülers konstruiert und aufgeschrieben oder lediglich ausgewählt werden muß (Konstruktionsantwort-Methode oder Auswahlantwort-Methode). Je öfter der Lernende für seine Reaktionen verstärkt wird, desto sicherer werden sie behalten und desto besser wird die Motivation für das betreffende Lerngebiet. Es kommt also darauf an, Frustrationen in Form von Fehlern von vornherein nach Möglichkeit zu vermeiden und statt dessen durch eine entsprechend konsequente Planung der Größe der einzelnen Lernschritte Erfolgserlebnisse bzw. Verstärkungen herbeizuführen.

Daß es andererseits aber auch durchaus möglich ist, aus gemachten Fehlern nachträglich zu lernen, beweisen die Ansätze der verzweigten Programme, auf die wir unten noch zu sprechen kommen wollen. Im allgemeinen jedoch gilt das

---

[237] *L. M. Stolurow,* Teaching by Machine. Washington DC, Cooperative Research Monograph, Nr. 6, 1961, S. 85.
[238] *J. G. Holland, B. F. Skinner,* The Analysis of Behavior. N.Y. 1961 (aus Kap. 2).

vielbewährte pädagogische Prinzip, daß es besser ist, Fehler zu vermeiden als sie nachträglich zu korrigieren, auch für das Programmieren.

Neben der logischen Ordnung der relativ kleinen Lernschritte kommt es beim Programmieren grundsätzlich darauf an, daß eine einmal aufgebaute Reaktion unter einen neuen Stimulus gebracht wird. Beispielsweise kann man in einem Geographie-Programm zuerst eine Landkarte mit allen ausgeschriebenen Städte- und Flüssenamen zeigen und dazu einige Fragen stellen, die gelöst werden können, indem man einfach die Karte liest. Nach und nach bleiben nun einzelne und schließlich alle Namen in der Karte weg, und der Lernende ist dann in der Lage, die gesuchten Reaktionen auch ohne die Kartennamen – aus dem Gedächt- nis – zu geben, so daß die Reaktion graduell unter die Steuerung eines bloß ver- balen Stimulus gelangt. Ähnliche Techniken bestehen darin, daß man zuerst Bei- spiele für eine gesuchte Regel oder umgekehrt eine Regel und darauf aufbauend verschiedene Beispiele gibt, so daß der Lernende jeweils eine gelernte Reaktion unter neuen Stimulusbedingungen äußern lernt. In Verbindung damit steht die Verwendung von Stichworten zur Beantwortung einer Frage in der Fragestel- lung selbst und das allmähliche Weglassen dieser Bearbeitungshilfen in den spä- teren Stadien des Programms (»prompting« und »vanishing«). Insbesondere beim Fremdsprachenprogramm hat sich dies bewährt, aber auch bei anderen Pro- grammen ist es eine bewährte Methode, die gesuchte Reaktion etwa zuerst in Form einer Definition zu geben und sie dann vom Lernenden in einem neuen Bei- spiel suchen zu lassen, z. B.: »Ein psychologischer Fachausdruck für ›Belohnung‹ ist Verstärkung. Einen Organismus durch Nahrungsverabreichung zu belohnen heißt also, ihn durch Nahrung zu . . .«[239]

In dem bekannten »Ruleg-System« von *Homme* und *Glaser*[240] wird diese Er- kenntnis zu der für alle verbalen Programme gültigen Anwendung verarbeitet, daß sämtliche Programmaussagen entweder Regeln (»ru«) oder Beispiele (»eg«) sind und daß nun sowohl die Regeln als auch die Beispiele als lösungserleichternde Stichworte benutzt werden können, um die Stimulus-Verallgemeinerung zu er- möglichen.

Die Regeln und Beispiele sind dann außerdem noch in vollständige und unvollständige zu unterscheiden, wobei der Lernende jeweils die unvollstän- digen Aussagen ergänzen muß, indem er entsprechende Erkenntnisse aus der vorausgegangenen Feststellung ableitet. Fortschreitend werden auch die erfor- derlichen Ergänzungen immer größer, d. h. die unvollständigen Regeln und Bei- spiele werden zunehmend »unvollständiger«, so daß entsprechend dem graduel- len Rückzug von Lösungshilfen schließlich eine ganze Regel oder ein ganzes Beispiel vom Lernenden gefunden werden muß.[241]

Im allgemeinen jedoch hat es sich am besten bewährt, ein Programm nicht ausschließlich auf solche Techniken der Stichworthilfen aufzubauen, sondern auch

[239] *J. G. Holland, B. F. Skinner,* The Analysis of Behavior. N.Y. 1961, S. 165.

[240] Vgl. *J. L. Evans, R. Glaser, L. E. Homme,* The Ruleg-System for the Construc- tion of Programmed Verbal Learning Sequences. Pittsburgh 1960.

[241] Vgl. ausführlichere Diskussion in *W. Correll,* Programmiertes Lernen und schöp- ferisches Denken. 3. Aufl., München 1966.

Programmiertes Lernen

aus: W. Correll
u. H. Schwarze,
Lernpsychologie
Programmiert,
Donauwörth 1970²,
Lektion 13

bitte umblättern

Verstärkung	Der Verstärkung kommt also im Lernprozeß eine zentrale Bedeutung zu. Dieser Sachverhalt ist im Bereich des .... (programmierten/konventionellen) Unterrichts noch immer nicht genügend berücksichtigt worden.
13-4	**13-5**

---

konventionellen	Hinzu kommen noch weitere lerntheoretische Erkenntnisse, die ebenfalls nicht optimal im .... verwirklicht werden können.
13-9	**13-10**

---

konventionellen Unterricht	Als neue Form des Lehrens und Lernens bietet sich hier das .... Lernen an, in dem die oben aufgestellten Forderungen weitgehend realisierter sind.
13-14	**13-15**

Lerneinheiten	Sofort nach der Beantwortung der Frage kann der Lernende die Richtigkeit seiner .... überprüfen.
13-19	**13-20**

Lernen ist, verhaltenspsychologisch definiert, ein Prozeß der ....

13-1

---

konventionellen

So müssen nach einer Schätzung Skinners etwa 50 000 .... -verbindungen geschaffen werden, um das mathematische Verhalten aufzubauen, das ein Schüler nach 4 Schuljahren aufweisen sollte.

13-5

13-6

---

konventionellen
Unterricht

Denken Sie z. B. daran, was wir über die Bedeutung der primären und sekundären Motivation gesagt haben. Wir hatten festgestellt, daß die ....
Motivation (Aktivität um dieser Aktivität willen) für den Lernerfolg am günstigsten ist.

13-10

13-11

---

programmierte

Wir werden daher nachfolgend die wichtigsten Prinzipien des .... in einem kurzen Abriß darstellen.

13-15

13-16

Antwort
(Reaktion)

Nach der Art der geforderten Antwortleistung unterscheidet man nun zwei Formen des Programmierens: die Konstruktions-Antwort-Programmierung und die Auswahl-Antwort-Programmierung. Wird (wie zumeist in den vorliegenden Programmen) vom Lernenden eine selbst gegebene schriftliche Antwort verlangt, so handelt es sich um eine ....-Antwort.

13-20

13-21

254

Verhaltensänderung	Das .... kann jedoch nur verändert und geformt werden, wenn es zuvor geäußert werden konnte.
13-1	13-2
Verstärkungs-	Daran gemessen ist die Anzahl der Verstärkungen, die der Schüler wirklich vom Lehrer erhält, sehr .... (gering/groß).
13-6	13-7
primäre	Dabei wirkt die Beschäftigung mit einer Sache selbst verstärkend (sachliche Verstärkung). Im konventionellen Unterricht ist es jedoch im allgemeinen der .... der Verstärker darbietet.
13-11	13-12
programmierten Lernens	In einem Lernprogramm wird der Lehrstoff so dargeboten, daß er ohne Hilfe eines Lehrers oder eines weiteren Hilfsmittels erworben werden kann. Programmiertes Lernen vollzieht sich also in einem „Gespräch" zwischen dem Lernenden und dem ....
13-16	13-17
Konstruktions-	Werden dagegen mehrere mögliche Antworten vorgegeben, von denen der Lernende die richtige auszuwählen hat, so wird dies als .... bezeichnet.
13-21	13-22

Verhalten	Die Verhaltensformung wird erreicht, indem die gewünschten Verhaltensweisen, wenn sie auftreten, ... werden.
13-2	13-3
gering	Allerdings ist es einem Lehrer auch beim besten Willen praktisch nicht möglich, jedem Schüler auch nur annähernd so viele .... zu verabreichen, wie zum wirksamen Aufbau eines .... erforderlich sind.
13-7	13-8
Lehrer	Abgesehen davon, daß die Darbietung der Verstärkung durch den Lehrer eine Einstellung auf die .... selbst erschwert, kann auch der Lernprozeß durch die dabei auftretenden Sympathie-Antipathie-Beziehungen gestört werden.
13-12	13-13
Lernprogramm	Das Lernprogramm kann so als ein Selbstinstruktionsmittel bezeichnet werden, da dem Lernenden im Programm alle Informationen zur erfolgreichen Bearbeitung des Lehrstoffes geboten werden. Der Lernende kann sich also im Programm ....
13-17	13-18
Auswahl-Antwort	Eine weitere Unterscheidung der Programmierungsform betrifft den Programmverlauf. Hier unterscheidet man zwischen einer linearen Programmierungsform und einer verzweigten Programmierungsform. Ist ein Programm geradlinig aufgebaut, so daß jeder Lernende jede Lerneinheit nacheinander zu bearbeiten hat, so liegt ein .... Programm vor.
13-22	13-23

verstärkt	Soll nun ein Lernprozeß wirksam unter Kontrolle gebracht werden, so ist es erforderlich, den Lernstoff in kleinen Schritten darzubieten und nach jedem bewältigten Lernschritt eine .... folgen zu lassen.
13-3	13-4

a) Verstärkungen b) Verhaltens	Diese Feststellung impliziert eine erhebliche Kritik an der Wirksamkeit des .... (programmierten/konventionellen) Unterrichts.
13-8	13-9

Sache (Aktivität)	Nehmen wir noch hinzu, daß der Unterricht (u. a.) eine hohe Schüleraktivität bewirken und ein individuelles Lerntempo ermöglichen soll, so wird deutlich, daß dem .... hier enge Grenzen gesetzt sind.
13-13	13-14

selbst instruieren	Das Programm besteht aus einer Reihe kleiner, überschaubarer Lerneinheiten, die dem Lernenden nacheinander dargeboten werden. Die .... (eng. „frames") enthalten Informationen und/oder Fragen, die vom Lernenden zu beantworten sind.
13-18	13-19

lineares	Ist das Programm jedoch so aufgebaut, daß der Lernende je nach seinen Antworten auf kürzerem oder längerem Wege zum Lernziel gelangen kann, so haben wir ein ....
13-23	13-24

Reaktionen zu verlangen, die ohne Stichworte gefunden werden müssen. Solche Ergebnisse fanden auch *Angell* und *Lumsdaine* in ihrer interessanten Untersuchung darüber.[242]

Im Unterschied zu dem Programmstil, bei dem der Lernende auf jede Programmfrage eine Antwort selbst *konstruieren* muß, indem er etwa das fehlende Wort einsetzt oder den gesuchten Satz ergänzt etc., steht derjenige Programmstil, bei dem der Lernende lediglich die richtige Antwort aus einer Reihe von vorgegebenen möglichen Antworten *auswählen* muß. Die letztere Technik bezeichnet man als die *Auswahl-Antwort-Technik* und die erstere als die *Konstruktions-Antwort-Technik*. Die Konstruktions-Antwort-Technik wurde besonders von *Skinner* eingeführt und empfohlen, da in ihr der Gedanke der Verstärkung am eindeutigsten verwirklicht wird. Die Auswahl-Antwort-Technik dagegen spielt eine zentrale Rolle bei den *verzweigten Programmen* (im Unterschied zu den bisher behandelten *linearen* ([Skinnerschen] Programmen), wie sie zuerst von *Crowder*[243] entwickelt worden sind. Bei dem verzweigten Programm kommt es nun nicht wie beim linearen Programm so sehr darauf an, die einzelnen Lernschritte so elementar zu halten, daß möglichst wenig Fehler gemacht werden, sondern es geht hier darum, aus gemachten Fehlern möglichst viel zu lernen. Eine verkehrte Antwort lenkt den Schüler auf eine »Verzweigung« des Programms, in der ihm die Frage nochmals unter Berücksichtigung des Irrtums erklärt wird, so daß er nunmehr mit um so größerer Wahrscheinlichkeit die richtige Antwort auswählen kann, woraufhin er dann zur nächsten Frage weitergeleitet wird. Eine typische Form dieser verzweigten Auswahl-Antwort-Programme sind die *Mischbücher* (»scrambled books«) von Crowder und seinen Schülern und Mitarbeitern, in denen der Leser nicht von einer Seite zur nächsten fortschreitet, sondern jeweils zu derjenigen Seite weiterblättert, die hinter der von ihm ausgewählten Antwort auf eine Frage vermerkt ist. Dort wird ihm sodann deutlich gemacht, in welcher Hinsicht seine Antwort richtig war und wo sie verkehrt ist.

Andererseits gibt es auch die Auswahl-Antwort-Technik ohne Verzweigung. Hierbei soll der Lernende lediglich zwischen den vorgegebenen Antworten auf eine gestellte Frage auswählen, so daß, entsprechend der normalerweise größeren Fähigkeit des Menschen, einen Sachverhalt wiederzuerkennen, als ihn zu erinnern und frei zu konstruieren, hier wiederum die Lernschritte größer gehalten werden können als beim Konstruktions-Antwort-Programm.

Die naheliegende Frage, welches Programmierungsschema sich am besten bewährt habe, läßt sich nicht eindeutig beantworten. Offensichtlich spielen verschiedene Variable dabei eine entscheidende Rolle, so z. B. die psychische Struktur (und das Alter) der Lernenden und besonders auch die Natur des programmierten Lernstoffes. Es wurden die verschiedensten reinen und kombinierten Techniken ausprobiert, einschließlich der Verwendung von elektronischen Appa-

[242] D. Angell, A. A. Lumsdaine, Prompted and Unprompted Trials versus Prompted Trials only in paired-associate Learning. In: *A. A. Lumsdaine* (ed.), Student Responses in Programmed Instruction, Washington 1961, S. 389 f.
[243] N. A. Crowder, Automatic Tutoring by Intrinsic Programming. In: *A. A. Lumsdaine, R. Glaser* (ed.), Teaching Machines and Programmed Learning, Washington 1960, S. 286 ff.

raten,[244] und es hat sich ergeben, daß im allgemeinen wohl eine Kombination aus linearen und verzweigten Techniken am erfolgreichsten sein kann. Dies bedeutet, daß man z. B. von einer linearen Konstruktions-Antwort-Technik ausgehen kann und daß man dann an denjenigen Stellen, die sich in den Vorversuchen als besonders schwierig erweisen, eine Auswahl-Antwort-Frage einbaut, die schließlich zu einer Verzweigung hinführen kann. Auch *Skinner* selbst ist nicht der »radikale« Anwalt für absolut lineare Programme, als der er manchmal in der Literatur bezeichnet wird, sondern er verwendet gelegentlich selbst Verzweigungen und Auswahl-Antwort-Techniken in seinen Lernmaschinenmodellen.

2. Das Prinzip der Verstärkung als Zentrum des Programmierens

Die Wirksamkeit des programmierten Lernens – gleichgültig welcher Art – beruht in erster Linie auf der größeren Verstärkung, die durch diese Form des Lernens vermittelt wird. Verhaltensformen kommen, wie schon dargestellt, nur durch Verstärkungen zustande und können auch nur durch Verstärkungen erhalten werden. Wo die Verstärkung ausbleibt, da wird eine Reaktion schwächer und schwächer und kommt schließlich zur Extinktion. Verstärkt kann indessen nur eine Verhaltensform werden, die tatsächlich geäußert wird. Dies bedeutet, der Schüler muß selbst aktiv werden, er muß sogar *eindeutig* aktiv werden, damit durch entsprechende Vergleiche festgestellt werden kann, ob die betreffende Reaktion im Sinne der Fragestellung richtig ist oder nicht. Von hier her ergibt sich ein deutlicher Vorzug der Konstruktions-Antwort-Technik, die eine eindeutige, meist schriftliche Festlegung (Formulierung) der Reaktion erfordert, gegenüber der Auswahl-Antwort-Technik, wo die Aktivität des Lernenden weniger eindeutig ist, indem sie sich bloß auf das Auswählen einer vorgegebenen Antwort beschränkt. Auch kann das Auswählen einer falschen Antwort bereits eine gewisse Teilverstärkung bedeuten, so daß die verkehrte Antwort, wenn sie auch gleich darauf korrigiert wird, dennoch im Gedächtnis haften bleibt, was wiederum nicht erwünscht ist.

Besonders wichtig innerhalb des Prinzips der Verstärkung beim Programmieren ist der Gedanke der *graduellen Annäherung*, von dem wir ebenfalls bereits gesprochen haben, als wir die (*Skinner*schen) Tierexperimente charakterisierten und dargestellt haben, wie im Vorgang des *operativen Konditionierens* der Organismus nicht sofort für die (zufällig) richtig dargestellte Verhaltensform verstärkt wird, sondern wie er graduell zur richtigen Verhaltensform hingeführt werden kann, indem zunächst kleine und kleinste Teile der komplexeren Verhaltensform verstärkt werden. (Die Taube, die sich zweimal um sich selbst drehen sollte, wurde zuerst dafür verstärkt, daß sie den einen Fuß leicht anhob, daß sie den Kopf in die gewünschte Richtung drehte usw.) Beim Programmieren geht man nun ebenfalls grundsätzlich davon aus, daß das mehr oder weniger komplexe Verhalten, das das Ziel des Programms darstellt, aus vielen »An-

---

[244] Vgl. z. B. *J. C. R. Licklider*, Preliminary Experiments in computer-aided Teaching. In: *J. E. Coulsen* (ed.), Programmed Learning and computer-based Instruction, N.Y. 1962, S. 217 ff.

näherungen« zusammengesetzt werden kann, wobei zuerst grobe und ungefähre Annäherungen an die Lösung verstärkt werden können und später nur noch die feineren und direkteren Reaktionen, während die anderen verlöschen können. Eine solche Konstruktion setzt auf der Seite des Programmierers voraus, daß er nicht nur das Teilverhalten genau kennt, sondern auch die kleinen Teilschritte, die zu ihm hinführen, als Programmaufgaben berücksichtigt.

Auch wenn es sich – wie bei den meisten Fällen des verbalen Verhaltens – nicht eigentlich um eine schrittweise Annäherung an ein Zielverhalten handelt, sondern mehr darum, eine bereits vorhandene Reaktion unter einen neuen Stimulus zu bringen oder sie einer neuen Reaktionsreihe einzuordnen, muß dafür gesorgt werden, daß möglichst viele Verstärkungen auch für die Teillösungen gegeben werden. Auch häufige Wiederholungen derselben Reaktion unter verschiedenen Stimulusbedingungen sind von dieser Forderung nach Verstärkung aus verständlich.

Wenn nun aber jeweils eine sofortige Verstärkung erteilt werden muß – verzögerte Verstärkungen sind meistens unwirksam –, so erhebt sich die Frage, welcher Art die bei menschlichem Lernen wirksamen Verstärker sein sollen! *Holland* vertritt die Auffassung, daß die einzige Verstärkung, die beim programmierten Lernen nötig sei, die Feststellung der Richtigkeit der jeweiligen Antwort ist: »Beim menschlichen Lernen genügt das Bewußtsein der richtigen Lösung als Verstärkung.«[245] Sobald also der Lernende seine niedergeschriebene Antwort mit der richtigen vorgedruckten vergleicht, entsteht eine Verstärkung, wenn die Richtigkeit festgestellt wird. In anderen Programmen wird indessen auch das einfache Voranschreiten zur nächsten Aufgabe als Zeichen der richtig beantworteten vorhergehenden Frage gewertet und daher als Verstärkung erlebt. Dies gilt besonders für einige Lernmaschinentypen, die elektronisch gesteuert sind.

Es ist auch erwiesen, daß andere Verstärker ähnlich wirken, z. B. das Moment der »Entdeckung« oder der Manipulation eines Modells, das erst dann »paßt«, wenn die Voraussetzungen dafür richtig verwertet wurden. *Skinner* erwähnt auch noch andere Verstärker, wie etwa die Verwendung aversiver Stimuli, das Einstreuen beliebter Aktivitäten in das Programm, Wiederholungen und alle möglichen Arten der Leistungsbestätigung schlechthin (*Pressey* denkt sogar an die Verabreichung von Bonbons – wohl nur an kleinere Kinder). Im allgemeinen jedoch arbeiten die meisten Programme und Maschinen lediglich mit der Verstärkung durch den Vergleich mit der richtigen Antwort und durch das Fortschreitendürfen zur nächsten Aufgabe.

Hierin liegt eine gewisse Schwäche des gegenwärtigen Programmierens: Seine Wirksamkeit könnte beträchtlich gesteigert werden, wenn man neue und mehrere Verstärker abwechselnd verwenden könnte! Beispielsweise müßte es im Sinne unserer Erörterungen über die Verstärkung und die Motivation (s. oben) möglich sein, konditionierte Verstärker zu verwenden (etwa Lichtsignale, Glocken-

---

[245] *J. G. Holland*, Teaching Machines: an Application of Principles from the Laboratory. J. exp. anal. behav., 3, 1960, S. 278 – auch enthalten in: *W. Correll* (Hrsg.), Programmiertes Lernen und Lernmaschinen, Braunschweig 1965.

zeichen etc.) und überhaupt zu einer starken Variation der Verstärker zu gelangen, so daß das einzelne Verstärkungsmittel nicht vorzeitig abgenutzt wird. Der Umstand, daß manche Kinder einzelne Programme als »langweilig« empfinden, hängt im wesentlichen nicht so sehr mit dem dargebotenen Stoff selbst zusammen, sondern mit der Eintönigkeit der Verstärkungen. Mehr »Leben« könnte das Programm sofort dadurch erhalten, daß abwechslungsweise die verschiedensten wirksamen Verstärker verwendet werden.

3. Programmiertes Lernen und das Problem des Behaltens

Eine Beurteilung der Wirksamkeit des programmierten Lernens ist die Messung des Behaltens (bzw. Vergessens) nach einer bestimmten Zeiteinheit. Es wurden in jüngster Zeit verschiedene Untersuchungen vergleichender Art durchgeführt,[246] die alle zeigen, daß das programmierte Lernen in keinem Fall dem konventionellen Lernen unterlegen ist, sondern, insbesondere bei mittleren und niedrigeren Intelligenzebenen, deutlich überlegen ist. Dies gilt übrigens nicht nur für das reine Behalten des Materials, sondern auch für den Transfer-Wert, für die Motivation, die Schulangst und ähnliche Dimensionen.

In einer interessanten Untersuchung von *Rothkopf*[247] wurden z. B. verschiedene überlieferte Lernweisen mit programmiertem Lernen (nach dem Ruleg-System) verglichen (im Bereich des technischen Lernens). Er fand keinen Unterschied im unmittelbaren Behalten nach Beendigung des Lernens, aber ein deutlicher Unterschied in Richtung auf eine Überlegenheit des programmierten Lernens stellte sich nach einigen Wochen heraus. Dies steht durchaus im Einklang mit Befunden anderer Untersuchungen, die wir bereits an anderer Stelle berichtet haben.[248] Programmiert Gelerntes scheint also länger und zuverlässiger im Gedächtnis bestehen zu bleiben als anders Gelerntes.

Womit läßt sich dies erklären? Wenn die Hypothesen, auf denen das programmierte Lernen beruht, richtig sind, dann beruht das bessere Behalten des programmiert Gelernten auf den besseren und häufigeren Verstärkungen, die durch das Programm vermittelt worden sind. Während beim nichtprogrammierten Lernen der Schüler mehr passiv bleiben kann und den Lernstoff dennoch in sich aufnimmt, muß er beim programmierten Lernen dauernd »reagieren«, dauernd aktiv bleiben, d. h. verschiedene Verhaltensformen auf die angebotenen Stimuli hin darstellen, um dann sofort darauf verstärkt zu werden.

Es ist nun gerade diese Überlegenheit in der Aktivität der Schüler, die die Überlegenheit des programmierten Lernens bezüglich des Behaltens begründet.

In gewisser Hinsicht könnte man zur Untermauerung dieser Auffassung die Untersuchung von *Angell* und *Lumsdaine*[249] anführen. Hier wurden die Wir-

[246] Vgl. ausführlichere Darstellung in: *W. Correll,* Programmiertes Lernen und schöpferisches Denken. 3. Aufl., München 1966.
[247] *E. Z. Rothkopf,* Programed self-instructional Booklets, Mnemonic Phrases, and Unguided Study in the Acquisition of Equivalences. J. progr. instr. I, 1962, S. 19 ff.
[248] *W. Correll,* Programmiertes Lernen und schöpferisches Denken. München 1965.
[249] *D. Angell, A. A. Lumsdaine,* Retention of Material Presented by Autoinstructional Programs which vanish and which do not vanish Verbal Cues. Palo Alto, Cal., 1962 (Am. Inst. for research).

kungen zweier Programmierungsarten beim Lernen von Quadrierungen zweistelliger Zahlen verglichen. Das eine Programm benutzte weitgehend die Technik des graduellen Rückzugs von Lösungsstichwörtern (innerhalb eines linearen Programms), und das andere Programm lehrte zwar denselben Stoff, behielt aber die Lösungshilfen während des gesamten Programms bei. Ein Test unmittelbar nach Abschluß des Versuchs zeigte keinen signifikanten Unterschied zwischen den beiden Programmierungsarten, aber ein Wiederholungstest nach einigen Wochen erbrachte die deutliche Überlegenheit des Programms mit dem graduellen Rückzug der Lösungshilfen. Man sieht, daß der Schüler in diesem Versuch um so besser behalten hat, je aktiver er während des Lernens sein konnte. Der Rückzug der Lösungshilfen bedeutet ja eine erhöhte Anforderung an die Aktivität des Schülers, verglichen mit dem Programm, das die Lösungshilfen dauernd beibehalten hatte. Überdies befindet sich diese Auffassung in Übereinstimmung mit den bereits erwähnten Befunden über die Überlegenheit der unterbrochenen Verstärkungsmethoden gegenüber den kontinuierlichen Verstärkungsverfahren.

Hieraus ließen sich wichtige Anwendungen für die Praxis des Programmierens ableiten, die auf der Hand liegen. Viele Programme beachten indessen diesen Tatbestand noch nicht.

4. Die Lehrmaschine

Wie wir schon gesehen haben, kommt es bei Untersuchungen im Bereiche der pädagogischen Verhaltenspsychologie allgemein darauf an, die Variablen, die ein bestimmtes Verhalten beeinflussen können, möglichst unter Kontrolle zu halten, so daß die Wirkung einer bestimmten Manipulation genau erkannt werden kann. In vielen Fällen ist eine solche genaue Kontrolle nur durch mechanische und elektronische Apparate möglich. Auf die interessanten Experimente *Skinners* mit Apparaten, die die Verstärkung bestimmter Verhaltensäußerungen absolut zuverlässig ausführen können, sind wir bereits oben eingegangen. Auch ein extrem aufmerksamer Versuchsleiter wäre nicht in der Lage gewesen, diesen Grad der Zuverlässigkeit in der Verhaltenskontrolle zu erreichen. Die verschiedenen Verstärkungsmethoden (Reaktionsquotenverstärkung, Zeitintervallverstärkung etc.) beispielsweise lassen sich am besten durch elektrische Schaltvorrichtungen durchführen, so daß die Anwesenheit des Versuchsleiters gar nicht mehr erforderlich ist. Die Lehrmaschinen stellen nun eine solche automatische Kontrolle im Bereich des programmierten Lernens dar, indem sie sowohl die Stimulusdarbietung (Darbietung der einzelnen programmierten Aufgaben in einer bestimmten Reihenfolge) als auch die Bewertung und Verstärkung der Lernreaktionen und deren Modifizierung überwacht.

Es gibt nun bereits eine sehr große Vielfalt von Lehrmaschinen, und es ist nicht die Aufgabe dieses Kapitels, eine Beschreibung der einzelnen Typen oder auch nur einen Überblick über diese Typen zu geben. An anderer Stelle haben wir einige der bewährten Lehrmaschinen abgebildet und kurz beschrieben.[250] Im ganzen aber muß gesagt werden, daß leider zur Zeit noch keine Lehrmaschine angeboten wird, die allen psychologischen Anforderungen genügen würde. Es

---

[250] W. *Correll*, Programmiertes Lernen und schöpferisches Denken. München 1966³.

kann aber erwartet werden, daß die Entwicklung auf diesem Gebiet in den nächsten Jahren rasch fortschreiten wird.

Um das Prinzip der Lehrmaschinen verständlich zu machen, beschreiben wir lediglich die *Skinner*sche Lehrmaschine als »Prototoyp« der Apparate nach dem Konstruktions-Antwort-Prinzip (linear):

Bei dieser Maschine befindet sich das Lernmaterial in einem verschlossenen Kasten. Der Lernende kann jeweils nur eine einzige Aufgabe lesen, alle anderen, sowohl die vorhergehenden als auch die nachfolgenden, sind ihm unsichtbar und nicht zugänglich. (Ein nachträgliches, unkontrolliertes Vergleichen und auch ein Vorauslesen, wie es beim Programm in Buchform immer wieder vorkommen würde, ist daher ausgeschlossen.) Wenn nun die Aufgabe in dem einen Fenster (links) der Maschine erscheint, dann formuliert der Lernende seine Antwort und schreibt sie in das daneben befindliche, rechte Fenster auf einen Papierstreifen. (Der Schüler ist also genötigt, seine Antwort tatsächlich niederzuschreiben, nicht nur sie »auszudenken«! Denn beim bloßen »Ausdenken« einer Antwort kommt es leicht beim nachträglichen Vergleich zu Ungenauigkeiten der Bewertung.) Nun betätigt der Lernende einen Hebel, um die richtige Antwort in das Blickfeld des linken Fensters zu rücken und gleichzeitig seine geschriebene Antwort unter einem Glasfenster verschwinden zu lassen (so daß sie nicht mehr verändert werden kann). Der Schüler vergleicht die richtige Antwort nunmehr mit seiner eigenen Antwort unter dem Glasfenster. Wenn die beiden Antworten übereinstimmen, wird ein Hebel betätigt oder auch einfach mit einem Bleistift ein Papierstreifen in der Maschine durchstoßen, wodurch die richtige Antwort in einem Zählwerk registriert wird. Dies kann auch umgekehrt nicht die richtigen, sondern die wenigen falschen Antworten registrieren. Wenn nun der Schalthebel wiederum betätigt wird, erscheint die nächste Aufgabe in dem linken Fenster, und der Vorgang spielt sich ebenso ab wie vorher.

Um nun zu verhindern, daß eine neue Aufgabe dargeboten wird, ehe die vorhergehende richtig beantwortet ist, sind einfache elektrische Apparate konstruiert worden, die erst dann die Darbietung eines neuen Problems ermöglichen, wenn die Antwort des Schülers mit der erforderlichen Reaktion übereinstimmt. hierdurch wird ohne Zweifel der Verstärkungseffekt der richtigen Lösung noch wesentlich erhöht. Andererseits setzt dies voraus, daß die Fragen so eindeutig formuliert sind, daß nur eine einzige Antwort richtig sein kann, die man vorher kodifiziert.

Der Schüler wiederholt ein Programm so oft, bis alle Aufgaben richtig beantwortet sind und die Gewähr dafür besteht, daß er den Sachverhalt nicht nur (wie etwa in einem Buch) gelesen, sondern auch verstanden hat, was in den richtigen Antworten auf die entsprechenden Fragen zum Ausdruck kommt.

Auf diese Weise werden immerhin einige der Variablen kontrolliert, die im Lernprozeß eine Rolle spielen. Einerseits steht fest, daß der Lernende das Material verstanden hat, wenn alle Fragen richtig beantwortet wurden – eine Feststellung, die beim Lernen von nichtprogrammiertem Material nicht so leicht getroffen werden kann. Andererseits kann jeder Schüler nach seinem eigenen, ihm gemäßen Tempo vorgehen, da jeder seine eigene Lernmaschine vor sich hat.

Er kann nicht in die Gefahr kommen, ein neues Material nicht richtig zu begreifen und es zu »überspringen«, um gleich zum nächsten Problem weiterzugehen – eine Erscheinung, die leider im üblichen Schullernen relativ häufig vorkommt, gerade bei Kindern, die in einem langsameren Tempo arbeiten als der Durchschnitt ihrer Mitschüler (dies stellt eine der wichtigsten Quellen für schulisch bedingte Lernstörungen dar!).[251] Der rascher arbeitende oder intelligentere Schüler kann ebenfalls seinem schnelleren Arbeitstempo entsprechend voranschreiten, ohne auf seine langsameren Kameraden Rücksicht nehmen zu müssen. Vieles, was sonst in Langeweile und Schulunlust ausmündet, kann auf diese Weise vermieden werden.

Die Maschine verhindert aber, daß der Schüler gewisse Teile des Programms überspringt und gleich zu »schwierigeren« Kapiteln weitergeht, ehe die elementaren Voraussetzungen dazu gelernt worden sind. Dies würde bei einem nicht maschinell dargebotenen Programm leicht der Fall sein können, falls der Lehrer nicht dauernd die Schüler kontrolliert – doch gerade hiervon sollte er ja entlastet werden. Die Maschine »ersetzt« in dieser Funktion den Lehrer weitgehend.

Die Maschine macht eine Verstärkung des jeweiligen richtigen Verhaltens des Schülers möglich, was durch ein nichtmaschinelles Programm nicht gewährleistet wäre, da hier mancher Schüler zuerst die richtige, vorgedruckte Antwort auf eine Frage liest, bevor er seine eigene einsetzt, so daß nicht das Lernverhalten, sondern das Verhalten des »Abschreibens« verstärkt würde! Ein Vorauslesen oder »Abschreiben« in irgendeiner Form ist durch die Verwendung einer Lehrmaschine unmöglich, da ja eine neue Aufgabe (und damit die richtige Antwort auf die vorausgegangene Frage) erst dann erscheint, wenn der Hebel betätigt bzw. die vorhergehende Aufgabe beantwortet wurde.

5. Das programmierte Lehrbuch

Das programmierte Lehrbuch beruht auf demselben Prinzip wie die Lehrmaschine, nur daß hier keine maschinellen Hilfen für die erstrebten Kontrollen gegeben werden. Das programmierte Lehrbuch bietet die einzelnen programmierten Aufgaben meistens nacheinander dar, und die richtigen Antworten stehen jeweils auf der nächsten Seite oder auch auf derselben Seite, wobei sie dann mit einem Papierstreifen zu verdecken sind. Jedesmal soll der Schüler seine Antwort schriftlich niederlegen und sie anschließend mit der richtigen vergleichen. Es liegt auf der Hand, daß das Abschreiben beim programmierten Lehrbuch relativ leicht ist, auch wenn es nicht in »unlauterer« Absicht geschieht: der Schüler mag bestrebt sein, möglichst rasch voranzukommen und möchte sich daher das Aufschreiben seiner Antwort »sparen«, indem er gleich die »gedachte« Antwort mit der richtigen vergleicht (und sich meistens recht gibt). Viele Schüler lesen auch programmierte Lehrbücher einfach durch und nehmen an, daß sie den Stoff auch dadurch lernen, daß sie ohne eigene Bemühung die jeweilige Antwort zu finden, gleich die richtigen Antworten zu den Fragen lesen. Dies ist gerade die größte Gefahr beim nichtmaschinell dargebotenen Programm. Das programmierte Lehr-

---

[251] Vgl. *W. Correll*, Lernstörungen beim Schulkind. 3. Aufl., Donauwörth 1966.

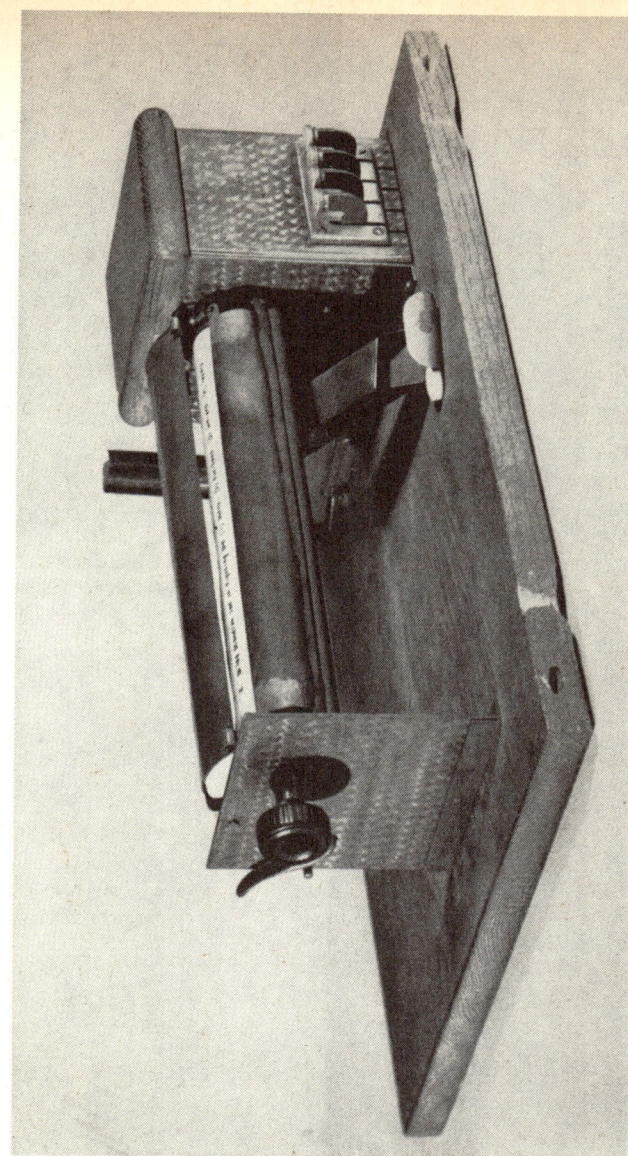

Abb. 5. *S. L. Pressey* baute 1925 diesen Testapparat, der zugleich der Wissensvermittlung diente. Er funktionierte rein mechanisch und war nach dem Auswahl-Antwort-Prinzip konstruiert. Er bot jede Testfrage so oft dar, bis sie richtig beantwortet war. Durch Abwandlung dieser originellen Idee *Presseys* entstanden rund 30 Jahre später, namentlich unter dem Einfluß *B. F. Skinners*, die ersten eigentlichen Lehrmaschinen.

Abb. 6. Eine Lehrmaschine nach dem Lehrprinzip *B. F. Skinners* mit mechanischem Antrieb: Durch Drehen des Walzenknopfes erscheint im linken Fenster die Aufgabe, während im rechten Fenster die Lösung zur vorhergehenden Fragestellung sichtbar wird, die der Schüler mit seiner Antwort vergleichen kann.

Abb. 7. Eine vom Verf. entwickelte Lehrmaschine („Promenta scholar") mit elektrischem Antrieb und audio-visueller Ausstattung, mit der vorschulpflichtige Kinder ohne Erwachsenenhilfe das Lesen und Schreiben erlernen können. Sie ist aber auch für andere audiovisuelle Programme geeignet.

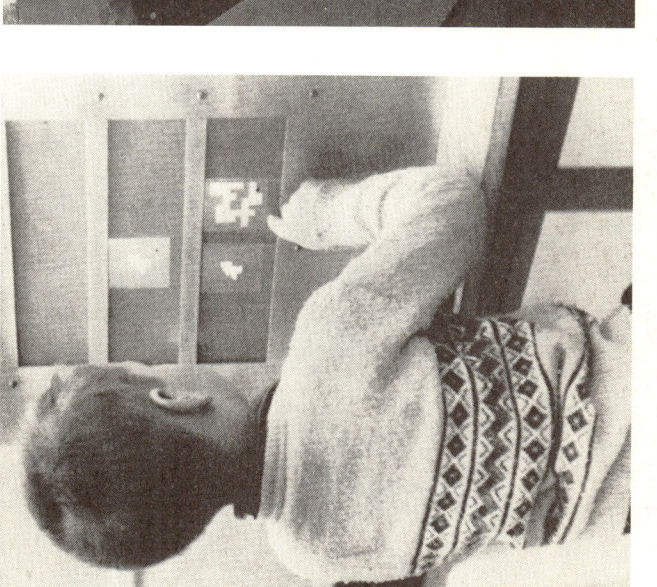

Abb. 8

Abb. 9

Zwei Lehrmaschinen nach dem Auswahl-Antwort-Prinzip, bei denen die Kinder im unteren Fenster diejenige Figur heraussuchen müssen, die am meisten der im oberen Fenster gezeigten entspricht. Wenn auf die richtige Figur gedrückt wird, springt die neue Aufgabe ins Blickfeld, wenn dagegen das falsche Fenster angedrückt wird, bleibt die alte Aufgabe unverändert stehen. Solche Maschinen werden benutzt, um Vorübungen zum Lesenlernen, etwa die Schulung des Symbolverständnisses, durchzuführen.

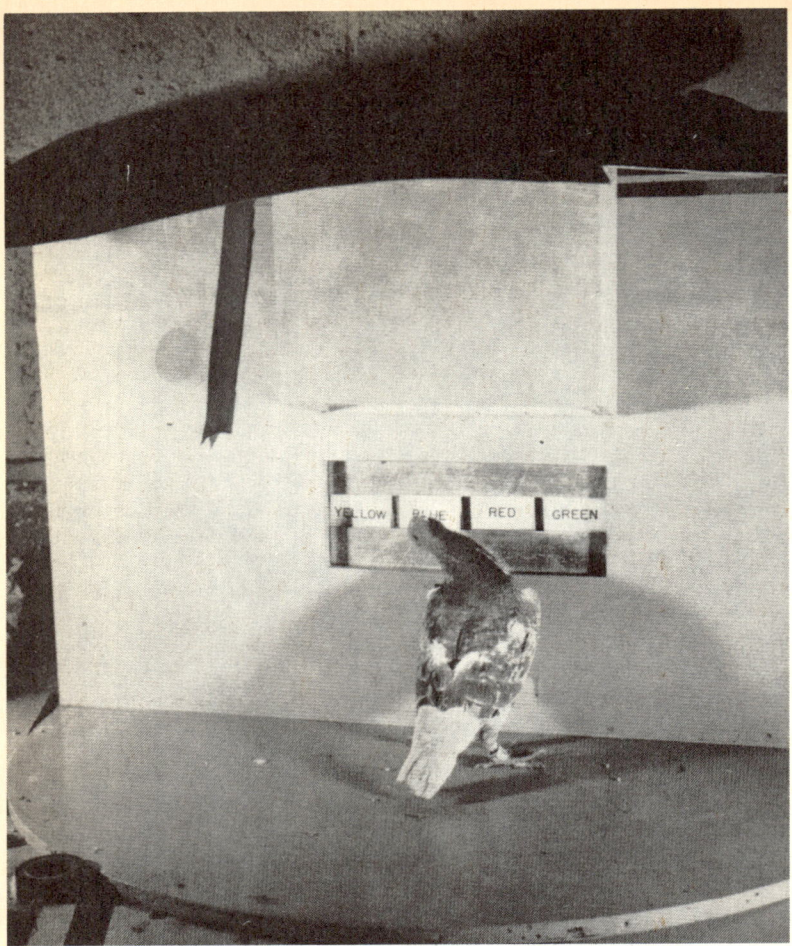

Abb. 10. Dieselben Übungen, die man mit Kindern an der Lehrmaschine durchführen kann, lassen sich auch mit Tieren im Versuchskäfig vornehmen. Besonders gut eignen sich dafür Tauben, weil sie ein gutes Farbunterscheidungsvermögen besitzen. Diese Taube hat durch operatives Konditionieren gelernt, auf ein entsprechendes Lichtsignal hin das Schild mit der richtigen Aufschrift anzupicken, d. h. sie hat gelernt, eine Farbwahrnehmung mit einem bestimmten Schriftbild zu verbinden.

buch ist zwar einfacher und billiger in der Herstellung, aber es kann eine *gute* Lehrmaschine doch nicht ersetzen. Zwar dürfte ein gutes Programm auch in nicht-maschineller Form einem nichtprogrammierten Lehrbuch immerhin überlegen sein (z. B. daurch, daß die einzelnen Programmaufgaben in vielen Vorversuchen an den Schülern ausprobiert worden sind, was in den verschiedenen Abschnitten des »Programmhandbuches«[252] dargestellt werden sollte), doch sollte man als das Fernziel das programmierte Lernen mit Hilfe einer guten Lehrmaschine nicht aus dem Auge verlieren. –

Eine Auswirkung des programmierten Lernens (sowohl mit der Lehrmaschine als auch in Form des programmierten Lehrbuches) ist, abgesehen von den erwähnten positiven Wirkungen auf das Lernen selbst, der neue Impuls für die Lernpsychologie überhaupt. Durch das Programmieren sind völlig neue Wege der Forschung auf diesem Gebiet eröffnet worden, und man kann mit Recht sagen, daß dadurch der praktischen Pädagogik eine neue, wissenschaftliche Grundlage gegeben werden kann.

Beispielsweise kann durch programmiertes Lernen das Problem der Größe der einzelnen Erkenntnis- oder Lernschritte untersucht werden. Wenn gesagt wurde, diese Schritte sollten so klein wie möglich sein, so entspricht dies sicherlich einer Orientierung »nach unten«, die für den rascher auffassenden, intelligenteren Schüler leicht langweilig erscheinen kann. Inzwischen ist man auch weitgehend durch die verschiedensten Experimente zu der Auffassung gelangt, daß es nicht so sehr auf die Kleinheit der Schritte ankommt, als vielmehr auf die Angemessenheit an die Begabung und Leistungsfähigkeit der betreffenden Altersgruppe. Außerdem hängt die Schrittgröße auch von dem jeweils behandelten Sachgebiet ab. Man muß, mit anderen Worten, *jedes* Programm neu entwickeln, indem es in Vorversuchen nach und nach seine endgültige Gestalt durch fortwährende Verbesserung und Ergänzung erhält.[253]

Durch Versuche mit programmiertem Lernen können sich auch interessante Erkenntnisse über die Wirkung verschiedener Verstärkungspläne im Bereich des menschlichen Lernens ergeben. Während die Wirkung der verschiedenen Verstärkungsschemata beim tierischen Konditionieren ziemlich gut studiert worden ist (vgl. oben), fehlen solche genaue Angaben über das menschliche Lernen weitgehend, weil eben die bisher einzige Möglichkeit, sie zu erhalten, die Anwendung von Lehrmaschinen ist. Es besteht beispielsweise die hohe Wahrscheinlichkeit, daß auch beim menschlichen Lernen eine erlernte Verhaltensform länger ohne Verstärkung bestehen bleibt – d. h. sich der Extinktion länger widersetzt –, wenn sie *nicht* in dem kontinuierlichen Verstärkungsplan aufgebaut worden ist! Wie aber lassen sich nun in einem Lernprogramm verschiedene Verstärkungsmethoden – etwa eine Reaktionsquotenverstärkung – einbauen? Einerseits sagten wir, daß es auf *sofortige* Verstärkung jeder richtigen Lernreaktion ankomme – und andererseits würde die Verwendung einer Reaktionsquotenverstärkung bedeuten,

[252] Vgl. die entsprechenden Ausführungen in *W. Correll,* Programmiertes Lernen und schöpferisches Denken. 3. Aufl., München 1966.
[253] Vgl. dazu auch: *E. Green,* The Learning Process and Programmed Instruction. N.Y. 1962, S. 164.

daß eben nicht jede Reaktion vestärkt wird, sondern etwa nur jede 2., 3. oder 10. richtige Reaktion. Es liegt nun auf der Hand, daß bei der Einführung einer neuen Fertigkeit durch das Programm *kontinuierliche* Verstärkung unbedingt nötig ist, weil sonst die erwünschte Verhaltensform gar nicht aufgebaut werden kann. Sobald sie aber besteht und das Programm zur Wiederholung und Befestigung übergehen kann, sollte man die unterbrochene Verstärkung einführen und zu einer immer höheren Reaktionsquote vordringen. Dies kann übrigens auch durch geschickte Manipulation der Lösungshilfen (Stichwörter) und eine weitgehende zeitliche Überwachung der Verstärkungen (Zeitintervallverstärkung) geschehen. Am besten dürfte sich auch beim menschlichen Lernen eine *Variation* der Zeitintervall- und der Reaktionsquotenverstärkung bewähren, weil hier der »Lorbeereffekt« (also das bereits erwähnte Stillstehen des Lernfortschritts unmittelbar nach einer Verstärkung – »das Ausruhen auf den Lorbeeren« –) am niedrigsten ist und die Resistenz gegen die Extinktion am größten.

Bisher liegen indessen kaum zuverlässige Resultate über solche Zusammenhänge aus dem menschlichen Lernen vor. Hier kann der Lehrer weitgehend selbst zum Forscher werden, und es darf erwartet werden, daß in nächster Zeit weitere Entdeckungen gemacht werden könnten.

Die Befunde über das programmierte Lernen, die bisher vorliegen, erlauben uns außerdem, das Verhalten des Menschen überhaupt – und nicht bloß das Lernen im besonderen – weitgehend als ein Ergebnis eines großen Verhaltensformungsprozesses im Sinne der graduellen Annäherung zu betrachten. Ob es sich etwa um die Symptome der Verwöhnung handelt oder um die der Verwahrlosung beim Kind – wir würden es uns zu leicht machen, wollten wir solche Verhaltensweisen als schlechthin »angeboren« akzeptieren! Vielmehr lassen sich die meisten dieser Verhaltensmuster sowohl auf- als auch wieder abbauen, wenn man das Prinzip der Verhaltensformung durch systematische Verstärkung der Teilverhaltensformen anwendet und die erwähnten Zusammenhänge um die Extinktion beachtet.

Nicht nur Lehrer und Erzieher erhalten durch das programmierte Lernen neue Möglichkeiten und Verantwortungen, sondern auch Forscher und vor allem Eltern, die nun vielen Problemen der Kindererziehung nicht mehr so machtlos gegenüberstehen, wie das früher weitgehend der Fall war: sie haben jetzt ein Instrument in der Hand, mit dem sie das Verhalten weitgehend – und relativ unabhängig von den Unterschieden der Begabung – formen können!

Wenn nun auch durchaus optimistische Ausblicke bezüglich des programmierten Lernens berechtigt sind, so muß doch gesagt werden, daß die gegenwärtige Forschung noch nicht weit genug fortgeschritten ist, um eine exakte »Technologie der Erziehung« als eine Wissenschaft der Verhaltensformung zu ermöglichen. Der erste Schritt zu einer Verbesserung der Situation liegt indessen in der Erkenntnis der *Mängel!* Diese Mängel und Aufgaben können wir in folgenden Gegebenheiten erkennen:

1. Das programmierte Lernen beruht in seiner positiven Wirkung vor allem auf der genau gesteuerten Verstärkung der jeweiligen Lernreaktionen. Dennoch beruht die eigentliche Verstärkung lediglich oder doch meistens auf einem ein-

fachen Vergleich der eigenen Antwort mit der vorgegebenen richtigen Antwort. Es müßte möglich werden, zusätzliche Verstärker zu entdecken oder zu konditionieren, so daß eine Variation der Verstärkungen durchgeführt werden kann.

2. Im Programm sollten die Erkenntnisse über die positivere Wirkung der unterbrochenen Verstärkungsverfahren gegenüber dem kontinuierlichen Verstärkungsverfahren systematischer angewandt werden (namentlich etwa in Wiederholungsteilen und im Zusammenhang mit dem Rückzug der Lösungshilfen).

3. Das Programmieren muß individuelle und Altersdifferenzen noch stärker berücksichtigen. Es ist nicht damit getan, möglichst elementare Schritte darzubieten, die jeder nachvollziehen kann, sondern es muß Sorge getragen werden, daß auch der Hochbegabte und der weiter Fortgeschrittene genügend herausgefordert wird: Das Programm muß auf die entwicklungspsychologischen und individualpsychologischen Gegebenheiten der Schüler Rücksicht nehmen. Es folgt daraus nicht notwendig, daß es sich um verzweigte Programme handeln muß, sondern man könnte diese Aufgabe auch durch Schaffung mehrerer linearer Programme für die jeweiligen Alterskategorien lösen.

4. Auch die einzelnen Lerngebiete selbst müssen noch besser erforscht werden, so daß die verhaltenspsychologische Formulierung des jeweiligen Zielverhaltens klarer möglich wird. Es muß bekannt sein, welcher Art das Verhalten sein soll, das einen Menschen im Besitz der betreffenden Kenntnisse von dem unterscheidet, der diese Kenntnisse noch nicht hat!

Da aber das programmierte Lernen den jüngsten Zweig am Baum der Lernpsychologie – der selbst noch nicht sehr alt ist – darstellt, kann damit gerechnet werden, daß in den nächsten Jahren weitere Verbesserungen und Ergänzungen entwickelt werden können.

Nachdem wir uns bisher mit den pädagogischen Problemen und Gegebenheiten des »normalen« Verhaltens befaßt hatten, wollen wir nun einen kurzen Exkurs in den Bereich verhaltenspsychologischer Erkenntnisse über Fragen der *Verhaltensschwierigkeiten* – wie sie zwar häufig, aber doch nicht »normal« sind – unternehmen und zugleich die verhaltenspsychologisch-pädagogischen Wege zur Überwindung dieser Schwierigkeiten aufzuzeigen versuchen.

5. Kapitel

Verhaltensschwierigkeiten und ihre Behandlung

Verhaltenspsychologische Aspekte der pädagogischen Psychopathologie

Verhaltensschwierigkeiten nehmen, besonders in der Form von *Lernstörungen*, einen wichtigen Platz in der pädagogischen Psychologie ein. Vom Standpunkt der pädagogischen Verhaltenspsychologie lassen sich die meisten dieser Schwierigkeiten und Störungen als Folge einer bestimmten Reihe von Verstärkungen, d. h. eines Lernprozesses im Sinne einer Konditionierung auffassen. Man versucht nicht, sie etwa als Symptome gewisser nicht direkt zugänglicher (z. B. unbewußter) Vorgänge zu begreifen, sondern versteht sie als Verhaltensformen, die sich unter ganz bestimmten Stimulusbedingungen herausbilden mußten und unter einer neuen Situation auch wieder extinguiert werden können. Als die Hauptvertreter dieser verhaltenspsychologischen Richtung können wir *Skinner*[1], *Eysenck*,[2] *Mowrer*[3] und *Dollard und Miller*[4] nennen, auf deren Untersuchungen sich unsere Ausführungen im wesentlichen stützen werden.

Da es sich in unserem Zusammenhang nicht um eine systematische und vollständige Darstellung einer verhaltenspsychologischen Psychopathologie handeln kann, sondern nur um Aspekte aus diesem Bereich, die für die Pädagogik von besonderer Bedeutung sind, können wir zunächst feststellen, daß grundsätzlich alle Zusammenhänge, die, wie wir bisher gesehen haben, das normale und Lernverhalten im allgemeinen bedingen, auch als potentielle Ursachen für das abnorme Verhalten in Betracht kommen. So können wir zunächst *unangepaßte Verhaltensformen* und *unangepaßte Verstärkungssysteme* von unserem Standpunkt aus betrachten und uns sodann den Möglichkeiten der *Therapie* dieser Störungen zuwenden, soweit sie wiederum dem pädagogischen Belang zugänglich bleibt.

I. UNANGEPASSTE VERHALTENSSCHEMATA ALS GRUNDPROBLEM DER VERHALTENSPSYCHOLOGISCHEN PSYCHOPATHOLOGIE

Viele Verhaltensschwierigkeiten können auf das *Fehlen geeigneter Verhaltensformen zurückgeführt* werden. So sagt z. B. *Ferster*,[5] daß gerade das *autistische Kind* dadurch charakterisiert wird, daß es zu wenig Verhaltensformen im sozialen Bereich zu seiner Verfügung hat. Vor allem ist beim autistischen Menschen meistens die Sprache gestört. Es fehlen die Verhaltensformen, die den verbalen (und nichtverbalen) Verkehr mit den Mitmenschen zustande bringen würden. Ledig-

---

[1] *B. F. Skinner*, Science and Human Behavior. N.Y. 1953.
[2] *H. J. Eysenck*, Behavior Therapy and the Neuroses. N.Y. 1960.
[3] *O. H. Mowrer*, Learning Theory and Personality Dynamics. N.Y. 1950.
[4] *J. Dollard, N. Miller*, Personality and Psychotherapy. N.Y. 1950.
[5] *C. B. Ferster*, Positive Reinforcement and Behavioral Deficits of Autistic Children Child Dev., 32, 1961, S. 437 ff.

lich unter dem Druck einer großen Bedürfnisspannung äußert das autistische Kind, wie *Ferster* bemerkt (a.a.O.), Sprachrudimente, die durch entsprechende Verstärkungen zustande kamen, wie z. B. »Essen« (bei intensivem Hungergefühl) oder »gehen« (bei dem Bedürfnis aufzustehen und die Situation zu verlassen). Daher sind diese Kinder in allen Leistungen stark behindert, die den Gebrauch verbaler Verhaltensformen voraussetzen. Dies ist beispielsweise beim Problemlösen jeder Art, beim verbalen Denken (also etwa im Sprachunterricht) und beim Anpassungsverhalten an die soziale Mitwelt im weitesten Sinne der Fall. In der Schule haben wir Kinder mit leichteren Ausprägungen solcher Verhaltensstörungen, während schwerere Fälle kaum schulfähig sind.

Es läßt sich nun nachweisen, daß solche Fälle von fehlenden Verhaltensformen auf entsprechende Mängel in der Verhaltensverstärkung besonders während der Kindheit zurückzuführen sind. Sind die Eltern etwa ihrerseits in ihren Verhaltensäußerungen behindert – sei es durch gewisse psychische oder durch physische Krankheiten oder Beeinträchtigungen (Alkoholismus, Rauschgiftsucht, Depressionen etc.) –, so werden viele vom Kind geäußerte Verhaltensformen ignoriert statt verstärkt und gelangen auf diese Weise nicht in das Verhaltensrepertoire des Kindes. Sagt das Kind z. B. »Könnten wir bald essen? Ich bin hungrig und freue mich auf die Mahlzeit«, so wird diese Äußerung von einer depressiven Mutter oft nicht zur Kenntnis genommen, also nicht verstärkt. Erst wenn das Kind schließlich ausruft »Hunger!« oder »Essen!«, erhält es schließlich, was es begehrt, so daß diese Sprachrudimente schließlich habituell werden. *Auf diese Weise wird vieles der normalen Verhaltensäußerungen eines »an sich« normalen Kindes durch systematische Nichtverstärkung extinguiert,* und es entsteht das Bild eines Menschen mit zu wenig verfügbaren Verhaltensformen.

Wenn dann in einer neuen Situation eine entsprechende Reaktion gefordert wird, ist ein solches Kind nicht in der Lage, durch Darstellung einer vorher gelernten Verhaltensform die Situation zu meistern, und bleibt passiv. Dies wiederum wirkt erneut als Nichtverstärkung oder – besonders in der Schule – oft als Bestrafung (sei es durch den Lehrer direkt, sei es indirekt durch die Mitschüler, die ein solches Verhalten gelegentlich belachen und das Kind grausam verspotten). Dadurch wird eine weitere positive Anpassung noch mehr unterbunden, und der circulus vitiosus ist geschlossen.

Eine weitere Verhaltensstörung, die auf einen Mangel an verfügbaren Verhaltensformen (also auf einen Mangel an entsprechenden Verstärkungen) zurückgeführt werden kann, ist *die passive Gleichgültigkeit* mancher Kinder und besonders Jugendlicher. Sie scheinen keinerlei Ehrgeiz in der Schule zu besitzen, sind emotional kaum ansprechbar, begeistern sich für nichts, man kann sie weder durch Strafen noch durch Belohnungen aus ihrer Gleichgültigkeit und Passivität aufschrecken. Der Umgang mit den Mitmenschen wird weithin vermieden, und der so gestörte Mensch (der gelegentlich als schizophren bezeichnet wird[6]) zieht sich gänzlich in seine eigene Phantasiewelt zurück. Solche Reaktionen brauchen keineswegs angeboren zu sein. Vielmehr lassen sie sich sehr häufig als das Er-

---

[6] Vgl. *J. C. Coleman,* Abnormal Psychology and Modern Life. N.Y. 1950[2], S. 245.

gebnis einer entprechenden Konditionierung auffassen (und auch beheben, siehe unten). In den meisten Fällen handelt es sich um einen Mangel an Verstärkungen für entsprechende, auch unvollständige Verhaltensäußerungen durch das betreffende Kind. Sobald dann etwa im beginnenden Jugendalter noch höhere Anforderungen an seine soziale Anpassungsfähigkeit gestellt werden, macht sich der Mangel an geeigneten Verhaltensformen noch intensiver bemerkbar, und *jede soziale Situation an sich wirkt bald schon als ein negativer Verstärker, der ängstlich vermieden wird*, wodurch dann eine Verstärkung der Ausweichhaltung bewirkt wird.

Wird nun das Kind durch seine Erzieher zu einem »besseren« Verhalten ermahnt oder ermuntert oder für sein negatives Verhalten bestraft (etwa verspottet, nachgeahmt oder »belehrt«), so führt dies zwangsläufig zu weiteren Unterdrückungen der wenigen verbliebenen Anpassungsreaktionen, die Situation wird vollends versteift.

Das Entstehen *neurotischer Einstellungen* kann in vielen Fällen ebenfalls durch das Fehlen entsprechender Verhaltensformen (bzw. Verstärkungen) erklärt werden. Ein Kind hat beispielsweise nie Verstärkungen erhalten, wenn es versuchte, Frustrationen zu überwinden, sondern wurde im Gegenteil dafür verstärkt, allerlei Ausweichreaktionen zu äußern. Daher wurden solche neurotischen Einstellungen schließlich habituell. Ein einfaches Beispiel liefert uns das extrem verwöhnte Kind (etwa die Situation eines Kindes in einer Stiefvaterfamilie, das durch den Vater extrem verwöhnt wird). Es bekam schon als Kleinkind jedesmal »seinen Willen« – es brauchte sich nur entsprechend Gehör zu verschaffen, indem es sich auf den Boden warf und strampelte und weinte, indem es »krank« wurde usf. Sobald es nun in der Schule vor neue Aufgaben gestellt wird, zu deren Bewältigung es keine gelernten Verhaltensformen verfügbar hat, wendet es gleichsam automatisch diejenigen Verhaltensformen an, die bisher immer verstärkt wurden: es reagiert aggressiv, flüchtet sich in die Krankheit oder resigniert ganz einfach. Es kommt auch leicht zu Fehleinstellungen wie: »ich bin zu unbegabt für dieses Fach« – »bei diesem Lehrer kann ich nicht lernen« etc.[7]

Neben den unangepaßten Verhaltensschemata durch einen Mangel an geeigneten Verhaltensformen, d. h. letztlich durch ein Fehlen entsprechender Verstärkungen während einer bestimmten Entwicklungsphase, haben wir nun »abnormes« Verhalten durch das *Vorherrschen abwegiger Verhaltensformen*. Obgleich es sich um nicht normale Verhaltensformen handelt, werden sie doch in der Regel durch normale Verstärkungszusammenhänge aufgebaut. Neurotisches Mißtrauen beispielsweise oder auch extremer Redezwang und andere Zuwendungstendenzen können dadurch entstehen, daß bereits in der frühen Kindheit die Eltern entsprechende Verhaltensäußerungen beim Kind verstärken und entgegengesetzte Neigungen unterdrücken.[8] Der *Waschzwang* (Händewaschen) wird z. B. von *Dollard* und *Miller*[9] so interpretiert, daß hier eine in der Kindheit sehr

---

[7] Vgl. dazu die Ausführungen in *W. Correll*, Lernstörungen . . . Donauwörth 1966[3].

[8] Vgl. *A. Bandura*, Psychotherapeutic Objectives. In: Behavioristic Psychotherapy, N.Y. (H. Holt) 1964, S. 7.

[9] *J. Dollard, N. Miller*, Personality and Psychotherapy. N.Y. 1950, S. 164.

häufig und intensiv verstärkte Verhaltensform (sauber zu sein, Händewaschen vor dem Essen . . .) als Ausweichhandlung in schwierigen Situationen wieder (unbewußt) angewandt wird, um einer zu erwartenden negativen Reaktion der Umwelt (Bestrafung, Frustration) zu entgehen. Die Angst (oder Furcht) wird, mit anderen Worten, durch die Zwangshandlung übertönt. (Man denke etwa an Lady Macbeth, die nach der Tat ihren Schlaf nicht mehr finden kann und sich »die Schuld« von den Händen waschen will!) Eine Zwangshandlung kann auch dadurch entstehen, daß sie als früher öfters verstärkte Handlung an die Stelle von anderen Tendenzen, die mit Sicherheit nicht verstärkt werden (etwa verboten oder tabu sind), treten. Dies liegt etwa vor, wenn jemand, der eigentlich unerlaubte sexuelle Wünsche und Bedürfnisse verspürt, zwangsweise zu einem bestimmten Verbalverhalten Zuflucht nimmt, das früher verstärkt worden ist (z. B. ein Gedicht aufsagen, belanglose Dinge erzählen etc.). Da diese Zwangshandlungen dann meistens wenigstens nicht bestraft werden, dienen sie als neue Verstärkungen, so daß das unangepaßte Verhalten immer stärker verankert wird.

Umgekehrt läßt sich eine Zwangshandlung, die auf diese Weise durch Verstärkungen zustande gekommen ist, dadurch wieder extinguieren, daß die erwartete Verstärkung längere Zeit hindurch ausbleibt. So haben z. B. *Ayllon* und *Michael*[10] gezeigt, wie die Zwangshandlung einer Patientin, allzu häufig das Zimmer der Krankenschwester aufzusuchen und dadurch deren Befinden zu stören, während einer achtwöchigen Extinktionszeit dadurch behoben werden konnte, daß die durch die Handlung erstrebte Verstärkung in Form von Aufmerksamkeit ausblieb. Die Schwester wurde angewiesen, der eintretenden Patientin keinerlei Aufmerksamkeit zu schenken. Analog ließen sich in der Schule die relativ häufig zu beobachtenden Quasizwangshandlungen einiger Kinder beheben, die durch »Clownerie« die Aufmerksamkeit des Lehrers und der Mitschüler erhalten wollen und dadurch natürlich den Unterricht stören: Werden diese Kinder für ihr unangepaßtes Verhalten bestraft, so wird es dadurch nicht behoben, denn ihr eigentlicher Zweck – das Aufsichlenken der Aufmerksamkeit – ist trotzdem erreicht. Die einzige Möglichkeit, diese Handlungen zur Extinktion zu bringen, besteht demgegenüber darin, die ersehnte Verstärkung zu verhindern, so daß weder der Lehrer noch die Mitschüler den »Clown« beachten. Gleichzeitig können Verhaltensformen, die mit der Zwangshandlung im Konflikt stehen, verstärkt werden (das Kind kann z. B. aufgerufen werden, wenn es sich ruhig verhält und dadurch in diesem Verhalten verstärkt werden).

Die interessanten Experimente von *Lindsley*[11] mit Schizophrenen zeigen ebenfalls, daß durch positive Verstärkungen neue Verhaltensformen aufgebaut werden können, die allmählich die zwangshaften verdrängen können. Es kommt allerdings darauf an, genügend neue Verhaltensformen über längere Zeit hinweg durch intensive Verstärkungen aufzubauen.

---

[10] T. *Ayllon*, J. *Michael*, The Psychiatric Nurse as a Behavioral Engineer. Journ. exp. anal. behav., 2, 1959, S. 323 ff.
[11] O. R. *Lindsley*, Operant Conditioning Methods applied to Research in Chronic Schizophrenia. Psychiatr. Res. Rep. 5, 1956, S. 140 ff.

Gerade in der Schule muß darauf gesehen werden, daß unerwünschte Verhaltensformen (etwa das Stören des Unterrichts durch »Schwätzen«) nicht dadurch »bekämpft« werden, daß sie bestraft werden (sei es körperlich oder auch verbal), sondern dadurch, daß sie einerseits nicht verstärkt werden und andererseits neue Verhaltensformen aufgebaut werden, die mit den unerwünschten Einstellungen unvereinbar sind. Wenn z. B. ein Schüler, der gern die Aufmerksamkeit des Lehrers auf sich lenken will, den Unterricht stört, indem er mit seinem Nachbarn spricht, während der Lehrer etwas erklärt, so wäre es nicht richtig, das Kind aufzurufen und »dranzunehmen« – denn dies würde ja die unerwünschte Verhaltensform nur verstärken. Vielmehr müßte man zu erreichen versuchen, daß das Kind dann zum Wort kommt, wenn es sich still und aufmerksam verhält. Eine solche Behandlung setzt selbstverständlich voraus, daß der Lehrer die Kinder genau beobachtet und nach Möglichkeit die Motivationen ergründet, die in dem einzelnen Fall wirksam sind.

Eine weitere Art unangepaßten Verhaltens kommt dadurch zustande, daß eine an sich *normale Verhaltensform mit einem unangemessenen Stimulus verbunden* wird. In dem bekannten Experiment von *Watson* und *Rayner*[12] beispielsweise wurde eine an sich normale Verhaltensform (Furcht vor einem in unmittelbarer Nähe ertönenden lauten Geräusch: Schlag mit einem Hammer auf Stahlblech) mit einem anderen Stimulus assoziiert, so daß eine unangepaßte Verhaltensform entstand: Das furchterregende Geräusch ertönte wiederholt immer dann, wenn der 11 Monate alte Albert mit seiner weißen Ratte spielen wollte, mit der er vorher ohne Furcht umgegangen war. Bald (es wurden verschiedene Stadien in diesem [reaktiven] Konditionierungsvorgang notiert) zeigte Albert extreme Furchtreaktionen schon beim bloßen Anblick eines Pelztieres, er entwickelte eine Art Phobie.

In ähnlicher Weise kommen in der Schule häufig falsche Assoziationen zustande, indem das Kind eine an und für sich normale Reaktion mit einem unangemessenen Stimulus assoziiert: So können Sympathien und (häufiger) Antipathien zwischen Schüler und Lehrer dadurch entstehen, daß ein Lehrer einen Schüler für eine Minderleistung tadeln muß, der Schüler diesen Tadel aber nicht auf seine Leistung bezieht, sondern auf seinen Wert als Persönlichkeit in den Augen des Lehrers, so daß eine Abneigung und schließlich eine Lernstörung in allen Fächern dieses Lehrers entstehen kann. Oder der Schüler assoziiert die Verstärkung, die er von einem Lehrer für eine gute Hausarbeit erntet, nicht mit der Leistung (die ohnehin schon Stunden oder Tage zurückliegt!), sondern mit irgendeiner anderen Gegebenheit, etwa seiner Kleidung an dem betreffenden Tag (»Wenn ich die grüne Jacke anhabe, habe ich Glück!«) oder eben mit der Persönlichkeit des Lehrers (»Der mag mich!«). Es kann selbst zu Allergien, zu asthmatischen Anfällen, Magenbeschwerden u. a. physischen Beeinträchtigungen kommen, wenn solche Reaktionen durch entsprechende Verstärkungszusammenhänge mit gewissen emotionalen Erregungszuständen (Angst, Zorn, Erwartun-

---

[12] *J. B. Watson, R. Rayner,* Conditioned Emotional Reactions. Journ. exp. psychol., 3, 1920, S. 1–14.

gen ...) assoziiert werden. Hierzu hat besonders *Franks* interessante Untersuchungen angestellt.[13]

Jones hat diese Erkenntnisse benutzt, um eine interessante Apparatur zur Behebung des Bettnässens bei Kindern (und Erwachsenen) zu bauen.[14] Er ging davon aus, daß es zum Bettnässen hauptsächlich dadurch kommt, daß der Stimulus der Blasenspannung nicht genügend mit dem Aufwachen (als Reaktion) konditioniert ist. Daher benutzte er einen elektrischen Apparat, der das Kind mittels einer Glocke sofort aufweckt, wenn es einzunässen beginnt. Nach relativ kurzer Zeit bewirkt dann die Blasenspannung auch ohne den elektrischen Apparat das Aufwachen, und die Enuresis ist behoben.

II. UNANGEPASSTE VERSTÄRKUNGSSYSTEME IM ZUSAMMENHANG MIT VERHALTENSSTÖRUNGEN

Neben den unangepaßten Verhaltensschemata der verschiedensten Art, die wir bisher diskutiert haben, spielen unangepaßte Verstärkungssysteme des Individuums eine zentrale Rolle beim Zustandekommen von Verhaltensschwierigkeiten, sei es, daß dadurch unangepaßte Verhaltensformen entstehen oder daß angepaßte Einstellungen durch mangelhafte Verstärkung nicht zustande kommen.

Die meisten wirksamen Verstärker im menschlichen Leben bestehen, wie wir bereits dargestellt haben, aus bedingten (sekundären) Verstärkern. Sie wurden dadurch zu »konditionierten« Verstärkern, daß sie wiederholt zusammen mit primären Verstärkern in der frühen Kindheit dargeboten wurden. Sie wirken schließlich ähnlich wie die primären Verstärker und können ihrerseits wieder neue Verstärker konditionieren, indem bestimmte Stimuli, die zusammen mit ihnen auftreten, schließlich die verstärkende Wirkung übernehmen. Das Liebkosen des Kindes zusammen mit der Nahrungsverabreichung, das Sprechen zu dem Kind in diesem Zusammenhang und die Aufmerksamkeitszuwendung durch die Mutter überhaupt können als Beispiele hierfür dienen. Wenn nun ein Kind niemals diese konditionierten Verstärker aufgebaut hat, weil seine Eltern dies vernachlässigt hatten, ist es kein Wunder, wenn es später mit dem sonst üblichen Verstärker der Aufmerksamkeitszuwendung, der »Liebe« durch einen Mitmenschen, buchstäblich nichts anzufangen weiß und daß ihm der Entzug der Aufmerksamkeit auch nicht als Strafe bewußt wird. In groben Fällen von Vernachlässigung beobachten wir solche Fälle, in denen ein Kind ein abwegiges, unangepaßtes Verstärkungssystem entwickelt hat, so daß selbstverständlich auch während der Schulzeit die allgemein üblichen Verstärkungen keine Wirkung haben können und das Kind zwangsläufig erziehungsschwierig wird.

Eine interessante Form der so bedingten Verhaltensschwierigkeiten ist die *abnorme »Ermüdbarkeit«* einiger Menschen in bestimmten Situationen und Tätigkeiten, in denen andere Menschen durchaus munter sind. Beispielsweise klagen

---

[13] *C. M. Franks*, Conditioning and Abnormal Behavior. In: *H. J. Eysenck* (ed.), Handbook of Abnormal Psychology, N.Y. 1961, S. 477.
[14] *H. G. Jones*, The Behavioral Treatment of Enuresis Nocturna. In: *H. J. Eysenck* (ed.), Behavior Therapy and the Neuroses, N.Y. 1960.

viele Jugendliche darüber, daß ihnen die Schularbeit so langweilig vorkomme, daß sie oftmals geradezu von einem Schlafbedürfnis befallen werden. Oder Hausfrauen sagen oft aus, sie seien von ihrer tagtäglichen »Tretmühlarbeit« so wenig befriedigt und derart ermüdet, daß sie am liebsten den ganzen Tag schlafen würden. In der Tat verbringen solche Menschen auch einen großen Teil ihrer Zeit mit Schlafen, ohne daß sie jedoch erfrischt von ihm erwachen – ja, sie fühlen sich gelegentlich um so müder, je mehr sie geschlafen haben. Andererseits aber sind sie frisch und ausdauernd, wenn es sich um die Teilnahme an irgendwelchen geselligen Veranstaltungen handelt, die sie wirklich interessieren. Hieraus darf man schließen, daß diese Menschen aus der Tätigkeit, die sie ermüdet, keine oder nur eine minimale Verstärkung abzuleiten vermögen. Mit der Motivation – die ja von der erfahrenen Verstärkung weitgehend bestimmt wird – nimmt auch dann die Ausdauer und die Freude an der betreffenden Tätigkeit ab. Die Frage entsteht jedoch, wie es zu erklären ist, daß bei einzelnen Menschen die üblichen Verstärker in einzelnen Tätigkeiten nicht wirksam sind!

Hierzu kann wiederum das angewandt werden, was wir bereits über das operative Konditionieren während der frühen Kindheit gesagt haben: Nehmen wir an, bei einem kleinen Mädchen hätten die Eltern während der frühen Kindheit damit begonnen, systematisch alles zu verstärken, was mit Spielen, Lernen, Unterhaltung etc. zusammenhängt, aber Tätigkeiten, die als »Arbeit« bezeichnet werden können, seien nicht verstärkt worden. Dadurch hat das Mädchen schließlich ein Verstärkungssystem aufgebaut, das sich von dem der meisten anderen Menschen unterscheidet, indem es die Arbeit als solche nicht als verstärkend empfinden kann, sondern allenfalls später als »notwendiges Übel«. Es ist dann kein Wunder, wenn dieser Mensch später, wenn er tatsächlich einen großen Teil des Tages mit (unverstärkten) Tätigkeiten verbringen muß, mißgelaunt, müde und gelangweilt erscheint. In diesem Zusammenhang wird vor allem wieder die kaum zu überschätzende Bedeutung einer konsequenten Konditionierung während der Kindheit deutlich: Hier werden die wichtigen elementaren Verstärkungssysteme angelegt und später können sie lediglich noch ergänzt werden – sie zu ersetzen ist sehr langwierig!

Auch der Verstärkungsplan während der frühen Kindheit ist für das später wirksame Verstärkungssystem wichtig: Nehmen wir an, ein Kind sei mehr oder weniger nach dem kontinuierlichen Verstärkungsplan erzogen worden, so daß auf jede erwünschte Handlung auch direkt eine Verstärkung erfolgt. Nach allem, was wir über die Wirkung der kontinuierlichen gegenüber der unterbrochenen Verstärkung bereits gesagt haben, bedeutet dies, daß die betreffende Handlung relativ schnell zur Extinktion gelangt, sobald die Verstärkungen einige Zeit ausbleiben. Andererseits widersetzen sich Verhaltensformen, die nach einem unterbrochenen Verstärkungsplan entstanden sind, längere Zeit der Extinktion. Außerdem besteht nun die Gefahr, daß bei bisheriger kontinuierlicher Verstärkung das Ausbleiben einer Verstärkung weit intensiver als Frustration erlebt wird, als bei vorausgegangener unterbrochener Verstärkung. Der Übergang von einer kontinuierlichen Verstärkung zu einer unterbrochenen ist um so schwieriger und mit um so mehr abnormen Reaktionen verbunden, je länger die kontinuierliche Verstärkung bestanden hatte. Dieser Tatbestand wird wiederum bedeutsam im Falle der Verwöhnung während der Kindheit. Denn spätestens in der fortgeschrittenen Schulzeit beginnt die unterbrochene Verstärkung über die kontinuierliche zu dominieren, indem das Kind spätestens jetzt lernen muß, sich in eine Gruppe einzupassen und seine zentrale Stellung im Elternhaus aufzugeben. Durch diese Umstellung des Verstärkungssystems entstehen meistens Anpassungsschwierigkeiten, die sich nicht zuletzt in Lernstörungen auswirken.

Eine weitere Form der Verhaltensstörungen durch ein unangepaßtes Verstärkungssystem können sexuelle Perversionen darstellen. Diese wären dann darin zu sehen, daß z. B. Begegnungen mit dem gleichen Geschlecht, mit Tieren, Kleidungsstücken, mit Menschen in sichtbarem Schmerz bzw. das Erleben des Schmerzes am eigenen Leib etc. intensivere Verstärkungen darstellen, als die für normal angesehene Begegnung mit dem anderen Geschlecht entsprechenden Alters. Auch diese Verstärkungssysteme entstehen meistens während der Kindheit und Jugendzeit und bleiben dann oftmals konstant, weil die Wahrscheinlichkeit, durch die so aufgebauten Verhaltensformen zu normalen sexuellen Beziehungen (und Verstärkungen) zu gelangen, entsprechend gering ist, so daß die verkehrte Einstellung immer mehr gefestigt zu werden droht. – Diese Entwicklung läßt sich in vielen Krankengeschichten perverser Patienten nachweisen. Es bleibt dagegen zunächst unbezweifelt, daß es daneben auch Fälle von »angeborener« Perversion geben kann. Interessante Beeinträchtigungen des normalen Verhaltens durch unangepaßte Verstärkungssysteme ergeben sich oft aus körperlichen Mängeln und Verletzungen. Ein taubes Kind beispielsweise kann die üblichen akustischen Verstärkungen nicht aufbauen und wird daher in vieler Hinsicht nicht so handeln wie ein normalhöriges Kind. Ein Mensch, der bisher besonders sportlich gelebt hat und durch einen Unglücksfall an weiterer Sportausübung verhindert wird, wird Schwierigkeiten entwickeln, weil sein bisheriges Verstärkungssystem aus dem Gleichgewicht gerät: die Hauptquellen seiner Verstärkungen fallen aus. Sein Selbstwertgefühl gerät ins Schwanken, es müssen neue Verstärkungen aufgebaut werden.[15]

III. VERHALTENSPSYCHOLOGISCHE ASPEKTE DER THERAPIE VON VERHALTENSSCHWIERIGKEITEN

Wir haben bisher gezeigt, daß Verhaltensstörungen nicht so sehr als die Folgeerscheinungen bestimmter unbewußter oder »innerer« Störungen aufgefaßt werden müssen, sondern als das Ergebnis gewisser Verstärkungszusammenhänge begriffen werden können. Aus diesem Grund wird sich auch die Behandlung dieser Störungen nicht so sehr bei der Diagnose irgendwelcher innerer Gegebenheiten aufhalten, sondern sogleich zur Therapie des Verhaltens selbst mittels neuer Verstärkungen vorschreiten. Ein sehr nettes Beispiel für diesen Ansatz im Unterschied

---

[15] Vgl. zu den Fragen der Verstärkungszusammenhänge beim Wiedererlernen elementarer Fertigkeiten: *L. Meyerson, J. L. Michael, O. H. Mowrer a. o.*, Learning Behavior and Rehabilitation. In: *L. Loftquist* (ed.), Psychological Research in Rehabilitation, Washington DC 1963.

zu dem der Psychoanalyse gibt *Bandura*[16], wenn er sich vorstellt, wie der Junge Albert aus dem *Watson*-Experiment, der durch einfache reaktive Konditionierung die Phobie gegenüber allem Pelzigen erhalten hatte (s. oben), wohl durch einen Psychoanalytiker, der die Vorgänge nicht kennnen würde, behandelt werden würde. Sicherlich, meint *Bandura,* würde durch allerlei Tiefeninterviews, durch projektive Tests und durch eine genaue Untersuchung der Vorgänge während seiner frühesten Kindheit allerlei Gegebenheiten zusammmengetragen werden, die zu einer ganz anderen Diagnose und schließlich auch zu einer anderen Therapie hinführen müßten, als wenn man vom verhaltenspsychologischen Standpunkt her einfach das offensichtliche Mißverhalten *als solches* nimmt und durch eine neue Konditionierung eine Änderung herbeizuführen versucht (d. h. in diesem Fall eine Extinktion der Furchtreaktion allmählich ermöglicht, indem wiederholt die aversiven Erlebnisse im Umgang mit den Pelztierchen wegbleiben und positive, verstärkende Erfahrungen damit verbunden werden).

Wenden wir uns also der Reihe nach den Hauptformen der Verhaltensstörungen, wie sie bisher diskutiert worden sind, und ihrer möglichen Behandlung zu!

1. Behandlungsmöglichkeiten bei unangepaßten Verhaltensschemata

Als erste Form der hierher gehörigen Verhaltensstörungen hatten wir das *Fehlen* geeigneter Verhaltensformen genannt. Eine Möglichkeit, fehlende Verhaltensformen aufzubauen, wenn überhaupt die physiologischen Möglichkeiten dazu gegeben sind, besteht darin, die Methode der graduellen Annäherung durch Verstärkung anzuwenden. Handelt es sich beispielsweise um einen Fall schizophrener Sprachlosigkeit wie in dem hochinteressanten Fall, über den *Isaacs* u. a. berichten[17], so gilt es, dem Patienten (es handelte sich um einen 40jährigen männlichen Patienten, der seit 19 Jahren »stumm« blieb und als katatonisch-schizophren institutionalisiert war) durch entsprechende Verstärkung (in diesem Fall diente Kaugummi als Verstärker) nach und nach zuerst Augenbewegungen (Aufmerksamkeit) in Richtung auf den Versuchsleiter, dann Lippenbewegungen und schließlich einzelne Laute, die nach und nach dem Wort »Kaugummi« artikuliert werden können, zu entlocken und sofort zu verstärken. Es dauerte in dem Fall von *Isaac* nicht weniger als 6 Wochen konstanter Behandlung, um dies zu erreichen, aber – und dies ist besonders bemerkenswert – es ließ sich erreichen! Konsequente Weiterbehandlung führte langsam zur Normalisierung.

Hierbei wurde also quasi dieselbe Methode angewandt wie die, die eine Mutter verwendet, wenn sie ihrem Kinde die Entwicklung des Sprechens erleichtert! Beide Male handelt es sich um den Aufbau eines Verhaltens durch entsprechende Verstärkung und durch Stimulusdiskriminierung und -generalisierung; nur geht der Psychotherapeut noch langsamer und noch konsequenter vor, um jeden Irrweg zu vermeiden. Das Vorgehen erinnert durchaus an die beschriebenen *Skinner*schen Tierversuche in den Verstärkungskäfigen.

---

[16] Vgl. *A. Bandura,* Psychotherapeutic Objectives. In: Behavioristic Psychotherapy, N.Y. (H. Holt) 1964, S. .

[17] *W. Isaacs, J. Thomas, I. Goldiamond,* Application of Operant Conditioning to reinstate Verbal Behavior in Psychotics. J. Speech Hearing Disorders, 25, 1960, S. 8 ff.

Einen ähnlichen erfolgreich behandelten Fall von Sprachbehinderung schildert *Robertson*, der ebenfalls eine Methode des operativen Konditionierens verwendet hat.[18] Auch bei fehlendem Eßverhalten ohne physische Ursache (etwa anorexia nervosa) hat sich das operative Konditionieren bewährt. *Ayllon* und *Michael*[19] berichten über den schrittweisen Aufbau des normalen Eßverhaltens bei einer psychotischen Patientin, die vorher mit dem Löffel ernährt werden mußte. Hier wurde sowohl positive als auch negative Verstärkung eingesetzt, um zum Ziel zu gelangen. Die negative Verstärkung bestand darin, daß bei der Löffelernährung von der Krankenschwester absichtlich immer wieder Flecken auf die Kleidung der Patientin gemacht wurden (es war bekannt, daß die Patientin besonders viel Wert auf saubere Kleidung legte). Die positive Verstärkung bestand in der Hauptsache darin, daß bei selbständigem Essen die Krankenschwester dennoch bei der Patientin sitzen blieb und sich mit ihr in freundlichem Ton unterhielt (dies fiel natürlich bei der Löffelernährung weg).

Nicht nur fehlende Verhaltensformen können durch operatives Konditionieren aufgebaut werden, sondern es ist auch möglich, *unangepaßte Verhaltensformen* zu überwinden und durch bessere zu ersetzen. Hierzu finden sich besonders bei *Eysenck* eine Reihe interessanter Fälle.[20] Beispielsweise berichtet *Yates*[21] über die erfolgreiche Behandlung einer Patientin mit Tics. Die negative Verstärkung bestand in diesem Fall daraus, daß das Tic-Verhalten unter Aufsicht des VL während etwa 300 Sitzungen zu je 45 Minuten bewußt und mit nur wenigen Pausen geübt werden mußte. Die positive Verstärkung erfolgte verbal. Erst nach diesen 300 Sitzungen zeigte sich eine deutliche Abnahme der Tic-Zwangshandlungen.

Walton[22] berichtet über einen Fall von zwanghaftem Kratzen am Hals, das ebenfalls in relativ kurzer Zeit zur Extinktion gebracht werden konnte: Die junge Frau (20 J.) litt unter einer Neurodermatitis und hatte während der vergangenen zwei Jahre verschiedene Medikamente angewandt, jedoch erfolglos. *Walton* fand, daß die Ursache der Zwangshandlung wohl in einer physischen Hautirritation gelegen haben mag, daß aber dann psychische Verstärkungen zum Aufbau einer Zwangshandlung geführt haben, indem die Familienmitglieder und besonders der Verlobte der jungen Frau dem Leiden besondere Aufmerksamkeit zuwandten, nach der sich die Patientin sehnte. Die Behandlung bestand darin, daß diese Verstärkungen systematisch vorenthalten wurden (die Familie durfte das Kratzen und die Hautreizungen überhaupt nicht mehr erwähnen und beobachten, der Verlobte durfte ihr die Salbe nicht mehr auflegen und das Thema nicht mehr mit ihr besprechen) und gleichzeitig diejenigen Verhaltensweisen, während welcher nicht gekratzt wurde, verstärkt wurden (verbal). Nach 2 Monaten stellte sich eine bedeutende Verbesserung ein, und nach 3 Monaten war sowohl das

---

[18] *J. P. S. Robertson*, The Operant Conditioning of Speech and Drawing Behavior in Chronic Schizophrenics. Swiss Rev. Psych. and its Applic. 17, 1958, S. 309.

[19] *T. Ayllon, J. Michael*, The Psychiatric Nurse as Behavioral Engineer. J. exp. anal. Behav., 2, 1959, S. 330.

[20] *H. J. Eysenck*, Behavior Therapy and the Neuroses. N.Y. 1960.

[21] *A. J. Yates*, in: *Eysenck*, 1960, S. 288 ff.

[22] *D. Walton*, in: *Eysenck*, 1960, S. 273 ff.

Kratzen als auch die Dermatitis so gut wie ganz verschwunden. *Williams*[23] berichtet über die erfolgreiche Behandlung eines Kindes, das jedesmal, wenn es seine Eltern zu Bett gebracht hatten, in wildes Schreien und Toben ausbrach, bis die Eltern zurückkamen und bis zum Einschlafen bei ihm blieben. Das Schreien dauerte oft bis zu 2 Stunden lang. Eine ärztliche Untersuchung ergab zunächst, daß kein physischer »Grund« für das unangepaßte Verhalten vorlag. Die Behandlung erfolgte wiederum gemäß den Befunden über die Extinktion. Nachdem die Eltern das Kind zu Bett gebracht hatten, wurde die Tür geschlossen und das Kind schrie und tobte, aber die Eltern durften nicht zurückkommen. Erst nach etwa 7 solchen unverstärkten Reaktionen gab das Kind nach und blieb nach dem Zubettbringen ruhig und freundlich liegen. Charakteristisch ist auch hier – ähnlich wie bei Tierversuchen mit Extinktionen –, daß die Reaktion (das Schreien und Toben) zuerst radikal abfiel, dann aber – beim drittenmal – wieder leicht anstieg, um schließlich dann ganz abzusinken. Interessant bei dem vorliegenden Fall war außerdem, daß nach erreichter Extinktion eine Tante das Kind zu Bett brachte. Das Kind benutzte diese »Gelegenheit« und versuchte »es« aufs neue, d. h. die Reaktion wurde wieder geäußert. Die Tante, nicht eingeweiht in die Behandlung, kam auch wieder zu dem Kind zurück – verstärkte also die Reaktion – und erreichte dadurch ein volles Aufleben der unerwünschten Verhaltensform. Es dauerte abermals 8 Tage, um die lediglich einmal verstärkte Verhaltensform wiederum zur Extinktion zu bringen, und auch diesmal zeigte die Extinktionskurve denselben Verlauf wie beim erstenmal.

Man sieht aus diesen Fällen erfolgreicher Behandlung, daß die Therapie grundsätzlich denselben Weg beschreitet, den auch der Aufbau der betreffenden unerwünschten Gegebenheiten im Verhalten genommen hatte. Zu der gewöhnlichen Extinktion der unerwünschten Verhaltensformen durch Entzug der Verstärkung und zur Verstärkung der Verhaltenszeit, die frei von den unerwünschten Zuständen ist, kann nun noch die positive Verstärkung einer Verhaltensform kommen, die mit der unerwünschten unvereinbar ist, und außerdem kann die unerwünschte Verhaltensform zusätzlich mit einem aversiven Stimulus assoziiert werden.

Wenn beispielsweise ein Schulkind während einer unbeaufsichtigten Phase die Gewohnheit entwickelt, nach dem Mittagessen zu »streunen« und seine Schulaufgaben nicht zu machen oder sie erst spät abends unter großem Zeitdruck zu erledigen, so kann man einmal das Streunen unter Strafe stellen und gleichzeitig dem Kind im Hause selbst allerlei interessante und nützliche Tätigkeiten verstärken (verbal und evtl. auch materiell durch kleine Belohnungen, die im jeweiligen Fall ohnehin üblich sein mögen). Die neue Tätigkeit im Haus ist unvereinbar mit der alten des Streunens, die ohnehin unter Strafe gestellt ist. Es ist anzunehmen, daß das Streunen relativ schnell nachlassen wird und die andere Tätigkeit entsprechend stark wird. Zugleich muß natürlich die Zeit für die Hausaufgaben geschickt in das Tagesprogramm eingeplant werden.

---

[23] *C. D. Williams*, The Elimination of Tantrum Behavior by Extinction Procedures. J. abnorm. soc. Psychol., 59, 1959, S. 269.

Auch die Behebung von Verhaltensschwierigkeiten durch *Assoziation einer an sich normalen Verhaltensform mit einem anderen Stimulus* ist auf diesem Wege der Konditionierung möglich. Im Falle des *Alkoholikers* z. B. handelt es sich darum, daß der Stimulus des Alkohols zu stark mit einer Reaktion – dem Wunsch, ihn zu erhalten und zu trinken – assoziiert wurde, wodurch der Alkohol einen exzessiven Verstärkungswert für den Alkoholiker erhält. Sobald es nun gelingt, die Reaktion mit einem aversiven Stimulus zu verbinden, wird sie nach und nach zur Extinktion gelangen, bzw. mit einem anderen Stimulus (andere als alkoholische Getränke) assoziiert werden können. *Franks*[24] hat in seinen interessanten Untersuchungen zu diesem Problem gezeigt, wie Alkoholiker erfolgreich behandelt werden können, indem beispielsweise ihr exzessiv starkes Wunschverhalten in Richtung auf Alkohol durch elektrische Schocks negativ »aufgeladen« wird, d. h. nicht (wie bisher durch Alkohol) verstärkt, sondern durch einen aversiven Stimulus geschwächt wird. An die Stelle des Elektroschocks kann auch eine entsprechend negativ wirkende Droge treten. Ähnlich lassen sich in den meisten Fällen auch andere »Leidenschaften«, etwa das Rauchen, auf demselben Weg, wie sie entstanden sind, wieder extinguieren. Es kommt lediglich darauf an, die bestehende verkehrte Stimulus-Reaktions-Verbindung zu unterbrechen. Am einfachsten geschieht dies durch Einführung eines aversiven Stimulus an die Stelle des bisher verstärkenden Moments – um eine neue nützlichere Verbindung aufzubauen.

2. Behandlungsmöglichkeiten bei unangepaßten Verstärkungssystemen

Bereits in den bisherigen Hinweisen auf Behandlungsmethoden haben wir indirekt auf die Bedeutung der jeweils wirksamen Verstärkungssysteme hingewiesen. So war etwa der Hinweis auf den Fall eines Alkoholikers gleichzeitig ein Hinweis auf ein falsches Verstärkungssystem. Allerdings wurde hier der verstärkende Stimulus zugleich zu einem das Verhalten steuernden Stimulus. Nunmehr wollen wir auf die Frage eingehen, wie im einzelnen Fall Verstärker eingeführt werden können, die das Verhalten in eine neue Richtung lenken können. Insbesondere geht es darum, zu betonen, daß es bereits ein schwieriges Problem darstellt, Stimuli zu entdecken oder zu konditionieren, die bei einem bestimmten Individuum als Verstärker wirken können! Wie soll ein Lehrer vorgehen, wenn ein Schüler auf die in der Schule üblichen Verstärker der Anerkennung, des Lobes, der Auszeichnung oder der sachlichen Bewährung durch die Meisterung einfacher Aufgaben nicht »reagiert«, d. h. wenn diese Verstärkungen ihn gleichgültig lassen? Wir kennen alle Schüler (und Erwachsene), die darunter leiden, daß sie grundsätzlich auf andere Verstärker anzusprechen scheinen als ihre Mitmenschen. In der Schule erscheinen solche Schüler als »faul«, »gleichgültig«, »unansprechbar« oder »dumm« – in Wirklichkeit sind sie aber lediglich das Opfer eines unangepaßten Verstärkungssystems.

Wie entsteht ein Verstärkungssystem? Diese Frage läßt sich leicht beantworten, indem wir auf die Entwicklungspsychologie sehen! Verbale Stimuli der Mutter

---

[24] *C. M. Franks*, Alcohol, Alcoholism and Conditioning. In: *H. J. Eysenck*, a.a.O. (1960), S. 284 ff.

wurden zu Verstärkern, indem sie wiederholt zusammen mit den primären Verstärkungen der Nahrungsverabreichung geboten wurden. Ebenso entstanden die Verstärkungen der Liebkosung und schließlich der bloßen Gegenwart der Mutter oder anderer Erwachsener. Wenn nun ein Schulkind nicht auf das Lob oder die Anerkennung durch den Lehrer reagiert, so bedeutet dies, daß solche Verstärker bisher nicht mit primären Verstärkern verknüpft worden waren. Deshalb muß erreicht werden, eine solche Assoziation nachträglich aufzubauen, indem primäre Verstärker, die jeder Mensch – unabhängig von der Intelligenz und sogar seinem psychischen Gesundheitszustand – zu haben scheint (s. unten!), zusammen mit den zu konditionierenden sekundären Verstärkern dargeboten werden bzw. der primäre Verstärker von dem sekundären Verstärker abhängig gemacht wird. In der Tagesschule sind natürlich einem solchen Vorgehen eindeutige Grenzen gezogen, da der Lehrer hier nur einen geringen Teil des Lebens des Schülers überwachen kann. Die wichtigen primären Verstärkungen der Ernährung und der Geltung bei den Eltern und Geschwistern z. B. entziehen sich fast ganz dem Lehrer. In schwierigen Fällen von unangepaßten Verstärkungssystemen ist daher auch ein vorübergehender Heimaufenthalt fast unerläßlich.

Hier müßte sodann erreicht werden, daß in häufigen Wiederholungen das Kind beispielsweise eine Abhängigkeit der Quantität und Qualität (evtl. auch der Zeit) seiner Nahrungsverabreichung von bestimmten sekundären Verstärkern erfährt: Es erhält die Mahlzeit erst (und eine bestimmte Qualität und Quantität dieser Mahlzeit!), wenn es bestimmte Handlungen verrichtet hat, die zu entsprechenden verbalen Verstärkungen geführt haben. Ein geradezu klassisches Beispiel für diese Art des Aufbaus eines neuen Verstärkungssystems bieten die Untersuchungen von *Ayllon* und *Haughton*.[25] Hier wurde mit schizophrenen Patienten gearbeitet, so daß der Faktor der »intelligenten Einsicht« in die Situation fast keine Rolle spielte.[26] Der einzige Verstärker, der zunächst als wirksam angesehen werden konnte, war Nahrung. Darauf aufbauend, gelang es zuerst, Münzen zu konditionierten, neuen Verstärkern werden zu lassen, indem diese vorher verteilten Münzen kurz vor dem Eintritt in den Speisesaal von den Patienten in einen Behälter geworfen werden mußten, um eingelassen zu werden. Nach kurzer Zeit erlangten die Münzen im Bewußtsein der Patienten den Wert eines »Eintrittsgeldes«. Sodann wurde erreicht, einen Akt der Zusammenarbeit – zu dem diese Patienten sonst so gut wie nicht befähigt waren – zu konditionieren, indem die Patienten die Eintrittsmünze erst dann erhielten, wenn immer zwei gleichzeitig auf je einen Knopf drückten, wobei ein Summton entstand. Die Knöpfe waren so auf einen Tisch montiert, daß nur ein Knopf von einer Person berührt werden konnte. Erst wenn also zwei Patienten gleichzeitig (»gemeinsam«) die beiden Knöpfe drückten, ertönte der Summton und die beiden erhielten ihre Eintrittsmünze für den Speisesaal. Auch diese Konditionierung gelang bei allen Patienten in relativ kurzer Zeit, so daß die »Zusammenarbeit« ebenfalls zu einem konditionierten Verstärker wurde.

[25] *T. Ayllon, E. Haughton,* Control of the Behavior of Schizophrenic Patients by Food. J. exp. anal. Behav., 5, 1962, S. 343 ff.
[26] *T. Ayllon, E. Haughton,* a.a.O., S. 252.

Neben der Nahrung im allgemeinen haben die meisten Kinder (und Erwachsenen) eine Reihe bereits fest wirksamer Verstärkungssysteme, die man entdecken muß, um sie dann zu modifizieren. So gelang es beispielsweise kürzlich einem Team, unter Anknüpfung an individuelle Verstärker, vierjährige Kinder zur Aneignung elementarer Lesefertigkeiten zu bringen.[27]

Man kann nun auch die Erkenntnisse über die bessere Wirksamkeit unterbrochener Verstärkungspläne gegenüber kontinuierlichen Verstärkungsmethoden, über die wir bereits oben gesprochen hatten, in diesem Zusammenhang anwenden. Dies würde dann bedeuten, daß beispielsweise in der Schule mit symbolischen Verstärkern gearbeitet wird, die in einer bestimmten Anzahl vorgelegt werden müssen, um zu einer Realverstärkung zu führen: Beispielsweise erhält ein Kind für ein sehr gut geschriebenes Diktat »einen Punkt« und wenn es fünf »Punkte« gesammelt hat, erhält es eine richtige Verstärkung (dies würde etwa einer Reaktionsquotenverstärkung 1 : 5 entsprechen). Besonders bei Kindern, die wenig Ehrgeiz und Schulinteresse zeigen, dürfte sich ein solches Verfahren bewähren.

Um nun aber die einzelnen Verstärkungen noch besser steuern zu können, bietet sich wiederum das programmierte Lernen und besonders das Lernen mit Lehrmaschinen an. Es ist durchaus möglich, Programme für jedwedes Verhalten zu schreiben, sobald es gelungen ist, das betreffende Verhalten zu analysieren. Da jede Abartigkeit im Verstärkungssystem verhaltenspsychologisch erklärbar ist, ist es auch durchaus möglich, ein Programm für den Aufbau neuer wirksamerer und pädagogisch positiver Verstärkungssysteme zu entwickeln, die das Vorgehen der Teams, von denen wir bereits gesprochen haben, systematisieren würden und unter eine optimale Kontrolle brächten. Gerade auch bei psychopathischen Patienten dürfte es sich hervorragend bewähren, mit Programmen und Maschinen zu arbeiten, wie z. B. die Versuche an der Harvard-Universität zeigen.[28] Hier könnte auch der Hilfs- und Sonderschullehrer mit großem Erfolg mitarbeiten. Beispielsweise gibt es ganz neue Möglichkeiten in der Taubstummen- und Blindenerziehung, wie selbstverständlich auch in der Erziehung der vielen Formen von Lern- und Schulschwierigkeiten.

[27] A. W. Staats, K. A. Minke, J. R. Finley, M. Wolf, L. O. Brooks, A Reinforcer System and Experimental Procedure for the Laboratory Study of Reading Acquisition. Child Dev., 35, 1964, S. 209 ff.
[28] Detailliertere Veröffentlichungen folgen demnächst.

6. Kapitel

Verhaltenspsychologische Grundlagen für den Unterricht in einzelnen Sachgebieten und Fähigkeiten

Die verhaltenspsychologischen Forschungsmethoden können nicht nur auf die Fragen der Erziehung und des Lernens im allgemeinen angewandt werden, wie wir das bisher bereits gezeigt haben, sondern auch auf Probleme des Lernens bestimmter Fähigkeiten und Sachgebiete. Die Ausgangsfrage ist dabei nicht so sehr die nach einer »anlagebedingten« »Reifung« bestimmter Fähigkeiten in bestimmten Entwicklungsphasen, sondern wiederum die, wie es möglich ist, diejenigen spezifischen Verhaltensformen, die erkanntermaßen die betreffende Fähigkeit ausmachen, unter die Kontrolle bestimmter Stimuli zu bringen, so daß sie nach Belieben hervorgebracht werden können. Die tatsächlichen Forschungen, die bisher von diesem Standpunkt aus auf diesem Gebiet durchgeführt wurden, sind überaus ermutigend, zum Teil sogar revolutionär, insofern sie beispielsweise zeigten, wie unsere überlieferten Vorstellungen von dem »Zeitpunkt«, zu dem ein Kind normalerweise für bestimmte Fähigkeiten, wie etwa das Lesen, »reif« wird, weitgehend überholungsbedürftig sind, da es durchaus möglich ist, mit verhaltenspsychologischen Methoden Kinder bereits mit vier Jahren zum Lesen zu bringen. Auch andere Fähigkeiten, die mit den bisherigen Methoden erst sehr viel später entwickelt werden konnten, können nunmehr zu einem sehr viel früheren Zeitpunkt aufgebaut werden. Aber nicht nur bezüglich des Zeitpunkts des Beginns des Unterrichts in einem bestimmten Gebiet ergeben sich durch verhaltenspsychologische Ansätze neue Gesichtspunkte, sondern auch hinsichtlich der Reihenfolge und des Aufbaus bzw. der Durchführung der Lerneinheiten dürften sich neue Möglichkeiten eröffnen.

Dies im einzelnen auszuführen, kann nicht die Aufgabe dieses Kapitels sein. Es würde eine Aufgabe für sich darstellen, der man sich zu einem anderen Zeitpunkt widmen könnte. Vielmehr wollen wir lediglich an Hand einiger ausgewählter Sachgebiete und Fähigkeiten zeigen, wie »grundsätzlich« verhaltenspsychologische Erkenntnisse auch in diesen Spezialbereichen der Pädagogik mit Erfolg angewandt werden können.

I. VERHALTENSPSYCHOLOGISCHE ERKENNTNISSE ÜBER DIE ENTWICKLUNG RECHNERISCHER FERTIGKEITEN

Während im Bereich des Lesenlernens (siehe unten – II –) bereits definitive Befunde über den Aufbau entsprechender Verhaltensformen relativ *unabhängig* von dem Entwicklungsalter der Kinder vorliegen, fehlen bisher solche Ergebnisse im mathematischen Bereich noch. Es ist aber abzusehen, daß es bald möglich sein wird, auch hier eindeutige Befunde aufzuzeigen. Daß die Untersuchungen im Bereich des Rechnens bisher nur zögernd angestellt wurden, mag z. T. damit zusammenhängen, daß gerade in diesem Gebiet fast allgemein eine starke Abhängigkeit der Lernfähigkeit von dem Entwicklungsalter angenommen wurde. So vertritt beispielsweise bekanntlich *Piaget* den Standpunkt, daß ein Unterricht in rechnerischen Fertigkeiten vor der geistigen Reife dazu lediglich zu einem verbalen Lernen, aber nicht zu einem wirklichen Verstehen der rechnerischen Zusammenhänge führt.[1]

Ein solcher Standpunkt darf indessen nicht unkritisch einfach übernommen werden, auch wenn er sich noch so sehr im Sinne des durchschnittlichen Alters, in dem die Kinder zu dieser oder jener rechnerischen Fähigkeit »reif« sind, zu bewähren scheint. Wie wir ja bereits oben ausgeführt haben, wird nämlich die Lernreife in jedem Fach nicht *nur* von Anlagefaktoren, sondern *auch* durch Umweltstimuli bestimmt. Zu den letzteren gehört nun auch besonders das ganze Verstärkungssystem, das während der frühen Kindheit angewandt wird. Rechnerische Fähigkeiten entstehen auf jeden Fall *nicht* von selbst, sondern sie können sich – früher oder später – einstellen, wenn entsprechende Verstärkungen geboten und mathematische Verhaltensformen aufgebaut werden. *Die Tatsache, daß z. Z. – d. h. unter den gegenwärtigen Verstärkungsumständen – die Kinder im allgemeinen erst relativ spät zu rechnerischen Operationen reif erscheinen, besagt also nicht, daß sie nicht unter der Voraussetzung anderer, günstigerer Verstärkungszusammenhänge früher dazu fähig sein könnten!* Dies würde selbstverständlich auch bedeuten, daß in Fällen von Rechenschwierigkeiten in späteren Altersstufen durchaus Grund zu Optimismus gegeben wäre, da man nicht weiterhin den *einzigen* Grund für ein Versagen in der »Anlage« zu suchen hätte, sondern durch die Bereitstellung neuer Stimuli und neuer Stimulusketten und Verstärkungszusammenhänge auch bessere Resultate erwarten dürfte. Zu diesem mehr optimistischen Ausblick ermuntern z. B. die Untersuchungen von *Fowler*[2], auch wenn bisher noch keine eindeutigen Ergebnisse vorliegen.

Insbesondere wenn man daran gehen wollte, rechnerische Fertigkeiten zu programmieren – was durchaus möglich ist –, müßte nun zuerst eine verhaltenspsychologische Analyse dessen, was eigentlich die entsprechenden mathematischen Fertigkeiten sind, vorausgehen. Wir wollen im folgenden eine solche Analyse und zugleich die entsprechenden pädagogischen Anwendungen versuchen, wobei es, wie gesagt, nicht auf Vollständigkeit ankommen kann.

1. Das Zählen

Das Verhalten des Zählens kann sich auf verschiedene Art entwickeln und je nach den Verstärkungsweisen unter die Kontrolle ganz verschiedener Stimuli gelangen. Dies gilt sowohl für verschiedene Kinder als auch für ein und dasselbe Kind, das bald nach der einen, bald nach einer anderen Weise zum Zählen kommen kann. Verhaltenspsychologisch gesehen können wir folgende drei typische Weisen des Aufbaus des Zählverhaltens unterscheiden:

---

[1] Vgl. z. B. *J. Piaget*, How Children form Mathematical Concepts. Sci. Amer., 189, 1953, S. 74 f.

[2] *W. Fowler*, Cognitive Learning in Infancy and Early Childhood. Psychol. Bull., 59, 1962, S. 134 ff.

a) Das Zählenlernen durch die räumliche und zeitliche Parallelität der Stimuli.

b) Das Zählenlernen durch Zahl-Reaktionsreihen und

c) das Zählenlernen durch verbale Erweiterungen.

Diese drei Weisen des Zählenlernens folgen in der Regel – aber nicht notwendig – aufeinander.

Zu a) Zahlreaktionen werden zunächst ebenso erworben wie andere verbale Reaktionen im Bereich der Sprachentwicklung: In derselben Art wie ein Kind lernt, das Wort »Auto« zu sagen, wenn ein Wagen vorbeifährt oder wenn es vor einem Auto steht. Indem es dies von seiner Mitwelt übernimmt und dafür verstärkt wird, lernt es auch einen Gegenstand (etwa ein Auto) als »eins« anzusprechen, wenn es nur einfach anwesend ist und als »zwei«, wenn es zweifach vorhanden ist.

Es handelt sich um diskriminierendes Lernen, das zu dem führt, was man »Abstraktion« nennt, nämlich zu einer Reaktion, die unter der Kontrolle einer einzigen isolierten Stimuluseigenschaft steht, die nicht für sich allein bestehen kann. Eine »Zweiheit« beispielsweise kann es nicht geben ohne bestimmte andere Stimulusqualitäten, etwa zwei Hände, zwei Äpfel, zwei Autos usw. »Zwei« ist nun die Reaktion, die der Stimuluseigenschaft des Zwiefachen zukommt, wobei ganz verschiedene Objekte betroffen sein können, die jedoch alle doppelt vorhanden sind. »Zwei« ist zwar die richtige Reaktion auf zwei Äpfel, aber nicht auf drei Äpfel oder auf eine Birne usw.

Um diese Reaktion aufzubauen, bedarf es, wie leicht einzusehen ist, weit mehrerer Beispiele als zum Aufbau einfacher verbaler Reaktionen wie »Apfel«, »Auto« usf. Es würde darauf ankommen, eine große Vielfalt von Stimuli aufzubauen, die alle in der betreffenden Zahl übereinstimmen und dann zur nächsten Zahl weiterzuschreiten. Da dies aber im allgemeinen nicht systematisch geübt wird, ist es nicht verwunderlich, daß Kinder in der Regel erst relativ spät solche Abstraktionen vornehmen können, während sie andererseits durchaus in der Lage sind, verbale Benennungen der verschiedensten Gegenstände, Tätigkeiten oder Eigenschaften vorzunehmen. Letzteres wird von den Eltern meistens schon während der ersten Lebensmonate vorbereitet durch entsprechende elementare Verstärkungen.

Eine Apparatur zum Aufbau solchen rechnerischen Elementarverhaltens bei jungen Kindern wird gegenwärtig an der Harvard-Universität erarbeitet. Bis jetzt sind jedoch die Vorbereitungen für diese Untersuchungen noch nicht ganz abgeschlossen worden.

Zu b) Wenn nun die ersten Zahlreaktionen durch die Stimulusparallelität aufgebaut sind, kann eine Erweiterung der Zahlen-Reaktionsfähigkeit dadurch erfolgen, daß das Kind wiederholt erfährt, wie ähnliche Objekte aufgereiht werden können und zahlenmäßig nacheinander benannt werden können. Die Mutter mag z. B. das Kind vor eine Reihe von 5 Bauklötzchen führen und das links liegende Klötzchen mit »eins« bezeichnen, das nächste dann mit »zwei« usw., so daß beim Anblick einer Reihe von ähnlichen Gegenständen nach und nach die sprachliche Reaktion »eins« auch die Reaktion »zwei« und »drei« usw. hervorruft. Auf diese Weise kommt es zu der Kombination von sprachlichen Reaktionen mit solchen der Aufmerksamkeit und der Motorik, welche das Zählen ausmacht: Das Kind äußert die Zahlwörter, indem es mit den Augen und – wenigstens anfänglich – auch mit den Händen der Reihe der Gegenstände folgt. Eine Zahlenreaktion wird dann sowohl von der vorhergehenden Zahlenreaktion und von den Stimuli der aufgereihten Gegenstände hervorgerufen. Es entsteht eine Zahl-Reaktionsreihe.

Diese Zahl-Reaktionsreihe wird zunächst nur hervorgerufen werden, wenn die Gegenstände in einer bestimmten Reihengestalt vor dem Kind liegen. Diese Gestalt dient als einer der Stimuli, die die Zahl-Reaktion hervorruft. Insofern hat *Piaget* durchaus recht, wenn er behauptet, daß Kinder mit 5 oder 6 Jahren zwar in der Lage seien, Gegenstände der Reihe nach zu zählen, wenn sie von den Eltern dazu angehalten worden seien, daß sie aber sofort versagen würden, wenn die Anordnung der Gegenstände verändert wird. Diese Tatsache braucht indessen keineswegs mit entwicklungspsychologischen Gesetzmäßigkeiten zusammenzuhängen, sondern sie kann verhaltenspsychologisch auch damit erklärt werden, daß das Kind seine Zahl-Reaktionsreihe meistens nur unter der Bedingung der einen Reihengestalt geübt hat. Es kommt daher darauf an, diese Reihengestalt der Gegenstände zu *variieren*, sobald das Kind einmal grundsätzlich die Zahlenreihe als solche an Hand der Gegenstandsreihe gelernt hat. Auf diese Weise wird dann eine Stimulusgeneralisierung erreicht. Dieser Prozeß der Generalisierung ist indessen nicht nur bei dem Zählenlernen nötig, sondern bei anderen sprachlichen Reaktionen genauso. Die Tatsache, daß Kinder durchaus schon sehr früh in der Lage sein können, ein Auto als solches zu erkennen und zu benennen, zeigt, daß sie bei entsprechender Verstärkung durchaus eine Reaktion mit einer Vielfalt von Stimulusgestalten verbinden können. Sie erkennen beispielsweise das Auto sowohl in der Gestalt eines kleinen Spielautos als auch in der Form eines richtigen »großen« Wagens und in der Aufmachung eines Feuerwehrautos etc. Desgleichen lernt ein Kind in leicht aufzuzeigender Weise einen »Hund« als solchen zu erkennen und zu benennen, obwohl er einmal in Form eines Dackels und dann in der eines Wolfshundes oder eines Boxers erscheint, und das Kind lernt auch dabei den Hund durchaus von einem Pferd oder einer Kuh zu unterscheiden, wenn es auch anfänglich alle drei Arten von »Vierbeinern« als »Hund« (oder »Wauwau«) bezeichnen wird.

Die Fähigkeit, die gleiche Reaktion auf eine Vielfalt verschiedener Stimulusgestalten folgen zu lassen, ist, mit anderen Worten, nicht so sehr eine entwicklungspsychologische Erscheinung, die sich »von selbst« einstellt, sondern das Ergebnis einer Konditionierung. Wenn daher *Piaget* feststellt, daß die meisten Kinder mit 5 oder 6 Jahren noch nicht dazu in der Lage sind, so bedeutet dies zunächst lediglich, daß unter den gegenwärtig herrschenden Konditionierungsbedingungen eine entsprechende Reaktionsweise nicht zustande kommen kann. Sobald aber bereits in einem früheren Alter damit begonnen würde, systematisch – etwa in der Form eines Lernprogramms – Zahl-Reaktionsreihen auf ganz verschiedene Stimulusanordnungen (verschiedene Gegenstände, verschiedene Anordnung der Gegenstände ...) hin zu konditionieren, so würde sich das Zählen ebenso einstellen müssen wie andere sprachliche Reaktionen, die, verhaltenspsychologisch gesehen, auf derselben Ebene stehen. Versuche mit 3- und 4jährigen Kindern scheinen diese Hypothese voll zu bestätigen, wenn sie auch noch nicht abgeschlossen sind.

Zu c) Wenn einmal das Kind ein rudimentäres Zahlenrepertoire erworben und unter die Kontrolle der Stimulusgegenstände, statt unter die ihrer Anordnung oder Gestalt gebracht hat, dürfte sich eine Erweiterung der Reaktionsreihe auf rein verbaler Basis erreichen lassen, indem einfach weitere verbale Zahlreaktionen konditioniert werden, ohne daß notwendig entsprechende Objekt-Stimuli präsentiert werden. Beispielsweise hat das Kind gelernt, auf 10 aufgereihte Gegenstände mit der Zahlenreihe 1, 2, 3 .... 10 zu reagieren, so kann im Anschluß an »10« ein weiterer Gegenstand zugelegt werden mit der Bemerkung »11«. Das Kind wiederholt dies und wird dafür verstärkt; anschließend wird einfach gesagt »12« und das Kind wird auch dies wiederholen. Auf diese Weise kann durchaus eine Erweiterung der Zahlenreihe weit über 20 hinaus rein verbal durchgeführt werden und das Kind wird unter entsprechenden Verstärkungszusammenhängen dennoch in der Lage sein, eine Reihe von Gegenständen, die über »11« hinausführt, richtig abzuzählen. In der Tat ist auch das Zählen der meisten Erwachsenen auf diese Weise verbal erweitert worden, denn kaum jemand hat schon nacheinander etwa 1928 Gegenstände abgezählt – trotzdem wäre jedermann in der Lage, im Bedarfsfall eine solche Operation durchzuführen. Die relativ einfache, auf Wiederholung gegründete, rhythmische Struktur unseres Zahlensystems ermöglicht diese verbale Erweiterung und legt sie sogar nahe: Hat beispielsweise das Kind gelernt, bis 20 zu zählen, so ist es für es nicht schwer, diese Reihe von 21 über 22 und 23 bis 30 fortzusetzen, weil ja wiederum bereits Bekanntes verwendet wird. Desgleichen sind die Zehnerzahlen selbst gegenüber den Einern nichts grundsätzlich Neues.

So kann auch das *Lesen und Schreiben der Zahlen* schon frühzeitig erlernt werden. Die Tatsache, daß dies gegenwärtig erst während der ersten Schulzeit geübt wird, besagt nicht, daß man es nicht auch schon früher einführen könnte. Es käme darauf an, im unmittelbaren Anschluß an die Konditionierung der mündlichen Zahlenreaktion »1, 2, 3, ...« auf das visuelle Wahrnehmen von 1, 2, 3 .... Objektstimuli das Konditionieren der schriftlichen Zahlenreaktionen folgen zu lassen und dann umgekehrt, auf die schriftliche Darbietung der Ziffern eine entsprechende mündliche Zahlenreaktion folgen zu lassen. In einem Lernprogramm ließe sich dies relativ einfach erreichen, indem man die Abbildungen von Gegenständen in verschiedener Reihung und Tonbandaufnahmen mit den verschiedenen dazugehörigen Zahlen verwendet. Das Kind muß zunächst auf das Erkennen einer Gegenstandsreihe hin mit einer mündlichen Zahl reagieren, die ihm sodann vom Tonband bestätigt wird (Verstärkung). Nachdem dies eine Zeitlang geübt wurde, kann die Abbildung zusammen mit den Ziffern dargeboten werden und wiederum wird vom Kind eine mündliche Reaktion erwartet, die anschließend bestätigt wird durch einen Vergleich mit dem Tonband. Schließlich kann der visuelle Stimulus der Ziffer allein beim Kind die richtige mündliche Reaktion hervorrufen. Sodann kehrt man die Reihenfolge um und bietet dem Kind zuerst die mündliche Zahl und erwartet von ihm die richtige schriftliche Reaktion, die es anschließend durch einen Vergleich mit der vorgedruckten Zahl bestätigt erhält. Je besser und breiter diese Stufen variiert werden, desto sicherer wird das Kind »zählen« lernen.

Es ist aber deutlich, daß es sich dabei im Grunde nur um eine Anwendung einfacher Konditionierungsprinzipien auf elementares mathematisches Verhalten handelt.

2. Das Addieren

Verhaltenspsychologisch gesehen, darf das Addieren ebenfalls als Ergebnis einer Konditionierung im Sinne des Zählens aufgefaßt werden. Anfänglich wird es sich darum handeln, daß etwa zwei Gegenstände und nochmals zwei Gegenstände vor das Kind gelegt werden mit der Frage: »Wieviel sind es nun?« Das Kind wird dann vielleicht anworten (und dafür verstärkt werden): »Eins, zwei, drei, vier Gegenstände«; von hier aus wird es schließlich zu der Feststellung kommen, »zwei Gegenstände und zwei Gegenstände sind vier Gegenstände«, wobei die »Gegenstände« selbstverständlich möglichst aus der Welt der kindlichen Spielsachen gewählt werden können. Und endlich kann das Kind dann nach häufigen Wiederholungen mit verschiedenen Gegenständen in verschiedener Anordnung zu der »abstrakten« Formulierung kommen: »zwei und zwei ist vier«. Die meisten Operationen dieser Art werden ohne gegenständliche Hilfe, rein verbal durchgeführt werden können. Es kommt, wie beim Zählenlernen, darauf an, den *»Begriff«* des Addierens zu vermitteln. *Ein Begriff aber ist nichts anderes als eine bestimmte Art des Reagierens auf Stimuli, die in einer oder mehrerer Hinsicht miteinander ähnlich sind.*[3] Dies bedeutet, daß für das Addieren wiederholt Situationen dargeboten werden müssen, die einander ähnlich sind, aber doch nicht gleichbleiben: Das Zusammenzählen muß mit den verschiedensten Gegenständen geübt werden, bis es schließlich mit der Zahl allein – d. h. rein verbal – durchgeführt werden kann.

Nun muß der bisher mündlich vollzogene Additionsprozeß ins Schriftliche übertragen werden. Zu diesem Zweck kann zuerst das Schreiben der Addition – abgesehen vom Problem selbst – eingeführt werden, indem einfach die Reihenfolge der Darstellung eingehalten wird: Zuerst beginnt das Kind die erste aufgeschriebene Zahl (das Schreiben der Zahl ist bereits vorher geübt worden) zu lesen – etwa eine »2«. Dann liest es die darunterstehende Zahl, sagen wir eine »4«. Schließlich entdeckt es das »+«-Zeichen und den Additionsstrich und endlich das Ergebnis, die »Summe« »6«:

$$\begin{array}{r} 2 \\ + \ 4 \\ \hline 6 \end{array}$$

Nachdem diese Schreibweise ebenfalls in verschiedenen Variationen (mit verschiedenen ein- und zweistelligen Zahlen) geübt worden ist, geht man zu dem

---

[3] Vgl. dazu: *J. B. Carroll*, Words, Meanings and Concepts. Harvard Ed. Rev., 4, Nr. 2, 1964, S. 180 ff.

neuen Problem über, das darin besteht, daß das Kind nunmehr eine schriftliche Addition *durchführen* soll:

$$
\begin{array}{r}
15 \\
+\ 17 \\
\hline
\end{array}
$$

Zu diesem Zweck muß das Kind sowohl zu verbalen als auch zu schriftlichen Reaktionen angeregt werden. Abgesehen von den verschiedenen didaktischen Verfahren, die für das Addieren zur Verfügung stehen, würde sich, rein verhaltenspsychologisch betrachtet, ein programmähnliches Vorgehen in kleinen Schritten am besten eignen, um Additionsprobleme schriftlich lösen zu lassen. Man läßt also das Kind zuerst »5 und 7« zusammenzählen. Wenn das Kind richtig antwortet, läßt man es »12« so aufschreiben, daß die »2« unter dem Additionsstrich unter der »7« zu stehen kommt und die »1« oberhalb des Additionsstrichs unter der »1« als eine kleine »1« zu stehen kommt. Beim Programmieren läßt sich dies gut in einer Lerneinheit darstellen, die mit Tonbanderklärungen und schriftlichem Text (natürlich letzteres nur bei älteren Kindern, die bereits lesen können) untermauert sind. Nunmehr läßt man die drei »Einsen«, also die linke Reihe der Aufgabe, addieren und trägt die Zahl »3« darunter ein. Nunmehr liest man das Gesamtergebnis »32« als »zweiunddreißig« vor. Erst wenn dieses Addieren geraume Zeit mit verschiedenen Zahlen geübt worden ist, kann erwartet werden, daß es nunmehr auch mit dreistelligen Zahlen und mit mehreren Zahlen untereinander vollzogen werden kann.

Wichtig ist also besonders das Einhalten der aufgezeigten *kleinen Schritte* und ihrer Reihenfolge bei der Einführung und Übung der Operation, so daß die Reaktion unter die Kontrolle entsprechender Stimuli gelangen kann.

Wenn nun sowohl das Manipulieren wirklicher Gegenstände als auch das bloße verbale Umgehen mit ihrer »Zahl« zum Ziel, d. h. zur Summierung, führen würde, wird später meistens das verbale Vorgehen vorgezogen, weil es sich als einfacher und schneller erweist und dies bereits als Verstärkung erfahren wird. So läßt sich die zunehmende »Abstraktion« in den rechnerischen Operationen verhaltenspsychologisch erklären.

3. Das Multiplizieren

Während das Zählen und das Addieren in der Regel vom Umgang mit realen Gegenständen ausgeht und allmählich zu reinen Verbalreaktionen (d. h. zum Umgang mit der »abstrakten« Zahl) fortführt, geht man beim Multiplizieren meistens von der Zahl aus und wendet die neue Reaktionsform später auf das Multiplizieren wirklicher Gegenstände an. Dies hat seine Berechtigung darin, daß das Multiplizieren zunächst dieselben Reaktionsformen voraussetzt wie die beim Addieren bereits erlernten. So läßt sich das Multiplizieren als eine verbale Erweiterung der Additionsreaktionen einführen, indem z. B. die Aufgabe

gestellt wird. Das Kind wird zuerst reagieren mit »vier plus vier ist acht, acht plus vier ist zwölf«. Nun kann man darauf hinweisen, daß es sich um »drei vieren« handelt, die addiert werden sollen oder um »drei *mal* vier«. So kann das Kind eine neue Reaktionskette für Multiplikationsstimuli erwerben, die es erst später auf Realsituationen, d. h. auf den Umgang mit Gegenständen anwenden kann. Auf diese Weise entsteht die Beherrschung des Einmaleins als reine verbale Reaktionskette. Es kommt dann die Schreibweise der Multiplikationsaufgaben hinzu, indem die Aufgabe nun einfach so aufgeschrieben wird:

$$\begin{array}{r} 4 \\ 4 \\ + 4 \\ \hline 12 \end{array} \qquad 3 \cdot 4 = 12$$

Sobald dann das Einmaleins beherrscht wird, kann man zur schriftlichen Multiplikation mehrstelliger Zahlen weitergehen, da dies ja wiederum auf die Multiplikation (bzw. Addition) einstelliger Zahlen zurückgeführt wird. Da das Multiplizieren jeweils rascher und einfacher auszuführen ist als das Addieren oder gar Zählen entsprechend vieler Gegenstände, wird das Multiplikationsverhalten auch intensiver verstärkt als das Addieren und Zählen. Dennoch enthält das Multiplizieren, wie wir sahen, in sich bereits alle erlernten Zähl- und Additionsmechanismen, die vorher erlernt wurden und ist daher bereits ein komplexer Verhaltensmechanismus, der zu seiner Errichtung sehr viel Übung bedarf.

4. Das Dividieren

Auch das Dividieren läßt sich auf die Reaktionsformen zurückführen, die bereits beim Zählen, Addieren und Multiplizieren verwandt wurden. Es kommt lediglich darauf an, eine schrittweise verhaltenspsychologische Analyse des komplizierten Vorganges einer Division durchzuführen und die didaktischen Schritte darauf aufzubauen. Eine solche Analyse des Dividierens liegt teilweise in der interessanten Darstellung von *Gilbert*[4] vor, der diese Untersuchung für maschinellen Mathematikunterricht durchgeführt hat. Zuerst geht es darum, die Aufmerksamkeit des Kindes auf das Divisionsproblem zu lenken und anschließend die Aufgabe als solche niederschreiben zu lassen:

$$1) \; 37 : 6 =$$

Sodann wird der Quotient abgeschätzt und eingesetzt:

$$2) \; 37 : 6 = 6 \ldots$$

Nun wird das Produkt errechnet und unter den Dividenden gesetzt:

$$3) \; 37 : 6 = 6 \\ \underline{36}$$

Anschließend errechnet das Kind den Unterschied zwischen dem gefundenen Produkt und dem Dividenden durch Subtraktion:

$$4) \; 37 : 6 = 6 \\ \underline{36} \\ 1 \qquad \text{usw.}$$

[4] *T. F. Gilbert*, Mathetics: The Technology of Education. J. of Mathetics, 1, 1962, S. 7–73.

Die Verstärkungen nach jedem Schritt bestehen dabei darin, daß der Schüler die Übereinstimmung seiner Lösung mit einer vorgegebenen bzw. vom Lehrer geäußerten, entdeckt.

Sobald das Dividieren einmal als Reaktionsform verbaler Art befestigt, d. h. mechanisiert ist, kann es auch auf neue Textaufgaben und Realsituationen angewandt werden. Das »Verständnis«, das zunächst überhaupt nicht vorausgesetzt wird, kommt also erst »nachträglich« als Ergebnis der Konditionierung zustande. Mit anderen Worten, es kommt zunächst darauf an, das Verhalten der betreffenden rechnerischen Operation selbst zu lehren und weiter nichts; das Kind soll zunächst nur das Zählen, das Addieren, das Multiplizieren etc. ausführen können, und es wird noch nicht danach gefragt, ob es die zugrunde-liegenden intellektuellen Prozesse auch bereits begriffen hat und sogar zu formulieren vermag. Das Ausführen einer Verhaltensform kommt also vor dem abstrakten Formulieren und Beschreiben dieser Ausführung, so wie das Tun vor dem Nachdenken über das Tun kommen muß! Sobald aber das mathematische Tun als solches gesichert ist, gelangt das Kind auch zum »Denken« über dasselbe – sofern es nicht bereits während der Konditionierung dazu gekommen war – und beweist dies dadurch, daß es nun die erlernten Reaktionsformen in neuen Situationen anwenden kann und souverän darüber verfügt.

An dieser Stelle erhebt sich die Frage, wie es nun mit der *Originalität* des Kindes steht: wird das Kind durch eine derartige Konditionierung nicht vorwiegend zu nachvollziehendem Tun angehalten und bleibt ihm dadurch die Entwicklung eigenständiger, schöpferischer Reaktionsweisen vorenthalten? Wir wollen uns im folgenden kurz damit auseinandersetzen, um die später folgenden Erörterungen über weitere Fähigkeiten und Sachgebiete im rechten Licht erscheinen zu lassen:

II. VERHALTENSPSYCHOLOGISCHE EINSICHTEN IN DAS ENTSTEHEN DER ORIGINALITÄT

Wird durch das Vorgehen in den kleinen verhaltenspsychologisch ermittelten Schritten beim Unterricht verschiedener Fertigkeiten und Sachgebiete die Entwicklung des schöpferischen Verhaltens behindert? Auf den ersten Blick könnte es so scheinen. Man könnte beispielsweise darauf verweisen, daß dadurch, daß dem Kind in skizzierter Weise das Zählen, Addieren etc. beigebracht wird, es am eigenen Entdecken dieser Möglichkeiten des Reagierens behindert wird und daß es zwar aktiv ist, aber lediglich oder vorwiegend nachvollziehend aktiv werden kann, so daß immer das Ziel der Übereinstimmung mit einer vorher festgelegten Lösung eines Problems angestrebt wird und nicht die Findung neuer Lösungswege. Wie soll das Kind unter diesen Bedingungen zur Entwicklung neuer Verhaltensformen kommen, die allein der eigenen Originalität entspringen? Wie soll es schließlich zu einem kulturellen Fortschritt kommen, wenn in der Lehre lediglich die Übereinstimmung mit dem Vorgegebenen angestrebt wird?

Wir sind bereits an anderer Stelle auf die Grundprobleme eingegangen, die mit diesen Fragen zusammenhängen.[5] Es hat sich gezeigt, daß die meisten ver-

---

[5] Vgl. W. *Correll*, Programmiertes Lernen und schöpferisches Denken. München 1966[3].

haltenspsychologisch konstruierten Lernprogramme in der Tat nicht auf die Schulung der Originalität oder des schöpferischen Denkens abzielen, sondern ganz präzise auf die Vermittlung bestimmter Wissensstoffe oder Fertigkeiten, die jeweils genau umschrieben werden können. Kommt es nun auf die Schulung des schöpferischen Denkens an, so ist dazu nötig, daß zunächst eine Analyse dessen angestellt wird, was unter »schöpferischem Denken« in verhaltenspsychologischer Hinsicht zu verstehen ist, d. h. wie sich das Schöpferische konkret im Verhalten eines Menschen zeigen soll und wodurch sich sein Verhalten etwa von dem eines Menschen unterscheidet, der dieses schöpferische Denken nicht besitzt. Besonders die Untersuchungen von *Guilford* sind in dieser Beziehung wertvoll[6] und können die Grundlage für weitere Untersuchungen abgeben.

Ein entscheidendes Kriterium des schöpferischen Verhaltens scheint vor allem darin zu bestehen, daß bereits gelernte Reaktionsformen mit neuen Stimuli verbunden werden und verschiedene vorher nicht verbundene Reaktionen in origineller Weise miteinander verbunden auftreten. Bereits *Dollard* und *Miller* stellten in diesem Zusammenhang fest, daß die Originalität in erster Linie in neuen Kombinationen alter Reaktionsformen besteht: »Das neue Lernprodukt ist eine Verbindung zwischen einem Stimulus und einer Reaktion. Oft werden verschiedene Reaktionseinheiten mit bestimmten Stimuli so verbunden, daß sie gleichzeitig oder nacheinander in Erscheinung treten. Auf diese Weise entsteht eine neue Reaktionsweise, wobei die Reaktion selbst alt, die Kombinationen aber neu sind.«[7]

Nehmen wir als Beispiel an, das Kind habe gelernt, mit Bauklötzchen so umzugehen, daß es einen Turm damit errichten kann. Wenn die Mutter dem Kind die Bauklötzchen reicht, wird es damit einen Turm bauen. Die Mutter verstärkt diese Reaktion, indem sie die Bauleistung des Kleinen lobt. Durch dieses Turmbauen lernt das Kind die zweckmäßige Handhabung der Klötzchen überhaupt, und es entwickelt sich eine starke Verbindung zwischen dem Stimulus »Klötzchen« und der Reaktion »Bauen«. Nun aber kombiniert das Kind früher oder später neue Reaktionen mit dem alten Stimulus, indem es anfängt, nicht nur Türme zu bauen, d. h. die Klötzchen einfach aufeinanderzusetzten, sondern auch Häuser, Brücken oder ganze Städte zu errichten.

Dies ist bereits ein Ausdruck des Schöpferischen. Aber das Kind kann darüber hinaus auch noch ganz neue Reaktionsformen mit dem Stimulus kombinieren, indem es beispielsweise aus einer Reihe von Klötzchen einen kleinen Hocker zusammensetzt, auf den es sich selbst setzt, indem es die Klötzchen als Gewichte auf seiner Spielwaage benutzt, um bestimmte Bonbon-Portionen abzuwiegen usw. Das Kind »erfindet« gleichsam neue Verwendungsmöglichkeiten für die Klötzchen, indem es immer neue Reaktionsformen aufbaut oder besser, alte Reaktionen in neuen Kombinationen auftreten läßt.

Ähnliche Beispiele ließen sich auch aus dem Bereich des verbalen Lernens anführen: Das Kind lernt beispielsweise schon früh das Wort »Papa« für Vater, indem es dieses Wort in Gegenwart des Vaters äußert und dafür verstärkt wird.

---

[6] Vgl. die Zusammenstellung in: *W. Correll*, ebenda.
[7] *J. Dollard, N. Miller*, Personality and Psychotherapy. N.Y. 1950, S. 37 .

Ähnlich lernt es »Apfel«, indem es dieses Wort äußert, wenn ein Apfel vor ihm liegt, den es haben möchte. Das Wort »ißt« oder »essen« ist ebenfalls frühzeitiger sprachlicher Besitz, weil es in der Vitalsphäre wurzelt. So kann ihm nun die Kombination »Mama ißt«, »Baby ißt« usw. durch einfache Verstärkung eines vorgesagten und nachgesprochenen Satzes beigebracht werden, während die Mutter und das Kind tatsächlich essen. Eine neue, schöpferische Leistung ist es dagegen, wenn nun das Kind eines Tages die Kombination »Vati ißt den Apfel« äußert. Zwar waren alle Elemente bereits bekannt, aber die Kombination der Elemente formt einen neuen Satz, eine neue Verbindung mit einem Stimulus.

Wenn daher bestimmte Reaktionsformen durch nachvollziehendes Lernen erworben werden, behindert dies nicht etwa die Entfaltung schöpferischer Fähigkeiten, sondern ermöglicht diese erst. Schöpferisches Verhalten – wie wir es hier in etwas einfacherer Form skizziert haben – beruht in einer Kombination bereits vorhandener Reaktionsformen mit neuen Stimuli und zu neuen Reaktionsketten. *Wenn daher keine eindeutigen Reaktionsweisen begründet werden, kann sich auch originelles Verhalten nicht entwickeln. Umgekehrt entfaltet sich neues Verhalten auf der Grundlage bereits erworbener Verhaltensformen durch den Umgang mit diesen Verhaltensformen selbst und relativ unabhängig von den Umweltstimuli.*

Der originelle, schöpferische Mensch mag neue Reaktionsformen kombinieren und erst nachträglich in seiner Umwelt geeignete Stimuli entdecken, mit denen er sie verbinden kann! Eine neue Theorie z. B. ist in ihren Elementen von beobachteten Tatsachen abgeleitet, d. h. sie besteht aus bereits »erlernten« Reaktionen, aber stellt eine neue Kombination aus ihnen dar, die sich noch nicht notwendigerweise auf bestimmte beobachtete Stimuli in der Umwelt zu beziehen braucht. Vielmehr können eventuell solche Umwelteigenschaften nachträglich auf Grund der neuen Theorie entdeckt werden. Die moderne Physik und besonders auch die Psychologie ist voll von solchen schöpferischen Theorien, die ihrerseits erst zu einer entsprechenden neuen Beobachtung der »Umwelt« angeregt haben.

Die Frage freilich, wie im einzelnen diese neuen Kombinationen und Anordnungen von bereits bekannten Reaktionen zustande kommen, läßt sich zur Zeit auf Grund von einschlägigen Untersuchungen noch nicht beantworten. Immerhin kann man für die Erziehung aus allem, was wir wissen, folgern, daß die beste Voraussetzung für das schöpferische Verhalten ein solides Wissen über die bereits bekannten Tatsachen ist und daß darüber hinaus immer wieder zu Kombinationen, Hypothesenbildungen und »Vermutungen« angeregt werden muß, damit das Zusammenstellen des Bekannten in neuer Weise selbst geübt wird.

Wird es nicht verstärkt, so bleibt auch das schöpferische Verhalten unterdrückt. Wird es dagegen durch Erfolgserlebnisse (sachlicher und subjektiver Art) verstärkt, so entsteht schließlich die Fähigkeit und die Neigung, originelle Kombinationen anzustellen und geistiges Neuland zu erschließen. Die Befunde über den Transfer gelten natürlich auch für das Lernen des schöpferischen Verhaltens.

III. VERHALTENSPSYCHOLOGISCHE ASPEKTE DES LESENLERNENS

Um einen zweckmäßigen Ansatzpunkt für das Lesenlernen zu finden, müssen wir zuerst das »Verhalten des Lesens« analysieren und festzustellen versuchen, worin, verhaltenspsychologisch gesehen, die Fertigkeit des Lesens eigentlich besteht. Auf dieser Grundlage werden sich dann leicht praktische, didaktische Konsequenzen ableiten lassen.

Wir können *Lesen* zunächst auffassen als ein Verstehen geschriebener *Sprache*. Sprache selbst ist ein strukturiertes System von Lauten und Lautkombinationen, die für die Dinge und Ereignisse in der Welt der Menschen stehen, die mit Hilfe dieses Systems miteinander kommunizieren. Während nun schriftliche Mitteilungen oft ohne offensichtliches *Sprechen* zustande kommen und auch aufgenommen werden, können sie doch grundsätzlich in gesprochene Sprache übertragen werden. Das Schreibsystem selbst enthält die meisten, aber nicht alle Merkmale der gesprochenen Sprache. Andererseits enthält es zusätzliche Möglichkeiten, um das Lesen (als Übertragen der geschriebenen in die gesprochene Sprache) zu erleichtern. Hierher gehören Interpunktionszeichen, Groß- und Kleinschreibung, verschiedene Schreibweise für Wörter, die ähnlich ausgesprochen werden, aber verschiedene Bedeutung haben (etwa »Meer« – »mehr«) und die Paragraphierung.

Wer nun lesen kann, ist in der Lage, eine geschriebene Mitteilung in gesprochene Sprache zu übertragen und zu verstehen. Die Tätigkeit dagegen, die lediglich im Übertragen oder Rekonstruieren der geschriebenen in die gesprochene Sprache besteht (ohne das »Verstehen« einzuschließen), können wir nicht eigentlich als »lesen« bezeichnen. Es gehört vielmehr das Verstehen des sprachlich Übermittelten mit dazu. Beispielsweise könnte man sich denken, daß – namentlich beim Erlernen einer Fremdsprache – ein Kind eine geschriebene Mitteilung zwar laut »vorlesen« kann, aber doch nicht in der Lage ist, diese Mitteilung wirklich zu verstehen, d. h. sich z. B. einer schriftlich übermittelten Anweisung entsprechend zu verhalten. Das gleiche müßte natürlich auch für das Nachsprechen und Verstehen der mündlich überlieferten Sprache gesagt werden: das bloße Nachsprechen einer Anweisung beispielsweise besagt noch nicht, daß der Nachsprecher wirklich verstanden hat, was gemeint ist. Das Verstehen der geschriebenen Sprache ist nun nicht notwendig an das Übersetzen in die gesprochene Sprache gebunden, denn Erwachsene lesen ja beispielsweise meistens nicht laut, sondern »still«, und es bleibt dabei außer acht, ob es sich auch hierbei um eine Art »inneres Sprechen« handelt oder um das rein abstrakte Aufnehmen und innere Repräsentieren der Schriftzeichen handelt. In jedem Fall könnte man das Verstehen einer schriftlichen Mitteilung am besten dadurch feststellen, daß sich der Leser einer schriftlichen Anordnung entsprechend *verhalten* muß: Wird einem Kind beispielsweise ein Zettel mit der Anweisung: »Steh auf und öffne das erste Fenster rechts von dir!« gegeben, so wird man leicht feststellen können, ob es nicht nur »vorlesen«, sondern auch verstehen kann, was die geschriebene Mitteilung bedeutet, indem man das nachfolgende *Tun* des Kindes beobachtet. Wenn es nicht lesen kann, wird es die Handlung auch nicht ausführen können, und wenn es lediglich vorlesen, aber die Bedeutung nicht zu erfassen vermag, wird es ebenfalls die erforderliche Handlung nicht verrichten können!

Hieraus wird schon deutlich, daß man *frühestens* dann mit dem Lesenlernen beginnen könnte, wenn das Kind in der Lage ist, *entsprechende* gesprochene Sprachteile seiner Umwelt nachzusprechen und zu verstehen. Wenn es sich etwa noch nicht um ganze Sätze, sondern nur um einfache Wörter handelt, so müßte es immerhin möglich sein, die entsprechenden schriftlichen Symbole auch für diese einfachen Wörter zu vermitteln. Versuche in dieser Richtung, die verschiedentlich, z. B. an der Harvard-Universität unternommen worden sind, zeigen, daß es durchaus möglich ist, das Lesen und Schreiben *in diesem Umfang* bereits bei 3–4jährigen Kindern einzuführen. Natürlich wäre es verfrüht, wollte man in diesem Alter bereits grammatikalische Formen lesen und schreiben lassen, deren sprachliche Bedeutung noch gar nicht beherrscht wird. Daher dürfte es sich wohl *unter den gegenwärtigen Umständen* auch empfehlen, erst mit 6 Jahren mit dem Lesenlernen zu beginnen, *es sei denn, man erreichte, daß auch jüngere Kinder bereits die jetzt mit etwa 6 Jahren gegebene Fähigkeit, sprachliche Konstruktionen zu verstehen und zu äußern, erwerben würden, was bisher jedenfalls noch nicht als unmöglich gelten kann.* Vielmehr liegen noch keine Untersuchungen dazu vor, die ein allgemeines Ergebnis nahelegen würden.

Mit 6 Jahren jedoch kann das Kind fast alle gesprochenen Sprachteile nicht nur verstehen, sondern auch ziemlich korrekt nachsprechen und selbständig produzieren und dabei die wichtigsten Satzkonstruktionen bereits berücksichtigen. Diese Satzkonstruktionen sind oft bedeutend komplizierter als diejenigen, die die meisten Fibeln verwenden! Besonders der Inhalt der Sprache, den die Kinder mit 6 Jahren beherrschen, geht sehr weit über den in der Regel sehr primitiven (und daher geradezu langweiligen) Inhalt vieler Erstlesebücher hinaus.

Hieraus ergibt sich die eigenartige Schwierigkeit, daß Kinder, wenn sie das Lesen und Schreiben lernen sollen, in ihrer mündlichen Sprachfertigkeit bereits weit fortgeschritten sind und nun durch die schriftliche Übertragung auf einer weit elementareren Ebene zurückgehalten werden. *Von unserem Standpunkt her erhebt sich daher doch die Frage, ob das Lesen nicht schon vor dem 6. Lebensjahr eingeführt werden könnte und sollte;* psychologisch läßt sich dagegen zunächst nicht viel Stichhaltiges einwenden, sofern es gelingt, die didaktischen Verfahren dem geistigen Zuschnitt der Kinder anzupassen. Es darf erwartet werden, daß in den nächsten Jahren gerade in dieser Hinsicht einige stichhaltige Forschungsergebnisse entstehen werden.

Die sprachliche Einheit, durch die schriftliche sprachliche Gehalte ausgedrückt werden und durch die sie in mündliche Sprache zurückübersetzt werden, ist nun das *Wort.* Obwohl jedes Wort aus einzelnen *Buchstaben* besteht, ist der reife Leser doch in der Lage, viele Tausende von Wörter als Ganzheiten aufzufassen, d. h. ihre Bedeutung »mit einem Blick« zu erfassen, ohne erst mühsam das jeweilige Wort Buchstaben für Buchstaben zusammenzusetzen. Dies beruht indessen auf der vorausgegangenen Erfahrung des reifen Lesers mit diesen und ähnlichen Wörtern: Sobald ein (z. B. langes) neues Wort zum erstenmal einem »reifen« Leser vorgelegt wird, muß auch er es buchstabenweise – oder doch silbenweise –

zusammensetzen. *Das »simultane« Erfassen eines Wortes beruht also auf einem extrem schnell verlaufenden Assoziationsvorgang, der durch wiederholte Konditionierung zustande gekommen ist.* Die Fähigkeit, schnell zu lesen, beruht zum größten Teil darauf, daß möglichst viele Wörter simultan erfaßt werden können, d. h. daß möglichst viele Wörter vorher genügend oft gelesen wurden! (Auch hier läßt sich das bereits oben Gesagte über das »Überlernen« anwenden!)

Wenn nun dem Leseanfänger ein neues Wort vorgelegt wird, das er nicht simultan erfassen kann, steht er zunächst vor einem Problem, das er nach den Regeln des Problemlösens zu überwinden versucht. So hat *Carroll* in seiner Analyse des Lesens mit Recht die Worterkenntnis als »Problemlösen« bezeichnet:[8] Der Leser entdeckt Ähnlichkeiten mit früher gelesenen Wortteilen und bildet Vermutungen (»Hypothesen«) über die Bedeutung des neuen Wortes ähnlich wie er auch Vermutungen anstellen würde, wenn er sich in einer neuen Situation befinden würde, die er mit den bereits bekannten Verfahren nicht zu überwinden vermag. *Carroll* nennt *vier Klassen von Elementen,* die dem Leser helfen, das »Problem« eines neuen Wortes zu »lösen« (d. h. es zu lesen): *Die Buchstaben, die Buchstaben-Laut-Entsprechungen, die innerwortlichen Zusammenhänge* und *die Beziehungen zum größeren Inhalt.*

Die *Buchstaben* sind für die zuverlässige Worterkenntnis in dem Maße notwendig, als ziemlich eindeutig feststeht, daß eine Gestalt um so besser erkannt wird, je besser ihre Teile bekannt sind. Die Teile der Wortgestalt sind nun die Buchstaben, aus denen das Wort zusammengesetzt ist. Da aber die Gestalt selbst das Wort ist, sollte beim Lernen auch vom Wort ausgegangen werden, um durch eine Analyse zu den Buchstaben vorzudringen, aus denen später – in der Synthese – neue Wörter zusammengesetzt werden können. Diese Analyse vollzieht sich am besten dadurch, daß dem Kind zuerst gestaltlich verschiedene Wörter vorgelegt werden, die es benennen muß und die es auch relativ leicht unterscheidet; sodann können die Wortgestalten immer ähnlicher werden, so daß sie sich nur etwa durch einen einzigen Buchstaben bzw. durch ein kleines Element innerhalb einer Buchstabengestalt (etwa b und d) unterscheiden. Auf diese Weise lernt das Kind den betreffenden Buchstaben als entscheidendes Kriterium innerhalb des betreffenden Wortes kennen. Es kommt außerdem darauf an, daß der einzelne Buchstabe zwar als entscheidend für die betreffende Wortgestalt erkannt wird, daß er aber nicht notwendig ausgesprochen werden muß (z. B. das »Dehnungs-e« oder das »Dehnungs-h« usw.). Es handelt sich, mit anderen Worten, um einen Diskriminationsprozeß, bei dem eine Reaktion immer schärfer unter die Kontrolle eines bestimmten Stimulus gebracht wird.

Die *Buchstaben-Laut-Entsprechungen,* die tatsächlich für die Übertragung des schriftlich fixierten Wortes in gesprochene Sprache wichtig sind, können wesentliche Hilfen für das Lesen des betreffenden Wortes sein. Es handelt sich meistens um eine Kombination von Buchstaben in Form von *Silben.* Es kommt nun nicht darauf an, beim Lesenlernen etwa diese Silben systematisch zu »drillen«, son-

---

[8] *J. B. Carroll,* The Analysis of Reading Instruction: Perspectives from Psychology and Linguistics. In: Theories of Learning and Instruction (E. Hilgard, ed.). 63rd yearbook of the NSSE, Chicago 1964, S. 340.

dern das Kind soll lediglich lernen, daß sich die wichtigsten Buchstaben-Laut-Entsprechungen immer wiederholen und daß sie dadurch zu einer wichtigen Hilfe für das Erkennen eines Wortes werden können. Die normale Struktur der Silbe ist die eines Vokals oder Diphthongs zwischen zwei Konsonanten oder Konsonantengruppen, was leicht auf verschiedene Weise (etwa durch Farben) im Erstleseunterricht veranschaulicht werden kann. Wenn nun das Kind die Wortgestalt in solche Buchstaben-Laut-Entsprechungen analysieren lernt, lernt es damit, auf einige Buchstabenkombinationen (als diskriminative Stimuli) spontan zu reagieren und den dazugehörigen Laut zu äußern.

Es wäre nun allerdings ein verhängnisvoller Rückfall in überholte Drillmethoden, wollte man *alle* im Wortaufbau vorkommende wichtigen Buchstaben-Laut-Entsprechungen systematisch einüben, um daraus anschließend Wörter zusammenzusetzen und zu lesen. Vielmehr fordert die Einsicht in die Zusammenhänge des Konditionierens ein Ausgehen von der ersten sinnvollen Einheit – dem Wort. Aus diesem wird dann nicht nur der Buchstabe, sondern auch – und meistens vorher – die Silbe, d. h. die Buchstaben-Laut-Entsprechung herausisoliert und gesondert konditioniert. Wir können diesen an sich nicht besonders komplizierten Vorgang am besten an einem Beispiel verdeutlichen: Bei der Konditionierung des Wortes »Hund« können folgende vier verhaltenspsychologische Schritte beachtet werden:

1. Darbietung einer Abbildung (oder Modells) eines Hundes, die von der sprachlichen Äußerung des Wortes »Hund« gefolgt wird. (Am besten läßt sich dies mit Hilfe einer Lehrmaschine durchführen. Hier folgt dann der Darbietung des Bildes die Tonbandäußerung »Hund«.

2. Darbietung des gedruckten Wortes »Hund«, der wiederum die gesprochene Äußerung »Hund« folgt.

3. Darbietung der Abbildung und des gedruckten Wortes zusammen: Der Schüler äußert selbst »Hund« und wird darin verstärkt, indem bald darauf (per Tonband) das gesprochene Wort »Hund« ertönt. Wenn der Schüler nicht gleich anfänglich reagiert, muß diese Stufe mehrmals wiederholt werden.

4. Darbietung des Wortes »Hund« (gedruckt) allein: Der Schüler äußert nun (»liest«) »Hund«.

Von hier aus läßt sich nun – eventuell sogar unter Umgehung einer erneuten bildlichen Einführung, d. h. Rückgang auf eine unbedingte Reaktion, bereits eine erste Diskriminierung anberaumen, indem nach mehreren Wiederholungen das Wort »Hand« erscheint. Stutzt der Schüler und zögert er mit der Antwort, ist der Zweck erreicht. Liest er aber erneut »Hund«, so kann man zu dem etwas stärker verschiedenen Wort »Rund« weitergehen oder gar zu »Pfund« – bis jedenfalls die »Andersartigkeit« der Wortgestalt erkannt wird. Dieses neue Wort wird schließlich ebenso wie das erste eingeführt oder konditioniert. Dann kann man beide Wortgestalten abwechselnd darbieten und das Kind lernt auf diese Weise die Gestaltmerkmale zu unterscheiden (»u« und »a« oder »H« und »R« etc.). Nunmehr können diese Gestaltmerkmale allein dargeboten werden, und zwar entweder als Buchstaben oder auch als Buchstaben-Laut-Entsprechungen mit entsprechender Tonband- (oder Lehrer-)Unterstützung.

Von hier aus können die so isolierten und separat konditionierten Silben und ihre Lautentsprechungen als *innerwortliche Zusammenhänge* beim Auf- bzw. Abbau längerer Wörter nützlich werden. Wurde beispielsweise vorher nicht nur die Buchstabenkombination »und« (aus »Hund«), sondern auch »er« (etwa aus »Vater«) u. a. isoliert und bewußt gemacht, so wird es nicht allzu schwerfallen, das neue Wort »Hundert« zu lesen, indem es einfach von diesen Elementen her verstanden wird. Jedesmal – dies versteht sich für sämtliche hier erwähnten Lernschritte –, wenn das Kind die richtige Lösung seines »Problems« gefunden hat, muß es dafür entsprechend (verbal oder durch Feststellung der sachlichen Übereinstimmung mit einem Vorbild) verstärkt werden, damit sich die Reaktion im Sinne des operativen Konditionierens als Verhaltensform befestigt.

Schließlich steht aber das Wort in der schriftlichen Sprache auch nicht allein, sondern befindet sich in einer noch größeren Einheit – dem Satz und sogar in dem Satzgefüge und dem Paragraphen. Das einzelne Wort kann nun nicht nur durch die innerwortlichen Zusammenhänge und Entsprechungen, sondern auch durch seine *Beziehungen zum größeren Inhalt,* in dem es steht, bestimmt werden. D. h. das Kind, das die meisten Wörter eines Satzes lesen kann, aber eines oder zwei Wörter nicht, kann diese fehlenden Wörter »aus dem Satzinhalt« heraus erschließen oder wenigstens von hierher Hinweise auf ihre Bedeutung erhalten und dadurch ihr »Erlesen« ermöglichen. Während normalerweise dieser größere Zusammenhang verbaler Art ist – indem einfach eines der Wörter in einem Satz zu »neu« für das Kind ist –, kann es sich durchaus auch um einen bildlich dargestellten Zusammenhang handeln. Das Kind betrachtet dann etwa eine bildliche Szene und gleichzeitig den Satz, den es nicht ganz lesen kann; da es nun die bildliche Szene versteht und sprachlich auszudrücken vermag, findet es auch dadurch das fehlende Wort und ist darnach eher fähig, auch dieses neue Wort zu lesen, wenn keine bildliche Hilfe gegeben ist.

Diese größeren Zusammenhänge spielen eine bedeutende Rolle beim Programmieren von Erstlesematerial: Bald muß das Kind hier ein im Satz fehlendes Wort einsetzen (schreiben), bald muß es dies auch nur aussprechen – auf ein Tonband – und bald muß es eine bildlich dargestellte Szene mit Hilfe eines teilweise (für das Kind) lesbaren Satzes sprachlich rekonstruieren. Immer handelt es sich aber um ein Konditionieren von Stimuli mit entsprechenden sprachlichen Reaktionen, wobei diese Stimuli zuerst Wörter, dann Silben, schließlich Buchstaben und endlich größere Wörter und Sätze sind.

Diese Bewegung ist für das Lesenlernen wesentlich. Wenn sie nicht eingehalten wird, kann es leicht vorkommen, daß das Kind zwar einzelne Wörter (oder gar lediglich einzelne Buchstaben oder Silben) lesen, d. h. besser »sprechen« kann, ohne aber dadurch den Sinn der aufgeschriebenen Wörter begreifen zu können, weil sich dieser Sinn erst dann erschließt, wenn die Wörter in dem Zusammenhang gelesen (und gesprochen) werden, in den sie innerhalb der betreffenden Mitteilung gehören. Wenn beispielsweise das Kind die Wörter »Schule«, »aus«, »ist« und »die« lesen kann, aber nicht gelernt hat, einzelne Wörter in ihrem richtigen Zusammenhang zu lesen, so kann es den Satz »Die Schule ist aus« zwar Wort für Wort lesen und doch den Zusammenhang dieser Wörter, ihren Sinn, nicht verstehen. *Lesen ist daher, wie schon erwähnt, mehr als bloße Worterkennung – es schließt auch Sinnverständnis ein.*

Das Verstehen eines Zusammenhangs ist nun ein ziemlich komplexer Vorgang. Zunächst handelt es sich dabei lediglich darum, die Bedeutung der Wörter zu verstehen *und* zugleich auch den Sinn der grammatikalischen Einheit, in der sie sich befinden. Um sich nun davon zu überzeugen, daß ein Kind eine geschriebene Aussage nicht nur vorliest, sondern auch versteht, kann man verschiedene Techniken verwenden. Am einfachsten ist selbstverständlich die Beobachtung des »zusammenhängenden«, »sinnvollen« Lesens überhaupt: liest das Kind einzelne Wörter und Silben oder wirkliche sinnvolle Absätze? Werden Pausen eingehalten, die sinnvoll sind oder wird über sie hinweggelesen usw.

Sobald indessen das Kind still liest, fallen diese Beobachtungsmöglichkeiten weg. Und vor allem soll ja das Kind zum Stillesen gebracht werden! Hier kann nun – besonders etwa im Bereich des Programmierens – das Auslassen eines Schlüsselwortes aus einem Satz zweckdienlich sein, das vom Kind nur eingesetzt werden kann, wenn es den restlichen Satz voll verstanden hat. Man kann auch den ganzen Satz lesen lassen und nachher aus einer Reihe von Bildern dasjenige auswählen lassen, das den Satz am besten widergibt. Man kann zu einem gelesenen Abschnitt eine »Überschrift« suchen lassen (oder vielleicht auch nur auswählen lassen) etc. Solche Methoden finden sowohl im lehrergesteuerten wie auch beim maschinenkontrollierten Unterricht ihre Anwendung. *Das Bedeutungserfassen beim Lesen kann demnach, wie auch das bloße Worterkennen selbst, aufgefaßt werden als diskriminatives operatives Verhalten,* das durch operatives Konditionieren im beschriebenen Sinn systematisch herbeigeführt werden kann.[9]

Diese Erörterung einiger Probleme des Lesenlernens haben uns nun an das Problem der *Begriffsbildung* überhaupt herangeführt: Wie entsteht ein Begriff? Welche verhaltenspsychologischen Einsichten lassen sich in diesem für den gesamten Schulunterricht wohl zentralen Bereich aufzeigen?

IV. VERHALTENSPSYCHOLOGISCHE ERKENNTNISSE ÜBER DIE BEGRIFFSBILDUNG

Sobald es sich um verbales Lernen überhaupt handelt, ist das Problem der Begriffsbildung einbegriffen: Nicht nur beim Lesenlernen, sondern auch in allen Schulfächern, die mit dem Mittel des sprachlichen Ausdrucks und der sprachlichen Mitteilung arbeiten, kommt es letztlich darauf an, Begriffe zu vermitteln bzw. Wörter mit einer bestimmten Bedeutung zu verbinden. Kinder müssen in allen Fächern lernen, daß ein und dasselbe Wort in verschiedenen Zusammenhängen eine verschiedene Bedeutung haben kann und daß ein bekanntes Wort in verschiedener Weise benutzt werden kann, um dadurch verschiedene Funktionen zu erfüllen. Manchmal mag es genügen, ein neues, unbekanntes Wort mit bereits bekannten Begriffen zu erklären – oft aber müssen ganz neue Begriffe geformt werden.

[9] Vgl. dazu *C. N. Cofer* (ed), Verbal Learning and Verbal Behavior. N.Y. 1961.

Es ist angesichts der außerordentlichen Bedeutung der Begriffsbildung innerhalb fast aller Bereiche des Schullernens erstaunlich, daß über den psychologischen Vorgang des Erlernens eines Begriffes nur wenige Arbeiten vorliegen, wenn man von den rein logischen und theoretischen Untersuchungen absieht, von denen aus man nicht leicht zu pädagogischen Praktiken gelangen konnte. Auch im Bereich der Verhaltenspsychologie gibt es außer der freilich bahnbrechenden Darstellung *Skinners* über das sprachliche Verhalten[10] nur wenige Untersuchungen, die wir hier mit heranziehen könnten.

Ehe wir zu Fragen der Begriffsbildung Stellung nehmen können, müssen wir natürlich zu klären versuchen, was verhaltenspsychologisch unter einem Begriff verstanden werden soll. Aus einer solchen Begriffsbestimmung des Begriffs werden sich dann bereits pädagogische Anwendungsmöglichkeiten erkennen lassen.

1. Verhaltenspsychologische Bestimmung des »Begriffs«

Eine verhaltenspsychologische Bestimmung des Begriffes muß von seiner Funktion innerhalb des Verhaltens ausgehen. Eine bloße logische Analyse kann daher nicht genügen. Im verhaltenspsychologischen Zusammenhang zeigen sich nun Begriffe als Fähigkeit des Menschen zu einer abstrahierten und oft kognitiv strukturierten Weise der Wahrnehmung der Umwelt. Dabei ist es nicht unbedingt nötig, daß die Begriffe durch Worte repräsentiert werden, obgleich dies sehr häufig der Fall ist. Sie können vielmehr auch ohne Wortrepräsentanz wirksam sein. Unser Wahrnehmen wird dauernd durch solche Begriffe beeinflußt, was sich leicht u. a. dadurch zeigen läßt, daß sich durch eine Erweiterung unserer Begriffe auch unsere Wahrnehmungswelt erweitert. Nicht nur das Wahrnehmen aber wird durch die Wirksamkeit der Begriffe mitbestimmt, sondern der ganze Bereich des Reagierens auf die Umweltstimuli überhaupt. Auch was nicht oder nur indirekt wahrgenommen werden kann (etwa ein Atom) kann Stimuluseigenschaften haben, auf die wir in bestimmter Weise reagieren. Dadurch, daß nun Begriffe wirksam sind, kommt es zu einer anderen Reaktionsweise, die sich gleichsam als durch die Begriffe »gefiltert« zeigt.

Wie läßt es sich aber erklären, daß dennoch sowohl die Reaktions- und Wahrnehmungsweisen der Menschen als auch ihre Begriffe weitgehend ähnlich sind, obwohl die sprachliche Repräsentanz ihrer Begriffe verschieden ist und auch ihre individuelle Eigenart eine größere Verschiedenheit erwarten ließe? Die Antwort hierauf läßt sich durch den Hinweis auf die spezifisch »menschliche« Umwelt finden: Der Mensch lebt nicht in einer Welt, die von seiner Erfahrung unabhängig existiert, sondern sie ist jeweils ein Teil seiner Erfahrung, d. h. sie stellt gleichsam den Stimulus-Teil innerhalb des Stimulus-Reaktionszusammenhanges dar. Hierdurch ist menschliche Welt ebenso offen und »nichtfestgelegt« wie menschliche Erfahrung überhaupt. Gleichzeitig aber ist sie dadurch auch wie die Erfahrung in einem unauflöslichen Kontinuum gegeben, das dadurch zustande kommt, daß keine Erfahrung absolut neu sein kann, sondern – wie das Verhalten – jeweils nur neu in bezug auf eine vorausgegangene Erfahrung ist, die

---

[10] *B. F. Skinner*, Verbal Behavior. N.Y. 1957.

durch die nachfolgende modifiziert wird. Wir haben schon eingangs gesagt, daß es auch keine schlechthin »erste« Verhaltensform gibt, sondern eine neue Verhaltensform sich immer nur durch Abwandlung einer alten entwickeln kann. Hierdurch bleiben die einzelnen Verhaltensformen und Erfahrensweisen wie in einer Kette miteinander verbunden, sie bestehen in einem Kontinuum. Dies gilt sowohl für den physischen als auch für den biologischen und kulturellen Teil dieser Welt. Die Begriffe sind nun aus dem Stimulus-Reaktionszusammenhang entstanden und weisen deswegen ihrerseits ebenfalls dieses Kontinuum auf. Die Ähnlichkeit der Begriffe wird sodann noch durch ihre sprachliche Repräsentanz und das bewußte Lernen dieser sprachlichen Begriffe (sogar in Fremdsprachen) verstärkt. Sie bewirkt schließlich ihrerseits, daß die Welt wieder entsprechend ähnlich erfahren wird. Es entsteht also ein Zirkel zwischen der Ähnlichkeit in der Entstehung der Begriffe durch das Kontinuum der Welt und durch die Entstehung der Similarität der menschlichen Welt auf Grund der Wirksamkeit ähnlicher Begriffe.

Dieser Zirkel kompliziert nun das Verständnis der Begriffsbildung einigermaßen. Und doch gibt es keine Möglichkeit, ihn aufzulösen, ohne den Boden der Verhaltenspsychologie zu verlassen.

Damit nun ein Begriff zustandekommen kann, muß vorausgesetzt werden, daß der Mensch eine Vielzahl von Erfahrungen macht, die in mehr als einer Hinsicht ähnlich sind. Gerade die »Erkenntnis« der Ähnlichkeit dieser Erfahrungen macht dann den Begriff aus. Dies bedeutet, daß die Reaktionsweise auf die erfahrene Ähnlichkeit der verschiedenen Stimuli eingestellt wird, gleichgültig, ob nun eine bewußte Erkenntnis im eigentlichen Sinn oder nur eine Konditionierung im verhaltenspsychologischen Sinne vorliegt. Außerdem müssen Erfahrungen gemacht werden, die als negatives Beispiel für den betreffenden Begriff dienen können, d. h. die den anderen Erfahrungen unähnlich sind. Je komplexer ein Begriff ist, d. h. je größer die Anzahl der Beziehungen ist, auf der die Ähnlichkeit der positiven Erfahrungen bei der Bildung des Begriffes beruhen muß, desto wichtiger ist es, daß jeweils nach der Erfahrung einer Ähnlichkeit eine solche der Unähnlichkeit folgt, so daß der Schüler jede positive Eigenschaft des Begriffes immer gegen ein Merkmal absetzen lernt, das nicht zu den Begriffseigenschaften gehört. Wenn beispielsweise ein Kind den Begriff »Hund« lernen soll, so müssen ihm viele Exemplare oder Abbildungen von Hunden vorgeführt werden: Dackelhunde, Wolfshunde, Spaniels ... Gleichzeitig aber empfiehlt es sich, Tiere, die ebenfalls vier Beine und einen Schwanz haben, aber keine Hunde sind, vorzuführen, damit der Begriff des Hundes um so schärfer abgegrenzt werden kann: ein Löwe, ein Tiger, ein Pferd und eine Kuh ... können zu diesem Zweck benutzt werden.[11]

Dieser Vorgang der *Abstraktion*, der sich ja mit dem der Begriffsbildung in unserem Sinne deckt, setzt nun nicht nur eine richtige Anordnung der einzelnen Erfahrungen der Ähnlichkeit und der Unähnlichkeit samt einer entsprechenden Verstärkung dieser Erfahrungen voraus, sondern auch eine fortdauernde Motiva-

---

[11] Vgl. dazu *E. B. Hunt,* Concept Learning: an Information Processing Problem. N.Y. 1962.

tion des Kindes auf den betreffenden Begriff hin. Eine solche Motivation kann, wie wir bereits in dem Kapitel über dieselbe gesehen haben (s. oben), durch planmäßige Verstärkung der Einstellungen erreicht werden. Handelt es sich nun um eine vorsprachliche Begriffsentwicklung beim sehr jungen Kind, so fallen verbale Verstärkungen weitgehend weg (abgesehen vielleicht von den schon sehr früh wirksamen affektiven Eigenschaften der verbalen Zustimmungen (z. B. durch die Mutter). Dennoch gibt es in diesem Fall die Verstärkungen durch einzelne Eigenschaften des betreffenden Begriffes: »Der »Hund«, der dem Kind beim Lernen des Begriffes »Hund« begegnet, hat zahlreiche Eigenschaften, deren Erleben in sich selbst verstärkend ist, weil sie z. B. an affektive Urerfahrungen des Kindes anknüpfen: das lange Haar des Dackels oder Spaniels, die gutmütig dreinschauenden Augen des Tieres, das weiche Fell und seine Wärme – all diese Wahrnehmungen können als motivierende Verstärkungen wirksam werden.

Das Kriterium für den Besitz des Begriffes ist sodann die Fähigkeit des Kindes, auf entsprechende neue positive und negative Eigenschaften richtig zu reagieren, d. h. Gegenstände oder Vorgänge und Zustände unter dem Gesichtspunkt des Begriffes zu identifizieren und verbal oder nicht verbal anzuzeigen, daß diese oder jene Gegebenheit zu dem Begriff gehört oder nicht.

Es liegt auf der Hand, daß sich dieser Vorgang des Begriffserwerbs und der Prüfung des erworbenen Begriffs relativ leicht programmieren läßt, nachdem die aufgezeigten Schritte beachtet werden können. Es kommt dabei darauf an, alle Reaktionen gleichermaßen zu verstärken, die anzeigen, daß das Kind wesentliche Charakteristika des Begriffs identifizieren kann. In zunehmendem Maße kann dann der Abstraktionsprozeß vorangetragen werden. Während beispielsweise das Kind anfänglich unter »Nahrung« lediglich seine »Milch« versteht, lernt es diesen Begriff mit zunehmendem Alter immer besser zu verstehen, indem es einerseits die »Milch« in verschiedener Aufmachung und Temperatur immer noch als solche identifiziert (und dafür entsprechend verstärkt wird – sie stillt den Hunger und löscht den Durst) und schließlich auch einzelne Geschmacksnuancen tolerieren lernt. Hinzu kommen nun bald noch die verschiedensten anderen Nahrungsmittel, die das Kind trotz seiner anfänglichen Tendenz, alles abzulehnen, was seinem bereits erworbenen aber noch zu engen Begriff des »Eßbaren« nicht genau entspricht, als »Nahrung« anzunehmen lernt, indem es für die positiven Reaktionen entsprechend verstärkt wird. Gleichzeitig aber erfährt es keine solche Verstärkung für die Aufnahme von Gegenständen, die nicht zur »Nahrung« gehören, wie Steine, Bleistifte, Radiergummi etc., die zunächst sehr wohl auch als »Nahrung« ausprobiert werden mögen. Eine direkte Bestrafung für die Aufnahme solcher Gegenstände würde dazu führen, daß ihre negativ verstärkende Wirkung noch erhöht wird, doch genügt an und für sich auch die bloße Nichtverstärkung für die allmähliche Extinktion solcher Verhaltensformen, die nicht unter der Stimuluskontrolle des betreffenden Begriffs stehen.

Indem nun das System der Verstärker mit zunehmendem Alter komplexer wird, entstehen auch komplexere Begriffe, die wiederum vorwiegend subjektiven Charakter haben, da sie ja von jedem Menschen innerhalb eines subjektiven Erfahrungs- und Verstärkungssystems gewonnen werden. Dadurch, daß aber, wie schon eingangs erwähnt, der Mensch grundsätzlich in einer kontinuierlichen Erfahrungswelt mit anderen Menschen lebt, nehmen die subjektiv erworbenen Begriffe dennoch einen ziemlich allgemeinen oder wenigstens vergleichbaren Charakter an, was zumal durch den Erwerb der Sprache noch verstärkt wird.

2. Das Problem der Begriffsbildung

Nachdem wir nun die verhaltenspsychologischen Grundlagen des »Begriffs« skizziert haben, können wir näher auf die Probleme der Begriffsbildung eingehen. Wir haben gesehen, daß der Begriff zunächst auf *induktivem Wege* zustande kommt, indem eine Assoziation durch operatives Konditionieren vorgenommen wird: Das Kind lernt beispielsweise den Begriff »Hund« dadurch, daß ihm ein Hund vorgeführt wird (oder gezeigt wird), wenn es das Wort »Hund« ausspricht und indem es (verbal oder anders) verstärkt wird, wenn es beim Anblick eines Hundes »Hund« sagt und andererseits diese Äußerung unterläßt, wenn ein beliebiger anderer Gegenstand gezeigt wird (positive und negative Beispiele).

In der Schule dagegen wird ein neuer Begriff selten auf rein induktivem Wege eingeführt, auch wenn psychologisch sehr viel für eine solche Einführung sprechen würde. Meistens hält man in der Unterrichtspraxis die reine Induktion für zu langwierig und zu umständlich, und dies ist in der Tat der Fall. Man würde einfach zu »künstlich« werden, wollte man überhaupt jeden Begriff so einführen, als gäbe es keine bereits erworbenen sprachlichen Reaktionen im Kind! In Wirklichkeit muß man bedenken, daß das Schulkind bereits mit einem beträchtlichen Wortschatz zur Schule kommt und daß es durchaus gelernt hat, neue Begriffe dadurch zu verstehen, daß sie einem bereits bekannten Begriff unter- oder gleichgeordnet werden.

Dieser Vorgang der Unterordnung eines neuen Begriffs unter einen umfassenderen (Ober-)Begriff unter Angabe der Spezifikation, ist nichts anderes als eine *Definition.* Für die meisten Erwachsenen und auch für viele Schulkinder kann ein einfacher neuer Begriff schon dadurch verständlich werden, daß er in diesem Sinne definiert wird. Vorausgesetzt werden muß dabei lediglich, daß einer solchen Definition genügend Erfahrungen mit den entsprechenden verwendeten Begriffen vorausgegangen sind. Der Beweis für das Verständnis der Definition kann leicht dadurch erbracht werden, daß positive und negative Beispiele für die Definition gefunden werden. Dieser Weg ist also im Gegensatz zu dem induktiven als *deduktiv* zu bezeichnen.

Während in psychologischen Laborversuchen meistens rein induktive Anordnungen bei Begriffsbildungsexperimenten benutzt werden, herrscht in der Schulpraxis ein vorwiegend deduktives Verfahren vor. Aus diesem Grund sind auch die Laborversuche nicht direkt in der Schule anwendbar. Umgekehrt aber läßt sich aus allem, was an konkreten Ergebnissen vorliegt, folgern, daß für die Praxis weder ein rein induktives, noch ein rein deduktives Verfahren, sondern eine Kombination aus beiden am günstigsten ist. Die induktive Phase sollte dabei am Anfang und am Ende der Unterrichtseinheit stehen und die deduktive mit der Definition in der Mitte:

a) *Induktion:* Konditionierung von Wort und Bedeutung durch positive und negative Beispiele. Die positiven Beispiele sollen dabei die negativen überwiegen.

b) *Definition und Deduktion:* Als Ergebnis der Phase (a) soll der Schüler fähig sein, eine Einordnung des neuen Begriffs in die nächst höhere Begriffsklasse (Ober-Gattungsbegriff) zu geben und eine Spezifikation vorzunehmen. Anschließend sollten zur Sicherung dieser Definition vom Schüler selbst positive und negative Beispiele aus der Definition abgeleitet werden.

c) Schließlich kann die Unterrichtseinheit durch eine *zweite Phase der Induktion* abgeschlossen werden. Hier verfährt man wie bei (a), jedoch auf einer etwas schwierigeren Ebene, die bereits feinere und kompliziertere Unterscheidungen erfordert, die auf der ersten Induktionsstufe nicht gefunden werden könnten.

Beim Programmieren können diese drei Phasen leicht berücksichtigt werden. Beim konventionellen Unterricht gehört indessen sehr viel Geschick dazu, einerseits diese Struktur beizubehalten und andererseits nicht in einen leeren Schematismus hineinzugeraten.

Besonders im Bereich des Fremdsprachenlernens dürften sich diese Erkenntnisse anwenden lassen.

V. PROBLEME DES FREMDSPRACHENLERNENS

Die Grundlage des Lernens in einem bestimmten Gebiet ist, wie schon betont wurde, eine verhaltenspsychologische Analyse des zu lernenden Gegenstandes. Bevor wir also auf einzelne Probleme des Fremdsprachenlernens eingehen können, müssen wir skizzieren, was wir unter dem Fremdsprachenlernen verstehen wollen.

Verhaltenspsychologisch betrachtet, besteht das Fremdsprachenlernen aus dem Erwerb folgender vier Fähigkeiten:

1) Das Verstehen der fremden Sprache,
2) das Sprechen der fremden Sprache,
3) das Lesen der fremden Sprache und
4) das Schreiben der fremden Sprache.

Hinzu kommt noch die nicht zu unterschätzende Fähigkeit, die »stille« Fremdsprache zu verstehen, das heißt die Bedeutung der jeweils benutzten Gesten und Ausdrucksformen, die das Sprechen der betreffenden Sprache begleiten.[12] Diese Fähigkeiten bestehen aus mehr oder weniger komplexen Fertigkeiten, die nach bestimmten Methoden erlernt werden können. Zur *gesprochenen* Sprache gehört vor allem das Beherrschen folgender drei Elemente der Sprache:

1. Die Phonologie, d. h. System der phonetischen Elemente der betreffenden Sprache.
2. Die grammatische Struktur der Sprache, einschließlich Syntax und Morphologie.
3. Das Vokabular der Sprache, einschließlich der evtl. nötigen phonetischen Umschrift.

---

[12] Vgl. *E. T. Hall*, The Silent Language. N.Y. 1959.

Beim Lernen der *geschriebenen* Sprache muß der Schüler das in der entsprechenden Sprache gebräuchliche Alphabet lernen, das ihm bereits vertraut sein mag, dessen Buchstaben jedoch verschiedene neue Lautqualitäten besitzen können oder das ihm – wie etwa im Arabischen oder Hebräischen – gänzlich neu ist.

Die Schwierigkeit beim Fremdsprachenlernen hängt daher vor allem von dem Unterschied ab, der zwischen der Muttersprache und der neuen Sprache besteht. Überdies unterscheiden sich die verschiedenen Sprachen bedeutend bezüglich ihrer Komplexität. Dementsprechend variieren auch die *Methoden* des Lernens und Lehrens der betreffenden Sprache.

Die *überlieferte* Fremdsprachen-Methode bestand im wesentlichen aus dem Einlernen grammatikalischer Regeln und des Vokabulars und aus dem Übersetzen schriftlicher Abschnitte aus und in die fremde Sprache. Dieser Ansatz macht von psychologischen und lernpsychologischen Einsichten wenig oder gar keinen Gebrauch; deswegen hat sich diese Methode auch als relativ unwirksam erwiesen, obgleich begabte Kinder natürlich auch nach dieser Methode eine Fremdsprache lernen konnten.

Demgegenüber zeichnet sich der *moderne* methodische Ansatz durch folgende Merkmale aus, die jeweils aus Erkenntnissen der Lern- und Verhaltenspsychologie, wie wir sie skizziert haben, abgeleitet werden können:

1. Die neue Methode des Fremdsprachenlernens ist nicht mehr indirekt, sondern vorwiegend *direkt*, d. h. sie vermeidet so gut es geht den Gebrauch der Muttersprache und hält den Schüler von vornherein zum Sprechen (und später zum Schreiben) der fremden Sprache an. Dieser Ansatz macht von der verhaltenspsychologischen Einsicht Gebrauch, daß die sprachliche Konditionierung normalerweise ohne Übersetzung vor sich geht und es darauf ankommt, einen Gedanken direkt sprachlich zu formulieren und mitzuteilen. Die Verstärkungen sind auf diese Weise häufiger und intensiver, als wenn der komplizierte Prozeß der Übersetzung von einer Sprache in eine andere Sprache dazwischen liegt. Die direkte Methode versucht, mit anderen Worten, den normalen Sprechvorgang so getreu wie möglich nachzuahmen und den Schüler auch so bald wie möglich mit eingeborenen Sprechern der betreffenden Sprache in direkte Berührung zu bringen, falls der Lehrer nicht selbst ein Vertreter der betreffenden Fremdsprache ist und auch nicht von vornherein schon Tonbandaufnahmen aus der betreffenden Sprache zur Verfügung stehen sollten, wie das etwa beim Verwenden von Lehrmaschinen mit Tonbandaufzeichnungen der Fall ist. Wenn die Muttersprache da und dort verwendet wird, wo es zu umständlich wäre, die Fremdsprache zu benutzen, so ist es kein Schaden. Aus dem Grundsatz der »Direktheit« sollte kein Dogma werden!

2. In der modernen Methode des Fremdsprachenlernens wird der *mündliche* Umgang mit der Fremdsprache vor dem schriftlichen gepflegt und betont. Dies geht auf die Erkenntnis zurück, daß das Kind ebenfalls zunächst mit der mündlichen Sprache beginnt, lange bevor es sie schriftlich fixieren lernt. Sprachliche Konditionierung ist primär eine Konditionierung im Bereich des mündlichen Ausdrucks und Sprache selbst ist in erster Linie ein System bedeutsamer Lautformen für die mitmenschliche Kommunikation. Es kommt nun nicht so sehr darauf an,

daß zwischen dem Erlernen der gesprochenen Fremdsprache und ihrer schriftlichen Fixierung eine lange Zeitspanne liegt, sondern es ist lediglich wesentlich, der gesprochenen Sprache den Vorrang im Lernen zu geben und dadurch zu erreichen, daß der Schüler *nicht* »übersetzt«, sondern in der betreffenden Fremdsprache »denkt« und in der Lage ist, häufiger vorkommende Wendungen spontan zu produzieren. Hierzu ist allerdings notwendig, daß ein drittes Merkmal beachtet wird:

3. In der modernen Methode des Fremdsprachenlernens wird nicht so sehr das leere Üben der gleichbleibenden Elemente der Sprache gepflegt, als vielmehr das *Überlernen* (wie wir es bereits oben besprochen haben) bestimmter wichtiger *Grundformen* der betreffenden Sprache bei variierenden Elementen. Dies entspricht der verhaltenspsychologischen Erkenntnis von der Bedeutung des Überlernens für den Transfer und gleichzeitig der linguistischen Tatsache von der konstanten Struktur bestimmter Grundformen einer jeden Sprache, die beherrscht werden müssen, damit unter Verwendung verschiedener Sprachelemente die verschiedenen neuen Sprachsituationen bemeistert werden können. Auf diese Weise kommt es zur Fähigkeit, die sprachlichen Grundformen »spontan« zu produzieren, was für ein »Denken in der Sprache« beim mündlichen Umgang mit ihr notwendig ist. Erst wenn diese Grundformen der Sprache mündlich beherrscht werden, ist es sinnvoll, mit einer grammatikalischen Erörterung die Struktur dieser Formen ins Bewußtsein zu heben. Bei der Übung selbst kommt es darauf an, immer wieder neue Situationen und Elemente bei gleichbleibenden Grundformen zu wählen, so daß die Konditionierung der sprachlichen Reaktion mit einem Stimulus möglichst spezifische Formen annimmt: Man kann sich nicht auf die Wirksamkeit eines allgemeinen Transfer verlassen, aber es steht fest, daß der Transfer um so größer ist, je intensiver geübt wurde (»Überlernen« – siehe dort!).

Dieses Überlernen der Grundformen der Fremdsprache läßt sich am besten durch programmiertes Material und durch Verwendung von Tonbändern vornehmen. Denn hierdurch ist der Schüler auch außerhalb der Schule in der Lage, zu üben und nach seinem eigenen Arbeitstempo vorzugehen. Der große Wert der Lehrmaschinen und des programmierten Lernens im Fremdsprachenlernen hängt gerade mit der Notwendigkeit des Überlernens gewisser Grundformen in immer wieder abgewandelten Situationen zusammen. Der Lehrer, der dieses Überlernen steuern sollte, ist dagegen einer solchen Aufgabe gegenüber meistens überfordert, da er ja nicht jeden einzelnen Schüler individuell anleiten kann und es besonders auf die systematische Kontrolle und Verstärkung der Aussprache ankommt.

Dieser neue, psychologisch besser fundierte Ansatz des Fremdsprachenlernens dürfte nun auch bessere Resultate zeitigen, auch wenn die bisher vorliegenden Untersuchungen hierzu noch keine stichhaltigen Beweise dafür erbringen konnten.[13] Wenn die großangelegte Untersuchung von *Agard* und *Dunkel*[14] z. B.

---

[13] Vgl. dazu den ausgezeichneten Überblick: *J. B. Carroll,* Research on Teaching Foreign Languages. In: *N. L. Gage* (ed.), Handbook of Research on Teaching. AERA, Washington DC 1963, S. 1060 ff.

[14] *F. B. Agard, H. B. Dunkel,* An Investigation of Second-Language Teaching. Bonston 1948.

nicht zu eindeutigen Ergebnissen in dieser Beziehung kommen konnte, so lag dies vor allem daran, daß keine definitiven Außenkriterien zur Verfügung standen und die Kontrollverfahren nicht genügend standardisiert waren. Immerhin zeigte sich in dieser und vielen anderen Untersuchungen (vgl. dazu besonders den erwähnten Überblick von *Carroll*), daß die Schüler in der Tat.das zu lernen scheinen, was ihnen gelehrt wird – aber nicht mehr! D. h. daß kein irgendwie verborgener »Transfer« etwa zwischen dem Übersetzen und dem Sprechen einer Sprache, zwischen dem Lernen von Regeln der Grammatik und ihrer sinnvollen Anwendung etc. stattfindet. Wenn die Schüler vorwiegend lesen und übersetzen, so darf erwartet werden, daß sie diesen Teil der Fremdsprache auch gut beherrschen, daß sie aber dadurch nicht auch automatisch das sinnvolle und richtige Sprechen dieser Sprache erwerben! Umgekehrt hilft ihnen zwar das Beherrschen des mündlichen Ausdrucks in der betreffenden Sprache beim Umgang mit schriftlichem Material, aber das Lesen und Schreiben der Fremdsprache muß dennoch eigens geübt werden.

Es kommt sonach von vornherein darauf an, klarzulegen, was man eigentlich mit dem Lehren der Fremdsprache erreichen will: Soll der Schüler die Fähigkeit entwickeln, sich in der betreffenden Sprache geläufig und verständlich auszudrücken und mit Angehörigen der betreffenden Sprachgemeinschaft zu kommunizieren, dann müssen auch Verhaltensformen in ihm aufgebaut werden, die dies ermöglichen, d. h. es müssen Einstellungen verstärkt werden, die aus der Beherrschung der entsprechenden Grundformen der Sprache hervorgehen und es müssen Verhaltensformen verstärkt werden, die dem geforderten phonetischen Repertoire entsprechen. Bisher wurde dagegen häufig stillschweigend angenommen, daß der Schüler, wenn man ihm einige Regeln beigebracht hat, auch in der Lage ist, selbständigen Gebrauch von ihnen in neuen Situationen zu machen und sowohl beim Übersetzen als auch beim Sprechen und Verstehen der mündlichen Sprache Nutzen daraus zu ziehen. Diese Auffassung ist, wie sich aus praktischen Erfahrungen und Experimenten ergibt, weitgehend irrig.

Es ist auch, wie z. B. *Brown*[15] dargelegt hat, irrig anzunehmen, daß die gute Aussprache einer Fremdsprache notwendig auf ein gutes Beherrschen dieser Sprache schließen läßt!

Worauf kommt es nun beim *Lernen der Aussprache* der Fremdsprache im einzelnen an? *Carroll* nennt folgende vier Funktionen, die durch einen entsprechenden methodischen und systematischen Ansatz entwickelt werden sollten:[16]

1. Die *Diskriminierung* zwischen Lautteilen, die in der eigenen Sprache nicht deutlich und bewußt unterschieden werden. Dies wiederum geschieht am besten dadurch, daß die betreffenden Laute aktiv produziert werden, wozu der Schüler durch Zuhören gebracht werden kann: Es genügt im allgemeinen, wenn dem Schüler die einzelnen Lautteile einzeln und im Zusammenhang mehrmals vorgesprochen werden, um ihn zum richtigen Nachsprechen zu bewegen. Vom Nachsprechen und bewußten Zuhören gelangt der Schüler sodann zum Diskriminieren dieser Lautteile.

[15] *R. Brown*, Words and Things. Glencoe, Ill., 1958
[16] *J. B. Carroll*, Research on Teaching Foreign Languages, a.a.O., S. 1069 f.

2. Die *Artikulierung*, d. h. die adäquaten motorischen Bewegungen für die Erzeugung der entsprechenden Laute der Fremdsprache vorzunehmen. Jedes Phonem wird durch eine entsprechende Artikulierung erzeugt und das Kind kommt wiederum durch schrittweises Vorgehen am ehesten zu einer guten Artikulierung, indem man ihm langsam im Zusammenhang und isoliert die einzelnen Phoneme vorspricht und die dazugehörigen motorischen Bewegungen erklärt.

3. Die *Integrierung*, d. h. das »Zusammensprechen« der einzelnen gelernten Lautteile im zusammenhängenden Redefluß. Gerade diese Integrierung wird häufig vernachlässigt, wenn nicht so sehr das Sprechen als das Schreiben und Lesen geübt wird. Die Schüler müssen häufig Gelegenheit haben, ganze Sätze aus dem Stegreif zu sprechen und sie nicht einfach vorzulesen oder nachzusprechen. Sie können dies indessen erst, wenn vorher die Diskriminierung und die Artikulierung entsprechend vorgenommen worden ist.

4. Die *Automatisierung*, d. h. der Vorgang einer spontanen Produktion dieser Aussprache in der Situation und im Zusammenhang, ohne daß sie bewußt konstruiert werden müßte. Dies ist freilich das Ergebnis einer entsprechenden ausgiebigen Übung im Sinne des Überlernens gewisser Grundformen unter immer neuen Bedingungen.

Aussprache ohne *Grammatik* ist jedoch beim Fremdsprachenlernen nutzlos. Worauf kommt es – vom Standpunkt der Verhaltenspsychologie – beim Lernen der Grammatik einer Fremdsprache grundsätzlich an?

Während in der Grammatikstunde der »überlieferten« Methode die Schüler im Grunde darauf hinarbeiten, aus einigen Beispielen eine grammatikalische Regel abzuleiten und anschließend diese Regel in vielen Übersetzungsübungen anzuwenden, betont die neue Methode das richtige Sprechen der fremden Sprache in kontrollierten Übungssituationen, so daß gewisse Grundformen ebenso in das sprachliche Repertoire eingehen wie beim Lernen der Muttersprache: durch Nachsprechen und Verstärkung! Das »Sprachlabor« in Verbindung mit Lehrmaschinen kann hier hervorragende Dienste leisten. Es kommt also darauf an,

1. diese sprachlichen Grundformen für jede einzelne zu lernende Sprache zusammenzustellen und

2. dafür zu sorgen, daß jeder einzelne Schüler immer Gelegenheit hat, diese Grundformen nicht nur zu hören, sondern auch selbst nachzusprechen und unter immer wechselnden Umständen neu zu produzieren. Hierbei muß jeder Schüler außerdem kontrolliert, d. h. verstärkt werden. Dies läßt sich am besten durch die Verwendung eines Lernprogrammes in einer Lehrmaschine erreichen.

Die erste Aufgabe indessen ist noch weitgehend ungelöst. Es dürften sich jedoch interessante Ergebnisse ermitteln lassen, wenn im Zusammenhang mit Grundlagenforschungen zum Programmieren auch die verhaltenspsychologischen Grundlagen einzelner fremdsprachlicher Repertoires untersucht werden. In diesem Zusammenhang steht auch die weitgehend ununtersuchte Frage nach der optimalen Satzlänge solcher Grundübungen. Auch die Frage, ob viele Beispiele für ein einzelnes grammatikalisches Prinzip geboten werden sollten oder vielmehr wenige Beispiele, die jeweils mit Anti-Beispielen, d. h. Fällen, für die die betreffende grammatikalische Tatsache nicht zutrifft, durchsetzt sein können, ist noch nicht ganz geklärt, obgleich sich durch Analogie aus den Untersuchungen zur Begriffs-Bildung folgern ließe, daß das letztere Vorgehen zweckmäßiger sei. Auch das Ausmaß der notwendigen Übung im Sinne des Überlernens ist nicht eindeutig zu ermitteln; wo liegt die Grenze zwischen sinnvollem, d. h. zweckmäßigem Überlernen und motivationstötendem »Drill«?

Diese und viele andere Fragen im Zusammenhang mit grammatikalischen Übungen im Fremdsprachenlernen können nicht theoretisch entschieden werden, sondern nur durch konkrete, sorgfältige Experimente. Damit diese aber zu brauchbaren Ergebnissen führen, gilt es, von den Möglichkeiten des programmierten Materials Gebrauch zu machen, damit die einzelnen Äußerungen soweit wie möglich unter Kontrolle gebracht werden können. Hierbei kann insbesondere der Lehrer selbst wertvolle Mitarbeit leisten.

Bezüglich des Erlernens des *Vokabulars* der Fremdsprache läßt sich aus den Befunden der Verhaltenspsychologie ableiten, daß das überlieferte Lernen der Wörter der Fremdsprache in mehr oder weniger langen Listen (auf der einen Seite das fremde und auf der anderen das bekannte Wort) weitgehend zu ersetzen ist durch das Lernen des Vokabulars aus dem »Zusammenhang«. Dies bedeutet, daß nicht das einzelne Wort geübt wird, sondern ein bestimmter Ausdruck, der aus mehreren Wörtern besteht und dessen Sinn verstanden wird.

Dies entspricht dem verhaltenspsychologischen Tatbestand, daß sinnvolles Material leichter gelernt wird als sinnloses und daß Gelerntes um so leichter im Gedächtnis behalten wird, je größer seine Verknüpfung mit anderen Gedächtnisinhalten ist. Bei dem Lernen im »Zusammenhang« ist es also wichtig, daß die Wortgruppe nicht zusätzliches Lernen nötig macht, sondern das Lernen eines bestimmten Wortes erleichtert, indem es entsprechend neue Assoziationen bereitstellt.[17]

Beim Lernen im »Zusammenhang« handelt es sich überdies meistens um ein aktives Ringen des Schülers um die Bedeutung des betreffenden Wortes, die schließlich aus mehreren Beispielen – induktiv – erschlossen oder »entdeckt« wird. Durch diese zusätzliche Anstrengung des Schülers beim Finden des Wortes wird sein Behalten erleichtert und außerdem seine Anwendung in neuen Zusammenhängen gleich mitgeübt: Wörter, die isoliert gelernt werden, sind auch verhaltenspsychologische Isoliertheiten; erst wenn sie in einen Zusammenhang gestellt werden, erlangen sie »Leben«, können sie angewandt werden, wie eine Reaktionsform angewandt wird, wenn ein entsprechender Stimulus auftaucht. Ein isoliert gelerntes Wort gleicht einer Reaktionsweise ohne Stimulus.

Eine weitere Einsicht der Verhaltenspsychologie läßt sich ebenfalls auf das Vokabellernen übertragen: Es steht fest, daß das Lernen muttersprachlicher Wörter durch Konditionieren vor sich geht, indem ein Wort mit einem Gegenstand verknüpft wird, weil beide gleichzeitig auftreten und das eine das Erkennen des anderen verstärkt. So ist es auch beim Fremdsprachenlernen besser, die neuen Wörter nicht bloß durch einfache Übersetzung in die Muttersprache einzuführen, sondern durch Gegenüberstellung mit einem Gegenstand oder einer

---

[17] Vgl. *B. J. Underwood, R. W. Schulz*, Meaningfulness and Verbal Learning. Chicago 1960.

Abbildung. Wenn es sich um Wörter handelt, die sich nicht ohne weiteres veranschaulichen lassen, so ist es immerhin in der Regel möglich, sie durch bestimmte Szenen etc. darzustellen. Gerade in der Schulpraxis läßt sich ein Wort meistens leicht auf diese attraktive und zugleich wirkungsvolle Weise einführen, wobei die Schüler aktiv werden können. Andererseits darf man diese Erkenntnis nicht zum Dogma machen wollen, indem nun *alle* fremdsprachlichen Wörter grundsätzlich auf diese nichtverbale Weise eingeführt und erklärt werden! Sobald vielmehr der Schüler bereit ist, selbständig fremdsprachliche Texte zu lesen, wird es sich fast von selbst ergeben, daß er viele neue Wörter rein verbal aufnimmt, und der Lehrer sollte diesem fruchtbaren Aufnehmen auch nicht im Wege stehen. Immerhin liegt auch im Aufschlagen des Lexikons bereits eine gewisse Aktivität, die durchaus begrüßenswert ist, insbesondere dann, wenn es sich um ein Lexikon in der betreffenden Fremdsprache handelt, das die Erklärung eines Wortes nicht auf deutsch, sondern in der Fremdsprache selbst vornimmt.

Bezüglich des *Lesens* in der Fremdsprache liegen nur wenige stichhaltige Untersuchungen vor. Imerhin können wir auf Grund der vorliegenden Arbeiten feststellen, daß es sich empfiehlt, erst dann mit dem Lesen zu beginnen, wenn bereits möglichst viel gesprochen worden ist[18] und sogar einzelne typische Satzstrukturen des betreffenden Lesetextes vorher vorgesprochen und nachgesprochen worden sind.[19] Dies würde sich auch aus verhaltenspsychologischen Einsichten ableiten lassen, denn Lesen ist in diesem Sinne ein Reaktivieren eines gesprochenen Textes, und je mehr der Schüler daher bereits mit diesem Text und seiner Struktur bekannt ist, deso leichter wird die neue Konditionierung vor sich gehen. Immerhin muß das Lesen nach wie vor geübt werden. Es wäre verkehrt, wollte man aus der bisher immer wieder betonten Wichtigkeit des mündlichen Umgangs mit der Fremdsprache schließen, daß der schriftliche Umgang, das Schreiben und das Lesen, durch irgendeinen »Transfer« von selbst zustande kommt!

Dies gilt auch als gewisse Einschränkung der Bedeutung technischer Hilfsmittel für das Fremdsprachenlernen wie das *Sprachlabor* und die *Lehrmaschine!* Beides sind hervorragende technische Hilfsmittel, aber sie dürfen nicht überbeansprucht werden! Sie sind kein »Rezept«! Wie z. B. die Untersuchung von *Carroll* u. a.[20] zeigte, hat der Gebrauch des Sprachlabors auch Nachteile, die sich gerade in denjenigen Bereichen zeigen, die mit dem Sprachlabor nicht geübt wurden, z. B. im Lesen, im gemeinsamen Lesen und sogar im Wortschatz. Die Experimentiergruppe hatte in dieser Untersuchung ebensoviel individuellen Kontakt mit dem Lehrer wie die Sprachlaborgruppe. Dieses Ergebnis läßt sich freilich nicht ohne weiteres verallgemeinern, doch ist bereits hieran abzusehen, daß jeweils nur das Ergebnis erwartet werden darf, das tatsächlich erarbeitet wird: wenn das Sprachlabor vorwiegend das Hören und die Aussprache übt, dann dürfen wir erwarten, daß

---

[18] Vgl. *J. H. Grew*, Another Experiment. French Rev., 30, 1956, S. 41 ff.
[19] Vgl. z. B. *G. H. Fairbanks, H. E. Shadick, Z. Yedigar*, A Russian Area Reader for College Classes. N.Y. 1951. Ferner: *A. G. Bovée*, The Relationship between Audio and Visual Thought Comprehension in French. French Rev., 21, 1948, S. 300 ff.
[20] *J. B. Carroll et al.*, Annual Report, Committee on Foreign Languages. Cambridge, Mass., Grad. Sch., Ed. Harvard Univ., 1959.

diese beiden Fähigkeiten auch bedeutend gefördert werden, während andere, ebenfalls wichtige Fähigkeiten nicht gleichzeitig gelernt werden.

Die Lehrmaschine und das Lernprogramm dagegen dürften ganz allgemein von großem Nutzen für das Fremdsprachenlernen sein. Schon deswegen sind sie eindeutig vorteilhaft, weil sie das Material in sorgfältig abgewogenen kleinen Schritten präsentieren, die der Schüler unabhängig vom Zeitdruck einer normalen Unterrichtsstunde für sich in aller Ruhe durcharbeiten kann. Besonders wenn Tonbänder mit guten Aussprachebeispielen verwendet werden, wird gleichzeitig die Aussprache wesentlich gefördert werden können. Die häufigen Verstärkungen der Einstellungen des Schülers durch das programmierte Lernen tragen weiterhin zu einer stärkeren Motivierung des Schülers für die Sprache bei, während sonst diese Motivation rascher erlahmen würde, zumal ja beim Fremdsprachenlernen, wie wir sahen, ein beträchtliches Überlernen erforderlich ist. Außerdem ist ein »Nebeneffekt« des programmierten Lernens in Richtung auf eine allgemeine Verbesserung der Lehrbücher in der Fremdsprache zu erwarten, da die Techniken und Kriterien des Programmierens wohl in Zukunft auch von guten Lehrbuchautoren zunehmend berücksichtigt werden dürften.

Diese kurzen Ausblicke auf die Anwendung verhaltenspsychologischer Erkenntnisse auf einzelne Unterrichtsgebiete und Fähigkeiten sollen keineswegs andeuten, daß in anderen Unterrichtsgebieten – etwa in der Geschichte, Erdkunde, im Zeichnen, in der Kunsterziehung, in der Musik etc. – eine solche Anwendung weniger leicht möglich wäre. Vielmehr sollte gezeigt werden, daß so wie es in den behandelten Gebieten möglich ist, verhaltenspsychologische Grundgedanken wirksam werden zu lassen, es auch in allen anderen Lernbereichen möglich sein muß. Eine konsequente Entwicklung dieses Gedankens würde zu einer *verhaltenspsychologischen Didaktik* führen, zu einem Gebiet also, das zwar für den gegenwärtigen Stand der Schulerziehung außerordentlich bedeutsam ist, das aber naturgemäß außerhalb unserer gegenwärtigen Betrachtung bleiben muß.

Wir haben indessen gesehen, daß eine verhaltenspsychologische Orientierung der pädagogischen Psychologie zu überaus fruchtbaren Ergebnissen führen kann und daß es sich wohl lohnen dürfte, diesen Weg durch eine konsequente Fortführung der experimentellen Arbeit, die bereits und vornehmlich im Ausland geleistet worden ist, weiter zu verfolgen. Vieles in der pädagogischen Praxis, was bisher erfolgreich praktiziert wurde, könnte durch solche Forschungen neu bestätigt werden, und manches, was bisher gar nicht gesehen werden konnte, würde zweifellos eingeführt werden und der Praxis zum Vorteil gereichen können. Vor allem aber kann die pädagogische Verhaltenspsychologie dazu beitragen, dem Praktiker und dem Forscher ein neues Bewußtsein seines Tuns zu geben und ihm das alte und bleibende Ziel aller Erziehung in einem helleren und klareren Licht erscheinen zu lassen.

Sachregister

Notizen

Notizen

Notizen

Notizen

Notizen

Notizen

Notizen